한국어판 서문

대학교수의 생애에서 자신의 저서를 제자들이 기억하는 것보다 더 기분 좋은 일은 별로 없을 것이다. 이러한 맥락에서 본인은 정책분석론의 한국어판 서문을 쓸 기회를 가지게 된 것을 영광으로 생각한다.

본인은 많은 한국의 동료, 친구, 그리고 이전 제자들의 활동으로부터 이 책의 번역을 떠나서 큰 도움을 받았다. 이들은 특히 공공정책결정과 정책분석에 관하여 본인이 생각하는 방법에 영향을 미쳤다. 본인은 정책분석론 번역자를 포함하여, 이전 제자들로부터 많은 것을 배웠다. 이들에게서 얻게 된 교훈들— 때로는 이들에게 배웠다는 것을 알아차리지 못할 경우도 있지만— 가운데 하나는 경험적 데이터를 포함한 여러 가지 유형의 증거가 1981년 본인이 이 책의 초판을 저술할 당시 생각했던 것보다 훨씬 중요하다는 것을 깨닫게 된 것이다.

지금은 동료교수와 친구가 된 한국 학생들은 미국 학생들과 비교할 때 체계적으로 수집된 데이터를 토대로 정책 주장을 검증하는 데 더욱 큰 관심을 가졌다. 오늘날에는 소위 '증거에 기반을 둔 정책'(evidence based policy)이 전 세계적으로 정부와 대학의 정책분석가들 사이에 상당히 유행하는 아이디어가 되었지만, 본인의 생각에는 피츠버그대학교 행정·국제대학원(Graduate School of Public and International Affairs: GSPIA)에서 공부한 한국 학생들은 오래전부터 이 방향을 지향했다고 믿고 있다. 이것이 많은 GSPIA 박사들이 한국의 대학에서 가르치고 연구하는 데 성공한 이유 가운데 하나라고 생각한다.

본인은 여러 제자들 가운데 이 책을 공동으로 번역한 남궁근, 이희선, 김선호, 김지원 박사에게 특별히 감사를 표하고자 한다. 이들 제자들은 서울과학기술대학교 전임 총장인 남궁근 박사의 주도로 본인의 저서를 한국의 독자들이 기억할 수 있도록 하는 영예를 본인에게 안겨주었다.

William N. Dunn
Graduate School of Public and International Affairs
University of Pittsburgh

역자 서문

이 책은 미국 피츠버그대학교 교수로 재직 중인 던(William N. Dunn)의 저서 *Public Policy Analysis: An Integrated Approach*, 6th edition을 완역한 것이다. 이 책은 1981년 초판 출간 이후 미국과 해외에서 널리 교재로 사용되고 있는데 2018년에 제6판이 나오게 되었다.

역자들은 피츠버그대학교 박사과정에서 저자로부터 직접 지도받을 기회를 가졌다. 제4판 및 제5판에 이어 한국어판 번역을 격려해 주신 교수님께 감사드린다. 2008년 서울에서 열린 한국행정학회 국제학술대회에 참석하셔서 발표도 해 주셨는데, 1980년대 중반 강의실에서 처음 만났을 때와 마찬가지로 건강하시고 제자와 진지한 담론을 즐기시는 모습도 여전하셨다. 연로하심에도 불구하고 거듭 수정판을 내면서 정책분석 분야에서 새로운 학문적 조류를 개척해 나가시는 교수님의 열정이 제자들에게도 큰 자극이 되었다.

역자들은 공동으로 제2판, 제3판, 제4판, 그리고 제5판을 번역한 바 있다. 이번에도 공동수정작업을 거쳤기 때문에 번역본을 읽기가 상당히 쉬워졌을 것으로 기대하지만, 여전히 미진한 부분이 있을 것으로 생각된다. 저자의 의도가 잘못 전해진 부분은 모두 옮긴이들의 공동책임으로 돌려야 할 것이다. 번역권 문제로 수고해 주신 법문사 정해찬 씨, 편집을 위해 수고하신 예상현 과장, 멋진 다자인을 위해 애써 주신 조태상 대표, 어려운 여건에서도 출판을 허락해 주신 법문사 사장님께 감사드린다.

2018년 2월
역자를 대표하여
남궁 근

제6판 서 문

저자가 이 책의 여러 개정판을 쓴 목적은 이 분야의 학생, 교수, 실무자들에게 실제 세계의 문제들에 적용가능한 지식과 기법을 제공하는 한편 이 분야의 비판적 종합을 이루어내고자 한 것이다. 이 책은 전통적이며 좁은 의미의 교과서는 아니다.

35년보다 더 오래 전『정책분석론』초판 간행 이후 저자는 정책분석의 방법론이 정책분석의 모태가 되는 학문분야와는 구분되는 인식론적 기초에서 출발하여야 한다는 확신을 더욱 강하게 가지게 되었다. 이러한 이유 때문에, 저자는 정책분석을 처음부터 실제 문제를 해결하기 위하여 다양한 탐구방법을 활용하는 응용사회과학 분과학문으로 정의하여 왔다.

이 정의가 의미하는 바는 정책분석의 방법론은 미시경제학 이론 및 분석 루틴으로 축소될 수 없다는 것인데, 그 이유는 실제 문제의 해결방안은 합리적 선택, 기대효용, 그리고 기회비용의 분석보다 훨씬 많은 것을 요구하기 때문이다. 동일한 의미에서, 정책분석의 방법론은 정치학의 연구로는 축소될 수 없으며, 그 이유는 실제문제의 해결방안은 권력, 규칙 및 권위 또는 누가 무엇을 언제, 어떻게 얻는지에 관한 분석보다 많은 것을 요구하기 때문이다. 마지막으로 정책분석의 주요 목적은 정책을 개선하는 것이기 때문에, 정책분석의 방법론은 지식 그 자체를 높이 평가하는 학문애호가의 활동으로 축소될 수도 없다.

제6판에서 저자는 단순화된 기술방식을 채택하였고, 실세계의 분석적 실제에 기반을 둔 사례를 선택하였으며, 복잡한 아이디어를 이해할 수 있도록 시각적 표현을 사용하였다. 사례 자료들에는 외교정책과 국제안보 이슈들 뿐 아니라 환경정의, 도시경제, 교통, 그리고 공공안전 등 국내 이슈들이 포함되었다. 정책 주장의 지도 작성과 평가를 위한 고급 그래픽 소프트웨어가 포함되어 전문적 예측 및 통계분석으로부터 환경 정의 이론에 이르는 넓은 영역에서 비판적 사고를 기르는데 도움이 된다. 이 책은 또한 정책메모, 입장보고서(position papers) 작성 및 다른 형태의 구조화된 분석 문서작성을 통하여 정책분석 의사소통에 실제적이고 활용할 수 있는 기술을 학생들에게 제공한다. 마지막으로 새로운 학습과제와 시범과제는 수동적이 아닌 능동적 학습을 강조한다.

이 책 전반에 걸쳐 다음과 같은 특별한 교수방법과 학습전략을 또 다시 채택하였다.

- **진행구조도:** 이 책은 특히 시각적 표현의 진행구조도를 사용하여 방법의 논리와 구조를 학생들에게 소개하였다. 이 책의 전체적인 구조도는 제1장에 소개된 정책분석의 기능 모형이다.
- **학습목표:** 각 장의 도입부에 학생들이 각 장을 읽고 학습과제와 시범과제를 완료함으로써 숙달하여야 할 학습목표를 명시적으로 진술하였다. 저자는 학습목표를 어떤 일을 수행하거나 실천하는데 필요한 지식과 기술의 습득이라는 관점, 즉 인지하기, 정의하기, 이해하기, 설명하기, 예측하기, 평가하기, 적용하기를 포함하여 행태적으로 정의된 학습목표로 진술하였다. 목표를 이같이 진술함으로써, 수동적 학습보다는 능동적 학습에, 되풀이 보다는 응용에 강조점을 두었다.
- **복습문제**: 지식과 기술은 반복 강화되어야 한다. 이런 이유 때문에 각 장 마지막 부분에 복습문제를 제시하였다. 복습문제는 고차원적 지식과 기술(예를 들면, 설명하기 또는 적용하기) 뿐 아니라 낮은 차원의 지식과 기술(예를 들면, 계산하기 또는 추정하기)도 다룬다. 복습문제는 학생들이 스스로 학습하는데, 그리고 강사가 과제, 시험, 수시고사 문제를 개발하는데 활용할 수 있다.
- **시범과제:** 지식과 기술은 현실세계의 문제에 적용할 기회를 자주 갖지 못할 경우 자기 것으로 소화할 수 없다. 이런 이유 때문에 각 장에 중요한 실제 문제들에 지식과 기술을 시범적으로 적용하는 기회를 제공하였다. 이는 학생들을 '강의실 정책분석'에서 벗어나 실제 세계의 복잡한 문제의 세계로 끌어 들이려는 시도이다.
- **사례:** 정책분석의 사례는 시범과제의 초점이다. 사례는 외교정책과 안

보, 교통정책, 직업보건 및 안전, 그리고 도시정책을 포함하는 이슈영역을 살펴본다. 일부 사례들은 주로 개념적인 반면, 대부분 사례의 성격은 방법론적이다.

- **추천문헌:** 각장마다 각주에 수록된 문헌들에 추가하여 그 장에서 다룬 이슈에 핵심이 되는 추천문헌을 소개하였다. 저자는 정책분석에서 최근 발표된 중요한 문헌 가운데 가장 대표적인 문헌을 포함시키려고 노력하였다.
- **문서 및 구두 의사소통 지침:** 방법을 익힌 학생들이 분석결과를 해석하고 의사소통하여야 할 경우 거의 언제나 큰 어려움에 직면하게 된다. 이러한 이유 때문에 정책이슈보고서, 정책메모, 및 입장표명문서 작성 및 구두발표의 준비를 강조하였다. 부록에 단계별 지침과 체크리스트를 제시하였다.
- **논증 지도:** 분석은 정책주장을 형성하고 이해하는 데 관한 것이다. 이 개정판은 *Rationale* 프로그램으로 논증 지도(argument maps)를 활용하는데, *Rationale*은 www.reasoninglab.com에서 이용가능하다. 저자는 감사의 글에서 밝힌 바와 같이 그 프로그램 원작자의 한 분인 겔더(Tim van Gelder) 교수의 도움에 감사드린다.
- **웹사이트:** 독자들의 학습을 도와주기 위하여 특별 웹사이트(www.routledge.com/9781138743847)에서 이 책 각 장에 연결된 슬라이드와 각 장에서 다룬 사례와 관련된 데이터 세트를 제공한다. 많은 슬라이드들이 강의노트로 활용될 수 있다.
- **논증 지도작성 소프트웨어:** 이 책 사용자들은 논증 지도작성 소프트웨어(Rationale 2)를 웹사이트 www.reasoninglab.com을 방문하여 구입할 수 있다. 학습용 할인본을 구입할 수 있다.

감사의 글

저자는 고인이 된 라자스펠드(Paul F. Lazarsfeld)의 격려가 없었다면 이렇게 야심적인 다학문적 프로젝트를 시작하지 않았을 것이다. 그는 저자에게 자신이 “정책학 운동”이라고 불렀던 것에 관하여 연구하고 글을 써 보라고 과제를 주었다. 20세기 최고의 응용 사회과학자 가운데 한 분인 라자스펠드는 라스웰(Harold Lasswell), 러너(Daniel Lerner) 등이 윤곽을 그렸던 정책학의 범위에 회의적이었다. 그는 정책학의 목적이 지나치게 포괄적이고 원대한 것이어서 현명치 못하다고 보았는데, 이는 또한 린드블럼(Charles Lindblom)과 많은 정책 전문가들도 가지고 있는 비판이다. 라자스펠드는 자신을 사회학자로 여기지 않고 여러 학문분야에 관련된 응용사회과학자로 생각하였다. 그 이유 때문에 피츠버그 대학의 (사회학이 아닌) 사회과학 석좌교수(University Professor of Social Science)로 재직하였다.

약 10년 후, 우리는 라자스펠드의 빈자리에 또 다른 최고 응용사회과학자로 20세기 응용사회과학 방법론의 일대 혁신을 일으킨 캠벨(Donald T. Campbell)을 초빙하려고 시도했지만 결국 실패로 끝났다. 캠벨은 라자스펠드와 마찬가지로 자신의 원래 학문분과인 사회심리학을 자신과 동일시하지 않았다. 그 대신 캠벨은 자신을 프로그램 및 정책평가, 그리고 과학철학 및 과학사회학을 전공한 다학문적 응용사회과학자로 생각하였다. 만약 캠벨이 피츠버그대학의 석좌교수로 합류할 수 있었다면 사회심리학이 아니라 사회과학 석좌교수가 되었을 것이다.

약 30여년 전 저자의 학문세계가 형성되는 결정적 시기에 캠벨의 조언은 저자가 정책분석 및 프로그램 평가, 그리고 응용사회과학의 장점과 한계에 관하여 생각하는 방식에 지대한 영향을 미쳤다. 그의 자취는 이 책 전반에 걸쳐 찾아볼 수 있다.

대체로 같은 시기에 저자는 지방정부의 실무자들을 위하여 정책분석에 관한 교과과정 자료를 개발하는 교수팀에 합류할 것을 제안받았다. 국립기술정보서비스(National Technical Information Service)의 울드리지(Blue Wooldridge)의 지휘 아래, 현재의 버지니아 커먼웰스 대학(Virginia Commonwealth University)과 함께, 그 집단은 현명하게도 고우(Doris Gow)와 바스데브(Jyotsna

Vasudev)가 포함된 학습이론과 교과과정 개발 전문가들과 계약하였다. 저자는 그분들에게서 정책분석과 같은 추상적 주제들도 행태적으로 정의된 학습목표에 초점을 맞추고, 오늘날 대학이 원격교육의 범주 하에서 가르치는 방식으로 효과적으로 교육할 수 있다는 중요한 교육학적 교훈을 얻었다. 그분들이 수업시간에 부과되는 대부분의 문헌이 학습효과와 쉽게 또는 성공적으로 연계되지 않는 것을 알 수 있게 해 준 데에 감사드린다. 이는 우리가 학생들에게 왜 참고자료를 배정했는지 때로는 말할 수 없다는 것을 의미한다. 이는 전혀 뜻밖의 일이었다.

저자는 운이 좋아서 응용사회과학에서 과학철학 및 과학사회학이 차지하는 중요한 역할을 포함한 많은 주제에 관한 저자의 생각을 바꾸어준 동료들과 만나고 함께 일하였다. 이들 동료에는 미트로프(Ian I. Mitroff), 홀츠너(Burkart Holzner), 잘트만(Gerald Zaltman), 그리고 저자의 제자이자 현재 교수이며 피츠버그 대학교 역사·과학사회학센터의 많은 동료들을 소개해 준 포조우니(Bahman Fozouni)가 있다. 저자는 잘트만(Gerald Zaltman), 리치(Robert F. Rich), 쿡(Thomas D. Cook), 그리고 고인이 된 와이스(Carol H. Weiss)로부터 정책분석과 응용사회과학의 실용적 중요성에 관하여 많은 것을 배웠는데, 이들은 모두 사회과학이 실제 문제를 해결하기 위하여 사용될 수 있는 조건을 연구하고 이를 의도적으로 변화시키기 위해 노력해 왔다. 피터스(B. Guy Peters)는 또한 정책분석을 거버넌스 분야, 그리고 특히, 정책설계와 연계시켜야 할 필요성에 관하여 많은 것을 가르쳐 주었다.

피츠버그대학교 행정·국제대학원(GSPIA)의 동료와 학생들이 저자의 사고방식, 저술 및 강의에 영향을 미쳤다. 여기에는 와일런만(Alex Weilenman), 컴포트(Louise Comfort), 굽타(Dipak Gupta), 코울타트(Steve Coulthart) 패블락(Tom Pavlak), 멘델로프(John Mendeloff), 무르타자쉬빌리(Ilia Murtazashvili), 무르타자쉬빌리(Jennifer Murtazashvili), 꼬레아(Hector Correa), 사바스(Michael Sabath), 사코(Soumana Sako), 오버만(Sam Overman), 카힐(Tony Cahill), 듀크스(Mary Jo Dukes), 에펜디(Sofian Effendi), 컨즈(Kevin Kearns), 웰든(S. Laurel Weldon), 밀러(Dave Miller), 뱅즈(Ralph Bangs), 제리건(Jan Jerigan), 밀레브스카(Neda Milevska), 남궁근(Keun Namkoong), 헤게더스(Adrea Hegedus), 그리고 윌리엄스(Phil Williams)가 포함된다.

지난 35년 동안, 이 책은 미국과 해외의 대학, 연구기관 및 정부기관의 훈련, 학위과정과 인증 프로그램에 사용되었다. 이 책은 아랍어, 중국어, 인도네시아어, 한국어, 마케도니아어, 루마니아어, 러시아어, 우크라이나어 및 스페인어로 번역이 완료되었거나 진행 중이다. 이 책은 유럽연합, 유럽 남동부, 중동, 북미, 그리고 라틴 아메리카에서 훈련 프로그램과 프로젝트에 사용되었다. 개정판에는 이러한 프로그램의 참여자와 조직자로부터 저자가 학습한 내용을 반영하고 있다.

저자는 또한 혁신적인 기관이며 지금은 활동이 중단되었지만 저자가 가르친 최고의 학생들도 재학하였던 마케도니아 스코페(Macedonia, Skopje)의 대학원 공공정책 및 관리센터 교수와 학생들에게도 감사드린다. 저자는 또한 제6판과 이전의 원고에 대한 익명의 검토위원에게 감사드린다. 그 이외에도 검토위원들에는 와싱턴주립대학(Washington State University)의 나이스(David Nice), 테네시대학 녹스빌캠퍼스(University of Tennessee at Knoxville)의 휴스턴(David Houston), 피츠버그대학의 컴포트(Louise Comfort)가 포함된다. 켈리(Sheila Kelly), 룽-카오(Lien Rung-Kao), 라만(Sujatha Raman), 세비니(Eric Sevingy), 프리드(Kate Freed), 아세바-안도노바(Bojana Aceva- Andonova), 맥그레이스(Erin McGrath), 커드카(Alla Golovina Khadka), 그리고 레이예스(Jessica Reyes)가 제6판과 이전 판의 자료를 준비하는데 도움이 되었다. 마지막으로 저자는 인도 퐁디세리(Pondicherry)의 인테그라 소프트웨어 서비스(Integra Software Services Pvt Ltd)의 훌륭한 편집지원과 피어슨(Pearson)의 편집자에게 감사드린다. 제6판의 경우, 루틀리지의 키드(Misha Kydd), 친(Yvette M. Chin), 왓슨(Watson)과 편집인 스턴즈(Laura D.H. Stearns)에게 특별히 감사드린다.

William N. Dunn
Graduate School of Public and International Affairs
University of Pittsburgh

차 례

제 1 부 정책분석의 방법론

| 제 1 장 | 정책분석의 과정

| 제 2 장 | 정책결정과정에서의 정책분석

제 2 부 정책분석의 방법

| 제 3 장 | 정책문제의 구조화

| 제 4 장 | 정책결과의 예측

| 제 5 장 | 정책의 처방

| 제 6 장 | 정책결과의 점검

| 제 7 장 | 정책성과의 평가

제 3 부 정책소통의 방법

| 제 8 장 | 정책논증의 개발

| 제 9 장 | 정책분석의 의사소통

부 록

Public Policy Analysis

제 1 부

정책분석의 방법론

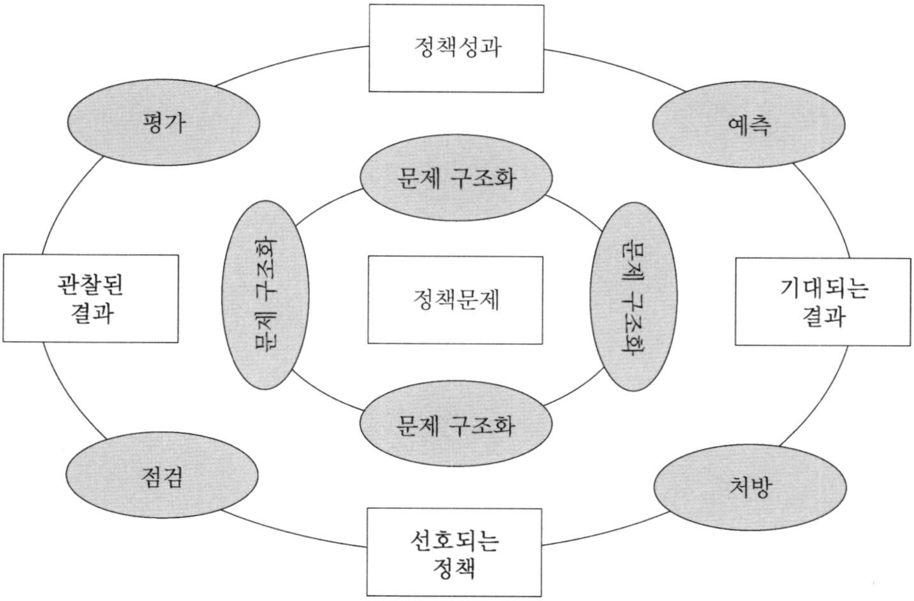

CHAPTER **01**

정책분석의 과정

학습목표

- 정책분석의 단계를 정의하고 예시할 수 있다.
- 정책분석의 네 가지 전략을 구별할 수 있다.
- 재구성된 논리와 사용 중인 논리를 대조할 수 있다.
- 미래지향적 정책분석과 과거지향적 정책분석을 구분할 수 있다.
- 문제구조화와 문제해결을 구분할 수 있다.
- 정책논증의 구조와 구성요소를 기술할 수 있다.
- 비판적 사고에 있어서 논증도해의 역할을 이해할 수 있다.
- 스코어카드, 스프레드시트, 영향 다이어그램, 의사결정나무, 논증지도를 해석할 수 있다.

Ⅰ. 서 론

정책분석은 정책관련지식을 창출하고, 비판적으로 평가하며, 이를 전달하는 데 목적을 둔 다학문적인 탐구과정이다. 문제해결을 위한 하나의 학문분야로서 정책분석은 실제 문제들을 해결하기 위하여 사회과학 방법과 이론 및 실질적인 연구결과를 활용한다.[1)]

Ⅱ. 정책탐구의 방법론

정책탐구의 방법론(*methodology*)이란 실제 문제의 해결방안을 찾기 위하여 고안된 이성적인 탐구과정을 말한다. 정책학의 창시자 가운데 한 사람인 카플란(Abraham Kapalan)은 방법론의 목적이 정책탐구의 산물과 더불어 그 산물을 생산해 내기 위해 사용되는 과정을 이해하고 질문하도록 도와주는 데 있다고 보았다. 정책탐구의 방법론은 경제학 분야의 편익-비용분석, 정치학 분야의 집행분석, 행정학 분야의 프로그램 예산제도와 같은 전문화된 분야의 이론, 방법과 실제의 성찰적 이해에 기여한다. 이와 같은 전문화된 분야는 정책탐구의 과정에 다학문적인 기초를 제공하기 때문에 중요한 위치를 차지한다.

정책탐구의 방법론은 회귀분석, 문화기술적 인터뷰, 또는 편익-비용분석과 같은 방법들과는 다른데, 그 이유는 방법론이 이러한 방법의 사용을 정당화하는 철학적 가정에 관심을 가지기 때문이다. 또한 정책탐구의 방법론은 논리적 실증주의, 해석학, 또는 실용주의와 같은 다른 과학철학과도 동일하지 않다.[2)] 이와는 대조적으로 정책분석은 방법론상으로 절충적이다. 정책분

1) 몇 가지 대안적 정의를 소개한 문헌으로 Harold D. Lasswell, *A Pre-view of Policy Sciences* (New York: American Elsevier Publishing, 1971); Yehezkel Dror, *Ventures in Policy Sciences: Concepts and Applications* (New York: American Elsevier Publishing, 1971); Edward S. Quade, *Analysis for Public Decisions, 3rd rev. ed., ed.* Grace M. Carter (New York: North Holland Publishing, 1989); David L. Weimer and Aidan R. Vining, *Policy Analysis: Concepts and Practice, 2d ed.* (Englewood Cliffs, NJ: Prentice Hall, Inc., 1992) 참조.

2) 논리적 실증주의(또는 논리적 경험주의)는 비록 아직까지도 많은 사회과학자들이 그 인식론적인 원칙 — 즉 진리의 대응설(the correspondence theory of truth), 의미의 경험적 기준, 그리고 가치중립적 과학 — 을 존중하고는 있지만, 50년 이상 이전부터 대다수의 과학 철학자들에 의해 포기되었던 것이다. 경제학과 사회과학의 논리적 실증주의에 대한 대안들로 Daniel Bromley, *Sufficient Reason: Volitional Pragmatism and the Meaning of Economic Institutions* (Princeton, NJ: Princeton University Press, 2006); Henry E. Brady and David Collier, eds. *Rethinking Social Inquiry: Diverse Tools, Shared Standards* (Lanham, MD: Rowman Littlefield, 2004); Deirdre N. McCloskey, *The*

석 실무자들은 그 방법이 신뢰할 수 있는 지식을 산출할 수 있다면 넓은 범위의 과학적 방법들, 즉 질적 방법뿐 아니라 양적 방법들, 그리고 과학철학들 가운데에서 자유롭게 선택한다. 이와 같은 맥락에서 정책분석은 예술(art)과 기예(craft)를 포함하는데, 이들이 믿을 수 있는 신뢰할만한 지식을 생산하는 데 성공적인 한 과학적이다.3) 일상적인 상식적 지식과 잘 걸러낸 실용적 지혜—그 모두가 몇 세대의 문제해결자들을 거쳐서 발전해 온 학습의 산물임—는 최소한 정책분석과 그 외의 다른 특수한 형태의 전문적이고 과학적인 탐구에 의하여 생산된 지식만큼, 때로는 그보다 더 신뢰할 수 있는 결론을 도출한다.4)

정책분석의 이론적인 근거는 실용성에 있다. 이것이 바로 지식 그 자체를 높게 평가하는 사회과학의 분야와 정책분석을 구분 짓는 분명한 이유이다. 사회과학 분야의 정책관련성은 과학으로서의 그 지위가 아니라 실제 문제들을 이해하고 완화시키는 데 얼마나 성공할 수 있는지에 달려 있다. 실제 문제들은 사회과학 분과학문의 개별 패키지만으로는 해결할 수 없다. 오늘날의 세계에서 종합학문적인 정책분석은 여러 가지 복잡한 정책결정에 가장 적합한 해결방안을 제시할 수 있다.

Rhetoric of Economics, 2nd ed.,Madison: University of Wisconsin Press, 1998; Thomas Ziliak and Deirdre N. McCloskey, *The Cult of Statistical Significance: How the Standard Error Costs Us Jobs, Justice, and Lives*. Ann Arbor: University of Michigan Press, 2008.참조.

3) Larry Laudan은 과학과 예술, 기예를 포함하는 비과학 간의 구분은 일종의 꾸며낸 허위문제(pseudo-problem)로서, 신뢰할 수 있는 지식과 신뢰할 수 없는 지식 간의 차이에 초점을 두고 대체되어야 한다고 주장하였다. 오로지 지식이 신뢰할만한지 아닌지 물어야지, 지식이 '과학적'(scientific)인지 아닌지 물을 필요는 없다는 것이다. "The Demise of the Demarcation Problem," in R.S. Cohen and L. Laudan, *Physics, Philosophy and Psychoanalysis: Essays in Honor of Adolf Grunbaum*. Boston Studies in the Philosophy of Science, Vol.76 (Dordrecht: D.Reidel, 1983), pp. 111-127. Aaron Wildavsky와 일부 학자들은 예술(art)과 기예(craft)라는 용어를 정책분석을 특징짓기 위해 사용해 왔다. Aaron Wildavsky, *Speaking Truth to Power: The Art and Craft of Policy Analysis* (Boston, MA: Little Brown, 1979); 그리고 Iris Geva-May and Aaron Wildavsky, *An Operational Approach to Policy Analysis: The Craft, Prescriptions for Better Analysis* (Boston, MA: Kluwer, 1997) 참조. *정책과학(policy science(s))*이라는 용어는 Harold Lasswell이 사용하였다. 정책과학에 관한 방법론의 간략한 역사는 Ronald Brunner, "The Policy Movement as a Policy Problem," in *Advances in Policy Studies since 1950*. Vol. 10, *Policy Studies Review Annual*, ed. W.N. Dunn and R.M. Kelly (New Brunswick, NJ: Transaction Books, 1992), pp. 155-97 참조할 것, 그리고 Michael Moran, Martin Rein, and Robert E. Goodin, eds. *The Oxford Handbook of Public Policy* (Oxford: Oxford University Press, 2006)에 공헌함.

4) 한편으로 과학적 및 전문적 지식과 다른 한편으로는 일상적인 상식적 지식 간의 차이에 대해 Charles E. Lindblom and David K. Cohen, *Usable Knowledge: Social Science and Social Problem Solving* (New Haven, CT: Yale University Press, 1979) 참조. 진화되어 온 아주 많은 실질적 지식의 건전성—그리고 보완적으로 주기적인 과학적 검증의 필요성—에 대하여 Donald T. Campbell, "Evolutionary Epistemology," in *Methodology and Epistemology for Social Science: Selected Papers*, ed. E. S. Overman (Chicago: University of Chicago Press, 1989) 참조.

Ⅲ. 다학문적 정책분석

정책분석은 부분적으로 기술적(*descriptive*)이다. 정책분석은 정책의 원인과 결과를 기술하고 설명하는 전통적인 사회과학분야에 의존한다. 그러나 정책분석은 또한 규범적(*normative*)인데, 이는 그것이 무엇인지(what *is*)에 관한 기술적 진술과는 대조되는, 당연히 해야 할 것(what *ought* to be)에 관한 가치판단을 의미하는 용어이다.[5] 능률성과 형평성의 문제를 탐구하기 위하여 정책분석은 윤리학과 사회철학 및 정치철학의 다른 분과뿐만 아니라 규범적인 경제학 및 의사결정분석에도 의존하며, 이 모든 학문은 공히 무엇을 해야 하는지(what *ought* to be)에 관한 분야이다. 이 같은 규범적 정향은 정책을 분석한다는 것이 바람직한 결과(목적)와 선호되는 행동노선(수단)의 선택을 요구한다는 사실에서 유래된다. 목적과 수단들의 선택은 능률, 형평, 안전, 자유, 민주주의, 그리고 계몽과 같이 상호 경쟁적인 가치들 사이의 상충관계의 지속적인 해결을 필요로 한다.[6] 정책분석에서 규범적 사고의 중요성은 전 주택 및 도시개발부 차관이 적절하게 언급하였다. 즉, "우리가 가지고 있는 문제는 올바른 것을 실천하는 것이 아니라, 올바른 것이 무엇인지를 아는 것이다."[7]

1. 정책관련지식

정책분석은 다섯 가지 유형의 질문에 관한 정책관련지식을 제공하기 위해 고안되었다.

- **정책문제**(*policy problems*). 잠재적 해결방안이 필요한 문제는 무엇인가? 지구 온난화는 인간이 만든 자동차 배기가스 배출의 결과인가? 또는 대기

5) 경제학에서 실증적 지식과 규범적 지식 사이의 차이점에 대한 한 가지 고전적인 진술은 Milton Friedman, *Essays in Positive Economics* (Chicago, IL: University of Chicago Press, 1953) 참조. 이와 같은 실증적—규범적 구분은 오늘날 모든 사회과학에서 소개되고 있다.

6) Deborah Stone, *Policy Paradox: The Art of Political Decision Making, rev ed.* (New York: W.W. Norton, 2001); 그리고 Harold D. Lasswell, *A Preview of the Policy Sciences* (New York: Elsevier, 1971).

7) Robert C. Wood, "Foreword" to *The Study of Policy Formation*, ed. Raynond A. Bauer and Kenneth J. Gergen (New York: Free Press, 1968), p. v. Wood는 Lyndon Johnson 대통령을 인용하였다.

온도의 주기적 변동의 결과인가? 지구 온난화를 줄이기 위해 이용할 수 있는 대안들은 무엇인가? 이와 같은 대안들이 가져올 잠재적인 결과는 무엇이고 그 가치나 효용성은 무엇인가?

- **기대되는 정책결과**(*expected policy outcomes*). 해로운 배기가스를 줄이기 위해 고안된 정책의 기대되는 결과는 무엇인가? 주기적인 자연적 변동을 통제하기 불가능하지는 않지만 어렵기 때문이라면, 휘발유 및 경유 값을 인상하거나 또는 항공기에 바이오에너지 사용을 요구하여 배기가스를 줄일 가능성은 어느 정도인가?
- **선호되는 정책**(*preferred policy*). 해로운 배기가스를 줄임으로써 기대되는 결과뿐만 아니라, 금전적 비용과 편익 면에서 감소된 배출가스의 가치를 고려할 때, 어떠한 정책을 선택해야 할 것인가? 경제적 능률성의 기준과 함께, 환경적 정의도 포함되어야 하는가?
- **관찰된 정책결과**(*observed policy outcomes*). 선호된 정책이 집행되기 이전에 기대한 결과와 구분하여, 어떠한 정책결과가 관찰되었는가? 선호된 정책이 실제로 배기가스 감축 결과를 가져왔는가? 아니면 세계적 석유생산 감축 및 결과적인 휘발류 가격 인상, 그리고 운전거리 감소가 배기가스를 감축시켰는가?
- **정책성과**(*policy performance*). 정책결과의 가치로 정의된 정책성과가 어느 정도 성취되었는가? 예를 들어 배기가스 통제가 지구 온난화 감축의 신호가 되었는가? 그 정책이 정책성과의 다른 측정치, 예를 들어 탄소배출비용과 미래세대를 위한 지구온난화 감축을 어느 정도 달성하였는가?

이상과 같은 질문들에 대한 답변은 다섯 가지 유형의 정책관련지식을 제공하는데, 이러한 요소들이 [그림 1-1]의 사각형 속에 제시되었다.[8)]

정책문제(*policy problem*)는 널리 분포된 불안, 스트레의 초기 징후, 또는 명백한 해결방안이 존재하지 않는 사건과 같은 문제상황의 표현이다. 어떠한 문제를 해결할 것인가에 관한 지식은 문제 상황의 선행조건(예를 들면, 실업의 선행조건으로서 학교중퇴)에 관한 정보뿐만 아니라 달성될 경우 그 문제

8) 유사한 분석틀을 사회학 분야에서 Walter Wallace가 제시한 것이다. Walter Wallace, *The Logic of Science in Sociology* (Chicago: Aldine Books, 1971). Wallace의 분석틀은 사회학에서의 조사방법론을 다루고 있는 반면 [그림 1-1]의 분석틀은 정책분석의 다학문적인 조사방법론을 다룬다.

그림 1-1 다학문적 정책분석

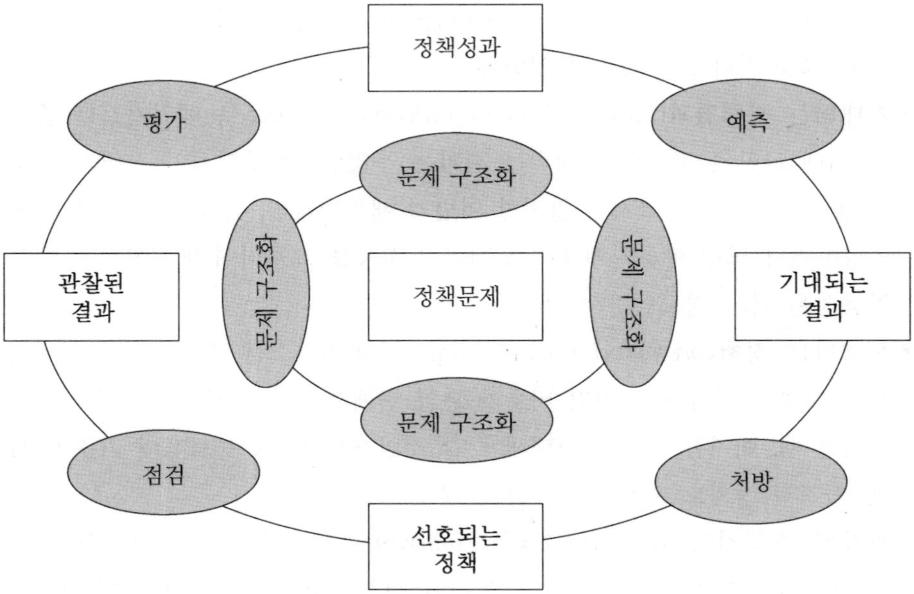

정의와 잠재적 해결방안으로 이어지게 되는 가치(예를 들면, 안전한 학교 또는 생계임금)에 대한 지식을 필요로 한다. 정책문제에 관한 지식은 그 문제에 대한 최소한 두 가지의 잠재적 해결방안, 그리고 가능한 경우에는 각 대안이 문제해결에 이르게 될 확률을 포함한다. 정책문제에 관한 지식은 정책분석에서 핵심적인 역할을 수행하는데 그 이유는 문제가 정의되는 방식이 적절한 해결방안의 탐색을 좌우하기 때문이다. 부적절하거나 거짓된 정보는 치명적인 오류 즉 그릇된 문제를 정의하는 오류를 범할 수 있게 된다.9)

기대되는 정책결과(*expected policy outcome*)는 문제를 해결하고자 고안된 하나 또는 그 이상의 정책대안들이 초래할 가능성이 있는 결과들을 말한다. 문제가 대두된 상황에 관한 지식은 기대되는 정책결과에 관한 지식을 산출하는 데 필수적이다. 그러나 그와 같은 지식이 때로는 불충분할 경우가 있는데 그 이유는 과거가 완벽하게 반복되지는 않으며 미래의 행태를 결정하는

9) 그릇된 문제에 대한 정의는 제3종의 오류로서, 이는 통계적인 유의수준(*alpha*)이 영가설 검증에 있어서 너무 높거나 또는 낮게 잡혀 있을 때에 범하게 되는 제1종과 제2종의 오류들과는 대조된다. 이와 같은 차이에 관한 초창기의 언급을 다음 문헌에서 볼 수 있다. Howard Raiffa, *Decision Analysis* (Reading, MA: Addison-Wesley, 1968), p. 264; Ian I. Mitroff and Thomas R. Featheringham, "On Systematic Problem Solving and the Error of the Third Kind," *Behavioral Sciences*, 19, no.6 (1974): 383-93.

가치는 시간이 흐름에 따라 변화될 수 있기 때문이다. 이와 같은 이유로 기대되는 정책결과들에 관한 지식은 현재의 상황에 의해서 '주어진 것'이 아니다. 그러한 정보를 생산하려면 창의성, 통찰력, 그리고 암묵적 지식 등의 활용이 요구될 수 있다.[10)]

선호되는 정책(*preferred policy*)은 문제에 대한 잠재적 해결방안이다. 선호되는 정책을 채택하려면 기대되는 정책결과에 관한 지식과 더불어 이러한 기대되는 결과의 가치 또는 효용에 관한 지식이 필수적이다. 다른 말로 표현하면 정책처방을 위해서는 사실 전제와 더불어 가치 전제가 필요하다는 것이다. 하나의 정책이 다른 정책보다 더 효과적 또는 능률적이라는 사실만으로 선호되는 정책의 선택을 정당화 할 수는 없다. 사실 전제는 평등, 능률, 안전, 민주주의, 계몽 또는 그 이외의 다른 가치를 포함하는 가치 전제와 결합되어야만 한다.

관찰된 정책결과(*observed policy outcome*)는 선호된 정책을 집행하여 나타난 현재 또는 과거의 결과이다. 어떤 결과가 실제로 특정 정책의 영향인지 때때로 불분명하다. 일부 효과는 그 정책(*policy*)의 결과가 아닌 경우가 있는데, 그 이유는 많은 결과들이 다른, 정책 이외의 요인들에 의해 초래되기 때문이다. 행위의 결과는 사전에 미리 완벽하게 진술되거나 알려질 수 없다는 것을 인식하는 것이 중요한데, 이는 많은 결과가 기대하지 않았을 뿐만 아니라 의도하지도 않았던 것임을 의미한다. 다행히도 이와 같은 결과에 관한 정보는 정책이 집행된 이후에도 산출될 수 있다.

정책성과(*policy performance*)는 관찰된 정책결과가 문제의 해결에 기여한 정도를 말한다. 현실적으로 정책성과는 결코 완벽하지 않다. 문제가 해결되는 경우는 거의 드물다. 즉 흔히 재해결이 필요하거나, 문제를 재구조화해야 하거나, 심지어는 전혀 해결이 안 되는 문제들도 있다.[11)] 문제가 해결되었는지 알기 위해서는 관찰된 정책결과에 관한 지식이 필요할 뿐만 아니라, 관찰된 정책결과가 원래 문제를 일으킨 개선의 기회에 어느 정도 기여했는지에

10) 창의성, 통찰력, 그리고 암묵적 지식에 관하여 논의한 책으로는 Yehezkel Dror, *Ventures in Policy Sciences: Concepts and Applications* (New York: American Elsevier Publishing, 1971); Sir Geoffrey Vickers, *The Art of Judgment: A Study of Policy Making* (New York: Basic Books, 1965); 그리고 C. West Churchman, *The Design of Inquiring Systems; Basic Concepts of Systems and Organization* (New York: Basic Books, 1971. 암묵적 지식의 개념은 Michael Polanyi, *Personal Knowledge* (Chicago: University of Chicago Press, 1958)의 공헌이다.

11) Russell L. Ackoff, "Beyond Problem Solving," *General Systems* 19 (1974): 237-39.

관한 지식도 필요하다.

2. 지식의 전환

다섯 가지 유형의 정책관련지식은 상호의존적이다. [그림 1-1]에서 각각 두 쌍의 정보요소들을 연결하는 실선은 지식의 전환(*knowledge transformations*)을 나타내며, 이를 통해 한 유형의 지식이 다른 유형으로 변화하게 되는데, 한 시점에서 지식의 생산은 바로 이웃하는 (대부분의 경우 그 이전) 단계에서 산출된 지식에 의존한다. 예를 들면, 정책성과에 관한 지식은 관찰된 정책결과에 관한 이전 단계의 지식을 전환시킨 것에 의존한다. 이와 같이 의존하는 이유는 하나의 정책이 그 목적을 어느 정도 달성했는지 평가하기 위해서는 우리가 그 정책의 결과에 관한 신뢰할 만한 지식을 이미 가지고 있다고 가정하기 때문이다. 그러나, 지식의 형태는 지식이 후방과 전방으로 반복적으로 전환될 수 있다는 것을 보이기 위한 화살표 보다는, 실선으로 연결되어 있다는 것을 주목하라.

정책문제에 관한 지식은 일종의 특수한 경우이다. 정책문제에 관한 지식은 다른 형태의 지식을 포함한다 — 예를 들면, 선호되는 정책에 관한 지식은 포함된다 — 다른 지식은 배제한다. 여기에서 무엇이 포함되고 무엇이 배제되느냐는 궁극적으로 어떠한 정책이 처방되는지, 정책성과의 기준으로 어떠한 가치가 적합한지, 그리고 잠재적으로 예측 가능한 결과 가운데 어떠한 것들이 관심을 끌만한 것인지에 영향을 미치게 된다. 지나칠 정도로 되풀이 되는 위험을 무릅쓴다면, 정책분석의 치명적인 오류는 제3종 오류, 즉 잘못된 문제를 정의하는 것임을 다시 한번 강조할 만하다.[12)]

3. 정책분석의 방법

다섯 가지 유형의 정책관련지식은 지식의 생산과 전환을 작동시키는 장치인 정책분석의 방법들을 사용하여 생산되고 전환된다. 이 모든 방법들은

12) 제1종 오류와 제2종 오류는 잘못된 긍정과 잘못된 부정으로 알려져 있다. 제3종 오류에 관한 그 밖의 출처는 다음과 같다. A.W. Kimball, "Errors of the Third Kind in Statistical Consulting," *Journal of the American Statistical Association* 52 (1957: 133-43; Howard Raiffa, *Decision Analysis* (Reading, MA: Addison-Wesley, 1968), p. 264; 그리고 Ian I. Mitroff, *The Subjective Side of Science* (New York: Elsevier, 1974).

서로 다른 유형의 판단, 즉 설명을 수용할지 기각할지, 행위의 옳음을 인정할지 말지, 하나의 정책을 처방할지 말지, 하나의 예측을 수용할지 기각할지, 하나의 문제를 다른 방식이 아니라 특정한 방식으로 형성할지에 관한 판단을 포함한다.[13)]

정책분석에서는 이러한 절차에 특별한 명칭이 부여되었다.

- **문제구조화**(*Problem structuring*). 문제구조화의 방법은 어떠한 문제를 해결할 것인가에 관한 지식을 산출하기 위하여 사용된다. 문제구조화 방법은 제1장의 [사례 1.2]에서 보여주고 있는 영향 다이어그램과 의사결정나무(영향 다이어그램과 의사결정나무—에너지정책과 고속도로 안전에 관한 문제의 구조화)를 포함한다. 그 밖의 문제구조화 방법의 실례로는 논변지도와 같은 비판적 사고의 도구를 포함한다([사례 1.3]: 논변지도—국방과 교통정책에서의 문제구조화). 이 책의 제3장은 문제구조화의 방법에 관하여 집중적으로 다룬다.
- **예측**(*Forecasting*). 예측의 방법은 기대되는 정책결과에 관한 지식을 산출하기 위하여 사용된다. 다양한 형태의 예측방법들이 제4장에서 다루어지고 있는데, 간단한 예측 도구의 하나를 실례로 들면 [사례 1.1]에 기술되고 있는 스코어카드이다(괼러[Goeller] 스코어카드—과학기술의 영향에 관한 점검과 예측). 전문가의 판단에 근거를 두고 있는 스코어카드는 과학기술정책의 기대되는 결과를 찾아내는 데 특히 유용하다.
- **처방**(*Prescription*). 처방의 방법은 선호되는 정책에 관한 지식을 생산하기 위하여 사용된다. 처방적 방법의 한 가지 실례로 스프레드시트(spreadsheet)를 들 수 있다([사례 1.2]: '영향 다이어그램과 의사결정나무의 사용'). 스프레드시트는 금전적 비용과 편익으로 그 결과를 나타냄으로써 기대되는 정책결과의 식별 수준을 뛰어 넘는 그 이상의 정보를 제공한다. 비용편익분석과 여타의 처방에 관한 방법들이 제5장에 소개되고 있다.
- **점검**(*Monitoring*). 점검의 방법은 관찰된 정책결과에 관한 지식을 생산하는 데 사용된다. [사례 1.1]의 스코어카드는 기대되는 정책결과를 예측하기 위한 것일 뿐만 아니라 관찰된 정책결과를 점검하는 데 사용되는 간단한

13) John O'Shaughnessy, *Inquiry and Decision* (London: George Allen & Unwin, 1972).

방법이기도 하다. 제6장에서는 점검에 관한 방법들을 상세하게 다룬다.

- **평가**(*Evaluation*). 평가방법은 관찰된 정책결과의 가치 또는 효용과 이들이 정책성과에 기여한 정도에 관한 지식을 생산하기 위해 사용된다. 평가방법은 제7장에서 보다 충분히 다루겠지만, [사례 1.2]의 스프레드시트는 처방뿐만 아니라 평가를 위한 방법으로도 사용될 수 있다.

첫 번째 방법인 문제구조화는 다른 방법들에 관한 것이다. 그렇기 때문에 문제구조화는 일종의 메타방법(방법들의 방법)이다. 문제를 구조화하는 과정에서 분석가는 보통 "곤란하고, 당황스러우며, 계속 노력해야만 되는 상황, 즉 어려움이 모든 상황에 확산되어 전체적으로 감염된 상황"을 경험하게 된다.[14] 문제 상황(*problem situation*)이 문제인 것은 아니다. 즉 문제는 문제상황을 표현한 것이다. 따라서 문제는 세계의 외부에 드러나 있는 것('out there')이 아니고, 외부적 환경과 주관적 사고의 상호작용으로부터 나타난다. 국방비 예산의 성장을 국내총생산의 비율로서 나타내고 있는 그래프를 생각해 보자. 그 그래프는 하나의 문제 상황을 나타낸 것이지 문제를 나타낸 것은 아닌데, 그 이유로 한 분석가는 그래프를 국가안보가 튼튼해지는 증거(예산이 국방에 보다 많이 배당이 됨)로 볼 수 있을 것이고, 다른 분석가는 그래프를 사회복지의 예산이 감소하는 하나의 지표(예산이 사회서비스에 보다 적게 배당됨)로 해석할 것이다. 하나의 문제 상황에 관한 서로 다른 표현들을 검증하기 위한 절차로서의 문제구조화는 다른 방법들을 사용하여 생산된 상이한 지식의 생산과 전환을 주도한다. 구조화가 잘 안된 문제 또는 '사악한 문제'(wicked problem)[15]에 관한 정확한 해결방안을 찾는데 중요한 문제구조화는 정책분석에서 중앙지도시스템(central guidance system)이다.

정책분석의 방법은 상호의존적이다. 사전에 다른 방법들을 먼저 사용하지 않고, 특정 방법만을 사용한다는 것은 어려운 일이다. 따라서 미래의 정책결

---

14) John Dewey, *How We Think* (Boston, MA: D.C. Heath and Company, 1933), p. 108. 문제와 문제상황 간의 차이에 관한 원래의 진술은 Charles Sanders Peirce를 포함한 철학적 실용주의자들로부터 찾을 수 있다.

15) '사악한' 문제라는 용어는 1967년 C. West Churchman가 사용한 것으로 최초의 진술은 다음 문헌에 있다. Horst W. Rittel, "On the Planning Crisis: Systems Analysis of the First and Second Generations," pp. 390-396. Berkeley, CA: Institute of Urban and Regional Development. 보다 최근에는 사용된 진술은 Sandra S. Batie, "Wicked problems and applied economics." *American Journal of Agricultural Economics*, 90,5 (2008): 1176-1191.

과를 예측하지 않고 과거의 정책을 점검하는 것은 가능하겠지만 정책을 먼저 점검하지 않고서 이를 예측한다는 것은 일반적으로 가능하지 않다.[16] 이와 유사하게 분석가는 정책을 평가하지 않고 정책결과를 점검할 수는 있지만, 우선 그것이 결과라고 하는 것을 먼저 확인하지 않고 그 결과를 평가할 수는 없는 것이다. 끝으로 선호되는 정책을 선택하려면 분석가가 그 이전에 이미 점검, 평가, 예측을 완료하여야 한다.[17] 이를 다시 말하자면 정책 처방은 사실 전제와 가치 전제에 기초를 두어야 한다는 것이다.

[그림 1-1]은 상이한 정책관련 학문분야로부터 나온 방법들을 통합하는 준거틀을 제공한다. 다섯 가지 정책분석 방법들은 정치학, 사회학, 경제학, OR(operations research), 행정학, 프로그램 평가, 그리고 윤리학에서 사용된다. 일부 방법들은 일부 학문분야에서만 독자적 또는 주된 방법으로 사용되고 다른 학문분야에서는 사용되지 않는다. 예를 들면, 프로그램 평가에서는 정책이 관찰된 정책결과와 인과적으로 연관이 있는지 조사하기 위하여 점검을 사용한다. 프로그램 평가에서는 단절적 시계열 분석, 회귀불연속 분석, 인과적 모델링, 그리고 현지실험의 설계 및 분석과 관련된 기법들을 광범위하게 사용해 오고 있는 반면,[18] 정치학 분야의 집행연구에서는 그렇지 않다. 집행연구자들은 그 대신 사례연구분석의 기법들을 주로 활용해 오고 있다.[19] 다른 사례를 예측에서 찾을 수 있다. 예측은 경제학과 체제분석에서 모두 핵심적으로 사용하는 기법이지만 경제학은 계량경제 기법들에 거의 전적으로 의존해 오고 있다. 반면 체제분석에서는 전문가의 판단을 종합하기 위하여, 델파이 기법과 같은 질적인 예측기법을 더욱 많이 사용하는 편이다.[20]

---

16) 하나의 예외가 전문가의 판단에 기초를 두고 이루어지는 예견(prediction)이다. 정책을 설명하는 것이 정책의 미래결과를 예측하는 데 있어서 반드시 필요한 것은 아니다. 엄밀히 말하면 예견은 인과적 추론인 반면에 투사(projection), 외삽(extrapolation), 또는 "합리적 미래예측(rational forecast)"은 인과적 추론이 아니다. 경제학에서 역류적 논리는 Daniel W. Bromley, Volitional *Pragmatism and the Meaning of Economic Institutions*. Princeton University Press, 2006 참조.

17) 인과성은 추정될 수는 있지만, 이해되는 것은 아니다. 레시피(recipes)에서는 원하는 결과가 행위의 영향이라고 주장할 수 있으면 된다. Joseph L. Bower, "Descriptive Decision Theory from the 'Administrative' Viewpoint," in *The Study of Policy Formation*, ed. Bauer and Gergen, p. 10.

18) 예를 들어 William R. Shadish, Thomas D. Cook, and Donald T. Campbell, *Experimental and Quasi-Experimental Designs for Generalized Causal Inference* (Boston, MA: Houghton Mifflin, 2002) 참조.

19) Paul A. Sabatier and Hank C. Jenkins-Smith, "The Advocacy Coalition Framework: An Assessment," *in Theories of the Policy Process*, ed. P. A. Sabatier (Boulder, CO: Westview Press, 1999), pp. 117-66.

20) 제5장 참조.

Ⅳ. 정책분석의 유형

지식과 방법의 유형들 사이의 관계가 대조적인 상이한 유형의 정책분석의 기초를 제공한다([그림 1-2]).

1. 미래지향적 대 과거지향적 정책분석

미래지향적 정책분석(*prospective policy analysis*)은 정책행위가 시작되기 이전(*before*)에 지식의 생산과 전환이 이루어지는 것을 포함한다. [그림 1-2]의 오른쪽 부분에 나타난 미래지향적, 또는 사전적(*ex ante*) 분석은 경제학자, 체제분석가, OR연구가(operations researchers), 의사결정분석가(decision analysts)들의 활동 스타일을 전형적으로 나타낸다. 미래지향적 형태의 분석

그림 1-2 정책분석의 유형

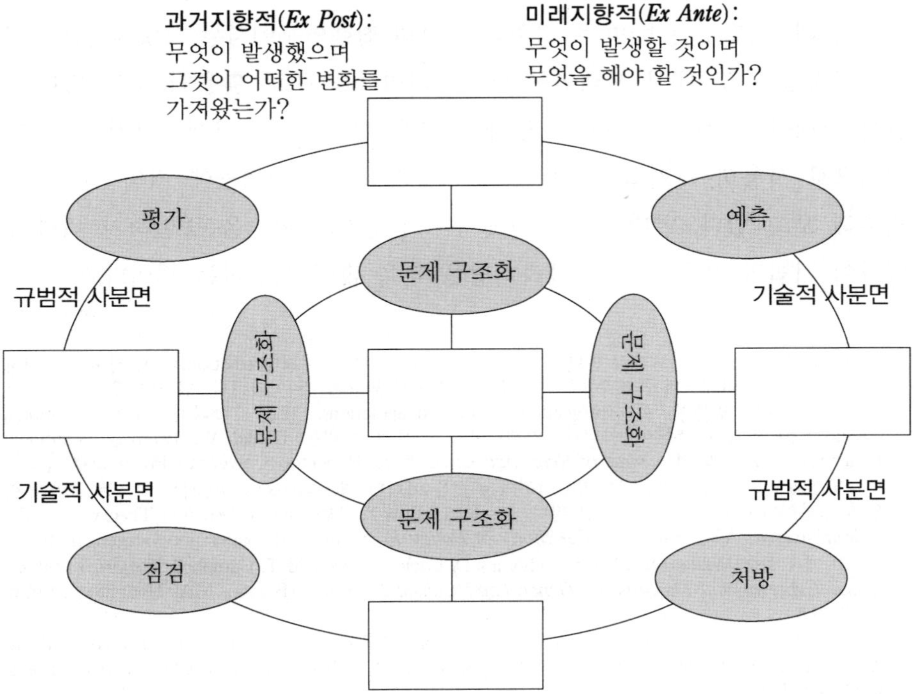

은 바로 윌리엄스(Williams)가 정책 분석(*analysis*)이라는 용어로 의미하고자 했던 것이다. 정책분석은 "그로부터 비교가능하고 예측가능한 양적 · 질적 용어로 진술된 정책대안들과 선호를 도출하기 위하여" 지식을 분석하는 수단 이다. . . 여기에 지식을 취합하는(*gathering*) 단계는 포함되지 않는다."[21] 이와는 대조적으로, 정책연구(*research*)는 현상들을 기술하고 설명하기 위하여 과학적 방법론을 사용하는 연구를 말한다. 그러나 미래지향적 분석은 때때로 선호된 해결방안의 선택과 이를 실제 집행하려는 노력 사이에 커다란 격차를 발생하게 할 수 있다. 이러한 격차가 발생하는 이유는 바람직한 정책결과를 달성하기 위하여 정책 집행 이전에 필요한 활동 중 실제로 이루어지는 활동이 매우 적기 때문이다. 앨리슨(Graham Allison)은 "문제에 대한 훌륭한 분석적 해결방안이 많은 것은 아니다."라고 말한다. "그러나 훌륭한 해결방안(good solutions)보다 적합한 행동방안(appropriate actions)은 더욱 적다."는 것이다.[22]

과거지향적 정책분석은 [그림 1-2]의 왼쪽 부분에 표시되었다. 이와 같은 사후적(*ex post*) 분석 유형은 정책이 집행된 이후(*after*)에 지식의 생산과 전환이 이루어진다. 과거지향적 분석은 다음과 같은 집단의 활동 스타일을 전형적으로 나타낸다.

- **학문지향적 분석가**(*discipline-oriented analysts*). 이 집단에는 대체로 정치학자, 경제학자, 그리고 사회학자들이 포함되는데, 이들은 주로 정책의 원인과 결과들을 묘사하는 학문에 기초를 둔 이론들을 개발 · 검증하고자 한다. 이 집단은 정책적인 조작이 가능한 '정책'변수들과 조작이 불가능한 상황변수들을 애써 구분하는 데 별로 관심을 갖고 있지 않다.[23] 예를 들면, 정부지출수준을 둘러싼 정당 간 경쟁의 효과에 관한 분석은 구체적인 정책목표들에 관한 정보를 제공하지 않을 뿐만 아니라, 또한 정당 간 경쟁은 정책결정자들이 정부지출의 변화를 이루도록 활용할 수 있는 하나의 조작 가

21) Walter Williams, *Social Policy Research and Analysis: The Experience in the Federal Social Agencies* (New york: American Elsevier Publishing Co., 1971), p. 8.

22) Graham T. Allison, *Essence of Decision: Explaining the Cuban Missile Crisis* (Boston: Little, Brown and Company, 1971), pp. 267-68.

23) James S. Coleman, "Problems of Conceptualization and Measurement in Studying Policy Impacts," in *Public Policy Evaluation*, ed. Kenneth M. Dolbeare (Beverly Hills and London: Sage Publications, 1975), p. 25.

능한 변수도 아니다.

- **문제지향적 분석가**(*problem-oriented analysts*). 이 집단도 대체로 정책의 원인과 결과들을 묘사하는 데 관심을 가지고 있는 정치학자, 경제학자, 그리고 사회학자들로 구성된다. 그러나 문제지향적 분석가들은 사회과학분야에서 중요시되는 이론들을 개발·검증하는 것에는 관심이 거의 없다. 그보다는 문제를 설명할 수 있는 변수들을 식별하는 데 관심을 가진다. 문제지향적 분석가들의 정향은 구체적이 아니라 일반적이므로, 이들은 구체적인 목표에 관심을 갖지는 않는다. 예를 들면, 종족과 빈곤이 전국적 성취도 검사 성적에 미치는 영향에 관한 통계자료의 분석은 불충분한 시험 성적의 원인을 설명하는 데 도움이 되지만 문제를 해결하기 위하여 조작할 수 있는 구체적인 정책에 관한 지식을 제공하지 못한다.
- **응용지향적 분석가**(*applications-oriented analysts*). 세 번째 분석가 집단에는 응용경제학, 응용사회학, 응용심리학 및 응용인류학 분야의 학자들뿐만 아니라, 행정, 사회사업 그리고 평가연구와 같은 전문직업분야의 분석가들도 포함된다. 이 집단 역시 공공정책이나 프로그램의 원인과 결과들을 묘사하고자 하지만, 해당 학문에 기초를 둔 이론들을 개발·검증하는 데에는 별로 관심을 가지지 않는다. 그러나 이 집단은 앞의 두 집단과는 대조적으로 구체적인 정책목표를 성취하고 정책의 성공을 점검하고 평가할 수 있도록 조작할 수 있는 정책변수들을 식별하는 데에 전념한다.[24] 예를 들면, 응용지향적 분석가들은 독서력 검사에서 더 높은 점수를 받을 수 있도록 아동을 위한 조기독서준비 프로그램(early childhood reading readiness programs)을 건의할 수 있다.

세 집단의 활동 스타일은 각기 특징적 장점과 단점이 있다. 학문지향적 정책분석가와 문제지향적 정책분석가들이 정책결정자에게 직접적으로 유용한 정보를 제공해 주는 경우는 거의 없다. 문제지향적 분석가들이 교육의 기회균등, 에너지 보존, 범죄 통제, 또는 국가 안보와 같은 중요한 문제들에 관하여 연구하는 경우에도 그 결과는 거시부정적(*macronegative*) 지식, 즉 어떤

---

24) 상게서. p. 13; and Alice Rivlin, *Systematic Thinking for Social Action* (Washington, DC: Brookings, 1971).

정책이 왜 작동되지 못하는지 그 이유를 보여주는 정책의 '기본적'(basic) 또는 '근본적'(root) 원인을 기술하는 지식이다. 이와 대조적으로 미시긍정적(*micropositive*) 지식은 구체적인 상황에서 어떠한 정책이 제대로 작동하는지 알려주는 지식이다.[25] 이러한 맥락에서 "특정 형태의 무기통제수단이 강력범죄 발생을 줄인다."라든지 "집중적 경찰순찰이 범죄발생 억제수단"이라는 사실을 아는 것은 실질적으로 매우 중요하다. 그러나 "범죄 발생률이 지방보다 도시에서 더 높다." 또는 "범죄와 빈곤 사이에는 연관이 있다."라는 사실을 아는 것은 정책결정자들에게 실제적 가치가 거의 없다.

그러나 응용지향적 정책분석가들이 미시긍정적 정보를 제공하는 경우에도, 그들이 사전적(*ex ante*) 정책분석 실무자들과 의사소통하는 것이 쉽지 않은데, 그 이유는 응용지향적 분석가들이 기대되는(미래지향적) 결과보다 관찰된(과거지향적) 결과에 초점을 두기 때문이다. 특정의 기관 내에서 최적의 효율적 해결방안들을 발견해야 할 책임을 지고 있는 사전적(*ex ante*) 분석가들은 과거지향적 분석을 통하여 관찰된 지식이 부족한 경우가 많다. 마찬가지로 사전적(*ex ante*) 정책분석의 실무자들은 자신의 제안을 점검, 평가하고 집행하는 데 유용하게 쓰일 수 있는 유형의 정책관련 지식을 충분히 상세하게 구체화시키지 못하는 경우가 많다. 이러한 이유 때문에 리블린(Alice Rivlin)이 지적한 바와 같이, "어떤 정책의 의도된 결과가 너무 막연하게 언급되어 그 결과에 대한 평가 자체가 부적절해질 수 있는데, 왜냐하면 정책이 지향하고 있던 문제 자체를 놓쳐버릴 수 있기 때문이다."[26] 더 나아가, 입법가들은 때때로 동의를 얻고, 반대를 미연에 방지하며, 정치적 융통성을 유지하려고 정책문제를 의도적으로 모호하게 형성한다.

정책분석가들의 활동 스타일을 대조하면, 학문지향적 분석 및 문제지향적 분석은 응용지향적 분석과 비교하여 유용성이 부족한 지식을 제공하는데, 그 이유는 과거지향적(사후적: *ex post*) 분석은 미래지향적(사전적: *ex ante*) 분석에 비하여 대체로 정책문제의 해결에 효과가 적기 때문이다. 경제학자들이 자주 주장하는 이러한 결론은 미래에 어떠한 행동을 취해야 하는지 자문을 원하는 정책결정자들의 입장에서 볼 때 장점을 가진다. 그럼에도 불구하고

25) Williams, *Social Policy Research and Analysis*, p. 8.

26) *Ibid.*, p. 13; 그리고 Alice Rivlin, *Systematic Thinking for Social Action* (Washington, DC: Brookings, 1971).

과거지향적 분석은 중요한 장점이 있다. 과거지향적 분석은 행위의 관찰된 결과, 즉 무엇이 실제로 작동하였고 하지 않았는지를 주로 강조하며, 기대된 정책 결과에 관한 추측에는 만족하지 않는다. 학문지향적 분석 및 문제지향적 분석은 정책결정을 이해하는 새로운 준거틀을 제공할 수 있고, 관습적 교훈에 도전하고, 사회적 및 경제적 신화에 문제를 제기하며, 여론의 분위기를 형성할 수 있다. 과거지향적 분석이 지적 우선순위 설정과 이해에는 영향을 미쳐 왔지만, 구체적인 문제에 대한 잠재적 해결방안 제시에는 그렇게 효과적이지 못하였다.[27]

2. 기술적 분석과 규범적 분석

[그림 1-2]는 또 하나의 중요한 대조, 즉 기술적 정책분석과 규범적 정책분석의 차이를 표현한다. 기술적 정책분석은 기술적 의사결정이론(*descriptive decision theory*)과 유사한데, 이는 행위를 기술 또는 설명하는 논리적으로 일관된 명제의 집합을 말한다.[28] 기술적 의사결정이론은 점검과 예측을 통하여 획득한 자료에 대한 관찰을 토대로 검증될 수 있다. 기술적 이론과 개념적 준거틀은 대부분 정치학, 사회학, 그리고 경제학에서 유래되었다. 이러한 이론과 준거틀의 주요기능은 인과적 메커니즘으로 알려진 인과성의 패턴을 찾아냄으로써 정책을 설명, 이해, 예측하는 것이다. 현지실험과 같은 점검의 접근방법의 주요 기능은 정책과 정책의 추정된 결과를 관련시키는 인과적 추론의 근사적 타당성(approximate validity)을 규명하는 것이다.[29] [그림 1-2]에서 기술적 정책분석은 왼쪽 아랫부분(점검)으로부터 오른쪽 윗부분(예측)으로 움직이는 축선으로 시각화될 수 있다.

규범적 정책분석은 규범적 의사결정이론(*normative decision theory*)과 유사한데, 이는 행위를 평가 또는 처방하는 논리적으로 일관된 명제의 집합을 말한다.[30] [그림 1-2]에서 규범적 정책분석은 오른쪽 아랫부분(처방)으로

27) Janet A. Weiss, "Using Social Science for Social Policy," *Policy Studies Journal*, 4, (Spring 1976), p. 237.

28) Bower, "Descriptive Decision Theory," p. 104.

29) Thomas D. Cook and Donald T. Campbell, *Quasi-Experimentation: Design and Analysis Issues for Field Settings* (Boston, MA: Houghton Mifflin, 1979): Shadish, Cook, and Campbell, *Experimental and Quasi-Experimental Designs for Generalized Causal Inference* (Boston, MA: Houghton Mifflin, 2002) 참조.

30) Bower, "Descriptive Decision Theory," pp. 104-105.

부터 왼쪽 윗부분(평가)으로 움직이는 축선으로 시각화될 수 있다. 상이한 유형의 지식이 기술적 의사결정이론과 구분되는 규범적 의사결정이론을 검증하는 데 필요하다. 평가와 처방의 방법들은 정책의 성과와 선호되는 정책에 관한 지식을 제공하는데, 정책이 편익이 비용을 초과하기 때문에 능률성에서 최적이라는 것, 정책이 필요성이 가장 큰 집단이 개선되기 때문에 형평성에서 최적이라는 것 등이다. 규범적 정책분석의 가장 중요한 특징 중 하나는 그 명제들이 능률성, 효과성, 형평성, 대응성, 자유, 계몽 그리고 안전 등과 같은 가치들에 기초를 두고 있다는 점이다.[31)]

3. 문제구조화와 문제해결

[그림 1-2]의 내부와 외부 사이클은 또 하나의 중요한 구분을 제시한다. 내부의 사이클은 문제구조화(*problem structuring*)의 과정을 나타낸다. 문제구조화의 절차는 문제의 정의에 이르는 요소들을 확인하기 위하여 고안되었지만, 해결방안을 확인하지는 않는다. 무엇이 문제의 주요 구성요소인가? 그 요소들이 정치적, 경제적, 사회적, 윤리적인가 또는 이 모든 것인가? 문제는 어떻게 구조화되는가, 다시 말하면, 예를 들어 구체적 요소들의 형상이 선형배열 또는 복잡한 체계로서 조직화되는가? 누가 문제에 영향을 미치고 영향을 받는 가장 중요한 이해관계자인가? 목표를 달성하기 위하여 어떠한 대안이 이용가능한가? 고려해야 하는 불확실한 사건이 존재하는가? 틀린 문제가 아니라 '올바른' 문제를 풀고 있는가?

이와 대조적으로 문제해결방법들이 [그림 1-2]의 외부 사이클에 자리잡고 있다. 문제해결은 개념적인 문제발견과 대조할 때 주로 기술적(technical)이다. 계량경제학 또는 편익-비용분석과 같은 방법이 문제해결방법이다. 문제가 해결되려면, 그 문제는 적절하게 구조화되어야만 한다. 예를 들어, 문제해결방법은 정책결과에서 얼마 정도의 분산(variance)을 하나의 독립변수가 설명하는가에 관한 질문에 답변한다. 분석결과 나타난 것과 같거나 큰 분산 값을 얻을 확률은 얼마인가? 서로 다른 정책의 순 편익은 무엇인가? 그 기대효

---

31) 이러한 가치 및 여타 기본 가치에 관한 고전적 전문학술서는 Harold. D. Lasswell and Abraham Kaplan. *Power and Society: A Framework for Political Inquiry*. New Haven: Yale University Press, 1950.

용 또는 청산가는 무엇인가?

4. 통합적 분석과 단편적 분석

통합적 정책분석(*integrated policy analysis*)은 [그림 1-2]의 두 반면, 네 사분면, 그리고 내부와 외부의 사이클을 연결한다. 과거지향적 형태와 미래 지향적 형태가 하나의 연속적 과정으로 결합된다. 기술적 분석과 규범적 분석도 문제구조화와 문제해결을 위하여 고안된 방법들과 마찬가지로 연결된다. 실제적으로 말하면 이는 정책분석이 다학문적 정책분석의 주요 영역들, 특히 경제학과 정치학을 연결함을 의미한다.

오늘날 이러한 필요성이 전문화된 사회과학분야에서 제대로 충족되지는 않으며, 각 분야는 자주 단편적 정책분석(*segmented policy analysis*)을 실행한다. 단편적인 학문분과들 사이의 간격을 메우는 작업이 행정학, 기획, 관리학, 그리고 정책분석을 포함하는 다학문적 전문직업 분야에서 이루어지고 있다. 미국행정학회(American Society of Public Administration: ASPA), 미국행정대학원협의회(National Association of Schools of Public Affairs and Administration: NASPAA), 미국기획학회(American Planning Association: APA), 국제행정대학원・기관협의회(International Association of Schools and Institutes of Administration: IASIA), 경영학술원(Academy of Management: AM), 미국OR학회(Operations Research Society of America: ORSA), 그리고 공공정책관리학회(Association for Public Policy and Management: APPM) 등은 이러한 전문직업 분야를 대변하는 조직이다. 정책분석가와 실무자들 사이에 실세계의 문제를 해결하려면 다학문적 연구가 필수적이며, 분과학문의 경계는 중요하지 않다는데 거의 합의했음에도 불구하고, 아직까지는 경제학과 정치학 분야가 이들 전문직업 분야에 개방해온 것보다는 이들 전문직업 분야가 경제학과 정치학 분야에 더욱 개방적이다.

이장 서두에서 제시된 통합적 정책분석의 틀([그림 1-1])은 분과학문이 과도하게 전문화되어 실질적인 문제해결에 적용하기 어려운 방법들의 가정, 장점, 그리고 한계점 등을 검토하는 데 도움이 된다. 통합적 정책분석의 준거틀은 정책분석 방법의 목표를 식별하고 연관시켜서 문제구조화, 점검, 평가,

예측, 그리고 처방이라는 방법들에 의하여 수행되는 특수한 기능들을 파악할 수 있게 한다. 그 준거틀은 정책분석의 서로 다른 유형들. 즉 미래지향적(사전적: *ex ente*) 대 과거지향적(사후적: *ex post*), 기술적 대 규범적, 그리고 문제구조화 대 문제해결을 식별해 준다. 이 준거틀은 왜 정책분석을 실제 문제를 해결하기 위하여 사회과학 이론, 방법, 그리고 실질적 발견을 연결하는 문제해결 학문분야로 정의하는지 설명해 준다.

Ⅴ. 정책분석의 실제

1. 재구성된 논리 대 사용 중인 논리

통합적 정책분석의 과정은 하나의 논리적 재구성(*logical reconstruction*)이다.[32] 모든 논리적 재구성은 행태의 추상화된 표현이며 행태의 사실대로의 기술은 아니기 때문에, 실제 정책분석의 실행이 이러한 재구성과 일치하는 경우는 없다.[33] 이와 같은 불일치가 사용중인 논리(*logic- in-use*)라는 용어로 표현되는데, 이는 분석 실행자들이 실제로 업무를 수행하는 방식을 말한다. 특히 실제 업무수행방식은 논리적 재구성에서 요구하는 방법론상 '우수사례'(best practices)와는 매우 다르다.[34] 우수사례의 변형 정도는 분석가의 개인적 특성, 그들의 전문직업적 사회화, 그리고 그들이 근무하고 있는 제도적 상황을 포함하는 몇 가지 요인에 달려있다.

- **인지방식**(*cognitive styles*). 분석가의 개인적 인지방식은 각각 상이한 방식으로 지식을 획득, 해석, 활용하도록 영향을 미친다.[35] 회사, 비영리조직, 그리고 미국 교정국(U.S. Department of Corrections) 및 국립과학재단(National Science Foundation)과 같은 공공기관들은 최적의 직원배치를 위하여 인지 스타일의 차이를 진단하는 다양한 도구를 사용한다.

32) 재구성된 논리(*reconstructed logic*)라고 부르기도 한다.

33) 재구성된 논리와 사용 중인 논리에 대해서는, Kaplan, *The Conduct of Inquiry*, pp. 3-11 참조.

34) 이러한 문제에 관한 사려깊은 분석으로는 Hal. K. Colebatch, Robert Hoppe, and Mirko Noordegraaf. *Working for Policy*. Amsterdam University Press, 2010 참조.

35) Myers-Briggs 유형의 지표(융의 개인적 성격 유형)를 이용한 연구들은 과학자, 관리자, 분석가들 사이에 각기 독특한 인지방식을 가지고 있음을 알려준다. Myers-Briggs가 제공한 참고문헌으로 Foundation at www.myersbriggs.org. 또한 그 요약으로서 Ian Mitroff and Ralph H. Kilmann, *Methodological Approaches to Social Science* (San Francisco: Jossey-Bass, 1978) 참조.

- **분석적 역할**(*analytic roles*). 기관의 맥락에서, 대다수의 분석가들은 대체로 정치와는 거리가 멀다. 그러한 이유로 이들 분석가들은 주로 '기술자들'(technicians)이다. 다른 분석가들은 기술적인 내용물에 더하여 정치적인 역할까지 수행한다. 이와 같은 '정치인들'(politicians)은 자신들이 보고하는 정치적 지도자 또는 정부 고위직 관료들의 이익을 확대하는 데 적극적으로 가담한다. 또 다른 활동적인 분석가들은 정책결정에 커다란 영향력을 추구하는 '기업가들'(entrepreneurs)이다.[36]
- **기관의 유인체제**(*institutional incentive systems*). 정책 '두뇌집단'(think tank)마다 '인간적-가치 비판적 지향'과 '과학적 지향'을 포함하여 분석에 대한 서로 다른 지향을 권장한다.[37] 기관에서의 보상 및 처벌 방식은 분석 결과와 제안의 타당성에 영향을 미치게 된다.[38]
- **기관의 시간제약**(*institutional time constraints*). 정부의 맥락에서 일하는 분석가들은 자주 빠듯한 제도적 시간제약(24 시간 내지 3일이 전형적임)을 받게 된다. 이들은 학술적 맥락에서 일하는 분석가들보다 더욱 빠른 속도로, 그리고 아마도 더욱 능률적으로 일한다. 그러므로 정부의 분석가들이 원자료를 수집하는 경우는 드물고, 복잡하고 시간이 많이 소요되는 기법들을 사용하지 못한다는 것을 이해할 수 있다.[39]
- **전문직업적 사회화**(*professional socialization*). 상이한 학문분야와 전문직업분야에서는 그 구성원들이 각기 다른 규범과 가치를 가지도록 사회화시킨다. 충실한 정책제안은 대체로 공식적-계량적 절차를 필요로 하는데도 불구하고, 출판된 보고서들을 분석해 보면, 분석가들은 공식적-계량적 접근방법과 더불어 비공식적-이야기체의 접근방법도 사용한다.[40]
- **다학문적 팀워크**(*multidisciplinary teamwork*). 공공기관에서 실시한 많

36) Arnold Meltsner, *Policy Analysts in the Bureaucracy* (Berkeley, CA: University of California Press, 1976); Robert A. Heineman, William T. Bluhm, Steven A. Peterson, and Edward N. Kearney, *The World of the Policy Analyst*, Chatham, NJ: Chatham House, 1990.

37) Pamela Doty, "Values in Policy Research," in *Values, Ethics, and the Practice of Policy Analysis*, ed. William N. Dunn (Lexington, MA: D.C. Health, 1983).

38) Donald T. Campbell, "Guidelines for Monitoring the Scientific Competence of Preventive Intervention Research Centers: An Exercise in the Sociology of Scientific Validity," *Knowledge: Creation, Diffusion, Utilization*, 8, No.3 (1987), pp. 389-430.

39) P. J. Cook and J. W. Vaupel, "What Policy Analysts Do: Three Research Styles," *Journal of Policy Analysis and Management*, 4, No.3 (1985), pp. 427-428 참조.

40) 초기에 대표적인 접근방법들을 개관한 것으로는 Janet A. Schneider, Nancy J. Stevens, and Louis G. Tornatzky, "Policy Research and Analysis: An Empirical Profile, 1975-1980," *Policy Sciences* 15 (1982), pp. 99-114 참조.

은 분석들은 다학문적인 팀에 의하여 이루어졌다. 일부 구성원들이 [그림 1-2]의 두 반면과 네 사분면에 보여준 상이한 유형의 분석에서 주된 책임을 맡게 된다. 경제학자와 의사결정분석가들이 보통 미래지향적(사전적: *ex ante*) 분석을 수행하는 데 더욱 적합한 반면, 정치학, 사회학, 프로그램 평가 분야에서 훈련받은 팀 구성원들은 대체로 과거지향적(사후적: *ex post*) 분석을 수행하는 데 더욱 적합하다. 팀의 효과성은 모든 구성원들이 다른 구성원이 사용하는 분석 방법의 기초를 어느 정도 이해하느냐에 달려있다.

2. 방법론적 기회비용

통합적 정책분석은 기회비용을 가지고 있다. 시간과 자원이 제한될 경우, 동시에 철저한 경제분석, 정치분석, 그리고 조직분석을 실시하기는 어렵다. 복수의 삼각화(*multiple triangulation*)[41] 또는 소위 쿡(Cook)이 말하는 '비판적 복수주의'(*critical multiplism*)[42]는 이러한 취약성에 대응하여 나타났다. 또 다른 방법론적 기회비용은 충분한 시간과 자원이 부족한 채로 논리적 실증주의, 구성주의, 또는 실용주의와 같은 과학철학의 신조와 원칙을 따르고자 시도하는 것이다.[43] 예를 들면, 오늘날 실증주의는 정책에 관한 진술은 논리적・경험적으로 검증 가능하고, 수리통계학과 같은 공식적 (이상적) 언어로 표현되며, 정책 이해당자자들이 주관적으로 의미를 부여한 행위로 구성되는 실재가 아니라 객관적 실재(objective reality)라는 관념과 일치하는 진술을 통하여 확인되어야 한다고 주장하는 일방적인 방법론과 인식론으로 여겨지고 있다. 쿡(Cook)이 주장하는 바와 이 논리적 실증주의는 존슨(Lyndon Johnson) 대통령의 빈곤에 대한 전쟁(War on Poverty) 시기에 수행된 정책분석과 프로그램 평가의 지배적인 방법론이었다. 논리적 실증주의와 비교하여 비판적 복수주의가 갖는 장점은 복수주의가 무엇이 알만한 가치가 있는

---

41) 삼각화(triangulation)의 방법론은 측량 조사(geodesic surveys), 지도제작법(cartography), 항해, 그리고 보다 최근에는 위성추적 등에서 활용되는 관례들을 유추한 것이다. 특정 물체(object)의 위치나 장소는 둘 또는 그 이상의 고정지점들로부터의 상대적 위치 또는 알고 있는 거리만큼 떨어진 전자신호를 통해서 찾을 수 있다.

42) Cook은 논리적 실증주의에 대한 하나의 대안으로 비판적 복수주의를 발전시켰다. Thomas D. Cook, "Post-positivist Critical Multiplism," in *Social Science and Social Policy*, ed. R. Lane Shotland and Melvin M. Mark (Beverly Hills, CA: Sage Publications, 1985), pp. 21-62 참조.

43) 논리적 실증주의에 대한 철저한 비판적 분석은 Mary E. Hawkesworth, "Epistemology and Policy Analysis," in *Advances in Policy Studies since 1950*, ed. Dunn and Kelly, pp. 292-38; 그리고 Hawkesworth, *Theoretical Issues in Policy Analysts* 참조.

것인지, 그리고 무엇이 정책에 관하여 알려진 것인지에 관하여 다양한 관점으로부터 종합화하는 절차를 활용함으로써 진실이 무엇인지에 관해 좀 더 나은 근사값(approximation)을 제공한다는 것이다.[44)]

복수주의의 단점은 그 비용에 있다. 복수의 학문분야의 관점들을 종합하는 것은 복수의 방법들, 복수의 측정수단들, 그리고 복수의 자료출처들의 사용에서와 마찬가지로 상당한 기회비용을 가지고 있다.[45)] 측정의 정확성과 통계학적 일반화를 확보하기 위하여 계량경제 모델링과 같은 하나의 방법을 채택할 때, 분석가는 문화기술적 인터뷰(ethnographic interviews), 사례연구, 그리고 다른 질적 방법을 통하여 정책에 관한 심층적인 이해를 얻을 수 있는 기회를 포기하게 된다. 한 저명한 계량경제학자가, 경제학자들은 자료를 수집하는 훈련이 아닌 오직 자료를 분석하는 훈련만을 받았기 때문에 사회과학자들 가운데에서도 독특하다는 점에 주목하면서, "경험적 연구는 문제의 맥락에 주의를 기울이고(자료-도출 과정), 그리고 자신이 도출한 자료에 대해 많은 사실을 앎으로써 크게 개선될 수 있다."고 지적하였다.[46)] 이와 유사한 교환관계(trade-offs)가 정책결정의 맥락에 관한 심층적인 이해를 희생하는 대가로 측정의 정확성과 일반화된 정책의 인과성을 획득하는 연구종합 또는 메타분석의 방법에도 적용이 된다.[47)]

이와는 대조적으로 문화기술적 인터뷰는 인터뷰를 통한 실질적인 1차 자료 수집이 필요하기 때문에 지식의 비용이 매우 높다. 그러나 문화기술적 인터뷰는 또한 정확성이 결여되고 정책의 인과관계를 다른 맥락에 일반화시키는 데 제약이 있다. 비록 현지실험을 통하여 더 큰 정확성이 확보될 수 있지만, 이들 방법이 혼합(양적과 질적) 방법과 연계되어 이용될 경우 특히 많은 비용이 투입되어야 한다. 확실히 수렴적(그리고 차별적) 관점들, 방법

---

44) Cook, "Postpositivist Critical Multiplism," p. 57.

45) David Brinberg and Joseph E. McGrath, *Validity and the Research Process* (Beverly Hills, CA: Sage Publications, 1985) 참조. Brinberg와 McCarth, 그리고 방법론적 실용주의자들은 방법의 선택이 의사결정분석에 있어서의 최적화 문제와 유사한 것으로 본다. C. West Churchman, *Prediction and Optimal Decision: Philosophical Issues of a Science of Values* (Englewood Cliffs, NJ: Prentice Hall, 1961); 그리고 Russel Ackoff, *Scientific Method: Optimizing Applied Research Decisions* (New York: John Wiley, 1962) 참조.

46) Peter Kennedy, *A Guide to Econometrics*, 4th ed. (Cambridge, MA: MIT Press, 1998), pp. 82-84.

47) Lawrence Rudner, Gene V. Glass, David L. Evartt, and Patric J. Emery, *A User's Guide to the Meta-Analysis of Research Studies*. ERIC Clearinghouse on Assessment and Evaluation., University of Maryland, College Park, 2002. http://echo.edres.org 참조.

그림 1-3 다양한 방법 사용의 기회비용

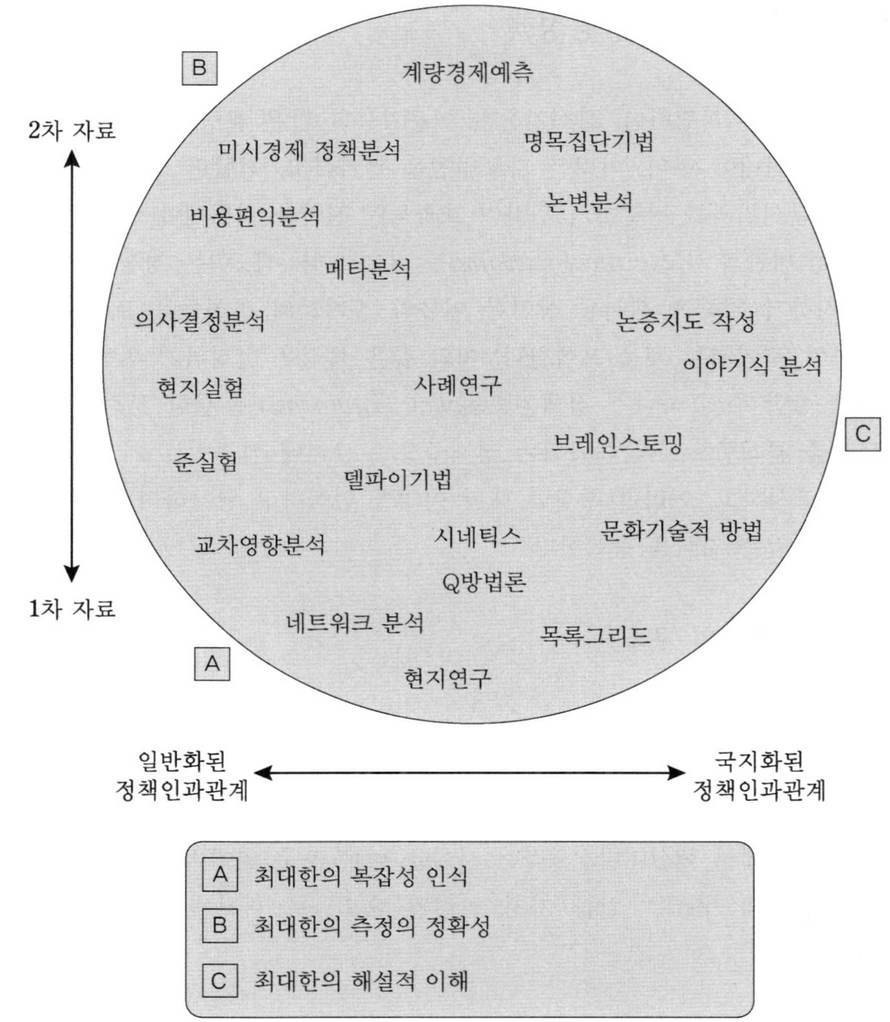

출처: Diesing(1991): 88에서 수정함.

들, 그리고 측정수단들을 종합하면 정책분석과 다른 응용사회과학의 타당성을 제고시킬 수 있다.[48] 그러나 시간과 재정적 제약 때문에 상충관계가 불가피하다.

48) 여러 가지 형태에 있어서의 종합화를 위한 사례는 Campbell, *Methodology and Epistemology for Social Science*, ed. Overman에서 찾을 수 있다.

Ⅵ. 비판적 사고와 공공정책

정책분석은 복잡하다. 분석가들은 이용가능한 많은 분량의 양적 및 질적 자료를 가려내야 하며, 이러한 자료원천을 평가하고, 적합한 분석방법을 선택하며, 분석결과를 전달하기 위하여 효과적인 전략을 채택해야 한다. 이러한 도전들이 비판적 사고(*critical thinking*)를 필요로 하는데, 이는 경쟁적인 주장을 지지하기 위하여 제시된 상이한 이유와 증거들의 출처들을 조직화하고, 종합하며, 평가하는 것을 포함한다. 이와 같은 목적을 달성하기 위하여 사용가능한 방법 중의 하나가 정책논증(*policy arguments*)에 관한 분석이다. 정책논증을 분석함으로써 대립되는 정책주장의 근저에 깔려있는 가정들을 찾아내어 조사하고, 이러한 주장에 대한 이의를 인식하고 평가하며, 다양한 출처로부터 얻은 지식을 종합한다.

1. 정책논증의 구조

정책논증은 공공정책에 관한 토론을 이끌어 가는 주요 수단이다.[49] 사회과학자들이 스스로 과학적 방법의 사용에 당당하게 자부심을 가지는 경우에도 "정책은 언어로 만들어진다. 문서이든 구두의 형태이든, 논증은 모든 단계의 정책과정에서 핵심이다."[50]라는 사실을 너무 자주 잊어버린다.

정책논증의 구조는 일곱 가지 관련된 요소들로 나타낼 수 있다([그림 1-4]).[51]

---

49) Frank Fischer and John Forester, eds., *The Argumentative Turn in Policy Analysis and Planning* (Durham, NC: Duke University Press, 1993) 참조. 정책논변에 관한 초기 저작으로는 Ian I. Mitroff and Richard O. Mason, *Creating a Dialectical Social Science* (Boston: D. Reidel, 1981); William N. Dunn, "Reforms as Arguments," *Knowledge: Creation, Diffusion, Utilization* 3 (1982): 293-326; Donald T. Campbell, "Experiments as Arguments," *Knowledge: Creation, Diffusion, Utilization* 3 (1982): 327-47; Giandomenico Majone, *Evidence, Argument and Persuasion in Policy Pocess* (New Haven, CT: Yale University Press, 1989); 그리고 Stone, *Policy Paradox and Political Reason* 참조.

50) Majone, *Evidence, Argument, and Persuasion*, p. 1.

51) 이와 같은 논증의 구조모형은 호주에서 Tim van Gelder와 그의 동료들이 개발한 *Rationale 2*로 불리 우는 컴퓨터 소프트웨어의 일부분이다. URL: www.austhink.com. 고전적인 구조모형은 Stephen Toulmin, *The Use of Argument* (Cambridge: Cambridge University Press, 1958)과 그리고 Stephen Toulmin, A. Reike, and A. Janik, *An Introduction to Reasoning* (New York: MacMillan, 1984)에서 소개되고 있다.

그림 1-4 정책논증의 요소

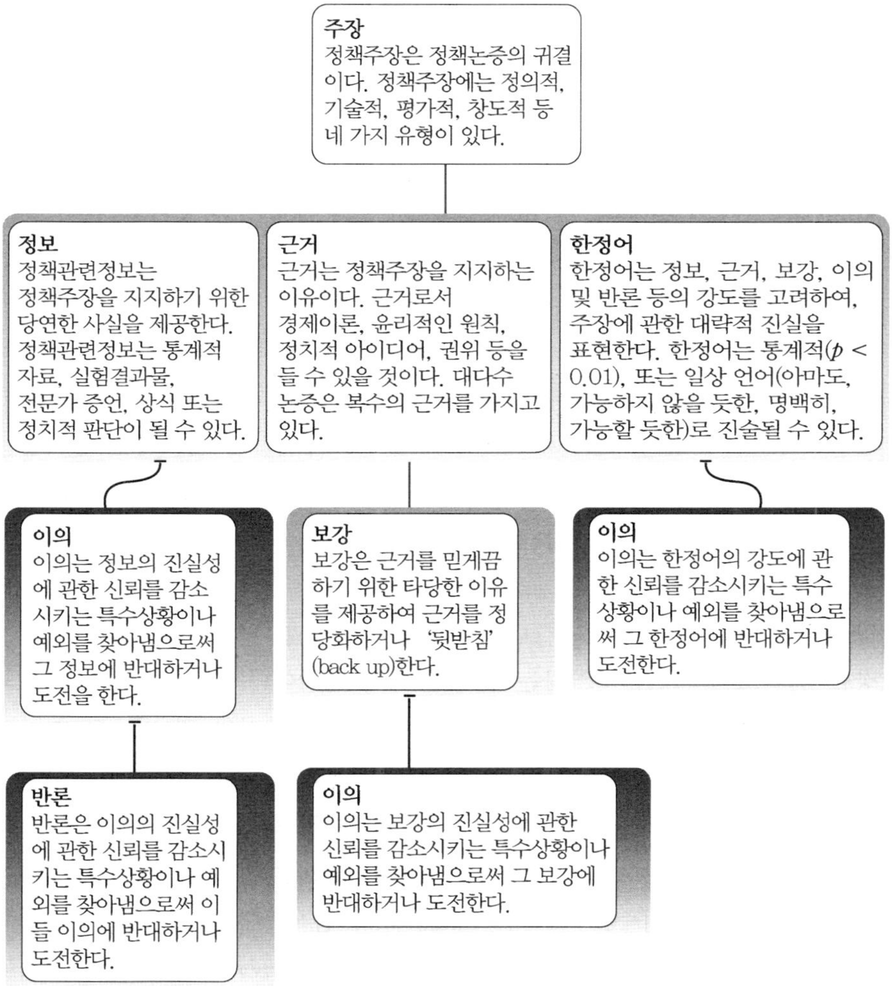

- **정책주장**(*Policy claim: C*). 정책주장은 정책논증의 결론이다. 정책주장에는 상이한 유형이 있다. 일부는 규범적("의회는 공정고용시행법 개정안을 반드시 통과시켜야 한다.")이며, 일부는 기술적("인터넷 사용은 향후 10년간 두 배가 될 것이다.")이다. 한편 일부는 평가적("고용기회의 분배가 불공정하다.")이며, 일부는 정의적("실업은 활동적인 노동자 가운데 일을 찾고 있는 사람의 숫자이다.")이다.
- **정책관련지식**(*Policy-relevant knowledge: K*). 정책관련지식은 정책주장

의 기초를 제공한다. 이러한 기초는 통계자료, 실험결과, 전문가 증언, 일반 상식일 수 있다. 정책관련지식은 **"어떠한 지식이 그 주장에 적합한가?"**라는 질문에 대한 답변이다. 모든 논증의 출발점인 지식은 정책 주장의 기초를 제공한다. 정책논증은 논증의 연쇄를 형성할 수 있고, 나무 또는 사이클로 가지치기될 수 있다.

- **근거**(*warrant: W*). 근거는 주장을 지지하는 이유이다. 근거는 경제이론, 윤리적 원칙, 정치적 아이디어, 또는 전문가의 권위일 수 있다.[52] 근거는 **"이러한 이유가 왜 그 주장을 지지하느냐?"**라는 질문에 대한 답변이다. 상이한 종류의 근거들이 서로 다른 학문과 전문직업 분야에서 만들어진 논증들과 관련된다. 예를 들면, 법률 분야에서는 사례 비교와 증거의 법칙을 사용하는 데 비하여 경제학에서는 이론 및 화폐의 효용체감법칙과 같은 법칙들을 사용한다. 사회과학자들뿐만 아니라 정책결정자들은 "인종청소는 그 지역에서 NATO의 신뢰성을 구축하도록 하였던 공중폭격에 의해 저지될 수 있을 것이다."와 같은 인과적인 근거를 사용한다. 주장이 수용될 수 있도록 정당성을 부여해 주는 근거는 "주어진 지식을 고려할 때, 어떤 이유가 그 주장을 진실로 만들었는가?"라는 질문에 대한 답변이다.
- **한정어**(*Qualifier: Q*). 한정어는 지식, 근거, 보강, 이의 및 반론의 크기가 주어졌을 때, 주장이 대략 진실에 어느 정도 근접하는지를 표현한다. 사회과학자들은 공식적 확률 용어(p=0.01)로 한정어를 표현할 수 있지만, 일상적 용어로는 틀림없이(*certainly*), 절대적으로(*absolutely*), 필연적으로(*necessarily*), 아마도(*probably*), 십중팔구(*in all likelihood*), 짐작컨대(*presumably*), 명백히(*apparently*), 그리고 뜻밖의 상황이 없으면(*barring unforeseen circumstances*) 등과 같은 말로 주장을 한정시키는 것이 전형적인 방법이다. 한정어는, 그렇지 않으면(unless)이라는 단어로 시작되며, "그 주장이 얼마나 강하고 믿을 수 있는가?"라는 질문에 대한 답변이다. 주로 논변과 토론의 과정을 통하여 정책결정자와 정책분석가 및 다른 정책이해관계자들이 논증을 조정하고 때때로 포기하기도 한다. 이러한 변화가 발생할 경우, 그 변화는 이의(objections)와 반론(rebuttals)의 강도를 기반으로 한다.
- **보강**(*Backing: B*). 보강은 근거를 지지 또는 '뒷받침'(back up)하는 부가

52) 상이한 유형의 근거들이 제8장에 논의된 정책논증 '유형'(modes)의 기초이다.

적인 이유이다. 보강은, 그 이유는(*because*)이라는 단어로 시작되며, “그 근거가 주장을 왜 지지하는가?”라는 질문에 더 일반적인 이유, 가정, 또는 논증을 제시하여 답변한다. 상이한 학문분과와 전문직업분야에서 각기 상이한 형태의 보강을 사용한다. 보강은 과학적 법칙, 증거의 규칙, 전문가의 권위에 호소, 또는 윤리적 · 도덕적 원칙일 수 있다. 예를 들면, 앞에서 인용한 “인종청소는 그 지역에서 NATO의 신뢰성을 구축하도록 하였던 공중폭격에 의해 저지될 수 있을 것이다”라는 근거를 생각해 보자. 물리력 사용을 옹호하는 근거에 대한 보강으로 “대안의 비용이 증가할수록, 그 대안의 채택가능성이 적어질 것이다”라는 효용체감 법칙의 비공식적 표현을 사용하는 경우가 많다.

- **이의**(*Objection: O*). 이의는 지식, 근거, 보강, 또는 한정어의 진실성에 관한 신뢰를 감소시키는 특수상황 또는 예외를 확인함으로써 이들 지식, 근거, 보강, 또는 한정어에 반대하거나 도전한다. 이의는, 그러나(but)라는 단어로 시작되며, “근거의 신뢰성을 위협하는 특수상황 또는 예외의 경우가 존재하는가?”라는 질문에 대한 답변이다. 이의를 분석에 포함시키는 분석가는 취약하거나 숨겨진 가정을 확인하고, 의도하지 않은 결과를 예상하며, 또는 이의에 가능한 반론을 제기함으로써, 이슈에 비판적인 시각을 취할 가능성이 크다. 그런 까닭에 분석가는 자기 비판적일 수 있고, 자신의 가정과 다른 사람의 가정에 도전을 할 수 있다.
- **반론**(*Rebuttal: R*). 반론은 이의에 대한 일종의 이의이다. 반론은 이의의 진실성에 관한 신뢰를 감소시키는 특수상황 또는 예외를 확인함으로써 이의에 반대하거나 도전한다. 반론은, 그렇지만(however)이라는 단어로 시작되며, “이의에 관한 신뢰성을 위협할 특수상황 또는 예외의 경우가 존재하는가?”라는 질문에 대한 답변이다. 정책결정은 정책의 반대자와 지지자들 사이의 흥정, 협상, 경쟁을 포함하기 때문에 대부분의 정책논증에는 이의와 반론이 있다.

분석가의 관점은 그들의 근저에 깔린 근거, 보강, 이의, 그리고 반론을 확인함으로써 알 수 있다. 매우 의미있는 것으로, 동일한 정책관련지식도 일반적으로 분명하게 다른 방식으로 해석된다. 도시지역 범죄율의 감소를 도시

빈민들은 환영하고, 도시 중심상가 소유주들은 회의적으로 보며, 범죄학자들은 도시지역 범죄가 실업과 무주택자의 변화에 의한 것으로 여겨 이를 받아들이지 않고, 선출직 공직자들은 이를 뛰어난 성과라고 환호할 수 있다. 이와 같은 경쟁적인 논증들과 이들 논증의 근저에 깔려 있는 가정들을 검토함으로써, 정책분석가들은 그렇지 않을 경우 그냥 지나쳐 버리게 될 논거와 증거들을 발견하고 비판적으로 평가할 수 있다. 이와 동등하게 중요한 것은 비판적 사고를 통하여 분석가들 자신이 얻는 것인데, 분석가들은 자신의 주장에 대한 이의, 조건, 그리고 예외를 검토함으로써 자신의 가정을 면밀히 살펴볼 수 있다.

요 약

이 장에서는 정책관련지식의 생산과 전환에서 방법의 기능들을 식별하는 정책분석의 준거틀을 소개하였다. 본 준거틀의 네 가지 영역은 내부 및 외부 사이클과 함께 이러한 방법들의 뚜렷한 특징에 관심을 가지게 하고, 상이한 사회과학 학문과 전문 직업분야에서 이들 방법의 원천을 밝혀 준다. 한 가지 방법만으로는 모든 문제 또는 대다수의 문제에 적합하지 않기 때문에, 교환(상충)관계와 기회비용이 포함되는 다학문적 분석이 필요하다. 그리고 교환(상충)관계와 기회비용의 분석에 비판적 사고가 요구된다. 정책논증에 관한 분석은 비판적인 사고의 목적에 잘 부합된다.

복습문제

1. 정책분석을 정책분석방법의 응용과 구분되는 하나의 탐구과정으로 정의하는 것이 무엇을 의미하는가?
2. 정책관련지식의 유형, 정책분석 방법, 그리고 지식전환의 역동성을 기술하라.
3. 단편적 정책분석과 통합적 정책분석을 대조하라. 예를 들어라.
4. 규범적 의사결정이론은 기술적 의사결정이론과 어떻게 다른가?
5. 문제해결과 문제구조화 사이의 주요 차이점을 나열하라.
6. 과거지향적 분석과 미래지향적 분석을 대조하라. 어떠한 사회과학의 학문분과가 미래지향적 분석 또는 과거지향적 분석을 전문적으로 다루려는 경향이 있는가?
7. 비판적 복수주의의 강점과 한계점에 관하여 논하라.

8. 정책분석의 '사용중인 논리'와 '재구성된 논리'를 대비하라. 예를 제시하라.
9. 논증지도작성(argumentation mapping)은 어떻게 분석가들이 비판적 사고자가 될 수 있도록 도와줄 수 있는가?

시범과제

1. 스코어카드는 정책의 복잡한 결과와 영향을 표현하는 편리한 방법이다. 또한 스코어카드는 존재하지 않을 수도 있는 인과적 연계를 가정한다. 정책의 효과를 평가하는데 이용할 수 있는 다른 방법은 무엇인가? 귀하의 답변의 지침으로 <표 C1-1>로 되돌아가 보라.
2. 영향다이어그램과 의사결정나무는 정책문제의 구조화를 위한 유용한 방법이다. [그림 C1-1]의 영향다이어그램과 의사결정나무는 정책관련자들, 정책대안들, 불확실한 결과 및 사건들, 이러한 결과 및 사건들에 관한 확률, 그리고 가치 있는 결과(가치 있는 결과는 목표임)를 확인하는 데 도움을 준다. 석유수출국기구(OPEC)의 석유 금수 조치로 미국의 에너지 공급과 국가안보에 중대한 도전을 제기하였던 1973년도와 1974년도 당시 에너지 공급 문제를 나타내는 영향다이어그램을 생각해 보라. [그림 C1-1]이 문제를 형성하는 데 어떻게 도움이 되는가? 에너지 부족의 원인과 교통사고 사망율 감소의 원인에 대하여 화살표가 암시하는 것은 무엇인가? 55mph 속도제한을 야기시킨 상황들과 그 효과성에 대하여 영향다이어그램이 암시하는 것은 무엇인가? 영향다이어그램을 의사결정나무(의사결정나무는 영향다이어그램에 기초를 둔 것임)와 비교한 후, 이 두 가지 문제표현들이 왜 기술적 결정이론과 규범적 결정이론의 좋은 예가 되는지를 기술하라.
3. [사례 1.3]에 제시된 영향다이어그램을 바탕으로 하여 논증지도를 만들어라. 다음과 같은 주장으로 시작하라. "미국은 연료를 보존하고 인명을 구조하기 위하여 55mph 속도제한으로 돌아가야만 한다." 귀하의 논증지도에 가능한 한 많은 근거, 보강, 이의, 그리고 반론을 포함시켜라. 원래의 한정어가 '틀림없이' (certainly) 였다고 가정하고, 우리가 단순하고, 정적이며, 논란의 여지가 없는 논증으로부터 복잡하고, 동적이며, 논란의 여지가 많은 논증으로 옮겨감으로써 그 한정어를 변화시킬 수 있는지 말하라.

추천문헌

Angrist, Joshua D., and Jörn-Steffen Pischke, “The Credibility Revolution in Empirical Economics: How Better Research Design is Taking the Con Out of Econometrics” *Journal of Economic Perspectives*, Vol.24, No. 2 (Spring 2010): 3 - 30.

Campbell, Donald T. *Methodology and Epistemology for Social Science: Selected Papers*. Edited by E. Samuel Overman. Chicago: University of Chicago Press, 1988.

Diesing, Paul. *How Should Social Science Works: Reflections on Practice*. Pittsburgh, PA: Pittsburgh University Press, 1991.

Dunn, William N. and Rita Mae Kelly. *Advances in Policy Studies since 1950*. New Brunswick, NJ: Transaction Books, 1992.

Fischer, Frank, and John Forester. *The Argumentative Turn in Policy Analysis and Planning*. Durham, NC: Duke University Press, 1993.

Imbens, Guido W. and Donald B. Rubin. *Causal Inference for Statistics, Social, and Biomedical Sciences*. Cambridge: Cambridge University Press, 2015.

Kaplan Abraham, *The Conduct of Inquiry: Methodology for Behavioral Science*, San Francisco, CA: Chandler, 1964.

Mac Rae, Duncan Jr. *The Social Function of Social Science*. New Haven, CT: Yale University Press, 1976.

Quade, Edward S. *Analysis for Public Decisions*. New York: American Elsevier, 1975.

Shadish, Will, Cook, Thomas D., and Donald T. Campbell, *Experimental and Quasi-Experimental Design for Generalized Causal Inference*. Boston: Houghton Mifflin, 2002.

Stone, Deborah, *Policy Paradox: The Art of Political Decision Making*. Rev Ed. New York: W.W. Norton, 2001.

Toulmin, Stephen, R. *Return to Reason*. Cambridge, MA: Harvard University Press. 2001.

Toulmin, Stephen E., Rieke, Richard, and Alan Janik, *An Introduction to Reasoning*. 2nd ed. New York: Macmillan, 1984.

Van Gelder, Tim. *The Rationale for Rationale,* Law, Probability, and Risk 6 (2007): 23-42.

사례 1.1

굍러 스코어카드와 기술변화

선진 기술이 정책목표의 달성을 위하여 사용될 때, 복잡한 사회·기술적 시스템(sociotechnical system)이 관여한다. 그러한 기술의 비용과 편익에 관한 종합적 경제분석을 실시하는 것이 분석적으로는 매력적이지만, 대부분 실무분석가들은 그러한 시간적 여유 또는 자원이 부족하다. 정책결정의 시간적 제약을 고려할 때 많은 분석들이 수일에서 한 달 정도 기간 내에 끝마쳐야 하며, 대부분의 경우 정책분석에는 새로운 자료의 수집과 분석이 포함되지 않는다. 프로젝트 추진 초기부터 정책결정자들과 그 참모들은 대체로 개괄적인 문제 상황, 그리고 대안적 정책들의 잠재적 영향을 알고 싶어 한다. 이와 같은 상황에서는 스코어카드(scorecard)가 적합하다.

랜드(RAND)회사의 굍러(Bruce Goeller)의 이름을 따서 지은 굍러 스코어카드는 이와 같은 목적에 부합된다. <표 C1.1-1>은 대안적 운송체제들의 영향을 보여준다. 그 영향 가운데 일부는 그 지역사회의 구성원들이 이용하는 운송서비스를 포함하는 반면, 다른 영향은 저소득집단에 대한 영향을 포함한다. 퀘이드(Quade)가 관찰한 바와 같이, 이 경우 많은 수의 다양한 영향을 달러로 환산하여 평가하기 어렵기 때문에 비용편익분석을 적용하기 어렵거나 심지어는 적용 불가능하다.[53] 다른 영향으로는 투자, 창출된 일자리, 매출, 그리고 세수입 등과 같은 재정적 그리고 경제적 질문들을 포함한다. 다른 영향은 운송에 관한 차별(적) 효과를 포함하기 때문에 분배적이다.

53) E.S. Quade, *Analysis for Public Decisions*(New York: American Elsevier, 1975), p. 65.

표 C1.1-1 스코어카드

사회적 영향	일반이착륙 비행기 (CTOL)	수직이착륙 비행기 (VTOL)	공기부상식 초고속철도 (TACV)
운 송			
승객(100만 마일)	7	4	9
여행 당 시간(시간)	2	1.5	2.5
여행 당 비용(달러)	$17	$28	$20
감소된 교통혼잡(%)	0%	5%	10%
재 정			
투자(100만 달러)	$150	$200	$200
연간 보조금(100만 달러)	0	0	90
경 제			
추가 일자리(1,000명)	20	25	100
추가 매출(100만 달러)	50	88	500
지역사회			
소음(가구)	10	1	20
추가된 대기오염(%)	3%	9%	1%
석유 절약(%)	0%	-20%	30%
재배치된 가구	0	20	500
손실된 세금(100만 달러)	0	0.2	2
파괴된 랜드마크	None	None	Fort X
분배적			
저소득층 수송(%)	7%	1%	20%
저소득 가구 소음 피해(%)	2%	16%	40%

출처: Goeller(1974); Quade, *Analysis for Public Decisions*(1975), p. 60.
주: Conventional takeoff and landing aircraft (CTOL: 전통적 이착륙 항공기); vertical takeoff and landing aircraft(VTOL: 수직 이착륙 항공기); tracked air-cushion vehicle (TACV: 공기 부상식 초고속 철도)

사례 1.2

영향다이어그램과 의사결정나무를 이용한 에너지와 고속도로 안전정책문제의 구조화

이 장 초반에 논의([그림 1-1])된 다른 정책분석방법들과 마찬가지로, 영향다이어그램(*influence diagram*)과 의사결정나무(*decision tree*)는 정책문제의 구조화를 위한 유용한 도구이다.[54] 영향 다이어그램 [그림 C1.2-1]은 1974년 전국최고속도제한법(National Maximum Speed Limit, NMSL) 정책을 나타내는데, 이 정책에서 55mph 속도제한을 설정하였다.

[그림 C1.2-1]에서 직사각형은 정책선택 또는 결정교점(node)을 말하는데, 이 경우에는 55mph 전국 최고속도제한에 관한 채택과 미채택 사이의 선택을 말한다. 결정교점의 바로 오른편과 위편에 타원형으로 나타낸 불확실한 사건들이 있는데, 이들은 결정교점과 화살표로 연결되어 있으며, 속도제한이 그들에게 어떻게 영향을 주고 받는지 보여준다. 둥근 모서리의 직사각형은 가치 있는 정책결과 또는 목표를 나타낸다. 이 경우의 목표는 연료소비 축소, 운전시간 단축, 교통사고 및 부상자 감소이다. 그 목표의 오른편엔 또 다른 둥근 모서리의 직사각형이 있으며, 이는 네 가지 목표들의 순편익(편익에서 비용 공제)을 나타낸다. 이 사례에서 영향다이어그램의 활용 때문에 발견한 놀라운 결과는 불황 및 실업과 같은 인과적으로 관련된 경제적 사건들인데, 이들은 운전시간에 영향을 미치고, 결국 네 가지 목표들 모두에 영향을 미쳤다. 그 '근본적 원인'(root cause)은 석유수출국기구의 금수조치인 것으로 나타났다.

54) 이 다이어그램과 의사결정나무는 Syncopation Software 회사의 Decision Programming Language (DPL)를 사용하여 작성하였고, 이 프로그램은 http://www.syncopation.com에서 구입할 수 있다. 교육용, 전문가용, 상업용 버전의 DPL 7.0이 이용가능하다.

그림 C1.2-1 영향 다이어그램과 의사결정나무

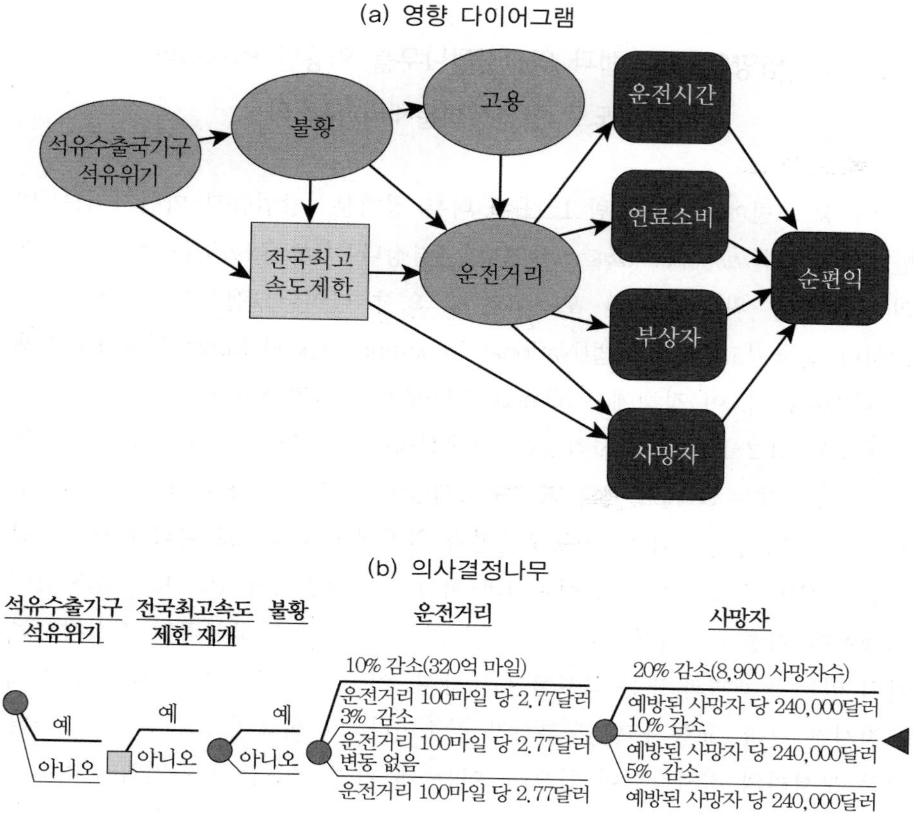

의사결정나무는 영향 다이어그램의 또 다른 표현이다. 영향 다이어그램은 정책선택과 불확실한 사건들이 어떻게 목표들의 달성에 영향을 미치는지를 보여주는 데 반하여, 의사결정나무는 그러한 목표들의 화폐적 가치를 나타낸다. 이 축약되고 간소화된 의사결정나무에는 두 가지 대안(NMSL의 갱신 또는 갱신반대)뿐만 아니라 OPEC 석유위기, 불황, 운전거리 비용, 그리고 감소된 교통사고 사망자의 편익(달러) 등을 포함하여 나타내는 두 개의 가지가 있다. 이 중 굵은 가지는 발생의 가능성이 가장 크거나 또는 이미 발생된 사건들을 보여준다.

사례 1.3

국제안보와 에너지위기 지도작성

문제를 표현하는 또 하나의 방법은 이 장 [그림 1-4]에 소개한 논증지도 작성을 사용하는 것이다. 정책담론 구조화에서 논증 지도작성의 역할은 1962년 10월 쿠바 미사일 위기 동안의 외교정책결정에 관한 앨리슨(Allison)의 잘 알려진 연구에 의해 예시될 수 있다.[55] 앨리슨은 어떻게 상이한 설명적 모형들이 서로 다른 결론을 가져오는지 보여주면서, 정부의 정책분석가들이 묵시적인 개념적 모형을 사용하여 정책을 생각하고 대안을 형성한다고 본다. 이러한 개념적 모형은 정치적 선택의 합리성(합리적 행위자모형), 조직과정에서 생성된 관성(조직과정모형), 그리고 관료적 정치의 효과(관료정치모형)를 가정하는 관점에서 정부의 행태를 설명한다.

1962년 당시 미국이 취할 수 있는 정책대안으로는 아무런 조치를 취하지 않는 대안에서부터 외교적 압력, 비밀협상, 침투작전, 국부공중폭격, 그리고 해안봉쇄에 이르기까지의 대안이 열려 있었다. 쿠바 미사일 위기가 발생한 당시 대두되었던 몇 가지 주장들 중에서 미국 정부가 실제로 채택한 정책, 즉 "미국은 쿠바를 봉쇄하여야 한다."를 고려해 보자. 이 경우에 정책관련지식(I)는 "소련이 공격용 미사일을 쿠바에 배치하고 있다."이다. 근거는 "봉쇄는 미국이 군사력을 사용하기로 결정했다는 것을 러시아에게 보여줌으로써 미사일의 철수를 강요하게 할 것이다."라는 진술이다. 그 근거를 받아들이기 위한 이유를 제공하기 위하여, 보강(B)은 "어떤 대안의 비용이 증가하면 그 대안이 선택될 가능성은 줄어든다."라고 진술함으로써 근거를 지지한다.[56] 이러한 보강(B)은 합리적 정책모형 내에서 일반적인 이론적 명제 또는 법칙을 나타낸다. 그런데 이의(O)가 이와 같은 근거에 도전하여 성공한 이후에는 한정어(Q)가 절대적으로(*absolutely*)에서 의심스러운(*doubtful*)으로 바뀌게 된다.

앨리슨의 관점은 어떻게 복수의 경쟁적인 설명이 비판적 사고를 촉진하

---

55) Graham T. Allison, "Conceptual Models and the Cuban Missile Crisis," *American Political Science Review* 3002, no.3(1060): 689-718.

56) Allison, "Conceptual Models," p. 694.

는지 보여준다. 복수의 경쟁적 모형의 사용은 분석을 단순하고 논란의 여지(반대)가 없는 논증([그림 C1.3-1])으로부터 복잡하고, 논란의 여지가 있으며, 또한 역동적인 새로운 논증([그림 C1.3-2])으로 옮겨 놓는다. 이와 같은 변화는 주장의 근거와 보강에 대하여 심각한 이의가 제기되었기 때문에 일어난다. 그 이의는 "그러나 소련의 지도자들은 그들 자신의 해군부대로 하여금 확립된 조직의 관례에서 벗어나도록 납득시키지 못할 수 있다."라는 진술이다. 이러한 이의를 위한 근거는 "조직에 관한 대부분의 연구가 조직행태의 주요 노선들이 직선적인 경향이 있음을 보여준다. 어느 시점 t+1에서의 행태는 시점 t에서의 행태와 아주 근소한 차이가 있을 뿐이다.[57] 그 봉쇄는 작동되지 않을 것이다."이다. 이의를 위한 근거는 역시 조직과정모형 내에서의 일반적인 명제 또는 법칙인데, 달리 말하면 정책변화에 관한 분절적 점증주의 이론으로도 알려져 있다.

OPEC 석유금수조치에 관한 단순하고 반대가 없는 논증지도가 쿠바 미사일 위기에 대한 논증과 함께 소개되어 있다([그림 C1.3-1(a)]와 [그림 C1.3-1(b)]). 그 비교를 통하여 단순한 논증지도가 무비판적인 사고(*un-critical thinking*)를 나타내고 있음을 알 수 있다. 반면에 같은 위기에 관하여 복잡하고, 역동적이며, 그리고 논란의 여지가 있는 논증지도([그림 C1.3-2(a)]와 [그림 C1.3-2(b)])는 비판적 사고(*critical thinking*)가 무엇을 의미하는지 실제로 보여준다.

57) Ibid., p. 702.

그림 C1.3-1 단순 논증지도는 정태적이고 반대가 없음

(a) 쿠바 미사일 위기: 단순하고 반대가 없는 논증

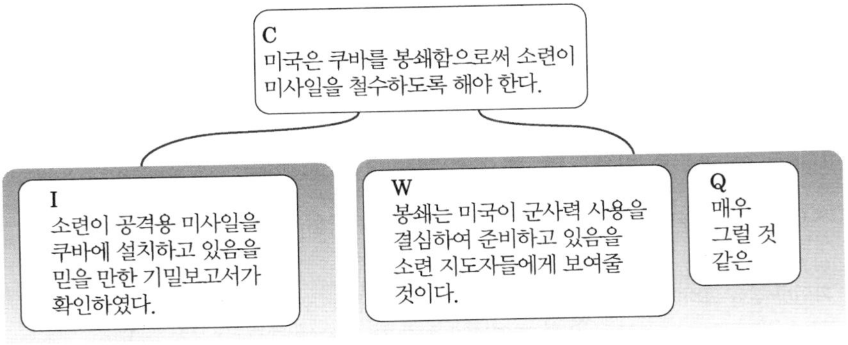

(b) 55mph 속도제한: 단순하고 반대가 없는 논증

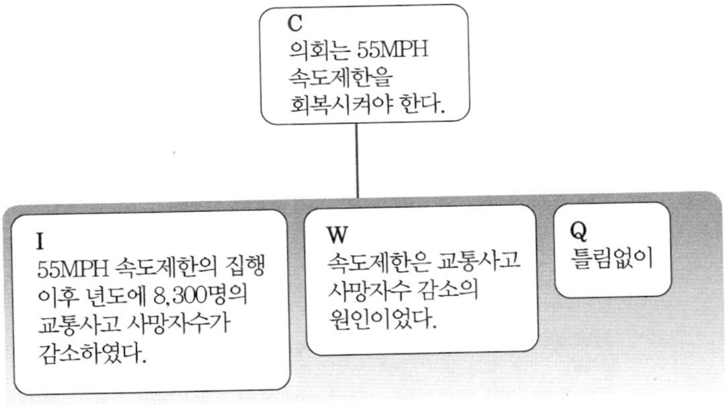

그림 C1.3-2 복잡한 논증지도는 역동적이고 경쟁적임

(a) 쿠바 미사일 위기: 역동적이고 경쟁적인 논증

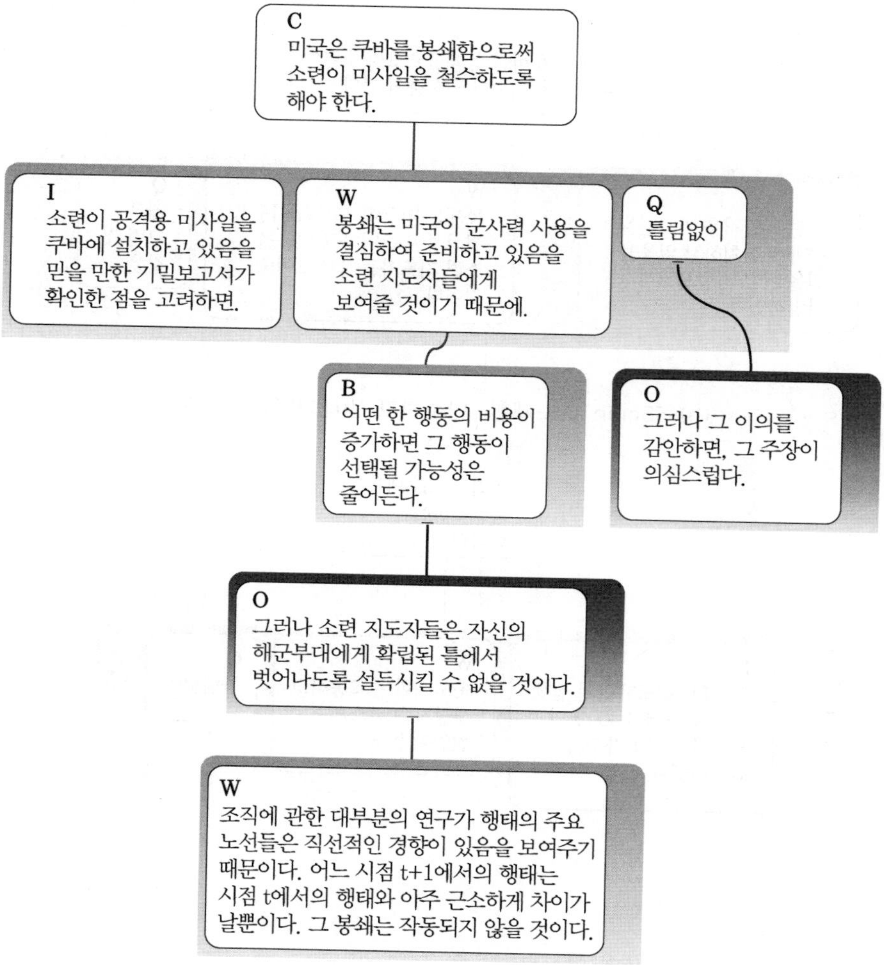

- 다음 페이지에 계속됨 -

(b) 55mph 속도제한: 역동적이고 경쟁적인 논증

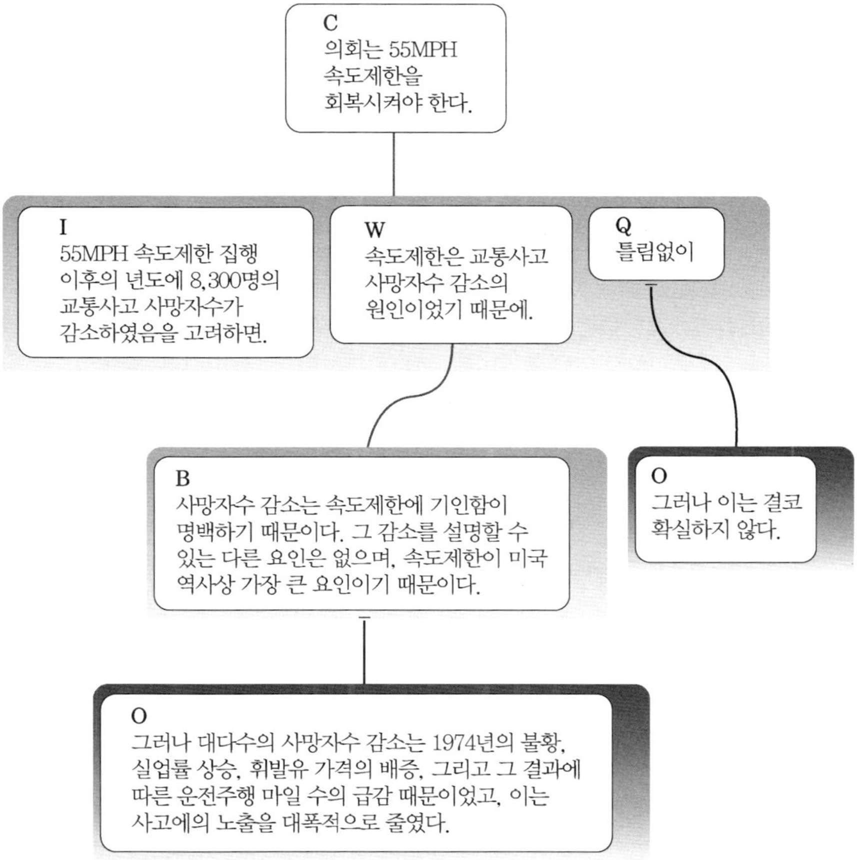

CHAPTER 02

정책결정과정에서의 정책분석

학습목표

- 정책분석을 정치적 과정 속에 반영되는 지적인 활동으로 이해할 수 있다.
- 정책분석의 역사적 발전을 실제 문제에 대한 하나의 대응으로서 설명할 수 있다.
- 정책결정을 시간적 선후(先後)에 입각하여 복수 단계로 구성된 복잡한 과정으로서 기술할 수 있다.
- 정책의 연속과 변화에 관한 경쟁적 설명들을 비교할 수 있다.
- 정책분석의 잠재적 사용과 실제적 사용을 식별할 수 있다.
- 지식이용의 구성, 범위, 기대효과를 구별할 수 있다.
- 정책분석의 이용을 설명할 때 '믿음'과 '효용'과 관련된 기준들을 이용할 수 있다.

Ⅰ. 서 론

정책분석은 정책결정과정에 관한 지식과 정책결정과정에서 필요한 지식을 창출하고 비판적으로 평가하며 소통한다.[1] 여기서 '관한'(about)과 '에서 필요한'(in) 사이의 구별은 한편으로는 정책분석, 다른 한편으로는 정치학, 경제학, 그리고 정책결정에 관한 이론들을 개발하고 실증적으로 검증하는 전문 학문분야 사이의 본질적인 차이를 표시해 준다. 이들 학문분야의 일부 학자들은 정책결정자가 당면하고 있는 실제적인 문제를 주로 연구하지만, 이 분야의 대부분 학자들은 지식 생산 그 자체를 요구하는 유인체계에 의하여 동기가 부여된다. 그에 반해서 정책분석가는 실제적 지식 즉, 무엇이 효과적인가에 관한 지식의 창출과 응용을 촉진하기 위해 고안된 유인체계 하에서 연구한다.[2] 정책분석은 전통적 사회과학의 방법과 이론 그리고 실질적 연구결과에도 의존하지만, 정책분석의 목표는 실제 문제를 해결하려는 데 있다. 이로 인하여 정책분석은 정책결정과정에 관한 지식뿐 아니라 정책결정과정에서 필요한 지식의 소통과 이용을 요구한다.[3]

Ⅱ. 역사적 배경

넓은 의미에서 정책분석은 문명 그 자체만큼 오래되었다. 정책분석은 신

1) Harold D. Lasswell, *A Pre-view of Policy Sciences* (New York: American Elsevier Publishing, 1971), pp. 1-2. (정책결정과정에) 관한(about) 지식은 "정책이 어떻게 만들어지고 실행되는지에 관한 체계적이고 경험적인 연구"를 말하는 반면, (정책결정과정)에서 필요한(in) 지식은 "의사결정의 현실은 부분적으로 축적된 가용지식에 대한 접근에 의존한다."는 사실을 의미한다.

2) 다른 곳에서와 같이 여기에서 지식(knowledge)이란 용어는 정보(information)에 우선해서 사용된다. Fritz Machlup이 보여주는 바와 같이, 지식은 지식으로 인정받기 위해 반드시 과학적이거나 지적일 필요는 없다. 다른 유형의 지식으로 실제적 지식, 오락적 지식, 종교적 지식, 원치 않는 지식 등이 있다. Fritz Machlup, *Krowledge: Its Creation, Distribution, and Economic Significance.* Vol. I: *Knowledge and Knowledge Production* (Princeton, NJ: Princeton University Press, 2014).

3) Carol H. Weiss의 *Social Science Research and Decision Making* (New York: Columbia University Press, 1980)은 연구와 이론에 관한 하나의 포괄적인 종합으로서, 정책결정자에 의하여 사회과학연구로서 활용되고 있다. 또 다른 종합으로 William N. Dunn and Burkart Holzner, "Knowledge in Society: Anatomy of an Emerging Field," *Knowledge in Society* (훗날 *Knowledge and Policy*로 명명됨) 1, no. 1 (1988): pp. 1-26; 그리고 David J. Webber, "The Distribution and Use of Policy Information in the Policy Process," in *Advances in Policy Studies since 1950,* ed. William Dunn and Rita Mae Kelly (New Brunswick, NJ: Transaction, 1991), pp. 415-41. 등이 포함된다. 이와 같은 문제에 초점을 둔 학술지로는 *Science Communication* (*이전에는 Knowledge: Creation, Diffusion, Utilization* 이었음), *Knowledge and Policy: The International Journal of Knowledge Transfer and Utilization, and Science, Technology and Human Values.* 등이 포함된다.

비주의와 비술로부터 현대과학에 이르기까지 다양한 형태의 탐구활동을 포함한다. 어원적으로 정책(*policy*)이라는 용어는 그리스, 산스크리트, 그리고 라틴 언어로부터 유래된다. 그리스어 *polis*(도시국가)와 산스크리트어 *pur*(도시)는 라틴어 *politia*(국가)로, 그리고 후에 공공업무의 처리 또는 국가의 행정을 말하는 중세영어 *policie*로 진화되었다.

정책이란 말의 어원은 경찰(*police*)과 정치(*politics*)라는 두 가지 중요한 단어의 어원과 같다. 이와 같이 복합적으로 함축된 의미는 게르만 어족과 슬라브 어족에서도 발견되는 것으로, 정책과 정치를 나타내는 언어가 오직 한 단어(각각 *Politik, politika*)밖에 없는 이유이다. 또한 이것이 바로 정치학, 행정학, 정책분석과 같은 학문 간의 경계가 희미한 이유 중의 하나이며, 그 결과로 이들 학문의 목적에 대하여 혼란을 가져오게 되었다.

1. 초기 기원

정책분석(*policy analysis*)이라는 용어는 마치 우리가 시계나 자동차를 분해하듯이 문제를 기본 요소나 부분으로 쪼갠다는 식의 현대적 의미로 국한시킬 필요는 없다. 이와 같은 인식의 '분석'은 의사결정이 선택, 대안, 결과로 분해될 수 있다고 주장할 경우의 분석을 의미한다. 이와 관련된 견해의 하나가 정책분석이 정책결과의 가능성과 유용성을 검토하기 위해 체제분석가, 의사결정분석가, 경제학자들에 의해서 사용되고 있는 계량적인 기법들의 집합이라는 견해이다.

그러나 보다 넓은 의미로 이해한다면, 정책분석은 실용적인 지식이 의식적으로 배양되어 지식과 행위 사이의 연계에 관한 자기성찰적인 검토를 촉진시켰던 인간사회의 진화 시점에서 나타났다고 볼 수 있다. 정책분석을 위한 특별한 절차의 개발은 뿔뿔이 흩어져 살면서 대체로 자주적이었던 종족 및 민족 사회로부터 도시 문명이 출현된 점과 관련이 있다.[4] 전문화된 활동으로서의 정책분석은 새로운 생산기술과 거주지의 안정적 생활양식을 수반한 사회조직과 그리고 무엇보다도 정치적 조직의 변화에 뒤따라 생겨났다.

정책관련지식을 배양하기 위한 가장 최초의 노력 중 하나가 현재 이라크

4) Lasswell, *A Pre-view of Policy Sciences*, pp. 9, 13.

남부의 바스라(Basra) 지역에 있는 메소포타미아(Mesopotamia)에서 발생하였다. 고대 메소포타미아 도시 우르(Ur)에서 아리스토텔레스[Aristotle (B.C. 384-322)], 공자(B.C. 551-479), 카우틸랴[Kautilya(B.C. 300년경)]가 정부와 정치에 관한 고전적 논문을 출간하기보다 약 2000년 전인 기원전 21세기에 최초의 법전 중의 하나를 만들었다. 기원전 18세기에 바빌론의 통치자는 소위 정책분석가라는 전문가의 도움을 받아 함무라비 법전(the Code of Hammurabi)을 만들었다. 함무라비 법전은 바빌론이 작은 도시국가로부터 광역 영토국가로 전환될 무렵에 하나의 통일되고 공정한 공공질서를 수립하기 위하여 고안된 것이다. 모세의 법(Mosaic laws)과 매우 유사한 일련의 정책을 담은 함무라비 법전은 사회적 지위에 따라 권리와 의무가 정해진 안정된 도시정주 생활을 위한 경제적·사회적 요구조건을 반영하였다. 동 법전은 형사절차, 소유권, 교역과 상업, 가족과 혼인관계, 의사의 진료비, 그리고 현재 우리가 공공 책무성(public accountability)이라고 부르는 것까지 망라하고 있다.5)

초기 메소포타미아의 법전은 정착된 도시생활의 복잡성 증대 즉 상품과 서비스 분배의 규제, 기록 관리의 정비, 대내적 안전과 대외적 방위의 유지를 위하여 정책이 필요했던 바에 대한 대응이었다. 지식과 행위 사이의 관계에 대한 인식의 확산으로 정책관련지식의 생산을 전문으로 하는 식자층의 성장이 촉진되었다. 라스웰(Lasswell)이 소위 '기호전문가'(symbol specialist)라고 부르는 이들 식자층은 정책예측에 대한 책임을 지고 있었다. 그들은 파종기 초반에 작물 수확량을 예측한다든가 또는 전쟁의 결과를 예측하도록 기대되었다.6)

분석가는 미래를 예측하기 위하여 신비주의, 종교적 의식, 비술을 사용하였기 때문에 그 방법을 되풀이하기 어려웠다. 그러한 절차가 부분적으로는 경험을 통하여 습득한 증거에 기초를 두고 있다는 것은 분명하다. 그러나 과학을 합당하게 정의한다면, 지식주장은 분석가 또는 그를 고용한 사람들이 바라는 바와는 독립적인 관찰을 통하여 평가될 것이 요구된다.7)

---

5) *The Code of Hammurabi,* trans. Robert F. Harper (Chicago: University of Chicago Press, 1904).

6) Lasswell, *A Pre-view of Policy Sciences,* p. 11.

7) Donald T. Campbell, "A Tribal Model of the Social System Vehicle Carrying Scientific Information." in *Methodology and Epistemology for Social Science: Selected Papers,* ed. E,

그 당시에도 지금과 마찬가지로 정책관련지식은 지식을 생산하기 위하여 단지 특별한 방법이 사용되었기 때문이라기보다는, 궁극적으로 보다 나은 정책을 만드는데 성공(또는 실패)하였는지 여부에 따라 판단되었다. 고대인들조차 알고 있지만 오늘날 일부 분석가들이 잊고 있는 것인데, 방법이 종교의례적 정화나 상징적 합법화의 기능을 위하여 사용될 때, 분석가와 그 고객들은 궁극적으로 실제적인 성과의 문제에 직면하게 된다.[8] "마약정책은 좋은 과학에 기반을 두어야 한다."는 진술이나 '과학적' 표본에 기초한 여론조사 결과라는 주장이 유행하고 있다. 그러나 이러한 맥락에서의 '과학'에의 호소는 상징적 합법화나 종교의례적 정화 그 이상을 의미할 수 없다.

기원전 4세기에 인도에서 카우틸랴(Kautilya)가 쓴 아르타샤스트라(*Artha-shastra*)는 정책결정, 경세지책(국정 운영 기술: statecraft), 그리고 정부행정에 대한 하나의 체계적인 지침서이다. 아르타샤스트라는 물질적 성공이나 오늘날 우리가 소위 경제학이라고 부르는 것에 관하여 당시까지 쓰여 졌던 많은 것들을 종합한 것이다. 북부 인도의 마우리아제국(Mauryan Empire)의 고문으로 일했던 카우틸랴는 플라톤(Plato: 427~347 B.C.), 아리스토텔레스(Aristotle: 384~322 B.C.), 마키아벨리(Machiavelli: 1469~1527) 등에 비교되었는데, 이들 모두는 정치 이론가로서의 역할과 더불어 정책결정의 실제적인 면에 깊이 관여하였다. 플라톤은 시칠리아(Sicily) 통치자의 고문으로 일한 반면에, 아리스토텔레스는 마케도니아(Macedonia)의 알렉산더대왕(Alexander)을 14세 때부터 20세에 왕위에 오를 때까지 가정교사로서 가르쳤다. 아리스토텔레스는 많은 사회과학자와 행태과학자들처럼 현실 정치에 혐오감을 갖고 있었지만, 그 당시 정책의 이슈에 자신의 지식을 반영하기 원했기 때문에 그 일을 수락한 것 같다. 이 점에서 철학자가 왕이거나 왕이 철학자가 되어야 비로소 좋은 정부는 나타날 것이라고 말한 그의 스승 플라톤을 따랐다. 확실한 후계자를 가르침으로써 정책에 영향을 줄 기회는 그가 양심상 거절할 수 없는 하나의 제안이었던 것이다.[9]

Samuel Overman (Chicago: University of Chicago Press, 1988), pp. 489-503.

8) Edward A. Suchman, "Action for What? A Critique of Evaluative Research." in *Evaluating Action Programs*, ed. Carol H. Weiss (Boston, MA: Allyn and Bacon, 1972). p. 81; and Martin Rein and Sheldon H. White, "Policy Research: Belief and Doubt," *Policy Analysis* 3, no. 2 (1977), pp. 239-271.

9) J. A. K. Thompson, *The Ethics of Aristotle: The Nichomachean Ethics Translated* (Baltimore, MD: Penguin Books, 1955), p. D. 11.

이러한 인물들이 특별한 지식을 생산하였던 유명한 개인들의 사례이지만, 훗날 유럽과 아시아에서 정책결정에 영향을 미친 지식계층 집단의 사례는 아니다. 중세에 도시문명의 점진적인 확장과 분화로 인하여 전문적 지식의 발달을 용이하게 하는 직업구조를 가져왔다. 통치자가 효과적으로 결정할 수 없는 분야인 재정, 전쟁, 법률 분야에 조언과 기술적 지원을 제공하기 위하여 정책전문가들이 군주나 왕에 의해 고용되었다. 독일 사회학자 막스 베버(Max Weber)는 이들 재정, 법률, 전쟁 분야에서 정책전문가 지식계급의 역사적 발달을 기술하였다. 베버는 16세기에 이르러서 '전문가 관료집단'(expert officialdom)이 번성하였다고 기술하였다.[10)]

'직업정치가'(professional politicians)로도 알려져 있는 전문가 관료집단의 성장은 세계 지역에 따라 다른 형태를 취하였다. 중세 유럽, 인도, 중국, 일본, 몽고 등에서 학식 있고 기술적으로 유용한 성직자가 전문가 관료집단이 되었다. 기독교, 브라만교, 불교, 라마교 성직자들도, 현대의 많은 사회과학자들처럼, 현실정치와 정치적 권력 및 경제적 이해에 초연하는 한 불편부당함과 청렴함에 대한 명성을 얻었다. 인문교육을 받은 식자들(현대의 대통령 특별보좌관에 해당)이 훗날 정치 및 외교 서비스를 장악하게 된 궁중 귀족들(court nobles)로 대체되기 전까지는 정책결정에 영향력을 행사하였다. 영국에서는 소귀족(petty noble)과 도시 임대수입자(투자자)들이 자신들에 유리하도록 지방정부를 관리하기 위하여 아무런 보상 없이 고용되기도 하였다. 로마법과 법리학으로 훈련된 법학자들은 특히 유럽대륙에서 정책결정에 커다란 영향을 미쳤다. 이들은 후기 중세국가의 전환과 현대 정부로 변화되는데 대체로 책임을 맡게 되었다.

산업혁명(Industrial Revolution)의 시기는 정책결정자들과 그들을 자문하는 사람들 사이에 과학과 기술을 통한 인류의 진보에 대한 신념이 훨씬 더 지배적이었던 시기 즉, 계몽주의의 시기였다. 자연과 사회에 관한 과학적인 이론의 개발과 검증은 사회문제의 이해와 해결을 위해 선호되는 수단이 되었다. 처음으로 대부분의 정책관련지식이 경험주의와 과학적 방법의 규준에 의하여 생산되었다.

---

10) Max Weber, "Politics as a Vocation," in *From Max Weber: Essays in Sociology*, ed. Hans C. Gerth and C. Wright Mills (New York: Oxford University Press, 1946), p. 88.

2. 19세기의 전환

19세기 유럽에서 정책관련지식의 생산자들은 경험적 자료의 체계적인 기록을 토대로 연구하기 시작하였다. 그 이전에는 철학자나 정치가에 의하여 정책결정과 그 사회적 역할에 관한 체계적인 설명이 제공되었다. 그러나 수천 년 동안 인간의 사회적, 경제적, 정치적인 문제의 조사와 해결에 사용된 방법에는 본질적인 연속성이 있었다. 만약 어떤 특정 견해를 지지하기 위한 증거가 제공된다면, 이는 전형적으로 권위나 종교의식에의 호소나 또는 철학적 원리에 기초를 두었다. 19세기에 새로운 것은 사회와 사회문제를 이해하기 위하여 사용된 절차에서의 기본적 변화, 즉 경험적, 계량적, 그리고 정책지향적 연구의 성장을 반영한 변화였다.[11]

미국(1790년)과 영국(1801년)에서 처음으로 인구조사가 이루어졌고, 종종 '국가 산수'(state arithmetic)로 알려진 통계학과 인구통계학이 전문분야로 발전되기 시작한 것도 바로 이 시기였다. 1830년대에 설립된 맨체스터협회(Manchester Society)와 런던통계협회(London Statistical Society)는 정책관련지식에 대한 새로운 정향을 마련하는 데 기여하였다. 은행가, 기업가, 그리고 학자들로 조직된 이들 협회는 사회문제에 대한 전통적인 사고방식을 도시화 및 실업이 노동자와 그 가족들의 삶에 미치는 영향의 실증적인 분석으로 대체하려고 하였다. 맨체스터협회의 수량화(quantification)를 위한 열정은 사회개혁을 위한 약속 또는 '제조업종사자의 사회 개선에 관한 촉진'과 연결되었다.[12] 맬서스(Thomas Malthus: 1766~1834)와 다른 학자들의 영향 아래에 있었던 런던협회는 사실에만 주의를 기울이고 가능한 한 이들 사실을 숫자와 표로 표현할 것을 강조하였다.[13] 런던협회와 맨체스터 협회는 연구를 수행하기 위하여 설문지 방법을 사용하였고 오늘날 전문 면접자나 센서스 조사원에 해당하는 유급 '대리인'(agent)을 활용하였다. 프랑스, 독일, 네덜란드에서도 이와 유사한 발전이 있었다.

11) Daniel Lerner는 "Social Science: Whence and Whither?"라는 글에서 이 중요한 전환을 다루고 있다. *The Human Meaning of the Social Sciences*, ed. Daniel Lerner (New York: World Publishing 1959), pp. 13-23 참조.

12) Nathan Glazer, "The Rise of Social Research in Europe," in *The Human Meaning of the Social Sciences*, ed. Daniel Lerner (New York: World Publishing 1959), p. 51.

13) *Ibid.*, pp. 51-52.

사회통계학과 서베이 연구의 방법론에서 누구보다 탁월한 공헌자는 벨기에의 수학자이자 천문학자이었으며, 네덜란드와 벨기에 정부의 핵심 과학고문이었던 케틀레(Adolphe Quetelet: 1796~1874)였다.[14] 설문지 설계, 자료의 수집·분석·해석, 자료의 조직화·저장, 자료 수집 상황의 식별 등 현대의 교재에서 발견되는 서베이 설계와 분석에 관한 대부분의 주제는 케틀레에 의하여 제기되었다. 같은 시기에 르플레(Frederic Le Play: 1806~1882)는 「유럽의 노동자들」[*Les Quvriers Europeans*(The European Workers)]를 저술하였는데, 이는 유럽의 몇 나라 노동자들의 가계소득과 지출에 관한 상세한 경험적 조사였다. 독일에서는 엥겔(Ernst Engel: 1821~1896)에 의하여 통계의 형태로 표현된 경험적 자료를 가지고 '사회경제학'(social economics)에 관한 법칙을 도출하려는 시도가 있었다.

영국에서 메이휴(Henry Mayhew)와 부스(Charles Booth)의 연구는 자연적[오늘날 소위 '현장'(field)이라고 부름] 맥락에서 도시빈민의 삶과 고용상태를 연구하였는데, 사회문제에 관한 연구의 새로운 경험적 접근법을 대표한다. 메이휴의 연구 '런던의 노동자와 빈민'(*London labour and the London Poor*: 1851)은 런던시의 하위계층을 구성했던 노동자, 행상인, 연예인, 윤락녀 등의 생활을 기술하였다. 부스는 '런던시민의 생활과 노동'(*Life and Labour of the People in London*: 1891~1903)을 집필하면서 중요 정보 제공자로서 장학사[관]를 고용하였다. 오늘날 참여관찰(*participant observation*)이라고 부르는 방법을 사용하여 부스는 도시빈민들과 함께 생활하면서 실제 생활여건을 직접 경험하였다. 빈곤법에 관한 왕립위원회(Royal Commission on the Poor Law)의 일원으로서 부스는 노인연금정책의 개정에 중대한 영향을 미쳤다. 그의 노력은 또한 미국에서의 정책지향적인 연구 즉, 도시지역의 빈곤의 범위와 심각성을 조사하였던 사회복지관 지도와 기록(*Hall House Maps and Papers*, 1895)와 뒤부아(W. E. B. Dubois)의 「필라델피아 흑인」(*The Philadelphia Negro*, 1899) 등을 포함하여 정책지향적인 연구를 위한 모델과도 같은 역할을 수행하기도 했다.

19세기의 전환은 논리실증주의와 과학적 방법의 규준에 대한 충성 선언의 결과는 아니었다. 이러한 취지의 선언은 비엔나학파의 철학자들이 성공적

14) 통계학과 통계학자의 중요한 역사에 관해서는 Stephen M. Stigler, *The History of Statistics: The Measurement of Uncertainty before 1900* (Cambridge, MA: Harvard University Press, 1990).

인 과학적 절차의 형식적 원리와 규칙(이러한 원리와 규칙을 실제로 따랐던 자연과학자나 사회과학자는 거의 없었다)을 제안하기 위하여 물리학을 논리적으로 재구성하는 데 참여했던 때인 그 다음 세기까지도 일어나지 않았고 일어날 수도 없었다. 오히려 19세기의 전환은 산업혁명(Industrial Revolution)보다 앞선 변동 즉, 농업사회에서 산업사회로 변동함에 따른 불확실성으로부터 나오게 되었는데, 산업 및 산업화된 과학이 효율적으로 운영되기 위하여 정치적으로 안정된 질서가 요구되었다. 정치적 안정은 극심한 사회적인 불안에 대한 완충장치였다.[15]

따라서 학문적 이론화와 달리, 새롭게 집권화된 정치적 통제체제의 성장이 과학과 기술 때문은 아니었다. 이런 상황은 매우 복잡하였다. 비록 과학과 기술이 고향에서 쫓겨나고, 교육도 받지 못하고, 유민생활을 하는 도시노동자 계층과 그 가족들 문제를 푸는데 기여했지만, 해결방안의 일부분은 과학과 기술의 방향을 정치적으로 조종한 결과였다. 사회지배집단은 정치적·행정적 통제를 확고히 하고 합법화하기 위한 하나의 수단으로 정책지향적 연구를 가치 있게 다루었다.

예를 들어, 공장생산의 국면에서, 노동에 관한 정치적 조직이 훗날 효율을 향상시키는 조직구조와 업무의 전문화를 가져온 과학과 기술의 발달보다 선행하였다.[16] 공공정책의 국면에서도 이와 매우 유사한 발전을 볼 수 있다. 경험적, 계량적, 정책지향적 연구의 방법은 과거의 자연과 사회에 대한 이해 방법이 이제는 더 이상 적절치 않다고 인식한 은행가, 기업가, 정치인, 그리고 빅토리아 시대 중산계급의 산물이었다. 그 당시의 주요 과제들은 현실적인 것이었다. 도시 노동자 계급은 본인과 가족의 생계를 유지하기 위하여 얼마나 벌어야 하는가? 세금납부가 가능한 잉여수입까지는 얼마나 벌어야 하는가? 의료비와 교육비를 지불하려면 수입에서 얼마나 저축해야 하는가? 나아가 아기엄마가 직장에서 효과적으로 일할 수 있게 보장하기 위해서는 자본소유자나 국가가 탁아시설에 얼마나 투자하여야 하는가? 생산적인 노동력을 유지하고 도시빈민지역에서 발생하는 전염병으로부터 중산 및 상류층을 보

15) J. H. Plumb, *The Growth of Political Stability in England, 1675-1725* (Baltimore, MD: Penguin Books, 1973), p. 12.

16) Stephen A. Marglin, "What Do Bosses Do? The Origins and Functions of Hierarchy in Capitalist Production," *Review of Radical Political Economy* 6, no. 2 (1974): 33-60.

호하기 위한 적절한 공중보건 기준을 유지하기에 요구되는 위생, 하수, 주택, 도로 등 공공사업계획에 얼마나 투자하여야 하는가? 정책지향적 연구가 이런 실제적인 문제들에 대한 답을 제공하였다.

3. 20세기 전문직업화

19세기와 비교하여 20세기의 중요한 특징의 하나는 사회과학과 행태과학의 전문직업화이다.17) 20세기 정책관련지식 생산자는 더 이상 은행가, 사업가, 기자, 그리고 초기 통계협회를 중심으로 뭉친 대학교수들의 이질적인 집단이 아니었다. 오히려 그들은 정책관련 학문과 직업의 학사학위 또는 고급학위를 받은 졸업생이었다. 그들은 대학교수들과 함께 정부에서 영향력 있는 직위를 점유하거나 또는 연구비 약정 아래 자문위원이나 연구자로 근무하였다. 배경, 경험, 자격 면에서 그들은 어느 정도 일반적으로 인정된 과학과 전문적 표준에 의해 인도되는 안정된 전문직업의 구성원이었다.

새로운 전문직업인들은 윌슨(Woodrow Wilson) 행정부에서, 특히 제1차 세계대전 기간 전쟁부(War Department)에서 적극적인 역할을 수행하였다. 그 후 후버(Herbert Hoover)의 공화당 행정부하에서 사회과학자 집단은 두 가지 주요 사회조사인 「최근 경제동향」(*Recent Economic Trends*)과 「최근 사회동향」(*Recent Social Trends*)의 조사를 수행하였다. 그러나 사회과학자들이 정부로 대량 유입된 것은 루스벨트(Franklin Roosevelt)의 뉴딜(New Deal) 정책에서 비롯되었다. 루스벨트 행정부 기간 동안에 설립된 여러 신설 기관, 예를 들면, 국가부흥청(National Recovery Administration), 공공사업촉진국(Work Projects Administration), 증권거래위원회(Securities and Exchange Commission), 연방주택관리청(Federal Housing Administration)에 많은 수의 사회과학자들이 직원으로 일하게 되었다.

1930년대에 사회과학자들의 일차적 기능은 일반적 정책문제에 대한 광범위한 잠재적 해결방안을 조사하는 것이었지, 그 이후의 시기에서와 같이 잘 정의된 문제에 대한 구체적인 해결책을 식별하고 선택하기 위하여 경제모형, 의사결정분석, 정책실험을 실시하는 것은 아니었다. 대다수의 구성원들이 사

17) Elliot, Freidson, *Professional Power: A Study of the Institutionalization of Formal Knowledge* (Chicago, IL: University of Chicago Press, 1986).

회과학자와 정치학자였던 루즈벨트 행정부의 국가기획원[(National Planning Board), 그 이후에 국가자원국(National Resources Planning Board)]은 1930년대의 특징적인 정책문제에 대한 일반적 접근방법을 예시하고 있다. 국가기획원은 "사실을 수집·분석하고, 광범위한 정책들의 상호관계 및 행정을 관찰하며, 때로는 철저한 탐구와 성숙된 고려에 기초하여 국가절차의 대안적 노선을 제안하는 일반 참모조직"으로 만들어졌다.[18] 문제에 대한 이와 같은 일반적인 정향은 농업부(Department of Agriculture)에서 일하는 경제학자, 행정부 조직개편에 관련되었던 정치학자, 인디안국(Bureau of Indian Affairs)에서 연구를 수행하는 인류학자들 사이에도 입증되었다. 그러나 사회과학자들은 또한 구체적인 방법론적 혁신에도 기여하였다. 예를 들어, 농업부가 새로운 연구도구와 정부 인구조사정책의 수단으로 표본조사의 개발에 더 많은 역할을 떠맡았다.[19]

제2차 세계대전 및 전후 재조정기간 역시 사회과학자들에게 실제 문제해결에 그들의 진가를 발휘하는 기회를 제공하였다. 조사연구의 분야에서 양 대전 사이에 성취했던 것들이 전쟁정보처(Office of War Information), 전시생산위원회(War Production Board), 물가관리처(Office of Price Administration) 등에서 사용된 면접방법의 기초가 되었다. 군사기관과 민간기관은 국가안전보장, 사회복지, 국방, 군수품생산, 가격결정, 배급제도 등의 문제를 조사하기 위하여 사회과학자에 의존하였다. 전략사무국(Office of Strategic Services)과 같은 기관들의 활동은 전후에 해군연구실(Office of Naval Research), 공군부(Department of the Air Force), 그리고 그 이후 국방부 산하의 연구개발위원회(Research and Development Board, 나중에 RAND가 되었다), 그리고 중앙정보부(Central Intelligence Agency)에 의하여 계속되게 되었다. 또한 존스 홉킨스 대학(Johns Hopkins University)의 OR연구소(Operations Research Office)와 조지 워싱턴 대학(George Washington University)의 인적자원연구소(Human Resources Research Office)와 같은 특별 연구기관들이 연방정부에 의해 설립되었다. 이 기간 중 정책연구에 중대한 기여를 한 업적 중의

---

18) Gene Lyons, *The Uneasy Partnership: Social Sciences and the Federal Government in the Twentieth Century* (New York: Russell Sage Foundation, 1969), p. 65.

19) Harry Alpert, "The Growth of Social Research in the United States," in *The Human Meaning of the Social Sciences,* ed. Lerner, pp. 79-80.

하나가 많은 저명한 사회과학자들이 참여하여 출간한 네 권의 연구서인 *The American Soldier*(1950)이었다. 1941년 미 육군 사기국(Army Morale Division)의 책임자는 사회학자인 스타우퍼(Samuel Stouffer)의 총지휘 아래 이와 같은 대규모의 연구과제를 수행할 것을 의뢰하였다. 이 프로젝트는 규모면에서 뿐 아니라 정책연구와 분석을 위한 정부지원의 발전이라는 이유에서도 그 의미가 크다. 군사정책결정자는 수백만 군인의 생명에 영향을 끼칠지도 모르는 사실들뿐 아니라, 인과적 추론 및 결론을 사회과학자들에게 의지하기 시작하였다.[20] 이와 같은 대단위 연구사업은 사회과학 학문분야에서 연구자들에 의해 현재 폭넓게 사용하고 있는 다변량 통계분석과 그 이외의 계량분석기법들을 개발하고 정교화하는 데 기여하였다.

제2차 세계대전 이후 사회과학 및 행태과학 내에서 분명한 정책지향성을 개발시키기 위하여 최초로 행한 체계적인 노력 중의 하나는 정치학자 러너(Daniel Lerner)와 라스웰(Harold D. Lasswell)에 의해 편집된 「정책학: 범위와 방법에서의 최근 동향」(*The Policy Sciences: Recent Developments in Scope and Method*, 1951)이었다. 이 책의 서두에서 라스웰은 '정책학'(policy sciences)이 과학의 이론적 목표에 국한되지 않을 뿐만 아니라 근본적으로 실용적 지향성을 갖고 있다고 말한다. 정책학의 목적은 단순히 효율적인 의사결정을 위한 기초를 제공하는 데 있지 않고, 더 나아가 민주적 과정을 개선하기 위해 필요한 지식을 제공하는 데 있다. "한마디로 말하면, 궁극적인 목표가 이론과 사실에 있어서 인간의 존엄성 실현에 있는 민주주의의 정책학을 특별히 강조한다." 20년 후인 1971년에 라스웰은 듀이(John Dewey)와 실용주의 창시자들에게 빚이 있다고 인정하면서, "정책학은 듀이와 다른 실용주의자들이 제안한 공공정책에 대한 일반적 접근방법의 현대적 적응이었다."라고 적고 있다.[21]

공공정책에 관한 체계적 연구는 또한 당시 정치학의 한 분야였던 행정학으로부터 성장하였다. 1937년 하버드 대학(Harvard University)은 공공정책에 부분적으로 초점을 둔 행정대학원(Graduate School of Public Administration)을 설립하였다. 1940년대 후반에 공공정책 교과과정에 필요한 자료

---

20) Howard E. Freeman and Clarence C. Sherwood, *Social Research and Social Policy* (Englewood Cliffs, NJ: Prentice Hall, 1970), p. 25.

21) Lasswell, *A Preview of Policy Sciences*, pp. xiii-xiv.

의 개발을 위해 대학간협의회가 설립되었고, 그 중 대표적 산물이 스타인(Harold Stein)의 「행정학과 정책개발: 사례집」(*Public Administration and Policy Development: A Case-Book*, 1952)이었다. 행정학교수와 행정실무자로 구성된 대학간협의회는 제2차 세계대전 전·후의 정책분석과 행정 사이의 밀접한 관계를 대변한다.[22]

이론 및 방법론과 구별되는 정책분석의 방법과 기법의 개발을 위한 자극은 정치학이나 행정학으로부터 비롯되지는 않았다. 오히려 정책분석의 기술적 측면은 공학, 운영연구, 체제분석, 응용수학, 그리고 약간은 응용경제학에서 성장하였다. 방법과 기법의 개발 책임을 맡은 많은 사람들은 사회과학 밖에서 정식 훈련을 받았다. 제2차 세계대전은 정책에 대한 정향이 개념적인 것보다 주로 분석적이었던 전문가의 개입을 촉진시켰다. '분석'(analysis)이라는 아이디어는 문제를 근본적인 구성요소로 분해하려는 노력과 관련이 있다. 예를 들면, 국방 문제를 대안들(핵탄두, 유인 폭격기, 재래식 지상군)과 정책목표의 달성으로 잴 수 있는 결과들로 나누어 고려하는 것이다. 예산전문가 쉬크(Allen Schick)가 '분석중심적 관점'(analycentric perspective)이라고 부르는[23] 이 새로운 정향은 공공정책의 정치적, 행정적 측면에 대한 관심, 예를 들어 대안의 정치적 실현가능성에 대한 관심이나 민주적 개혁의 목적에 맞는 집행에 대한 관심을 배제하거나 제한하는 경향이 있다. 비록 쉬크의 '분석중심적 전환'(analycentric turn)은 정책학의 맥락적, 문제지향적, 다학문적 지향으로부터 이탈한 운동을 나타내고는 있지만,[24] 이는 또한 정책을 식별하고, 선택하고, 편익과 비용을 추산하기 위한 보다 체계적인 절차를 제공하였다.[25]

분석중심적 전환은 체제분석 및 관련 기법을 정부기관이나 학계에 전파시킨 랜드 연구소(Rand Corporation)와 같은 비영리연구조직['두뇌 집단'(think tanks)]의 점증적인 영향에 수반되었다.[26] 계획예산제도(PPBS)의 개발은 대

22) H. George Frederickson and Charles Wise, *Public Administration and Public Policy* (Lexington, MA: D. C. Heath, 1977).

23) Allen Schick, "Beyond Analysis," *Public Administration Review* 37, 3 (1977): 258-263.

24) Peter deLeon, *Advice and Consent: The Development of the Policy Sciences* (New York: Russell Sage Foundation, 1988), Ch. 2.

25) Martin Greenberger, Mathew A. Crenson, and Brian L. Crissey, *Models in the Policy Process: Public Decision Making in the Computer Era* (New York: Russell Sage Foundation, 1976), pp. 23-46.

26) Bruce L. R. Smith, *The Rand Corporation: A Case Study of a Nonprofit Advisory*

체로 랜드 연구소의 힛치(Charles Hitch) 지휘 하에서 근무했던 OR연구자(operations researcher)와 경제학자들의 노력 때문이었다. 랜드 연구소 집단은 "어떻게 하면 국가가 가장 효율적인 방법으로 국가안보를 '구매'할 수 있을지 즉, 얼마나 많은 국부(國富)가 국방에 쓰여야 하는지, 어떻게 국방에 할당된 자원을 서로 다른 군사적 기능에 각기 배분하여야 하는지, 그리고 어떻게 이와 같은 자금이 가장 효과적으로 사용되었음을 보장할 수 있는지" 등을 밝히고자 하였다.[27] PPBS는 1965년도에 국방부(Department of Defense)에 도입되었고 그 이후에 모든 연방기관에서 채택할 것이 의무화되었지만 집행되기에는 어려웠다. 1971년 이후에는 PPBS의 도입이 각 부처의 자유재량에 맡겨지게 되었으나 이내 쓰이지 않게 되었다. 정책분석의 도구로서 PPBS의 성공가능성에 대하여 많은 논란이 있었음에도 불구하고, PPBS는 정책대안을 선택하고 평가하기 위한 체계적인 절차를 중시하는 정부와 학계 분석가들의 주의를 사로잡았다.[28]

분석중심적 전환은 전통적 노선의 사회과학과 인문학의 연구지원을 임무로 하는 민간재단의 급속한 증가로 어느 정도 균형이 맞추어지게 되었다. 이와 같은 민간재단의 3/4 이상이 1950년도 이후에 설립되었다.[29] 자연과학은 정부연구지원의 대부분을 계속해서 받고 있었지만, 1950년 이후 기간에 연방정부는 사회과학에서의 응용 및 정책관련연구를 위한 기금을 확보하기 시작하였다. 1980~1989년 기간 동안에 사회과학에서의 응용 및 기초연구를 위한 자금조달은 불변가격으로 약 40%까지 떨어졌다.[30] 이와 동시에 정부조직, 비영리조직, 민간조직 등에 의해 지원된 전체 연구의 95% 이상이 실제적 문제에 관한 응용연구라는 점이 주목할 만하다.

1970년대까지 많은 사회과학분야에서 응용 및 정책관련연구에 명시적으로 전념하는 정책연구학회[Policy Studies Organization(정치학)], 사회문제연구

Corporation (Cambridge, MA: Harvard University Press, 1966).

27) Greenberger, Crenson, and Crissey, *Models in the Policy Process*, p. 32.

28) 예를 들어, Alice Rivlin, *Systematic Thinking for Social Action* (Washington, DC: The Brookings Institution, 1971); Walter Williams, *Social Policy Research and Analysis: The Experience in the Federal Social Agencies* (New York: American Elsevier Publishing Co., 1971).

29) Irving Louis Horowitz and James E. Katz, *Social Science and Public Policy in the United States* (New York: Praeger Publishers, 1975), p. 17.

30) National Science Foundation, *Federal Funds for Research, Development, and Other Scientific Activities* (Washington, DC: NSF, 1973); National Science Board, *Science and Engineering Indicators—1989* (Washington, DC: NSB, 1989).

학회[Society for the Study of Social Problems(사회학)], 사회이슈심리연구학회[Society for the Psychological Study of Social Issues(심리학)] 등의 기관들이 설립되었고 각기 고유의 학술지를 만들었다. 1980년대에 정책지향적 사회과학을 제도화하는 과정은 연례 학술회의를 개최하고 학술지인 정책분석·관리학보(*Journal of Policy Analysis and Management*)를 발행하는 공공정책·관리학회(Association for the Public Policy and Management)와 같은 다학문적 전문직업분야 학회의 창설에 의하여 한 단계 더 촉진되게 되었다. 이 새로운 학술지는 미국정치학보(*The American Political Science Review*), 미국경제학보(*The American Economic Review*), 미국사회학보(*The American Sociological Review*)와 같은 주류 학문분과의 학술지와는 달리, 응용과 실제에 초점을 두었다. 이와는 대조적으로 정책과학(*Policy Sciences*), 정책연구저널(*Policy Studies Journal*), 정책연구리뷰(*Policy Studies Review*)와 같은 학술지는 그 명칭의 정책(*policy*)이라는 용어에 표현된 바와 같이 보다 응용적이고 정책관련지향성을 강조하였다. 주류 학술지 이외에도 수많은 학술지들이 보건, 복지, 교육, 형사정책, 교육, 과학과 기술, 기타 분야를 포함하여 구체적 쟁점에 초점을 두었다.[31)]

같은 기간에 미국과 유럽의 대학들은 정책분석 분야에서 새로운 대학원 프로그램과 학위과정을 설치하였다. 미국에서는 수많은 새로운 프로그램들이 포드재단(Ford Foundation)의 '공공정책 및 사회조직'(Public Policy and Social Organization) 프로그램의 지원을 받아 설치되었다. 미국 대다수의 연구중심대학들은 수천 개의 독립적으로 세워진 비영리 정책연구조직 및 창도집단과 더불어 비영리단체 명부(*Encyclopedia of Associations*)에 등재된 정책연구소 또는 기관을 가지고 있다. 이 대다수가 1950년 이후에 설립된 것이었다. 워싱턴과 대부분의 주도(state capital)들 그리고 유럽연합(European Union)에서는 '정책분석가'(policy analyst)라는 것이 공식적인 직무가 되었다. 전국주지사협회(National Governor's Association)와 전국도시연맹(National League of Cities)은 정책분석 전담부서를 갖고 있다. 그리고 비슷한 부서들이 미국 정부의 도처

31) 25년 전에 *Future Survey* (the journal of record of the World Future Society)의 편집자인 Michael Marien은 정책 학술지의 수가 400권이 넘을 것이라고 추정하였다. Michael Marien, "The Scope of Policy Studies: Reclaiming Lasswell's Lost Vision," in *Advances in Policy Studies Since 1950*, vol. 10. *Policy Studies Review Annual, ed. William N.* Dunn and Rita Mae Kelly, (New Brunswick, NJ: Transaction, 1991), pp. 445-488.

에, 유럽연합의 부서들에, 그리고 국제연합(United Nations)과 세계은행(World Bank)을 포함한 국제기관들 내에 존재하고 있다. Wikipedia는 150 여 국가에 수만 개의 정책 두뇌집단(think tank)들을 열거하며, Gale 출판사가 관리하는 조직명부(*Encyclopedia of Organizations*)는 미국에서 정책연구와 정책창도에 종사는 23,000개 조직을 열거하고 있다.32)

4. 증거에 기초한 정책 시대

정책분석가들과 정책결정자들은 21세기 첫 10년 동안 에너지, 환경, 공중보건, 사회복지, 국가안보, 형사사법, 경제개발 등과 관련된 정책분야의 문제들 간의 상호의존성이 높은 증가율로 확대하고 있다는 사실을 인정한다. 이런 현상은 마치 강이 폭포를 가로지르듯 힘과 중요성을 축적하는 것과 유사하다. 미국에서 가장 급속하게 증가하는 부문 중 하나인 보건정책분야에서 보건정책 연구와 창도에 종사하는 조직의 수가 21세기에 들어선 이후 매년 약 17% 증가해왔다. 이는 지난 20년간 GDP 대비 의료비지출의 증가율과 같다고 볼 때 괄목할 만하며 아마도 이를 바탕으로 미래를 예견할 수 있을 것이다. 2020년에는 이들 조직의 수가 15,000개를 초과할 것 같다.

상호의존성이 촉진하는 사례들에 대한 반응 중 하나가 역동적 상호의존성에 관한 다양한 체계적 비전의 개발이다. 미국의학회(National Academy of Medicine) 2010년 보고서는 세계의 특징을 동시에 상호작용하는 수많은 영향들로 구성된 복잡한 체제로 묘사한다. 체제관점은 정책결정자와 정책분석가로 하여금 고립된 한 요소 부분에 집중하기보다는 확장성 있게 생각하도록 한다. 체제관점은 증거를 개발하고 효과적으로 이용하며 변화를 가져올 수 있는 행동을 제안할 수 있는 능력을 신장시킬 수 있다. 체제관점은 "행동을 취하지 않을 때의 결과, 개입의 의도치 않은 효과, 하나 또는 몇 가지 개입의 효과 기대치, 개입들 간의 갈등, 개입들 간 우선순위 등을 예측할 수 있다."33)

---

32) Gale Group web page(http://galegroup.com)는 비영리단체 명부(EA, *Encyclopedia of Associations*)가 미국 비영리연구, 전문직업, 전체회원조직에 관한 자세한 지식을 담고 있는 유일한 종합출처라고 소개한다. EA는 무역(trade), 사업(business), 상업(commercial), 법(legal), 정부(government), 행정(public administration), 군사(military), 문화(cultural), 교육(educational), 보건과 의약(health and medicine), 재향군인(veterans), 스포츠(sports) 등등의 제목으로 23,000 여개 조직을 소개하고 있다.

33) *Using Science as Evidence in Public Policy*, Committee on the Use of Social Science

시스템적 사고의 성장은 '증거에 기초한 정책'(*evidence-based policy*)에 대한 요청과 비슷한데, 이러한 요청은 영국에서 먼저 나타났고 그다음 미국과 유럽연합(EU)에서 나타났다. 증거에 기초한 정책은 미시 또는 중위 수준의 분석에서 복잡성에 대한 반응이다. 한편으로는 보통 숨겨지고 투명성이 결여되어 있는 이념적, 종교적, 정치적 영향이 성공하지 못한 정책의 원인이 되는 요인들을 이해하는 데 해로운 효과를 끼쳤다는 인식이 존재한다. *Scientific Advice, Risk, and Evidence Based Policy Making*(2006)이라는 영국 하원(British House of Commons)의 보고서에 의하면, 증거에 기초한 정책결정은 "이념적으로 추진된 정책을 넘어서 '실제 작동하는 것'(what works)에 대한 정부의 추진의지에 뿌리를 두고 있다. … 이러한 정부는 … 새로운 아이디어, 기존 일처리 방식에 대한 의문의 적극적 수용, 정책결정에서 증거 및 연구의 보다 나은 활용 등을 기대하고 있다."[34]

증거에 기초한 정책결정이, 다양한 형태를 취하지만, 증거를 한편으로 정책들 간 관계에 관련된 지식으로 정의하고, 다른 한편으로는 단기·중기·장기 정책결과로 정의하는 데에는 일치한다. 보건정책과 의학 분야에서 Cochrane Collaboration(C1)(www.cochranecollaboration.org)과 Campbell Collaboration (C2)(www.campbellcollaboration.org)이 증거에 기초한 정책의 가장 크고 경쟁력 있는 보고(寶庫)이다. C1과 C2는 정책과 인과적으로 관련된 결과를 평가하는 데 관심을 두고(C1의 경우 의료 개입 포함), 이들 개입의 결과에 대한 기존 세계적 연구를 분석하는 데 관심을 둔다. C1과 C2에서 근무하는 연구원들이 사용하는 두 가지 주된 방법론은 연구종합과 메타분석이다.[35] 이들 방법이 어떤 주제에 관해 세계적으로 축적된 지식을 분석하는 매우 강력하고도 적합한 방법이다.

미국에서 증거에 기초한 정책은 정부수월성위원회(Council for Excellence in Government)에 소속된 증거에 기초한 정책연합(Coalition for Evidence-Based Policy) 회원인 선도적인 프로그램평가사와 정책분석가들에 의하여

Knowledge in Public Policy, Division of Behavioral and Social Sciences and education (Washington DC: The National Academies Press), p.60에서 인용함.

34) United Kindom, House of Commons, Science and Technology Committee. *Scientific Advice, Risk, and Evidence Based Policy Making*. Seventh Report of Session 2005-06, Volume Ⅰ(London: HMO Printing House, 2006).

35) 이들 두 방법론에 관한 종합서로 Harris M. Cooper, *Research Synthesis and Meta-Analysis: A Step-by Step Approach*, 4th ed. (Thousand O만, CA: Sage Publications, 2010)가 있다.

촉진되었다. 관리예산처(Office of Management and Budget)의 일부 절차는 증거에 기초한 정책분석, 특히 프로그램평가 방법 및 표준에 기반을 두고 있다.[36] 더구나 공공정책, 사회정책, 교육정책, 안보정책 등에 관한 최근 서적의 제목을 간단히 살펴보면, '증거에 기초한'(evidence-based)이라는 말로 시작하는 것을 볼 수 있다. 이런 맥락에서 어떤 학자들은 증거에 기초한 정책 운동을 공공정책 문제를 다루는 새로운 형태의 유해한 논리적 실증주의자(과학적) 접근방법이며 민주주의와는 맞지 않을 수 있는 접근방법으로 본다.[37] 다른 학자들은 증거에 기초한 정책을 공공정책에 대한 연구를 수행하기 위한 유일한 대안이라고 본다. 이 대안은 질적, 해석학적, 해석적 탐구를 바탕으로 하는 접근방법을 포함한다.[38]

Ⅲ. 정책결정과정

앞에서도 살펴본 바와 같이 정책분석은 실제적인 문제에 대응하면서 발전해왔다. 정책분석을 이해하기 위해서 실제적인 기원을 인식하는 것도 중요하지만, 역사적 인식만으로는 정책결정의 특징과 정책분석의 역할을 제대로 파악할 수 없다. 따라서 우리는 정책학으로 알려진 운동 창시자들의 업적을 참고해야 한다.

정책학운동은 탁월한 정치학자 라스웰(Harold D. Lasswell)에 의해 창시되었는데, 그는 사회과학과 정책결정 간의 관계에 관한 새로운 비전을 제시하였다. 라스웰 비전의 일부는 19세기로 거슬러 올라가지만, 정책학은 단지 수세기 동안 이루어낸 것, 즉 정책결정에 관한 지식의 창출만을 요구하는 것은 아니다. 정책학은 또한 창출된 지식이 정책결정과정을 개선하는 데 이용될 것을 요구한다.[39] 린드(Robert S. Lynd)의 저서 『무엇을 위한 지식인가?』(*Knowledge for What?* 1939)에서와 마찬가지로 정책학은 혁명적 비전이었으며, 사회과학의 중심을 정책결정과정에 두어야 한다고 강력히 주장하였다.

36) Coalition for Evidence Based Policy, www.evidencebasedprograms.org/.

37) Wayne Parsons, "From Muddling Through to Muddling Up: Evidence Based Policy-Making and the Modernisation of British Government." *Public Policy and Administration* 17, 3(2002): 43-60.

38) John W. Creswell, *Qualitative Inquiry and Research Design: Choosing Among Five Approaches* (Thousand Oaks, CA: Sage Publications, 2013).

39) 라스웰은 정책학이 "공공질서와 시민질서의 결정과정에 관한(of) 지식과 그 과정에서 필요한(in) 지식을 다룬다."고 하였다(Lasswell, *A Pre-view of Policy Sciences*, 1971: 1).

정책학에서는 분석을 사회적(*social*) 맥락 속에 있는 지적(*intellectual*) 활동으로 보았다. 라스웰과 정책학 개발의 수십 년 동료인 맥두걸(Myers S. McDougal)은 이 과정을 세 가지 구성요소로 나누었다. 첫째 구성요소는 맥락(*contextuality*)인데, 이는 의사결정이 더 큰 사회과정 안에 포함된다는 사실을 가리킨다. 둘째는 문제지향(*problem orientation*)이다. 정책학의 실무자들은 목표, 경향, 조건, 투사, 대안 등을 명확히 하는 지적 활동에 능숙하다. 셋째는 방법론적 다양성(*methodological diversity*)인데, 이는 적용된 방법들의 범위가 좁지 않고 넓어야 함을 강조한다(Lasswell, 1971: 4).

정책학의 창시자들은 의사결정과정을 순차적으로 연결된 일곱 가지 의사결정기능으로 묘사했다. 각 기능은 강제적이고 설득력 있는 정부권력에 기초한다. 각 의사결정기능은 결과들을 갖고 있으며, 각 결과는 효과를 가져온다. 라스웰과 카플란(Kaplan)에 의해 확인된 가치들[40](예를 들어, 계몽과 기술)은 지식의 수집, 처리, 전파와 같은 결과가 가져오는 효과이다.[41] 일곱 가지 순차적 의사결정기능은 다음과 같다.

정보(*intelligence*). 정보기능의 결과는 지식을 수집하고 처리하고 전파하여 의사결정과정의 참여자들, 예를 들어 규제기관이나 사법기관 등이 이용할 수 있도록 하는 것이다. 지식의 수집, 처리, 전파의 효과로는 계몽, 부, 기술 등의 가치가 있다.

촉진(*promotion*). 촉진기능의 결과는 여론에 호소하고 지지를 동원하여 지도자, 정당, 이익집단 등이 이용할 수 있도록 하는 것이다. 여론에의 호소와 지지 동원의 효과로는 권력, 기술 등의 가치가 있다.

처방(*prescription*). 처방기능의 결과는 행정기관이나 입법부에 의한 시행규범의 일상화와 제도화이다. 행정부의 명령, 입법부의 법령, 기타 시행규범의 효과로는 권력, 존경, 기술 등의 가치가 있다.

발동(*invocation*). 발동기능의 결과는 담당기관의 공무원들이 처방된 대안

---

40) Harold D. Lasswell and Abraham Kaplan, *Power and Society: A Framework for Political Inquiry* (New Haven, CT: Yale University Press, 1951). 열 가지 가치(기본 가치)에는 부, 계몽, 권력, 기술, 건강 등이 포함된다.

41) 결과와 결과의 효과 간의 구별은 원래 라스웰이 말했던 것처럼 어색하다. 구별하는 다른 방법은, 공공프로그램평가에서 자주 사용하는 바와 같이, 결과(단기 효과)와 영향(장기 효과)이라는 용어를 사용하는 것이다.

을 시행하는 것이다. 처방된 대안 시행의 효과로는 부, 건강, 행복 등이 있다.

적용(*application*). 적용기능의 결과는 정책대안이 적용될 조건을 판결한 법원에 의한 특정이나 문서화이다. 법원 판례의 효과로는 기술, 존경, 정직 등의 가치가 있다.

종결(*termination*). 종결기능의 결과는 정책대안의 종결에 의해 영향을 받는 관계자들 주장에 대한 판결이다. 소액법원 판례의 효과로는 권력, 행복 등의 가치가 있다.42)

평가(*appraisal*). 평가기능의 결과는 정책목표달성 평가에 대한 법적·행정적 책임을 묻는 것이다. 조사위원회 기관, 감사원, 의회 연구부서 등에 의한 목표달성 평가의 효과로는 부, 권력, 계몽 등의 가치가 있다.

기존의 일곱 가지 의사결정기능은 1971년에 출판된 라스웰의 『정책학 서설』(*A Pre-view Policy Sciences*)에서 수정되었다. 이 책은 1978년 그가 죽기 전에 이룬, 의사결정과정에 관한 그의 마지막 주요 업적이었다. 첫눈에 이 책은 하나의 전통적인 순차적 의사결정이론을 소개하는 것처럼 보인다. 이런 이론들은 정책문제로부터 시작하여 그 해결방안에 이르는 일련의 활동들이 뒤따르는 것으로 되어 있다. 이런 의사결정기능에 대해 널리 알려진 수정안은 의제설정, 정책형성, 정책채택, 정책집행, 정책소통, 정책평가, 정책적응 등 7단계로 되어 있다.43)

그러나 라스웰의 순차적 의사결정은 단계나 국면이 아니라 기능이라고 불리었고, 이론적 의미에서 중요한 차이가 있다. 왜냐하면 라스웰은 기능을 단지 시간적 순서로 배열된 일련의 활동이 아니라 의도적인(목적론적인) 행동으로 보는 듀이(John Dewey)를 뒤따랐기 때문이다. 듀이에 따르면, 하나의 기능은 "자체를 보존하는 방향으로 구체적 목표를 달성하는(fulfills a specific end) 작은 과정들의 배열이나 조정을 포함하는 충분히 복잡한 과정이다."44) 이런 방식으로 볼 때, 기능들은 논리적 실증주의와 해석주의와 관

42) 라스웰이 종결을 평가 전에 둔 것은 논리에 맞지 않다는 비판이 종종 있었다. 그러나 종결(termination)은 지금 우리가 '마지막 단계의 집행'(late-stage-implementation)이라 부를 수 있는 것에 해당한다. 그다음에 결과를 평가하기 위한 평가(appraisal) 단계가 필요하게 된다. 예를 들어, 소송 형태로 나타나는 결과는 소액법원에서 판결된다.

43) 조금 다르기는 하지만, 의사결정기능에 대한 첫째 수정안은 Charles O. Jones, *An Introduction to the Study of Public Policy*, 2nd ed. (North Scituate, MA: Duxbury Press, 1977)이고, James A. Anderson, *Public Policymaking: An Introduction*, 7th ed. (Boston, MA: Wadsworth, 2011)이 뒤따랐다. 각 이론은 라스웰의 이론에 기초한 정책결정과정의 유사한 단계들로 구성되어 있다.

련된 인식론적 이론들에 관한 라이트(Georg Henrik von Wright)의 논문에 의해 실증된 실제적 추론의 전통에서 그 근거를 찾을 수 있다.[45] 목표를 달성하는 것은 사전에 귀납적·연역적 규칙을 적용한 것이라기보다는 일의 미래 상태에 관한 의사결정 또는 선택의 결과이다.[46] 라스웰과 맥두걸은 정책결정이란 "일단의 규칙이 아니라 …… 공동체의 가치를 생산하고 배분하는 것에 관한 권위 있는 의사결정과정이다. …… 규칙만으로는 왜 과거의 의사결정이 이루어졌는지 또는 미래의 의사결정이 어떻게 이루어질 것 같은지 설명할 수 없다."고 지적한다.[47]

라스웰, 맥두걸의 업적과 정책학은 우리가 지금 정책결정과정 또는 간략하게 정책과정이라고 알고 있는 것이다. 라스웰 시대와 마찬가지로 오늘날에도 이 과정을 시간의 따라 배열된 일련의 상호의존적인 기능들로 시각적으로 나타내는 것이 유용하다. 정책과정은 의제설정으로부터 시작하여 정책형성, 정책채택, 정책집행, 정책사정, 정책적응으로 진행된다(<표 2-1>).[48] 정책분석가는 상황에 따라 정책결정의 하나, 몇 개 또는 모든 단계에 적합한 지식을 산출한다.

정책과정은 복잡한 사이클로 구성된다([그림 2-1]). '정책 사이클'(*policy cycle*)의 각 단계는 전·후방 고리(loop)로 다음 단계와 연결되어 있기 때문에, 전체 과정은 뚜렷한 시작과 끝이 없다. 개인, 이익집단, 정부 부서, 기관, 부처들은 협력·경쟁·갈등을 통하여 정책 사이클에 관여하게 된다. 정책 사이클의 한 가지 형태인 정책적응(*policy adaptation*)은 환류 고리를 통하여 앞의 단계에 연결해 준다. 다른 형태의 사이클로는 과거의 정책과 조직을 새

44) John Dewey, "Brief Studies in Realism, II," *The Journal of Philosophy, Psychology and Scientific Methods* 8,20(1911): 546-554.

45) Georg Henrik von Wright, *Explanation and Understanding* (Ithaca, NY: Cornell University Press, 1971).

46) McDougal, Myers S., Harold D. Lasswell, and W. Michael Reisman, "The Intelligence Function and World Public Order," *Temple Law Quarterly* 46(1972): 365.

47) Lasswell, Harold D. and Myers S. McDougal, "Legal Education and Public Policy: Professional Training in the Public Interest," *The Yale Law Journal* 52, 2(1943): 203-295.

48) 정책과정이나 단계적 접근방법에 관해서는 Peter deLeon, "The Stages Approach to the Policy Process: What Has It Done? Where Is It Going?" in *Theories of the Policy Process,* ed. Paul A. Sabatier (Boulder, CO: Westview Press, 1999)에 요약되어 있다. 그리고 Charles O. Jones, *An Introduction to the Study of Public Policy,* 2d ed. (North Scituate, MA: Duxbury Press, 1977); James A. Anderson, *Public Policy Making*(New York: Praeger, 1975); Gary Brewer and Peter deLeon, *Foundations of Policy Analysis*(Homewood, IL: The Dorsey Press, 1983) 참조. 위에서 인용한 문헌들에 영향을 준 고전으로는 Harold D. Lasswell, *The Decision Process: Seven Categories of Functional Analysis* (College Park, MD: Bureau of Governmental Research, University of Maryland, 1956).

표 2-1 정책결정과정의 단계

단계	특 징	사 례
의제설정	조직화된 이해집단으로부터의 압박하에서 선출된 공직자와 임명된 관료가 문제를 정부의제로 삼는다. 전혀 다루어지지 않는 문제도 많으며, 어떤 문제는 오랜 기간이 지난 후에 다루어지기도 한다.	주 의회 의원이 지역복지권리단체의 요청에 따라 직원 분석가에게 생활임금 이슈에 대한 입법 연구를 요청한다. 직원 분석가는 입법에 관심을 보이지 않는 보건복지위원회 의원들에게 간결하게 보고한다. 이 이슈는 20년 동안 정부에 의해 처리되지 않고 있다.
정책형성	관료들이 문제를 해결하기 위한 정책대안을 형성한다. 정책대안은 행정명령, 법원의 결정, 의회를 통과한 법률 등의 형태를 취한다.	주정부의 법원이 여성과 소수민족에 불리한 점수가 나온다는 이유로 SAT 등의 표준화된 학력검사의 사용을 금지시킬 것을 고려한다.
정책채택	하나의 정책이 입법부의 다수결 찬성, 행정기관 책임자들의 합의, 또는 법원의 다수결 결정에 의하여 채택된다.	로우 대 웨이드 재판(*Roe* v. *Wade*)에서 대법원 판사들은 여성이 낙태를 통하여 임신을 중절할 권리를 가지고 있다는 다수의견에 도달한다.
정책집행	채택된 정책은 이를 집행하기 위한 재원과 인적 자원을 동원하는 행정단위에 의해 수행된다.	도시 재무관은 세금면제의 지위가 취소된 병원에 세금을 부과하기로 결정한 새로운 법에 순응하기 위하여 추가로 직원을 채용한다.
정책사정	정부의 감사부서나 회계부서에서 행정명령, 의회의 법률, 법원의 결정이 정책의 법적 요구사항에 순응하는지 그리고 공식적 목표를 실현했는지 여부를 판단한다.	회계감사원(GAO, General Accounting Office)에서 빈곤가구한시지원(TANF)과 같은 사회복지프로그램을 점검하여 집행에서 잠재적 복지부정의 범위를 판단한다.
정책적응	감사부서나 평가부서는 잘못된 규제, 불충분한 자원, 적절치 못한 훈련 등으로 정책의 수정이 필요하다는 점을 정책의 형성·채택·집행에 책임이 있는 기관에 알려준다.	주의 노동산업부는 차별철폐훈련프로그램을 평가한 후, 고용인들이 차별에 대한 고소를 담당공무원보다는 고발당사자인 직속상관에게 해야 하는 것으로 잘못 알고 있다는 것을 발견한다.
정책승계	정책평가 담당기관은 문제가 해결되어 어떤 정책이 더 이상 필요치 않다고 판단한다. 이에 그 정책을 종결하기보다는 정책목표를 다시 정의한다.	국립고속도로안전청(NHTSA)은 의회에 시속 55마일 속도제한을 유지시킬 것을 설득한다. 원래 연료를 절감하기 위해 도입된 것인데 예기치 않게 교통사고사망자수를 감소시키기 때문이다.
정책종결	기관들을 평가하고 감독하는 책임이 있는 의회 위원회는 어떤 정책 또는 전체 기관이 더 이상 필요치 않아 종결되어야 한다고 결정한다.	미 의회는 기술평가국(OTA)을 폐지한다. 다른 기관이나 민간부문이 기술에 관한 경제·사회적 효과를 평가할 수 있어 이 기관은 필요 없기 때문이다.

그림 2-1 정책결정과정에서의 복잡성, 환류, 단기 순환

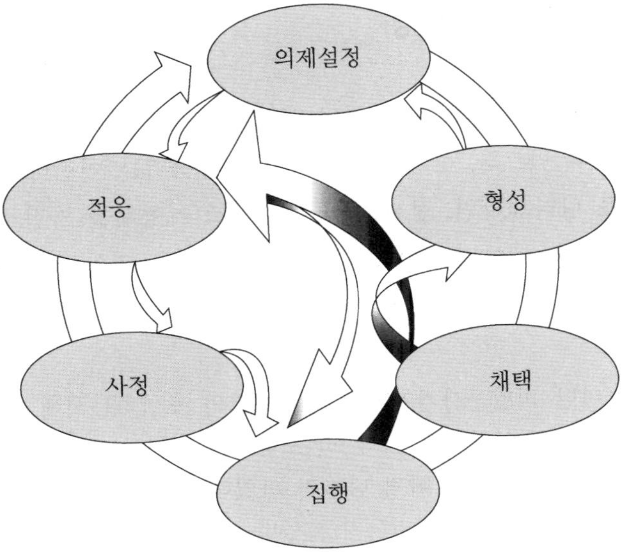

로운 정책과 조직으로 대체하는 정책승계(*policy succession*)와 정책종결(*policy termination*)이 있다. 정책종결은 주로 정책이나 사업의 소멸을 의미하지만, 공공의제로 부각되는 이슈에 영향을 미치는 경우도 있는데, 이러한 의미에서 종결은 또 다른 유형의 사이클을 나타낸다.

어떤 경우에는 정책이 먼저 채택되고 그 다음에 의제설정으로 되돌려 이를 정당화시키는 경우도 있다. 이는 정책에 맞추기 위하여 또는 정책을 정당화시키기 위하여 문제를 형성하거나 재형성하는 경우이다. 동시에 다양한 집단들이 정책을 개발하는 병렬적인 사이클이 나타나고, 한 단계로부터 뒤로(집합, assembly) 또는 앞으로(나무모양, arborescent) 다른 단계와 연결된다. 인접 단계들이 연결되거나 또는 모두 생략되어 '단기회로'(short circuits)가 될 수도 있다. 해결방안들과 문제들이 끊임없이 변화되어, '원시정책수프'(primeval policy soups)나 '조직화된 무정부상태'(organized anarchies)가 될 수 있다.[49] [그림 2-1]도 정책관련지식이 정책결정과정에 영향을 줄 수 있다고 가정한다. 그런 영향이 실제로 일어날지는 확실히 알 수는 없다.

49) Michael Cohen, James March, and Johan Olsen, "A Garbage Can Model of Organizational Choice," *Administrative Science Quarterly* 17 (March 1972): 1-25; John W. *Kingdon, Agendas, Alternatives, and Public Policies,* 2d ed. (New York: Harper Collins, 1995).

Ⅳ. 정책변화에 관한 모형

쓰레기통, 원시정책수프, 조직화된 무정부상태와 같은 은유들은 머리 속에 쉽게 그릴 수 있으나, 구체적인 정책에 적용하기는 어렵다. 사실, 정책을 이런 방식으로 나타낸다면, 정책은 아무런 구조나 형태를 가질 수 없을 것이다. 그러나 하나의 이야기가 이들 은유의 중요성을 명확히 하는 데 도움이 될 수 있다.[50)]

> 한 달 전, 어떤 비밀군사기지에서 군사기밀의 도난가능성에 관한 보고서가 제출되었다. 매일 거의 같은 시각, 한 노동자가 커다란 손수레를 밀면서 보안검색대를 지나 군 기지를 빠져 나가려 하였다. 첫째 날, 보초가 그 노동자에게 손수레 안에 무엇이 들어있는지 물었다. 그는 쓰레기뿐이라고 대답하였다. 보초는 경찰봉으로 쓰레기통을 뒤져보았고, 아무것도 발견하지 못하였으며, 그 노동자를 통과시켰다. 일주일 내내 똑같은 수색이 무사히 반복되었다. 그러나 둘째 주에는 보초들의 의심이 더욱 커져 그 노동자에게 쓰레기 내용물을 도로에 모두 쏟으라고 하였다. 이번에는 갈퀴를 사용하여 내용물을 검사하였고, 그들은 역시 아무 것도 발견하지 못하였다. 이러한 절차가 두 주일 더 계속되었다.
> 일주일이 더 지난 후 보초들이 특수검색장비를 갖춘 특수조사팀을 불렀다. 그 노동자는 다시 내용물을 쏟도록 명령받았고, 내용물을 검색하였으나 결과는 마찬가지였다. 그 후에 그 노동자는 자유롭게 통과하도록 허용되었다. 그 달 말, 손수레 삼십 대가 행방불명으로 보고되었다.

구조들이 표현하려는 과정만큼 구조도 똑같이 중요하다는 것이 이 이야기의 요점이다. 지적 구조의 특수 유형인 개념적 모형들은 정책결정과정을 이해하는 데 필수적이다. 이러한 개념적 모형들은 종종 '쓰레기통', '조직화된 무정부상태', '원시수프'와 같은 은유에 기초하며,[51)] 정책결정과정에 대해 생

---

50) 이 예는 John Funari와의 개인적 대화 덕택으로 얻은 것임.

51) 다른 은유나 직유로는 '장벽'(the wall) '파도'(surge) '정책쇠퇴'(policy decay) '빈곤과의 전쟁'(war on poverty) '전염병 같은 문제'(problems as infectious diseases) 등이 있다. Rein과 Schon은 이들을 '생성적 은유'(generative metaphors)라고 부르는데, 그 이유는 이들이 정책문제를 구조화하는 준거 틀을 생성하기 때문이다. Martin Rein and Donald A. Schon, "Problem Setting in Policy Research," in *Using Social Research in Public Policymaking,* ed. Carol Weiss (Lexington, MA:

각하고 설명하는 방식을 구성한다.

1. 완전한 합리성 모형

완전한 합리성(*comprehensive rationality*) 모형은 의사결정과정에 대해 생각하고 설명하는 방식을 구조화한다. 이 모형은 정책결정을 경제적 합리성을 위해 철저하게 노력하는 것으로 설명한다. 합리적인 경제적 행위자 또는 경제적 인간(*homo economicus*)은 이용 가능한 대안들의 비용과 편익을 가늠하여, 그리고 자원의 능률적 사용에 대한 관심이 동기가 되어 하나의 결정을 내린다. 완전한 합리성 모형의 기본 전제는 철저하게 분석된 둘 이상의 대안들 중에서 선택된 대안이 다른 대안들을 능가하는 능률성 순편익(편익에서 비용을 뺀 것)을 가진다는 것이다.[52] 의사결정자가 다음과 같은 활동을 할 때 경제적으로 합리적인 의사결정이 이루어진다.

- 다른 관계자들을 대신하여 행동할 수 있도록 충분한 합의가 이루어진 그리고 철저히 탐색된 일련의 대안들을 구체화한다.
- 각 대안에 해당하는 목표를 식별한다.
- 각 대안을 선택할 경우 초래하게 될 결과들을 예측한다.
- 목표를 달성할 수 있는 최선의 대안들을 구체화하고 순위를 매긴다.
- 목표 달성을 극대화하는 대안을 선택한다.

합리적 선택의 다른 변형에는 제도적 거래비용을 선택상황에 포함시키는 경우,[53] 비용과 편익을 정치적·사회적·조직적·윤리적 측면에서 재정의하는 경우[예컨대, 정치적 인간(*homo politicus*)],[54] 그리고 의사결정자를 불완전한 지식, 제한된 계산능력, 오류성향으로 인하여 실수할 수 있는 학습자라고 증명하는 경우 등이 있다.[55]

D.C. Heath, 1977), pp. 240-243 참조.

52) Elinor Ostrom은 다음 글에서 합리적 선택모형을 검토하였다. "Institutional Rational Choice: An Assessment of the Institutional Analysis and Development Framework," in *Theories of the Policy Process*, ed. Sabatier, 35-72. 완전한 합리적 선택에 관한 고전적 비판으로 Charles E. Lindblom, *The Policy-Making Process* (Englewood Cliffs, NJ: Prentice-Hall, 1968) 참조.

53) Oliver E. Williamson, *The Economic Institutions of Capitalism* (New York: Free Press, 1985).

54) David J. Silverman, *The Theory of Organizations* (New York: Free Press, 1972).

2. 차선의 합리성

완전한 경제적 합리성 모형에 관한 중요한 비판 하나가 애로우의 불가능성 정리(*Arrow's impossibility theorem*)인데, 이는 정책결정과정에 대한 다른 설명을 제공한다. 이 정리는 민주적인 사회에서 의사결정자들이 완전한 경제적 합리성의 요구조건들을 충족시키는 것이 불가능하다는 것을 설명한다.[56] 다수결의 투표 방법에 의해서 개개인의 합리적 선택을 집계하여 최선의 선택을 하는 것이 불가능하다. 개개인의 선택을 단순히 합산하여 이행적 선호(A가 B보다 선호되고, B가 C보다 선호된다면, A는 C보다 선호됨)를 포함하는 집합적 결정을 내리는 것이 불가능하다는 것을 '투표자의 역설'(*voters paradox*)이라고 묘사된다.

브라운(Brown), 존스(Jones), 스미스(Smith)라는 세 명의 위원으로 구성된 위원회를 생각해 보자. 이 위원회에서는 에너지 위기를 해결하기 위하여 세 가지 형태의 에너지 즉 태양, 석탄, 원자력 중 어떤 것을 채택해야 할지 결정해야 한다. 에너지 권리기구(energy rights organization)의 대표인 브라운은 시민들에게 미치는 위험의 정도에 따라 순위를 정하여 석탄보다는 태양을, 원자력보다는 석탄을 선호한다. 브라운의 선택은 이행적이기 때문에, 이는 만약 A가 B보다 선호되고, B가 C보다 선호된다면, A는 C보다 선호된다는 규칙에 부합된다. 존스와 스미스는 각각 석탄산업과 원자력산업을 대표하는 인사로 또한 이행적인 선호를 한다. 즉 존스는 석탄이 가장 수익성이 높다는 이유로 석탄, 원자력, 태양의 순으로 하여, 원자력보다는 석탄을, 태양보다는 원자력을, 그리고 태양보다는 석탄을 선호한다. 한편 스미스는 원자력이 가장 수익성이 높다고 추론하기 때문에, 태양보다는 원자력을, 석탄보다는 태양을, 그리고 석탄보다는 원자력을 더 선호한다. 태양에너지는 석탄보다는 수익성이 낮지만 환경에 대한 위험은 더 작다. 스미스는 세 가지 대안 중 석탄이 가장 바람직하지 못하다고 보았다.

---

55) Elinor Ostrom, *Governing the Commons: The Evolution of Institutions for Collective Action (New York: Cambridge University Press, 1990); and Mancur Olson, The Logic of Collective Action: Public Goods and The Theory of Groups* (Cambridge, MA: Harvard University Press, 1965).

56) Kenneth J. Arrow, *Social Choice and Individual Values* (New York: John Wiley, 1963).

표 2-2 투표자의 역설

위원회 위원	선 호
브라운(Brown)	A(태 양)를 B(석 탄)보다 선호
	B(석 탄)를 C(원자력)보다 선호
	A(태 양)를 C(원자력)보다 선호
존스(Jones)	B(석 탄)를 C(원자력)보다 선호
	C(원자력)를 A(태 양)보다 선호
	B(석 탄)를 A(태 양)보다 선호
스미스(Smith)	C(원자력)를 A(태 양)보다 선호
	A(태 양)를 B(석 탄)보다 선호
	C(원자력)를 B(석 탄)보다 선호
다수	A(태 양)를 B(석 탄)보다 선호
	B(석 탄)를 C(원자력)보다 선호
	C(원자력)를 A(태 양)보다 선호

각 개인의 견해에서 보면 세 가지의 선택은 합리적이고 이행적이다. 그러나 세 명의 위원들이 민주적 결정에 도달하기 위해서 다수결원칙을 적용하려고 할 때, 모순이 발생하게 된다(<표 2-2>). 만약 위원들에게 태양과 석탄 사이에서 선택하라고 하면, 2 대 1(브라운과 스미스 대 존스)의 차이로 석탄보다 태양 에너지가 선호된다. 이와 유사하게 석탄과 원자력 사이에서 선택하도록 하면, 2 대 1(브라운과 존스 대 스미스)의 차이로 원자력보다 석탄이 선호되는 것을 관찰할 수 있다. 이제 만일에 이행성 규칙을 이러한 집합적(*collective*) 선호에 적용할 경우, A가 B보다(석탄보다는 태양 에너지) 선호되고, B가 C보다(원자력보다 석탄) 선호되므로, A는 C보다(핵보다는 태양 에너지) 선호되어야 한다. 그러나 이것이 집합적 선택의 결과는 아닌데, 그 이유는 위원회의 두 위원(존스와 스미스)이 A보다 C(태양 에너지보다는 원자력)를 선호한다고 주장하고 있기 때문이다. 따라서 개인적 선호는 이행적인 반면 집합적 선호는 순환적(*cyclic*)인데, 이는 대안들 사이의 순위를 일관성 있게 매길 수 없다는 것을 의미한다. 이러한 이유로 인하여 경제적인 합리적 선택이 불가능하다.

애로우의 불가능성 정리는 이행적인 집합적 결정에 도달하기 위해서 민주적 절차(예를 들면, 다수결 원칙)를 적용하는 것이 불가능하다는 점을 논리적 추론으로 증명한 것이다. 어떤 민주적 결정절차이든 다섯 가지 '정당한 조건'(reasonable conditions)이 있다. (1) 선택의 비제약(*nonrestriction of choices*), 즉 집합적 선택과정에서는 개인적 선호가 가능한 모든 조합들을 고려하여야 한다. (2) 집합적 선택의 비왜곡(*nonperversity of collective choice*), 즉 집합적 선택은 개인적 선택을 일관성 있게 반영하여야 한다. (3) 부적합한 대안으로부터의 독립성(*independence of irrelevant alternatives*), 즉 선택은 다른 모든 대안들과는 독립적인 주어진 대안들의 집합 내에 국한하여 이루어져야 한다. (4) 시민주권(*citizens' sovereignty*), 즉 집합적 선택은 그 전에 내려진 다른 선택에 의해서 제약되어서는 안 된다. (5) 비독재(*nondictatorship*), 즉 어떠한 개인이나 집단도 그들의 선호를 다른 개인이나 집단에게 강요하여 집합적 선택의 결과를 결정하려고 해서는 안 된다.

비이행적 선호의 딜레마를 피하기 위해서, 합의에 도달하여 이행적 선택을 할 수 있을 것으로 기대되는 소수의 의사결정자(예를 들면, 정치적 엘리트 또는 기술적 엘리트)에게 집합적 선택의 권리를 위임할 수도 있다. 비록 이와 같은 방식으로 비이행적인 선호의 문제를 해결할 수는 있겠지만, 이는 '시민주권'이라는 조건과 '비독재'라는 조건을 위반하는 것이다. 이에 대한 대안으로서 합의를 조성해 줄 것이라는 희망으로 추가적인 대안(예를 들면, 풍력발전)을 소개할 수도 있다. 그러나 이것은 '부적합한 대안으로부터의 독립성'이라는 조건을 위반한 것이다. 실제로 다수결원칙에 기초를 두고 있는 정치체제에서는 집합적 선택에 도달하기 위하여 이러한 두 가지 절차를 이용한다.[57] 이러한 선택은 차선(*second-best*)의 의사결정으로 묘사된다.

3. 분절적 점증주의

정책변화에 관한 분절적 점증모형(*disjointed-incremental model*)은 현실적인 정책선택에서 경제적 합리성 모형의 요구조건을 충족시키는 경우는 거의 드물다고 주장한다.[58] 분절적 점증주의 이론의 기본명제에 따르면 정책변

57) 의제에 오르는 이슈들의 순서를 설정하는 것은 시민주권과 비독재의 조건을 위반하는 중요한 사례이다. Duncan Black, *The Theory of Committees and Elections* (Cambridge, MA: Cambridge University Press, 1958) 참조. 이러한 문제에 관한 고찰로는 Norman Frohlich and Joe A. Oppenheimer, *Modern Political Economy* (Englewood Cliffs, NJ: Prentice-Hall, 1978) 제 1장 참조.

58) Charles E. Lindblom and David Braybrooke, *A Strategy of Decision* (New York: The Free Press, 1963).

화는 현재 상태로부터 최소한도로 일어나며, 따라서 시점 t에서의 행태는 시점 t+1에서의 행태와 근소한 차이 밖에 없다는 것이다. 분절적 점증주의에 따르면, 의사결정자가 다음과 같이 활동하면, 합리적 선택이 이루어진다.

- 현 상태보다 조금씩(즉, 적은 양으로) 차이가 나는 대안들만 고려한다.
- 각 대안에 대하여 예측하여야 할 결과의 수를 제한한다.
- 한편으로는 목표들을, 다른 한편으로는 정책대안들을 상호 조정한다.
- 순차적으로 대안들을 분석하고 평가하여, 단 한 번에 선택을 하기보다는 시간을 두고 계속하여 선택을 수정하도록 한다.
- 문제를 완전히 해결하려고 하기보다는 기존 문제를 고쳐나간다.
- 분석과 평가의 책임을 사회의 여러 집단과 나누어 가지며, 정책선택의 과정이 분절적(disjointed)이고 연합적(conjointed)이 되도록 한다.

4. 제한된 합리성

분절적 점증주의와 밀접하게 관련되고, 정책결정과정을 설명하는 대안적 설명은 제한된 합리성(*bounded rationality*) 모형이다. 그러나 분절적 점증주의는 집단적인 합리적 선택의 제한에 관해 설명하고, 제한된 합리성은 개인적인 합리적 선택의 제한에 관해 설명한다. 제한된 합리성은 개인 의사결정자가 모든 대안들을 고려하고 평가한다는 완전하고 포괄적인 의미에서 합리적인 시도를 하지는 않는다고 주장한다.[59] 선택은 합리적으로 이루어지지만, 그럼에도 불구하고 그 선택은 실제 상황과 복잡한 의사결정의 제약조건에 의해 제한을 받게 된다. 제한된 합리성의 기본명제는 의사결정은 최소한으로 받아들일 수 있는 선택을 위한 '어림법칙'(rules of thumb)에 기초한다는 것이다. 제한된 합리성 모형의 창시자인 사이먼(Herbert Simon)은 하나의 고립된 개인이 어떤 고도의 합리성에 도달하는 것은 불가능하다고 주장한다. "개인이 탐색하여야 할 대안의 수가 너무 많으며, 대안을 평가하는데 필요한 지식이 너무 광범위하기 때문에, 객관적 합리성의 근사치마저 생각하기 힘들다."[60]

---

59) Herbert A. Simon, *Administrative Behavior* (New York: Macmillan, 1945) 참조. Simon은 1978년에 경제조직에서의 의사결정에 관한 연구에 기여한 공로로 노벨상을 수상하였다. Simon의 다른 중요한 저서로 *Models of Man* (New York: Wiley, 1957) 그리고 *The Science of the Artificial* (New York: Wiley, 1970)이 있다.

'극대화 행태'(*maximizing behavior*)와는 대조적으로 사이먼은 '만족화 행태'(*satisficing behavior*)라는 개념을 제안하였다. 충족이란 '충분히 좋은'(good enough) 의사결정, 즉 만족스러운(*satisfactory*)과 충분하다(*suffice*)를 결합하여 '만족할 만한'(*satisficing*) 선택을 가져오는 의사결정을 의미한다. 달리 말하면, 의사결정자는 목표달성을 극대화할 수 있는 모든 대안을 고려하지 않는다. '만족할 만한' 의사결정을 하기 위하여, 정책결정자와 정책분석가는 가장 빨리 식별가능한 잠재적 해결방안들만을 고려한다.

어떤 학자들은 만족화 행태를 정보의 비용으로 부과된 제약조건을 인정하면서 동시에 가치 있는 결과를 극대화하려는 노력으로 본다. 정보를 탐색하는 데 시간과 돈이 많이 드는 것을 생각하면서, "최적의 의사결정 절차는 이런 요인들을 고려해야 하고 …… 의사결정에 소요되는 비용을 극대화모형에 반드시 포함시켜야 한다."[61]

5. 문답식 합리성

가장 간단한 말로, 문답식 합리성(*erotetic rationality*)은 질의하고 응답하는 과정을 가리킨다.[62] 문답식 합리성은 의사결정과정에 대한 연역적이고 귀납적인 통계모형에 의한 답을 요구하는 사람들에게는 불만족스러울지 모르지만, 전혀 다른 방법론적 전통에서 시작하는데, 이 전통은 철학 분야의 제임스(James), 퍼스(Peirce), 듀이(Dewey) 등의 실용주의 그리고 공공정책과 정책학 분야의 라스웰(Harold Lasswell), 맥두걸(Myres McDougal), 숀(Donald Schon) 등의 주장에 연결된다.[63] 이들 학자 모두 많은 실제 세계의 정책결정은 연역적이고 귀납적인 추론이 아니라 귀추적 추론과정(abductive reasoning)을 따른다고 주장한다.[64]

60) Simon, *Administrative Behavior,* p. 79.

61) Richard Zeckhauser and Elmer Schaefer, "Public Policy and Normative Economic Theory," *The Study of Policy Formation,* ed. Raymond A. Bauer (Glencoe, IL: Free Press, 1966), p.92.

62) 방법론적 실용주의자인 Nicholas Rescher는 *Induction* (Pittsburgh, PA: University of Pittsburgh Press, 1980), pp. 6-7에서 문답식 합리성에 대해 설명한다.

63) 실용주의에 대한 기술은 Nicholas Rescher, *Methodological Pragmatism: A Systems-Theoretic Approach to the Theory of Knowledge* (Oxford: Basil Blackwell, 1971)를 따른 것인데, 그는 방법론적 실용주의(methodological pragmatism)라는 용어를 선호한다. 이 용어는 실용주의가 실제적(practical)을 뜻한다는 일반 대중의 관념과는 구별되며, 존재론과 인식론을 포함한 철학적인 면을 강조하는 추상적인 개념과도 구별된다. 문답식 합리성 모형은, 의사결정과정에 관한 잘 구체화된 연역적 통계모형을 요구하는 사람들에게는 불만족스럽겠지만, 많은 실제 세계의 정책결정은 귀추적 추론과 행동을 따른다고 주장한다.

문답식 합리성에 관한 중요한 의문은 질문과정이 어디서 시작하는가이다. 하나의 답이 방법론적 실용주의의 역사에서 찾을 수 있고, 특히 그 역사는 퍼스(Charles Sanders Peirce)의 업적에서 찾을 수 있는데, 그는 귀추적 추론 과정에서 질문을 시작한다. 브롬리(Bromley)가 강조하는 바와 같이, 우리가 놀라움을 접할 때 그리고 더 일반적으로는 우리의 믿음이 '불안정한'(unsettled) 경우에 귀추적 추론의 효과가 나타난다. 믿음이 불안정한 또 다른 환경은 듀이가 문제상황(problem situation)이라 부르는 것이다. 레인(Rein)과 숀(Schon)은 듀이의 문제와 문제상황 간 구별을 참고하여 문제상황(문제가 아님)을 "우려가 확산된 상태와 스트레스의 초기 징후"라고 묘사한다.[65] 앨버트(Albert)가 불안정한 믿음과 유사한 표현을 사용했는데, 그는 비용편익분석을 수행할 때 무지는 합리성의 필수조건이라고 주장한다.[66] 다른 곳에서와 마찬가지로 여기에서도 분석가와 정책결정자들이 정책, 정책결과, 사회적 가치 사이의 관계가 알려지지 않았거나 확정되지 않았다는 것을 인정할 때, 그들의 믿음은 불안정하다. 여기에서 무지에 대한 솔직한 인정이 질의와 응답 과정에 들어가기 위한 전제조건이며, 그 과정에서 "누적된 기존 경험을 초월하고 이미 수집되어 활용가능한 지식의 범위를 초월하는" 질문에 대하여 합리적으로 최적인 답변을 산출하게 된다.[67]

브롬리(Bromley)는 귀추적 추론과정의 완벽한 예를 제공하는데, 그는 실제적 삼단논법에 기초한 추론에 연결시키며, 모든 삼단논법과 같이 세 가지 요소, 즉 전제를 갖는다. 조명이 충분치 않은 물체의 특성에 대한 그의 불안정한 믿음을 해소하기 위해 불을 켜는 사람을 생각해보자. 그는 방을 밝히기 원하기 때문에 전등 스위치를 누른다. 미래상태(밝아짐)에 대한 이러한 욕구는 선택을 위한 이유이고, 그 원인은 그가 전등 스위치를 누르는 것이다. 스위치를 누르는 것은 "이유로부터 출발하여 인과적 순서를 수반하며 바람직한 결과로 끝나는 과정에서 매우 재미없지만 단순히 필요한 단계이다."

64) 이런 주장의 설득력 있는 사례는 Daniel W. Bromley에 의해 만들어졌다. 환경경제학자이자 제도경제학자인 그는 자기의 정책결정에 관한 실용주의 모형을 귀추적 추론의 실제에 기초하여 제시한다. Daniel W. Bromley, *Sufficient Reason: Volitional Pragmatism and the Meaning of Economic Institutions* (Princeton, NJ: Princeton University press, 2006) 참조.

65) Martin Rein and Donald Schon, "Problem Setting in Policy Research," *Using Social Research in Public Policymaking* (1977): 235-236.

66) Jeffrey M. Albert, "Some Epistemological Aspects of Cost-Benefit Analysis," *George Washington Law Review* 45, 5:(1977): 1030.

67) Rescher, *Induction,* p. 6.

(Bromley, 2006: 7)

질문하고 답하는 과정, 즉 문답식 합리성은 정책분석의 중심적인 지도체제인 문제구조화와 밀접히 관련된다(제3장 참조). 문답식 합리성은 혼돈이론(chaos theory)의 창시자인 프리고진(Ilya Prigogine)의 업적에 의해 대표되는 물리학에서 최근 혁신의 핵심을 이루고 있다. 물리학은 더 이상 확실성에 관한 것이 아니라 질문하고 답변하는 학문이며, "고전적 과학이 자연 속에서 찾아내야 한다고 우리에게 가르쳐 왔던 영구성과 불변성을 알아내려고 하는 대신에, 어디에나 변화, 불안정성, 진화에 직면하여 왔다."[68] 연역적 모형과 귀납적 통계모형을 포기하고 실제 상황을 묻고 답하는 정책학도들은[69] 문답식 추론과 귀추적 추론의 과정을 묘사하는 것으로 보인다.[70]

6. 동시적 수렴

동시적 수렴(simultaneous convergence)은 여러 개의 시냇물이 모이고 갈라지면서 범람하여 생긴 평야를 지나 바다로 향하는 복잡한 강 삼각주와 같은 과정을 가리킨다.[71] 만약 우리가 바다에서 물 한 양동이를 표본으로 채취하여 그 과정의 '결과'(outcomes)를 이해하고자 한다면, 그 물이 바다에 아르게 된 다양한 경로, 즉 구조를 발견할 수 없을 것이다. 그러나 전체 과정과 그 구조를 점검할 수 있다면, 우리는 때때로 여러 시냇물이 모여, 최소한 일시적으로, 예측가능한 방식으로 그 과정을 인도하는 깊은 수로를 형성한다는 것을 발견할 수 있을 것이다.

강의 삼각주와 여러 개의 시냇물이라는 은유는, 그 과정을 형성하는 구조들을 식별하는 책임을 포기하지 않으면서, 정책결정과정의 복잡성을 어느 정도 알려준다. 정책결정의 맥락에서 개인들과 집단들은 의제를 설정하고 정책을 형성하기 위해 지속적으로 서로 영향을 주고받는다. 그러나 그들의 성공은 세 가지 흐름(문제, 정책, 정치)이 합류하는 결정적 순간['정책의 창'(policy

68) Ilya Prigogine, "A New Model of Time, a New View of Physics," in *Models of Reality,* ed. Jacques Richardson (Mt. Airy, MD: Lomond Publications, 1984), Rita Mae Kelly and William N. Dunn, "Some Final Thoughts," in *Advances in Policy Studies Since 1950,* ed. Dunn and Kelly, p. 526에서 인용.

69) Hal K. Colebatch, robert Hoppe, and Mirko Noordegraaf, *Working for Policy* (Amsterdam: Amsterdam University Press, 2000).

70) 귀추적 추론의 또 다른 정의는 "가설의 방법"(the method of hypothesis)이다(Peirce).

71) Alex Weilenmann은 이 은유를 체제이론가 Stafford Beer 덕택으로 돌린다. (개인적 대화)

windows)]을 인식하는 능력에 달려 있다.[72] 결정적 수렴(critical convergence) 모형의 근본적인 전제는 정책변화는 이런 결정적 순간에 이루어진다(*policy change occurs at these critical moments*)는 것이다. 이런 순간을 인식하는 것은 분석가가 당면한 도전의 일부이다.

7. 평형의 중단

이상과 같은 모형들 중 많은 모형들이 가지는 어려움의 하나는 어느 모형도 분절적 점증주의 모형에 의해 예측되는 점진적인 변화라는 지배적 패턴으로부터의 두드러진 이탈을 만족스럽게 설명하지는 못한다는 것이다. 하나의 중요한 이탈은 대기오염방지법(Clean Air Act) 하의 환경정책에서 일어난 갑작스럽고 불연속적이며 상대적으로 드문 변화였다.[73] 중요한 정책변화가 약 25년 간격으로 일어날 수 있다는 것을 인지한 사바티에(Sabatier)와 젠킨스미스(Jenkins-Smith)[74]는 불연속적이고 광범위한 정책변화에 영향을 미치는 요인으로 외부적 혼란 또는 외생적 충격의 중요성에 주목하였다. 그러한 변화에는 불경기, 불황, 그리고 석유 위기로 표현되는 비교적 급격한 사회경제적 변화, 베트남전쟁 후기에 발생한 것과 같은 국민여론의 급격한 변화, 2001년 9월 11일 세계무역센터와 펜타곤(국방부)에 대한 공격 이후 발생한 민족주의와 개인적 불안감의 급격한 증가 등이 포함된다.

평형의 중단 모형(*punctuated equilibrium model*)은 정책변화의 과정을 생물학적 진화에 비유한다.[75] 대부분의 정책은 비교적 안정적이며 장기간에 걸쳐 점증적으로 변화한다. 린드블롬(Lindblom)과 브레이브룩(Braybrooke)[76]이 확인한 당파적 상호조정의 과정과 매우 유사하게 경쟁적인 정책 가운데 동태

72) John Kingdon, Agendas, Alternatives, and Public Policies와는 대조적으로 필자는 '쓰레기통'(garabge can) 대신에 '강 삼각주'(river delta)를 사용하고 있다. '흐름'(streams), '쓰레기통'(garbage cans), '창'(windows)을 결합하면 필자가 피하고 싶은 너무 심하게 혼합된 은유가 된다.

73) Charles O. Jones, *Clean Air* (Pittsburgh, PA: University of Pittsburgh Press, 1975) 참조.

74) Paul A. Sabatier and Hank C. Jenkins-Smith, "The Advocacy Coalition Framework: An Assessment," in *Theories of the Policy Process,* ed. Sabatier, pp. 117-166. 정책변화에 영향을 미치는 인과론적으로 적실성 있는 두 가지 조건은 외부충격(external shocks)과 핵심가치(core values)이다. 그들의 '창도연합 분석틀'(advocacy coalition framework)은 생물학의 인구동태이론과 유사하다.

75) James L. True, Frank R. Baumgartner, and Bryan D. Jones, "Punctuated-Equilibrium Theory: Explaining Stability and Change in American Policymaking," in *Theories of the Policy Process,* ed. Sabatier, pp. 97-116 참조; 그리고 Frank R. Baumgartner and Bryan D. Jones, *Agendas and Instability in American Politics* (Chicago: University of Chicago Press, 1993).

76) Charles E. Lindblom and DavidBraybrooke, *A Strategy of Decision (New York: Free Press, 1963).*

적 평형이 존재한다. 당파적 상호조정은 비교적 자율적인 관료체제들 사이의 경쟁적 과정을 포함할 수 있으며 흔히 이를 실제로 포함하고 있다. 관료주의적인 지도자들은 소속 조직의 제도적 인센티브와 보상구조에 부합되는 방향으로 인정받고 자원을 차지하기 위하여 경쟁한다. 주기적으로 정책의 갑작스러운 변화[중단(punctuation)]가 새로운 정치적 이미지의 결과로서 일어나게 되며, 정치적 이미지는 다시, '정책 지진'(policy earthquakes)과 다른 외부충격의 산물이다.

평형의 중단 모형의 근본명제는 외부충격이 주요 정책변화의 필요조건이지 충분조건은 아니라는 점이다. 충분조건은 이러한 충격에 대한 대응으로 정치세계에 관한 새로운 정치적 이미지와 이해가 갑자기 일어나야 한다는 것이다. 그러나 새로운 정치적 이미지, 신념, 가치가 오랜 기간에 걸쳐서 점진적으로 발전된다면 그 과정은 '중단된'(punctuated) 것이 아니다.[77]

Ⅴ. 정책결정과정에서의 정책분석

정책분석의 목적은 정책결정을 개선하는 것이다. 대부분의 중요한 정책은 저항이 있고 점증적인 변화까지도 저항이 있음을 고려할 때, 이와 같은 정책분석의 목적달성이 쉽지만은 않은 일이다. 대규모의 불연속적인 정책변화는 비교적 드문 일이며 또한 대개의 변화는 정책분석가의 처방에 의하거나 정책결정자의 행동에 의한 내부적인 변화의 영향이 아니라 정책체제의 외부적인 충격으로부터 일어난다. 그럼에도 불구하고 다학문적인 정책분석은 다섯 가지 유형의 정책관련지식 그리고 관련된 방법에 구체적으로 표현된 변화에 대한 잠재력 때문에 중요하다([그림 2-2]).

1. 분석의 잠재적 이용

정책관련지식을 산출함으로써 보다 더 나은 정책을 만들 수 있다는 것이 많은 정책분석가들의 암묵적인 신조이다. 이와 같이 추정된 지식의 실제적 효능은 분석방법에 의해 제공되는 기능 또는 목적에서 분명해진다.

---

77) Sabatier and Jenkins-Smith, "The Advocacy Coalition Framework" 참조.

그림 2-2 정책관련지식 그리고 관련된 방법

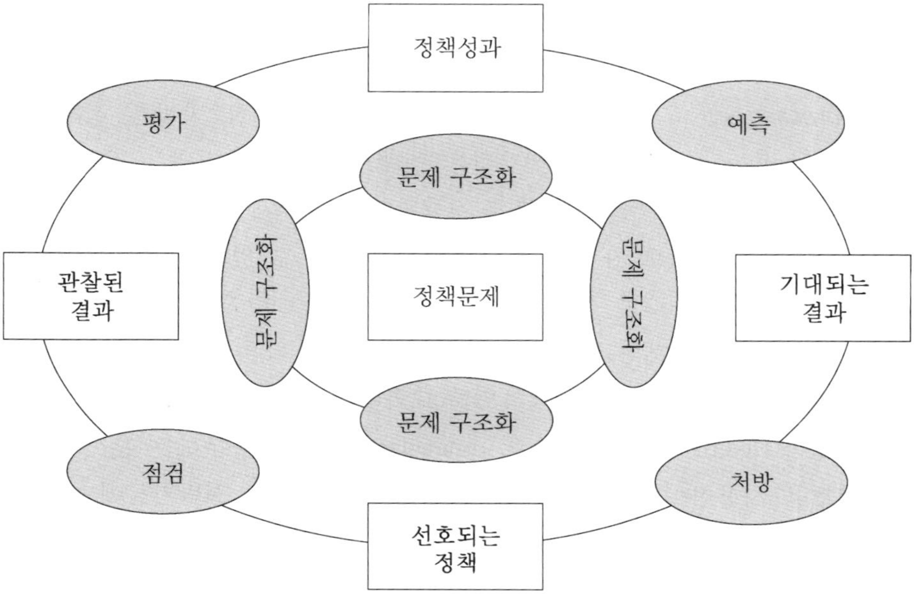

문제구조화(*problem structuring*). 문제구조화 방법의 기능은 공공의제(*public agenda*)에 대한 문제정의에 내재해 있는 가정들을 검토하고자 하는 사람들에게 정책관련지식을 제공하는 것이다(<표 2-1>참조). 정책결정과정의 의제설정 단계에서 문제구조화는 숨겨진 가정들을 찾아내고, 원인들을 진단하며, 가능한 목표들을 설정하고, 상충되는 견해들을 종합하며, 새롭고 더 나은 정책을 가시화하는 데 도움을 준다. 예를 들면, 미국에서 매년 시행하는 약 2천만 명에 대한 표준화된 검사에서, 인종과 성의 편견에 관한 문제가 1980년대 후반까지 몇 개 주에서 입법 의제로 대두되었다. 펜실베이니아 주의 경우, 분석가들은 전문서적이나 학술 문헌에 발표된 검사바이어스(test bias)에 대한 연구를 종합하고 평가한 후, 검사바이어스가 입법적 조치(예컨대, 표준화된 검사의 즉각적 금지)를 필요로 하는 문제라는 가정에 도전하였다. 소수인종과 백인들 사이의 학력검사점수에서 커다란 차이가 관찰되었으나, 이런 차이의 대부분은 검사바이어스 그 자체에 의해 나타난 것이 아니라는 사실이 확인되었다. 오히려 그것은 교육기회의 불평등에 관한 지표 또는 기준이었다. 분석가들은 이와 같은 교육기회의 불평등을 점검하기 위하여 표준화된 검사

를 계속하여 사용할 것을 제안하게 되었고, 이 이슈를 입법 의제에서 제외시키게 되었다.[78)]

예측(*forecasting*). 기대되는 정책결과를 예측하기 위한 방법은 정책형성(*policy formulation*) 단계에서 선호되는 정책(아무것도 하지 않는 것 포함)이 채택될 경우에 발생할 결과에 대한 정책관련지식을 제공한다. 예측은 개연적, 잠재적, 규범적으로 가치가 있는 미래를 검토할 수 있게 하고, 기존 정책과 제안된 정책이 초래할 결과를 추정하게 하며, 목표를 달성하는 데 있어서 발생 가능한 미래의 제약조건을 구체화시키고, 서로 다른 대안들의 정치적인 실현가능성(지지와 반대)을 추정하도록 도와주다. 예를 들어, 1990년에 의료보험재정국(Health Care Finance Administration)에서 근무하는 분석가들은 예측방법을 사용하여 재정적자가 의료보험(Medicare)의 신탁기금에 미치는 영향을 추정하여 향후 20년 내에 이 기금이 고갈될 수 있음을 예측하였다. 새로운 의료보험정책이 주도되지 않을 경우, 의료보험 혜택이 400-500억 달러 감소할 것이며, 의료보험의 혜택을 받지 못하는 인구가 약 4천만 명인데 그 수가 증가할 가능성이 있다.[79)] 적정부담보험법(Affordable Care Act, Abamperes008)의 통과로 의료보험이 없는 사람의 수가 상당히 감소하였다.

처방(*prescription*). 선호되는 정책대안을 처방하기 위한 방법은 예측을 통하여 추정된 기대되는 정책결과의 편익과 비용에 대한, 보다 일반적으로 그 가치 또는 효용에 대한 정책관련지식을 산출한다. 이는 정책채택(*policy adoption*) 단계에서 정책결정자들을 돕는다. 분석가들은 선호되는 정책을 처방하기 위한 방법을 사용하여 위험과 불확실성의 수준을 추정하고, 외부효과와 파급효과를 식별하며, 선택을 위한 기준들을 구체화하고, 나아가서 정책의 집행을 위한 행정적인 책임도 부여할 수 있다. 예를 들어, 미국에서 최대속도제한에 대한 논의는 시속 55마일과 65마일 속도제한 하에서 예방할 수

---

78) William N. Dunn and Gary Roberts, *The Role of Standardized Tests in Minority-Oriented Curricular Reform,* policy paper prepared for the Legislative Office for Research Liaison, Pennsylvania House of Representatives, February 1987.

79) Sally T. Sonnefeld, Daniel R. Waldo, Jeffrey A. Lemieux, and David R. McKusick, "Projections of National Health Expenditures through the Year 2000," *Health Care Financing Review,* 13, no. 1 (Fall 1991), pp. 1-27.

있는 사고 사망자 일인당 비용에 초점을 두었다. 1980년대에, 시속 55마일 속도제한은 계속해서 단지 2~3% 정도의 사망자 수를 줄이는 데 불과하다는 결론에 근거를 두고, 속도제안을 유지하기 위하여 드는 비용을 보다 많은 생명을 구할 것으로 기대되는 연기 탐지기(smoke detector)의 구입비용으로 돌리자는 하나의 제안이 처방되었다.[80] 1987년까지 40개 주에서 보다 높은 속도제한으로 실험이 이루어졌다. 1995년에 시속 55마일의 속도제한이 모두 폐지되었다.

점검(*monitoring*). 관찰된 정책결과를 점검하기 위한 방법은 채택한 정책의 결과에 대한 지식을 제고하여 정책집행(*policy implementation*) 단계에서 지원한다. 많은 기관들은 보건, 교육, 주택, 복지, 범죄, 과학과 기술 등의 영역에서 정책지표들을 활용하여 정책의 결과와 영향에 관하여 정기적으로 점검한다.[81] 점검은 순응의 정도를 사정하고, 정책과 프로그램의 의도하지 않은 결과를 발견하며, 집행상의 장애요인과 제약조건을 식별하고, 정책으로부터의 일탈에 대한 책임의 원천을 밝히는 데 도움을 준다. 예를 들어, 인구조사국(Bureau of the Census)과 노동통계국(Bureau of Labor Statistics)을 포함한 여러 기관에서 근무하는 분석가들은 미국의 경제정책과 사회복지정책에 대하여 점검하였다. 1991년 분석에 따르면, 1969년~1989년 사이에 미국 가구소득의 중앙값은 2%밖에 증가하지 못했다. 같은 기간에, 다른 계층의 소득은 모두 감소한 반면, 상위 20%에 속하는 가구의 소득은 국가총소득의 43%에서 46.7%로 증가했다. 이 사례에서, 정책점검은, 1969년~1989년 사이에, 소득불평등이 크게 늘었고, 중간 계층은 감소하였으며, 생활수준은 낮아졌다는 것을 밝혔다.[82] 1989년~2015년 기간의 상황은 더 큰 소득불평등으로 나타났다.

평가(*evaluation*). 관찰된 정책결과를 평가하기 위한 방법은 기대한 정책성과

---

80) 예를 들면, Charles A. Lave and Lester B. Lave, "Barriers to Increasing Highway Safety," in *Challenging the Old Order: Towards New Directions in Traffic Safety Theory,* ed. J. Peter Rothe (New Brunswick, NJ: Transaction Books, 1990), pp. 77-94.

81) Duncan MacRae, Jr., *Policy Indicators: Links Between Social Science and Public Debate* (Chapel Hill: University of North Carolina Press, 1985) 참조.

82) Gordon Green, Paul Ryscavage, and Edward Welniak, "Factors Affecting Growing Income Inequality: A Decomposition," paper presented at the 66th Annual Conference of the Western Economic Association International, Seattle, Washington, July 2, 1991.

와 실제 정책성과 사이의 불일치에 대한 정책관련지식을 산출하여, 정책사정(*policy assessment*), 정책적응(*policy adaptation*), 정책승계(*policy succession*), 정책종결(*policy termination*) 단계에서 지원한다. 평가는 어느 정도 문제가 해결됐는지에 대하여 결론을 내리는 것뿐만 아니라, 정책을 가져오게 한 가치를 명료화하고 비판하는 데 기여할 수 있고, 정책의 조정과 재형성에 도움을 주며, 문제를 재구조화하기 위한 기초를 제공할 수 있다. 하나의 좋은 평가사례로 유럽연합과 다른 지역 다른 나라에서 환경정책을 형성할 때, 윤리적·도덕적 추론(ethical reasoning)이 기술적 추론(technical reasoning)을 능가해야 한다고 제안함으로써 가치의 명료화, 비판, 토론에 공헌한 분석유형을 들 수 있다.83)

2. 분석의 실제적 이용

정책분석과 그 결과의 이용은 정책과정에 관한(*of*) 지식과 정책과정에서 필요한(*in*) 지식이라는 라스웰의 비전을 현실화하는 잠재력을 가지고 있다. 그러나 실제로 이러한 비전에는 한계가 있다.84)

- 이용은 간접적이고, 지연되며, 일반적이다. 정책분석의 이용은 대개 간접적아고, 지연되며, 일반적이다. 개별적인 분석은 그것이 더 큰 지식체계의 부분이 아닌 한 중요하게 보이지 않는다. 이용의 간접적이고 구체적이지 못한 특성은, 정책결정이 종결과 승계로부터 적응과 단기회로에 이르기까지 예상할 수 없는 사이클로 구성된 복잡한 과정임을 인식할 때, 이해할 수 있다.
- 개선의 의미는 윤리적으로 논란의 여지가 있다. 정책분석의 결과가 이용될 때, 개선이 무엇을 의미하는가 하는 것은 관찰자들의 정치적, 이념

83) 예를 들어, Silvio O. Funtowicz and Jerome R. Ravetz, "Global Environmental Issues and the Emergence of Second Order Science" (Luxembourg: Commission of the European Communities, Directorate-General for Telecommunications, Information Industries, and innovation, 1990), 그리고 Funtowicz and Ravetz, "A New Scientific Methodology for Global Environmental Issues," in *Ecological Economics*, ed. Robert Constanza (New York: Columbia University Press, 1991), pp. 137-152 참조.

84) 다음 내용은 Carol H. Weiss, "Introduction," in *Using Social Research in Public Policykaking*, ed. Weiss, pp. 1-22, 그리고 Carol H. Weiss with Michael J. Bucuralas, *Social Science Research and Decision Marking*(New York: Columbia University Press, 1980)에서 발췌한 것이다.

적, 윤리적인 관점에 따라 달라진다. 최고 상류층의 사람들에게 세금을 부과하여 극빈층의 사람들을 도움으로서 공익이 이루어진다고 믿는 사람들은 개인이 자신의 문제를 정부의 개입 없이 해결할 때 공익이 실현된다고 믿는 사람들과는 '개선'(improvements)을 다르게 볼 것이다. 확실히 '능률성'(efficiency)이라는 가치는 모든 사람이 지지하는 것으로 보는 경우가 종종 있다. 그러나 정책은 어떤 사람에게는 이익을 주고 다른 사람에게는 비용을 부담시키는 경우가 자주 있기 때문에 능률 그 자체가 윤리적인 문제이다.

• 유용성은 개인적·전문적·제도적 이익을 반영한다. 전문가 입장 그리고 개인 입장에서, 정책분석가들은 자신이 속한 기관과 위원회뿐만 아니라 자신의 개인적 지위, 보상, 웰빙을 제고시키고자 한다. 정치적 권력, 특권, 경제적 지위를 가지고 있는 사람, 이를테면 보좌관, 자문역, 전문가 중인, 또는 직원 분석가들과 접촉하는 것은 전문가가 되겠다는 동기의 일부이다.

정책분석의 이용에 관한 오해는 정책관련지식을 이용하는 과정이 정책과정 자체만큼이나 복잡하다는 사실을 인식하지 못하는 데에서 비롯된다(그림 2-1). 성공한 CEO이자 행정학과 경영학의 이론과 실제에 주요 공헌자인 버나드(Chester Barnard)가 의사결정에 관하여 기술한 것을 고찰해 보자. 길거리의 한쪽 편으로부터 다른 쪽 편으로 전신주를 옮기기 위한 정책의 집행은 12개의 지점에 위치한 100명의 인원이 아마도 10,000번 정도의 의사결정을 내릴 것이라고 버나드는 적고 있다. 적합한 분석을 수행하기 위해서는 환경에 관한 사회적, 정치적, 도덕적, 법률적, 경제적, 물리적 사실 등을 조사할 필요가 있을 것이다. 그리고 "목표에 관한 재정의와 수정이 9,000번의 정도 필요하고 …… 아마도 기껏해야 6번 정도의 의사결정만이 요청되거나 언급할 만한 가치가 있는 것으로 여겨지는 …… 나머지 결정들은 모두 잘 아는 업무의 일부분으로 당연한 것으로 여겨지는" 그런 과정일 것이다.[85]

85) Chester I. Barnard, *The Functions of the Executive* (Cambridge, MA: Harvard University Press, 1938, 1962), p. 198. Carol Weiss의 "Knowledge Creep and Decision Accretion," *Knowledge: Creation, Diffusion, Utilization 1*, no. 3(March 1980): 403.

- **이용자의 구성**(*composition of users*). 예를 들어, 기관, 부처, 부서, 법원, 의회, 국회 등의 집단뿐만 아니라 개인도 정책분석을 이용한다. 분석의 이용이 정보의 개인적 효용가치를 획득(또는 상실)하는 것과 관련될 때, 지식이용과정은 개인적 의사결정의 한 가지 양상(개인적 이용)이 된다. 이와는 대조적으로 이용의 과정이 많은 사람들을 포함할 경우, 지식이용은 집단적 의사결정 또는 정책의 측면(집단적 이용)을 나타낸다.
- **이용된 지식의 범위**(*scope of knowledge used*). 정책결정자들이 사용하는 지식의 범위는 구체적인 것에서부터 일반적인 것까지 분포되어 있다. '일반에 널리 통용되는 아이디어'(ideas in good currency)의 이용은 범위가 일반적이고(일반적 이용), 아이디어와 행동의 핵심적인 의미를 이해하는은 유나 직유를 이용하는 것이다.[86] 반면, 특정 제안에 이용하는 경우 그 범위가 구체적이다(구체적 이용) 다양한 범위의 정보가 개인과 집단에 의해 사용되며, 행태적 효과나 개념적 효과로 나타난다.
- **이용의 기대효과**(*expected effects of use*). 정책분석의 이용은 개념적, 상징적, 도구적 효과를 갖는다. 개념적 효과는 문제와 해결방안에 관하여 생각하기 위한 정책분석의 이용(개념적 이용, conceptual use)과 선호되는 문제형성과 해결방안을 합법화시키기 위한 이용(상징적 이용, symbolic use)을 포함한다. 이와는 대조적으로 행태적 효과는 관찰할 수 있는 활동이나 기능들을 수행하기 위한 하나의 수단 또는 도구로서 정책분석을 이용하는 것(도구적 이용, instrumental use)과 관련된다. 지식의 개념적, 상징적, 도구적 이용은 개인적 이용자들과 집단적 이용자들에 의해서 발생한다.[87]

실제로 이러한 세 가지 차원의 정보사용은 서로 중복된다. 제9장에서 살

86) '일반에 널리 통용되는 아이디어'(ideas in good currency)의 개념은 Donald A. Schon, "Generative Metaphor: A Perspective on Problem Setting in Social Policy," in *Metaphors and Thought,* ed. A. Ortony (Cambridge: Cambridge University Press, 1979), pp. 254-283에서 언급됨.

87) 개념적, 도구적, 상징적 이용 사이의 구별에 관하여, Carol H. Weiss, "Research for Policy's Sake: The Enlightenment Function of Social Science Research," *Policy Analysis 3* (1977): 200-224; Weiss, "The Circuitry of Enlightenment," *Science Communication 8,* 2 (1986): 274-281; Nathan Caplan, Andrea Morrison, and Roger Stambaugh, *The Use of Social Science Knowledge in Policy Decisions at the National Level* (Ann Arbor, MI: Institute for Social Research, Center for the Utilization of Scientific Knowledge, 1975); Robert F. Rich, "Uses of Social Science Knowledge by Federal Bureaucrats: Knowledge for Action versus Knowledge for Understanding," in *Using Social Research in Public Policymaking,* ed. Weiss, pp. 199-211; and Karin D. Knorr, "Policymakers' Use of Social Science Knowledge: Symbolic or Instrumental?" in *Using Social Research in Public Policymaking*, ed. Carl H. Weiss, pp. 165-182 참조.

펴보겠지만, 이들 차원간의 교차점은 정책분석의 사용을 평가하고 개선하기 위한 하나의 기초를 제공한다.

요 약

이 장에서는 정책결정과정에서 정책분석의 역할을 개관하였다. 역사적으로 볼 때 정책분석의 목적은 정책결정자들이 실제적인 문제를 해결할 때 사용할 수 있는 지식을 제공하려는 데 있었다. 정책분석은 사회과정에 포함된 지적 활동이다. 비록 정책결정과정이 시간적으로 질서정연한 일련의 단계들로 이루어진다고 볼 수도 있겠으나, 이들 단계의 조직은 '쓰레기통' 또는 '조직화된 무정부상태'를 연상시킨다. 정책결정의 중요한 특성을 이해하고, 정책이 어떻게, 왜 변화하는지를 기술하는 수많은 모형들을 사용할 수 있다.

분석방법들은 정책결정의 모든 단계에서 유용한 정책관련지식을 산출할 수 있도록 설계된다. 그러나 정책분석의 활용은 간접적이고, 지체되며, 구체적이지 못하고, 도덕적으로 논란의 여지가 있는 경우가 많다. 이와 같이 지식이용과정이 복잡하지만, 이용자의 구성, 지식의 범위, 기대되는 이용효과 등에 기초한 여러 가지 지식이용 양태를 고려하여 정책분석이 이용될 수 있도록 하여야 한다.

복습문제

1. 정책분석이 정책결정과정에 관한 지식과 정책결정과정에 필요한 지식을 생산하는 하나의 과정이라고 말할 때 이것이 의미하는 바는 무엇인가?
2. 사회가 당면하고 있는 문제와 소위 말하는 '분석중심적'(analycentric) 관점의 성장 간의 관계는 무엇인가?
3. 정책결정의 지적인 측면과 사회적인 측면을 비교하라. 예를 들어라.
4. '조직화된 무정부상태'(organized anarchy)란 무엇인가? 이것이 정책결정에 관한 '쓰레기통'(garbage can) 모형과 어떻게 관련이 있는가?
5. 여러분의 경험으로 볼 때, 정책변화에 관한 모형들 중 어떤 모형이 가장 유용하다고 생각하는가? 그 이유는?
6. 정보사용에 관한 세 가지 차원을 고려해 볼 때, 정책결정자들이 언제 정책분석을 사용하였는지 어떻게 알 수 있는가? 그렇게 답한 근거는?
7. 증거에 기초한 정책결정의 찬성과 반대 입장은 무엇인가? 이 장의 사례에 제시

된 '기술관료적 지도'(technocratic guidance)와 '기술관료적 조언'(technocratic counsel)의 개념을 고려하여 답하라.

시범과제

1. [사례 2.1](정책분석가는 기술관료인가?)을 읽은 후, 정책결정에 있어서 '기술관료적 조언'과 '기술관료적 지도'에 대한 다음 진술을 평가하라. 여러분은 각 진술에 찬성하는가, 반대하는가? 그 이유는?
   - '기술관료적 지도' 관점은 전문직업적 정책분석가의 권력과 영향력을 과대평가한다.
   - '기술관료적 조언' 관점은 순전히 정치적인 이유로 결정된 정책을 정당화하는 데에 정책분석가의 상징적 중요성을 과대평가한다.
   - '기술관료적 조언'을 위한 해결책은 정책분석을 포기하는 것이 아니라 '민주적 전문성'(democratic expertise)이라 불리는 새로운 접근방법을 창조하는 것이다. 이 접근방법은 "거짓 중립성으로부터 벗어나 사려 깊은 당파심(partisanship)으로 빈곤층의 이해와 입장을 이들의 편에서 돕도록 노력하고… 모든 당파들이 불확실성을 극복할 수 있게 도움으로써" 기술관료적 편견에 대항할 것이다.88)
2. 최근의 정책이슈에 관하여 분석보고서를 구하라. 그 분석보고서는 출간되지 않은 것일 수도 있고, 웹사이트에 올려놓은 것일 수도 있으며, 전문학술지, 잡지, 신문 등에 출간된 것일 수도 있다. [사례 2.2}(정책분석의 활용에 대한 점검)를 이용하여 다음 질문에 답하는 간략한 보고서를 작성하라.
   - 분석보고서는 어느 정도의 높은 '기술적인 품질'(*technical quality*)을 보이고 있는가?
   - 분석보고서는 어느 정도 여러분이 기대한 바에 일치하는가?
   - 분석보고서는 어느 정도 행동가능한가(*actionable*)? 즉, 행동지향성을 지니고 있는가?
   - 분석보고서는 현재 상태에 대하여 어느 정도 도전적인가(*challenge to the status quo*)?
   - 분석보고서가 왜 유용한(*useful*) 것으로 보이는지, 그 이유에 대하여 여러분

---

88) Rowland Egger, "The Period of Crises: 1933 to 1945," in *American Public Administration: Past, Present, and Future*, ed. Frederick C. Mosher (Tuscaloosa, AL: University of Alabama Press, 1975), pp. 49-96.

의 보고서가 암시하는 것은 무엇인가?

- 연구결과가 왜 실제로 활용되었는지(*used*) 또는 활용되지 못하였는지(*not used*) 그 이유에 대하여 여러분의 분석보고서가 암시하는 바는 무엇인가?

추천문헌

Barber, Bernard. *Effective Social Science: Eight Cases in Economics, Political Science, and Sociology.* New York: Russell Sage Foundation, 1987.

Coalition for Evidence Based Policy. www.evidence-basedprograms.org/

De Leon, Peter. *Advice and Consent: The Development of the Policy Sciences.* New York: Russell Sage Foundation, 1988.

Donaldson, Stewart I., Christina A. Christie, and Melvin M. Mark, eds. *Credible and Actionable Evidence: The Foundation for Rigorous and Influential Evaluations.* 2nd ed. Los Angeles: Sage Publications, 2015.

Fischer, Frank. *Technocracy and the Politics of Expertise.* Newbury Park, CA: Sage Publications, 1990

Freidson, Elliot. Professional Powers: *A Study of the Institutionalization of Formal Knowledge.* Chicago: University of Chicago Press, 1986.

Horowitz, Irving L., ed. *The Use and Abuse of Social Science: Behavioral Science and Policy Making.* 2d ed. New Brunswick, NJ: Transaction Books, 1985.

Jasanoff, Sheila. *The Fifth Branch: Science Advisors as Policymakers.* Cambridge, MA: Harvard University Press, 1990

Kingdon, John W. *Agendas, Alternatives, and Public Policies.* Glenview, IL: Scott, Foresman, 1984.

Lerner, Daniel, ed. *The Human Meaning of the Social Sciences.* Cleveland, OH: World Publishing Company, 1959.

Lindblom, Charles E. *Inquiry and Change: The Troubled Attempt to Understand and Change Society.* New Haven, CT: Yale University Press, 1990.

Lindblom, Charles E., and David K. Cohen. *Usable Knowledge: Social Science and Social Problem Solving.* New Haven, CT: Yale University Press, 1979.

Lindblom, Charles E., and Edward J. Woodhouse. *The Policy-Making Process.* 3d ed. Englewood Cliffs, NJ: Prentice-Hall, 1993.

Machlup, Fritz. Knowledge: *Its Creation, Distribution, and Economic Significance. Vol. 1 of Knowledge and Knowledge Production.* Princeton, NJ: Princeton University Press, 1980.

MacRae, Duncan Jr. *The Social Function of Social Science.* New Haven, CT: Yale University Press, 1976.

Parsons, Wayne, "From Muddling Through to Muddling Up: Evidence Based Policy-Making and the Modernisation of British Government," Unpublished paper. London: University of London, 2004.

Parsons, Wayne. *Public Policy: An Introduction to the Theory and Practice of Policy Analysis.* Northampton MA: Edward Elgar Publishing Inc., 1995.

Ravetz, Jerome. *Science and Its Social Problems.* Oxford: Oxford University Press, 1971.

Sabatier, Paul A. *Theories of the Policy Process.* Boulder, CO: Westview Press, 1999

Schmandt, Jurgen, and James E. Katz. “The Scientific State: A Theory with Hypotheses.” *Science, Technology, and Human Values* 11 (1986): 40-50.

United Kindom, House of Commons, Science and Technology Committee. *Scientific Advice, Risk, and Evidence Based Policy Making.* Seventh Report of Session 2005-06, Volume I (London: HMO Printing House, 2006).

Weiss, Carol H. *Social Science Research and Decision Making.* New York: Columbia University Press, 1980.

사례 2.1

정책분석가는 기술관료인가?

20세기 전반부에 사회과학자와 자연과학자들이 정책결정에 개입하게 된 것은 주로 사회적·경제적·정치군사적 위기에 대한 대응에서였다.[89] 1930년대 초기부터 1940년대 말기까지 이어지는 불경기, 혼란, 그리고 전쟁의 시기를 통하여 과학자들과 전문직업인들은 정부에 임시로 또는 비정규적으로 정부에 참여하였다. 그러나 그 이후에는 사회과학과 사회과학의 전문직업계 — 정치학, 사회학, 경제학, 행정학, 관리과학, 사회사업, 기획 등의 분야 — 가 정부의 정규직원, 고문, 상담역 등의 주요 원천이 되었다. 처음으로 정부기관들은 각 전문기관에서 훈련을 받고 자격을 인정받은 전문가를 정규직으로 채용하게 되었다.

많은 학자들은 이러한 새로운 시대가 새로운 형태의 사회·정치적 조직의 출현을 의미했다고 본다. 이런 조직에서는 공공정책의 결정과 사회적 지도가 전문지식과 과학기술 및 전문직업적 기술에 달려있는 것이다. 어떤 학자들은 사회적 측면을 강조하면서 이러한 새로운 형태의 조직을 '지식사회'(knowledge society)[90] 또는 '후기산업사회'(postindustrial society)라고[91] 불렀다. 다른 학자들은 정치적 측면에 초점을 두어 '행정국가'(administrative state)로부터 '과학국가'(scientific state)로 이행하는 것이라고 언급하였다.[92]

1. 후기산업사회와 과학국가

후기산업사회는 산업사회의 정책결정양식과 사회경제적 조직의 연장으로서, 점점 더 교육을 받은 전문기술자 계급이 지배하는 사회이다. 정책분석의 역사적 진화와 그 중요성을 깊이 생각해 볼 때, 후기산업사회의 여러 가지

89) Rowland Egger, "The Period of Crises: 1933 to 1945," in *American Public Administration: Past, Present, Future,* ed. Frederick C. Mosher (Tuscaloosa: University of Alabama Press, 1975), pp. 49-96 참조.

90) Fritz Machlup, *The Production and Distribution of Knowledge in the United States* (Princeton, NJ: Princeton University Press, 1962).

91) Daniel Bell, *The Coming of Post-industrial Society*: A Venture in Social Forecasting (New York: Basic Books, 1976).

92) Jurgen Schmandt and James E. Katz, "The Scientific State: A Theory with Hypotheses," *Science, Technology, and Human Values* 11(1986), pp. 40-50.

특징을 살펴보는 것이 중요하다.93)

- **이론적 지식의 중요성**(*centrality of theoretical knowledge*). 비록 고대 문명사회도 전문화된 정보에 의존하였지만, 사회과학, 물리학, 생물학 등이 제공한 체계화된 이론적 지식에 직접적으로 의존하는 "소프트"(사회적) 기술과 "하드"(물질적) 기술의 혁신은 20세기 후반과 21세기에 이르러서야 가능한 것이었다.
- **새로운 지적 기술의 창출**(*creation of new intellectual technology*). 수학적·통계학적 기법들의 개선으로 인하여 공공문제의 보다 능률적이고 '합리적인' 해결책을 찾기 위한 발전된 모형, 모의실험, 다양한 형태의 체제분석 등을 이용할 수 있게 되었다.
- **지식계층의 확산**(*spread of a knowledge class*). 미국에서 가장 급속하게 확장되고 있는 직업집단은 기술자와 전문직업인이다. 전문관리자를 포함한 이들 집단은 1975년에 미국 전체 노동자의 28%, 1995년에는 28.3%, 2000년에는 30.3%에 달했다. 1900년에서 1990년까지 비농업 부문 직업의 인구가 62.5%에서 98.4%로 증가하였다.
- **재화로부터 서비스로의 변화**(*shift from goods to services*). 1975년의 경우 전체 노동력의 65% 이상이 서비스의 생산과 전달에 종사하였는데, 2000년에는 그 수치가 80%를 초과하였다. 서비스는 주로 인적인 것(예컨대, 보건, 교육, 사회복지)과 전문기술적인 것(예를 들면, 정보서비스, 컴퓨터 프로그래밍, 전기통신)이다.
- **과학의 수단화**(*instrumentalization of science*). 자연과학과 사회과학이 인간과 물질환경을 통제하기 위한 수단으로 오랜 동안 이용되어 왔지만, 대부분이 내적 비판을 받기도 하고 과학적 탐구의 규범에 의하여 보호되기도 하였다. 현재에는 과학과 기술이 점차로 관료화되어 가고, 정부목표에 종속되어 가며, 사회에 대한 성과(payoff)로 평가되고 있다. 막대한 규모의 연구기금이 기업, 상업, 정부의 실제적인 문제에 관한 응용연구이다.
- **과학·기술정보의 희소성**(*scarcity of scientific and technical information*). 정보는 점차적으로 사회의 가장 희귀한 자원의 하나가 되었다. 정보는 사유

93) Bell, *Coming of Post-Industrial Society,* pp. xvi-xviii.

재가 아니라 집합재이고, 정보의 생산과 이용에 있어서 최적의 결과를 얻기 위해서는 경쟁적인 전략보다는 협력적인 전략이 요구된다. 인터넷과 World Wide Web의 급속한 기하급수적인 성장으로 정부, 기업, 비영리조직 등이 요구하는 정보수요의 부족을 대응해 나가고 있다.

정책분석과 그 밖의 다른 응용과학의 발달은 최근에 출현한 후기산업사회와 과학국가의 일부분인 것 같다. 그러나 이러한 발달이 민주적 국정관리, 시민의 자유, 개인의 사생활 등의 이슈에 대해 의미하는 바는 무엇인가? 정책관련정보의 생산자는 얼마나 많은 영향력을 행사하는가? 비록 이론적 지식이 다른 어떤 역사적 시기에서보다도 분명히 더 중요한 것으로 생각되는데, 이것이 정치적 권력의 배분과 관련하여 무엇을 의미하는가? 새로운 지적 기술의 확산이 또한 정책결정구조와 정책결정과정의 변화를 의미하는가? '지식계급'의 확산은 그의 권력과 영향력에 비례하는 것인가? 정책분석과 그 밖의 다른 응용과학의 목적이 실제적인 목적을 위한 정보를 생산하는 것이라고 한다면, 누구의 목적을 위하여 봉사하고 있는 것인가? 요컨대 고대사회로부터 현대의 '지식사회'와 '과학국가'까지 정책지향적인 탐구에 관한 역사적 전환을 어떻게 해석하여야 할 것인가?

2. 기술관료적 지도와 기술관료적 조언

이와 같은 질문들에 관하여 여러 가지 대립되는 관점들이 있는데, 여기서는 두 가지 관점을 살펴보고자 한다.[94] 그 중 한 관점에서는 정책분석과 그 밖의 다른 응용사회과학의 전문직업화로 인하여 권력과 책임이 정책결정자로부터 정책분석가에게로 옮겨가게 된다(또는 마땅히 그래야 한다)고 주장한다.[95] 이러한 기술관료적 지도(*technocratic guidance*)의 관점은 앞에서도 언급했던 '분석중심적 전환'(*analycentric turn*)과 관련이 되어 있다. 분석중심적 전환의 기본전제는 "공공선택의 질을 향상시키는 가장 확실한 방법은 더

94) Jeffrey D. Straussman, "Technocratic Counsel and Societal Guidance," in *Politics and the Future of Industrial Society, ed. Leon N. Lindberg* (New York: David McKay, 1976), pp. 126-66 참조.

95) 예를 들어, Amitai Etzioni, *The Active Society* (New York: The Free Press, 1968); Donald T. Campbell, "Experimenting Society," *The Experimenting Society: Essays in Honor of Donald T. Campbell, ed.* William N. Dunn (New Brunswick, NJ: Transaction Books, 1998), pp. 35-68.

욱더 많은 분석을 생산하는 더욱더 많은 분석가를 갖는 것이다."[96] 이와는 달리, 대립되는 기술관료적 조언(*technocratic councel*)의 관점은 정책분석과 그 밖의 다른 응용사회과학의 전문직업화가 권력, 부, 특권 등에 기반을 둔 지위를 누리려는 정책결정자와 다른 지배집단의 영향력을 높이려는 새롭고 보다 효과적인 방법을 의미한다고 주장한다.[97]

엄밀히 말해서 이 두 가지 관점 모두가 후기산업사회로 향하는 움직임 주변에서 일어나는 사건들을 정확하게 완전히 해석하지는 못하고 있다. 각 관점은 현대사회의 어떤 특징을 다른 부분을 제외한 채 단편적으로만 강조하고 있는 것이다. 그러나 19세기 정책분석의 발달이 지배계급이 보았던 그 당시의 문제에 대한 실질적 대응이었던 것과 마찬가지로, 현 시대의 정책분석도 새로운 문제의 해결책을 찾아 고심해 온 정부의 구조와 역할에 있어서의 변화의 결과인 것이다. 쉬크(Schick)는 "정책분석에 있어서 현재의 번성은 사회과학의 지적 발달에 있는 것이 아니라 미국정부의 거대한 성장에 일차적 원인이 있다"고 말한다.[98] 20세기 전반에 걸쳐 정부활동의 확장에 따라 보다 많은 정책관련정보의 수요가 뒤따르게 되었다. 정부가 성장함에 따라 정책분석을 위한 시장도 성장하였다.[99]

지난 20세기 정책분석의 발달은 연방행정기관의 폭발적인 성장에 기인한 것이다.[100] 1900년에는 약 90개의 연방행정기관이 있었는데, 1940년에는 이 수치가 196개로 늘어났고 그리고 1973년에는 총 연방행정기관의 수가 394개로 급증하였다. 특히 가장 큰 증가율을 보이고 있는 것은 약 35%로 이는 1960년 이후에 생겨난 것이다. 연방정부의 급격한 성장은 주로 국방, 교통, 주택, 보건, 교육, 복지, 범죄, 에너지, 환경 분야의 새로운 문제들에 대한 대응에 주로 기인한다. 즉 과도한 참여, 서비스 부문 노동자의 동원, 기본적 사회가치의 전환, 이해집단의 재정비, 도시와 교외 시민 간 균열의 심화, 반복

96) Schick, "Beyond Analysis," p. 259.

97) 예를 들어, Guy Benveniste, *The Politics of Expertise* (Berkeley, CA: Glendessary Press, 1972); and Frank Fischer, *Technocracy and the Politics of Expertise* (Newbury Park, CA: Sage Publications, 1990) 참조.

98) Schick, "Beyond Analysis," p. 258.

99) 어떤 이는 새로운 '과학국가'가 이전의 '행정국가'를 대치한다고 주장한다. Jurgen Schmandt and James E. Katz, "The Scientific State: A Theory with Hypotheses," *Science, Technology, and Human Values*, 11 (1986), pp. 40-50 참조.

100) Herbert Kaufman, *Are Government Organizations Immortal?* (Washington, DC: The Brookings Institution, 1976), pp. 34-63.

되는 재정적 위기 등 정책결정을 위한 수많은 새로운 도전들이 있었다.[101] 특히 정책학자 드로어(Yehezkel Dror)를 비롯한 몇몇 학자들은 문제와 정책분석과의 관계를 일반법칙의 형태로 만들기까지 하였다. 즉 "문제의 어려움과 위험은 기하급수로 증가하는 경향이 있는 반면에 이러한 문제를 다룰 수 있는 자격 있는 사람의 수는 산술급수로 증가하는 경향이 있다"는 것이다.[102] 그러므로 정책분석의 성장은 정부의 구조와 사회문제의 본질 및 범위에 있어서의 변화로 나타난 것이지 그 원인은 아닌 것 같다.

기술관료적 지도의 관점에서는 정책관련지식이 갈수록 더욱더 희귀한 자원이므로, 이를 소유하고자 함으로써 정책분석가의 권력과 영향력을 높인다고 주장한다. 기술관료적 지도 관점은 다음의 다섯 가지 주요 명제로 요약될 수 있다.[103]

- 현대사회의 점증하는 상호의존성, 복잡성, 변화의 속도는 기존지식을 못쓰게 만들므로, 따라서 새로운 형태의 정책관련지식에 대한 요구를 증대시킨다.
- 현대사회의 문제들은 정책분석가에 의하여 생산된 전문적인 지식으로 해결될 수 있다.
- 정책선택에 관한 기술적 복잡성은 정책분석가와 다른 응용과학자들의 보다 높은 수준의 직접적인 개입을 유발시킨다.
- 보다 높은 수준의 직접적 개입은 전문직업적 분석가의 권력을 향상시켜서 정책결정에 영향력을 미침으로서, 정치인들이 점진적으로 분석가에 의존하게 된다.
- 정치인의 전문직업적 정책분석가에 대한 의존 증가로 자신의 정치적 권력이 약화된다.

---

101) Andrea, L. Weber, "Policy Analysis in the Post-Industrial Society," paper presented at the 1975 Annual Meeting of Western Political Science Association, Seattle, Washington, March 21, 1975; Samuel P. Huntington, "Postindustrial Politics: How Begin Will It Be?" *Comparative Politics*, VI (January 1974), pp. 163-92; Ronald Inglehart, "The Silent Revolution in Europe: International Change in Post-Industrial Societies," *The American Political Science Review*, 65 (December, 1971), pp. 991-1017; James O'Connor, *The Fiscal Crisis of the State* (New York: St. Martin's Press, 1973) 참조.

102) Yehezkel Dror, *Ventures in Policy Sciences: Concepts and Applications* (New York: American Elsevier, 1971), p. 2.

103) Straussman, "Technocratic Counsel…" pp. 150-51.

이와 경쟁적인 관점으로서 기술관료적 조언 관점은 전문지식의 소비자로서의 정책결정자가 생산자의 활동을 상당한 정도로 결정한다는 상황에서 전문직업적 정책분석가가 일을 한다는 가정으로부터 시작된다. 이러한 맥락에서 정책분석가의 일차적 역할은 권력의 실질적 소유자에 의해 내려진 정책결정을 합법화하는 것, 즉 과학적 · 기술적 용어로 정당화하는 것이다. 기술관료적 조언 관점은 다음의 몇 가지 주요 명제들로 요약될 수 있다.[104]

- 주요 정책대안은 공동체의 각 집단이 가진 상호 갈등적인 가치를 반영한다.
- 가치의 갈등은 정치적 권력의 불균형과 관련이 있다.
- 어떤 정책대안의 선택은 공동체의 한 집단의 다른 집단에 대한 승리를 상징한다.
- 정책결정자는 갈등을 억누르고 실제 정치적인 이유로 만들어진 선택을 정당화하기 위하여 정책분석가에 의하여 생산된 과학적 · 기술적인 정당화 이유를 사용한다.
- 과학적 · 기술적인 정당화 이유가 신뢰를 얻기 위해서는 정책분석과 다른 응용과학이 가치중립적이고 불편부당하고 비정치적이라는 이미지를 유지할 필요가 있다.
- 전문직업적 분석가는 비록 과학적 · 기술적인 정당화 이유의 공급원이지만, 이들은 소모용으로 이용된다. 또한 실패한 정책에 대한 편리한 희생양으로도 쓰인다.

사례들을 잘 살펴보면, 분석가들은 '기술관료적 지도' 관점을 상당히 많이 발휘한다는 것을 알 수 있다. 예를 들면, 뉴욕시의 랜드 연구소(Rand Corporation)의 경우, 비록 다른 분석에서는 의사결정에 그다지 효과적이지 못했지만, 시의 소방관들이 보도된 화재에 대응하는 시간에 영향을 미치는 요인에 관한 이 연구소의 분석은 이례적으로 성공적이었다는 평판이 있었다.[105] 반면에 정책을 선택하기 위한 전문지식의 활용은 매우 천차만별인 것으로 나

104) *Ibid.*, pp. 151-52.

105) 이 사례와 더불어 다른 사례들에 대해서는 Greenberger, Crenson, and Crissey, *Models in the Policy Process*, pp. 231-318 참조.

타났다. 예를 들어, 1973~1974년에 수행된 204명의 연방 고위정책결정자에 관한 연구에서, 사회과학연구가 정책대안을 선택하는 근거로서 그리 중요하지 않은 것으로 나타났다. 더욱이 연구결과가 활용되는 정도는 본질적으로 비전문적인 요인들에 달려있었다. 즉 "지식활용의 수준은 지식생산자로부터 정책결정자에게 적실성 있고 타당성 있는 정보가 느리게 전달되는 결과라기보다는 주로 가치, 이념, 의사결정의 방식 등을 포함한 요인들 때문이라고 할 수 있다."[106)][107)] 이와 유사한 연구결과가 과학 커뮤니케이션(*Science Communication*), 집행과학(*Implementation Science*), 영국 의학학술지(*British Medical Journal*) 등과 같은 최근에 발간된 학술지에서 보고되고 있다.

정책분석이 정치적 목적을 위하여 사용된다는 연구결과는 '기술관료적 조언' 관점에 신뢰를 더해 준다. 많은 분석들이 분명히 보수적인 성격을 띠는 것을 보아도 그렇다. 이와 같은 맥락에서, 정책분석은 기본적인 사회가치와 제도에 대한 급진적 의문을 제기하지 못하고 그리고 현실과 상당히 거리가 있는 정책대안을 도외시하는 일종의 보수적이고 피상적 유형의 사회과학으로 묘사되어 왔다.[108)] 더구나 어떤 학자들은 정책분석에서 과학이라는 이름으로 윤리나 가치문제를 억누르는 위장된 이데올로기를 발견하기도 한다.[109)] 그와 같은 상황 하에서 정책분석가가 일상적인 정치의 도구로서 이용될 수도 있다는 것은 당연한 일인 것이다.

---

106) Nathan Caplan, "Factors Associated with Knowledge Use among Federal Executives," *Policy Studies Journal*, 4, no. 3 (1976): 233. 또한 Robert F. *Rich, Social Science Information and Pubilc Policy Making* (san Francisco: Jossey-Bass, 1981); and David J. Webber, "The Production and Use of Knowledge in the Policy Process," in *Advances in Policy Studies since 1950*, ed. Dunn and Kelly, pp. 415-41.참조.

107) Nathan Caplan et al., *The Use of Social Science Knowledge in Policy Decisions at the National Level* (Ann Arbor, MI: Institute for Social Research, Center for Research on the Utilization of Scientific Knowledge, 1975).

108) Charles E. Lindblom, "Integration of Economics and the Other Social Sciences through Policy Analysis," in *Integration of the Social Sciences through Policy Analysis*, ed. James C. Charlesworth (Philadelphia: American Academy of Political and Social Sciences, 1972), p. 1. 이러한 비판의 노력에 관해서는 Charles E. Lindblom, *Inquiry and Change: The Troubled Attempt to Understand and Change Society* (New Haven, CN: Yale University Press, 1990) 참조.

109) Laurence H. Tribe, "Policy Science: Analysis or Ideology?" *Philosophy and Public Affairs*, 2, no. 1 (1972): 66-110.

사례 2.2

정책분석의 활용에 대한 점검

바이스(Carol H. Weiss)의 연구에서 발췌한 다음 프로파일은 정책분석의 활용에 대하여 점검하는데 도움이 된다.[110] 여러분은 www.publicagenda.org, www.rand.org, www.aei.org 등의 인터넷 웹사이트 또는 이와 유사한 곳에서 정책보고서를 구해 보라. 정책보고서에 관한 질문에 응하기 위하여 다음의 척도를 사용하라.[111]

1 = 매우 그렇다　　2 = 꽤 그렇다
3 = 어느 정도 그렇다　　4 = 별로 그렇지 않다
5 = 전혀 그렇지 않다

1. 분석결과는 귀하의 업무에 관련된 정보를 어느 정도 담고 있는가?
2. 분석결과는 어느 정도 신뢰성(유사한 결론의 반복가능성이 있는)이 있고 타당성(분석이 설명하고자 하는 것을 개연성 있게 설명하는)이 있다고 생각하는가?
3. 분석의 결론이 쟁점에 대한 귀하의 견해와 어느 정도 일치하는가?
4. 분석이 다음 사항에 대해 어느 정도에 해당되는지를 표시하라.
    a. 우선순위가 높은 쟁점을 다룸(AO)
    b. 연구 분야에 이론적 지식 포함(TQ)
    c. 정책이나 프로그램에 대한 실제적 지식 포함(AO)
    d. 귀하의 생각 또는 가치와 일치(CEU)
    e. 정책결정자들이 무언가에 대하여 할 수 있는 결과 식별(AO)
    f. 잠재적인 행동과정을 제시(AO)
    g. 주요 정책변화 필요성 함축(CSQ)

110) 이 질문은 Carol H. Weiss and Michael J. Bucuvalas, "The Challenge of Social Research to Decision Making, " in Using Social Research in Public Policy Making, ed Weiss, Appendix 15A와 15B, pp. 231-233.에서 발췌한 것임.

111) 이런 질문을 사용하도록 허락해 주고 여러 사례에서 수정사항을 제안해 준 Carol Weiss에게 감사를 표시한다.

h. 구체적 정책결과에 초점(AO)
i. 행위를 위한 명백한 제안 포함(AO)
j. 쟁점에 대한 귀하 자신의 입장 지지(CUE)
k. 제안을 지지하기 위한 증거 제공(TQ)
l. 정치적으로 실현가능한 함의 포함(AO)
m. 쟁점에 대한 이전의 지식과 일치(TQ)
n. 현재의 상황 하에서 집행될 수 있음(AO)
o. 기존의 가정과 제도적 장치에 도전(CSQ)
p. 새로운 쟁점이나 전망 제기(CSQ)
q. 집행에 있어서 비용의 적절함(AO)
r. 의사결정에 있어서 시기적절성(AO)
s. 새롭거나 기대치 않았던 연구결과 포함(부적 부호화)
t. 계량적 자료 제공(TQ)
u. 유사한 환경 또는 사람들에게 일반화시킬 수 있음(TQ)
v. 결과를 설명할 수 있는 다른 요인들에 대한 철저한 조사(TQ)
w. 통계상 세련된 분석 사용(TQ)
x. 고도의 기술적 능력을 보여 줌(TQ)
y. 내적으로 일관성 있고 명백한 결과 제시(TQ)
z. 객관적이고 편견 없는 접근방법 채택(TQ)

다음 카테고리를 사용하여 척도화된 응답(척도: 1~5)의 합계를 구하고, 아울러 그 평균값(응답한 질문의 수로 나눌 것)을 계산하라. 각 질문의 맨 뒤에 있는 머리글자(예를 들면, TQ)는 카테고리를 나타낸다.

기술적 질(*Technical Quality, TQ*)
사용자의 기대에 대한 일치(*Conformity to User Expectations, CEU*)
행동지향성(*Action Orientation, AO*)
현재 상태에 대한 도전(*Challenge Status Quo, CSQ*)

Public Policy Analysis

제 2 부

정책분석의 방법

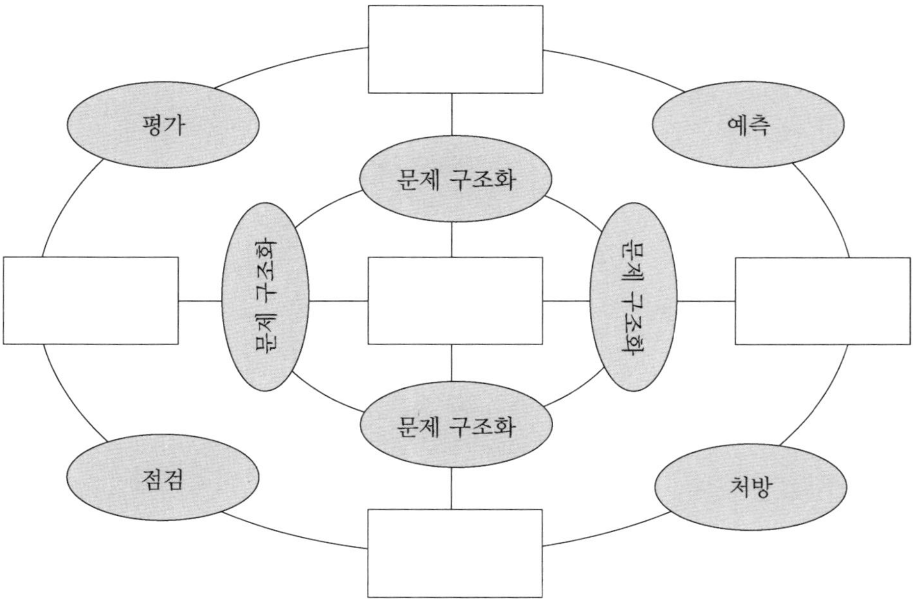

CHAPTER **03**

정책문제의 구조화

학습목표

- 문제구조화와 문제해결을 구별할 수 있다.
- 문제의 주관적·체제적·상호의존적 성격을 이해할 수 있다.
- 문제상황과 문제를 대조할 수 있다.
- 상대적으로 구조화가 잘된 문제, 구조화가 어느 정도 된 문제, 구조화가 잘되지 않은 문제의 차이를 구별할 수 있다.
- 길들여진 문제와 다루기 힘든 문제를 대조할 수 있다.
- 정책모형의 형태를 비교하고 대조할 수 있다.
- 각 문제구조화방법의 장점과 한계를 평가할 수 있다.
- 상대적으로 구조화가 잘되지 않은 문제의 경계를 추산하기 위하여 파레토차트를 사용할 수 있다.

I. 서 론

경험이 없는 분석가는 사실(fact)은 스스로 말한다고 가정한다. 이러한 인식론상으로 순진한 견해는 똑같은 사실이 다양한 방식으로 해석된다는 점을 인식하지 못한다. 동일한 정책관련정보가 똑같은 사실이 다른 해석으로 이어지는 문제의 정의와 관련한 갈등을 초래할 수 있다. 이러한 해석은 인간성에 관한 가정, 정부의 적절한 역할, 경제의 본질, 지식 그 자체의 정의에 의하여 형성된다.

Ⅱ. 정책문제의 본질

정책문제는 실현되지 못한 욕구, 가치, 또는 개선을 위한 기회이다.[1] 문제의 본질, 범위, 심각성에 관한 정보는 문제구조화라는 정책분석절차를 적용함으로써 생산된다. 문제구조화는 분석가가 경쟁적 문제형성을 비교하고, 대조하며, 평가하는 탐구의 단계로서 정책분석가에 의하여 수행되는 가장 중요한 절차 중의 하나이다. 문제구조화는 정책분석의 다른 단계의 성공에 영향을 미치는 중앙지도체계이다. 분석가들이 자주 실패하는 이유는 옳은 문제에 대하여 틀린 해결방안을 구하기 때문이라기보다는, 틀린 문제를 풀기 때문인 듯하다.[2]

1. 문제해결과 문제구조화

정책분석은 흔히 문제해결의 방법론으로 기술된다. 이것은 부분적으로 옳고 분석가가 문제에 대한 해결방안을 찾는 데 성공하지만,[3] 문제해결로 보는 이미지는 불완전하다. 문제해결의 이미지는 문제를 형성하는 데 상당한 시간을 투자하지 않고서도 분석가가 성공적으로 문제에 대한 해결방안을 식별하

1) David Dery, *Problem Definition in Policy Analysis* (Lawrence, KS: University Press of Kansas, 1984).

2) Russell L. Ackoff, *Redesigning the Future: A Systems Approach to Societal Problems* (New York: Wiley, 1974), p. 21.

3) 예를 들어, Bernard Barber, *Effective Social Science: Eight Cases in Economics, Political Science, and Sociology* (New York: Russell Sage Foundation, 1987) 참조.

고, 평가하며, 제안할 수 있다고 잘못 암시하고 있다. 정책분석은 문제구조화의 방법이 문제해결방법의 성공에 필수적인 역동적 다층과정으로 볼 수 있다([그림 3-1] 참조).

그림 3-1 문제구조화의 과정

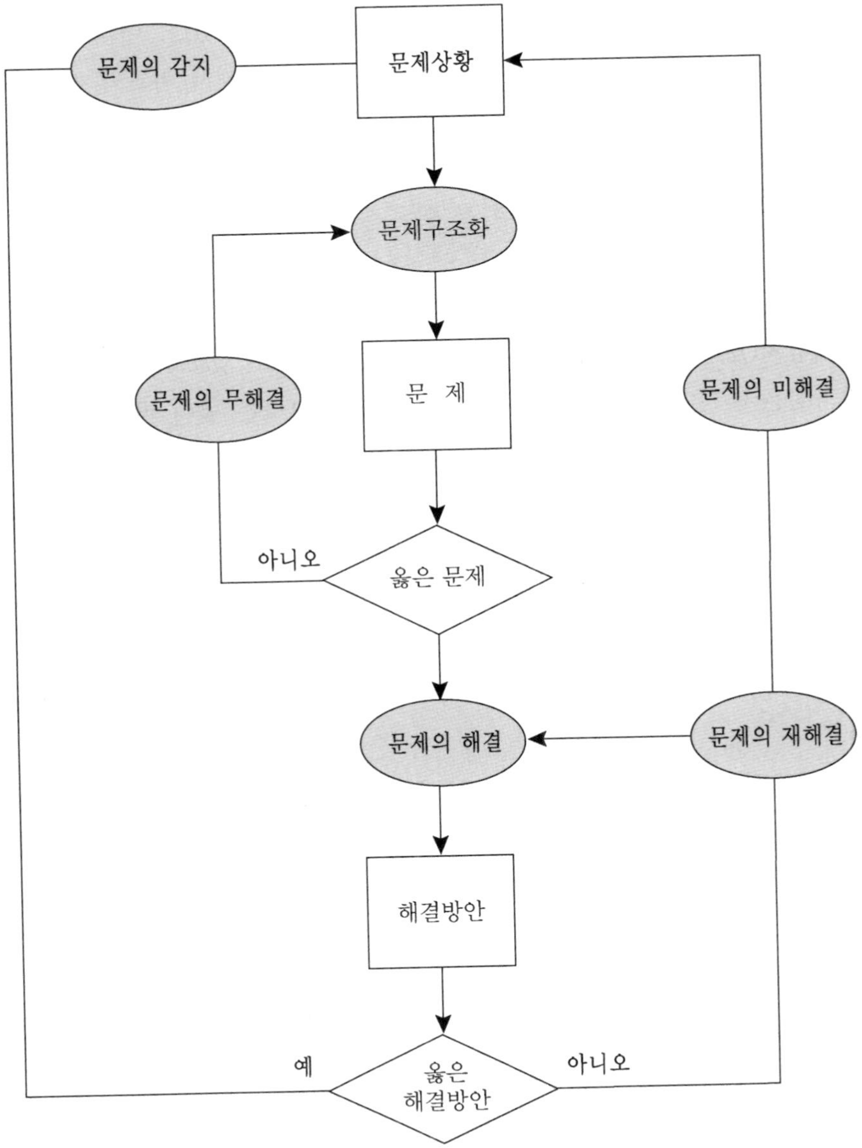

출처: Dunn(1988): 720-737.

문제구조화의 방법은 문제해결방법과 다른데, 그 이유는 답하려고 하는 질문이 다르기 때문이다. 문제해결방법은 풀어야 할 문제가 무엇인지 다소 정확하게 알 때 보다 적절하고 효과적인 경향이 있다. 산업오염 감소를 위한 사업의 순편익에 관한 문제는 대체로 정확하게 형성되어 있다. 산업오염의 범위와 심각성에 관한 판단을 포함하는 문제와, 오염을 일으킬 수 있는 조건의 식별은 부정확하게 형성되고 불충분하게 정의되어 있다. 여기서 우리는 가장 적절한 문제의 형성이 석유연료가 세계표준에 비해서 비교적 싸고 정부에 의하여 상당한 보조를 받고 있는 미국인들의 운전습관과 밀접히 관련이 있다는 것을 발견할 수 있다. 이것이 문제구조화 방법에 관한 질문이고, 계산과 관련된 다소 정확하게 형성된 문제는 문제해결에 관한 질문이다. 문제해결과 문제구조화를 구별할 수 있듯이 또한 대조할 수 있다.

- **문제감지**(*problem sensing*)**와 문제구조화**(*problem structuring*). 문제해결과정은 분명하게 표현된 문제에서 시작되기 보다는 널리 퍼져 있는 걱정과 스트레스의 초기 징후를 감지하면서 시작된다.[4] 널리 퍼져 있는 걱정과 스트레스의 초기 징후는 문제가 아니라 죤 듀이(John Dewey)가 행동이 요구되는 애매하고 잘못 정의된 상황을 감지할 때 당면하는 불확실한 신념의 상태를 표현하려고 만든 용어인 문제상황(problem situation)이다. 대조적으로 정책문제는 문제상황에 문제구조화방법을 적용한 산물이다. 문제(problem)는 문제구조화를 통하여 이러한 상황으로부터 추상화된 문제상황의 요소이다."[5]
- **문제구조화**(*problem structuring*)**와 문제해결**(*problem solving*). 정책분석은 문제해결방법뿐만 아니라 문제구조화방법을 포함한다. 문제구조화방법은 정책설계 또는 설계과학이론을 방법론적으로 보완해 주고 있다.[6] 문

4) Martin Rein and Sheldon H. White, "Policy Research: Belief and Doubt," *Policy Analysis*, 3, no. 2 (1977), p. 262. John Dewey 재인용

5) Russell L. Ackoff, *Redesigning the Future: A Systems Approach to Societal Problems* (New York: Wiley, 1974), p. 21. Ackoff는 구체적으로 추상화과정이 문제구조화를 통하여 발생한다고 하지는 않고 보다 일반적인 용어인 '분석'을 사용하였다.

6) Stephen H. Linder and B. Guy Peters, "From Social Theory to Policy Design," Journal of *Public Policy*, 4, no. 4 (1985), pp. 237-59; John Dryzek, "Don't Toss Coins into Garbage Cans: A Prologue to Policy Design," *Journal of Public Policy* 3, no. 3 (1983), pp. 345-67; 그리고 Trudi C. Miller, "Conclusion: A Design Science Perspective," in *Public Sector Performance: A Turning Point*, ed. T. C. Miller (Baltimore: Johns Hopkins University Press, 1985) 참조.

제 구조화 방법은 상위방법(metamethod)이다. 즉, 문제해결방법에 '관한' 그리고 '그 이전에 오는' 방법이다.

- **문제재해결**(*problem resolving*), **문제미해결**(*problem unsolving*), **그리고 문제무해결**(*problem dissolving*). 문제 재해결, 문제 미해결과 문제무해결이란 용어는 세 가지 형태의 오류수정을 말한다.[7] 세 용어는 같은 어원(라틴어 solvere, 풀다 또는 해체하다)에서 유래되었지만 오류수정과정은 다르다([그림 3-1]). 문제 재해결은 측정오류(calibrational error)를 감소시키기 위하여 올바르게 구조화된 문제를 재분석하는 것이다. 예를 들어, 어떠한 정책이 특정 정책결과에 영향이 없다는 영가설을 검증하는 데 있어서 제1종 또는 제2종 오류를 범할 확률을 감소시키는 것이다. 반면 문제 미해결은 잘못 형성된 문제(예, 1960년대 도시중심지역에서 집행된 도시재개발 정책)에 기초한 해결방안을 포기하고 옳은 문제형성을 위한 시도로 문제구조화로 복귀를 의미한다. 또한 문제 무해결은 문제를 재구조화하거나 해결하려는 노력이 없이 부정확하게 형성된 문제를 포기하는 것을 의미한다.

Ⅲ. 문제의 특성

정책문제의 중요한 특성은 다음과 같다.

1. **상호의존성**(*interdependency*). 한 영역(예, 에너지)에서의 정책문제는 종종 다른 영역(예, 보건과 실업)의 정책문제에 영향을 미친다. 실제 정책문제들은 독립적 실체가 아니라 혼잡한 문제(messes)라고 가장 적절하게 묘사되는 문제들의 전체체제의 일부, 즉 지역사회에서 상이한 집단들의 불만을 일으키는 외부 조건들의 체제이다.[8] 문제들의 체제(혼잡한 문제)는 환원주의적 접근방법(reductionistic approach) — 즉, 문제를 구성요소 또는 부분으로 분해하는 — 을 사용함으로써 해결하는 것이 어렵거나 불가능하다. 왜냐하면 문제들은 상호 독립적으로 정의되고 해결되는 경우가 거의 드물기 때문이다. 때때로 "하나의 문제 그 자체를 해결하는 것

7) Russell L. Ackoff, "Beyond Problem Solving," *General Systems* 19 (1974), pp. 237-39.
8) Russell L. Ackoff, *Redesigning the Future: A Systems Approach to Societal Problems* (New York: Wiley, 1974), p. 21.

보다 상호 관련된 열 개의 문제를 동시에 푸는 것"이 보다 더 쉬울 수 있다.[9] 상호의존적인 문제체제는 총체적 접근방법(holistic approach), 즉 문제가 따로 분리될 수 없으며 서로 관련된 부분들의 전체체제와 별개로 측정될 수는 없는 것으로 보는 접근방법[10]이 필요하다.

2. **주관성**(*subjectivity*). 문제를 일으키는 외부조건은 선택적으로 정의되고, 분류되며, 설명되고, 평가된다. 문제가 객관적이라는 것에도 일리가 있지만(예, 대기오염은 대기 중에 있는 CO_2 기체와 입자의 수준과 관련하여 정의될 수 있다), 오염에 관한 똑같은 자료는 매우 상이한 방식으로 해석된다. 그 이유는 정책문제는 분석가에 의하여 문제상황으로부터 추상화되기 때문이다. 문제는 부분적으로 객관적 상대주의에 의하여 만들어진 주관적인 개념적 구성물이다.[11]

3. **인공성**(*artificiality*). 정책문제는 인간이 어떤 문제상황을 바꾸는 것이 바람직하다고 판단을 할 때만 가능하다. 정책문제는 주관적인 인간판단의 산물이며, 또한 객관적 사회조건의 정당한 정의인 것으로 받아들여지게 된다. 정책문제는 사회적으로 구조화되며, 유지되고, 변화된다.[12] 정책문제는 그것을 정의하는 개인이나 집단과 떨어져서 존재하지 않는다. 즉, 사회에서 저절로 정책문제를 만들어 내는 '자연적 상태'는 없다는 것을 의미한다.

4. **불안정성**(*instability*). 문제에 대한 정의가 다양하듯이 주어진 문제에 대하여 많은 해결방안이 존재할 수 있다. "문제와 해결방안은 항상 유동적이며, 그렇기 때문에 문제는 해결된 채로 남아 있지 않는다. … 제기된 문제는 폐기될 수 없지만 문제에 대한 해결방안은 폐기될 수 있다."[13]

문제들은 분리된 기계적 실체가 아니다. 그것은 목적론적 체계[*purposeful*

9) Harrison Brown, "Scenario for an American Renaissance," *Saturday Review*, December 25, 1971, pp. 18-19.

10) Ian I. Mitroff and L. Vaughan Blankenship, "On the Methodology of the Holistic Experiment: An Approach to the Conceptualization of Large-Scale Social Experiments," *Technological Forecasting and Social Change*, 4 (1973): pp. 339-53 참조.

11) Ackoff, *Redesigning the Future*, p. 21.; Abraham Kaplan, *The Conduct of Inquiry: Methodology for Behavioral Science* (San Francisco, CA: Chandler, 1964), pp. 392-393.

12) Peter L. Berger and Thomas Luckmann, *The Social Construction of Reality*, 2nd ed. (New York: Irvington, 1980).

13) Ackoff, *Redesigning the Future*, p. 21.

(teleological) systems]로 그 속에서 어떠한 두 구성요소도 모든 측면 또는 어느 하나의 속성 또는 행태에서 서로 똑같은 것은 없으며, 각 구성요소의 속성 또는 행태가 전체로서의 체제의 속성 또는 행태에 영향을 미치고, 각 구성요소의 속성 또는 행태, 그리고 각 구성요소가 전체로서의 체제에 영향을 미치는 방식은 체제 속의 적어도 하나의 다른 구성요소의 속성이나 행태에 의존하고 있으며, 구성요소들의 모든 가능한 하위집단은 전체로서의 체제에 상호관련성을 가지고 영향을 미친다.[14] 주관적으로 경험한 문제 — 범죄, 빈곤, 실업, 인플레, 에너지, 환경오염, 보건, 국가안전보장 — 는 틀린 문제에 대하여 옳은 해결방안을 산출하는 위험부담 없이는 독립적 하위집단으로 분해될 수 없다는 것이다.

문제의 체제가 가진 주요 특성은 전체는 그 부분들의 단순한 합계보다 크며, 질적으로 다르다는 것이다. 돌더미는 모든 개별적 돌의 합으로 정의될 수 있고 또한 피라미드로서 정의될 수 있다. 마찬가지로 인간은 생각하거나 활동할 수 있지만 그 부분들은 독립하여 그렇게 할 수 없다. 더구나 한 체제에 소속된 구성원은 각 구성요소의 능력을 증가시키거나 감소시킬 수 있으나 구성요소에 영향을 남기지 않고 떠나지 않는다. 명백히 생명이 있는 육체의 일부가 아닌 두뇌는 기능을 하지 않는다. 국가나 회사에 소속된 개인은 그 구성원이 아니라면 할 수 있는 것들을 할 수 없게 되고, 또한 구성원이 아니었으면 할 수 없었던 다른 것들을 할 수 있게 된다.[15]

마지막으로 정책문제의 상호의존성, 주관성, 인공성, 불안정성에 대한 인식은 틀린 문제에 대한 옳은 해결방안에 기초한 정책으로부터 이어지는 기대하지 않은 결과의 발생가능성에 대하여 경종을 울린다. 예를 들어, 1970년대 후반 서유럽정부가 직면한 문제상황을 고려해 보자. 라인강 유역에 원자력발전소를 건설함으로써 이용가능한 에너지 공급을 확대하려고 하였던 프랑스와 서독은 원자력의 생산은 다른 문제와 상호 독립적이라는 가정 하에 에너지 문제를 정의하였다. 이반 일리치(Ivan Illich)는 말라리아가 다음 10년 이내에 유럽의 주요 전염병이 될 것인데 그 이유는 독일과 프랑스가 냉각체계로서 강물을 활용하는 원자력발전소를 건설한다는 결정 덕분에 아노펠레스(anopheles)

14) Mitroff and Blankenship, "Methodology of the Holistic Experiment," pp. 341-42.
15) Ackoff, *Redesigning the Future*, p. 13.

모기(말라리아를 전염시키는 모기)의 생식 범위 내로 강물의 온도를 끌어 올릴 것이기 때문이다[16]라고 예견하기까지 하였다. 비록 이 예측은 틀렸지만 에너지 정책이 문제의 체제를 포함한다고 하는 이해는 틀리지 않았다.

1. 문제와 이슈

정책이슈(*policy issue*)는 실제적, 잠재적 행동노선에 관한 의견의 불일치를 내포하고 있다. 이슈(*issue*)는 문제 그 자체의 본질에 관한 서로 경쟁하는 견해를 반영하고 있다. 명확한 정책이슈, 예를 들어, 정부가 산업부문에 대기의 질에 관한 표준을 부과해야 할 것인지는 전형적으로 오염의 본질에 관한 대립되는 가정들의 결과이다.[17]

1. 오염은 공장주가 그들의 투자로부터 이익의 보전과 증대를 추구하는 경제체제인 자본주의의 자연적 결과이다. 환경에 대한 피해는 건강한 자본주의 경제를 위하여 지불해야 하는 불가피한 희생이다.
2. 오염은 경력 지향적인 대규모 관료제 내에서 승진을 추구하는 산업관리자들의 권력과 특권에 대한 욕구의 결과이다. 오염은 이익을 추구하는 개인 소유주가 없는 사회주의 체제에서도 똑같이 심각하였다.
3. 오염은 고도 대중소비 사회에서 소비자선호의 결과이다. 기업생존을 보장하기 위하여 소유주와 관리자들은 고성능 엔진과 자동차 여행에 대한 소비자 선호를 만족시켜야만 한다.

문제상황과 정책문제의 차이를 인식하는 능력은 공통의 경험이 정책이슈로 전환되는 방식을 이해하는 데 중요하다. 어떤 한 문제의 형성은 정책이해관계자들이 문제상황으로 가지고 온 가정들에 의하여 영향을 받는다. 이어서 제각기 서로 다른 문제형성은 정책이슈가 정의되는 방식을 형성한다. 위 환경오염의 예에서, 건강한 자본주의 경제운용에 관한 가정은 산업부문에 있어서 대기오염기준의 정부규제에 관한 부정적 견해로 귀결될 것이고, 반면 조

---

16) Ivan Illich in conversation with Sam keen, *Psychology Today* (May 1976)에 보도되었다.

17) Ritchie P. Lowry, *Social Problems: A Critical Analysis of Theories and Public Policy* (Lexington, MA: D. C. Heath and Company, 1974), pp. 23-25.

그림 3-2 정책이슈 유형의 계층구조

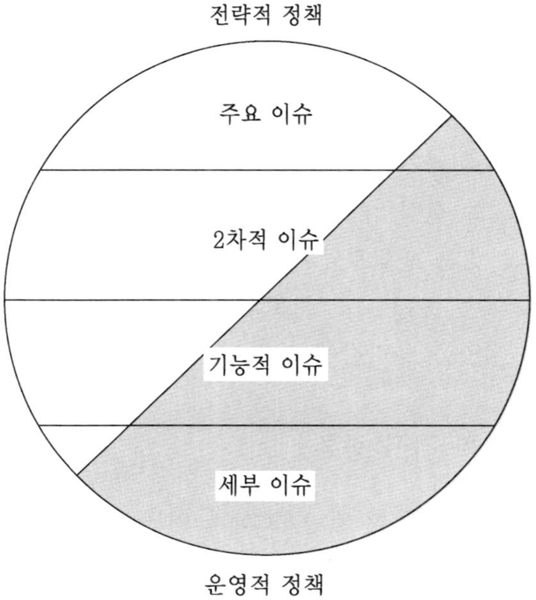

직의 관리행태에 대한 가정은 적극적인 입장으로 귀결될 것이다. 이와 대조적으로 소비자 선호 및 회사의 생존에 대한 가정은 정부규제가 이슈가 되지 않는다는 입장에 영향을 줄 수 있는데, 그 이유는 정부가 소비자 요구를 입법화할 수 없기 때문이다.

정책이슈는 그 유형의 계층구조에 따라 주요, 2차적, 기능적, 세부이슈로 분류될 수 있다([그림 3-2]). 주요이슈(*major issue*)는 중앙정부, 지역, 지방 관할구역 내와 그들 사이의 정부조직 최상부에서 당면한 것들이고, 전형적으로 기관의 임무, 즉 정부조직의 본질과 목적에 관한 질문을 포함한다. 보건사회부의 목적이 빈곤을 생기게 하는 조건을 제거해야하는가 라는 이슈는 행정기관의 임무에 관한 질문이다. 2차적 이슈(*secondary issue*)는 정부사업(연방, 주, 지방수준)의 수준에서 존재하는 것들이고 사업계획간 우선순위의 설정과 대상집단 및 수혜자 정의를 포함한다. 빈곤가정을 어떻게 정의내릴 것인가의 이슈는 2차적 이슈이다. 대조적으로 기능적 이슈는 사업계획과 세부사업 수준에서 존재하는 것으로 이는 예산, 재무, 조달과 같은 문제에 관련된다. 마지막으로 세부이슈(*minor issue*)는 인사배치, 직원의 편익, 휴가시기,

작업시간, 표준운영절차 및 규칙을 포함한다.

어떤 이슈는 전략적이고 어떤 이슈는 운영적이다. 전략적 정책은 결정의 결과가 상대적으로 반전되기 불가능한 것이다. 미국이 이라크나 아프카니스탄에 군대를 파견해야만 하는가 또는 보편적 보건의료가 존재하여야 하는가 하는 이슈는 행동의 결과가 수년 동안 반전될 수 없기 때문에 전략적 정책을 요구한다. 대조적으로 결정의 결과가 상대적으로 반전될 수 있는 정책은 상부수준에 존재하고 있는 위험부담이나 불확실성이 포함되지 않는다. 모든 형태의 정책은 상호의존적이고 그러므로 수준 간 정책의 복잡성과 비가역성은 정책이슈 유형의 계층을 올라감에 따라 증가한다.

2. 정책문제의 세 가지 종류

정책문제에는 구조화가 잘 된, 구조화가 어느 정도 된, 구조화가 잘 안된 문제의 세 종류가 있다.[18] 문제의 구분은 상대적 복잡성에 따라 결정된다. 구조화가 잘 된 문제, 구조화가 어느 정도 된 문제, 그리고 구조화가 잘 안된 문제의 차이는 개별 요소의 성격을 고려함으로써 예시될 수 있다(<표 3-1>).

구조화가 잘 된 문제(*well-structured problems*)는 한 사람 또는 소수의 의사결정자 그리고 소수의 정책대안과 관련된다. 효용(가치)에 대한 의견의 일치가 존재하고 의사결정자의 선호 순으로 명백하게 순위가 매겨진다. 각

표 3-1 정책문제의 세 가지 종류의 구조에서 차이점

요 소	문제의 구조		
	구조화가 잘된	구조화가 어느 정도 된	구조화가 잘 안된
정책결정자	하나	소수	다수
대 안	고정	제한	무제한
효용성(가치)	의견의 일치	협상	갈등
결 과	확실	불확실	위험
확 률	결정론적	추산가능	추산가능

18) 구조화가 잘 안된(잘 못 정의된)문제에 대한 최초의 광범위한 토론은 Walter R. Reitman, "Heuristic Decision Procedures, Open Constraints, and the Structure of Ill-defined Problems," *Human Judgments and Optimality* (1964), pp 282-315. 그리고 Herbert A. Simon, "The Structure of Ill Structured Problems," *Artificial Interlligence* 4.3-4 (1973), pp.181-201. 또한 Francisco Sagasti, "Epistemology as General System Theory: An Approach to the Design of Complex Decision-Making Experiments," *Philosophy of the Social Sciences* 3 (1973), pp. 117-34. 참조

대안의 결과는 완전한 확실성(결정론적으로) 또는 받아들일 수 있을 정도의 오류 내에서 알고 있다. 구조화가 잘 된 문제의 원형은 연산법적 결정의 문제이고 모든 정책대안의 결과는 미리 프로그램화되어 진다. 공공기관에서 차량교체에 당면한 운영문제는 상대적으로 구조화가 잘 된 문제로 노후차량의 평균수리비용과 신 차량의 구입 및 감가상각비용을 고려하여 노후차량을 신 차량으로 교체해야 하는 적정점 발견과 관련된다.

구조화가 어느 정도 된 문제(*moderately structured problem*)는 소수의 의사결정자가 관련되고, 상대적으로 제한된 수의 대안을 포함하는 문제이다. 효용(가치)에 관한 의견의 불일치는 관리가능하고 흥정과 상호 조정에 의하여 해결될 수 있다. 그럼에도 불구하고 대안의 결과는 불확실하다. 구조화가 어느 정도 된 문제의 원형은 정책모의실험 또는 게임, 즉, '죄수의 딜레마'(prisoner's dilemma)가 그 예다.[19] 이 게임에서는 두 명의 죄수가 서로 격리된 방에 수감되어 있고, 거기서 각 죄수는 유죄판결을 얻어내기 위하여 그 중 한 명 또는 두 명 모두로부터 자백을 받아야 하는 검사로부터 심문을 받는다. 보다 가벼운 범죄로 각 죄수를 기소할 충분한 증거를 확보한 검사는 각 죄수에게 만약 둘 다 자백하지 않게 되면 둘 다 가벼운 형벌로 공판에 회부될 것이고, 만약 둘 다 보다 심각한 범죄를 저질렀다고 자백하면 감형을 모두 선고받게 될 것이고. 그러나 만약 오직 한 사람만이 자백을 하게 되면 그 사람은 집행유예를 받아 풀려나고 다른 사람은 최고형을 선고받게 될 것이라고 말한다. 아무도 다른 상대방의 결정 결과를 예측할 수 없는 상황에서 각 죄수의 '최적'의 선택은 자백을 하는 것이다. 둘 다 그들의 형량을 최소화하려고 하기 때문에 두 죄수는 5년의 형량으로 귀결될 이러한 선택을 하게 된다. 이 예는 결과가 불확실할 때 의사결정의 어려움을 보여 줄 뿐만 아니라, 그렇지 않았다면 개인적으로는 합리적인 선택일 경우에도 소집단, 정부기관 및 회사 상황에서는 오히려 집단적 비합리성에 기여할 수도 있다는 것을 보여준다.

구조화가 잘 안된 문제(*ill-structured problem*)는 그들의 효용(가치)은 알려지지 않았거나, 알려져 있다 하더라도 일관성있게 순위를 매기는 것이 불가능한 다수 의사결정자와 관련된 문제이다. 구조화가 어느 정도 된 문제

---

19) Anatol Rapoport and Albert M. Chammah, *Prisoner's Dilemma* (Ann Arbor, MI: University of Michigan Press, 1965) 참조.

는 흥정을 통하여 해결될 수 있는 반면, 구조화가 잘 안된 문제의 주요 특성은 서로 대립되는 목표 간의 갈등이다. 정책대안과 그 결과는 알려지지 않을 수 있으며 확률적으로 추정될 수 있는 위험부담에 좌우된다. 여기서 문제는 알려진 결정론적 관계를 밝히는 것이 아니라 오히려 문제의 본질을 정의하는 것이다. 구조화가 잘 안된 문제의 원형은 완전한 비이행적(intransitive) 결정의 문제, 즉 모두에게 선호되는 유일한 정책대안을 선택하는 것이 불가능한 결정이다. 구조화가 잘 되거나 구조화가 어느 정도 된 문제는 이행적(transitive)인, 즉 만약 A_1 대안이 A_2 대안보다 선호되고 A_2 대안이 A_3 대안보다 선호된다면, 그때는 A_1 대안이 A_3 대안보다 선호되는 선호서열을 포함하는 반면, 구조화가 잘 안된 문제는 비이행성 선호서열을 갖고 있다.

개인, 소집단, 또는 조직이 당면한 많은 중요한 문제가 상대적으로 구조화가 잘 안되어 있다. 구조화가 잘 안된 문제와 구조화가 잘 된 문제 대신에 다루기 힘든 문제와 길들여진 문제라는 용어를 사용하자는 제안이 있지만, 다루기 힘든 문제와 길들여진 문제의 차이는 주로 수사학적인 목적을 위하여 만들어진 것처럼 보인다.[20] 이러한 이유로 상대적으로 잘 구조화된, 어느 정도 구조화된, 그리고 구조화가 잘 안된 문제 사이의 차이를 계속 유지한다. 한정어인 '상대적으로'는 한 연속선상에서 차이가 근사적으로 표시되는 조건을 반영한다.

구조화가 잘 안된 문제가 공공정책분석에서 중요한 이유가 다수의 사회과학자들에 의하여 잘 요약되었다. 상대적으로 구조화가 잘 안된 문제가 중요한 이유는 정책 맥락에서 일관적(이행적) 선호와 목표에 대한 의견의 일치를 가진 한 사람 또는 소수의 의사결정자의 존재를 가정하는 것이 비현실적이기 때문이다. 왜냐하면 정책결정은 전형적으로 흥정, 경쟁, 갈등과 관련되기 때문이다.[21] 더구나 어느 한 문제에 대한 모든 가능한 해결대안을 식별하

20) 1967년 C. West Churchman은 그러한 문제를 '다루기 힘든' 것으로 지정하였다. C. West Churchman. "Guest Editorial: Wicked Problems." *Management Science* 14, 4 (1967): B141-B142. Berkeley 대학의 Horst Rittel과 그의 동료들은 이후에 이 개념을 확장하였고 다루기 힘든 문제의 10가지 특징을 식별하였다. 용어 '다루기 힘든'의 윤리적 성격을 토의되지 않았고 신기하게도 연속선상의 다른 끝인 서술적인 용어 '길들여진'은 특별히 윤리적으로 함축된 의미없이 '만족스러운' 또는 '충분히 좋은' 것과 동등시 되었다.

21) 예를 들어, Thomas R. Dye, *Understanding Public Policy*, 3rd ed. (Englewood Cliffs, NJ: Prentice Hall, 1978), pp. 30-31; Richard O. Mason and Ian I. Mitroff, *Creating a Dialectical Social Science* (Dordrecht, The Netherlands: D. Reidel, 1981); 그리고 James G. March and Johan P. Olsen, "The New Institutionalism: Organizational Factors in Political Life," *The American Political Science Review*, 78, no. 3 (1984), pp. 739-49 참조. 같은 견해를 갖고 있는 이전의 연구로는 Herbert

는 것은 거의 불가능한데 그 이유는 부분적으로 정보획득에서의 제약뿐만 아니라 해결책을 발견했을 때 알아야 할 충분한 정보를 수집했다는 시점을 아는 것이 어렵기 때문이다. 리텔(Rittel)과 웨버(Webber)는 문제가 언제 해결되었는지 결정하기 위한 '중단 규칙'(stopping rule)은 없다고 말하였다.[22]

Ⅳ. 정책분석에서의 문제구조화

구조화가 잘 안된 문제를 위한 방법은 구조화가 잘 된 문제를 위한 방법과 다르다.[23] 잘 구조화된 문제는 다소 표준적인 방법을 사용해도 좋으나, 구조화가 잘 안된 문제는 문제 그 자체의 본질에 관한 정의에 분석가가 능동적이고 의식적으로 참여할 것을 요구한다.[24] 문제의 본질을 적극적으로 정의하기 위하여 분석가는 문제상황에 들어가야 할 뿐만 아니라 또한 성찰적 판단과 통찰력을 발휘하여야 한다.

1. 문제구조화에서의 창의성

문제구조화의 성공을 결정짓는 기준은 문제해결의 성공을 판단하기 위해 사용되는 기준과는 다르다. 성공적인 문제해결은 분석가가 상대적으로 잘 구조화된 문제에 대한 상대적으로 정확한 기술적 해결방안을 얻을 것을 요구한다. 대조적으로 문제구조화는 분석가가 창의적 해결방안을 만들도록 요구한다. 창의적 행위를 판단하는 일반적인 기준은 문제구조화의 창의성에도 또한 적용될 수 있다. 문제구조화는 다음 범위에서 창의적이라고 할 수 있다.[25] (1) 분석의 산물이 대부분의 사람들이 똑같은 해결방안에 다다를 수 없거나 없을 정도로 충분히 참신하다. (2) 분석과정이 이전에 받아들여진 생각의 수

A. Simon, "A Behavioral Model of Rational Choice." *The Quarterly Journal of Economics* (1955), pp. 99-118. 그리고 Dabid Braybrooke and Charles E. Lindblom. *A Strategy of Decision: Policy Evaluation as a Social Process.* New York: Free Press of Glencoe, (1963)이 있다.

22) Rittel and Webber, p. 162.

23) William N. Dunn, "Methods of the Second Type: Coping with the Widerness of Conventional Policy Analysis." *Review of Policy Research* 7, 4 (1988), pp. 720-737.

24) John R. Hayes, *Cognitive Psychology* (Homewood, IL: Dorsey Press, 1978), pp. 210-13 참조.

25) Alan Newell, J. C. Shaw, and Herbert A. Simon, "The Process of Creative Thinking," in *Contemporary Approaches to Creative Thinking*, ed. H. F. Gruber, G. Terrell, and M. Wertheimer (New York: Atherton Press, 1962), pp. 63-119 참조. 또한 James L. Adams의 우수한 논문 *Conceptual Blockbusting* (Stanford, CA: Stanford Alumni Association, 1974) 참조.

정이나 거부를 포함할 정도로 충분히 비전통적인 것이다. (3) 분석이 높은 강도로 또는 오랜 기간 동안 행해질 정도로 분석 과정에서 높은 성취동기와 인내심이 충분히 요구된다. (4) 문제에 대한 적절한 해결방안을 제공하기 때문에 분석의 산물이 가치가 있다고 분석가, 정책결정자 그리고 기타 이해관계자가 여긴다. (5) 최초에 제기된 문제가 매우 애매모호하고 잘 정의되어 있지 못하여 주된 도전은 문제 그 자체를 형성하는 것이다.

2. 문제구조화의 단계

문제구조화는 네 개의 관련된 단계를 갖는 과정, 즉 문제의 탐색(*problem search*), 문제의 기술(*problem delineation*), 문제의 구체화(*problem specification*), 그리고 문제의 감지(*problem sensing*) 단계로 구성되어 있다([그림 3-3]). 첫 단계는 널리 퍼진 걱정, 불신, 놀람 등 문제 상황을 인식하거나 존재한다고 느껴져야 한다. 문제상황으로부터 이동하는 데, 분석가는 문제탐색에 관여한다. 이 단계에서의 목표는 하나의 문제발견이 아니라(예를 들어, 고객이나 분석가의 문제), 복수의 이해관계자의 많은 문제표현(problem representation)을 발견하는 것이다. 이러한 맥락에서 분석실무자들은 보통 정책결정과정 전체에 걸쳐서 분산되어 있는 각기 다른 많은 문제형성에 직면하게 된다. 결과

그림 3-3 문제구조화의 단계

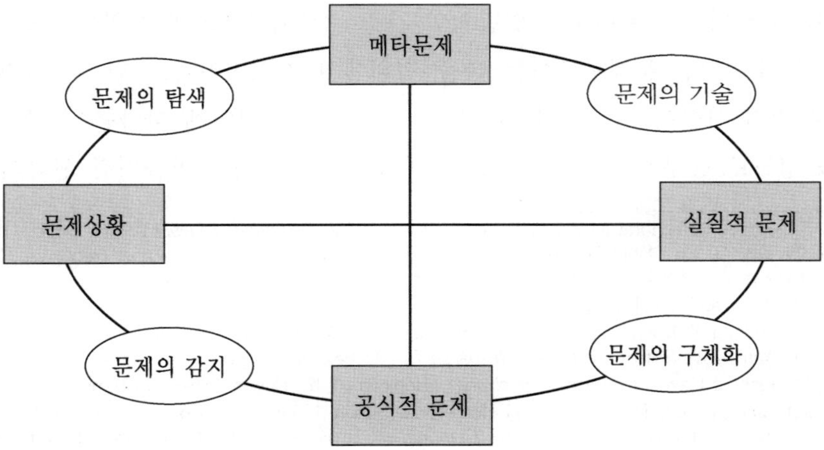

적으로 분석가들은 메타문제(*meta problem*)[26] — 문제의 문제, 말하자면, 문제표현의 수가 다루기 힘들 정도로 너무 많은 — 에 직면하게 된다.[27] 문제의 기술을 통해서 메타문제의 경계, 즉 구성요소인 모든 1차적 문제의 집합이라고 정의될 수 있는 하나의 2차적 문제를 정의하는 것이다.[28] 이러한 두 가지 수준이 명백히 구별되지 않으면 분석가는 구성요소와 집합을 혼동함으로써 틀린 문제를 형성할 위험에 봉착하게 되고 "한 집합의 모든 것을 포함하는 것은 무엇이든지 그 집합의 하나가 될 수 없다."[29]라는 규칙을 위반하게 된다.

메타 문제로부터 실질적 문제(substantive problem)로 이동하는 데 있어서 우리는 문제를 가장 기본적이고 일반적인 용어로 서술하려고 시도한다. 예를 들어, 우리는 문제가 경제학, 사회학, 정치학, 공학 등에 뿌리를 두고 있는 문제인지 결정할 수 있다. 만약 실질적 문제가 경제문제로 개념화될 경우 분석가는 이를 재화와 용역의 생산, 분배와 관련된 요인과 관련하여 취급할 것이다. 그 대신, 문제를 정치적 또는 사회적인 것으로 보게 되면, 분석가는 이를 서로 경쟁하는 이해관계집단, 엘리트, 기타 시회계층 사이에 권력과 영향력의 배분의 관점에서 접근할 것이다. 여러모로 개념적 틀의 선택은 세계관, 이념 또는 대중신화의 선택과 비슷하고 현실에 관한 특정 견해로의 몰입을 나타낸다.[30]

실질적 문제를 개념화하는 데 있어 세계관, 이념, 대중신화의 중요성을 예시하기 위하여 빈곤을 정의하는 다양한 방식을 고려해 보기로 하자. 빈곤은 사고 또는 불가피한 사회적 상황, 경제적 엘리뜨의 이기적 행위, 또는 가난한 사람 그 자신의 결함에 따른 결과로써 정의될 수 있다.[31] 이러한 빈곤의 정의들은 각각 문제 상황의 요소들을 선택적으로 지각함에 따라 세계관, 신화, 이념의 요소와 관련된다.

---

26) Yehezkel Dror, *Design for Policy Sciences* (New York: Elsevier, 1971) 참조.

27) P. Harmon and D. King, *Expert Systems: Artifical Intelligence in Business* (New York: Wiley, 1985).

28) Paul Watzlawick, John Weatonkland, and Richard Fisch, Change: Principles of Poblem Formation and Problem Resolution (New York: W. W. Norton), p. 6.

29) Alfred North Whitehead and Bertrand Russell, *Principia Mathematica*, 2nd ed., Vol. I (Cambridge: Cambridge University Press, 1910), p. 101. Watzlawick, et al., p. 6. 재인용

30) Ian Mitroff and Ralph H. Kilmann, *Methodological Approaches to Social Science* (San Francisco: Jossey-Bass, 1978). 또한 Thomas Kuhn, *The Structure of Scientific Revolutions*, 2nd ed. (Chicago: University of Chicago Press, 1971); 그리고 Ian G. Barbour, Myths, *Models and Paradigms* (New York: Harper & Row, 1976) 참조.

31) Lowry, *Social Problems*, pp. 19-46.

세계관, 신화, 이념은 부분적으로 진실이고 부분적으로 거짓일 수 있다. 이 예에서 빈곤을 역사적 사건의 탓으로 돌리는 것은 부의 분배를 바꾸는 것은 무의미하다고 암시하는 것이다. 그러나 사회문제의 자연주의적 관점(*naturalistic perspective*)을 나타내는 이와 같은 신화가 알려진 어떠한 사회도 그 문제를 완전하게 해결하지 못했다는 사실을 지적함으로써 분석가로 하여금 빈곤의 상대적 성격에 민감하도록 만든다. 이와 유사하게 빈곤을 사악한 또는 도덕적으로 부패한 엘리트의 탓으로 돌리는 관점은 그들의 실제 동기를 왜곡시킨다. 그러나 추정된 도덕적 취약점의 관점에서 빈곤을 설명하는 도덕적 관점(*moralistic perspective*)은 또한 사유재산제도가 낭비와 착취, 그리고 사회적 무책임성을 조장한다고 주의를 환기시킨다. 마지막으로 빈곤을 가난한 사람 그 자신의 결함으로 돌리는 관점은 그를 둘러싼 상황보다는 희생자를 비난하는 것으로 귀결된다.[32] 어떤 가난한 사람은 사회가 '빈곤'이라고 정의하는 조건하에 살기로 선택하지만 이러한 관점은 "사회가 아니라 오히려 사회의 희생자를 변화시키려하는 정도를 벗어난 형태의 사회행동을 정당화"할지도 모른다.[33]

일단 실질적인 문제가 정의되면, 보다 상세하고 구체적인 공식적 문제(*formal problem*)가 구성될 수 있다. 실질적인 문제에서 공식적인 문제로 옮겨지는 과정은 문제의 구체화(*problem specification*)를 통하여 이루어지게 되며, 이것은 실질적 문제의 공식적, 상징적, 또는 수학적 표현(모형)으로 발전하는 것을 포함한다. 이 시점에서 어려움이 따를 수 있는데, 이는 실질적 문제와 그 문제의 공식적 표현 사이의 관계가 미약할 수 있기 때문이다.[34] 복잡한 문제를 단순한 수학적 표현을 써서 구체화하는 것은 시기상조이거나 부적절할 수가 있다. 여기서 주 임무는 정확한 수학적 해결방안을 얻는 것이 아니라 문제의 본질을 정의하는 것이다.

---

32) 이러한 인도주의의 자기모순적 상표는 '희생자를 비난하는 것'으로 알려져 있다. William Ryan, *Blaming the Victim* (New York: Pantheon Books, 1971) 참조

33) William Ryan, *Blaming the Victim* (New York: Pantheon Books, 1971), p. 7. 참조.

34) 그릇된 구체화는 Ralph E. Strauch, "A Critical Look at Quantitative Methodology," *Policy Analysis* 2 (1976), pp. 121-44. 참조.

3. 제3종 오류(E_{III})

문제구조화에서 주요 이슈는 실질적, 공식적 문제가 원래의 문제상황과 실제로 얼마나 잘 일치하느냐 라는 것이다. 만약 문제상황이 문제의 복잡한 체제이라면 중심과업은 그러한 복잡성을 적절하게 표현하는 실질적이고 공식적 문제의 형성이다. 문제상황과 실질적 문제 사이의 일치는 문제기술단계에서 결정된다. 실질적 문제는 인간성, 시간, 공공행위를 통한 변화의 가능성에 관한 가정에 기초할 수 있다. 똑같이 중요한 것은 문제상황과 공식적인 문제 사이의 적합성이다. 후자는 보통 수학공식이나 방정식들의 형태로 구체화되어 있는 통계모형의 그릇된 구체화에 모든 주의를 기울이는 과정이다.

문제상황에 관한 정보는 문제탐색과정을 통하여 메타문제에 관한 정보로 변환된다. 탐색수행에 실패한 또는 탐색을 조기중단한 분석가는 메타문제의 경계를 정확하지 못하게 정의하는 위험에 처하게 된다. 메타문제의 중요한 측면이 생략되고 그 범위가 부적절하게 제한될 수 있다. 메타문제에 관한 정보의 실질적 문제에 관한 정보로의 변환은 문제기술과정으로 성취된다. 여기서 위험은 메타문제의 경계 내에서 그릇된 실질적 문제를 선택하는 것이다. 이어서 문제구체화를 통하여 실질적인 문제의 공식적인 문제로의 변환이 옳은 것이라기보다 틀린 실질적 문제의 공식적 표현(모형)으로 귀결될 수 있다. [그림 3-3]에 표시된 어떠한 전환도 제3종 오류(틀린 문제를 형성하는 것)로 귀결될 수 있다.[35] 제3종 오류는 제1종 통계적 오류(영가설이 옳은데 이를 기각하는 것)와 제2종 통계적 오류(영가설이 거짓인데도 이를 채택하는 것)와 다르다. 오래전 라이파(Howard Raiffa)는 "실무자들은 너무 자주 제3종 오류, 즉 틀린 문제를 푸는 오류를 범한다."[36]고 주의를 환기시켰다.

제3종 오류의 개념은 정책분석과 과학일반에 있어서 중심적인 이슈를 제기한다. 문제구조화의 각 단계([그림 3-3])는 각기 다른 종류의 방법론적 기능을 요구한다. 메타문제를 발견하는 데 가장 적합한 기능은 관찰적인데, 그

35) Ian I. Mitroff and Frederick Betz, "Dialectical Decision Theory: A Meta-Theory of Decision-Making," *Management Science*, 19, no. 1 (1972), pp. 11-24. Kimball은 제3종 오류를 "틀린 문제에 대한 옳은 해답를 냄으로써 범하는 오류"라고 정의한다. A. W. Kimball, "Errors of the Third Kind in Statistical Consulting," *Journal of the American Statistical Association* 52 (1957), pp. 133-42.

36) Howard Raiffa, *Decision Analysis* (Reading, MA: Addison-Wesley, 1968), p. 264.

목표는 복수의 이해관계자의 문제정의를 밝히고 집계하는 것이기 때문이다. 대조적으로 메타문제를 실질적 문제로 변환하기 위하여 요구되는 기능은 계량적 자료분석에서 사용되는 기능과 매우 유사하게 개념적이고 분석적이다. 여기서 도전은 메타문제 경계 내에 있는 한 문제에 대한 복수의 정의를 관리 가능한 부문으로 감소시킴으로써 하나의 실질적인 문제를 식별하는 것이다. 이어서 실질적인 문제를 공식적인 문제로 변환하는 데 요구되는 기능은 계량경제학적 모형화나 의사결정분석을 포함한 수학적 통계적 논리적인 것이다.

V. 정책모형과 문제구조화

정책모형(*policy model*)은 문제상황의 단순화된 표현이다.[37] 그렇기 때문에 정책모형의 개발은 문제구조화에서의 기술과 관련된다. 정책모형은 개념, 도형, 그래프, 수학방정식으로 표현될 수 있으며, 문제의 측면을 기술하고 설명하며 예측하는 데 사용될 수 있을 뿐만 아니라, 특정 문제를 해결하기 위한 행동노선을 제안함으로써 문제를 해결하기 위하여 사용될 수 있다. 정책모형은 결코 문제상황의 충실한 기술은 아니지만 유용할 뿐만 아니라 필수적이기도 하다. 정책분석가가 그의 작업에서 당면한 복잡성을 감소시키고 다루기 쉽게 도와줌으로써 문제의 체제를 단순화시킨다. 정책모형은 문제상황의 비본질적 특징으로부터 본질적인 특징을 구별하게 도와줄 수 있고, 중요한 요인 또는 변수들 사이의 관계를 조명하고 정책 선택의 결과를 설명하고 예측하는 데 도움을 줄 수 있다. 정책모형은 또한 정책분석가가 그들 자신의 가정을 보다 분명하게 해 주고 전통적인 사고방식이나 분석방법에 도전할 수 있게 함으로써 정책분석에서 자기비판적 역할을 수행한다. 정책모형의 사용은 선택의 문제가 아니다. 왜냐하면 모든 사람들은 일과 일상생활에 모형을 사용하기 때문이다. "정신적 이미지가 바로 모형이다. 우리의 모든 결정은 모형에 기초하여 취해진다. 문제는 모형을 사용하거나 무시하는 것이 아니다. 문제는 단지 여러 대안들 가운데 선택하는 것이다."[38]

---

37) Saul I. Gass and Roger L. Sisson, eds., *A Guide to Models in Governmental Planning and Operations* (Washington, DC: Office of Research and Development, Environmental Protection Agence, 1974); 그리고 Martin Greenberger, Mathew A. Crenson, and Brian L. Crissey, *Models in the Policy Process* (New York: Russell Sage Foundation, 1976) 참조.

38) Jay W. Forrester, "Counter-intuitive Behavior of Social Systems," *Technological Review* 73

문제상황을 단순화함으로써, 모형은 현실을 선택적으로 왜곡시킨다. 모형 그 자체는 본질적 및 비본질적 질문을 어떻게 구별하는가를 우리에게 말해 줄 수 없을 뿐만 아니라 설명하고, 예측하며, 평가하고, 제안할 수 없다. 왜냐하면 이러한 판단은 모형 외적인 것이지 그 일부가 아니기 때문이다. 모형은 이러한 분석적 작업을 수행하는 데 우리들에게 도움을 줄 수 있는 반면, 모형에 의하여 기술된 현실의 양상을 식별하기 위하여 필요한 가정들을 제공해 주는 것은 모형이 아니라 분석가이다. 마지막으로 정책모형 — 특히 수학적 형태로 표현된 모형 — 은 정책결정자와 다른 이해관계자들의 보다 나은 의사결정에 잠재적으로 기여할 수 있지만 수학적 모형의 언어에 정통하지 않은 그들과의 의사소통이 어려운 경우가 많다.

1. 기술적 모형

기술적 모형(*descriptive model*)은 정책선택의 원인과 결과를 설명하고 예측한다. 기술적 모형은 정책행위의 결과, 예를 들어, 관리예산처(Office of Management and the Budget)나 유럽연합통계청(Eurostat)이 매년 발행하는 사회경제지표 목록에 포함된 결과, 이를테면 소득, 고용, 체포율, 보건의료비용을 점검하기 위하여 사용된다. 또한 기술적 모형은 경제성과, 에너지수요, 지구온난화와 기타 미래정책결과를 예측하기 위하여 사용된다. 예를 들어, 미국 경제자문회의(Council of Economic Advisor)는 대통령 경제보고서(President's Economic Report)에 수록하기 위하여 매년 경제예측을 준비한다.

2. 규범적 모형

또 다른 모형인 규범적 모형(*normative model*)은 설명과 예측뿐만 아니라 소득과 부에서부터 교육과 계몽, 그리고 범죄와 정의까지 범위로 하는 가치의 성취를 최적화하기 위한 행동노선을 처방한다. 정책분석가들이 사용하는 많은 형태의 규범적 모형들 가운데에는 서비스 능력의 최적 수준(대기행렬모형), 서비스와 수리의 최적시간(교체 모형), 주문의 최적 양과 시간(재고

(1971): p. 3.

관리모형), 그리고 공공투자의 최적회수(편익-비용 모형) 등의 결정을 지원하는 모형들이 있다. 규범적 의사결정 모형은 "우리가 변화를 원하는 결과변수의 값으로 측정되는 최대효용을 산출할 수 있는 정책변수의 값을 찾아라" 라는 형태를 취한다. 정책변수와 결과변수의 값은 흔히 달러($) 또는 유로(€)와 같은 화폐 상의 양으로 표현된다.

간단하고 친숙한 규범적 모형 중의 하나는 복리계산이다. 많은 사람들은 일정 년 수가 지난 후 기대될 수 있는 돈의 양으로 측정되는 저축에 대한 최대의 이자수입을 산출할 '정책'변수(예를 들어, 은행과 신용조합 중 어디에 저축할 것인가)의 값을 찾으려고 이 모형과 비슷한 변형된 모형을 사용하여 왔다. 복리이자의 계산 모형은 다음과 같다.

$$S_n = (1+r)^n S_0$$

여기서 S_n은 주어진 연도(n) 이후에 축적될 예금총액이고, S_0는 최초의 예금액이다. 그리고 $(1+r)^n$은 정의된 기간(n)에 초기투자 (1) 더하기 이자율(r)이다. 만약 우리가 각기 다른 예금기관의 이자율을 알고 예금에 대한 이윤의 최적화를 원한다면 이러한 간단한 규범적 모형은 참작해야만 하는 다른 중요한 고려사항(예를 들어, 예금의 안전성 또는 고객에 대한 특혜)이 없다고 가정했을 때 최고의 이자율을 제공하는 기관을 즉각적으로 선택하게 해준다. 이 복리이자의 규범적 모형은 이자율 r의 대안 하에서 축척될 저축을 예측한다. 이점이 모든 규범적 모형의 특징을 나타낸다. 즉 규범적 모형은 결과변수의 과거, 현재, 미래 값을 추정할 수 있게 해 줄 뿐만 아니라, 어떤 값의 성취를 최적화할 수 있게 한다.

3. 언어모형

모형은 언어적, 상징적, 절차적 세 가지 방법으로 표현될 수 있다.[39] 언어모형(*verbal model*)은 기호논리(if p>q and q>r, then p>r)나 수학언어

39) 모형은 신체기관, 도시, 기계를 나타내는 것을 만들기 위하여 다양한 물질이 사용될 때와 같이 물리적으로 표현될 수도 있다. 그러한 모형의 기본적 제한점은 의사전달과정, 사회적 학습, 그리고 선택을 포함하는 인간의 행동을 표현할 수 없다는 것이다.

($\log_{10}10{,}000=4$)보다는 일상 언어로 표현된다. 언어 모형은 자주 정책논증의 일부분이고 이야기로서 표현된다. 언어 모형은 전문가들이나 문외한들에게도 비교적 쉽게 소통될 수 있고 비용도 저렴하다. 언어모형의 잠재적 한계는 예측과 제안을 위하여 제공된 논리가 함축되거나 숨겨져 있어서 전체논증을 비판적으로 검토하는 것을 어렵게 한다는 점이다. 쿠바 미사일 위기 때 소련 해군의 봉쇄에 관한 찬반 논증은 언어정책모형의 좋은 예이다. 케네디 대통령의 위기에 대한 자신의 언어모형은 결국 봉쇄가 미국의 유일한 현실적인 선택안이었다면서 "무엇보다도 핵강대국은 자신의 중요한 이익을 방어하면서 적에게 치욕적인 퇴각이나 핵전쟁의 선택으로 불러들이는 대결을 피해야 한다."라는 주장이었다.[40]

4. 기호모형

기호모형(*symbolic model*)은 문제에 특징을 부여한다고 믿어지는 주요 변수 사이의 관계를 기술하기 위하여 수학적 또는 논리적 기호를 사용한다. 기호모형에서는 수학적, 통계적, 논리적 방법을 사용하여 예측 또는 최적해결방안을 얻는다. 기호모형은 정책결정자를 포함하여 문외한 사이에는 의사소통이 어렵고, 전문가들 내에서조차도 모형의 기본요소에 관한 오해가 흔히 있다.[41] 언어모형을 표현하기 위한 주요 수단인 공공토론과정에 소요된 시간과 노력을 고려한다면 기호모형에 드는 비용이 아마도 언어모형에 드는 비용보다 훨씬 크다고 할 수 없다. 기호모형의 실제적 한계점은 기호의 의미와 모형의 가정이 적절하게 정의되지 않을 수 있기 때문에 전문가들조차 그 결과를 쉽게 해석할 수 없다는 것이다. 기호모형은 모델의 가정이 투명하게 될 경우에만 정책결정을 개선할 수 있다. 유감스럽게도 많은 경우, 이론과 증거에 기초한 모형이라고 하는 것이 과학적 엄밀성의 가면을 쓰고 광범위한 컴퓨터 시뮬레이션으로 윤색된 학자의 선입관이나 편견에 지나지 않는다.[42]

우리는 이미 규범적 목적을 위하여 설계된 단순한 기호모형인 복리모형

40) Graham T. Allison, "Conceptual Medels and the Cuban Missile Crisis," *American Political Science Review 63*, no. 3 (1969), p. 698에서 인용.

41) Greenberger and others, *Models in the Policy Process*, pp. 328-36 참조.

42) Gary Fromm, "Policy Decisions and Econometric Models," Greenberger and others, *Models in the Policy Process*, p. 72 인용.

을 이미 고려해 보았지만 다른 기호모형은 규범적이라기보다는 기술적이다. 가장 흔히 사용되고 있는 기호모형은 단순한 선형방정식이다.

$$Y = a + bX$$

여기서 Y는 예측하고자 하는 종속변수의 값이고 X는 Y를 성취하기 위하여 조작 가능한 독립변수의 값이다.[43] X와 Y의 관계는 선형함수로서 알려져 있고 그것은 X와 Y의 관계가 [그림 3-4] 그래프에 나타난 것처럼 직선형태가 됨을 뜻한다. 이 모형에서 기호 b는 계수로서 표현되며, X의 한 단위 변화에 따른 Y의 변화량을 표시한다. 이것은 직선의 기울기로 표시될 수 있다. 기울기가 가파를수록 X의 Y에 대한 효과는 더 커진다. 기호 a(절편이라고 부른다)는 X가 0일 때 직선이 수직선 또는 Y축과 만나는 점을 나타낸다.

[그림 3-4]에서 Y의 값은 점선(즉 $Y = 0 + 0.5X$)을 따른 X값들의 $^1/_2$ 인 반면 실선에서는 X의 변화가 Y의 1.0 단위만큼 변화를 가져온다(즉 $Y = 0 + 1.0X$). 이러한 선형모형은 결과변수(Y)의 값을 만들기 위하여 정책변수(X)를 얼마나 많이 변화시켜야 하는가를 예측하게 한다.

그림 3-4 기호모형

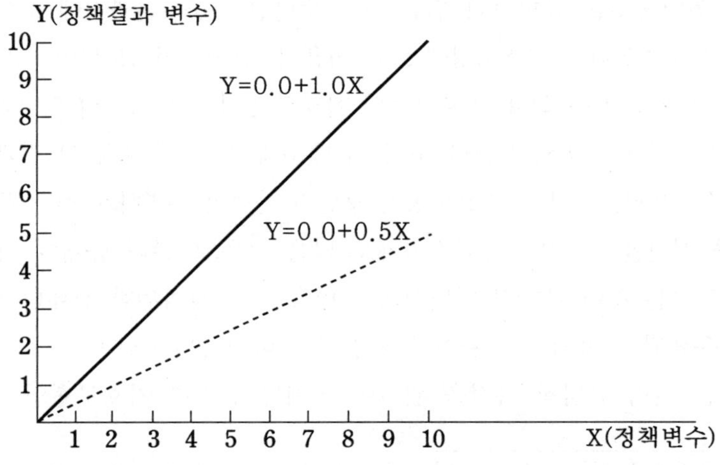

43) 이 방정식은 표준적 표기법으로 $Y = b_0 + bx + e$로 쓸 수도 있다.

5. 절차모형

절차모형(*procedural model*)은 변수사이의 동적인 관계를 나타낸다. 예측과 최적해결방안은 가능한 관계, 예를 들어, 미래에 있어서 경제성장, 에너지 소비, 식량공급 사이의 관계에 대한 전면적 탐색과 모의실험에 의하여 얻게 된다. 모의실험이나 탐색절차는 일반적으로 컴퓨터의 도움으로 수행되는데, 그것은 각기 다른 가정 하에서 예측을 산출하게 하기 위하여 프로그램 된다.

절차모형은 기호표현방식을 사용한다. 기호모형과 절차모형의 중요한 차이는 기호모형이 정책 및 결과변수 사이의 관계를 추정하기 위하여 실제 자료를 사용하는데 반면, 절차모형은 그러한 관계를 가정하거나 가상한다. 절차모형은 언어모형이나 기호모형에 비해서 컴퓨터 프로그램을 개발하고 수행하는 데 드는 시간 때문에 비용이 상대적으로 높다. 동시에 절차모형은 어느 정도 비기술적인 언어로 쓰여 질 수 있어서 문외한 사이에서도 의사소통이 가능하다. 절차적 모형의 강점은 창의적 모의실험과 탐색을 가능케 하는 반면 모형의 가정을 정당화하는 증거를 찾기 어렵다는 것이다.

절차적 모형의 단순한 형태는 의사결정나무(decision tree)인데, 이는 정책의 여러 가능한 결과를 투사(project)함으로써 만들어진다. [그림 3-5]는 여러 정책 대안이 공해를 줄일 확률을 추정해 놓은 간단한 의사결정나무를 예

그림 3-5 모의실험모형

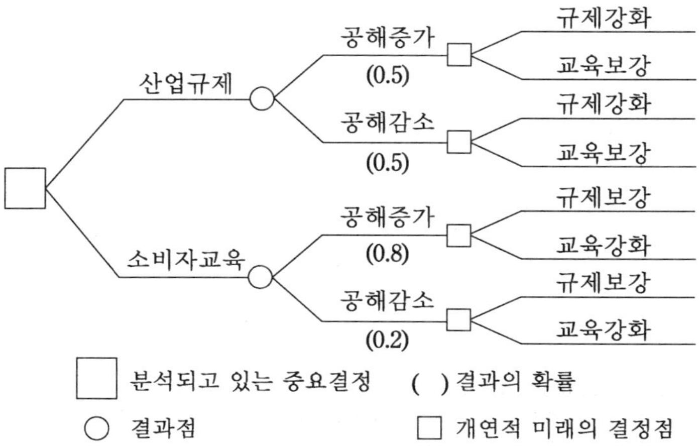

시한 것이다.[44] 의사결정나무는 기존 자료가 거의 없거나 없는 조건하에서 다양한 정책선택에 대한 가능한 결과의 주관적인 추정치를 비교하는 데 유용하다.

6. 대용모형과 관점모형

정책모형은 대용물 또는 관점으로서 보여 질 수 있다.[45] 대용모형(*surrogate model*)은 실질적 문제에 대한 대체 또는 대리로 가정된다. 대용모형은 의식적 또는 무의식적으로 공식적 문제가 실질적 문제의 타당한 표현이라는 가정에 기초한다. 이와는 대조적으로 관점모형(*perspective model*)은 실질적 문제를 보는 여러 가능한 방법 중 하나로 보여 진다. 관점모형은 공식적 문제가 결코 실질적 문제의 전적으로 타당한 표현이 될 수 없다고 가정한다.

대용모형과 관점모형의 차이는 중요한 문제의 대부분이 구조화가 잘 안 된 공공정책분석에서 중요하다. 많은 문제의 구조는 지극히 복잡하기 때문에 대용모형의 무비판적 사용은 제3종 오류(즉, 옳게 형성된 문제를 풀어야 하는데 틀리게 형성된 문제를 푸는 것)의 확률을 상당히 증가시킨다. 이 점은 정책분석에 있어서 공식모형의 두 예를 생각해 봄으로써 명료해 질 수 있다. 이 예의 첫 번째 것은 기호모형과 관련이 있고, 반면 두 번째 것은 언어모형이다.[46]

이미 [그림 3-4]에 기술한 하나의 선형방정식의 형태로 표현된 간단한 기호모형을 구성했다고 가정해 보자. 방정식 $Y=a+bX$를 사용하여 (후에 이 방정식을 표준 표기법 $Y=b_0+bX+e$로 사용할 것이다) [그림 3-6]과 같이 X와 Y의 실제 값을 산포도에 점으로 표시할 수 있다. 우리의 암묵적 관점은 X와 Y의 관찰된 값은 인과관계의 대용모형을 구성하고, 여기서 정책변수(X)가 결과변수(Y)의 원인이라고 믿는다는 것이다. 우리는 결과를 실질적 문제의 가정된 인과구조를 확증하는 대용모형으로서 잘못 해석할 수 있다. 우리는 직선의 기울기를 저수지 깊이, X의 강수량, Y에 대한 효과의 측정치

---

44) Gass and Sisson, *A Guide to Models in Governmental Planning and Operations*, pp. 26-27 참조.

45) Strauch, "A Critical Look at Quantitative Methodology," pp. 136-44.

46) 이 예는 Strauch, "A Critical Look at Quantitative Methodology," pp. 131-33 그리고 Watzlawick, Weakland, and Fisch, *Change*에서 발췌하였다.

그림 3-6 한 관점에 입각한 X의 Y에 대한 가정된 효과

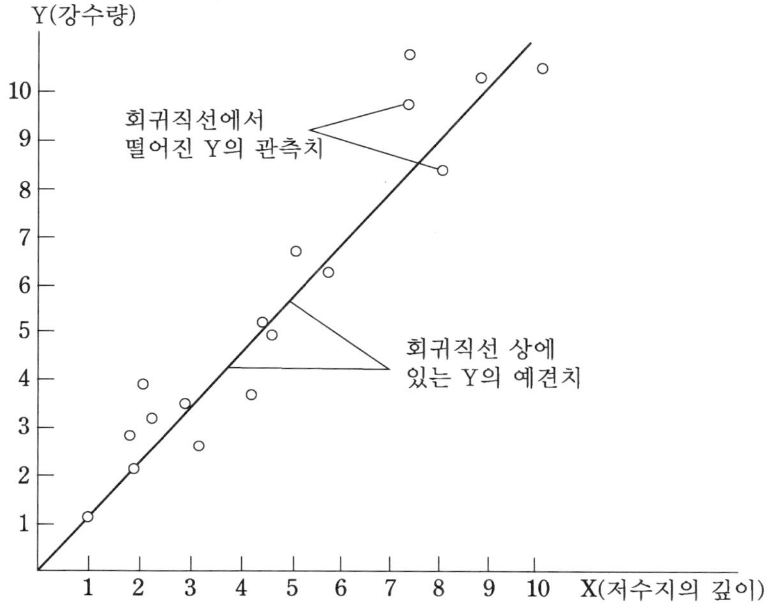

로 해석할 수 있다. 또한, 관찰된 *Y*의 값(자료점)과 방정식에 의하여 예측된 값(직선상에 놓여 있는 점)사이의 상관관계는 예측의 정확성에 대한 확증으로 간주될 것이다. 아마도 결론은 정책변수의 값의 변화는 결과변수의 값에 그에 상당한 변화를 가져올 것이다. 이것이 제3종 오류이다.[47]

이 사례의 요점은 공식적 기호모형이 *X*가 *Y*의 원인인지 또는 *Y*가 *X*의 원인인지에 관한 질문에 답하는 데 아무런 지침도 제공하지 않는다는 점이다. *X*가 실업이고 *Y*가 빈곤이라면, 그리고 실업이 빈곤과 인과적 관계가 있다고 믿을만한 그럴듯한 이유를 제시한다면, 예상되는 관계가 될 것이다. 그러나 이러한 인과적 정보는 기호모형에 담겨있지 않고, 모형 외부로부터 온다. *X*와 *Y* 간 관찰된 관계가 다른 방식으로 쉽게 해석될 수 있다. 예를 들어, 빈곤이 일자리를 찾는 욕구를 저하시킨다고 가정하여 빈곤이 실업에 영향을 준다고 볼 수도 있다.

이 사례에서 교훈은 실질적 문제의 개념화가 공식적 기호모형으로서 그

47) 물론 우리가 단순히 저수지의 깊이와 강수량 사이의 상관관계를 구한다면 올바른 결론에 도달할 수 있을 것이다. 샤만이 실패한 것과 같은 어려움에 당면하는 것은 우리가 비를 만들기 위한 독립(정책)변수를 조작할 때이다.

구체화를 좌우한다는 것이다. 실질적 문제의 공식적 모형은 공식적 모형이 '현실'의 관점(perspective)이지 대용물(surrogate)이 아니라는 사실을 숨길 수 있다. 이 점을 보다 명확하게 하기 위하여 앞서 논의한 공식적 기호모형을 고려해 보자. X는 저수지의 연간 평균 깊이라고 하고, Y는 그 지역의 연강수량이라 하자. 저수지 깊이를 관리하는 정책은 변화될 수 있기 때문에 저수지 깊이는 조작에 따르는 정책변수이다. 만약 우리가 연간 강수량을 통제하고 싶어 한다면 상식적으로 강우량과 저수지 깊이 사이의 관계는 인과적 관계를 암시한다. 그러나 저수지의 물을 보다 빨리 유출시킴으로써 강우량을 감소시킬 수 있다는 결론은 타당하지 아니하고 우스운 것이다. 이것은 분석에 있어서 가정된 인과관계 — 즉, 저수지 깊이가 강우량의 원인이다 — 는 강우량이 저수지 깊이를 결정한다는 상식적 이해와 상치되기 때문이다.[48]

대용모형과 관점모형을 혼동할 때 생기는 어려움의 두 번째 사례를 생각해 보자. 이번에는 언어모형 즉, 일상 언어로 표현된 모형과 같은 논리의 예를 사용할 것이다. 만약 우리가 다음과 같은 문제상황에 처해 있다고 가정하자. 교통부 장관이 국가의 중요 지역에 최소의 비용으로 아홉 개의 교통요충지점을 연결하는 방법을 고안하기 위하여 연구에 착수하라는 요청을 하였다고 하자. 그 기관의 정책분석가로서 당신은 어떻게 아홉 개의 모든 점이 네 개 구간의 고속도로로 연결될 수 있는 것인지 보여주어야 한다. 또한 네 개 구간의 고속도로는 직선이어야 하고(곡선은 허용되지 않는다) 각 새로운 구간의 고속도로는 앞부분의 건설이 끝난 그 지점에서 반드시 시작되어야 한다(건설 팀은 단계를 거꾸로 진행할 수 없다)고 들었다. 그리고 [그림 3-7]과 같은 지도를 보게 되고 장관의 문제를 해결할 제안서 작성을 요청받는다.

그림 3-7 중심지역의 교통요충지점 지도

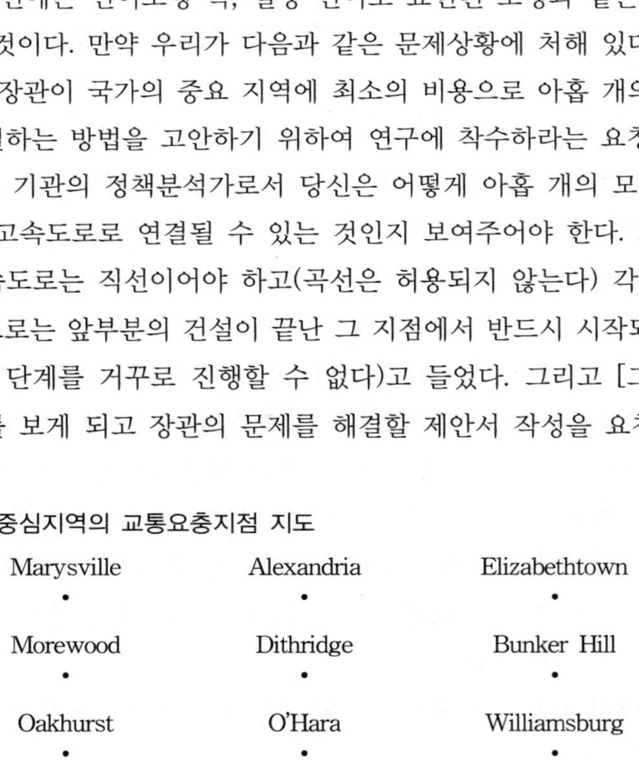

48) Strauch, "A Critical Look at Quantitative Methodology," p. 132.

만약 당신이 이러한 고전적 개념문제(아홉 점: nine-dot 문제라고 부른다)와 이미 친숙하지 않다면 이 문제를 푸는 것이 쉽지 않을 것이다. 스스로 해답을 찾을 수 있는 사람이 거의 없는데 그 이유는 기술적으로 복잡해서가 아니라(사실 간단하다) 항상 제 3 종 오류 즉, 옳게 형성된 문제를 풀어야 하는데 틀리게 형성된 문제를 풀기 때문이다. 이것은 대부분의 사람들이 문제해결이 불가능한 묵시적 가정을 가지고 문제상황에 접근하기 때문이다.

이러한 가정은 분석가 그 자신에 의하여 도입된 것이고, 그러한 가정이 문제상황의 일부는 아니라는 것이다. 다시 말해서, 분석가 그 스스로 해결될 수 없는 실질적 문제를 창출하고 있다는 것이다.

아홉점 문제의 해답은 [그림 3-9]에 제시되어 있다. 그 해답은 놀랍게도 간단하고, 참신하면서도, 독창적이다. 즉 앞에서 논의한 창의성의 여러 중요 특성을 가지고 있다. 분석과정 중 우리가 틀린 문제를 풀고 있다는 것이 갑자기 명백해졌다. 우리가 언어모형에 의하여 설정된 경계 내(즉, 아홉 개의 점으로 구성된 사각형)에서 해답이 발견되어야 한다고 가정하는 한 해결은 불가능하다. 그러나 이러한 조건은 공식적 언어모형에 의해서 주어진 것이 아니라 무의식적으로 실질적 문제의 정의를 형성시켰던 '사각형'이라는 묵시적 가정에 의해서 주어진 것이다. 만약, 예를 들어, 점들 사이의 거리에 대한 양적인 추정치를 도출하기 위하여 평면기하학을 써서 언어모형을 기호모형으로 변화시키고자 한다면 어떻게 됐을까 상상해 보자. 이렇게 되면 문제를 해결하기가 더욱더 어렵게 될 뿐만 아니라 문제가 '해결불가능'하다라는 결

그림 3-8 아홉 점 문제의 해결

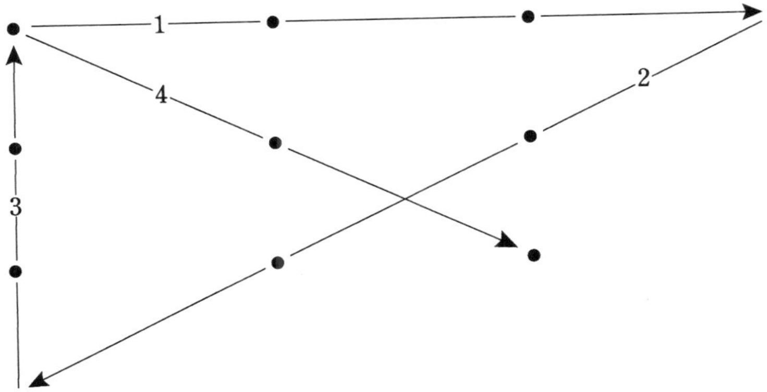

론으로 당국을 기울게 할 과학적 정확성의 분위기를 창출할 것이다. 이 사례는 공식적 모형의 사용에 관하여 단순하지만 중요한 점을 시사한다. 즉 공식적 모형 그 자체는 우리가 틀리게 형성된 문제를 풀고 있는지 아닌지 우리에게 말해 줄 수 없다. 지도는 영토가 아니다! 메뉴는 식사가 아니다![49]

Ⅵ. 문제구조화의 방법

문제구조화는 실체적 문제의 대안들을 생성하고 검증하는 과정이다. [그림 3-3]에서 본 바와 같이, 문제구조화는 네 가지 상호 관련된 단계 즉, 문제의 감지, 문제의 탐색, 문제의 경계결정, 문제의 구체화 단계를 가진다. 각 단계에서 문제구조화 활동을 수행하는 데 도움이 되는 많은 방법과 기법이 있

표 3-2 문제구조화 방법의 비교

방 법	목 적	절 차	지식의 출처	성과기준
경계분석	메타문제의 경계 추정	포화표본추출 및 문제도출	복수의 이해관계자	경계의 정확성
분류분석	개념의 명료화	개념의 논리적 분할 및 분류	분석가 단독	논리적 일관성
계층분석	가능하고, 개연적이고, 행동가능한 원인의 식별	원인의 논리적 분할 및 분류	분석가 단독	논리적 일관성
시네틱스	문제들 사이의 유사성 인식	개인적·직접적·상징적·환상적 유추의 구성	집단 구성원	개연성
브레인스토밍	아이디어, 목표, 전략의 생성	아이디어 생성과 평가	집단 구성원	의견의 일치
복수관점분석	통찰력의 생성	기술적, 조직적, 개인적 관점의 사용	집단 구성원	관점의 복수성
가정분석	가정들 간 갈등의 창조적 통합	이해관계자 식별, 가정도출, 도전, 및 통합	집단 구성원	변증법적 생산성
논증지도작성	비판적 사고	논증의 개연성 분석	집단 구성원	개연성

49) 이러한 훈계로는 Gregory Bateson, See Steps to an ecology of mind: Collected essays in anthropology, psychiatry, evolution, and epistemology. University of Chicago Press, 1972.

다. 이러한 방법들이 각각의 목적, 절차, 지식의 출처, 성과기준과 함께 <표 3-2>에 나타나 있다.

1. 경계분석

문제구조화에서 중요한 과업은 메타문제(*metaproblem*)라고 불리는 개별적 문제형성들의 체제가 상대적으로 완전한 것인가를 추정하는 것이다. 이 과업은 수학에서 확실성의 신화에 관한 수학자 클라인(Morris Kline)의 에세이에 기술된 자작농의 상황과 비슷하다.[50] 땅을 개간하는 자작농은 적이 개간된 땅 바깥에 있는 야생지대에 잠복해 있다는 것을 안다. 안정성을 증가시키기 위하여 자작농은 보다 많은 지역을 개간하지만 결코 완전한 안전함을 느끼지 못한다. 자주 그들은 보다 많은 땅을 개간할 것인지 아니면 개간된 경계 안에 있는 작물과 가축에 보다 주의를 기울여야 할지 결정하여야 한다. 그들은 야생지대를 멀리 밀어내는 데 최선을 다하지만, 개간된 땅 바깥에 잠복해 있는 적이 그들을 놀라게 하고 파괴할 수 있다는 것을 너무나도 잘 안다. 그들은 보다 많은 땅을 개간하고 있어야 할 때, 작물과 가축을 돌보려는 선택을 하지 않기를 희망한다.

자작농에 대한 비유는 문제구조화라는 핵심문제를 지적한다. 우리는 유일하고 잘 정의된 문제와 접하게 되는 경우가 드물고, 오히려 이해관계자에 의하여 각기 다르게 정의된 복수의 문제에 직면하게 된다. 분석가는 알려진 경계가 없이 일하고 있는 '중지규칙'이 없는 자작농에 비유된다.[51] 그들은 현대의 디오게네스(Diogenes)와 같이 보다 많은 국면, 보다 많은 행동차원, 보다 많은 향상기회를 발견하고자 현실과의 끊임없는 토론에 관여한다.[52]

본 장에서 기술된 문제구조화의 방법과 기법을 효과적으로 사용하기 위하여 경계분석을 수행하는 것이 중요하다. 문제가 이미 구조화되어 있는 것으로 가정하는 관련 방법[53]과 함께 방금 논의한 문제구조화 방법 그 자체는

50) Morris Kline, *Mathematics: The Loss of Certainty*(New York: Oxford University Press, 1980). 또한 Michael Guillen, *Bridges to Infinity* (Ithaca, NY: Cornell University Press, 1988)의 현대 수학에 있어서 불확실성과 창조성에 관한 비판적 에세이 참조.

51) "중지규칙"의 출처는 Rittel and Webber, "Dilemmas in a General Theory of Planning," *Policy Sciences* 4 (1973), pp. 155-69.

52) Dery, *Problem Definition in Policy Analysis*, pp. 6-7.

53) 또 다른 방법은 계층분석과정(analytic hierarchy process), 해석적 구조모형(interpretive structural modeling), 정책포획(policy capturing)과 큐 방법(Q-methodology) 등이 있다. 여기에 대해

일단의 문제형성이 상대적으로 완전한지 여부를 알 수 있는 방법을 제공하지 않는다. 일단의 문제형성의 상대적 완결성은 3단계 과정을 사용하여 추정될 수 있다.54)

1. **포화표본추출**(*saturation sampling*). 첫 번째 단계는 이해관계자의 포화(또는 눈덩이)표본의 추출이다. 최초의 이해관계자는 면 대 면(face-to-face), 전화, 또는 컴퓨터로 접촉할 수 있고 논증에 가장 많이 또는 적게 동의하는 두 명의 이해관계자의 이름을 언급하라고 요청받는다. 그 과정은 더 이상 새로운 이해관계자를 언급할 수 없을 때까지 계속된다. 표본분산은 거의 없거나 없게 되는데, 그 이유는 어떤 특정영역(예를 들어, 보건의료개혁)에서 일하는 정책관련 이해관계자 모집단의 모두 또는 대부분의 구성원과 접촉되었기 때문이다.55)
2. **문제표현의 도출**(*elicitation of problem representation*). 두 번째 단계에서 분석가는 이해관계자로부터 문제표현의 대안을 도출한다. 이것이 헤클로(Heclo)가 "아이디어, 기본 패러다임, 지배적 은유, 표준운영절차 또는 사건에 의미를 부여하는 해석체계라고 부르는 모든 것"이라고 기술한 문제표현이다.56) 이러한 문제표현을 기록하기 위하여 요구되는 정보는 면 대 면 면접 또는 대부분의 분석가가 직면하는 시간적 제약 하에서 전화나 컴퓨터 통신과 이용가능한 서류로부터 얻을 수 있다.
3. **경계추정**(*boundary estimation*). 세 번째 단계는 메타문제의 경계를 추정하는 것이다. 누적도수분포표에 이해관계자가 수평축에 배열되고 새로운 문제요소 — 가정, 아이디어, 목표, 변수, 정책 — 의 수는 수직축에 점으로 표시된다([그림 3-9]). 각 이해관계자의 새로운 중복되지 않은 문제

서는 각각 Thomas L. Saaty, *The Analytic Hierarchy Process* (New York: McGraw-Hill, 1980); John N. Warfield, *Societal Systems: Planning, Policy, and Complexity* (New York: Wiley, 1976); Kenneth R. Hammond, *Judgment and Decision in Public Policy Formation* (Boulder, CO: Westview Press, 1977); 그리고 Stephen R. Brown, *Political Subjectivity: Applications of Q-Methodology in Political Science* (New Haven, CT: Yale University Press, 1980) 참조. 이러한 방법의 적용을 위한 컴퓨터 소프트웨어가 있다.

54) William N. Dunn, "Methods of the Second Type: Coping with the Wilderness of Conventional Policy Analysis," *Policy Studies Review* 7, no. 4 (1988), pp. 720-37 참조.

55) 사회 계량적 및 포화표본추출 일반을 적용할 때 이러한 점에 관하여는 Seymour Sudman, *Applied Sampling* (New York: Academic Press, 1976) 참조.

56) Hugh Heclo, "Policy Dynamics," in *The Dynamics of Public Policy*, ed. Richard Rose (Beverly Hills, CA: Sage Publications, 1976), pp. 253-54.

그림 3-9 파레토 차트 - 문제의 경계추정

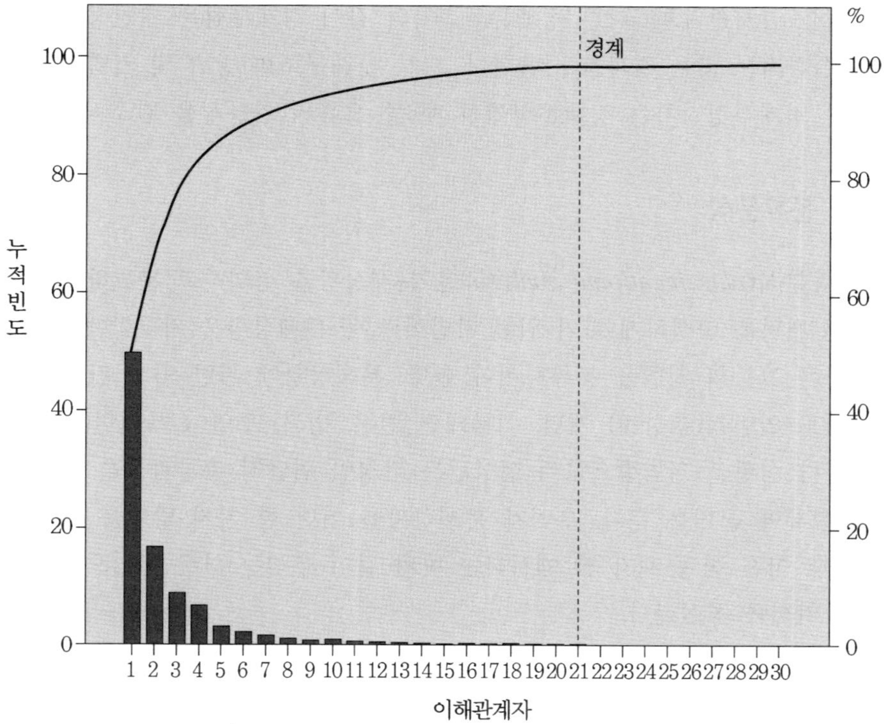

요소가 점으로 표시됨에 따라 커브의 기울기는 각기 다른 변화율을 나타낸다. 최초의 급격한 변화율 다음에는 느린 변화가 이어지고 궁극적으로 정체에 이른다. 여기가 커브가 평평하게 되는 점이다. 이 점 이후에는 문제의 요소에 관한 추가정보 수집이 있더라도 메티문제경계의 한계가 추정되었기 때문에 문제표현집합의 완전성을 향상시키지 못할 가능성이 있다.

이러한 추정절차는 일반적으로 건전한 귀납적 추정을 위한 요구조건, 즉 특성, 조정, 비용-효과와 정확성의 경계를 만족시킨다.[57] 다른 영역 — 예를 들면, 과학문헌, 도서관장서, 언어, 문학작품, 소비자기호에서의 경계추정 —

57) Nicholas Rescher, *Induction* (Pittsburgh, PA: University of Pittsburgh Press, 1980), pp. 24-26 참조. 정책분석에 있어서 문제구조화에 대한 이러한 요구조건에 관련된 상세한 논증에 대하여는, Dunn, "Methods of the Second Type."

에서 비슷한 절차의 적용은 지식체제에서 성장 패턴과 한계에 관한 법칙적 규칙성을 암시한다.[58] 다른 정책분석절차와 같이 경계분석은 개연성은 있지만 확실하지는 않은 결과를 산출한다. 다른 문제구조화 방법 및 기법과 함께 이러한 경계추정절차는 정책분석에서 제3종 오류의 가능성을 감소시킨다.

2. 분류분석

분류분석(*classificational analysis*)은 문제상황을 정의하고 분류하는데 사용되는 개념을 명백하게 하기 위한 기법이다.[59] 문제상황을 지각함에 있어서 분석가는 그들의 경험을 분류하여야 한다. 문제상황에 관한 가장 간단한 기술조차도 일반적(추상적) 개념, 이를테면 빈곤, 범죄, 오염이 특별한(구체적) 대상이나 상황을 경험함으로써 형성되는 과정인 귀납적 추론과정을 통한 경험의 분류에 근거를 둔다. 우리가 문제상황을 어떤 한 가지 방법을 써서 분류할 때, 아홉 점 문제가 잘 예시하는 바와 같이 우리는 다른 방법으로 분류해 볼 기회를 상실한다.

분류분석은 논리적 분할과 논리적 분류 에 기초한다. 우리가 어떤 요소의 계급을 선택하여 그것을 그 구성성분으로 쪼갤 때 그 과정은 논리적 분할(*logical division*)이라 불린다. 그 역과정인 요소를 큰 집단이나 계급으로 결합하는 것을 논리적 분류(*logical classification*)라고 한다. 분류의 기초는 우리의 목적에 따라 다르고 또한 문제에 관한 실질적 지식에 의존한다.

예를 들어, 미국의 빈곤을 생각해 보자. 전체인구의 퍼센트로서 빈곤은 2000년에 11.2%에서 2010년과 2014년 각각 14.9%, 14.6%로 증가하였다. 빈곤수준(2011년에 1인당 $10,890) 이하의 인구 퍼센트는 세 개의 연령 범주, 18세 미만, 65세 이상, 18세에서 64세 미만, 64세 이상으로 나눌 수 있다. <표 3-3>의 1열의 논리적 분할을 사용한다면 미국에서 빈곤문제는 2000년에도 존슨(Lyndon Johnson) 대통령이 빈곤과의 전쟁을 집행했던 1970년과 거의 같다는 결론에 도달할 것이다. 논리적 분할과정을 한 단계 더 수행하고 빈곤수준 이하 사람 수를 연령에 기초하여 세 계급으로 나눌 때, 다른 결론에 이르

---

58) 이러한 규칙성에 관하여 짧지만 흥미있는 에세이에 대하여는 Herbert A. Simon, "The Sizes of Things," in *Statistics: A Guide to the Unknown*, ed Judith M. Tanur and others (San Francisco: Holden-Day, 1972), pp. 195-202 참조.

59) John O'Shaughnessy, *Inquiry and Decision* (New York: Harper & Row, 1973), pp. 22-30 참조.

게 된다. 여기서 빈곤은 64세 이상 연령 집단과 비교했을 때, 18세에서 64세의 성인과 18세 미만의 어린이 연령집단에서 약간 악화되었다고 결론을 내리게 된다. 1996년에 클린톤(Clinton) 대통령 하에서 집행된 복지 개혁은 모든 집단에 혜택을 준 것으로 보인다. 또한 빈곤은 사기업 체제로는 감소되지 않는 것처럼 보인다. 그 이유는 빈곤수준 이하의 인구 퍼센트는 노인층, 그 가운데 단지 5~6%만이 고용소득을 받고 있고 거의 모두가 정부지원을 받는 노인층을 제외하고 모든 연령집단에서 증가하였기 때문이다(<표 3-3>). 2008년의 경기후퇴 역시 빈곤에 영향을 주었다. 비록 오바마 대통령하의 2010년-2014년에 약간의 전체적 향상이 있었지만 2000년과 비교하여 노인층을 제외하고 모든 집단은 악화되었다.

분류체계의 기초가 옳은 것인지 확실하게 알 수 있는 방법은 없다. 그러나 분류체계가 문제상황에 적합하고 동시에 논리적 일관성이 있다는 것을 보장하기 위하여 도움을 주는 몇 가지 규칙이 있다.

1. **실질적 관련성**(*substantive relevance*). 분류의 기초는 분석가의 목적이나 문제상황의 본질에 따라 개발되어야 한다. 이 규칙은 이론상 너무 단순하지만 계급과 하위계급은 문제상황의 '현실'과 가능한 한 가깝게 일치하여야 한다는 것을 의미한다. 그러나 우리가 상황에 대해 알고 있는 것은 부분적으로 우리가 경험하기 위해 사용하는 개념의 함수이기 때문에 우리가 문제를 언제 정확하게 지각했는가를 말해 줄 절대적 지침은 없다.

표 3-3 연령별 빈곤수준 이하의 인구 퍼센트, 1970-2014

연령 집단	1970	1980	1990	2000	2010	2014
모두	12.5	12.9	13.5	11.2	14.9	14.6
% <18	15.1	18.3	20.6	16.2	22.0	21.1
% 18-64	9.0	10.1	10.7	9.6	13.8	13.5
% >64	24.6	15.7	12.2	9.9	8.9	10.0

주: 2011년 미국통계국은 개인소득이 $10,890 미만을 빈곤이라고 정의하였다. 가계 구성원 1인당 $3,820 씩 추가하여 4인 가족인 경우 $22,350.
현금지불(사회보장, 공적부조), 영양(Food Stamps), 주택, 보건(Medicaid, Medicare), 사회서비스(OED), 고용 및 인력, 교육형태의 정부이전지출은 제외.
출처: U.S. Bureau of the Census.

예를 들어, 빈곤은 부적절한 소득, 실업, 문화적 박탈, 또는 심리적 동기의 문제로 분류될 수 있고, 이들 모두와 그 이상의 문제로 분류될 수 있다.

2. **총망라성**(*exhaustiveness*). 분류체계에 쓰이는 범주는 총망라적이어야 한다. 이것은 관심이 되는 모든 대상이나 상황이 여러 범주 중 어느 한 범주에 속해야 한다는 것을 의미한다. 만약에 자신의 노력이나 정부의 이전지출로 추가적 소득을 가진 사람이 발견되면 새로운 범주를 만들어야 한다.
3. **분절성**(*disjointedness*). 모든 범주는 상호배타적이어야 한다. 각 대상이나 상황은 단지 하나의 범주 또는 하위범주에만 속해야 한다. 예를 들어, 가구를 분류하는 데 있어서 두 하위범주(빈곤선 이상이나 이하) 중 하나의 하위범주에 속해야지 어느 가구도 이중계산 될 수 없다.
4. **일관성**(*consistency*). 각 범주와 하위범주는 하나의 분류원리에 입각하여야만 한다. 이러한 규칙을 위반하면 중복되는 하위계급으로 이어지게 되는데 이를 중복분할의 오류라고 부른다. 예를 들어, 만약 우리가 가구를 빈곤선 이상인지 아닌지 또는 정부의 복지지출을 받고 있는지 아닌지에 따라 분류한다면 중복분할의 오류를 범하게 된다. 그 이유는 많은 가구가 두 개의 범주에 동시에 속할 수 있기 때문이다. 실제로 이 규칙은 총망라성과 분절성 규칙의 연장이다.
5. **계층적 독특성**(*hierarchical distinctiveness*). 한 분류체계(범주, 하위범주, 하위-하위범주)에서 수준(level)의 의미는 조심스럽게 구분되어야 한다. 분류체계의 해석을 위한 지침인 계층적 독특성의 규칙은 앞서 논의한 원리로부터 도출되었다. 어떤 집합체의 모든 것을 포함하는 것은 어떤 것이든지 그 집합체의 한 구성요소가 될 수 없다. 인류는 모든 개인의 계급이지만 그 자체는 개인이 아니다. 마찬가지로 빈곤은 4,500만 명 사람들의 특성이지만 한 사람 곱하기 4,500만의 행태라는 관점에서 이해될 수는 없다. 따라서 4,500만 명의 인구는 한 가구와 단지 양적으로 다를 뿐만 아니라 집계 또는 체제를 포함하기 때문에 질적으로도 다르다.

계층적 독특성의 규칙은 문제구조화의 중심이다. 문제의 구조화에 있어서 분석가가 구성원과 계급과의 차이 그리고 계급은 그 자체가 구성원이 될 수 없다는 것을 무시하는 일이 종종 발생한다. 이 점은 아홉점 문제([그림 3-7])로 돌아감으로써 가장 잘 예시될 수 있다. 어떤 사람이 이 문제를 처음 해결하려 할 때, 그 가정은 점들은 사각형을 구성한다는 것 그리고 해답은 그 사각형 내에서(*within*) 찾아야만 한다는 것인데, 이는 지시문에 포함되지 않았지만 스스로 설정한 조건이다. 아홉점 문제를 해결하지 못한 이유는 우리 스스로 문제를 창조하였기 때문이다. 우리가 시도하는 네 가지 선의 조합은 문제되지 않으며, 언제나 적어도 한 개의 점이 연결되지 않은 채 끝나버린다. 우리는 모든 가능성을 시도하지만 어느 것도 효과가 없다. 왜냐하면 사각형으로서 정의된 계급에 가두기 때문이다. "해결방안은 2차 변화(second-order change)[즉, 모든 계급을 포함하는 변화]이며, 그것은 장(field)을 떠나는 것에 있고 그 자체 내에 가두어 질 수 없다. 왜냐하면 해결방안은 한 집합의 모든 것을 포함하며, 따라서 그 일부가 될 수는 없기 때문이다".[60]라는 것을 궁극적으로 알게 된다.

분류분석의 유용한 접근법 중의 하나는 집합사고(*set thinking*)이다.[61] 집합사고는 집합 상호간의 관계 및 부분집합과의 관계를 포함한다. 집합은 명백하게 경계가 주어진 객체 또는 요소들의 모임으로써 정의된다. 집합과 부분집합은 분류체계에 있어서 계급과 하위계급과 같고 벤 다이어그램(Venn diagrams)의 도움으로 시각적으로 표현된다.[62] [그림 3-10]의 벤 다이어그램에서 사각형은 미국의 모든 가구를 나타내기 위하여 사용될 수 있다. 집합언어에서는 전체집합(universal set: U)으로 알려져 있다. 사각형 내에 A, B 원으로 표시된 두 개의 구성요소 집합은 빈곤선 상하의 가족을 표시하기 위해서 사용될 수 있다. 만약 우리가 총망라성, 분절성, 일관성의 규칙을 적용한다면 모든 가구는 둘 중 어느 하나의 집합으로 나누어지게 될 것이고 두 집합은 중복되지 않은 독특한 소득수준을 반영하게 된다. 집합 언어에서 A와 B의 합집합은 모든 가구의 전체집합(U)과 같다. 합집합 기호 ∪는 합집합 또는 컵(cup)이라 읽는다.

---

60) Watzlawick and others, *Change*, p. 25. 또한 Gregory Bateson, *Steps to an Ecology of Mind* (New York: Ballantine Books, 1972) 우리는 지도와 영토, 메뉴와 음식을 혼동하지 말아야 한다고 주의환기

61) 독일의 논리수학자 Georg Canter(1874-1897)에 의하여 창조된 집합이론은 총체적 실체의 모임에 관한 수학이론이다.

62) 집합문제를 표시하기 위하여 광범위하게 사용된 Venn diagram은 영국 논리학자 John Venn (1834-1923)의 이름을 따서 지은 것이다.

그림 3-10 합집합

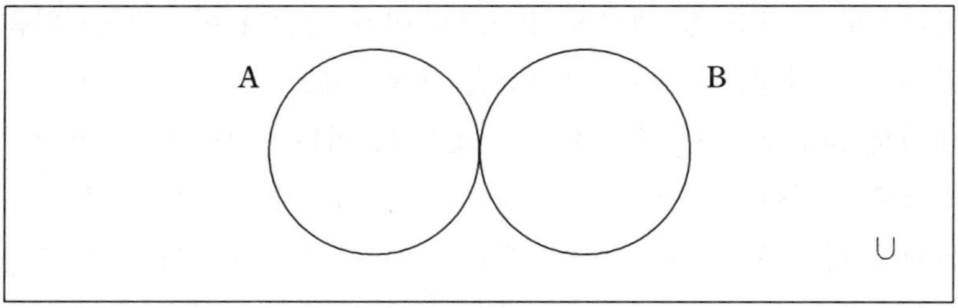

A ∪ B=U

그림 3-11 교집합

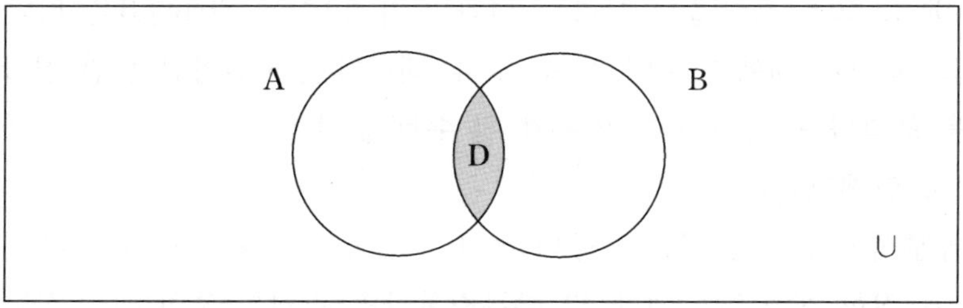

A ∩ B=D

두 집합이 서로 교차하여 부분집합을 형성하는데 [그림 3-11]과 같이 원래 두 집합의 특성이 중복된다. 예를 들어, 비 빈곤가구(A)와 빈곤가구(B)의 교집합(D)은 각 집단에 어떤 가구들은 정부의 이전지출을 받는다는 것을 예시하기 위하여 사용될 수 있다. 집합 언어에서 A와 B의 교집합은 D와 같고 기호로 A∩B=D라 표시하고 "A 교집합 또는 캡(cap) B는 D와 같다"라고 말한다. 합집합과 교집합은 두 가지의 가장 중요한 집합연산이고, 분류체계 [그림 3-12]와 교차분류표 [그림 3-13]을 구성하기 위하여 사용될 수 있다. 교차분류표는 표에서 자료를 조직화하기 위하여 사용된 논리적 분할의 기본 형태이다.

벤 다이어그램, 분류체계와 교차분류표는 문제를 구조화하기 위한 중요한 도구이다. 분류분석은 집단보다는 개인 분석가에 의하여 주로 사용되고(반드시 그렇지는 않다), 논리적 일관성은 얼마나 문제를 잘 개념화 하였는가를 평가하기 위한 기준이다. 논리적 일관성이 중요하지만 어떤 범주의 실질적 기초가 옳은 것인가를 완전한 확실성으로 알 수 있는 방법은 없다. 분류분석

그림 3-12 분류체계

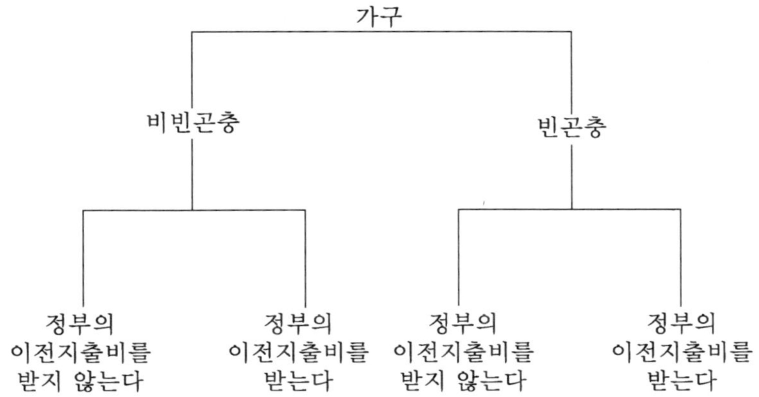

그림 3-13 교차분류표

	A_1	A_2
B_1	B_1A_1	B_1A_2
B_2	B_2A_1	B_2A_2

A_1 = 비빈곤 가정
A_2 = 비곤 가정
B_1 = 이전지출비를 받지 않는다
B_2 = 이전지출비를 받는다

은 개념과 그 관계의 명료성을 개선하기 위한 기법이지만 개념이 실질적 적합성을 가진다는 것을 보장하지는 않는다.

3. 계층분석

계층분석(hierarchy analysis)은 가능성 있는 문제의 원인을 식별하기 위한 기법이다.[63] 형식논리와 다수의 사회과학이론은 가능성 있는 원인을 식별하기 위한 지침을 별로 제공하지 못한다. 공식적으로 결과로부터 원인, 또는 원인으로부터 결과를 도출하는 만족스러운 방법은 없으며, 사회과학이론은 흔히 너무 일반적이고 추상적이어서 구체적 상황에 직접적인 도움을 주지 못한다. 가능성 있는 원인을 식별하기 위하여 주어진 상황에서 작용할지 모르

63) O'Shaughnessy, *Inquiry and Decision*, pp. 69-80 참조.

는 많은 원인을 식별하는 개념적 틀을 갖는 것은 유용하다.

계층분석은 세 가지 종류의 원인, 즉, 가능성 있는 원인, 개연성 있는 원인, 행동 가능한 원인을 식별하는 데 도움을 준다. 가능성 있는 원인(*possible causes*)은 멀기는 하지만 주어진 문제상황의 발생에 기여하는 사건이나 행동이다. 예를 들어, 근무거부, 실업, 엘리트간의 권력과 부의 배분은 모두 빈곤의 가능성 있는 원인으로서 간주될 수 있다. 대조적으로 개연성 있는 원인(*plausible causes*)은 연구나 직접적 경험에 입각하여 문제가 있다고 판단되는 상황의 발생에 중요한 영향을 끼쳤다고 믿게 되는 원인이다. 앞의 예에서, 근무거부는 적어도 경험 있는 관찰자 사이에는 가난의 개연성 있는 원인으로 간주되지는 않을 것이다. 반면 실업은 개연성 있는 원인이 된다. 마지막으로 엘리트 사이의 권력과 부의 배분은 행동가능한 원인(*actionable cause*)—정책결정자에 의하여 통제 또는 조작대상이 되는 것—으로 보여 지지는 않을 것이다. 왜냐하면 빈곤문제 해결을 위하여 전체사회의 사회구조를 바꿀 수 없기 때문이다. 이 예에서 실업은 빈곤의 개연성 있는 및 행동가능한 원인이다.

네이겔(Stuart Nagel)과 니프(Marian Neef)는 잠재적으로 사용가능한 계층분석의 좋은 예를 제공하고 있다. 많은 관찰자들은 구치소가 초만원이 되고 있는 중요한 원인으로 많은 사람들이 체포되어 재판을 기다리는 동안 구치소에 구류되어 있다는 설명을 받아들이고 있다. 이러한 이유로 기소유예처분(pretrial release)정책, 즉 체포된 사람 중(주로 경범죄) 일정 수의 사람을 정식재판 전에 석방하는 정책은 많은 개혁가들이 찬성하여 왔다.

이 정책이 근거를 두고 있는 인과적 설명뿐만 아니라 이 정책의 어려움은 구치소의 초만원에 대한 여러 개연성 있는 원인 중의 하나인 탄원 교섭(plea bargaining)을 간과한다는 점이다. 미국 사법체계에 널리 시행되고 있는 탄원 교섭에서, 검사가 벌금 또는 형량을 줄인다는 동의에 대한 대가로 피고는 자기 죄를 인정한다. 기소유예처분과 더불어 탄원교섭을 고려했을 때 다음과 같은 결과가 발생할 수 있다:

• 만약 재판 전에 피고가 석방되는 퍼센트가 증가하면 성공적 탄원교섭의 퍼센트는 아마도 내려갈 것이다.
• 이제 증가된 기소유예처분의 결과로 탄원교섭이 줄어든다면 재판의 숫자

는 아마도 증가할 것이다.

- 만약 재판의 숫자가 증가한다면 검사, 판사, 변호사의 수를 증가시키지 않는 한 재판의 지연 또한 증가할 것이다.
- 만약 구치소에 있는 피고를 포함하여 재판이 지연되는 경우가 증가하면 구치소 인구는 증가할 것이다. 그 크기는 피고가 구치소에 갇혀 있는 수감시간의 길이뿐 아니라 수감자 수에도 달려 있다.
- 기소유예처분의 증가 및 그 결과에 따른 탄원교섭의 감소와 재판 증가 때문에, 기소유예처분의 원인으로 구치소 인구가 감소되는 숫자는 기소 전 구류의 지연과 기간의 증가를 상쇄되고도 남는다.[64]

이 예는 정책문제를 구조화하는 데 있어서 계층분석이 잠재적으로 창의적인 역할을 한다는 것을 예시할 뿐만 아니라 어떻게 계층분석이 공공정책이 가져올 기대하지 않은 가능성 있는 결과의 발견에 공헌할 수 있는지 보여준다. 예를 들면, 기소유예처분이 감옥인구의 감소를 가져올 것 이라는 것 보다 자명한 것은 무엇인가? 그 답은 본래의 문제상황에 기여하는 개연성 있는 원인에 대한 만족할 만한 이해를 요구한다. [그림 3-14]는 화재의 가능성 있는, 개연성 있는, 행동 가능한 원인에 적용되는 계층분석의 또 다른 예를 제공한다.

계층분석을 수행하기 위한 규칙은 분류분석을 위해 사용한 규칙과 같다. 즉 실질적 관련성, 총망라성, 분절성, 일관성, 계층적 독특성이다. 마찬가지로 논리적 분할과 분류의 절차는 또한 두 유형의 분석에 모두 적용된다. 분류분석과 계층분석의 주요 차이점은 분류분석은 분할과 일반적 개념의 분류와 관련되는 반면, 계층분석은 가능성 있는, 개연성 있는, 행동가능한 원인의 특별한 개념을 사용한다. 그럼에도 불구하고 두 가지 다 개별 분석가에 초점을 맞추고 문제가 얼마나 잘 개념화되었는가를 평가하기 위한 일차적 기준으로서 논리적 일관성을 사용한다. 그러나 두 가지 방법 모두 개념에 대한 정확한 실질적 근거가 찾아질 것이라고 보증하지 못한다. 계층분석은 지식의 출처로서 집단이 아니라 개별분석가에 의존한다면 인과관계의 설명대안의 산출을 미리 막아 버릴 수 있다.

---

64) Stuart S. Nagel and Marian G. Neef, "Two Examples from the Legal Process," *Policy Analysis* 2, no. 2 (1976), pp. 356-57.

그림 3-14 화재원인의 계층분석

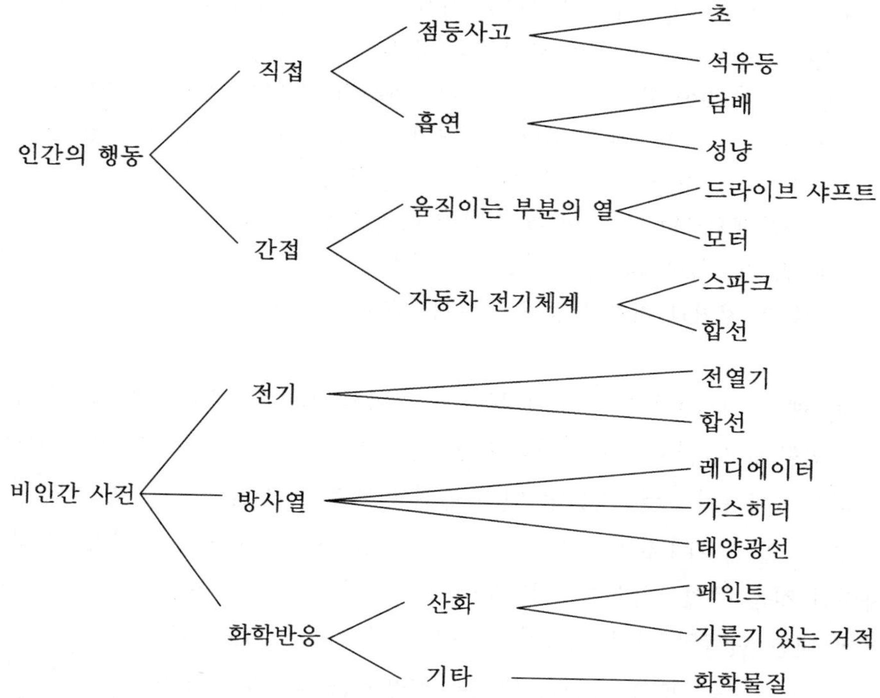

출처: John O'Shaughnessy, *Inquiry and Decision* (New York: Harper & Row, 1973), p. 76.

4. 시네틱스

시네틱스(*synectics*)는 유사한 문제의 인식을 촉진하기 위하여 고안된 방법이다.[65] 넓은 의미로 유사성의 조사를 말하는 시네틱스는 정책문제의 구조화에 있어서 분석가가 유추(analogy)를 창의적으로 사용하는 데 도움을 준다. 많은 연구에서 사람들은 흔히 새로운 문제처럼 보이는 것이 실제는 과거의 문제이고 과거의 문제는 새로운 것처럼 보이는 문제에 대한 잠재적 해결 방안을 포함할 수 있다는 사실을 인식하지 못한다는 것을 보여 주고 있다. 시네틱스는 문제들 사이에 똑같은 또는 유사한 관계를 인지하는 것이 분석가의 문제해결 능력을 크게 증가시킬 것이라는 가정에 기초한다.

정책문제의 구조화에 있어서 분석가는 네 가지 형태의 유추가 식별될 수

65) W. J. Gordon, *Synectics* (New York: Harper & Row, 1961); 그리고 Hayes, *Cognitive Psychology*, pp. 72, 241. 참조.

있다.

1. **개인적 유추**(*personal analogies*). 개인적 유추의 구성에 있어서 분석가는 다른 정책이해관계자, 예를 들어 정책결정자 또는 고객집단과 같이 마치 그 자신이 문제를 경험하고 있는 것처럼 상상하려고 한다. 개인적 유추는 특히 문제상황의 정치적 차원을 밝히는데 중요하다. 왜냐하면 "만약 우리가 '정치적으로' 생각하려 하지 않고 생각할 수 없다면 — 오로지 역할연기(role playing)의 문제라고 한다면 — 우리는 정책결정자의 현상학적 세계에 진입할 수 없을 것이고 정책과정을 이해할 수 없다".[66)]
2. **직접적 유추**(*direct analogies*). 직접적 유추를 하는 데 있어서 분석가는 두 개 이상의 문제상황 사이의 유사한 관계를 탐색한다. 예를 들면, 약물중독의 문제를 구조화하는 데 있어서 분석가는 전염병의 통제 경험으로부터 직접적 유추를 구성할 수 있다.[67)]
3. **상징적 유추**(*symbolic analogies*). 상징적 유추의 과정에서, 분석가는 주어진 문제상황과 어떤 상징적 과정 사이의 유사한 관계를 발견하려고 노력한다. 예를 들어, 상징적 유추는 흔히 여러 종류의 자동제어장치(자동온도조절기, 자동항법장치)와 정책과정 사이에서 도출된다. 각 경우에 유추되는 적응과정은 환경으로부터 연속적인 피드백의 결과라고 본다.[68)]
4. **환상적 유추**(*fantasy analogies*). 환상적 유추의 구성에서, 분석가는 문제상황과 어떤 상상적인 상태 사이의 유사성을 자유롭게 탐험한다. 예를 들면, 국방정책분석가는 핵 공격에 대한 방어의 문제를 구조화하기 위하여 환상적 유추를 사용하고 있다.

시네틱스는 적절한 유추를 창출하기 위하여 집단뿐만 아니라 개인에 의존한다. 문제가 얼마나 잘 개념화되었는가에 대한 주요평가기준은 비교의 개연성, 즉, 주어진 문제상황이 유추로써 취해진 다른 상황과 비슷한 정도이다.[69)]

---

66) Raymond A. Bauer, "The Study of Policy Formation: An Introduction," in *The Study of Policy Formation*, ed. R. A. Bauer and K. J. Gergen (New York: Free Press, 1968), p. 4.

67) Mark H. Moore, "Anatomy of the Heroin Problem: An Exercise in Problem Definition," *Policy Analysis* 2, no. 4. (1976), pp. 639-62.

68) David Easton, *A Framework for Political Analysis* (Englewood Cliffs, NJ: Prentice Hall, 1965) 참조.

5. 브레인스토밍

브레인스토밍(*brainstorming*)은 문제상황을 개념화하는 데 도움이 될 수 있는 아이디어, 목표, 전략을 끌어내기 위한 방법이다. 원래 오스본(Alex Osborn)이 창의성 향상을 위한 수단으로 고안한 것인데 브레인스토밍은 문제에 대한 잠재적 해결방안에 관한 많은 제안을 끌어내기 위하여 사용될 수 있다.70) 브레인스토밍은 간단한 절차를 포함한다.

1. 브레인스토밍 집단은 조사되고 있는 문제상황의 본질에 따라 구성되어야 한다. 이는 보통 주어진 상황에 관해 특히 지식이 있는 사람의 선발을 의미한다.
2. 아이디어 개발과정과 아이디어 평가는 엄격히 구분되어야 하는데, 그 이유는 시기상조적 비판과 논쟁이 열정적인 집단 토론을 방해할 수 있기 때문이다.
3. 아이디어 개발단계에서 브레인스토밍 활동의 분위기는 가능한 한 개방적이고 자유스럽게 유지되어야 한다.
4. 아이디어 평가단계는 첫 단계에서 모든 아이디어가 총망라된 다음에 시작되어야 한다.
5. 아이디어 평가단계 마지막에, 집단은 아이디어에 우선순위를 부여하고 문제의 개념화와 잠정적 해결방안을 포함하는 제안서에 그러한 아이디어를 포함시켜야 한다.

브레인스토밍은 분석가의 목적이나 상황의 실제적 제약에 따라 상대적으로 구조화된 또는 잘 구조화되지 않은 활동을 포함하는 유동적인 절차이다. 상대적으로 잘 구조화되지 않은 브레인스토밍 활동은 정부기관이나 공공 및 민간 두뇌집단에서 자주 발생한다. 여기서 정책문제의 토론은 여러 학문분야의 일반론자와 전문가들 사이의 상호작용을 포함하고 있으며 비공식적이고 자

69) Herman Kahn, *On Thermonuclear War* (Princeton, NJ: Princeton University Press, 1960) 참조. 비평에 대해서는 Philip Green, *Deadly Logic: The Theory of Nuclear Deterrence* (Columbus, : Ohio State University Press, 1966) 참조.

70) Alex F. Osborn, *Your Creative Power* (New York: Charles Scribner, 1948).

연발생적이다.[71] 브레인스토밍과 같은 활동은 또한 집단토론을 조정하거나 초점을 맞추기 위하여 사용되는 다양한 절차를 가지고 구성될 수 있다. 이러한 장치에는 라스웰(Harold Lasswell)의 연속적 의사결정 세미나(continuous decision seminars)의 설치가 포함되는데, 여기에는 전통적인 위원회와 같은 제한적 분위기를 피하기 위하여 수년 동안 접촉 빈도가 높은 매우 의욕적인 전문가 팀이 포함된다.[72]

브레인스토밍 활동을 조정하고 초점을 맞추기 위한 또 다른 절차는 어떤 문제상황을 바꿀 수 있는 가상적 미래사건의 윤곽인 '시나리오'의 구성이다. 잠재적인 군사 및 정치적 위기를 탐구하기 위하여 사용되어 왔던 시나리오 작성은 미래 상황의 어떠한 측면을 기술하기 위하여 상상력을 건설적으로 사용하는 것이다. 시나리오에는 운영분석적(operations-analytical) 형태와 무정형적(free-form) 형태라는 두 가지 형태가 있다. 무정형적 시나리오 구성에서 분석가는 "우상파괴주의자, 모형파괴자, 가정에 대한 회의론자, 그리고 드물게는 새로운 기준의 창조자"가 된다.[73] 대조적으로 운영 분석적 시나리오는 목적이 제한되어 있다. 환상이나 유토피아의 사용 대신에, 운영 분석적 시나리오는 현재의 상태로부터 출발하여 어떻게 미래의 상태가 현재의 상태로부터 그럴듯하게 단계적으로 진화될 수 있는가를 보여준다.[74]

상대적으로 잘 구조화된 브레인스토밍 노력의 좋은 예는 2000년 기획 프로그램(Year 2000 Planning Program)으로 미국인구조사국(Bureau of Census)에서 2년 반 동안 수행된 프로젝트이다.[75] 이 프로젝트에서 인구조사국의 모든 계층과 부서의 자발적인 참여자 — 서기로부터 과장과 국장에 이르기까지 — 120명은, 미래에 관하여 그리고 2000년에 인구조사국이 어떠한 형태가 되

---

71) Edgar F. Quade, *Analysis for Public Decisions* (New York: American Elsevier Publishing, 1975), pp. 186-88; 그리고 Olaf Helmer and Nicholas Rescher, *On the Epistemology of the Inexact Sciences* (Santa Monica, CA: Rand Corporation, February, 1960 참조.

72) Harold D. Lasswell, "Technique of Decision Seminars," *Midwest Journal of Political Science*, 4, no. 2 (1960), pp. 213-26; 그리고 Lasswell, *The Future of Political Science* (New York: Atherton Press, 1963).

73) Seyon H. Brown, "Scenarios in Systems Analysis," in *Systems Analysis and Policy Planning: Applications in Defense*, ed. E. S. Quade and W. I. Boucher (New York: American Elsevier Publishing, 1968), p. 305.

74) Olaf Helmer, *Social Technology* (New York: Basic Books, 1966), p. 10. Quade, *Analysis for Public Decisions*, p. 188에서 인용.

75) Ian I. Mitroff, Vincent P. Barabba, & Ralph H. Kilmann, "The Application of Behavioral and Philosophical Technologies to Strategic Planning: A Case Study of a Large Federal Agency," *Management Science*, 24, no. 1 (1977), pp. 44-58 참조.

어야 하는가에 대한 무정형적 시나리오를 구성하기 위하여 가능한 한 자유롭게 생각하도록 요구받았다. 참여자들은 개인집단의 대표로 구성된 대표집단에 의하여 후에 최종보고서에 통합되는 집단보고서를 쓰도록 요구받았다. 최종 보고서는 후에 미국통계학회(American Statistical Association), 미국마케팅학회(American Marketing Association)와 미국경제학회(American Economic Association)의 자문위원회뿐만 아니라 인구조사국의 간부 직원에게 보고되었다.

2000년 기획 프로그램은 여러 가지 면에서 성공적이었다. 보고서는 모든 집단에 의하여 적절한 승인을 받았고, 대부분의 구성원은 사업이 어떤 형태로든 거의 영구적으로 계속되어야만 한다고 생각하였다. 이 프로젝트의 두 가지 창의적 산물은 인구조사 사용자의 이익을 보호하기 위하여 옴부즈만 제도를 두고 인구조사국의 평생교육(continuing education)사업을 개발하고 시행하기 위하여 인구조사 대학(Census University)을 설립하자는 제안이었다. 보고서에 가장 긍정적이었던 사람들은 구조화가 잘 안된 문제를 포함한 전략에 관심을 가졌던 반면, 잘 구조화된 문제에 전술적 또는 운영적으로 지향된 사람으로부터는 덜 긍정적인 반응이 나왔다. 인구조사국은 구조가 매우 복잡하고 혼잡한, 중요하고 장기적 문제에 당면하고 있다는 국장을 포함한 간부 직원의 인식에 의하여 사업이 가능하게 되었다. 그 사업은 상당한 자원의 할당을 요하지만 사업을 시행하는 데 있어서 심각한 위험부담은 없었다.

문제구조화를 위한 브레인스토밍과 다른 기법과의 차이는 초점이 주로 지위 때문에 전문가로서 식별된 사람들이 아니라 식자집단에 있다는 것이다. 더구나 브레인스토밍 활동은 논리적 일관성 또는 비교의 개연성의 관점이 아니라 브레인스토밍 집단구성원 사이의 합의에 따라 평가된다. 평가기준으로서 합의의 중요한 한계는 문제의 정의에 관한 갈등이 억제될 수 있고, 잠재적으로 적절한 아이디어, 목표, 전략을 산출할 기회를 미리 막아버릴 수 있다는 것이다. 2000년 기획 프로그램이 공개적이고 허심탄회한 분위기를 창출하려고 하였지만 그 사업의 성공에 대한 최종평가는 권위 있는 의사결정자(부처의 최고위층)와 전문가(전문직업단체의 자문위원회) 사이의 합의에 기초하였다. 간단히 말해서 이 사업은 문제구조화에 있어서 갈등의 창조적 사용을 촉진하는 명백한 절차를 제공해 주지 못했다.

6. 복수관점분석

복수관점분석(*multiple perspective analysis*)은 문제상황에 세 가지, 개인적, 조직적, 기술적 관점을 적용함으로써 문제에 대한 통찰력을 얻기 위한 방법이다.76) 거의 배타적으로 강조되었던 이른바 합리적-기술적 접근방법에 대한 대안으로 알려진 복수관점분석은 구조화가 잘 안된 정책문제를 분명하게 다루기 위하여 고안되었다. 세 관점 각각에 관한 많은 특징이 있지만 제일 중요한 특징은 다음과 같다.

1. **기술적 관점**(*technical perspective*). 기술적(T) 관점은 문제와 해결방안을 최적화 모형 관점에서 보고, 미시경제학, 비용-편익분석, 체제분석, 의사결정분석에 기초한 기법을 사용한다. 과학기술적 세계관에 기초한 것으로 알려진 기술적 관점은 인과관계 추론, 객관적 분석, 예견, 통계적 추론을 강조한다. T 관점의 사례는 일본에 원자폭탄을 투하시키는 결정이다. 문제는 폭탄투하 및 봉쇄, 침투, 경고 없는 핵 공격, 경고 후 핵 공격, 무인도에 폭탄투하의 다섯 가지 대안으로 구성되어 있는 것으로 보여 진다. 연합군 생명의 최소 손실 및 일본의 파괴와 더불어 무조건 항복이라는 목표가 주어졌을 때 T 관점은 제3의 대안(경고 없는 핵 공격)의 선택으로 귀결되었다.77)
2. **조직적 관점**(*organizational perspective*). 조직적(O) 관점은 문제와 해결방안을 어떤 조직상태에서 다른 조직상태로(작은 그러나 일시적 위기와 함께) 질서 있는 진행과정의 일부로 본다. 표준운영절차, 규칙, 제도적 관례는 O 관점의 주요 특징이며, 흔히 T 관점에 반대하고 조직성과의 향상에는 단지 최소한의 관심만을 가진다. 핵폭탄 투하결정은 어떻게 O 관점이 T 관점과 다른지 알려준다. O 관점에서는 폭탄을 사용하지 않겠다

---

76) Harold A. Linstone, *Multiple Perspectives for Decision Making: Bridging the Gap between Analysis and Action* (New York: North-Holland Publishing Company, 1984); 그리고 Linstone and others, "The Multiple Perspective Concept: With Applications to Technology Assessment and Other Decision Areas," *Technological Forecasting and Social Change*, 20 (1981), pp. 275-325 참조.

77) 기술적(T) 관점에 기초한 분석결과는 효율적인 답을 산출할 수 있다. 그러나 일본 학자가 저술한 바와 같이 도덕적(M) 관점은 정의롭고 공정하고 인도적인 결론을 산출하지 않을 수 있다는 것을 의미하지 않는다.

는 결정은 정치적 두려움을 제기하는데, 그 이유는 의회의 승인 없이 20억 달러를 사용하였기 때문이다. 폭탄투하는 자금이 낭비되지 않았다는 것을 의회에 보여주었고 동시에 소련과 냉전의 새 시대를 열었다.

3. **개인적 관점**(*personal perspective*). 개인적(P) 관점은 문제와 해결방안을 개인적 지각, 욕구, 가치관과 관련하여 본다. 개인적 관점의 특징은 문제구조화를 좌우하는 요인으로 직관, 리더십, 이기심에 대한 강조이다. 원자폭탄의 예는 어떻게 P 관점이 T나 O 관점에서는 없는 통찰력을 산출하는지 보여준다. 1945년에 새 대통령 해리 트루먼은 루스벨트의 세 임기 동안 성장하고 견고해지게 됐던 FDR의 기득권세력의 국외자였다. 트루먼은 대통령 직 초기에 깊이 뿌리박은 관료적 이익과 정책을 포함하여 기존세력에 도전하기에 필요한 정통성과 영향력이 부족하였다. 원자폭탄을 투하하지 않겠다는 결정은 당대 및 미래의 역사가에게 위약함의 표시로 인식될 것이다. 강한 역사의식을 갖고 있었던 트루먼은 대담하고 결단력 있는 지도자로 보여지기를 원했다.

복수관점분석은 공공정책분석, 전략기획, 지역 및 도시 분석 등의 영역에서 발견되는 실제적으로 모든 문제와 관련된다. 복수관점분석을 집단에 사용하기 위하여 린스톤(Linstone)과 그의 동료들은 다음과 같은 몇 가지 지침을 개발하였다.

- **패러다임 간 혼합**(*interparadigmatic mix*). 학문분야 간 혼합보다는 패러다임 간 혼합에 근거하여 팀을 형성하라. 예를 들면, 사업가, 법률가, 작가로 구성된 팀이 경제학자, 정치학자, 심리학자로 구성된 팀보다 선호된다. 팀에서 T, O, 그리고 P 관점을 발견하는 기회를 최대화하기 때문에 패러다임 간 혼합이 선호된다. 반면에 학문의 보다 경직된 경계는 사고를 제한시킬 수 있다.
- **관점의 균등한 배분**(*equal distribution of perspectives*). 복수관점분석의 사용 초기에 T, O, 그리고 P 관점을 얼마나 강조할 것인가 결정하는 것은 불가능하다. 집단이 작업에 참여함에 따라 세 가지 관점 사이에 적절한 균형이 발견되면 T, O, 그리고 P 과업이 할당될 것이다. 그때까지는 똑같은

배분이 바람직하다.

- **불균등한 반복성**(*uneven replicability*). T 관점은 전형적으로 반복될 수 있는 방법(예를 들면 실험설계)을 채택한다. O와 P 관점은 반복이 쉽지 않다. 배심재판이나 비관례적 행정결정처럼 그 과정은 실험에서처럼 반복이 불가능하다. T, O, 그리고 P 관점은 각기 다른 정도로 반복된다.
- **적절한 의사소통**(*appropriate communications*). 의사소통 매체를 메시지에 적응시켜라. 요약문, 구두 브리핑, 시나리오, 삽화 등은 O나 P 관점을 가진 자와 의사소통하기에 적당하다. 컴퓨터 모형, 자료, 변수일람, 분석적 관례는 T 관점을 가진 자에게 적당하다.
- **통합유예**(*deferred integration*). 관점의 통합을 고객 또는 정책결정자에게 맡겨라. 그러나 T, O 그리고 P 관점 사이의 연계와 그것들이 산출하는 다양한 결론을 지적하라.

복수관점분석은 기술평가 영역과 기타 공공정책분야에서 광범위하게 사용되어 왔다. 외교정책분석과 정보체제 설계[78]의 초기 연구에 기초하여 개발된 복수관점분석방법은 또 다른 문제구조화 방법이다.

7. 가정분석

가정분석(*assumptional analysis*)은 문제상황에 관한 서로 대립되는 가정의 창조적 종합을 목표로 하는 기법이다.[79] 가정분석은 상대적으로 포괄적이다. 왜냐하면 다른 방법과 함께 사용될 수 있고 집단, 개인 그리고 모두에 사용할 수 있기 때문이다. 가정분석은 정책분석가, 정책결정자, 기타 이해관계자들이 문제를 어떻게 형성하는가에 대하여 합의에 이를 수 없는 문제상황을 위하여 분명하게 고안되었다는 것이다. 기존의 어떤 문제형성에 대한 적정성

78) 복수관점분석은 외교정책과 체제설계에 있어서 선행연구 위에 구축되고 확장되었다. 구체적으로 Graham Allison, *Essence of Decision: Conceptual Models and the Cuban Missile Crisis* (Boston, Little, Brown and Company, 1962); 그리고 C. West Churchman, *The Design of Inquiring Systems* (New York: Basic Books, 1971)이다.

79) Ian I. Mitroff and James R. Emshoff, "On Strategic Assumption-Making: A Dialectical Approach to Policy and Planning," *Academy of Management Review*, 4, no. 1 (1979): pp. 1-12; Richard O. Mason and Ian I. Mitroff, *Challenging Stategic Planning Assumptions: Theory, Cases, and Techniques* (New York: Wiley, 1981); 그리고 Ian I. Mitroff, Richard O. Mason, and Vincent P. Barabba, *The 1980 Census: Policymaking amid Turbulence* (Lexington, MA: D. C. heath, 1983) 참조.

을 평가하기 위한 주요 기준은 문제상황에 관한 서로 대립되는 가정이 표출되고, 도전받고, 통합되는가이다.

가정분석은 정책분석의 네 가지 중요한 한계점을 극복하기 위하여 고안되었다. 즉, (1) 정책분석은 흔히, 어느 한 시점에서 분명하게 우선순위가 매겨지지만 정태적인 선호가 행사된 한 의사결정자의 가정에 기초한다. (2) 정책분석은 전형적으로 문제의 본질과 잠재적 해결방안에 관하여 매우 다른 견해들을 체계적이고 명백한 방법으로 고려하지 못한다. (3) 대부분의 정책분석은 자기방어적 특징이 지배적 문제형성에 대하여 도전하는 것을 어렵게 하거나 불가능하게 하는 조직에서 수행된다. (4) 문제와 그 해결방안의 적절성을 평가하기 위해 사용된 기준은 문제의 개념화의 밑바탕이 되는 기본적 가정이라기보다는 문제형성의 표면적 특성(예를 들면, 논리적 일관성)을 다루는 것이 보통이다.

가정분석은 집단 구성원 사이의 갈등과 몰입을 분명하게 인정한다. 각 정책의 밑바탕이 되는 가정을 찾아내어 도전하는데 도움이 되는 과정이 갈등을 통하여 최대로 상반되는 정책이 산출된다. 다른 한편으로는 각 정책의 지지자가 각기 자기 견해를 강력하게 주장하려면 (반드시 최선은 아니지만) 몰입 또한 필요하다.[80]

가정분석은 다섯 개의 순차적인 방법을 포함한다([그림 3-15]).

1. **이해관계자 식별**(*stakeholder identification*). 첫 번째 단계에서 정책이해관계자가 식별되고 등급이 매겨지며 우선순위가 부여된다. 이해관계자의 식별, 등급, 우선순위 결정은 정책과정에서 그들의 영향력과 영향을 받는 정도에 대한 평가에 기초를 둔다. 이 절차는 보통 제외된 이해관계자—예를 들어, 이견을 가진 행정가 또는 고객집단—의 식별로 끝나게 된다.
2. **가정표출**(*assumption surfacing*). 두 번째 단계에서 분석가는 자료와 결합될 때 제안을 도출할 수 있게 하는 밑바탕이 되는 가정뿐만 아니라 문제에 대한 제안된 해결책으로부터 제안을 지지하는 선택적 자료의 원천으로 작업을 후방향으로 진행한다. 각기 제안된 해결방안은 제안에 명시적 또는 묵시적으로 깔려 있는 가정의 목록이 포함되어야 한다. 모든 가

80) Mitroff and Emshoff, "On Strategic Assumption-Making," p. 5.

정의 목록을 작성함으로써 — 예를 들어, 빈곤은 역사적 사건, 엘리트의 지배, 실업, 문화적 박탈 등의 결과 — 각 제안들이 제기한 문제가 분명하게 구체화된다.

3. **가정도전**(*assumption challenging*). 세 번째 단계에서 분석가는 제안과 그 밑바탕 가정을 비교하고 대조하고 평가한다. 이는 가정 및 그와 가장 다른 대립가정(counter assumption)을 체계적으로 비교함으로써 이루어진다. 이 과정에서 이전에 각 가정은 대립가정에 의하여 도전받게 된다. 만약 대립가정이 개연성이 없으면 차후 고려대상에서 제외되고, 개연성이 있으면 문제의 새로운 개념화와 해결책을 위한 기초로서 기여될 수 있는지 결정하기 위하여 검토된다.
4. **가정집계**(*assumption pooling*). 가정도전 단계가 완료되면 이전 단계에서 다양하게 제안된 해결방안이 집계된다. 여기서 가정(제안이라기보다는)은 각각의 이해관계자들에 대한 상대적 확실성과 중요성에 따라 우선순위가 부여된다. 단지 가장 중요하고 불확실한 가정만 집계된다. 궁극적 목적은 될 수 있는 대로 많은 이해관계자들이 동의할 수 있는 수락가능한 가정의 목록을 만드는 것이다.
5. **가정종합**(*assumption synthesis*). 마지막 단계는 문제에 대한 복합적 또는 종합적 해결방안의 창출이다. 수락가능한 가정들의 복합세트는 문제의 새로운 개념화를 창조하는 기초가 될 수 있다. 문제의 개념화 및 그 잠재적 해결책을 둘러싼 이슈가 이 시점에 이르면 이해관계자들의 활동은 협조적이고 점차 생산적이 될 수 있다.

가정분석의 네 단계는 [그림 3-15]에 예시되어 있는데 이것은 기법의 중요한 특징을 시각화하는 데 도움을 준다. 첫째, 이 방법은 가정 그 자체보다는 문제에 대한 제안된 해결방안으로부터 시작된다. 왜냐하면 대부분의 정책 이해관계자는 제안된 해결방안을 알고 있지만 밑바탕이 되는 가정은 거의 인식하지 못하고 있기 때문이다. 제안된 해결방안으로부터 출발함으로써 이 방법은 이해관계자에게 가장 친숙한 것에 기초를 두지만, 밑바탕이 되는 가정을 명시적으로 생각하게 하기 위한 준거점으로서 친숙한 해결책을 사용하도록 진행한다. 이 기법의 두 번째 중요한 특징은 가능한 한 같은 자료나 정책

그림 3-15 가정분석의 과정

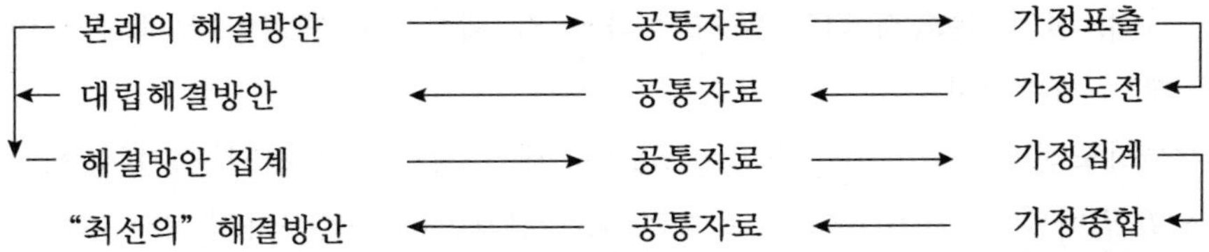

출처: I. Mitroff and James R. Emshoff, "On Strategic Assumption-Making: A Dialectical Approach to Policy and Planning." *Academy of Management Review* (1979)에서 발췌.

관련정보에 초점을 맞추려 한다는 것이다. 그 이유는 정책문제의 개념화를 둘러싼 갈등은 '사실'의 문제라기보다는 같은 자료의 서로 대립되는 해석의 문제이기 때문이다. 자료, 가정, 제안된 해결방안은 서로 관련이 있지만 문제의 개념화를 좌우하는 것은 문제상황(자료)이라기보다는 분석가와 다른 이해관계자가 문제상황에 가져 오는 가정들이다. 마지막으로 가정분석은 정책분석의 중요한 문제를 체계적으로 제기하는데 그것은 갈등을 다루기 위한 체계적 절차를 적용하는 것이다.

가정분석의 목적과 절차는 제1장과 제8장에서 제시된 정책논증의 양식과 밀접히 관련되어 있다.[81] 정책논증의 각 양식은 문제의 개념대안을 산출하는데 사용될 수 있는 다른 종류의 가정에 기초한다. 그러므로 가정분석은 정책문제의 본질과 관련하여 논리에 입각한 논쟁을 수행하기 위한 주요 수단이다. 가정분석은 정책문제 구조화에 실제로 참여하는 정책이해관계자 집단과 함께, 또는 이해관계자의 가정을 모의실험하는 개인분석가에 의하여 사용될 수 있다. 가정분석은 제3종 오류(E_{III})를 감소시키는 데 도움을 줄 수 있다.

8. 논증지도작성

논증지도작성에 있어서 정책논증 요소의 개연성과 중요성은 그래프 표시로 제시된다. 첫 번째 단계는 서로 다른 요소 — 즉, 정보, 근거, 보강, 이의제기, 반론 — 를 개연성과 중요성 척도에 따라 등급을 매기는 것이다. 시속 55마일 속도제한(1973년 전국속도제한법)을 포기하라는 논증의 근거를 예로 들면, 이 특정 논증은 느린 속도로 운전하는 데 따른 잃어버린 시간의 기회비

81) 제8장에서 제시된 논증의 구조적 모형을 사용한 가정분석에 대하여 상세한 것은 Mitroff, Mason, and Barabba, *The 1980 Census* 참조.

그림 3-16 저속운전의 기회비용에 관한 근거의 개연성과 중요성

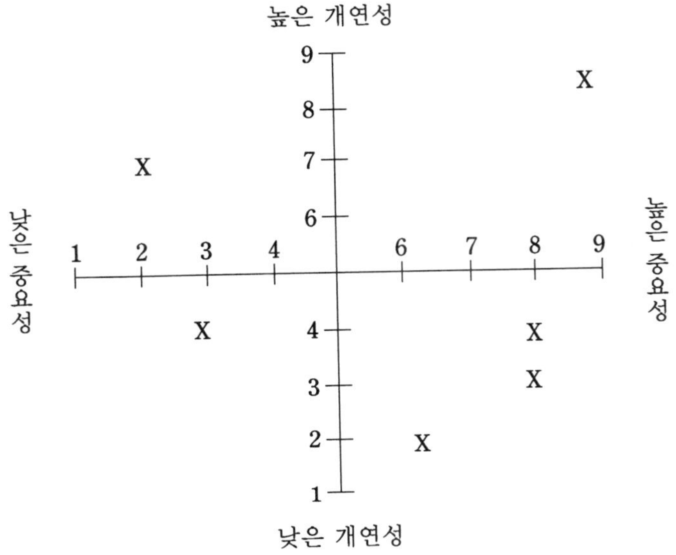

용이 속도를 증가시키고, 이어서 고소득 운전자들 사이에 과속과 위험한 운전이 발생할 것이라는 근거에 기초하고 있다. 역으로 젊은 운전자들 사이에는 사고가 보다 적을 것이라고 주장될 수 있다. 왜냐하면 젊은 운전자는 소득이 적고, 기회비용이 낮으며, 위험부담이 적고, 그러므로 사고가 적을 것이라는 근거에 기초한 주장이기 때문이다. 이 근거는 각기 다른 이해관계자에 의하여 9점 척도(1=저, 9=고)의 개연성과 중요성의 등급이 매겨지고 [그림 3-16]에 표시된 바와 같이 그래프에 점으로 표시될 수 있다.[82)]

[그림 3-16]은 여섯 명의 이해관계자에 대한 개연성과 중요성 등급을 표시하고 있다. 그래프는 근거의 개연성과 중요성에 관하여 분명히 이의와 반론을 제기할 상당한 의견의 불일치를 나타내면서 4개의 사분면(quadrants)에 걸쳐 이해관계자가 분포되어 있다는 것을 보여준다. 이해관계자들이 특정 집단의 구성원일 때 그래프의 오른쪽 반(즉, 높은 중요성)에 명백히 나타나 있는 의견의 불일치는 토의될 수 있고 아마도 해결될 수 있다. 그러나 분석가가 전화인터뷰나 서류, 이해관계자의 논증과 가정을 포함하는 웹사이트에 기

82) Claim Game이라고 불리우는 computer software는 복잡한 논증체계에 접근하고 입력하고, 저장을 위한 능력을 제공한다. 이 프로그램은 분석가가 개연성과 중요도의 9점 척도로 논증의 각 요소에 등급을 매기고, 또한 두 척도의 교차점에 의하여 형성된 좌표에 이해관계자와 그들의 가정의 위치를 결정할 수 있게 한다.

초하여 일단의 이해관계자를 식별해야만 하는 것이 전형적인 상황이다. 그리고 이해관계자가 근거, 보강, 이의 또는 반론에 부여한 개연성과 중요성에 관하여 판단한다. 예를 들어, 55마일 속도제한에 관한 문서를 검토한 바에 따르면 근거에 높은 개연성(P=9)으로 등급을 매긴 이해관계자는 경제학자이고, 반면 근거가 개연성이 낮은(P=2)것으로 등급을 매긴 이해관계자는 문화인류학자인데, 그는 젊은 운전자의 문화를 전공하였고 그의 분석은 젊은 운전자, 부모, 교사, 치안담당자와의 면접에 기초한 것이었다.[83)]

이해관계자가 제공한 이유에 관한 정보와 연령집단별 사고율에 대한 통계에 의하여 보강되고 문화인류학과 경제학 출처에 의하여 제공된 논증과 증거에 기초하여 우리는 이 특별한 근거는 낮은 개연성을 갖는 것으로 결론지을 것이다. 그러나 근거는 높은 중요성을 갖고 있기 때문에 논증의 결론과 관계가 있고 반드시 검토되어야 한다.

요 약

본 장에서는 정책문제의 본질에 대하여 개관하고, 이러한 문제를 구조화하는 과정을 기술하였고, 정책모형들과의 관계를 검토하고 문제구조화의 여러 방법을 기술하였다. 정책분석가가 당면하고 있는 가장 중요한 도전 중의 하나는 제3종 오류의 가능성, 즉 문제를 틀리게 정의내릴 가능성을 줄이는 것이다.

복습문제

1. 존슨(Lyndon Johnson)은 그의 백악관 시절 "우리의 문제는 옳은 것을 행하는 것이 아니라 옳은 것을 아는 것이다"라고 말하였다. 본 장에서 논의된 정책문제의 중요 특성과 형태를 고려할 때, 우리는 어느 정책이 옳은 것이라고 어느 정도 미리 알 수 있는가?
2. 정부와 대학에 있는 많은 정책분석가들 사이에 공통적으로 받아들여진 견해는 정책분석은 객관적이고 중립적이며 불편부당하다는 것이다. 구조화가 잘 안된

83) Thomas H. Forrester, Robert F. McNown, and Larry D. Singell, "A Cost-Benefit Analysis of the 55mph Speed Limit," *Southern Economic Journal*, 50 (1984), reviewed by George M. Guess and Paul G. Farnham, *Cases in Public Policy Analysis* (New York: Longman, 1989), p. 199 참조. 젊은 운전자들과 그들이 사고와 사망에 붙힌 의미의 민족지학적(ethnographic)분석에 대해서는 - 경제이론에 의하여 예견된 것과는 다른 - J. Peter Rothe, *Challenging the Old Order* (New Brunswick, NJ: Transaction Books, 1990) 참조.

문제의 특성을 가정할 때, 이러한 견해의 개연성의 정도를 생각해 보아라.

3. 세계관, 이념, 대중신화가 정책문제의 형성에 영향을 미치는 경우에 대한 자신의 경험을 두 세 가지 예를 들어라.

4. 정책이 형성되는 조직구조에는 몇 가지 유형이 있다. 한 가지 유형은 관료제적 구조인데 그 특성은 집권화, 계층적 명령계통, 업무의 전문화와 완전한 정보이다. 조직의 관료제적 형태는 대안적 행동노선이 어떠한 선호된 결과를 가져올 것이라는 확실성뿐만 아니라 선호된 정책결과에 대한 의견의 일치를 요구한다 (J. D. Thompson, *Organization in Action,* New York: McGraw-Hill, 1967, pp. 134-35). 만약 우리에게 대단히 중요한 정책문제의 대다수가 구조화가 잘 안된 문제라면 이는 그러한 문제를 형성하고 해결하기 위한 관료제적 조직형태의 적절성에 관하여 무엇을 말해 주는가?

5. 만약 우리에게 대단히 중요한 정책문제의 대부분이 구조화가 잘 안된 문제라고 한다면, 정책결정자 개인, 정책분석가, 기획가들이 그들의 행동에 대하여 어느 정도까지 정치적·도덕적 책임을 지는 것이 가능한가? (이점에 관하여 흥미있는 논의에 대해서는 M. M. Webber and H. W. J. Rittel, "Dilemmas in a General Theory of Planning," *Policy Sciences* 4, 2 (1973): 155-169.)

6. 2050년의 다음과 같은 문제상황 중 하나의 상태에 관한 시나리오를 구성하라.
- 공공 대중교통수단의 이용가능성
- 군비통제와 국가안보
- 테러리즘과 공공안전
- 공공교육의 질
- 세계 생태계의 상태

7. 신문(예를 들어, *New York Times, Washington Post, The Economist, Le Monde*)이나 뉴스잡지(예를 들어, *Newsweek, The New Republic, National Review*)에서 공공정책의 최근 이슈에 관한 사설 두 가지를 선택하라. 사설을 읽은 후,
   (a) 사설에 포함된 이슈에 관하여 두개의 경쟁적 논증에 대한 정보, 근거, 보강, 이의, 반론을 나타내기 위하여 논변분석(제 1 장)의 절차를 사용하라.
   (b) 각 논증의 근거에 등급을 매기고 그 개연성과 중요성에 따라 점으로 표시하여라(그림 3-16).
   (c) 어떤 논증이 가장 개연성이 있는가? 그 이유는?

시범과제

1. 범죄통제, 국가안보, 환경보호 또는 경제발전과 같은 정책 이슈 영역을 선택하라. 절차 지침 3에 제시되어 있는 이해관계자 분석을 위한 절차를 사용하여 분석을 위하여 선택한 이슈 영역에 존재하고 있는 문제에 영향을 주거나 또는 영향을 받고 있는 이해관계자의 목록을 만들어라.
   이해관계자 목록을 만든 후 누적빈도분포 표를 만들어라. 수평축에는 이해관계자를 놓고, 1에서부터 n까지 번호를 매겨라. 수직축에는 수평축의 이해관계자 각각의 새로운 (중복되지 않은) 아이디어의 수를 표시하라. (아이디어는 목표, 대안, 결과, 원인 등이 될 수 있다). 각 이해관계자의 새로운 아이이어의 총계를 선도표(line graph)로 연결하라.
   - 선도표는 평평해지는가?
   - 그렇다면 이해관계자 몇 명 이후인가?
   - 이슈 영역의 정책문제와 관련하여 어떤 결론을 내릴 수 있는가?

   이 장 마지막 부분에 있는 사례연구 3.1과 자신의 작업을 비교하여 보아라.

2. [사례 3.1]을 읽은 후 광산과 교통 사례에 있어서 경계분석 및 추정 과정을 비교・대조하는 에세이를 작성하라. 비교할 때 다음과 같은 문제를 제기하라.
   - 집단면접과 내용분석과정에 나타난 자료수집 상의 주요 차이점은 무엇인가?
   - 왜 누적도수분포표는 그와 같은 방식으로 평평해지는가?
   - "경계분석은 주어진 하나의 정책이슈영역에 있어서 '문제형성의 모집단'을 추정하는 신뢰할 만한 방법이다."라는 문장을 평가하라.

추천문헌

Ackoff, Russell L. *The Art of Problem Solving: Accompanied by Ackoff's Fables*. New York: John Wiley, 1978.

Ackoff, Russell L. *Redesigning the Future*. New York: Wiley, 1974.

Adams, James L. *Conceptual Blockbusting*. Stanford, CA: Stanford Alumni Association, 1974.

Batie, Sandra S., "Wicked Problems and Applied Economics." *American Journal of Applied Economics* 90, 5 (2008): 1176-1191.

Bobrow, Davis B. and John S. Dryzek. *Policy Analysis by Design*. Pittsburgh, PA: University of Pittsburgh Press, 1986.

Campbell, Donald T. "Pattern Matching as an Essential in Distal Knowing," pp. 81-106 in Kenneth R. Hammond, (ed.) *The Psychology of Egon Brunswik* (New York: Holt, Rinehart, and Winston, 1966).

Churchman, C. West. *The Design of Inquiring Systems*. New York: Basic Books, 1971.

Dery, David. *Problem Definition in Policy Analysis*. Lawrence: University Press of Kansas, 1984.

Dror, Yehezkel. *Public Policy Making Reexamined*, Rev ed. New Brunswick, NJ: Transaction Books, 1983.

Dryzek, John S. "Policy Analysis as a Hermeneutic Activity." *Policy Sciences* 14 (1982), pp. 309-29.

Dunn, William N. "Methods of the Second Type: Coping with the Wilderness of Conventional Policy Analysis." *Policy Studies Review* 7, no. 4 (1988): pp. 720-37.

Dunn, William N. "A pragmatic strategy for discovering and testing threats to the validity of sociotechnical experiments." *Simulation Modelling Practice and Theory* 10, 3 (2002): 169-194.

Dunn, William N. "Pragmatic eliminative induction: proximal range and context validation in applied social experimentation." *Philosophica-Gent* (1997): 75-112.

Dunn, William N. "Using the method of context validation to mitigate Type III errors in environmental policy analysis." *Knowledge, Power and Participation in Environmental Policy Analysis*. New Brunswick: Transaction, 2001: 417-436.

Fischhoff, Baruch. "Clinical Policy Analysis." in *Policy Analysis: Perspectives, Concepts, and Methods*. Edited by William N. Dunn. Greenwich, CT: JAI Press, 1986.

_______. "Cost-Benefit Analysis and the Art of Motorcycle Maintenance," *Policy Sciences* 8 (1977): pp. 177-202.

George, Alexander. "Criteria for Evaluation of Foreign Policy Decision Making." *Global Perspectives* 2 (1984): pp. 58-69.

Hammond, Kenneth R. "Introduction to Brunswickian Theory and Methods." *New Directions for Methodology of Social and Behavioral Science*, 3 (1980): pp. 1-12.

Hammond, Kenneth R. "Probabilistic Functionalism: Egon Brunswik's Integration of the History, Theory, and Method of Psychology," pp. 15-81 in K. R. Hammond (ed.) *The Psychology of Egon Brunswik* (New York: Holt, Rinehart, and Winston, 1966).

Hofstadter, Richard. *Godel, Escher, Bach*. New York: Random House, 1979.

Hogwood, Brian W., and B. Guy Peters, *The Pathology of Public Policy*. Oxford:

Clarendon Press, 1985.

Linder, Stephen H., and B. Guy Peters. "A Metatheoretic Analysis of Policy Design." in *Advances in Policy Studies Since 1950, Vol. 10 of Policy Studies Review Annual.* Edited by William N. Dunn and Rita Mae Kelly. New Brunswick, NJ: Transaction Books, 1992.

Linstone, Harold A. *Multiple Perspectives for Decision Making.* New York: North-Holland, 1984.

Mason, Richard O., and Ian I. Mitroff. *Challenging Strategic Planning Assumptions.* New York: Wiley, 1981.

Mitroff, Ian I., Richard O. Mason, and Vincent P. Barabba, *The 1980 Census: Policymaking amid Turbulence.* Lexington, MA: D.C. Heath, 1983.

O'Shaughnessy, John. *Inquiry and Decision.* New York: Harper & Row, 1973.

Rittel, Horst W.J. and Melvin M. Webber, "Dilemmas in a General Theory of Planning," *Policy Sciences* 4 (1973): 155-69.

Saaty, Thomas L. *The Analytic Hierarchy Process.* New York: McGraw-Hill, 1980.

Schon, Donald A. *The Reflective Practitioner.* New York: Basic Books, 1983.

Sieber, Sam. *Fatal Remedies.* New York: Plenum Press, 1981.

Warfield, John N. *Societal Systems: Planning, Policy, and Complexity.* New York: Wiley, 1976.

Watzlawick, Paul, John Weakland, and Richard Fisch, *Change: Principles of Problem Formation and Problem Resolution.* New York: W. W. Norton, 1974.

예시 3-1 정책이해관계자 분석: 적정부담보험법(Affordable Care Act, Obamacare)

[개관]

이해관계자는 정책에 영향을 주거나 정책에 의하여 영향을 받는 집단의 대표자 또는 대변인이다. 이해관계자는 국회의장 또는 의회의장, 의회 상임위원장, 또는 미국은퇴자협회, 전국총포연합, 인권감시자협회, 전국복지권조직, Grey Panthers와 같은 창도자집단의 사무국장이나 회원을 포함한다. 그리고 정책분석가나 그를 NGO나 정부의 직위에 자문으로서 고용하거나 임명한 조직도 이해관계자이다. 문제에 영향을 받지 않거나 영향을 주지 않거나 특정 문제에 이해관계가 없는 집단이나 조직을 대변하거나 대표하는 사람은 이해관계자가 아니다. 많은 뉴스보도자나 관련되지 않은 대학교수는 이해관계자가 아니다.

[정책이해관계자의 식별지침]

- 이해관계자는 정책이슈 영역에서 가장 잘 식별될 수 있다. 정책이슈 영역은 주제 영역 내의 정책이슈의 집합이다. 예를 들어, 교육, 주택, 복지, 실업, 인권, 국제안전보장 내에 정책이슈가 있다. 많은 국가에서 40개 이사의 영역이 있다. 미국의 교육을 예로 들면, 이해관계자는 주와 연방의 교육부, 교사노조, 사친회, 도서관 협회, 학생집단을 포함한다. 보건정책에서는 연구를 수행하는, 회원의 직업적 이익을 대표하는, 회원이 찬성하는 정책입장을 창도하는 글자 그대로 수천개의 조직이 있다.
- 이해관계자는 구체적인 이름과 직책을 갖고 있다. 예를 들어. 보건이슈영역에 있어서 환자보호 및 부담적정보험법 일명 오바마 케어에 이해관계가 있는 많은 조직이 있다. the American Medical Association, the American Cancer Society, the American Association of Retired Employees, the American Hospital Association, the Center for Medicaid and Medicare Services (CMMS) of Department of Health and Human Services, Pharma, 주나 연방정부에 장비나 소프트웨어를 파는 다양한 조직, 병원, 의사들을 포함한다 [그림 3.C.1]. 전형적으로 이들 이해관계자 각각은 보건정책에 관한 독특한 입장을 갖고 있다.
- 아래 기술한 것과 같은 이해관계자의 소시오메트리(눈덩이) 표본추출절차는 특정 이슈영역에 있어서 정책에 영향을 주거나 영향을 받는 이해관계자의 모집단을 추정하기 위한 효과적인 방법이다.

제1단계: 구글 또는 미국과 해외에 국가, 하위국가 국제수준에서 35,000개의 연구, 회원, 창도조직을 포함한 비영리단체명부(The Encyclopedia of Associations)와 같은 참고문헌을 사용하라. 비영리단체명부에서 탐색 유틸리티를 사용하여 명부에 수록된 17개 영역 중 하나에서 정책에 대한 입장을 취해온 20위(회원수 또는 운영예산에 따라)안에 드는 이해관계자 조직을 식별하고 목록을 작성하여라. 무역, 농업, 환경, 과학, 기술, 공학, 교육, 사회복지, 보건 이슈영역이 포함된다.

제2단계: 각 이해관계자 별로 자신의 입장을 기술한 정책 발표문(예를 들어, 보고서 또는 의회증언기록)을 수집하고 조직이 지지하고 반대하는 특정 정책의 목록을 만들어라.

제3단계: 최초 이해관계자의 정책 목록, 두 번째 이해관계자, 세 번째, 등등 정책 목록을 작성하고 반복하지 말 것.

제4단계: 수직축에 20명의 이해관계자 각각에 대한 독특한 중복되지 않은 정책을 나타내는 그래프를 그려라. 더 이상 새로운 정책이 언급되지 않으면서 그래프는 점차로 평평해 질 것이다. 그래프가 20 번째 이해관계자에 다다르기 전에 평평해지지 않는다면 단계 1-4를 반복하라. 새로운 정책과 새로운 이해관계자를 그래프에 추가하라. 20 번째 이해관계자 전에 평평해지면 정책의 수집은 중단하여라.

제5단계: (선택) 표본에 자신의 공식적 입장 때문에 목록에 포함되어야 하는 10명의 정부 이해관계를 추가하여라. 단계 2-4를 반복하여라. 당신은 지금 ACPPA 정책에 영향을 주거나 영향을 받는 주요 이해관계자의 “모집단” 추정치를 갖게 되었다. 이는 문제를 구조화하기 위하여 도움이 된다.

사례 3.1

광산과 고속도로에서의 안전: 위험부담문제의 구조화

상대적으로 구조화가 잘 안된 (이른바, 다루기 힘든) 문제들은 해결될 수 있기 전에 구조화되어야만 한다. 문제를 구조화하는 과정은 문제를 구성하는 요소들의 탐색, 식별, 그리고 배열이다. 문제요소는 다음 중 하나 또는 그 이상을 말한다.

이해관계자. 어떤 이해관계자가 문제상황에 의하여 이해관계자가 지각하는 바와 같이 영향을 미치거나 영향을 받는가?[84)]
대안. 지각된 문제를 해결하기 위하여 취해질 수 있는 행동대안은 무엇인가?
행위. 대안을 채택하기 위하여 어떤 행위가 취해져야 하는가?
결과. 대안을 시작하기 위하여 취해진 행위의 결과는 무엇인가?
가치(효용). 결과의 가치는 무엇인가?

오늘날 세계에서 실제적으로 가장 심각한 문제의 대부분은 구조화가 잘 되어 있지 않거나 다루기 힘들다. 위 요소의 하나 또는 그 이상이 문제구조화과정에서 부적절하게 생략될 수 있다. 사실상 모두 또는 대부분의 문제요소가 올바르게 식별될 때조차 요소사이의 관계는 복잡하거나 분명하지 않을 수 있다. 무엇보다도, 이것이 통계학적으로나 실제적으로 요소사이의 인과관계의 강도나 유의도 결정을 어렵게 하거나 불가능하게 만든다. 예를 들어, 지구온난화는 보통 기아나 빈곤처럼 구조화가 잘 되어 있지 않거나 다루기 힘든 문제처럼 보여 진다. 지구온난화의 경우, 대기오염, 지구온난화, 기후변화

---

84) John Dewey와 Charles Sanders Peirce에 따르면 문제상황은 구조화된(또다른 일반적인 용어는 형성된) 이후에만 문제가 된다. 문제구조는 잘 구조화되어 있는 것 부터 어느 정도 구조화되어 있거나, 구조화가 잘 안되어 있는 것까지의 범위에 걸친다. 구조화가 잘 안된 문제는 정보탐색과 관련된 문제구조화과정을 통하여 어느 정도 구조화된 또는 구조화가 잘 된 문제가 될 수 있다. Herbert A. Simon, "The Structure of Ill Structured Problems." *Artificial Intelligence* 4.3-4 (1973): 181-201 은 "WSP와 ISP 사이에는 진정한 경계가 없다. 그리고 구조화가 잘 안된 문제를 풀기 위하여 인공(자연) 지능체제를 가능케 하기 위하여 새로운 그래서 알려지지 않은 형태의 문제해결과정이 필요하다고 생각할 이유가 없다."고 주목하였다. 문제상황은 널리 퍼진 걱정과 스트레스의 초기 징후이고 그것은 개념이 형성되고 응용될 수 있기 전에 해석되어야만 하는 처리되지 않은 자료와 유사하다는 것을 상기하라. 그러나 단순히 두 종류의 문제가 상호 배타적이 아니고 분절적이 아니기 때문에 특별한 문제해결과정이 요구되지 않는 다는 주장은 틀렸다. 농업과 공업사회의 여러 오염물질은 각기 다른 분석방법과 실무적 개입을 요구하고 상대적으로 '길들여진 문제'와 상대적으로 '다루기 힘든 문제'를 구분하는 인공적 이분법을 만드는 것은 자주 유용하다.

사이가 연계되어 있다고 믿어지는 많은 인과과정들은 복잡하고 명확하지 않다. 핵심은 이러한 과정의 복잡성이 생물학적 그리고 자연의 복잡성뿐만 아니라 문제의 형성과 잠재적 해결책에 관하여 서로 동의하지 않는 이해관계자의 다르고 대립하는 신념으로부터 기인한다. 이러한 맥락에서 문제요소 즉 이해관계자, 대안, 행위, 결과, 가치의 가능한 순열과 조합은 보통 감당할 수 없을 정도로 거대하게 보인다.

이러한 조건하에서 새로운 그리고 전례없는 방법이 구조화가 잘 되지 않은 문제나 다루기 힘든 문제를 구조화하는데 필요치 않다고 하는 사이몬의 신념과 대조적으로, 많은 전통적 의결정분석방법, 미시경제학, 정치분석은 구조화가 잘 안된 문제를 구조화가 잘 된 문제로 변환시키는 역할을 하는 문제구조화 방법에 의하여 구조화가 잘 안된 문제가 길들여져야 비로소 가치가 있게 된다. 확실히 전통적 방법은 예를 들어, 합치고 곱하고 나누어야 하는 스프레드시트에 정해진 양과 관련된 문제와 같이 확실성을 포함하는 상대적으로 구조화가 잘 된 결정론적인 문제를 해결하는 데 유용하다. 또한 전통적 방법은 예를 들어, 제한된 확률의 신뢰구간 내에서 결과의 불확실성을 추정하는 불확실서의 추정과 관련된 어느 정도 구조화가 된 (확률론적인) 문제를 해결하는 데에도 유용하다. 그러나 구조화가 잘 안된 문제는 차원이 다르다.[85] 불확실성의 추정은 결과에 매겨질 확률을 알기조차 어렵기 때문에 구조화가 잘 안된 문제는 이루어지기 어렵다. 여기서 분석가는 표준계획이 없는 맞춤식 건물설계를 위임받은 건축가와 흡사하다.[86] 주택단지에 사용되는 종류의 표준계획을 채택한다면, 실패일 것이다.

공공정책이란 사회체계를 바꾸고자 하는 정교한 시도이다. 정책을 결정하고 집행하는 과정은 많은 상황이 정책결정자의 통제 범위 밖에 존재하는 사회체제에서 발생하고 있다. 정책목표의 달성에 있어서 성공과 실패에 대한 책임은 바로 이러한 관리 불가능한 상황이다. 그 상황조건(예측되지 않은 사건)은 어떤 정책이 효과가 있다는 주장에 도전할 수 있는 잠재적 경쟁가설로

85) 다른 곳에서 나는 구조화가 잘 안된 문제는 해결을 위해서 비전통적인 '2차적 형태의 방법'을 요구한다고 주장하면서 방법의 형태와 문제의 형태의 교차점에 주목하였다. 예를 들어, 문제요소에 대한 개괄식 탐색을 허용하는 브레인스토밍과 같은 heristics, 또는 Simon이 정보라고 일반화한 것. William N. Dunn, "Methods of the Second Type: Coping with the Wilderness of Conventional Policy Analysis." *Policy Studies Review* 7, no. 4 (1988): pp. 720-37.

86) 건축에 비유한 학자는 Herbert Simon in "The Structure of Ill-Structured Problems."

서 보여 질 수 있다. 그러한 경우에는 일반적으로 소거적 귀납(*eliminative* induction) 과정을 통하여 이러한 경쟁가설(상황조건)을 검증하고 가능한 경우에 제거하는 것이 바람직하다. 소거적 귀납은 "정책 X와 결과 Y의 반복된 관찰을 토대로 X가 Y의 발생에 인과적으로 관련이 있다고 확증한다."는 일반적 형태를 취한다. 그러나 "X, Y, 그리고 Z의 추가 관찰 결과 정책 X가 아니라 관리 불가능한 상황 Z가 Y의 발생의 원인이다."라고 확증할 수 있다. 이와는 대조적으로 열거적 귀납(*enumerative* induction)은 "계속적인 관찰이 정책 X가 정책결과 Y의 발생과 인과적으로 관련이 있다는 것을 확증한다." 라는 일반적인 형태를 취한다. 인간으로서 자연적으로 우리가 믿는 것을 확증하는 사건을 찾는다.

소거적 귀납은 기대와 일치하지 않는 놀라운 사건의 식별과 설명을 허용한다. 이러한 상황조건의 수는 보통 매우 크기 때문에 경쟁적 설명의 식별과 검증과정은 결코 완전하지 않다. 관리할 수 없을 정도로 무수히 많은 잠재적 경쟁가설을 식별하고 검증하는 것이 불가능한 것처럼 보인다. 과연 어떻게 이것이 이루어질 수 있는가?

한 가지 해답은 창의성과 상상력이다. 그러나 창의성과 상상력은 창의적인 그리고 상상력이 풍부한 해결책을 지배하는 규칙이 애매하기 때문에 가르치거나 배우는 것이 불가능하다. 또 다른 해답은 잘 정립된 이론에 의지하는 것이다. 그러나 대부분의 사회과학이론들이 의견이 분분하고 논쟁의 여지가 있다.

한 가지 해답은 상황조건을 식별하고 배열하기 위한, 즉, 그들에게 구조를 주기 위하여 경계분석을 활용하는 것이다. 요소의 구조배열은 많은 경쟁가설과 관련되는 것으로 보여 질 수 있다. 경계분석은 이해관계자들 사이에서 발생하는 자연발생적 정책논쟁에서 경쟁가설을 찾아내는 것이다. 경계분석의 목표는 어떤 주어진 정책상황에 존재하는 상대적으로 완전한 경쟁가설의 집합을 얻어 내는 것이다. 경계추정은 종합적이기 위하여 노력하지만, 모집단으로부터 추출한 표본이 표본추출된 모든 요소를 얻기 위하여 노력하는 이상으로 개연성 있는 모든 경쟁가설을 식별하고 검증하려는 무모한 과업을 시도하지는 않는다. 그래서, 경쟁가설의 전체 범위는 결코 완전할 수는 없지만 그 범위의 경계 추정은 가능하다.

1. 전국 최대속도제한의 영향 평가

저자는 1974년에 의회를 통과한 원래의 시속 55마일 속도제한의 효과에 관하여 보고책임 맡은 38개주 공무원이 준비된 보고서를 가지고 경계분석을 수행하였다. 보고서는 또한 1984년~1985년의 속도제한의 효과가 40개 주에서 최대 속도제한을 대략 평균 65마일로 올렸다는 것을 보고하였다. 38명의 이해관계자 사이에 커다란 의견차이가 있었다. 예를 들어, 어떤 주의 이해관계자(예를 들어, 펜실베니아와 뉴저지)는 속도제한은 인명사고와 인과적으로 관련이 있다는 가정을 견지하였고, 다른 이해관계자(예를 들어, Illinois, Washington, Idaho)는 속도제한은 사망이나 부상에 영향이 없거나 무시할 만한 효과가 있다는 신념을 견지하였다. 이 사례에 있어서 사용된 경계추정 문제구조화 방법의 중요성은 인명구조에 있어서 55마일 속도제한의 효과성을 확증하거나 반박하기 위하여 38명의 이해관계자에 의하여 718개의 과속과 사망자 사이의 인과관계에 관한 개연성 있는 경쟁가설이 사용되었다는 점이다. 전체 중에서 109개의 인과가정은 다른 어떤 이해관계자에 의해서도 제기되지 않은 중복되지 않은 가정이라는 점에서 독특하다.

[그림 C3.1-1]을 해석할 때, 의사소통이론이나 언어이론의 관점에서, 어떤 가정의 정보내용은 언급되고 있는 정보의 확률과 부(負)의 관계가 있다는 것을 이해하는 것이 중요하다. 보다 자주 언급되고 있고, 보다 많은 의견의 일치를 보고 있는 가정은 드물게 언급되고 있는 가정보다 증명가치(probative value)가 적다.

[그림 C3.1-1]의 경쟁가설은 독특한(중복되지 않은) 인과가설의 누적빈도를 나타낸다. 그림에서 보여주는 바와 같이 독특한 경쟁가설의 누적빈도는 22번째 이해관계자의 시작과 함께 평탄하게 되기 시작한다. 경쟁가설의 총 숫자는 분명한 한계 없이 계속해서 증가하지만 독특한 경쟁가설의 경계는 작은 수의 관찰 내에 도달된다. 이것은 문제의 요소에 대한 기본적으로 만족할 만한 정의를 아마도 성취되고 있다는 것을 나타낸다.

109개의 독특한 경쟁가설 중에서 여러 개가 주정부의 경제상태와 관련된 여러 변수들 — 실업률, 국제석유가, 산업생산수준 — 과 관련되어 있고, 고속

그림 C3.1-1 파레토차트 – 경쟁적 원인에 대한 누적빈도

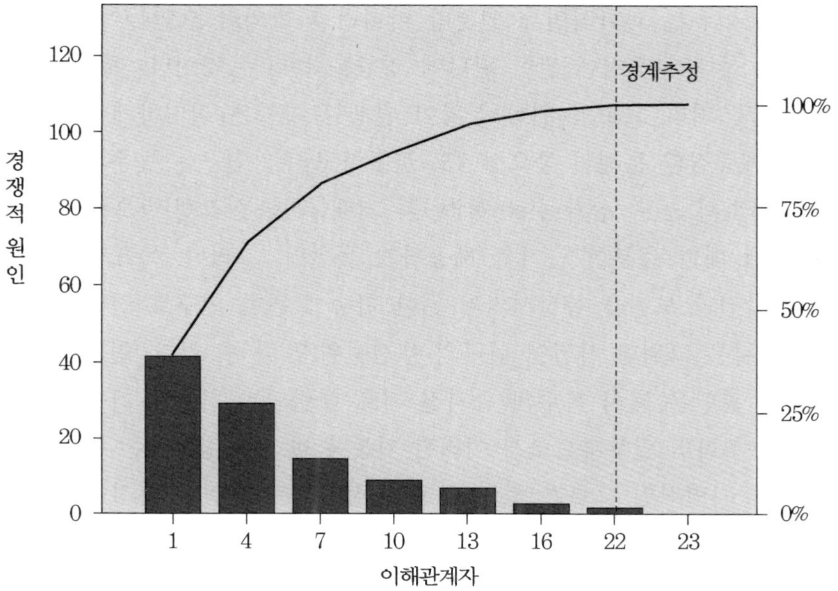

도로의 속도와 55마일 속도제한의 완화요과가 결정적이라는 전통적 지혜와 달리, 이들 변수가 교통사고 사망자수의 증가와 하락을 설명하기 위하여 사용되었다는 것을 주목하는 것이 중요하다.

2. 광산의 안전과 보건에 있어서 위험부담에 관한 연구의 평가

1997년 미국 광산안전 및 보건연구처의 한 지국에서 전략기획과정을 시작하였다. 그 과정의 목표는 광부의 안전 및 보건과 관련된 위험의 각기 다른 면을 겨냥하는 연구 프로젝트의 우선순위와 관련하여 가능한 한 합의에 도달하는 것이었다.

이러한 연구기관의 우선순위 설정에서는 전형적으로 연구자, 연구 관리자, 외부 이해관계자들이 자신의 연구 그리고 기타 연구과제의 상대적 장점을 평가하기 위하여 서로 대립되는 기준을 사용한다는 조건 하에서 합의를 구축하려고 한다. 예를 들어, 다양한 유형의 부상과 사망의 확률에 관하여 대규모 표본조사에서 얻은 계량적 자료와 같이 신뢰성 있고 타당한 자료가 쉽게 이용 가능할 때조차도, 위험의 '객관적' 측정치 그 자체가 연구의 우선순

위 설정에 충분한 근거를 제공하는 것인지 항상 분명치 않다.

어려운 이유는 과학적인 요인뿐만 아니라 과학외적 요인들이 위험에 관한 연구의 상대적 장점에 관한 판단에 영향을 준다는 것이다. 예를 들어, 진폐증질환 및 기타 고도의 위험 상황이 발생할 확률은 철저하게 조사되어왔다. 이 진폐증질환 문제의 중요성에도 불구하고 추가연구는 높은 우선순위가 아니다. 따라서 높은 심각성(severity)의 기대(확률×심각성)만으로는 연구의 우선순위에 대한 충분한 근거를 제공하지 못한다. 그러나, 목표가 연구결과를 광산 안전과 보건을 향상시키기 위한 기술에 관한 연구로 전환시키는 것이라면 똑같은 고위험 사건이 연구의 우선순위가 될 수 있다. 연구의 우선순위에 관한 판단은 흔히 복수의 숨겨진 서로 대립되는 기준에 기초하기 때문에 문제 구조화의 일부분으로서 이러한 기준을 밝히고 평가하는 것이 중요하다. 이것이 치명적인 오류가 틀린 문제를 정의하는 것인 전형적인 구조화가 잘 안된 문제이다.

문제구조화 과정은 세 가지 중요한 목표를 가지고 있었다. 첫 번째는 의견의 불일치가 우선순위설정의 대안적 접근법을 식별하기 위한 기초라는 것을 인식하고 의견의 일치와 불일치의 숨겨진 근원을 밝히는 것이었다. 두 번째로 그 과정은 광산의 안전 및 보건에 영향을 주는 위험에 관한 연구를 평가하기 위하여 사용된 기준을 이해관계자로부터 추출하기 위하여 고안된 것이었다. 세 번째로 그 과정은 공개적 우선순위 설정과정과 개인의 판단 밑에 깔려 있는 기준을 외부화하기 위하여 도표, 매트릭스, 기타 시각적 표시를 포함하는 방법을 채용했다. 우선순위 설정과정에서 각 팀 구성원이 위험에 관한 연구를 평가하기 위하여 사용된 우선순위의 밑바탕이 되는 다양한 근거를 이해하고 토론하게 하였다.

이해관계자에게 25가지의 사고와 보건 문제를 구분하기 위하여 그들이 사용한 기준을 말하도록 요청하였다. 각 이해관계자에게 사전에 무작위로 선정된 세 가지 문제를 나열한 서류가 제시되었다. 한 이해관계자는 무작위로 집단에게 기준을 제시하기 위하여 선택되었다. 첫 번째 이해관계자는 대규모 표본의 상대빈도 (확률) 자료에 전적으로 기반을 둔 두 가지 기준, 즉 사고 및 질병의 심각성과 재난 잠재력을 포함하는 위험에 관한 평가연구를 위한 14개의 서로 다른 기준을 제시하였다. 두 번째로 무작위로 선정된 팀 구성원은 추가로 17개의 (새로운) 기준을 제시하였다. 세 번째 팀 구성원은 11개, 네 번째 팀 구성원은 12개, 다섯 번째 팀 구성원은 6개 등 이전에 언급되지 않은 새로운 기준이 추가되지 않을 때까지 계속되었다. 모두 84개의 기준이 산출되었고 열한 번째 발표자 이후에는 아무런 기준도 산출되지 않았다. 문제 경계의 근사 값은 구성 개념의 누적빈도를 보여 주는 파레토 차트로 표시되었다.[그림 C3.1-2]

상호작용 집단의 우선순위 설정과정은 위험연구의 '객관적 측면'을 다룰 뿐만 아니라 또한 '지각된 위험', '수용가능한 위험', 그리고 '행동 가능한 위험'이라는 명칭으로 알려진 주관적인 차원을 포착하였다. 문제의 경계는, 그렇지 않았더라면 묵시적이거나, 숨겨졌을 문제를 산출하고 토론하는 공개적 과정을 통하여, 추정되었다. 경계분석 및 추정 방법은 문제의 차원에 대한 무한한 탐색을 피하는 '중지규칙'을 제공한다.

그림 C3.1-2 파레토차트 – 연구 평가를 위한 기준의 누적빈도

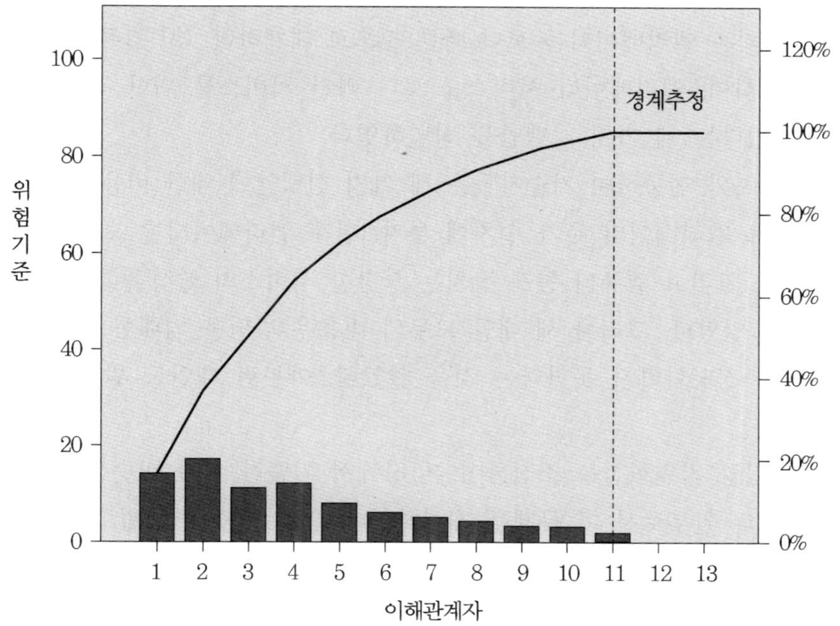

사례 3.2

학문분야간 브레인스토밍: 엘리베이터 문제

본 사례는 구조화가 잘 안된 문제(ill-structured problem), 또는 이른바 혼잡한 문제(messes)의 해결 전문가인 애코프(Russell Ackoff)의 이야기에 기초한다.87) 수 년 동안 회자되던 출처 불명의 전형인 이 이야기는 비용편익분석과 같은 방법이 구조화가 잘 된 문제나 구조화가 어느 정도 된 문제에는 적합한 반면, 구조화가 잘 안된 문제에는 부적합한지를 보여 준다.

대형 사무실 건물의 관리자는 특히 러시아워 동안 엘리베이터 서비스에 대한 불평을 많이 받고 있었다. 서비스가 나아지지 않으면 퇴거하겠다는 거주민들의 위협을 받고 이 문제에 대한 해결책을 반드시 찾아야겠다고 관리자는 결심하였다.

관리자는 엘리베이터의 설계와 장착을 전문으로 하는 일단의 자문기술자에게 요청을 하였다. 상황을 조사한 기술자들은 (1) 엘리베이터를 추가 설치하라, (2) 기존 엘리베이터를 보다 빠른 것으로 대체하라, (3) 컴퓨터 통제 장치를 설치하여, 엘리베이터 서비스를 보다 빠른 서비스를 위한 적정하게 고안될 수 있다는 세 가지 선택안을 식별하였다.

경제학자와 협동하여 기술자들은 세 가지 선택안에 대한 비용편익분석을 수행하였고 엘리베이터 추가 설치에 투자, 현재 엘리베이터를 보다 빠른 모델로 대체, 그리고 컴퓨터 통제 장치는 상당한 서비스의 향상을 가져올 것이라는 것을 알았다. 그러나 세 대안 모두의 비용은 빌딩을 임대함으로써 생기는 소득을 정당화하지 못한다는 것을 알았다. 아무런 대안도 받아 드릴 수 없었다.

그는 긴급 직원회합을 소집하여 본 장에서 기술한 것과 비슷한 브레인스토밍 회의의 일부로서 이 문제를 제시하였다. 많은 제안이 나왔고 버려졌다. 토론은 속도가 늦어지고 중단되었다.

휴식시간에 그동안 조용히 있었던 인적자원과의 젊은 보조원이 모두가 궁극적으로 받아들일 제안을 하였다. 수 주후 관리자는 약간의 투자를 하였

87) Russell Ackoff, The Art of Problem Solving (New York: Wiley-Interscience, 1978), "Fable 3.2 An Ups-and-Downs Story," pp. 53-4.

고 문제는 해결되었다.

각 층 엘리베이터 로비의 모든 벽에 전신 거울이 설치되다.

젊은 인사심리학자는 기다리는 시간은 실제로 꽤 짧았다고 관찰하였다. 그는 불평이 엘리베이터를 기다리는 지겨움에서 온다고 문제를 정확히 식별하였다. 그러나 시간은 길게 느껴졌을 뿐이다. 그는 사람들에게 티 안 나게 자신과 다른 사람을 (특히 이성을) 거울로 볼 기회를 주었다.

자문기술자와 경제학자는 제3종 오류를 범하였다. 즉 틀린 문제를 정의하였다. 이것 때문에 해결책이 없다고 잘못 결론을 내렸다.[88]

---

88) 또 다른 제3종 오류의 예는 Aaron Wildavsky에 의하여 유행된 경구 "No solution, no problem."이다. Speaking Truth to Power: The Art and Craft of Policy Analysis (Boston, MA: Little Brown, 1979)의 Wildavsky의 서문을 참고하라.

CHAPTER **04**

정책결과의 예측

학습목표

- 추세연장, 예견, 전문가 판단을 구별할 수 있다.
- 시간적·역사적·기관적 맥락이 예측의 정확성에 미치는 효과를 이해할 수 있다.
- 잠재적·개연적·규범적 미래를 비교할 수 있다.
- 추세연장적·예견적·판단적 예측방법의 정확성을 평가할 수 있다.
- 통계처리를 위한 컴퓨터 프로그램을 이용하여 기대되는 정책결과의 점 추정치와 구간 추정치를 구할 수 있다.
- 정책예측에서 개념적 이슈와 기술적 이슈를 나타내는 여러 가지 사례를 분석할 수 있다.

Ⅰ. 서 론

예측은 정책결과에 관한 장래의 비전을 제시하고, 따라서 이해력, 통제력, 사회지도력 등을 확장한다. 전문가의 판단에 기초하든지, 역사적 추세의 연장에 기초하든지, 혹은 기술적으로 정교한 수리경제모형에 기초하든지 간에, 모든 종류의 예측은 오류를 범하기 쉽다. 이 오류는 잘못되거나 개연성이 없는 가정들, 기관별 유인체계를 인지하지 못한 효과, 보건·복지·교육·과학·기술·환경 분야의 정책이슈에서의 복잡성에 기인한다.

이 장에서는 먼저 정책분석에서 사용되는 예측의 형태, 기능, 성과 등을 개관하고, 다양한 예측방법의 장·단점을 평가하기 위한 기준들을 강조한다. 그 다음 추세연장적·이론적·판단적 예측방법을 비교하고, 각 방법이 기대되는 정책결과에 관한 정보를 산출하는 역할을 비교한다. 결론으로 세 가지 접근방법을 종합하는 방법을 제시한다.

Ⅱ. 정책분석에서의 예측

예측(*forecasting*)은 현재와 과거의 정보에 기초하여 미래 사회 상태에 관한 정보를 창출하는 일련의 절차이다. 예측은 추세연장, 예견, 전문가 판단 등 세 가지 주요 형태를 갖는다.[1)]

1. **추세연장**(*extrapolation*). 과거로부터 현재까지의 추세를 미래로 투사하는 것에 기초하는 예측이다. 투사는, 시계열분석 등과 같이, 과거의 추세를 미래로 연장하여 산출된 정보에 기초한 결론의 타당성에 관한 문제점을 종종 제기한다. 투사는 때때로 전문가의 견해 같은 권위에 입각한 논증에 의해 보충된다.
2. **예견**(*prediction*). 과거의 추세가 왜 미래에도 반복되는가에 관한 이론적 설명에 기초하는 예측이다. 예를 들어, 경제학의 효용이론에 기초한 설명으로 화폐가 미래에는, 비록 그 비율은 감소하지만, 더욱 더 소중하다

1) 예측은 예측의 산물(forecasts), 그 과정(forecasting), 또는 두 가지 모두를 가리킨다.

고 예측할 수 있다. 화폐의 효용체감법칙과 같은 이론적 법칙은, 예견에서 반드시 필요한, 무엇인가를 만들어내는 메커니즘(원인)과 결과(효과)를 설명할 수 있다. 예견도 전문가의 권위와 수리경제모형 같은 방법의 권위에 기초한 예측에 의해 보충될 수 있다.

3. **전문가 판단**(*expert judgment*). 사회의 미래 상태를 미리 볼 수 있는 특별한 능력을 소유하고 있다고 믿어지는 사람의 전문적 경험과 권위에 기초하는 예측이다. 이런 식견 있는 판단은 직관의 과정을 통해서 얻을 수 있는데, 직관적 과정은 보통 힘들이지 않고 순식간에 자동적으로 이루어지며, 이를테면 묵시적 지식에 기초한 과정이라고 할 수 있다.2)

대조적으로, 명백한 추론에 기초한 예측은 조금 더 천천히 보다 중립적인 방식으로, 그리고 과학 분야나 전문직업적인 규칙에 따라 이루어진다. 추론(체제 2)은 직관(체제 1)보다 추세연장과 예견을 이용하는 경향이 있다([그림 4-1]).

그림 4-1 직관(체제 1)과 추론(체제 2)의 과정

<table>
<tr><th></th><th>인지</th><th>직관
체제 1</th><th>추론
체제 2</th></tr>
<tr><td>과정</td><td colspan="2">속도가 빠른
동시에
자동적인
힘들이지 않고
연상적인
느리게 배우는
감성적인</td><td>속도가 느린
순차적으로
통제된
노력이 필요한
규칙에 따르는
융통성 있는
중립적인</td></tr>
<tr><td>내용</td><td>인식의 대상
현존하는 자극
자극에 구속된</td><td colspan="2">개념적 표현
과거, 현재, 미래
언어로 환기시킬 수 있는</td></tr>
</table>

출처: Kahneman(2003), p. 697.

2) Daniel Kahneman은 "A Perspective on Judgment and Choice: Mapping Bounded Rationality," *American Psychologist* 58, 9(2003): 697 논문에서 체제 1(직관)과 체제 2(추론)를 비교하고 있다. 묵시적 지식(tacit knowledge)이라는 용어는 Michael Polanyi, "The Logic of Tacit Inference," *Philosophy* 41, 155(1966): 1-18 등의 논문에서 비롯된 것임.

1. 예측의 가치

정책예측은 그 기초가 추세연장이든, 이론이든, 전문가 판단이든, 기대되는 정책결과에 관한 정보를 제공한다. 예측의 목적은 종종 과학적 연구의 목적과 유사한데, 과학적 연구는 인적·물적 환경을 이해하고, 예견하며, 통제하고자 한다. 미래 사회 상태를 예측하기 위한 노력은 "특히 통제와 관련하여, 미래가 제공하는 가능성들 중에서 최선의 가능 행동노선이 택해지도록 계획하고 정책을 입안하도록 시도하는 것이다."[3]

예측을 통하여 미래 사회 상태를 이해할 수 있고, 따라서 부분적으로는 사회적 인도를 달성할 수 있다. 이는 종종 과거 정책의 효과를 조사하고, 미래 정책에서 효과가 나타날 조건들을 알아냄으로써 가능하며, 미래란 과거에 의해 결정된다고 가정하는 하나의 목적을 성취할 수 있다. 이러한 제안이 일리 있는 말이지만, 과거에 일어났던 것에 관계없이, 예측은 정책결정자들로 하여금 미래를 능동적으로 만들어갈 수 있도록 해준다. 여기에서 문제는 미래의 행동을 인도할 수 있고 인도해야만 하는 가치를 식별하는 것이다. 이는 또 더욱 중요한 두 번째 문제를 제기한다. 현재 행동을 인도하는 가치가 식별될 수 있다고 하더라도, 이런 가치가 미래에도 계속 유지될 수 있을지 의문이다. 그러므로 미래 사회 상태가 바람직한지를 평가할 수 없다면, 이른바 '인도하는 예견'(guiding predictions)은 완전치 못한 것이다. 현재의 선호보다는 미래의 선호에 기초하여 예측하여야 한다. 역설적으로, 우리가 미래 사회 상태를 의미 있게 예견할 수 있으려면, 먼저 미래의 가치를 예견해야 한다.[4]

미래가치에 대한 이러한 관심은 과거의 추세에 기초한 예측을 추구하는 전통적인 사회과학연구를 완성시킬 수 있을 것이다. 과거가 미래를 잠정적으로 결정할 수도 있지만, 이는 사려 깊은 숙고와 분석이 정책결정자들과 국민들로 하여금 그들의 가치와 행태를 변화시키지 않을 때에만 가능한 것이다. 또한, 이것은 예상치 못한 요인들과 뜻하지 않은 일들이, 돌이킬 수 없는 혼란과정이나 긴급사태로 여겨지는 것들을 포함하여, 커다란 사회변화를 야기

3) Irene Taviss, "Futurology and the Problem of Values," *International Social Science Journal*, 21, 4(1969), p. 574. 정책학의 창시자 Harold Lasswell도 정책결정의 지적 기능을 설명하면서 비슷한 결론에 도달했다. *Preview of the Policy Sciences* (New York: Elsevier, 1971) 참조.

4) Fred Charles Ikle, "Can Social Predictions Be Evaluated?" *Daedalus* 96 (Summer 1967) p. 747.

하는 데 관여하지 않을 때에만 가능한 것이다.[5)]

그럼에도 불구하고 세 가지 유형의 예측은, 단독으로 또는 혼합적으로, 기대되는 정책결과를 예측하려고 할 때, 현상유지를 위한 정책이든 새로운 정책이든, 불확실성을 어느 정도 감소시킬 수 있기 때문에 가치 있는 것이다. 증거에 기초한 예측을 체계적으로 그리고 실용적으로 철저히 연구한 암스트롱(Armstrong)은 지난 25년간 수행된 수백 개의 예측을 검토하여 다음과 같은 것을 발견하였다.[6)]

- 인과모형을 이용한 예견적 예측은 단순 추세연장적 예측보다 약 3배 이상의 정확도를 보였으며, 추세연장적 예측에서는 오류를 거의 감소시키지 못한 데 비해 예견적 예측은 70% 이상 오류를 감소시켰다.
- 전문가 판단에 기초한 예측은 보통 델파이기법처럼 다수의 반복과정을 거쳐 이루어지며, 구조화되지 않은 과정으로 한 번의 전문가판단을 이용하는 방법에 비해 약 70%의 사례에서 정확도를 높였는데, 이는 보건, 의약, 환경, 경제 등의 분야에서 전문가패널을 이용하는 표준 절차이다.
- 이론모형에 기초하는 예견적 예측은 전문가판단에 기초한 예측보다 더 정확하지는 않은 것으로 나타났으며, 이론모형과 전문가판단을 함께 이용한 예측은 추세연장적 예측보다 우수한 결과를 산출했다.

2. 예측의 한계

1980년대 후반부터 예상치 못한 그리고 직관에 반하는 수많은 정치적·사회적·경제적 사건들이 있었다. 예를 들어,

- 소비에트연방(소련)에서의 사회주의 포기
- 베를린장벽 붕괴
- 지구온난화와 기후변화
- 중동지역에서의 아랍의 봄(반정부봉기)

---

5) Alasdair MacIntyre, "Ideology, Social Science, and Revolution," *Comparative Politics* 5, 3(1973); Ilya Prigogine and Isabelle Stengers, *Order Out of Chaos* (New York: Bantam Books, 1984) 참조.

6) J. Scott Armstrong, "Findings from Evidence-Based Forecasting: Methods for Reducing Forecast Error," *International Journal of Forecasting* 22, 3(2006): 583-598. 참조. 그리고 지난 25년간 예측전문가들이 적용한 원리를 비판적으로 종합한 Armstrong, *Principles of Forecasting: A Handbook for Researchers and Practitioners* (Norwell, MA: Kluwer Academic Publishers, 2001) 참조.

• 2001년 9월 11일 세계무역센터와 펜타곤 공격
• 2016년 민주주의 전통과 맞지 않는 가치와 행태를 지닌 포퓰리스트 미국대통령 당선
• 시리아와 중동으로부터의 수습 불가능한 난민 폭증

이러한 변화들은 더욱 복잡하고 매우 불확실한 조건하에서 예측의 중요성에 대한 주의를 환기시킨다. 이런 불확실한 조건은 탈레브(Nassim Taleb)의 '검은 백조'(black swan)에 예측불가능성의 강렬한 은유로 잘 나타나 있다.[7] 그러나 예측불가능성 문제는 다양한 예측의 장·단점에 잘 표현되어 있다.[8]

1. **예측의 정확성**(*forecast accuracy*). 수십 개의 변수들을 포함하는 모형에 기초한 비교적 복잡한 예측은 물론, 한 변수의 추세연장에 기초한 비교적 간단한 예측방법에서도 정확성은 제한되어 있다. 예를 들면, 2015년 오바마 행정부는 2014회계연도 예산증가를 980억 달러, 즉 20.2퍼센트나 적게 추산했다. 실업률, 인플레이션, 경제성장률 추산의 가변성 등으로 명확해지듯이, 부정확성에 대한 유사한 기록이 Chase Econometrics, Wharton Econometric Forecasting Associates, Data Resources, Inc. 등 대규모 수리경제학적 예측회사들의 추산에서도 잘 나타나 있다. 심각한 실업률을 겪고 있는 아일랜드에서는 1986년부터 2005년까지 기간의 실업률 증가 예측에서 약 4%의 평균절대오차(+, -를 생략한 값)를 나타냈는데, 이는 수십 만 명의 노동자들을 고려할 때 상당히 큰 오차라고 할 수 있다.[9]
2. **예측방법결과 비교**(*comparative yield of forecasting methods*). 경제나

7) Nassim Taleb, *The Black Swan: The Impact of the Highly Improbable* (New York: Random House, 2007). 검은 백조 개념은 '희귀한 새'(rare bird)로 알려진 일부 중세 사상가를 가리키는데, Karl Popper 같은 철학자의 인식론적 저술에서 나타난다. 만약 우리가 모든 백조는 흰색이라는 명제를 받아들인다면, 검은 백조의 출현은 명제를 무효화시킨다.

8) 예측에 대한 전통적인 연구인 William Ascher, *Forecasting: An Appraisal for Policy Makers and Planners* (Baltimore and London: Johns Hopkins University Press, 1978) 참조. 그리고 Ascher, "The Forecasting Potential of Complex Models," *Policy Sciences* 13(1981): 247-67. Robert McNown, "On the Use of Econometric Models: A Guide for Policy Makers," *Policy Sciences* 19(1986): 360-380 참조.

9) Economic and Social Research Institute, *Medium-Term Revisions, 2008-2015* (Dublin: May 2008).

에너지자원체제에 대한 복잡한 이론모형에 기초한 예측의 정확성이 추세 연장이나 전문가판단에 기초한 예측과 거의 비슷했다. 간단한 모형의 중요한 이점 중 하나가 놀랍거나 직관에 반하는 사건들에 민감하다는 데 있다면, 간단한 모형은 매우 복잡한 모형에 비해 비교우위를 갖는다. 왜냐하면 매우 복잡한 모형을 이용하는 사람들이, 놀라운 결과에 주의를 기울이지 않고, 그 모형을 기계적으로 적용하려는 경향이 있기 때문이다. 애셔(Ascher)가 경고하는 바와 같이, 복잡한 모형의 도움 없이 그 의미가 이해될 때 예측의 의미가 분명하다면, 그런 모형을 사용하는 가치가 의심스러운 것이다. 그 내용이 놀라운 것이라면, 복잡한 모형의 강점은 아마도 모형의 가정과 내용을 식별해내는 능력에 있을 것이다.[10] 그러나 이런 가정과 내용이 모형의 가정과 일치하지 않을 때에는 간과되거나 버려질 것이 분명하다. 예를 들어, 예상되는 휘발유 소비의 증가가 휘발유세의 변화를 가져오지 않을 것이라고 가정하는 경우이다.

3. **맥락**(*context*). 모형의 가정과 그 결과는 기관적, 시간적, 역사적 맥락에 민감하다. 기관 간 유인체계의 차이는 정부기관, 기업체, 비영리 연구기관 등을 비교하면 알 수 있는 바와 같이, 이들 맥락에서 중요한 차이를 보여준다. 예측의 정확성은 기업체나 정부기관보다 대학이나 비영리 연구기관에서 더 높은 경향이 있다. 또한 예측의 시간적인 맥락이 예측의 정확성에 영향을 준다. 예측이 이루어지는 시간의 간격(예를 들어 1년, 또는 5년)은 예측의 정확성에 영향을 줄 것이다. 시간 간격이 길어질수록 예측의 정확도는 떨어지게 된다. 마지막으로 예측의 역사적 맥락이 정확성에 영향을 준다. 현대에 가까울수록 복잡성과 불확실성이 상대적으로 커지기 때문에 예측의 정확성은 낮아진다. 지난 50년간 예측오차가 증가했다는 사실을 보면 확연히 알 수 있다.

그러므로 예측자들이 예측과정에 도입한 가정들이 예측의 정확성과 예측 방법에 따라 달리 나타나는 결과에 영향을 준다. 애셔(Ascher)가 지적한 바와 같이, 예측의 성과를 평가하는 데 어려운 점은 예측자들의 가정을 식별하는 데 있다. 많은 예측에서 '가정집착'(assumption drag)의 문제가 있는데,[11]

10) Ascher, "The Forecasting Potential of Complex Models." p. 255.

그것은 예측자들이, 반대되는 증거가 있음에도 불구하고, 의심스럽거나 분명히 받아들일 수 없는 가정들에 매달리는 경향을 말한다. 예를 들어, 에너지 예측에서, 반대되는 증거에도 불구하고, 산유국(OPEC) 정부들의 가격정책이 상당히 안정적으로 유지될 것이라는 가정에 매달리는 경향이 그것이다. '가정집착' 현상으로부터 한 가지 중요한 의미를 얻을 수 있다. 제3장에서 논의한 문제구조화 과정이 예측의 중요한 측면을 제공한다는 것이다. 사실, 문제의 무해결(dissolving) 과정이나 미해결(unsolving) 과정에 의한 오류수정은 예측에서도 매우 중요하며, 다른 정책분석 단계에서도 역시 중요한 것이다.

3. 사회의 미래

정책예측은 추세연장, 예견, 전문가판단 등 어떤 형태로 이루어지든 세 가지 종류의 미래 사회 상태, 즉 가능한 미래, 개연적 미래, 규범적 미래를 추정하게 된다.[12] 가능한 미래(*possible futures*)란 실제로 나타나는 사회 상태와 구별되는 나타날 수도 있는 미래의 사회 상태를 뜻한다. 미래 상태는 그것이 실제로 나타날 때까지는 결코 알 수가 없으므로 수많은 가능한 미래가 있을 수 있다. 개연적 미래(*plausible futures*)는, 가끔 대안적 미래(*alternative futures*)라고 불리는데, 정책결정자가 사건들의 진로를 바꾸려고 개입하지 않는다면 증거나 이론에 기초하여 생기게 되리라고 믿어지는 미래 상태이다. 이와 대조적으로 규범적 미래(*normative futures*)는 미래에서의 가치와 일치하는 미래 사회 상태를 뜻한다. 규범적 미래의 식별은, 예측을 경제적 효율성, 사회적 형평성, 공중계몽, 부, 정치권력 등의 가치를 성취하는 것에 연결시킴으로써, 잠재적 미래와 개연적 미래의 범위를 축소시킨다.[13]

규범적 미래의 식별은 우리로 하여금 가치를 다룰 것을 요구할 뿐만 아니라, 그 가치를 달성할 수 있는 대안이나 방안을 찾아낼 것을 요구한다. 이런

11) Ascher, *Forecasting* 참조.

12) David C. Miller, "Methods for Estimating Societal Futures," in *Methodology of Social Impact Assessment,* ed. Kurt Finsterbusch and C. P. Wolf (Stroudsburg, PA: Dowden, Hutchinson & Ross, 1977), pp. 202-210 참조.

13) 공공정책의 가치에 대한 고전적 분석으로는 Harold D. Lasswell and Abraham Kaplan, *Power and Society: A framework for Political Inquiry* (New Brunswick, NJ: Transaction Publishers, 2013); Kurt Baier and Nicolas Rescher, eds., *Values and the Future: The Impact of Technological Change on American Values* (New York, The Free Press, 1969); Deborah Stone, *Policy Paradox: The Art of Political Decision Making,* rev. ed. (New York: Norton, 2001).

그림 4-2 사회 미래의 세 가지 유형 : 잠재적, 개연적, 규범적 미래

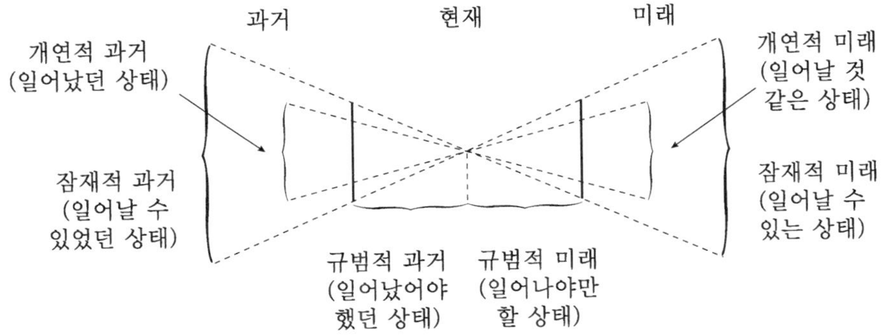

문제가 간단해 보이지만, 실제로는 어려운 문제이다. 분석가는 누구의 가치를 예측의 초점으로 사용해야 하는가? 분석가는 그런 가치를 성취할 대안을 어떻게 선택해야 하는가? 만약 분석가들이 가치와 대안을 식별할 때 기존의 정책을 사용한다면, 그들은 현상유지의 미래 상태를 위험을 무릅쓰고 예측하게 된다. 반면에 정책분석가들이 새로운 정책대안을 제안한다면, 그들은 바이어스를 가졌다고 의심받을 수 있다.

Ⅲ. 예측의 접근방법

일단 목표, 세부목표, 대안들이 식별되고 나면, 예측의 접근방법을 선정할 수 있다. 분석가는 1) 무엇을 예측할 것인가, 즉 예측의 목적(*aim*)이 무엇인가를 정해야 하고, 2) 어떻게 예측할 것인가, 즉 예측을 위한 근거(*basis*)를 결정해야 하며, 3) 선정된 목적과 근거에 가장 적합한 방법(*methods*)을 선택해야 한다.

1. 예측의 목적과 근거

예측의 목적은 투사, 예견, 전문가판단의 준거점이다. 예측에는 네 가지 목적이 있다.[14)]

14) William D. Coplin, *Introduction to the Analysis of Public Policy Issues from a Problem-Solving Perspective* (New York: Learning Resources in International Studies, 1975) p. 21 참조.

1. **기존정책의 결과예측**(*forecast the consequences of existing policies*). 예측은 새로운 정부활동이 없는 경우에 나타날 것으로 보이는 변화를 추정하는 데 쓰일 수 있다. 현상유지(status quo), 즉 아무 것도 하지 않는 것이 기존정책이다. 이러한 예측의 예로 인구조사국(U. S. Bureau of the Census)의 인구추산이나 노동통계국(U. S. Bureau of Labor Statistics)에 의한 여성노동인구추산 등을 들 수 있다.15)
2. **새로운 정책의 결과예측**(*forecast the consequences of new policies*). 예측은 새로운 정책이 채택되었을 경우에 나타날 것으로 보이는 사회변화를 추정하는 데 쓰일 수 있다. 이런 맥락에서, 산업오염을 규제하기 위해 새로운 정책들이 채택된다는 가정에 기초하여 1995년 에너지 수요를 예측할 수 있다.16)
3. **새로운 정책의 내용예측**(*forecast the contents of new policies*). 예측은 새로운 정책에서 내용의 변화를 추정하는 데 쓰일 수 있다. 몇 년 전에 의회조사국(Congressional Research Service)은 정부와 노동조합들이, 노동자들의 4~5주 유급 휴가제를 실시하는 유럽 국가들의 선례를 따를 것으로 가정하여, 4주 유급 휴가제를 채택할 것으로 예측하였다.17)
4. **정책이해관계자들의 행태예측**(*forecast the behavior of policy stakeholders*). 예측은 새로이 제안된 정책에 대한 지지 혹은 반대 가능성을 추정하는 데 쓰일 수 있다. 예를 들어, 정치적 실현가능성을 평가하는 기법들이 정책채택에서 집행에 이르기까지 여러 정책과정단계에서 다양한 정책이해관계자들이 특정 정책을 지지할 가능성을 추정하는 데 이용될 수 있다.18)

예측의 근거(*basis*)는 기존의 정책 또는 새로운 정책의 결과, 새로운 정책의 내용, 정책이해관계자들의 행태 등을 추정하는 데 사용되는 가정이나 자

15) 예를 들어, Howard N. Fullerton Jr. and Paul O. Flaim, "New Labor Force Projections to 1990," *Monthly Labor Review* (December 1976) 참조.

16) Barry Hughes, *U. S. Energy, Environment and Economic Problems: A Public Policy Simulation* (Chicago, IL: American Political Science Association, 1975) 참조.

17) Everett M. Kassalow, *Some Labor Futures in the United States*, Congressional Research Service, Congressional Clearing House on the Future, Library of Congress (January 31, 1978) 참조.

18) Michael K. O'Leary and William D. Coplin, *Everyman's "Prince."* (North Scituate, MA: Duxbury Press, 1976) 참조.

그림 4-3 추세연장의 논리: 귀납적 추론

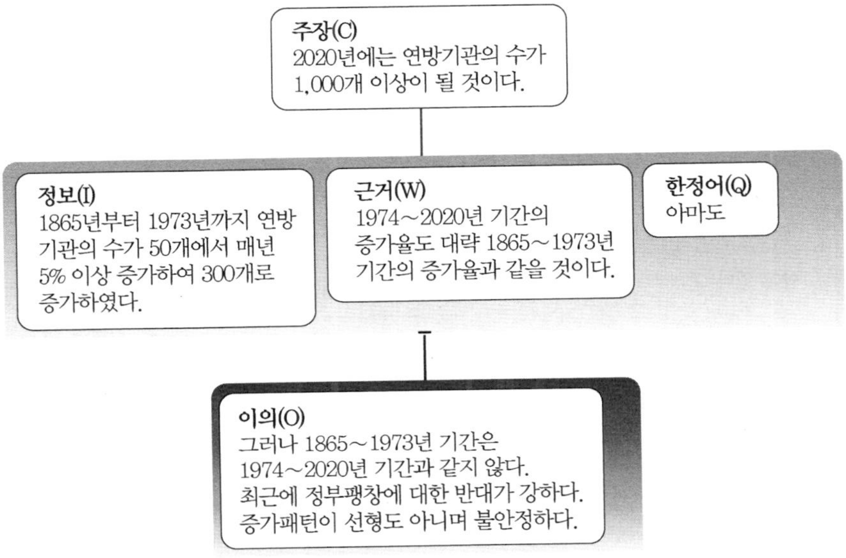

료의 집합을 말한다. 앞에서도 본 바와 같이, 예측의 중요한 근거로는 추세연장, 이론, 전문가 판단 등 세 가지가 있다. 이들 각 근거는 앞에서 논의한 예측의 세 가지 형태와 관련이 있다.

추세연장(*trend extrapolation*)은 과거에 관찰된 추세를 미래로 연장하는 것이다. 추세연장은 새로운 정책이나 예기치 못한 사건이 사건의 진행방향을 바꾸는 데 관여하지 않는다면 과거에 일어났던 것들이 미래에도 똑같이 일어날 것이라고 가정하는 것이다. 추세연장은 귀납적 논리(*inductive logic*)에 근거한다. 다시 말해서, 특정한 관측치(예를 들어, 시계열 데이터)로부터 일반적인 결론이나 주장을 추론하는 과정에 기초한다. 추세연장에서 우리는 보통 일단의 시계열 데이터를 가지고 시작하며 과거경향을 미래로 투사한다. 그 다음에 규칙성과 지속성에 대한 가정들에 근거하여 예측을 정당화시킨다. 추세연장의 논리가 [그림 4-3]에 예시되어 있다.

이론적 가정(*theoretical assumptions*)은 한 사건이 다른 사건에 근거해서 발생할 것으로 예견하는, 체계적으로 구성되고 실증적으로 검증할 수 있는 일단의 법칙이나 명제를 말한다. 이론적 가정은 인과관계의 형태를 띠고, 그 역할은 설명하고 예측하는 것이다. 이론적 가정의 이용은 연역적 논리(*deductive*

그림 4-4 이론적 예견의 논리: 연역적 추론

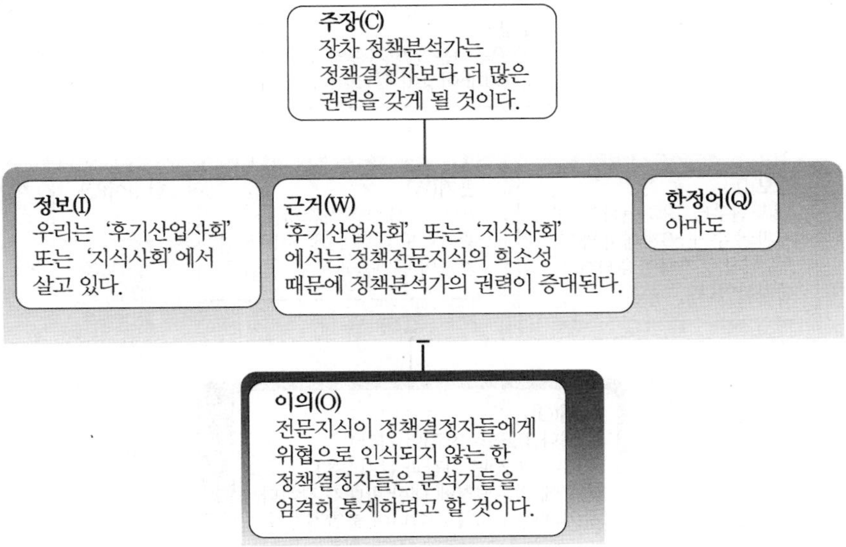

logic)에 입각하여, 즉 일반적 진술, 법칙, 명제로부터 특정한 정보나 주장을 추론해 내는 과정에 기초한다. 예를 들면, '후기산업사회'(postindustrial society)에서는 분석가들의 예견적인 지식이 그들의 힘을 신장시키는 자원으로서 점점 더 희소하게 될 것이라는 명제가 정부 내의 전문적인 정책분석가가 증가함으로써 정책분석가들이 장차 정책결정자들보다 더 큰 권력을 갖게 될 것이라는 주장을 도출하는 데 사용될 수 있다([그림 4-4] 참조).

식견 있는 판단(*informed judgments*)은 귀납적 추론이나 연역적 추론보다는 경험과 통찰력에 기초한 지식을 가리킨다. 이러한 판단은 대개 전문가 혹은 지식인들에 의해 표현되며, 이론이나 실증적 자료가 없거나 적당치 않은 경우에 이용된다. 식견 있는 판단은 종종 귀추적 논리(*abductive logic*) 또는 역류적 논리(*retroductive logic*),[19] 즉 미래에 대한 주장에서 출발하여 그 주장을 뒷받침하는 데 필요한 정보나 가정을 거꾸로 찾아내는 추론과정에 기초한다. 예측의 근거로서 식견 있는 판단의 좋은 예로 미래의 기술변화에 관한 추측을 위하여 과학자나 지식인들을 이용하는 경우를 들 수 있다. 귀추적 논리를 통하여 전문가들은 2050년에는 무인자동차를 위한 자동화된 고속

19) "Abduction and Induction," *Philosophical Writings of Peirce* (New York: Dovers, 1955)에서 Charles Sanders Peirce가 사용한 바와 같이 귀추적 추론이 선호되는 용어이다.

그림 4-5 가능한 미래의 논리: 귀추적 추론

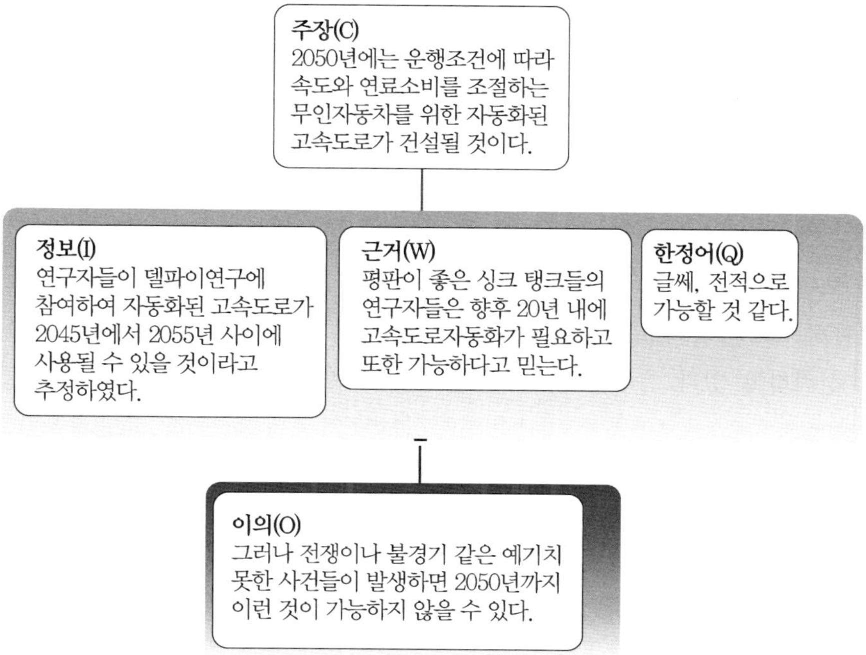

도로들이 생길 것이라고 주장하는 시나리오를 구성할 수도 있을 것이다. 그 다음에 전문가들은 이런 주장이 합당함을 밝히기 위하여 필요한 정보와 가정을 거꾸로 찾아가는 것이다([그림 4-5] 참조).

귀추적 추론은 잠재적 미래가 현재로부터 생성되는 것을 가능하게 한다. 이와 대조적으로 귀납적 추론과 연역적 추론은 보다 보수적인 성향을 띤다. 왜냐하면 과거의 사건들에 관한 정보를 이용하거나 확립된 과학적 이론을 적용하는 것은 (개연적 미래와 구별되는) 잠재적 미래에 대한 고려를 제한할 수 있기 때문이다. 과거의 사건이나 확립된 과학적 이론이 영향을 제한하는 좋은 예를 유명한 천문학자 피커링(William H. Pickering, 1858~1938)의 예측에서 분명히 알 수 있다. 그는 수많은 승객을 싣고 대서양을 횡단하는 비행기계에 대한 생각은 전혀 꿈같은 얘기라고 믿었다. 왜냐하면 "어떤 기계가 한두 명을 태우고 대서양을 횡단할 수 있다고 해도 그 비용이 엄청날 것"[20]이기 때문이다.

20) Brownlee Haydon, *The Year 2000* (Santa Monica, CA: RAND Corporation, 1967)에서 인용.

2. 방법과 기법의 선택

예측의 목적과 근거를 선택하는 것은 분석가로 하여금 적합한 예측방법을 택할 수 있도록 인도해 준다. 그러나 문자 그대로 선택할 수 있는 수백 가지의 방법들이 있다.[21] 이들 방법을 선택할 때 고려사항을 간략히 정리할 수 있는 한 가지 유용한 방식은 앞에서 논의한 예측의 근거에 따라 방법을 분류해 보는 것이다. <표 4-1>은 예측의 세 가지 접근방법, 근거, 적합한 방법을 개략적으로 나타내고 있다. 이 표는 이 장에서 앞으로 살펴볼 방법들을 간략히 정리하고 있다.

표 4-1 예측의 세 가지 접근방법

접근방법	근 거	예측방법
추세연장적 예측	추세연장	전통적 시계열분석
		선형경향추정
		지수가중
		자료변환
		격변방법론
이론적 예측	이론적 법칙과 명제	이론지도작성
		인과모형화
		회귀분석
		구간(점)추정
		상관분석
판단적 예측	전문가 판단	전통적 델파이
		정책 델파이
		교차영향분석
		실현가능성 예측

21) 예측방법에 관한 종합적인 검토는 www.forecastingprinciples.com에 있는 Armstrong, *Forecasting Principles: Evidence-Based Forecasting*이다. 유용한 초기 연구로는 Daniel P. Harrison, *Social Forecasting Methodology* (New York: Russell Sage Foundation, 1976); Denis Johnston, "Forecasting Methods in the Social Sciences," *Technological Forecasting and Social Change*, 2 (1970): 120-43; Arnold Mitchell and others, Handbook of Forecasting Techniques (Fort Belvoir, VA: U.S. Army Engineer Institute for Water Resources, December 1975) 등이 있다.

Ⅳ. 추세연장적 예측

추세연장적 예측방법들은 과거, 현재, 역사적 데이터를 토대로 미래 사회 상태를 예측할 수 있도록 해준다. 추세연장적 예측은 종종 다수의 시점에서 수집하여 시간의 흐름에 따라 배열한 수치들에 대한 분석을 수반하는 시계열 분석(*time-series analysis*)에 기초한다. 시계열분석은 과거와 미래의 변화량과 변화율의 요약측정치를 제공한다. 추세연장적 예측은 경제성장, 인구감소, 에너지소비, 삶의 질, 기관의 업무량 등을 투사하는 데 이용되고 있다.

추세연장적 예측은 세 가지 가정에 기초를 둔다.

1. **지속성**(*persistence*). 과거에 관찰된 추세가 미래에도 지속될 것이다. 만약 에너지소비가 과거에 동일한 비율로 증가해 왔다면, 이러한 지속적(선형) 경향이 미래에도 계속될 것이다.
2. **규칙성**(*regularity*). 만약 과거에 관찰된 변동이 비지속적 패턴으로 발생했다면, 이는 미래에도 되풀이될 것이다. 만약 과거 7~8년마다 경제신장과 긴축의 주기가 일어났으면 미래에도 그 주기가 반복될 것이다.
3. **신뢰성과 타당성**(*reliability and validity*). 지속적 경향에 대한 측정과 비지속적 패턴의 측정이 신뢰할 수 있고(즉, 상대적으로 정확한), 타당한(즉, 측정하고자 한 것을 제대로 측정한) 것이다. 예를 들어, 범죄통계는 범죄피해서베이가 동반될 때 실제 형사범죄의 비교적 정확한 측정치가 되는데, 범죄피해서베이는 범죄통계가 형사범죄를 $\frac{1}{3}$ 정도 적게 추산한다는 사실을 알려준다.

이 세 가지 가정들이 충족될 때 추세연장적 예측은 동태적인 변화에 대한 통찰력을 기를 수 있게 하고, 잠재적 미래 사회 상태를 보다 잘 이해하게 한다. 이들 가정 중 어느 한 가정이 손상되면, 추세연장적 예측기법들은 부정확하고 그릇된 결과를 산출하게 된다.

1. 전통적 시계열분석

추세연장적 예측에 전통적 시계열분석(*classical time-series analysis*)을 사용할 수 있다. 전통적 시계열분석에서는 시계열을 지속적 경향, 계절적 변동, 주기적 파동, 불규칙적 진동 등 네 가지 구성요소로 나눈다. 지속적 경향(*secular trend*)은 시계열 상에서 장기적으로 평탄하게 증가하거나 감소하는 것을 말한다. [그림 4-6]은 30년간 시카고 시에서 1,000명당 범죄수의 증가가 지속적 경향임을 보여주고 있다. 관례상 시계열변수는 *Y*축(종축, *ordinate*)에, 연도를 *X*축(횡축, *abscissa*)에 나타낸다. 직선 형태의 경향은 1940년부터 1970년까지 1,000명당 총 체포자수의 증가를 요약하는 데 이용되었다. 어떤 경우(예: 사망자수)에는 직선형 경향이 장기간 감소현상을 보여주고, 또 다른 경우(예: 석유소비량)에는 곡선형 경향(*curvilinear trend*), 즉 시계열수치가 아래로 볼록하거나 위로 볼록한 모양을 갖는 경향일 때도 있다.

계절적 변동(*seasonal variation*)은, 계절이라는 말이 뜻하는 것처럼, 1년

그림 4-6 지속적 경향: 시카고 시의 1,000명당 총 체포자수(1940~1970년)

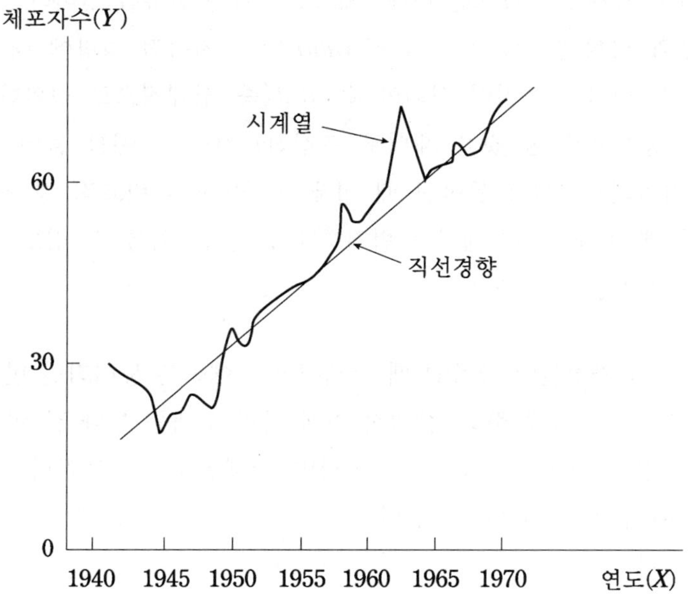

출처: Gurr(1977), p. 647.

혹은 그보다 짧은 기간 동안에 주기적으로 반복해서 나타나는 시계열상의 변동이다. 계절적 변동의 가장 좋은 예는 기후조건이나 휴가철의 변화에 따라 생산량이나 판매량이 증감하는 현상이다. 사회복지, 보건, 공공소비재 등을 담당하는 기관의 업무량도 기후조건이나 휴가의 결과로 계절변동을 종종 나타낸다. 예를 들어, 가정 난방연료의 소비가 겨울에는 증가하고 3월에는 감소하기 시작한다.

주기적 파동(*cyclical fluctuations*)도 주기적이지만 주기가 예상할 수 없을 정도로 수년간에 걸쳐 길어질 수 있다. 새로운 주기적 파동이 미지의 요인들의 결과일 수 있기 때문에, 그 과정은 때때로 설명하기가 어렵다. 100년 이상의 기간 동안에 시카고 시의 1,000명당 총 체포자수는 적어도 세 번의 주기적 파동을 나타낸다([그림 4-7] 참조). 3번째 주기는 금주령이 발효된 시기(Prohibition Era, 1919~1933)와 조직범죄가 등장한 시기와 일치하지만, 각 주기를 설명하기가 어렵다. 이 예는 적절한 시간대를 조심스럽게 선정하는 것이 중요함을 지적하고 있다. 왜냐하면 지속적인 경향처럼 보이는 것이 사실 장기적으로 보면 주기적 파동의 한 부분일 수 있기 때문이다. 또한 1,000명당 총 체포자수가 1955년부터 1970년 사이의 기간보다 1870년대와 1890년대에 대체로 높다는 것도 주목하여야 한다.

주기적 파동의 해석이 불규칙적 진동(*irregular movements*)의 존재로 더욱 어려워지는 경우가 자주 있다. 불규칙적 진동이란 규칙적인 방식이 없어 보이는 시계열상의 예측할 수 없는 변동을 말한다. 불규칙적 진동은 많은 요인들(예: 정부의 변화, 파업, 자연재앙 등)의 결과일 수 있다. 이런 요인들이 설명되어지지 않는 한 이들은 무작위오차, 즉 지속적 경향, 계절적 변동, 혹은 주기적 파동 등으로 설명될 수 없는 미지의 변동원천으로 처리된다. 예를 들어, 1957년에 나타난 총 체포자수의 불규칙적 진동([그림 4-7] 참조)은 규칙적인 방식을 따르지 않는 시계열상의 예측할 수 없는 변동으로 간주될 수 있다. 그러나 자세히 살펴보면 체포자수의 일시적인 급상승은 윌슨(Orlando Wilson)이 경찰국장에 임명되었을 때 나타난 기록의 변화로 설명될 수 있다.[22] 이런 예는 시계열상의 변화에 내재해 있는 역사적, 제도적 변화를 이

22) Donald T. Campbell, "Reforms as Experiments," *American Psychologist* 24, 4(1969), pp. 409-429 참조.

그림 4-7 순환적 파동: 시카고 시의 1,000명당 총 체포자수(1868~1970년)

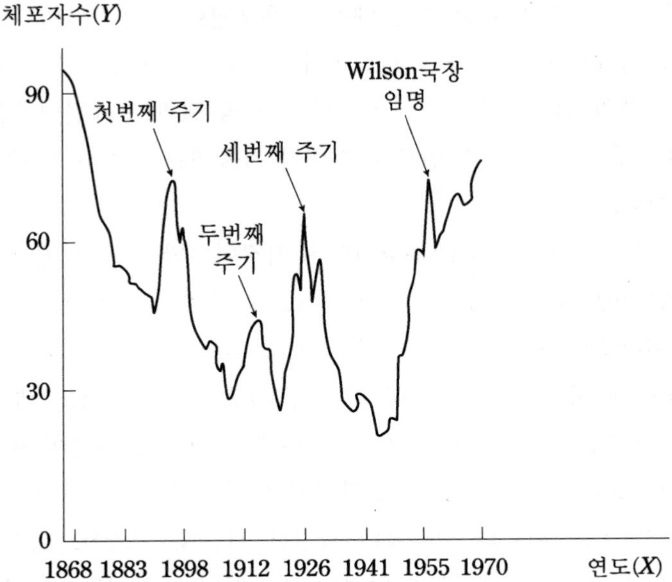

출처: Gurr(1977), p. 647.

해하는 것이 중요함을 지적하고 있다.

2. 선형경향추정

추세연장의 표준적인 기법이 선형경향추정(*linear trend estimation*)인데, 이 기법은 회귀분석 방법을 이용하여 통계적으로 신뢰할 수 있는 추정치를 얻는 절차이다. 선형회귀(linear regression)는 지속성, 규칙성, 측정 신뢰성의 가정에 기초한다. 선형회귀를 이용하여 경향을 추정할 때에는 시계열상의 관측치들이 곡선형태가 아닌 것이 긴요하다. 왜냐하면 선형성으로부터 크게 벗어나면 믿을 수 없는 예측을 가져올 수 있기 때문이다. 그럼에도 불구하고 선형회귀 방법은 계절변동이나 주기적 파동을 나타내는 시계열로부터 선형경향요소를 제거할 때에도 사용될 수 있다.

회귀분석에는 두 가지 중요한 특성이 있다.

1. **편차상쇄**(*deviations cancel*). 시계열상의 관측치들과 추세직선(회귀직

선, *regression line*) 위의 값들 간의 편차의 합은 항상 0이다. 따라서 시계열상의 모든 연도에 대하여 경향추정값(Y_t)을 해당 관측치(Y)에서 빼면, 그 차이(편차, *deviation*)의 합계는 0이 된다. 주어진 연도의 관측치가 회귀직선 아래에 있으면 편차($Y - Y_t$)는 음(−)이고, 반대로 관측치가 회귀직선 위쪽에 있으면 편차($Y - Y_t$)는 양(+)이다. 이들 음의 값과 양의 값이 상쇄되어, $\Sigma(Y - Y_t) = 0$이 된다.

2. **최소의 편차제곱**(*squared deviations are a minimum*). 각 편차의 제곱을 모두 더하면, 즉 편차제곱의 합은 항상 최소값이 된다. 이것은 선형회귀방법이 회귀직선과 관측치 Y 사이의 거리를 최소화한다는 뜻이다. 다시 말해서, 회귀분석이 관측 자료의 점들을 통과하는 추세직선을 그리는 가장 능률적인 방법이다.

이러한 회귀분석의 특징을 [그림 4-8]에서 가상적인 자료로 설명하고 있다.

그림 4-8 선형회귀의 두 가지 특성

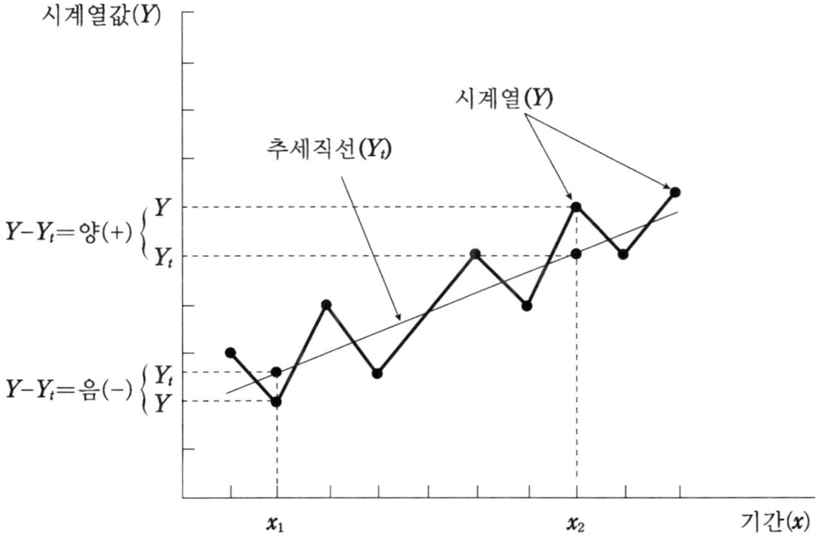

(주): $\Sigma(Y - Y_t) = 0$; $\Sigma(Y - Y_t)^2$: 최소값

[표 4-2]는 에너지 소비량에 대한 자료를 가지고 회귀분석으로 추세직선을 계산하는 방법을 보여주고 있다. (3)열은 전체기간의 중간점(1973년)으로부터의 거리값(x)을 각 연도에 부여한 것이다. 중간점을 좌우 기준점으로 취급하여 0이라는 값을 부여하였다.[23] x값의 범위는 −3부터 +3까지이고, 이것은 기준점으로부터의 편차이다. (4)열과 (5)열의 계산과정을 살펴보자. (4)열에 있는 xY값은 에너지 소비량(Y)과 시간에 부여한 값(x)을 곱한 것이다. (5)열의 x^2값은 (3)열의 각 x값을 제곱한 것이다. 끝으로 (6)열에 경향추정값(Y_t)을 나타내었다. 이 경향추정값은 직선 형태를 띠는데, 다음 식으로 계산된다.

$$Y_t = a + bx$$

여기에서, Y_t: 주어진 연도의 경향추정값
a: $x=0$일 때 Y_t의 값(절편)
b: 기간 한 단위 증가할 때 Y_t의 변화(추세직선의 기울기)
x: 기준점으로부터의 거리를 각 연도에 부여한 값

일단 a와 b의 값이 구해지면, 시계열상의 관측된 어떤 연도나 미래의 어떤 연도의 총 에너지 소비량이 얼마인가를 추정할 수 있다. 예를 들어, <표 4-2>에서 1972년의 에너지 소비 경향추정값은 70.27×10^{15} BTU 임을 보여주고 있다. 1980년의 에너지 소비량을 추정하려면, x값을 7로 놓고(기준점 1973년에서 7만큼 떨어져 있음) $Y_{t(1980)} = a + bx$를 풀면 된다.

절편 a를 구하는 공식은 다음과 같다.

$$a = \frac{\Sigma Y}{n}$$

23) 간결성을 위해 시계열의 기준을 0으로 정하고, 직관적으로 이해할 수 있는 통계학적 표기가 사용되었다. 회귀분석에서 사용되는 표준적인 방법과 통계학적 표기가 나타나 있는 수리경제학 교과서로는 Jeffrey M. Wooldridge, *Introductory Econometrics: A Modern Approach* (Boston, MA: Nelson Education, 2015); James H. Stock and Mark W. Watson, *Introduction to Econometrics* (Boston, MA: Addison Wesley, 2003); Peter Kennedy, *A Guide to Econometrics* (Cambridge, MA: MIT Press, 2003) 참조.

표 4-2 선형회귀에 사용된 총 에너지 소비에 대한 시계열자료

연 도 (X) (1)	에너지 소비량 (Y) (2)	부여된 연도값 (x) (3)	(2)×(3) (xY) (4)	(3)열의 제곱 (x^2) (5)	에너지 소비 경향추정값 (Y_t) (6)
1970	66.9	-3	-200.7	9	68.35
1971	68.3	-2	-136.6	4	69.31
1972	71.6	-1	-71.6	1	70.27
1973	74.6	0	0	0	71.24
1974	72.7	1	72.7	1	72.20
1975	70.6	2	141.2	4	73.17
1976	74.0	3	222.0	9	74.13
$n=7$	$\Sigma Y=498.7$	$\Sigma x=0$	$\Sigma(xY)=27.0$	$\Sigma(x^2)=28$	$\Sigma Y_t=498.7$

$$Y_t = a + bx$$

$$a = \frac{\Sigma Y}{n} = \frac{498.7}{7} = 71.243$$

$$b = \frac{\Sigma(xY)}{\Sigma(x^2)} = \frac{27.0}{28.0} = 0.964$$

$$Y_t = 71.243 + 0.964x$$

$$Y_{t(1980)} = 71.243 + 0.964(7) = 77.99 \times 10^{15}\text{BTU}$$

또한, 기울기 b를 구하는 공식은 다음과 같다.

$$b = \frac{\Sigma(xY)}{\Sigma(x^2)}$$

<표 4-2>에서의 계산과정은 관측된 시계열상의 어느 시점에 대한 에너지 소비량을 추정할 수 있게 할 뿐만 아니라, 미래의 어느 시점에 대한 에너지 소비량을 추정할 수 있게 해준다. 따라서 1980년의 총 에너지 소비량의 추정치 $Y_{t(1980)}$은 77.99×10^{15} BTU이다.

앞에서 선형회귀 방법을 설명하면서 홀수개의 시계열을 살펴보았고, 이때 기준점으로 시계열의 중간점을 0으로 놓았다. 분명히 짝수개의 시계열도 많

표 4-3 짝수 시계열의 선형회귀

연 도 (X) (1)	에너지 소비량 (Y) (2)	부여된 연도값 (x) (3)	(2)×(3) (xY) (4)	(3)열의 제곱 (x^2) (5)	에너지 소비 경향추정값 (Y_t) (6)
1969	64.4	−7	−450.8	49	66.14
1970	66.9	−5	−334.5	25	67.36
1971	68.3	−3	−204.9	9	68.57
1972	71.6	−1	−71.6	1	69.78
1973	74.6	1	74.6	1	71.00
1974	72.7	3	218.1	9	72.21
1975	70.6	5	353.0	25	73.43
1976	74.0	7	518.0	49	76.64
$n=8$	$\Sigma Y=563.1$	$\Sigma x=0$	$\Sigma(xY)=101.9$	$\Sigma(x^2)=168$	$\Sigma Y_t=563.1$

$Y_t=a+bx$

$$a=\frac{\Sigma Y}{n}=\frac{563.1}{8}=70.388$$

$$b=\frac{\Sigma(xY)}{\Sigma(x^2)}=\frac{101.9}{168}=0.607$$

$Y_t=70.388+0.607x$

$Y_{t(1980)}=70.388+0.607(15)=79.495\times10^{15}\text{BTU}$

이 있으며, 이 경우에는 중간점이 없기 때문에 x값을 부여하기 위하여 다른 방법을 써야 한다. <표 4-3>에서는 각 연도에 간격을 2로 하여 값이 부여되었고 +7이 가장 큰 값이고 −7이 가장 작은 값이 되었다. 간격이 반드시 2일 필요는 없고, 연도 간격이 동일하다면, 어떤 수를 간격으로 사용해도 된다. 간격이 커져도 계산결과에는 아무런 영향도 없다.

선형회귀는 지속적인 경향을 연장하는 정확한 방법이지만 몇 가지 조건에 의해 제한을 받는다. 첫째, 시계열이 선형(*linear*)이어야 한다. 즉, 시계열이 추세직선을 따라 계속해서 증가하거나 감소하는 모양이어야 한다. 만약 관측치가 비선형(*nonlinear*)이면(즉, 변화량이 기간마다 증가하거나 감소하면), 다른 기법을 사용해야 한다. 이럴 때 사용하는 기법들은 비선형시계열에 적합한 여러 종류의 곡선을 구하게 된다. 둘째, 역사적 경향이 미래에도 지속된다는, 즉 과거의 형태가 장래에도 똑같은 형태를 반복할 것이라는 그럴듯한 논거를 제시해야 한다. 셋째, 시계열 모양이 급격한 불연속 등이 없이 규칙적(*regular*)이어야 한다. 이러한 조건들이 충족되지 않으면 추세연장에 선형회귀를 사용할 수 없다.

손으로 계산했던 <표 4-2>를 SPSS(사회과학을 위한 통계패키지)를 이용하여 얻은 회귀분석의 결과가 [예시 4-1]에 나타나 있다. <표 4-2>와 [예시 4-1]의 SPSS 출력을 비교해보면, 그 결과는 동일하다. SPSS 출력에서 종속변수(에너지 소비량), 관측된 표본의 규모(n=7), 연도와 에너지 소비량 간 관계의 강도를 나타내는 상관계수(R: 0.729), 독립변수(연도코드)에 의해 설명되는 종속변수 분산의 비율을 나타내는 상관계수의 제곱(R^2: 0.531) 등을 보여주고 있다.

SPSS 출력 중에서 가장 중요한 부분이 회귀직선의 상수와 기울기인데, 상수 a는 71.243으로 나타나 있다. 이것은 X=0일 때 Y(에너지 소비량)의 값이다. 그리고 회귀직선의 기울기 b는 0.964로 나타나 있다. 이것은 X(연도)가 한 단위 변할 때 Y(에너지 소비량)의 변화량이다. 이 부분을 이용하여 회귀방정식을 만들 수 있고, 또 어떤 미래시점에서의 에너지 소비량을 예측할 수 있다. <표 4-2>에 대한 회귀방정식은 다음과 같다.

$$Y_t = 71.243 + 0.964X$$

한편, <표 4-3>에 대한 회귀방정식은 다음과 같다.

$$Y_t = 70.388 + 0.607X$$

시계열 자료가 7년간인 경우와 8년간인 경우에 기울기는 얼마나 차이가 나는지를 확인해 보자.

범죄, 오염, 공공지출, 도시집중 자료와 같이 정책분석가에게 관심 있는 시계열자료는 비선형인 경우가 많다. 시계열 관측치들이 계속적으로 증가하거나 감소하는 모양이 아닌 변화 형태에 비선형곡선을 적용시키기 위하여 다양한 기법들이 개발되어 왔다. 여기서는 이들 기법들에 대하여 자세히 다루

예시 4-1 〈표 4-2〉에 대한 SPSS 출력

모형 요약[b]

모형	R	R제곱	수정된 R제곱	추정값의 표준오차	Durbin-Watson
1	.729[a]	.531	.437	2.14575994	1.447

a. 예측값: (상수), 연도코드
b. 종속변수: 에너지 소비량

분산분석[b]

모형		제곱합	자유도	평균제곱	F	유의확률
1	선형회귀분석	26.036	1	26.036	5.655	.063[a]
	잔 차	23.021	5	4.604		
	합 계	49.057	6			

a. 예측값: (상수), 연도코드
b. 종속변수: 에너지 소비량

계수[a]

모형		비표준화 계수		표준화 계수	t	유의확률
		B	표준오차	베타		
1	(상수)	71.243	.811		87.843	.000
	연도코드	.964	.406	.729	2.378	.063

a. 종속변수: 에너지 소비량

잔차 통계량[a]

	최소값	최대값	평균	표준오차	N
예측값	68.349998	74.135712	71.242857	2.08309522	7
잔차	-2.571429	3.3571429	8.120E-15	1.95880187	7
표준 예측값	-1.389	1.389	.000	1.000	7
표준 잔차	-1.198	1.565	.000	.913	7

a. 종속변수: 에너지 소비량

지 않고, 몇 가지 특징과 기본적인 가정들을 살펴보고자 한다. 이런 예측기법을 좀 더 깊이 연구하고자 하는 독자들은 시계열분석에 관한 책을 찾아보기 바란다.24)

24) G. E. P. Box and G. M. Jenkins, *Time Series Analysis: Forecasting and Control* (San Francisco, CA: Holden-Day, 1969); Sypros Makridakis and Steven C. Wheelwright and Rob J. Hyndman, *Forecasting Methods and Applications* (New York: John Wiley & Sons, 2008) 참조.

3. 비선형 시계열

선형성, 지속성, 규칙성의 조건을 만족시키지 않는 시계열은 [그림 4-9]에 나타낸 것과 같이 다섯 가지 유형으로 나눌 수 있다.

1. **진동**(*oscillations*). 선형성으로부터 이탈하고 있는데, 몇 년, 몇 분기, 몇 달, 몇 일 등의 일정기간 동안에 선형성이 없다는 뜻이다. 진동은 지속적이고 규칙적인 경우가 있는데, 예를 들면 경찰에 의한 체포가 대부분 일년 내내 밤 11시부터 새벽 2시 사이에 일어나는 경우이다. 그러나 진동은 조사기간 동안에 꾸준히 증가하거나 감소하는 현상을 보여주지는 않는다([그림 4-9] (a)). 몇 년 동안의 진동이 장기간의 몇 년 동안의 지속적인 경향과 결합하여 나타날 수 있다. 예를 들어, 실업의 계절적 변동, 기관 업무량의 월간 변동, 오염의 일일 변동 등을 들 수 있다.
2. **주기**(*cycles*). 주기는 수년 혹은 그 이상의 기간에 걸쳐 나타나는 비선형 파동으로 예측할 수 없을 경우도 있고 지속성과 규칙성을 가지고 나타날 때도 있다. 주기의 전체적인 모습은 항상 비선형이지만, 주어진 주기의 부분들은 직선이나 곡선이 될 수 있다([그림 4-9] (b)). 예를 들어, 경기순환과 학문분야, 과학논문발표, 문명 등의 생활주기를 들 수 있다.
3. **성장곡선**(*growth curves*). 이것은 수년, 수십년, 혹은 몇 단위의 시간 동안 선형성이 없는 경우이다. 성장곡선은 시계열상의 성장률의 누적증가나 성장률의 누적감소 혹은 두 가지의 조합(*combination*)을 나타낸다([그림 4-9] (c)). 후자의 성장곡선은 시그모이드(*sigmoid*) 혹은 로지스틱(*logistic*) 곡선이라 부르는 S자형 곡선이 된다. 생물학적 유기체에 관한 연구로부터 개발된 성장곡선은 산업, 도시지역, 인구, 기술, 과학 등의 성장을 예측하는 데 이용되어 왔다. 성장곡선은 비선형이지만 지속적이고 규칙적이다.
4. **쇠퇴곡선**(*decline curves*). 이것 역시 수년, 수십년, 혹은 그 이상의 기간 동안 선형성이 없는 경우인데, 사실상 쇠퇴곡선은 성장곡선의 정반대이다. 쇠퇴곡선은 시계열상의 감소율의 누적증가나 누적감소를 나타낸다

([그림 4-9] (d)). 감소율의 증가나 감소가 결합하여 여러 형태의 곡선을 만든다. 쇠퇴의 양상이 때때로 문명, 사회, 도시의 쇠퇴 등 여러 가지 동

그림 4-9 비선형시계열의 유형

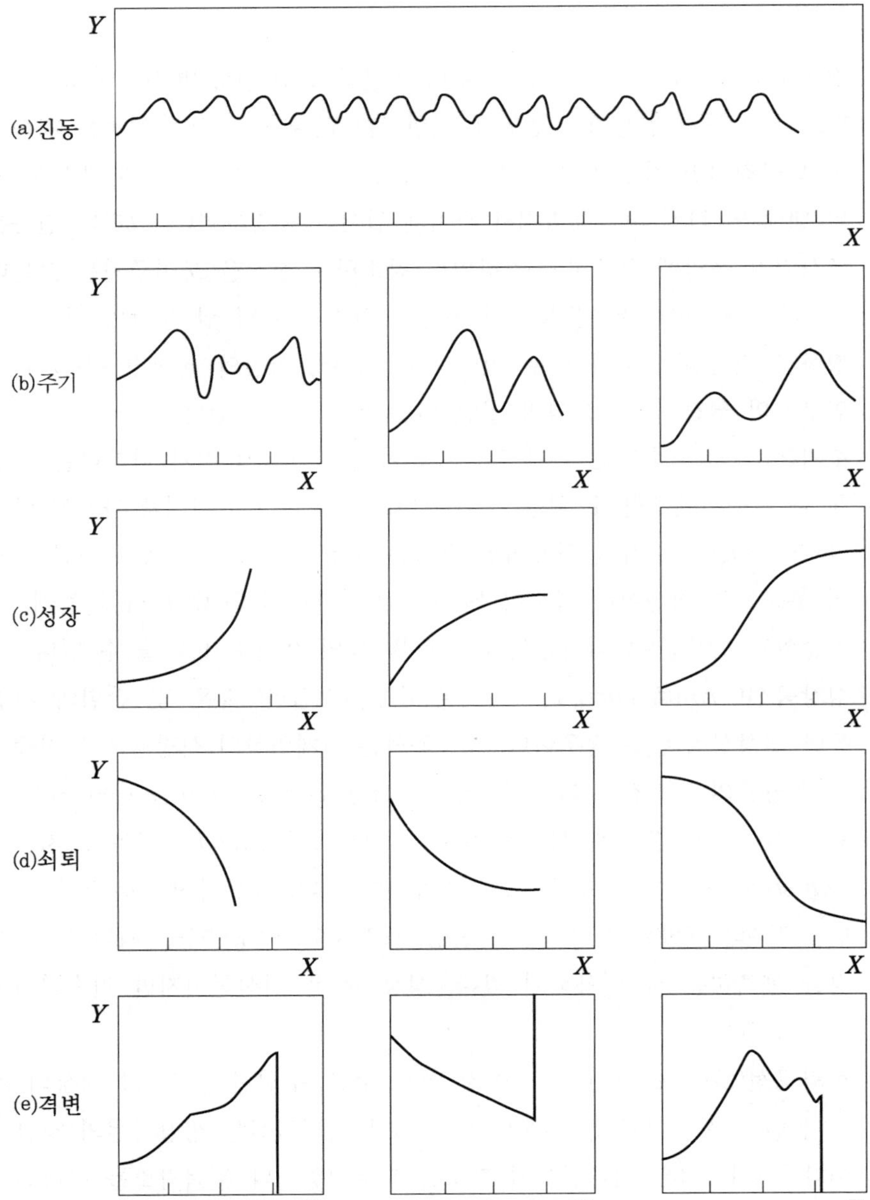

태적 혹은 생활주기(life cycle) 관점의 기초로 이용된다. 쇠퇴곡선도 비선형이지만 규칙적이고 지속적이다.

5. **격변**(*catastrophes*). 격변적인 시계열자료의 주요 특징은 갑작스럽고 급격한 단절이다. 프랑스의 수학자 통(René Thom)에 의해 발견된 연구 분야인 격변에 대한 분석은 비선형이면서 단절된 변화양상을 포함하고 있다([그림 4-9] (e)). 예를 들면, 전쟁기간에 정부정책의 급격한 변화(항복이나 철수), 경제위기시에 증권거래의 몰락, 끓는점에서 액체밀도의 급격한 변화 등이 있다.[25]

[그림 4-9]의 (c), (d)에 나타낸 성장곡선과 쇠퇴곡선은 추세직선으로 나타낼 수 없다. 성장이나 쇠퇴현상이 주기적 파동을 나타내지도 않으며, 이러한 경향은 기껏해야 지수적 성장이나 감소로 표현할 수 있다. 즉, 증가율이 일정한 것이다. [그림 4-10]은 1789년부터 1973년까지 연방정부조직수의 지수함수 성장의 한 예이다. 1789년 이후 총 정부조직수는 천천히 증가하였고, 1860년부터는 증가율이 가속화되었다. 분명히 이러한 증가경향은 이제까지 살펴본 지속적 경향과 주기적 변동과는 매우 다른 것이다.[26]

성장이나 쇠퇴과정에 적합한 곡선을 찾아내는 기법들은 지속적 경향을 추정하는 데 이용되는 기법들보다 더욱 복잡하다. 이런 기법들의 대부분은 선형회귀에 기초하고 있지만, 시계열변수(Y)를 변환하는 여러 가지 방법이 필요하다. 시계열변수(Y)의 변환방법 중에는 제곱근($\sqrt[n]{Y}$), 로그($\log\ Y$), 지수(e^x) 등이 있다. 각각의 경우, 변환의 목적은 증가량이 증가하거나 감소하면서 증가하는(혹은 반대로 감소량이 증가하거나 감소하면서 감소하는) 시계열상의 변화를 수학적으로 표현하고자 하는 것이다. 이들 기법들을 여기서는 다루지 않겠지만, 그 논리는 정책분석에서 매우 중요하기 때문에 좀 더 설명하고자 한다.

---

25) C. A. Isnard and E. C. Zeeman, "Some Models from Catastrophe Theory in the Social Sciences," in *The Use of Models in the Social Sciences*, ed. Lyndhurst Collins (Boulder, CO: Westview Press, 1976), pp. 44-100 참조.

26) 과학의 성장과정에 대한 탁월한 연구로는 Derek de Sólla Price, *Little Science, Big Science* (New York: Columbia University Press, 1963)가 있다.

그림 4-10 대통령임기에 따른 미국 연방정부조직의 증가(1789~1973년)

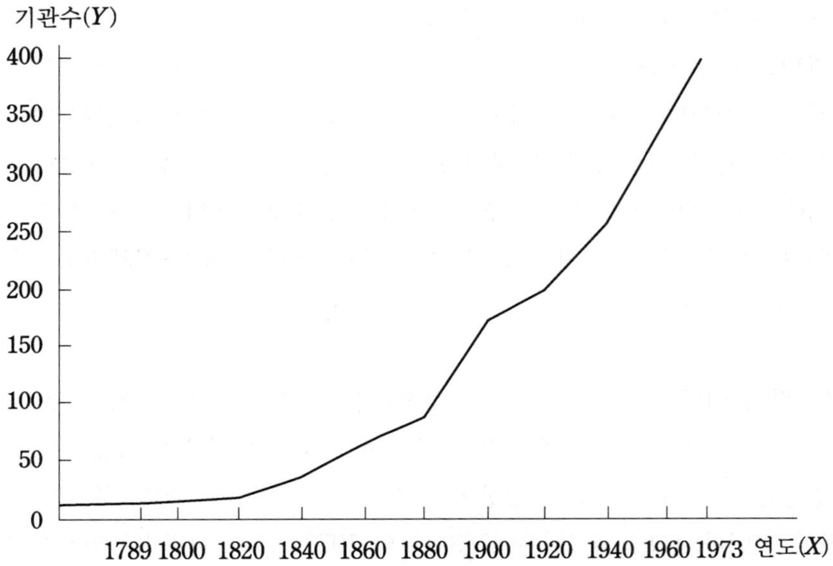

출처: Kaufman(1976): 62.

간단한 예로 적합한 곡선을 식별하는 기법을 살펴보자. 복리이자모형을 다시 보자.

$$S_n = (1+r)^n S_0$$

여기에서, S_n : n년 동안의 원리금 합계

S_0 : 원금

r : 이자율

n : 투자기간(년)

인구 만 명의 어떤 소도시의 관리자가 다음과 같은 상황에 처해 있다고 가정하자. 비상시의 재정손실을 대비하기 위하여 2000년에 1,000달러를 특별 당좌구좌에 예치하기로 결정하였다. 당좌구좌는 매우 편리하지만 이자가 없다. 물가상승 때문에 2001년부터 매년 100달러씩 예치금액을 추가시키기 시작했다. [그림 4-11]의 (a)에서 보는 바와 같이 예치금액의 증가는 우리가 앞에서 살펴 본 추세직선의 좋은 예이다. 일정액(100달러)이 증가하는 시계열

그림 4-11 선형경향과 성장경향

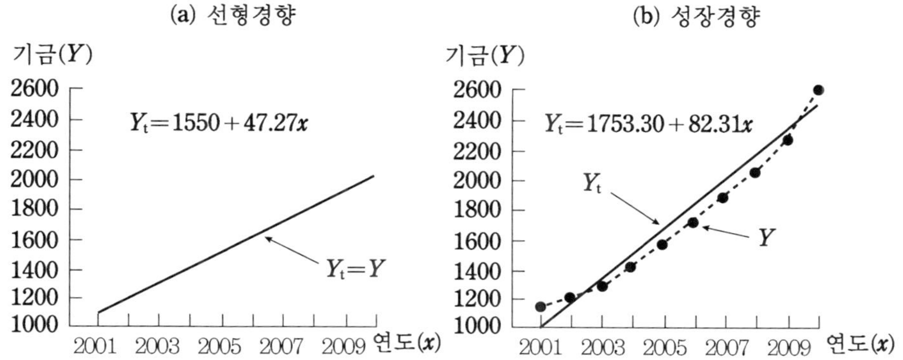

인데, 2010년의 예치금액은 2,000달러가 될 것이다. 이 경우 시계열의 값(Y)은 경향추정값(Y_t)과 일치한다. 이것은 모든 Y값이 추세직선 상에 있기 때문이다.

이제 이 관리자가 이자가 붙는 특수구좌에 예치한다면 어떻게 되겠는지를 생각해 보자. 아무런 법적 제한도 없고 예금인출시 아무런 손해도 없는 것으로 가정하자. 이자는 매년 10%의 복리이자로 가정한다. 또한 원금 1,000달러를 10년간 예치한다. 즉, 더 이상의 예치는 없다. [그림 4-11]의 (b)에서 보는 바와 같이 도시기금의 증가는 앞에서 논의한 성장곡선의 좋은 예가 된다. 도시기금은 10년간 증가액이 증가하면서 증가하고, 2010년 말에는 총기금이 2,594달러가 된다. 이자가 없는 구좌의 경우는 2,000달러였다. 또한, 이 이자가 없는 구좌의 경우에는 원금이 2배가 되는 데 10년이 걸렸고, 후자의 경우에는 원금의 2배가 되는 데 7년이 조금 더 걸렸다. 그리고 1,594달러라는 복리이자가 더 붙었다. 2010년 말의 원리금합계를 계산해 보면 다음과 같다.

$$S_n = (1+r)^n S_o = (1+0.1)^{10}(1000) = (2.5937)(1000) \fallingdotseq 2594$$

또 어떤 주어진 연도(예를 들면, 2005년)의 원리금합계를 공식에 적절한 수치를 대입함으로써 계산할 수 있다.

$$S_5 = (1+0.1)^5(1000) = (1.6105)(1000) = 1610.5$$

이제 [그림 4-11]의 (b)와 같은 성장곡선의 경우 회귀직선을 이용하여 추정할 때 한계점을 살펴보자. 회귀직선의 방정식($Y_t = 1753.30 + 82.31x$)은 부정확한 예측치를 산출할 것이다. 예를 들어, 2020년의 예측치를 회귀직선의 방정식으로 구하면 $4140.29가 된다[$Y_{t(2020)} = 1753.30 + 82.31(29)$]. 반면에 복리이자공식을 이용하면 2020년의 추정치는 $6727.47가 된다[$S_{20} = (1.1)^{20}(1000)$]. 그러므로 선형회귀에 의한 추정치는 매우 부정확하다.

다행히도, 선형회귀 기법도 성장경향을 추정하는 데 이용될 수 있다. 그러나 회귀직선을 이용하려면 원래 직선의 방정식($Y_t = a + bx$)을 곡선의 방정식으로 바꾸어야 한다. 이러한 방법에는 여러 가지가 있지만 가장 보편적으로 쓰이는 절차는 지수가중과 자료변환의 두 가지 방법이다.

4. 지수가중

지수가중(*exponential weighting*)에서는 회귀방정식의 어떤 항(예: bx)을 이차항으로 만들거나 새로운 이차항(예: cx^2)을 추가한다. 관측치의 증가(또는 쇠퇴) 양상이 뚜렷하면 할수록, 그것을 나타내기 위한 거듭제곱이 더욱 필요하게 된다. 예를 들면, [그림 4-11]의 (b)에서와 같이 복리이자의 경우에는 변화율이 작다. 이럴 때에는 원래의 회귀직선에 셋째 항(cx^2)을 추가하여 방정식(이차포물선)을 만들면 다음과 같이 된다.

$$
\begin{aligned}
Y_t &= a + bx + cx^2 \\
&= 1753.30 + 82.31x + 1.8x^2
\end{aligned}
$$

이 방정식에서 선형이 아닌 부분은 이차항(x^2)뿐이다. 이것은 어떤 연도의 x값이 제곱값으로 증가함을 의미한다. 이를테면 x값이 −5이면 25, x값이 +9이면 81이 된다. 즉, x의 절대값이 커지면 그 제곱값은 기하급수적으로 커진다. x에 부여한 값이 9이면 선형회귀직선에서는 3의 3배이지만, 이차포물선에서는 9배가 된다.

$$\frac{9}{3}=3,\quad \frac{9^2}{3^2}=9$$

이제 성장과정이 시계열에서 증가율이 증가한다는 것이 무엇을 뜻하는지를 머리 속에 그리기가 보다 쉬워졌을 것이다.

5. 자료변환

회귀직선을 성장과정이나 쇠퇴과정에 적용하기 위한 두 번째 방법이 자료변환(*data transformation*)이다. 지수가중에서는 새로운 비선형 회귀방정식(예: $Y_t = a + bx + cx^2$)을 작성하지만, 자료변환은 분석가로 하여금 간단한 선형방정식($Y_t = a + bx$)을 갖고 분석할 수 있게 한다. 다만, 시계열변수(Y)를 적절히 변환한 값으로 이용하게 된다. 시계열변수를 변환하는 한 가지 방법은 그 제곱근($\sqrt{Y}$)을 취하는 것이다. 자료변환의 다른 한 가지 방법은 시계열 변수값을 상용로그(common logarithm)를 취하거나 자연로그(natural logarithm)를 취하는 방법이다. 어떤 수의 상용로그(밑이 10)값은 10을 몇 제곱해야 그 수가 되느냐를 나타내는 수치이다. 예를 들어, 10을 2제곱하여야 100이 되므로 $\log_{10}$ 100은 2이다. 또 어떤 수의 자연로그(밑이 e)값은 e(2.71828)를 몇 제곱해야 그 수가 되느냐를 나타내는 수치이다. 예를 들면, 2.71828을 4.6052제곱하면 100이 되므로 $\log_e$ 100은 4.6052이다. 밑이 10인 로그는 줄여서 log로, 밑이 e인 로그는 줄여서 ln으로 나타낸다. 로그나 제곱근에 대하여 경험이 없는 독자들은 <표 4-4>의 가상적인 시계열을 살펴보면 자료변환의 성질을 파악하기가 좀 더 쉬울 것이다. 간단한 선형회귀방정식을 풀기에 앞서 시계열변수의 제곱근과 로그값의 결과를 관찰할 수 있다.

<표 4-4>에서 사용된 모든 계산은 앞에서 했던 경향추정을 위한 선형회귀를 적용했을 때와 똑같다. 다만 Y값이 제곱근이나 상용로그값으로 변환된 것이 다르다. 선형회귀방법이 매년 10배씩 증가하는 급격한 성장경향(2번열)을 표현하는 데에는 매우 부적절함을 주목하라. 직선의 방정식($Y_t = a + bx$)은 2011년의 예측치로 85,186을 산출하는데, 실제는 1,000,000이다(물론 시계열이 2011년 이후에도 10배만큼 증가할 경우). 제곱근으로 전환한 값들로 만

표 4-4 시계열의 제곱근과 로그

연도	시계열 변수의 원래값	시계열 변수의 제곱근	시계열 변수의 로그값	부여된 연도값	(5)열의 제곱	(2)×(5)	(3)×(5)	(4)×(5)	경향추정치		
(X)	(Y)	$(\sqrt{Y})$	$(\log\ Y)$	(x)	(x^2)	(xY)	$(x\sqrt{Y})$	$(x\log Y)$	Y_t	$\sqrt{Y_t}$	$\log\ Y_t$
(1)	(2)	(3)	(4)	(5)	(6)	(7)	(8)	(9)	(10)	(11)	(12)
2006	10	3.16	1.0	-2	4	-20	-6.32	-2	-19,718	-51.0	1.0
2007	100	10.0	2.0	-1	1	-100	-10.0	-2	1,271	20.6	2.0
2008	1,000	31.62	3.0	0	0	0	0	0	22,260	92.2	3.0
2009	10,000	100.0	4.0	1	1	10,000	100.0	4	43,249	163.8	4.0
2010	100,000	316.23	5.0	2	4	200,000	632.46	10	64,238	235.4	5.0
5	111,110	461.01	15.0	0	10	209,880	716.14	10.0	111,300	461.01	15.0

$$Y_t = a + bx$$

$$a = \frac{\Sigma Y}{n} = \frac{111{,}110}{5} = 22{,}222$$

$$b = \frac{\Sigma(xY)}{\Sigma(x^2)} = \frac{209{,}880}{10} = 20{,}988$$

$$Y_t = 22{,}222 + 20.988(x)$$

$$Y_{t(2011)} = 22{,}222 + 20.988(3) = 85{,}186$$

$$\sqrt{Y_t} = a + bx$$

$$a = \frac{\Sigma\sqrt{Y}}{n} = \frac{461.01}{5} = 92.2$$

$$b = \frac{\Sigma(x\sqrt{Y})}{\Sigma(x^2)} = \frac{716.14}{10} = 71.6$$

$$\sqrt{Y_t} = 92.2 + 71.6(x)$$

$$Y_{t(2011)} = [92.2 + 71.6(3)]^2 = 94{,}249$$

$$\log Y = a + bx$$

$$a = \frac{\Sigma\log\ Y}{n} = \frac{15}{5} = 3.0$$

$$b = \frac{\Sigma(x\log\ Y)}{\Sigma(x^2)} = \frac{10}{10} = 1.0$$

$$\log\ Y = 3.0 + 1.0(x)$$

$$Y_{t(2011)} = \text{antilog}\ [3.0 + 1.0(3)] = \text{antilog}\ 6.0 = 1{,}000{,}000$$

든 직선의 방정식($\sqrt{Y_t} = a + bx$)은 이 폭발적으로 증가하는 시계열을 분석하는 데 큰 도움이 안 된다. 이렇게 변환하는 방법으로 2011년의 추정치를 구하면 94,249인데 별로 개선되지 못하였다.

오직 로그변환으로 얻은 직선의 방정식($\log Y = a + bx$)만이 2011년의 정확한 값을 제공한다. 결국 우리가 행한 것은 Y의 상용 로그값을 취함으로써 성장경향을 '똑바로 펼친'(straighten out) 것이며, 이렇게 함으로써 추세를 연장하는 데 선형회귀를 이용할 수 있게 된다. 이것은 경향 자체가 선형임을 의미하는 것이 아니다. 단지 비선형 경향의 2011년이나 어떤 해의 값을 정확히 추정하는 데 선형회귀를 이용할 수 있다는 뜻이다. 그렇지만 2011년의 추정치를 계산하기 위해서는 로그값(6.0)을 변수 Y의 원래 수치로 환원해야 한다. <표 4-4>에서 6.0의 역 로그값(약자로 antilog 6.0)을 취하여 1,000,000이 되었다. 역 로그는 로그의 진수에 해당하는 값이다. 즉, antilog2=100, antilog3=1000, antilog 4=10000 등이 된다. 제곱근 변환의 경우에도 역시 적절히 거듭제곱을 하여 환원시켜야 한다.

성장경향을 추정하는 원리를 이해했으므로, 우리의 예 소도시의 관리자와 복리계산문제로 돌아가자. 우리는 복리이자모형에서 연 10%의 복리로 2000년의 원금 $1,000이 2020년 말에는 $6727.47의 원리금 합계가 됨을 알 수 있다.

표 4-5 로그변환에 의한 시계열의 선형회귀

연도 (X) (1)	시계열 변수 (Y) (2)	시계열 변수의 로그값 ($\log Y$) (3)	부여된 연도값 (x) (4)	(4)열의 제곱 (x^2) (5)	(3)×(4) ($x \log Y$) (6)	경향 추정치 ($\log Y_t$) (7)
2001	1100	3.041	-9	81	-27.369	3.0413
2002	1210	3.083	-7	49	-21.581	3.0827
2003	1331	3.124	-5	25	-15.620	3.1241
2004	1464	3.165	-3	9	-9.495	3.1655
2005	1611	3.207	-1	1	-3.207	3.2069
2006	1772	3.248	1	1	3.248	3.2483
2007	1949	3.290	3	9	9.870	3.2897
2008	2144	3.331	5	25	16.655	3.3311
2009	2358	3.373	7	49	23.611	3.3725
2010	2594	3.414	9	81	30.726	3.4139
n=10	17533	32.276	0	330	6.838	32.2760

$$\log Y_t = a + bx$$

$$a = \frac{\Sigma \log Y}{n} = \frac{32.276}{10} = 3.2276$$

$$b = \frac{\Sigma(x \log Y)}{\Sigma(x^2)} = \frac{6.838}{330} = 0.0207$$

$$\log Y_t = 3.2276 + 0.0207x$$

$$\log Y_{t(2020)} = 3.2276 + 0.0207(29) = 3.828$$

$$Y_{t(2020)} = \text{antilog } 3.828 = \$6,745.27$$

$$S_{20}=(1+r)^n S_0=(1+0.1)^{20}\ (1{,}000) \fallingdotseq 6727.47$$

선형회귀방정식을 사용하여 2020년을 추정한다면, \$4,140.29가 될 것이다. \$2,587.18(6,727.47−4,140.29=2,587.18)라는 오차가 발생한다. 성장경향을 추정하기 위해서 선형회귀모형을 사용하고자 할 때, 이 큰 오차를 어떻게 처리할 수 있겠는가? 이 문제를 처리하는 한 가지 간단한 방법은 모든 Y값에 상용로그를 취하고 이 값들을 선형회귀방정식에 이용하는 것이다.

이 과정이 <표 4-5>에 나타나 있고, 로그변환에 기초한 2020년의 경향추정치는 $\log Y_{t(2020)}=3.828$임을 보여주고 있다. 이 값에 역 로그를 취하면 (antilog 3.828) \$6745.27가 되고, 이는 복리이자공식으로 계산한 값에 근접한 추정치이다(오차는 반올림에 의해 생긴 것). 그러므로 시계열변수의 로그변환을 통하여 비선형 성장과정에 선형회귀를 성공적으로 적용시켰다. 이런 종류의 로그변환이 정책분석에서 국민소득, 인구, 정부지출 등 중요한 성장경향을 추정하는 데 적절히 사용된다.

6. 격변방법론

성장이나 쇠퇴현상을 예측하는 문제에 선형회귀를 성공적으로 적용한다 하더라도 반드시 존재해야 하는 한 가지 조건이 있다. 그것은 우리가 이해하고 추정하려하는 진행과정들이 평탄하고 지속적이어야 한다는 것이다. 그러나 [그림 4-9]의 (e)와 같이 시계열이 불연속인 경우가 많이 있다. 여기서 위상수학이라 불리는 수학의 특수분야에 속하는 격변방법론이 유용한 통찰력을 제공한다. 격변방법론(*catastrophe methodology*)이란 불연속과정을 체계적으로 연구하여 수학적으로 표현하는 것으로 한 변수(예: 시간)가 조금 변화할 때 다른 변수는 급격하게 큰 변화를 가져오는 경향을 추정하기 위하여 특별히 설계된 것이다. 한 변수의 작은 변화가 다른 변수의 갑작스럽고 극적인 변화를 가져올 때, 이 시점을 격변(*catastrophe*)이라 부르는데, 이 말은 절박한 운명이나 재앙이라는 의미보다는 불연속과정을 다섯 가지 종류로 분류하는 하나의 수학적 정리를 가리킨다. 창안자 통(René Thom)에 의하면, 그것은 자연이나 사회에서 나타나는 불연속성의 기본적인 형태를 연구하는 방

법론인 것이다.[27)]

격변방법론은 여기에서 다루기에는 너무 복잡하다. 그렇지만 주요 가정과 응용 등은 알아야 할 것이다.

1. **불연속 진행과정**(*discontinuous processes*). 물리적 과정, 생물학적 과정, 사회적 과정이 곡선형태인 경우도 있지만 돌연한 단절이 생기는 경우도 있다. 사회부문에서의 불연속 진행과정의 예로는 특정 정책이슈들에 대해 부드럽고 점진적인 여론변화에 잘 따라가던 정책이 갑자기 바뀌는 경우이다.
2. **전체로서의 체제**(*systems as wholes*). 전체로서의 사회체제는 그 부분들의 단순한 합이 아닌 변화를 보여주는 경우가 자주 있다. 체제의 부분들은 점진적으로 천천히 변화하는데도 전체로서의 사회구조에서는 급격한 변화가 일어날 수 있다. 예를 들어, 주요 정책이슈들에 대한 여론이 갑자기 갈려 격론을 벌이고 대치하는 반면에 개별 시민들의 여론은 서서히 전개되는 경우이다. 마찬가지로, 여론의 방향은 서서히 변화하는데도 불구하고 정책은 갑작스럽게 변화할 수도 있다.
3. **점진적 지체**(*incremental delay*). 대중의 지지를 유지하고 형성하기 위하여, 정책결정자들이 현존 절차나 관습을 점진적으로 변화시키는 정책을 택하는 경향이 있다. 점진적 선택은 "채택된 정책과 비슷한 모든 대안들과의 계속적이고 순차적인 비교"를 뜻한다.[28)] 지체는 불완전한 정보, 분석형태에서 직관(주로 상식)의 우세, 정치적 충성과 구속, 제도적 타성, 역사적 선례 등 여러 요인들의 결과이다.
4. **격변적 정책변동**(*catastrophic policy change*). 점진적 정책결정은 마지막 순간까지 격변을 지연시킨다. 이것은 부분적으로 경쟁하는 집단들의 의견이 서서히 변화하여 갑작스러운 방향전환을 요구하지 않는 것처럼

27) Isnard and Zeeman, "Some Models from Catastrophe Theory in the Social Sciences." 참조. René Thom의 주요 연구로는 D. H. Fowler가 번역한 *Stabilite structurelle et morphogenese* (New York: W. A. Benjamin, 1975)가 있다. 격변방법론과 관련하여 혼돈이론에 관한 연구가 있다. Prigogine and Stengers, *Order Out of Chaos* 참조.

28) Isnard and Zeeman, "Some Models from Catastrophe Theory," p. 52. 점진적 지체는 보통 '지체규칙(Delay Rule)'(지엽적으로 지지를 증가시키는 방향으로 정책을 변화시키는 것)이라 한다. 다른 방식으로는 'Maxwell 규칙'(지지가 최상인 곳으로 정책을 변화시키는 것)과 '투표규칙'(Voting Rule)(최상인 곳이 아니라 기본지지가 가장 큰 곳으로 정책을 변화시키는 것)이 있다.

보이기 때문이다. 어떤 주어진 시점에서 정책결정자들은 대중의 지지를 유지시키기 위하여 급격하고 단절된 정책에서의 변화를 꾀하지 않을 수 없게 된다.

정책분석에서 격변방법론이 적용된 주된 예는 여론분야에 대한 것이다.[29] 예를 들면, 독일의 에너지 정책에서의 갑작스럽고 불연속적인 변화는 격변방법론을 이용하여, 어떻게 점진적인 여론 변화가 그리고 점진적인 지체상태가 Baden Wurttemberg주 라인 강변에 위치한 농업지역인 Kaiserstuhl에 핵발전소를 건설하는 계획을 갑자기 폐지하는 결정을 낳았는지를 보면 알 수 있다.[30] 청문회를 거쳐 발전소 건설이 시작되었다. 그리고 시위가 뒤따랐고 데모대를 부지에서 강제해산시키는 일들이 생겨났다. 이러는 동안 여론은 점차 그 지역 농민들의 편으로 돌아섰다. 마침내 수많은 점진적 정책변화 끝에 그리고 정부에 막대한 손실을 입히고 그 사업은 갑자기 중단되었다.[31]

격변방법론은 불연속적 정책과정을 이해하는 데 필요한 개념과 기법을 제공한다. 그러나 그것은 이론이라기보다는 개념과 방법의 집합인 것이다. 그 방법 자체로서 과거에 관찰된 불연속적 정책과정이 미래에도 그대로 반복될 것이라는 가정에 기초를 둔다. 격변방법론이 미래사건의 발생에 대한 확고한 이론적 이유를 제공하고자 하지만(과거에 관찰된 방식이 미래에도 그대로 반복될 것이라는 단순한 믿음과는 대조적으로), 격변방법론은, 적어도 당분간은, 기껏해야 추세연장적 예측의 한 형태로 간주된다. 그것은 이론(예를 들어, 혼돈이론)으로부터 예견하는 방법이라기보다는 불연속적 정책미래에 대하여 생각하는 하나의 방법인 것이다.

V. 이론적 예측

이론적 예측방법은 분석가로 하여금 이론적인 가정과 함께 현재와 역사

29) Isnard and Zeeman, “Some Models from Catastrophe Theory,” pp. 45-60 참조.

30) Rob Coppock, “Decision-Making When Public Opinion Matters,” *Policy Sciences,* 8(1977), pp. 135-146 참조.

31) 격변방법론이라는 말 대신에 ‘위험한 증가’(speculative augmentation)라는 말로 표현했지만, 비슷한 사례에 대하여 Charles O. Jones, *Clean Air* (Pittsburgh, PA: University of Pittsburgh Press, 1975) 참조. 흥미롭게도 Jones는 Isnard and Zeeman이 격변적 변화에 공헌하는 주요인으로 본 ‘분절적 점증주의’(disjointed incrementalism)의 설명가치에 대하여 이의를 제기했다(2장 참조).

적 자료를 바탕으로 미래사회상태를 예견(*prediction*)하는 것을 도와준다. 역사적 반복성에 관한 가정을 예측하는 데 이용한 추세연장적 예측과는 대조적으로, 이론적 예측은 여러 가지 이론에 담겨있는 원인과 결과에 관한 가정에 기초한다. 추세연장적 예측의 논리는 기본적으로 귀납적인 반면, 이론적 예측의 논리는 기본적으로 연역적이다.

연역적 추론은 일반적인 진술(공리, 법칙, 명제)을 사용하여 예견을 포함한 보다 구체적인 다른 진술의 진위를 확립하는 것이다. 정책분석에서는 연역적 추론이 한 사건(*X*)이 일어나면 다른 사건(*Y*)이 일어날 것이라는 관계를 확립하고자 하는 인과적 논증과 관련되어 사용되는 경우가 가장 흔하다. 이론적 예측의 구별되는 특성이 예견은 명제와 법칙으로부터 도출된다는 사실에 있지만, 연역과 귀납은 상호 관련되어 있다. 이론적으로 도출된 예견이 경험적 연구를 통하여 몇 번이고 확인되면 연역적인 논증의 설득력은 상당히 증가하게 될 것이다. 마찬가지로 독자적인 경험적 연구의 일반화("적은 위협받을 때 철수를 선택했다.")는 이론에 담겨 있는 하나 혹은 그 이상의 가정("대안의 비용이 클수록 그 대안은 택해질 가능성이 적어진다.")에 의해 뒷받침되면 더욱 설득력이 있게 된다.[32)]

이번 절에서는 이론지도작성, 인과모형화, 회귀분석, 점추정과 구간추정, 상관분석 등 분석가의 이론적 예측을 도와주는 몇 가지 절차를 살펴본다. 이들 중 어떤 것(예: 이론지도작성)은 이론을 식별하고 체계화하는 방법과 관련이 있고, 다른 것(예: 회귀분석)은 이론에 의해 예측된 미래 사회상태에 대한 좀 더 나은 추정치를 제공한다. 그러나 우선 이들 기법이 예견을 하는 것은 아니며, 오직 이론만이 예견을 할 수 있을 뿐이라는 사실을 깨닫는 것이 중요하다.

1. 이론지도작성

이론지도작성(*theory mapping*)은 분석가로 하여금 이론이나 인과적 논증 속에 있는 주요 가정들을 식별하고 정리할 수 있도록 도와주는 기법이다.[33)]

32) 사회과학의 이론과 경험적 자료 사이의 관계에 대한 고전적 논의로는 Robert K. Merton, *Social Theory and Social Structure,* rev. ed. (Glencoe, IL: Free Press, 1957), pp. 95-99.

33) John O'Shaughnessy, *Inquiry and Decision* (New York: Harper & Row, 1973), pp. 58-61; and M. C. Beardsley, *Thinking Straight* (Englewood Cliffs, NJ: Prentice-Hall, 1950)으로부터 각색함.

그림 4-12 인과적 논증의 네 가지 유형

(a) 수렴(convergent)

공무원파업수의 증가 → 공공조직의 1인당 산출의 감소 ← 공공관리의 중앙집권화 증가

(b) 분기 (divergent)

공무원의 소외감 증가 ← 공공관리의 중앙집권화 증가 → 공공조직의 1인당 산출의 감소

(c) 순차 (serial)

공공관리의 중앙집권화 증가 → 공공조직의 1인당 산출의 감소 → 공공서비스의 비용증가

(d) 순환(cyclic)

공공관리의 중앙집권화 증가 → 공무원의 소외감 증가 → 공공조직의 1인당 산출의 감소

이론지도작성은 수렴, 분기, 연속, 순환의 4가지 형태의 인과적 논증을 밝히는 데 도움을 줄 수 있다. 수렴적 논증(*convergent arguments*)에서는 인과관계에 관한 두 가지 이상의 가정들이 어떤 한 결론이나 주장을 지지하기 위하여 사용된다. 분기적 논증(*divergent arguments*)에서는 하나의 가정이 두 가지 이상의 결론이나 가정을 지지한다. 한편, 순차적 논증(*serial arguments*)에서는 하나의 결론이나 주장이 그 다음의 결론이나 주장을 지지하기 위한 하나의 가정으로 쓰인다. 마지막으로 순환적 논증(*cyclic arguments*)은 순차적인 논증에서 마지막 결론이나 주장이 첫째 결론이나 주장에 연결되는 것이다. 순환적 논증의 결과는 긍정적이든 부정적이든 자체적으로 주장을 강화하게 된다. 인과적 논증의 네 가지 유형을 [그림 4-12]에 나타내었다.

하나의 이론은 수렴적, 분기적, 순차적, 순환적 논증들을 복합적으로 포함할 수 있다. 하나의 논증이나 이론의 전체적인 구조를 밝히는 데 몇 가지 절차가 이용될 수 있다. (1) 공리, 법칙, 명제가 될 수 있는 각 가정을 분리해내고 번호를 붙인다. (2) 주장을 나타내는 말('그러므로,' '그래서,' '따라서' 등)이나 주장에 근거를 제공하는 가정을 나타내는 말('왜냐하면' 등)을 밑줄로 표시한다. (3) 특정한 말('그러므로' 등)이 빠져있으면 적당한 논리적 지시어를 괄호 속에 써넣는다. (4) 인과적 논증이나 이론의 구조를 나타내는 화살표 그림에 번호가 붙은 가정과 주장을 배열한다.

정책결정에 관한 중요한 이론에 이들 절차를 적용해 보자. '공공선택'

(public choice)이라 불리는 이 이론은 효율적인(혹은 비효율적인) 정부행정에 기초가 되는 제도적인 조건들과 관련이 있다.[34] 공공선택이론가들은 여러 제도적 장치, 특히 민주주의적 형태의 행정이 어떻게 보다 높은 능률성과 공공책임성을 생기게 할 것인가를 이론적 기초 위에서 보여주려고 시도했다. 미국 정부의 주요한 문제들(비능률, 불공평, 무책임 등)은 부분적으로 행정학 교육, 즉 50년 이상 중앙집권화, 계층제, 행정권력의 통합 등을 강조한 학문분야의 결과이기도 하기 때문에, 공공선택이론은 또한 논란의 여지가 있다.

정부기관의 비능률을 설명하기 위해서, 공공선택이론가 오스트롬(Vincent Ostrom)은 다음과 같은 논증을 제시하였다. 주요 단어에 밑줄을 긋고 괄호 속에 논리적 지시어를 써넣으면서 표시를 하였다.

> 털록(Gordon Tullock)은 「관료제의 정치」[*The Politics of Bureaucracy*(1965)]에서 매우 규모가 큰 공공관료제 내에서 합리적이고 이기적인 개인들이 극대화전략을 추구한다고 [가정하였을] 때 나타나는 결과를 분석한다. 털록의 '경제적 인간'(economic man)은 [그러므로] 관료제 내에서 승진을 위한 출세기회를 높이려 하는 한 야심 많은 공무원이 된다. 승진은 상관의 호의적인 추천에 달려있기 때문에, 출세지향적인 공무원은 상관의 마음에 들게 행동할 것이다. [그러므로] 유리한 정보는 제시되고 불리한 정보는 억제될 것이다. 정보의 왜곡은 통제력을 축소시키고 행위에 의해 생겨나는 사건을 예상하기가 어려울 것이기 [때문에], 따라서 대규모 관료제는 오류를 범하기 쉽고 급속히 변하는 조건들에 적응하는 데 성가신 존재가 될 것이다. 통제를 강화하여 관료제의 역기능을 시정하고자 하는 노력은 단지 오류를 확대시킬 것이기 [때문에], [그러므로] 규모에 대한 보수체감현상이 나타날 것으로 기대할 수 있다. [왜냐하면] 조직이 커지면 커질수록 산출물에 관련된 활동의 비율은 낮아지고 관리에 소요되는 노력의 비율이 높아질 것이기 때문이다.[35]

위에서 인용한 논증에서 이론지도작성의 (2)번, (3)번 절차는 이미 사용했다. 주장을 뒷받침하는 주장이나 가정을 나타내는 말에 밑줄을 긋고 괄호 속에 논리적 지시어를 삽입했다. 이 논증은 인간의 본성('경제적 인간')에 관

34) Vincent Ostrom, *The Intellectual Crisis in American Public Administration,* rev. ed. (University, AL: The University of Alabama Press, 1974) 참조.

35) *Ibid,* p. 60.

한 가정으로부터 출발하고, 그 가정은 공리라고 불리는 기본적인 것이다. 공리는 진리이고 자명한 것으로 간주된다. 즉, 공리는 증명이 필요 없다고 본다. 또한 이 논증은 복잡하여 몇 줄 읽고 쉽게 전체구조를 파악하기가 어렵다.

논증의 구조는 (1)번, (4)번 절차를 갖추면 더욱 잘 표현될 수 있다. (1)번 절차로 각 주장과 그것을 뒷받침하는 가정을 분리해내고 번호를 매긴다. 그리고 원래 논증의 명확성을 높이기 위해서 몇 마디 말을 고쳐 쓴다.

[때 문 에] 1. 규모가 매우 큰 공공관료제에서 근무하는 공무원은 극대화 전략을 추구하는 합리적이고 이기적인 개인들이다('경제적 인간').

[그 리 고] 2. 승진욕구는 합리적 자기이익의 결과이다.

[그러므로] 3. 공무원은 승진기회를 높이려고 노력한다.

[때 문 에] 4. 승진기회의 향상은 상관의 호의적인 추천의 결과이다.

[그 리 고] 5. 상관의 호의적인 추천은 부하로부터 호의적인 정보를 받는 결과이다.

[그러므로] 6. 승진하고자 노력하는 부하는 호의적인 정보는 제시하고 좋지 못한 정보는 억제할 것이다.

[때 문 에] 7. 좋지 못한 정보의 억제는 관리상 오류를 야기시키고 신속히 변화하는 조건에 적응하는 신축성을 낮출 것이다.

[그 리 고] 8. 좋지 못한 정보의 억제는 관리통제력을 축소시킨다.

[그러므로] 9. 관리자는 통제력 상실을 보전하기 위해서 빈틈없는 통제를 시도한다. 통제를 빈틈없이 하려는 보전노력이 좋지 못한 정보의 억제를 더욱 조장하고(6), 관리상 오류를 확대시킨다(7). 더 나아가 통제력 상실(8)은 통제를 강화시킨다.

[때 문 에] 10. 보전적인 통제력 강화는 공공관료제의 규모에 의하여 영향을 받는다.

[그 리 고] 11. 보전적인 통제력 강화는 관리활동에 더 많은 노력을 요구하고 산출활동의 비중이 줄어든다.

[그러므로] 12. 공공관료제가 커지면 커질수록 그와 반비례해서 산출활

동에 투입되는 노력은 줄어들고 규모에 대한 보수(이익)는 체감한다.

각 주장과 이를 뒷받침하는 가정을 분리해 내고 번호를 매김으로써 우리는 논증의 논리적 구조를 밝히기 시작했다. 정부의 비능률에 대한 이 이론에서 여러 가지 인과적 논증이 있음을 주목하자. 인용문의 첫번째 부분은 공무원의 동기가 정보오류와 관리통제에 미치는 영향을 강조하는 순차적 논증을 담고 있다. 두번째 부분은 공공관료제의 규모의 중요성을 강조하는 또 하나의 순차적 논증을 담고 있다. 또한 하나의 순환적 논증(오류증폭)과 몇 개의 분기적 그리고 수렴적 논증들이 있다.

(4)번 절차를 완료하여 논증의 인과구조를 나타내는 화살표 그림([그림 4-13])을 그리기 전까지는 전체적인 논증의 구조가 만족스럽게 밝혀질 수가 없다. 우선 두개의 순차적 논증(1, 2, 3; 5, 4, 3)이 있다. 후자(5, 4, 3)는 독립

그림 4-13 한 논증의 인과구조를 나타내는 화살표 그림

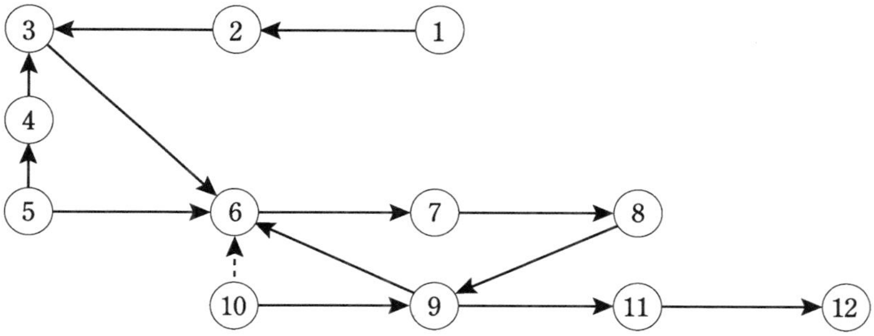

1. 합리적 자기이익/경제적 인간
2. 승진욕구
3. 승진기회 향상
4. 상관의 호의적인 추천 획득
5. 부하로부터의 호의적 정보 획득
6. 좋지 못한 정보의 억제
7. 관리상의 오류 발생
8. 관리통제의 상실
9. 보전적 통제강화
10. 공공관료제의 규모
11. 관리비용
12. 규모에 대한 보수

할 수 있는 것으로 '경제적 인간'이란 공리로부터 독자적으로 추론된 전자(1, 2, 3)를 필요로 하지 않는다. 두번째로, 하나의 분기적 논증(5, 4, 6)이 있는데 이것은 같은 요인(5)에 대해 다수의 결과를 갖고 있음을 보여준다. 또한, (4, 2, 3), (3, 5, 6), (8, 10, 9) 등 세 가지 수렴적 논증은 각각 같은 사건의 발생을 설명하는 2개의 요인이 있음을 제시해 준다.

또한 화살표 그림은 이 이론적 논증의 두 가지 중요한 특징을 보여준다. 그것은 ⑩과 ⑥ 사이의 점선으로 표시된 하나의 중요한 잠정적 관계를 명시하고 있는데, 이 관계는 공공관료제의 규모가 정보의 진행이나 억제되는 경향에 독립적으로 영향을 미칠 수 있음을 뜻한다. 동시에 화살표 그림은 이 이론의 결정적인 부분인 순환적 논증(6, 7, 8, 9)을 식별할 수 있게 해 준다. 이 부분은 결국, 관리상 오류의 누적된 증가가 정보억제(6), 관리상의 오류 발생(7), 관리통제의 상실(8), 보전적 통제강화(9), 그 결과로 나타나는 정보억제(6) 등으로 연결되는 자체강화관계의 결과라고 생각할 수 있다는 주장이다. 이 순환적 논증은 정의 환류고리(*positive feedback loop,* 순환 내의 변수값이 계속해서 증가하므로 정으로 표현함)라고도 알려져 있는데, 이것은 공공선택이론에 기초한 어떤 예측도 관리상의 오류나 정부의 비능률에서 곡선형의 성장형태로 예측할 것임을 뜻한다.

만약 우리가 이론지도작성의 절차를 사용하지 않았다면, 이론구조 속의 수렴적, 분기적, 순차적, 순환적 논증이 섞여 있는 것을 밝히지 못했을 것이다. 예를 들어, 공공관료제의 규모가 좋지 못한 정보의 억제에 대한 보전적 통제강화와 결합할 것이라는 특정한 인과관계 가정이 원래 문장 속에는 명확히 표현되지 않았다. 이론지도작성이 주장들이나 가정들의 구조를 명확히 해주기 때문에, 이론적 모형화 방법을 이용할 기회를 제공한다.

2. 이론적 모형화

이론적 모형화(*theoretical modeling*)는 이론의 단순화된 표현(모형)을 구성하는 데 필요한 넓은 범위의 방법을 가리킨다. 분석가가 이론으로부터 직접 이론적 예측을 하는 경우는 드물기 때문에, 모형화는 이론적 예측의 핵심부분이다. 분석가들은 이론들을 가지고 시작하지만, 그들이 미래사건을 예측하기 전에 이 이론들로부터 모형들을 개발한다. 이론의 검토과정은 이론 자체가 아니라 이론에 해당하는 모형을 구성하고 검증하는 것이다.

우리는 앞 장에서 모형들을 목표(기술적, 규범적), 표현형태(언어적, 상징적, 절차적), 그리고 방법론적 기능(대용, 관점)에 따라 비교했다. 대부분의 이론적 예측모형은 주로 기술적(descriptive) 모형이다. 왜냐하면 이 모형들은 어떤 가치 있는 결과의 최적화보다는 그것을 예측하려 하기 때문이다. 또한 이들 모형은 대부분 기호로, 즉 수학적 기호나 수식으로 표현된다. 우리는 이미 추세연장적 예측과 관련하여 여러 가지 기호모형을 사용하였다. 예를 들어, 회귀방정식 혹은 회귀모형은 $Y_t = a + bx$로 나타내었다. 이것은 인과적 모형은 아니지만(명확한 인과적 논증이 제시되지 않았기 때문에), 기호로 표현되고 있다.

정책분석에서 이론적 예측을 도와주는 표준적인 형태의 기호모형들이 많이 있다. 인과모형, 선형계획모형, 투입·산출모형, 수리경제모형, 미시경제모형, 체제동태모형 등이 있다.[36] 이들 각 모형을 자세히 다루는 것은 이 책의 범위를 벗어나는 것이므로, 우리는 인과모형만을 살펴본다.

3. 인과모형화

인과모형(*causal models*)은 공공정책의 결과를 설명하고 예측하려는 이론의 단순화된 표현이다. 인과모형의 기본적인 가정은 두 변수간의 상관관계이다. 예를 들어, 1인당 소득의 증가가 복지비지출의 증가와 관계있다는 것을 보여주는 상관관계는 내재된 원동력(원인)과 그 결과(효과)를 반영하는 것이다. 원인과 결과 사이의 관계는 이론에 담겨져 있는 법칙과 명제로 표현되고 그다음에 모형이 된다. 공공선택이론의 예로 돌아가 보면, "관리활동에 투입된 총 노력의 비율은 공공조직의 규모에 의해 결정된다."는 진술이 이론적 명제이다. 이 명제에 대한 모형은 $Y = a + bX$가 될 것이다. 여기서 Y는 관리

36) 이들 모형과 기타 표준적인 모형들에 대하여는 Martin Greenberger and others, *Models in the Policy Process* (New York: Russell Sage Foundation, 1976) 4장과, Saul I. Gass and Roger L. Sisson, eds., *A Guide to Models in Governmental Planning and Operations* (Washington, DC: U.S. Environmental Protection Agency, 1974) 참조. 이들 모형이 여기서는 기술적, 상징적(이들 용어의 정의는 3장에 제시됨)으로 취급되었으나, 어떤 모형(예: 선형계획)은 규범적으로 취급되는 경우도 종종 있다. 미찬가지로 다른 모형들(예: 체제동태모형)도 대개 절차(시뮬레이션)모형으로 취급된다. 이것은 여러가지 모형간의 구별이 상대적인 것이지 절대적인 것은 아니라는 점을 강조하고 있다.

자수와 비관리자수의 비율이고, a와 b는 상수이며, X는 규모가 서로 다른 공공조직의 총 인원수이다.

인과모형의 장점은 분석가로 하여금 인과적인 가정을 명백하게 하는 데 있다. 인과모형의 단점은 분석가가 통계분석을 통하여 밝혀진 상관관계를 인과관계와 혼동하는 경향에 있다.[37] 인과적 추론은 항상 이론내의 법칙, 명제, 가정 등 모형 밖에서부터 나온다. 인과모형화의 초기 선구자의 한 사람인 라이트(Sewall Wright)는 인과모형화 절차가 "상관계수값으로부터 인과관계를 도출하는 불가능한 과업을 성취하고자 하는 것이 아니다."라고 말한다.[38]

인과모형화는 교통에서부터 보건, 교육, 복지에 이르기까지 여러 이슈에 관한 정책의 경제적, 사회적, 정치적 결정요인을 식별하는 데 이용되어 왔다.[39] 인과모형화에 기초한 연구의 주된 주장 중 하나는 정치적 구조의 차이(예: 단일정당체제와 복수정당체제)가 교육비지출이나 복지비지출과 같은 정책산출에 직접적으로 영향을 미치지 않는다는 것이다. 반대로, 사회경제적 발전수준(소득, 산업화, 도시화 등)의 차이가 정치적 구조의 차이를 결정하고, 이것이 또 교육과 복지를 위한 지출에 영향을 준다는 것이다. 이러한 결론은 논란의 여지가 있다. 왜냐하면 정책내용이란 선거나 대의제도나 정당간의 경쟁을 포함한 정치구조와 정치과정에 의해 결정된다는 일반적으로 공감하는 가정에 모순되는 것 같이 보이기 때문이다.

인과모형화에 쓰이는 주요한 절차 중 하나는 경로분석(*path analysis*)이다. 이것은 여러 개의 독립변수를 사용하는 선형회귀의 특수한 접근방법이다. 경로분석은 단독으로 또는 다른 변수들(예: 정치참여)과 결합하여 종속변수(예: 복지비지출)의 변화를 결정하는 독립변수(예: 소득)를 식별한다. 독립변수가 종속변수의 원인으로, 종속변수는 독립변수의 결과로 간주되는 것이다. 인과관계의 추정치를 경로계수(*path coefficients*)라 하는데, 이것은 독립

37) 이런 이슈에 관한 체계적인 최근 저서로는 Judea Pearl, Madelyn Glymour, and Nicholas P. Jewell, *Causal Inference in Statistics: A Primer* (Johm Wiley & Sons, 2016)가 있다. 여러 가지 주장 중에서 이들 학자들은 통계학의 언어나 표기로는 인과관계를 설명할 수 없음을 보여준다. 이런 이유 때문에 이들은 추가로 새로운 인과적 언어를 개발한다.

38) Sewall Wright, "The Method of Path Coefficients," *Annals of Mathematical Statistics*, 5(1934). 193; quoted in Fred N. Kerlinger and Elazar J. Pedhazur, *Multiple Regression in Behavioral Research* (New York: Holt, Rinehart and Winston, 1973), p. 305.

39) Thomas R. Dye and Virginia H. Gray, "Symposium on Determinants of Public Policy: Cities, States, and Nations," *Policy Studies Journal*, 7, No. 4 (Summer 1979) 참조.

그림 4-14 공공선택이론의 한 모형을 나타내는 경로도

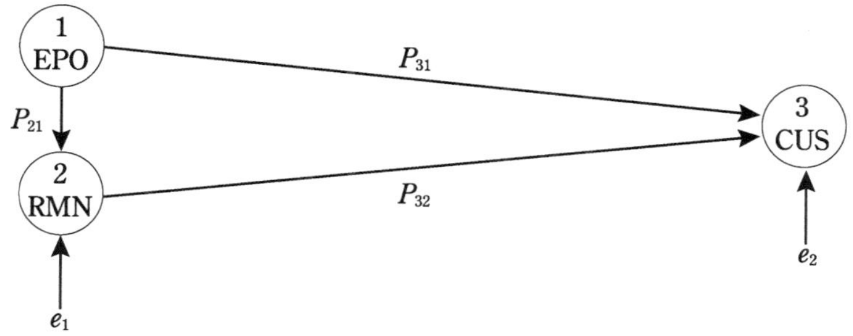

1: 공공조직의 인원수(EPO)
2: 관리자와 비관리자의 비율(RMN)
3: 서비스 단위당 세금에서의 비용(CUS)
주: *p*라는 기호는 인과경로를 가리키고, 아래첨자는 인과관계의 방향을 나타낸다. p_{31}은 3이라는 변수는 1이라는 변수에 의해 야기된다는 뜻이다. 선행하는 원인이 없는 변수를 외생변수(즉, 그 원인은 체제 밖에 있음)라 한다. 반면에 다른 변수는 내생변수(즉, 그 원인은 체제 내에 있음)라 한다. 기호 *e*(때로는 *u*로 표시)는 오차를 가리키는데, 내생변수의 설명되지 않은 분산, 즉 경로도에서 내생변수의 효과를 고려하고 남아 있는 분산으로 정의된다. 오차는 서로 상관관계가 없고 또 다른 변수들과도 상관관계가 없어야 한다.

변수와 종속변수간의 단일방향의 인과관계를 나타낸다.

인과관계를 표현하는 한 가지 표준적인 방법이 경로도(*path diagram*)이다. 경로도는 공공선택에 관한 이론지도를 만들 때 사용했던 화살표 그림과 같은 모양이고, 종속변수에 미치는 독립변수의 영향력 추정치를 담고 있다. [그림 4-14]는 공공선택이론의 일부를 모형화하는 데 사용된 경로도이다. 경로분석과 인과모형화의 이점은 추정된 원인(공공조직의 인원수)과 추정된 결과(관리자와 비관리자의 비율, 서비스 단위당 세금에서의 비용)에 관한 명확한 이론적 가정에 기초한 예측을 가능케 한다는 점이다. 이미 언급한 것처럼 이런 절차의 한계는 변수간의 관계를 추정함으로써 인과관계를 추론하는 불가능한 과업을 달성할 수는 없다는 점이다. 관계가 없는 것은 인과관계가 없다고 여기면 그만이지만, 인과관계를 추론하고 또 이것으로 예측하게 하는 것은 이론뿐이다.[40]

40) 이런 진술의 예외는 실험의 도구로 확립된 기술적 인과관계(descriptive causality)인데, 이것은 관여, 결과보다 시간적으로 앞서는 추정된 원인, 추정된 효과 등을 요구한다. 인과관계를 확립하는 다른 수단은 무작위추출을 통하여 경쟁적 원인들을 제거하거나 통제집단을 시용하는 것이다. 통제집단을 사용하면 대응적 사실(실험이 없었더라면 나타날 결과)을 주장할 수 있다. 이런 문제에 관한 권위

4. 회귀분석

이론적 예측모형에서 변수들 간의 관계를 추정하는 한 가지 유용한 기법이 회귀분석(*regression analysis*)이다. 경향추정에서 조금 변형된 형태로 이미 살펴보았던 회귀분석은 종속변수와 독립변수들 간 관계의 형태와 크기를 정확히 추정하는 일반적인 통계절차이다. 독립변수가 하나면 단순회귀(*simple regression*), 독립변수가 두 개 이상이면 다중회귀(*multiple regression*)라고 부른다. 많은 이론적 예측문제가 다중회귀분석을 필요로 하지만, 여기서는 단순회귀분석만을 살펴본다.41)

회귀분석은 이론적 모형화에 유용하다. 이것은 독립변수와 종속변수간의 관계형태에 관한 요약된 측정치를 제공한다. 이 요약된 측정치에는 독립변수의 값을 알면 종속변수의 값을 간단히 추정할 수 있는 회귀직선과, 관측치와 회귀직선과의 수직거리의 합이 포함된다. 앞으로 보겠지만, 이 거리들의 요약치로 우리는 예측치에 포함된 오차의 양을 계산할 수 있다. 회귀분석은 최소자승(*least squares*)의 원리에 기초하기 때문에 선형경향추정에서 이미 언급한 특별한 이점을 갖고 있다. 관측치와 예측치 사이의 편차자승이 최소가 되게 함으로서 자료에 제일 적합한 회귀직선을 얻을 수 있다.42)

회귀분석의 또 하나의 이점은 분석가로 하여금 어떤 변수가 다른 변수의 원인인가를 결정하도록 한다는 점, 즉 원인변수와 결과변수를 구체화하게 한다는 점이다. 그러나 원인과 결과에 관한 결정을 하기 위해서 분석가는 왜 어떤 변수가 다른 변수의 원인으로 간주되는지에 대한 어느 정도의 이론을 가지고 있어야 한다. 비록 회귀분석이 원인으로부터 결과를 예측하는 문제에 특히 잘 들어맞는 것일지라도, 회귀분석이 할 수 있는 것은 기껏해야 하나의 이론에 의해 예견된 관계에서의 추정치(*estimates*)를 제공할 수 있을 뿐이다. 따라서 예견하는 것은 회귀분석이 아니라 이론이며, 그 이론의 단순화된 표

있는 출처로는 William R. Shadish, Thomas D. Cook, and Donald T. Campbell, *Experimental and Quasi-Experimental Designs for Generalized Causal Inference* (Belmont, CA: Wadsworth, Cengage Learning, 2002).

41) 다중회귀분석과 관련기법에 관하여 자세하고 읽기 쉬운 책으로는 Kerlinger and Pedhazur, *Multiple Regression in Behavioral Research.* 그리고 J. H. Stock and M. W. Watson, *Introduction to Econometrics* (Boston: Addison Wesley, 2003) 참조.

42) 이 의미가 명확하지 않으면, 추세연장적 예측 부분으로 돌아가 [그림 4-8]을 살펴보라.

현이 모형인 것이다. 회귀분석은 이론에 의하여 예측형태로 표현된 변수들 간의 관계를 추정할 뿐이다.[43] 이러한 이유 때문에 분석가는 회귀분석을 이용하기 전에 이론지도작성 절차를 적용해야 하는 것이다.

이론적 예측문제에 회귀분석을 적용하는 예를 위해서, 어떤 도시의 정책결정자들이 경찰순찰차의 유지비를 결정하는 데 두 가지 정책대안이 있다고 가정하자. 하나의 정책은 교통통제와 범죄감시를 목적으로 하는 일상적인 경찰순찰을 뜻한다. 1980년에 10대의 경찰차에 대한 총 유지비는 $18,250, 즉 대당 $1,825이었다. 10대의 총 주행거리는 535,000마일, 즉 대당 53,500마일이었다. 현재 고려하고 있는 새로운 정책은 경찰의 시계를 더 넓혀 시민의 구조요청에 신속히 대처하고, 궁극적으로 범죄가능자가 체포되는 확률을 높임으로써 범죄를 방지하는 '높은 영향'(high-impact) 경찰순찰을 뜻한다.[44]

지역 정책결정자들은 범죄를 줄이는 어떤 수단에도 관심이 있다. 그러나 수입과 지출간의 격차가 증가됨에 따라 몇몇 시민단체들은 시공무원의 감축을 요구해왔다. 정책결정자들은 주행거리와 유지비에 관한 기록을 바탕으로 몇 대의 순찰차가 추가로 1년에 15,000마일을 더 주행할 때 비용이 얼마나 되는지를 예측할 방법이 필요하다.

이러한 예측문제는 회귀분석을 이용하여 효과적으로 처리될 수 있다. 인과관계는 상당히 명료하여, 유지비의 주된 결정요인은 주행거리로 측정되는 차량사용이다.[45] 따라서 이 도시의 정책분석가는 산포도(*scatter diagram, scatterplot*)에 독립변수(X)값과 종속변수(Y)값을 표시할 수 있을 것이다. [그림 4-15]에서 보는 것처럼 산포도는 관계의 형태(선형, 비선형), 관계의 방향(양, 음), 관계의 강도(강, 중, 약)를 보여준다. 여기서 X는 대당 1년 주행거리를 Y는 대당 1년 유지비를 각각 나타낸다. [그림 4-15]의 (a)와 같이 관계 형태는 선형이고, 방향은 양(+)이고, 강도는 강한 것으로 가정한다.

---

43) 제3장에서 살펴본 대용모형과 관점모형의 구별을 상기하고, 연강수량과 저수지의 깊이에 관한 예를 생각해보자. 이런 예들은 회귀분석이 추정을 정확하게 하는 데에는 탁월하다 하더라도, 어떤 변수가 다른 어떤 변수를 예견하는지에 대한 질문에 답할 수는 없다는 사실을 선명하게 보여준다.

44) 1970년대에 법집행지원청(Law Enforcement Assistance Administration)의 후원 하에 많은 대도시에서 고충격 순찰이 실시되었는데, 여러 가지 성과가 나타났다. Elinor Chelimsky, "The Need for Better Data to Support Crime Control Policy," *Evaluation Quarterly* 1, 3 (1977): 439-474 참조.

45) 이 예에서 보는 것처럼, 인과관계 문제는 확실할 수가 없다. 예를 들어, 만약 비용의식이 있는 관리자나 경찰관이 지출이 높아진다는 것을 알고 차량사용을 제한한다면, 이런 조건하에서는 유지비가 주행거리에 영향을 미칠 것이다. 마찬가지로 어떤 차량의 연주행거리는 도로사정이 좋아서(나빠서) 더 넓은 순찰지역을 의미할 수도 있다.

그림 4-15 여러 가지 형태의 산포도

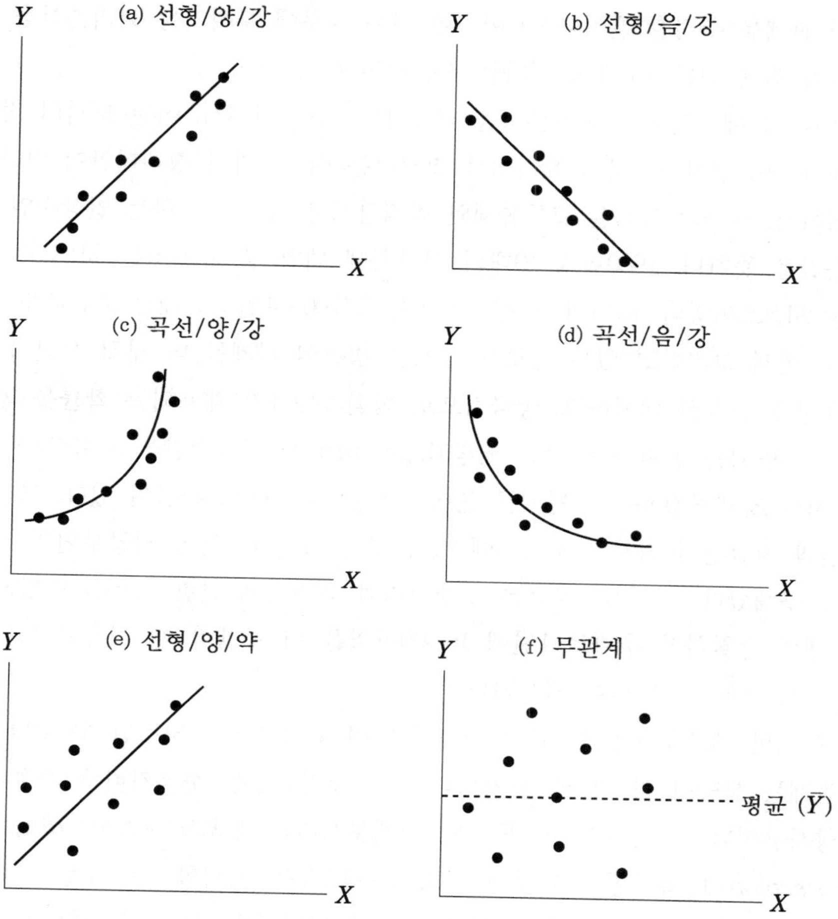

선형회귀분석은 변수들이 선형 형태를 띤다고 가정한다. 선형회귀는 음(−)의 선형관계(b)에 이용될 수도 있는데, (c)와 (d) 같은 곡선 형태에 선형회귀를 적용하면 심각한 오류를 범하게 된다. 그런 경우에는 앞에서 곡선 형태를 다루는 데에서 보았듯이, 비선형회귀분석을 이용하거나 전통적인 선형회귀 기법을 적용하기 전에 변수값을 변환(예: 로그변환)한 값을 이용해야 한다. 회귀분석은 (e)에서처럼 자료가 넓게 퍼져 있을 때, 정확도가 떨어지는 추정치를 산출하게 된다. 만약 자료가 아무 관계도 없는 것으로 나타나면(f), 기껏해야 Y의 평균값밖에는 추정할 수가 없다.

앞의 경향추정에서도 논의했듯이, 변수 X와 Y의 관계를 나타내는 직선을 회귀직선(*regression line*)이라 한다. 산포도에 나타난 관측자료에 회귀직선을 그리는 데 이용되는 방정식은 몇 가지 사소한 것 외에는 선형경향을 추정할 때 사용한 것과 동일하다. 기호 Y_t(아래첨자 t는 경향추정값을 나타냄)가 Y_c(아래첨자 c는 계산된 값을 나타냄)로 대체된다. 이와 같이 아래첨자가 다른 것은 회귀분석이 두 가지 실제변수에 적용되었음을 알려준다. 선형경향추정에서는 그 하나가 시간이었다. 회귀방정식은 다음과 같다.

$$Y_c = a + bX$$

여기에서, a : 회귀직선의 Y 절편
b : 회귀직선의 기울기
X : 독립변수의 주어진 값

두 번째 사소한 차이점은 a와 b의 값을 계산하는 방법이다. 회귀분석에서는 원래의 Y값과 X에 부여한 값을 사용하지 않고 평균편차(mean deviations)를 이용한다. 평균편차는 X나 Y의 모든 값에서 그 평균을 각각 뺀 것이다. X와 Y의 평균과 평균편차를 계산하는 공식은 다음과 같다.

X의 평균: $\overline{X} = \dfrac{\Sigma X}{n}$

Y의 평균: $\overline{Y} = \dfrac{\Sigma Y}{n}$

X의 평균편차: $x = X - \overline{X}$

Y의 평균편차: $y = Y - \overline{Y}$

회귀 방정식의 계수 a와 b의 값은 다음 공식으로 계산된다.

$$b = \frac{\Sigma(xy)}{\Sigma(x^2)}$$

$$a = \overline{Y} - b\overline{X}$$

어떤 시의 정책분석가가 직면한 예측문제에서, 회귀방정식을 구하는 데 필요한 모든 자료는 <표 4-6>과 같이 마련되었다. (1)열에 도시순찰대 10대의 차량이 나열되어 있다. (2)열에는 1년 주행거리(X)가, (3)열에는 유지비(Y)가 나타나 있다(단위는 천 마일과 천 달러). (2)열과 (3)열의 하단에 X와 Y의 합과 평균이 각각 계산되어 있다. (4)열과 (5)열에 X의 평균편차와 Y의 평균편차를 각각 기입하였다. 이 편차들은 X와 Y가 각각의 평균으로부터 얼마나 흩어져 있는지를 보여준다. 그리고 (4)열과 (5)열의 하단에 표시한 것처럼 편차의 합은 0이 된다는 것을 주목하라. 이것은 평균의 특성상 양의 편차

표 4-6 차량당 연주행거리로부터 미래의 유지비를 추정하기 위한 계산표

차량 번호	주행 거리 (천마일)	유지비 (천달러)	X의 편차 $(X-\overline{X})$	Y의 편차 $(Y-\overline{Y})$	편차의 곱	X의 편차 자승	Y의 편차 자승	추정치
	(X)	(Y)	(x)	(y)	(xy)	(x^2)	(y^2)	(Y_c)
(1)	(2)	(3)	(4)	(5)	(6)	(7)	(8)	(9)
1	24	0.45	-29.5	-1.335	39.38	870.25	1.782	0.838
2	23	1.2	-30.5	-0.585	17.84	930.25	0.342	0.806
3	30	0.8	-23.5	-0.985	23.15	552.25	0.970	1.030
4	40	1.1	-13.5	-0.685	9.25	182.25	0.469	1.400
5	48	1.9	-5.5	0.115	-0.633	30.25	0.013	1.606
6	65	1.8	11.5	0.015	0.173	132.25	0.0002	2.150
7	65	2.3	11.5	0.515	6.923	132.25	0.265	2.150
7	60	2.6	6.5	0.815	5.298	42.25	0.664	1.990
9	90	2.5	36.5	0.715	26.098	1332.25	0.511	2.950
10	91	3.2	37.5	1.415	53.063	1406.25	2.002	2.982
$n=10$	$\Sigma X=536$	$\Sigma Y=17.85$	0.0	0.0	$\Sigma(xy)$	$\Sigma(x^2)$	$\Sigma(y^2)$	ΣY_c
	$\overline{X}=53.6$	$\overline{Y}=1.785$			$=179.54$	$=5610.5$	$=7.02$	$=17.85$

$$b=\frac{\Sigma(xy)}{\Sigma(x^2)}=\frac{179.54}{5610.50}=0.032$$

$$a=\overline{Y}-b\overline{X}=1.785-0.032(53.6)=0.0698 \fallingdotseq 0.07$$

$$Y_c=a+bX=0.07+0.032X$$

$$Y_{150}=0.07+0.032(150)=4.87=\$4,870$$

와 음의 편차가 모두 상쇄되기 때문이다.

편차(x, y)는 X와 Y의 평균 주위에 각각 얼마나 흩어져 있는지를 나타낸다. 그럼에도 불구하고, 그 합은 항상 0이므로 흩어져 있는 정도를 요약한 측정치로 사용될 수가 없다. 이러한 이유 때문에 (7)열과 (8)열처럼 각 편차를 제곱하여 모두 더한다. 이 합을 '편차자승의 합'(*sum of squares*)이라 부르고, 이것이 흩어짐의 정도를 요약하는 데 쓰인다. 마지막으로 (6)열에 편차의 곱(xy)을 구한다. 이 곱은 X와 Y의 관계의 강도를 표현하는데, 이것은 X와 Y의 흩어짐 정도를 고려한다.

고충격 경찰순찰 프로그램 하에서의 유지비를 추정하기 위해서는 우선 회귀방정식을 구하여야 한다.

$$Y_c = a + bX$$

계산표에서 나온 결과를 a와 b를 구하는 공식에 대입하면 다음과 같다.

$$b = \frac{\Sigma(xy)}{\Sigma(x^2)} = \frac{179.54}{5610.5} = 0.032$$

$$a = \overline{Y} - b\overline{X} = 1.1785 - 0.032(53.6) = 0.07$$

$$Y_c = 0.07 + 0.032X$$

이 회귀방정식은 Y축의 절편이 0.07($70)이고 유지비는 매 단위(1,000마일)당 0.032($32)가 증가하는 회귀직선을 의미한다. 이러한 정보를 바탕으로 우리는 차량 한 대당 주행거리를 알면 유지비의 정확한 추정치를 계산할 수 있다. (9)열에 있는 X의 원래 값에 대하여 계산된 값(Y_c)은 그래프상의 회귀직선을 창출한다. 결국, 우리의 예측은 이 도시가 고충격 순찰을 채택함으로서 $4,870의 추가비용을 부담하게 될 것임을 보여주고 있다. 추가되는 150(천 마일)의 주행거리가 $Y_{150} = 0.07 + 0.032 \times 150 = 4.87$(천 달러)이란 유지비를 초래하기 때문이다.

5. 점추정과 구간추정

회귀분석은 자료와 회귀직선 사이의 편차자승이 최소가 되는 방법으로([그림 4-8] 참조) 회귀직선을 자료에 맞출 수 있게 해준다. 이것은 회귀분석이 비용과 주행거리의 변동량에 관한 정보를 이용할 뿐만 아니라, 관계 속에 있는 주된 경향을 잘 추정할 수 있게 해주고, 이 추정치와 산포도에 나타난 관측치를 비교할 수 있게 해준다. 회귀직선과 개별 자료점 사이의 거리를 최소화함으로서 회귀추정치는 다른 추정치보다 오차가 작다. 회귀분석은 또한 추정치의 가능오차를 계산할 수 있게 해준다. <표 4-7>에서 보는 바와 같이

표 4-7 추정된 유지비의 표준오차계산

차량번호 (1)	관측된 유지비 (Y) (2)	추정된 유지비 (Y_c) (3)	유지비간 오차 ($Y-Y_c$) (4)	유지비간 오차제곱 $(Y-Y_c)^2$ (5)
1	0.45	0.838	−0.388	0.151
2	1.2	0.806	0.394	0.155
3	0.8	0.030	−0.230	0.053
4	1.1	1.400	−0.300	0.090
5	1.9	1.606	0.294	0.086
6	1.8	2.150	−0.350	0.123
7	2.3	2.150	0.150	0.023
8	2.6	1.990	0.610	0.372
9	2.5	2.950	−0.450	0.203
10	3.2	2.982	0.218	0.048
$n=10$	$\Sigma Y=17.85$	$\Sigma Y_c=17.85$	$\Sigma(Y-Y_c)=0$	1.304

$$S_{y,x}=\sqrt{\frac{\Sigma(Y-Y_c)^2}{n}}=\sqrt{\frac{\Sigma(Y-Y_c)^2}{10}}=\sqrt{\frac{1.304}{10}}=0.36111$$

$$Y_i=Y_c\pm Z(S_{y,x})$$

$$Y_{i(150)}=4.87\pm 2(0.3611)=4.87\pm 0.72222$$

$$=4.14778 \sim 5.59222$$

$$=\$4,147.78 \sim \$5,592.22$$

이 오차는 여러 가지 방법으로 구할 수 있다. 한 가지 방법은 관측치[(2)열]에서 Y_c의 값[(3)열]을 빼면 된다. 이것은 추정치와 관찰치의 짝에서 얼마만큼 차이가 있는지를 알려준다. Y값과 Y_c값의 거리로 표현되는 회귀추정의 오차는 분산도에 따라 증가한다. 즉, 분산도가 클수록 오차가 커지고 추정치는 더 부정확하게 된다.

오차를 계산하는 또 하나의 방법은 이들 거리를 합하여 평균을 구하는 것이다. 선형회귀의 특성 중 하나가 이들 거리를 모두 더하면 0이 되기 때문에[$\Sigma(Y-Y_c)=0$], 그 평균을 구하기 위해서는 이들 값을 제곱하여야 한다. <표 4-7>의 (5)열은 평균오차제곱(분산이라 함)이 1.304임을 보여준다. 이런 오차의 표현은 총량으로 나타난 어떤 계산을 위해서는 유용하지만 해석하기가 어렵다. 다행히도 이 값의 제곱근은 회귀추정치의 약 $\frac{2}{3}$의 확률(68.3%)에 해당하는 오차의 근사값이 된다.[46] 평균오차제곱의 제곱근은 추정치의 표준오차(*standard error of estimate*)라 부르고 다음 공식으로 계산된다.[47]

$$S_{y,x} = \sqrt{\frac{\Sigma(Y-Y_c)^2}{n}}$$

여기에서, $(Y-Y_c)^2$: 종속변수의 관측치와 추정치간의 차이제곱

n : 사례수(표본의 크기)

위의 예에서 추정치의 표준오차는

$$S_{y,x} = \sqrt{\frac{1.304}{10}} = \sqrt{0.1304} = 0.36111(\$361.11)$$

46) 정규분포곡선(종 모양)에서 표준오차는 평균오차제곱의 표준편차이다. 1배의 표준오차는 정규분포의 평균으로부터 1배의 표준편차만큼 왼쪽 혹은 오른쪽 이동한 것을 가리키고 이것은 정규분포의 모든 값 중에서 중간에 위치한 68.3%를 포함한다. 위의 예에서 예시를 위하여 자료가 정규분포, 즉 종 모양 곡선을 이루는 것으로 가정하였다.

47) 분석에 포함된 전체 차량의 모집단(population)이 10대 이므로, 우리는 n(=10)으로 나누었다. 표본(sample)으로 계산할 때에는 n-1로 나누어야 한다. 이것은 표본을 추출한 모집단의 분산을 편의(bias) 없이 추정하는 방법이다. 대부분의 컴퓨터 프로그램은 표본추출이 이루어지지 않았더라도 n-1로 나눈다.

이것은 유지비의 실제 값은, 68.3%의 신뢰수준에서, 추정치보다 \$361.11만큼 많을 수도 있고 적을 수도 있다는 뜻이다. \$361.11이란 숫자는 1배의 표준오차(1×\$361.11)이고, 2배의 표준오차는 \$722.22(2×\$361.11)이고, 3배의 표준오차는 \$1083.33(3×\$361.11)가 된다. 표준오차는 확률해석(*probability interpretation*)을 할 수 있게 하는데, 1배의 표준오차는 68.3%, 2배의 표준오차는 95.4%, 3배의 표준오차는 99.7%의 확률을 갖는다.

표준오차는 우리로 하여금 오차를 체계적으로 고려하게 해준다. Y_c의 값을 추정치로 하는 점추정치(*point estimates*)보다는 Y_c의 값에 몇 배의 표준오차를 가감하는 구간추정치(*interval estimates*)를 구할 수 있다. 만일 우리가 95%의 신뢰수준을 원한다면, 원래 추정치에 두 배의 표준오차를 가감하여 표현할 것이다. 우리의 점추정치 \$4,870에서 95%의 신뢰수준에서 얼마만큼의 오차가 있는지를 알기 위해서는 다음 공식을 사용할 수 있다.

$$
\begin{aligned}
Y_i &= Y_c \pm Z \times S_{y.x} \\
&= 4.87 \pm 2 \times 0.36111 \\
&= 4.87 \pm 0.72222 (\$4,147.78 \sim \$5,592.22)
\end{aligned}
$$

여기에서, Y_i : Y의 구간추정치

Y_c : Y의 점추정치

Z : 신뢰도에 해당하는 표준오차단위

$S_{y.x}$: 표준오차

6. 상관분석

회귀분석은 이론적 예측에서 또 하나의 중요한 특징을 갖는다. 그것은 상관분석(*correlational analysis*)을 이용하여 관계를 해석할 수 있다는 것이다. 앞에서 본 [그림 4-15]의 여러 가지 산포도가 관계의 형태와 그 방향과 크기를 나타낸다는 것을 상기하자. 그러나 산포도에 그려진 시각적인 모습이 아니라 이들 관계의 방향과 크기의 측정치를 알고 있는 것이 바람직하다. 그런 정보의 두 가지 측정치가 유지비의 추정을 위해 마련된 <표 4-6>의 계산표로부터 계산될 수 있다. 그 하나는 결정계수(*coefficient of determination*, r^2)인데, 이것은 독립변수에 의해 설명되는 종속변수의 변동량(*amount of variation*)

을 나타내는 측정치 혹은 지수이다. 또 하나는 상관계수(*coefficient of correlation, r*)인데, 이것은 결정계수의 제곱근이다. 상관계수는 −1부터 +1까지의 값을 가지며, 이것은 관계의 방향이 양(+)인지 음(−)인지를 말해 준다. 만일 *r*이 0이면 관계가 없는 것이고, ±1의 값은 최대한의 관계를 가리킨다. 상관계수(r)와는 달리 결정계수(r^2)는 0부터 1까지의 값을 가진다. [표 4-6]의 자료를 결정계수와 상관계수를 구하는 공식에 대입하면 다음과 같다.

$$r^2=\frac{b(\Sigma xy)}{\Sigma(y^2)}=\frac{0.032(179.54)}{7.02}=0.818$$

$$r=\sqrt{r^2}=\sqrt{0.818}=0.905$$

손으로 계산했던 <표 4-6>과 <표 4-7>의 분석을 SPSS 프로그램으로 분석하면 [예시 4-2]와 같다. SPSS는 똑같은 결과를 보다 정확하고 능률적으로 산출한다. SPSS 출력을 살펴보면, R로 표시된 상관계수(r)가 0.905인 것을 확인할 수 있다. R제곱으로 표시된 결정계수(r^2)는 0.818이다. 이런 계수 값들은 우리가 손으로 계산한 값과 같다. 또한 출력에서 절편의 값(상수, 약 0.07)과 차량당 연주행거리 변수에 해당하는 회귀직선의 기울기(B=0.032)가 나타나 있는데, <표 4-6>의 결과와 같음을 확인할 수 있다. 마지막으로 분산분석표에는 종속변수를 독립변수에 회귀시킨 결과로 생겨난 총분산의 일부분(5.746)이 나타나 있다. 또한 오차 때문에 생긴 총분산의 부분(잔차, 1.275)도 나타나 있다. 이 두 부분을 더하면 총분산과 같고, 설명된 분산(선형회귀)을 이 총분산으로 나누면 결정계수(R제곱)를 구할 수 있다.

$$\frac{5.746}{5.746+1.275}=0.818$$

이 결정계수는 연유지비의 분산 중 81.8%가 연주행거리에 의해 설명된다는 뜻이다. 그리고 상관계수(R = 0.905)는 두 변수간의 관계의 방향이 양(+)이고 강하다는 것을 나타낸다. 회귀분석은 구간추정, 결정계수, 상관계수 등으로 다른 추정형태보다 정책결정자에게 직접 관련 있는 더 많은 정보를 제

예시 4-2 〈표 4-6〉과 〈표 4-7〉에 대한 SPSS 출력

진입/제거된 변수[b]

모형	진입된 변수	제거된 변수	방법
1	차량당 연주행거리(1,000마일)[a]		Enter

a. 모든 요청된 도입 변수
b. 종속변수: 차량당 연유지비($1,000)

모형 요약

모형	R	R제곱	수정된 R제곱	추정값의 표준오차
1	.905[a]	.818	.796	.39917721

a. 예측값: (상수), 차량당 연주행거리(1,000마일)

분산분석[b]

모형		제곱합	자유도	평균제곱	F	유의확률
1	선형회귀분석	5.746	1	5.746	36.058	0.000[a]
	잔 차	1.275	8	.159		
	합 계	7.020	9			

a. 예측값: (상수), 차량당 연주행거리(1,000마일)
b. 종속변수: 차량당 연유지비($1,000)

계수[a]

모형		비표준화 계수		표준화 계수	t	유의확률
		B	표준오차	베타		
1	(상수)	6.973E-02	.312		.223	.829
	차량당 연주행거리(1,000마일)	3.200E-02	.005	.905	6.005	.000

a. 종속변수: 차량당 연유지비($1,000)

제공한다. 예를 들면, 마일당 평균비용의 단순 추정치는, 상대적 부정확성은 제쳐놓더라도, 관계의 방향이나 강도에 대한 요약된 측정치를 제공하지도 못하고, 체계적인 방법으로 예측오차를 포함하지도 않는다. 대부분의 경우, 회귀분석은 정책결정자들이 미래를 예측하는 노력에 수반되는 불확실성에 대처하는 것을 도와줄 수 있다.

Ⅵ. 판단적 예측

추세연장적 예측과 이론적 예측에서는 경험적 자료나 이론이 핵심적인 역할을 한다. 이와는 대조적으로 판단적 예측은 전문가들이나 다른 지식인들로부터 식견 있는 판단을 이끌어내고 종합하려 한다. 판단적 예측의 논리는 부분적으로 귀추적(abductive)이다. 왜냐하면 분석가는 가치 있는 상황(예: 세계평화와 같은 규범적 미래)에 관한 주장을 가지고 출발하여 그 주장을 뒷받침하는 데 필요한 자료나 가정들을 거꾸로 찾아가기 때문이다. 그러나 귀납적, 연역적, 귀추적 추론이 실제로 상호배타적인 것이 아니다. 이런 이유 때문에 판단적 예측은 종종 추세연장적 예측절차와 이론적 예측절차의 도움을 받는다.[48)]

이 절에서는 델파이 기법, 교차영향분석, 실현가능성 예측 등 미래에 관한 전문지식에 기초한 세 가지 판단적 예측방법을 살펴본다. 이러한 방법들은 정부, 산업계, 의학 분야에서 널리 사용되었으며, 제3장에서 본 바 있는 산만하고 구조화가 잘 안된 문제들에 특히 적합하다. 구조화가 잘 안된 문제들의 특성 중의 하나가 정책대안과 그 결과를 알 수 없다는 것이기 때문에, 그런 상황에서는 예측에 필요한 관련이론이나 경험적 자료가 없다. 이런 조건하에서 판단적 예측기법이 유용하고도 꼭 필요한 것이다.

1. 델파이 기법

델파이 기법(*Delphi technique*)은 미래사건에 관한 식견 있는 믿음을 개발하는 판단적 예측방법이다. 그리스의 현인들이 미래를 예견하던 아폴로 신전이 있던 델파이라는 도시의 이름을 따서 붙인 델파이 기법은 1948년 랜드연구소의 연구진에 의해 개발되었다. 이 기법은 공공부문, 민간부문, 비영리부문에서 수많은 예측 활동에 이용되어 왔다. 원래 델파이 기법은 군사전략문제에 적용되었지만, 점차 다른 분야의 예측에 적용되었다. 교육, 기술, 판

48) Ascher는 대규모 수리경제모형도 판단에 의존한다는 사실을 보여준다. Ascher, *Forecasting*; Ascher, "The Forecasting Potential of Complex Models"; McNown, "On the Use of Econometric Models" 참조.

매, 수송, 대중매체, 의료, 정보처리, 연구개발, 우주탐사, 주택, 예산편성, 삶의 질 등의 분야가 좋은 예이다.49) 이 기법은 원래 경험적 자료에 기초한 예측을 입증하기 위하여 전문가들을 이용할 것을 강조하였는데, 1960년대에는 예측할 가치의 문제에 적용되기 시작하였다.50) 델파이 기법은 미국, 캐나다, 영국은 물론 일본, 러시아 등 여러 나라에서 사용되어 왔다.

델파이 기법의 초기 적용은 위원회나 전문가토론, 그리고 좋은 판단을 위한 다른 집단토의에서 나타나는 비효율성에 대한 우려에 의해 자극을 받았다. 이 기법은 토의에서 나타나는 여러 가지 왜곡된 의사전달의 근원을 제거하기 위해 고안되었다. 한 사람 혹은 몇몇 사람에 의한 지배, 동료집단의 견해에 따라야 하는 압력, 개성의 차이와 사람들 간의 갈등, 그리고 권위 있는 지위에 있는 사람들의 의견을 공공연하게 반대하는 데 따르는 어려움을 피하기 위하여 설계되었다. 이러한 문제점들을 해결하기 위하여 델파이 기법의 초기 적용은 다음 다섯 가지 기본원칙에 기초하였다.

1. **익명의 통계집단**(*statistical group anonymity*). 모든 전문가나 지식인들은 통계집단 구성원들로 익명이 보장되고, 개개인으로서 답변한다.
2. **반복**(*iteration*). 개개인의 판단은 집계되고, 몇 회에 걸쳐 참가한 모든 전문가들에게 다시 알려주며, 이렇게 함으로써 사회학습의 기회를 제공하고 이전의 판단을 수정하도록 해 준다.
3. **통제된 환류**(*controlled feedback*). 종합된 판단은 질문지에 대한 응답을 요약수치의 형태, 이를테면 도수분포 형태로 전달된다.
4. **통계처리**(*statistical group response*). 개인들의 응답을 요약한 것은 중앙경향치(주로 중앙값), 분산도(사분편차), 도수분포(막대그림표, 도수다각형) 등의 형태로 제시된다.
5. **전문가합의**(*expert consensus*). 이 기법의 중요한 목표는 최종 산물로

49) Delphi와 다른 판단적 예측에 대한 설명은 Harold Sackman, *Delphi Critique* (Lexington, MA: D. C. Heath and Company, 1975); and Juri Pill, "The Delphi Method: Substance, Contexts, a Critique and an Annotated Bibliography," *Socio-Economic Planning Sciences,* 5 (1971):. 55-7; Harold A. Linstone, ed., "Forecasting: A New Agenda," in *Technological Forecasting and Social Change: An International Journal* 36, 1-2 (August 1989) pp. 1-234; Nicholas Rescher, *Predicting the Future: An Introduction to the Theory of Forecasting* (Albany: State University of New York Press, 1998) 등에 있다.

50) 예를 들어, Nicholas Rescher, *Delphi and Values* (Santa Monica, CA: RAND Corporation, 1969) 참조.

서 전문가들 사이의 합의가 도출될 수 있는 조건을 마련하는 것이다.

이런 원칙들은 1960년대 말까지 우세했던 전통적인 델파이(*conventional Delphi*)의 특징을 나타낸다. 전통적인 델파이는 정책 델파이와는 구별되어야 한다. 정책 델파이(*policy Delphi*)는 전통적인 델파이의 한계점을 건설적으로 극복하여 정책문제의 복잡성에 맞는 새로운 절차를 만들어 내려는 시도이다. 정책 델파이를 창안한 사람 중 한 사람은 다음과 같이 말한다.

> 델파이가 처음 소개되고 적용될 때에는 기술적인 문제를 다루었고 동질적인 전문가집단의 합의를 도출하려 했다. 반면에 정책 델파이는 주요 정책 이슈의 잠정적인 해결책에 대하여 있을 수 있는 강력한 반대의견을 창출하고자 하는 것이다.… 정책 이슈에 대하여 전문가는 없는 것이고, 오직 식견 있는 창도자와 문제해결을 위임받은 중재인만이 있을 뿐이다.[51)]

정책 델파이는 전통적인 델파이와 같은 두 가지 원칙(반복과 통제된 환류)에 기초하지만, 또한 몇 가지 새로운 원칙들을 가지고 있다.

1. **선택적 익명**(*selective anonymity*). 정책 델파이의 참가자들은 첫째 또는 둘째 단계에서만 익명으로 응답한다. 정책들에 대한 주장들이 표면화된 후에는 참가자들로 하여금 공개적으로 토론을 벌이게 하는 것이다.
2. **식견 있는 다수의 창도**(*informed multiple advocacy*). 참가자를 선발하는 과정은 '전문성' 자체보다는 관심과 지식의 기준에 바탕을 둔다. 따라서 델파이 집단을 구성할 때 조사자들은 특정 상황에서 가능한 한 식견 있는 창도자집단을 대표할 수 있도록 노력해야 한다.
3. **양극화된 통계처리**(*polarized statistical response*). 개인의 판단을 집약할 때, 불일치와 갈등을 의도적으로 부각시키는 수치가 사용된다. 중앙값이나 사분편차 같은 전통적인 수치도 사용될 수 있지만, 정책 델파이에서는 여기에 개인 간 변동과 차이를 나타내는 여러 가지 수치를 보충한다.
4. **구성된 갈등**(*structured conflict*). 갈등은 정책 이슈의 정상적인 모습이

51) Murray Turoff, "The Design of a Policy Delphi," *Technological Forecasting and Social Change,* 2, No. 2(1970), pp. 149-71. 또한, Harold A. Linstone and Murray Turoff, eds., *The Delphi Method: Techniques and Applications* (New York: Addison-Wesley, 1975) 참조.

라는 가정에 입각하여, 대안과 결과를 창조적으로 탐색하는 데 있어서 의견상의 차이를 이용하려는 모든 시도가 이루어진다. 또한 대립되는 입장에 내재된 가정과 논증을 표면화시키고 명백하게 하려고 노력한다. 따라서 정책 델파이의 결과는 완전히 제한이 없다. 합의가 이루어질 수도 있고 갈등이 계속될 수도 있다는 뜻이다.

5. **컴퓨터 회의방식**(*computer conferencing*). 가능하다면 멀리 떨어져 있는 개개인들 간의 의견교환을 익명상태로 계속 진행시키는 데 컴퓨터가 이용될 수 있다. 컴퓨터 회의방식에서는 여러 번에 걸친 델파이 과정이 필요 없게 된다.

정책 델파이는 사안의 내용과 이 기법을 사용하는 사람의 솜씨에 따라 여러 가지 다양한 방식으로 수행될 수 있다. 정책 델파이는 하나의 주요한 연구 활동이므로, 표본추출, 질문지설계, 신뢰성과 타당성, 자료의 분석과 해석 등 여러 가지 기술적 과제들을 갖고 있다. 이들 문제는 본장의 범위를 벗어나는 것이지만,[52] 정책 델파이의 수행과정을 전반적으로 이해하는 것이 중요하다. 정책 델파이는 상호관련된 일련의 단계들로 설명될 수 있다.[53]

[1단계] 이슈의 구체화(*issue specification*). 예측가는 검토할 구체적인 이슈를 결정해야 한다. 예를 들어, 관심분야가 마약방지대책이라면, "마리화나의 개인적 사용을 합법화해야 하느냐"의 문제가 하나의 이슈가 될 수 있다. 이 단계에서 중요한 문제는 얼마만큼의 이슈를 참가자들이 만들고 또 얼마만큼의 이슈를 예측가가 만들 것인지를 결정하는 문제이다. 만약 예측가가 그 이슈 영역에 통달하고 있다면 델파이가 진행되기 전에 이슈 목록을 작성할 수 있을 것이다. 이들 이슈가 첫 번째 질문지에 포함될 수 있고, 응답자들이 자유롭게 보태거나 뺄 수 있어야 한다.

---

52) 정책 델파이에서 사용될 방법론적으로 적합한 질문지를 개발하는 지름길은 거의 없다. 질문지 구성에 관한 최상의 간단한 소개로는 Earl R. Babbie, *Survey Research Methods* (Belmont, CA: Wadsworth, 1973) 참조. 신뢰성과 타당성에 관해서는 Fred N. Kerlinger and Howard B. Lee, *Foundations of Behavioral Research,* 4th ed. (Belmont, CA: Cenage Learning, 2000), pp. 599-686 참조. 이런 문제에 관한 일반 목적상 유용한 안내서로는 Delbert C. Miller and Neil J. Salkind, *Handbook of Research Design and Social Measurement,* 6th ed. (Newbury Park, CA: Sage Publications, 2002) 참조

53) Turoff, "The Design of a Policy Delphi," pp. 88-94 참조.

[2단계] 창도자 선정(*selection of advocates*). 주요 이해관계자들이 선정되어야 한다. 여러 입장을 대변하는 이해관계자집단을 선발하기 위하여 '눈덩이'(snowball) 표본추출 같은 명확한 표본추출절차를 이용하는 것이 바람직하다. 예측가가 우선 한 사람의 창도자(보통 해당 이슈영역에 영향력이 있다고 알려진 사람)를 찾아낸다. 그다음에 그 사람에게 그의 입장에 가장 동의하는 한 사람과 가장 반대하는 한 사람을 선정하도록 요청한다. 같은 방법으로, 이 두 사람에게 각각 두 사람씩 선정하도록 요청하고, 이런 과정을 계속 반복한다(그래서 '눈덩이 표본'이라 한다). 이슈에 대한 이해관계자들의 입장은 영향력, 공식적 권한, 귀속된 집단에서 가능한 한 다양해야 한다. 이슈의 성격에 따라 다르겠지만 표본의 크기는 10~30명 정도가 보통이다. 이슈가 복잡해질수록 참가자들은 더욱 이질적이 되고 표본은 입장이 다양한 이해관계자들을 대표할 수 있도록 더 커져야 한다.

[3단계] 질문지 설계(*questionnaire design*). 정책 델파이는 몇 차례에 걸쳐 진행되기 때문에, 예측가는 첫 번째 질문지에는 어떤 항목들이 포함되어야 하고, 그 다음 질문지들에는 어떤 항목들을 포함시킬 것인지 결정해야 한다. 그러나 두 번째 질문지는 첫 번째 질문지의 결과가 분석된 후에야 개발될 수 있고, 세 번째 질문지는 두 번째 질문지의 결과를 기다려야 한다. 이런 이유 때문에 첫 번째 질문지만 미리 초안을 잡을 수 있는 것이다. 첫 번째 설문지는 비교적 짜임새가 없는 것이 보통이지만(개방식 질문 등), 예측가가 주요 이슈에 대해 잘 알고 있다면 비교적 잘 구성될 수도 있다. 첫 번째 질문지는 다음과 같은 여러 종류의 질문을 포함한다. (1) 예측항목(*forecasting items*)은 응답자가 특정사건의 발생확률을 주관적으로 추산할 것을 요구한다. (2) 이슈 항목(*issue items*)은 응답자가 이슈들의 중요도에 따라 순위를 매기도록 요구한다. (3) 목표항목(*goal items*)은 어떤 목표를 추구하는 것이 어느 정도 바람직한지에 대한 판단을 권유한다. (4) 실현가능성 항목(*feasibility items*)은 응답자로 하여금 목표를 달성하기 위한 대안들에대한 실현가능성을 판단하게 한다.

다양한 유형의 항목에 대한 응답을 측정하는 데에는 여러 가지 척도가 이용된다. 예를 들어, 예측항목에는 가능성 척도를, 이슈항목에는 중요성 척도를, 목표항목에는 소망성 척도를, 대안항목에는 이들 척도의 조합을

표 4-8 한 정책 델파이 질문지에 사용된 항목 유형과 척도

항목 유형	항목	척도
예 측	마리화나 사용에 관한 2015년 조사에 따르면, 12학년 학생 중 35% 정도가 지난 1년 동안 마리화나를 사용했는데, 1991년에는 이 수치가 20%가 조금 넘었었다. 2025년에 12학년 학생 중 40%가 넘는 학생이 마리화나를 사용할 확률은 얼마인가?(예상확률에 ○표 하라)	.0 .1 .2 .3 .4 .5 .6 .7 .8 .9 1.0
이 슈	마리화나의 개인적 사용을 합법화해야 한다.	강하게 찬성 1 [ ] 찬성 2 [ ] 반대 3 [ ] 강하게 반대 4 [ ] 모르겠다 0 [ ]
목 표	국가정책의 목표는 약물의 책임있는 이용과 남용 사이의 차이를 공중에게 일깨워주는 데 있다. 이런 목표가 얼마나 바람직한가?	매우 바람직 1 [ ] 바람직 2 [ ] 바람직하지 않음 3 [ ] 전혀 바람직하지 않음 4 [ ] 모르겠다 0 [ ]
대 안	국가수준에서 마리화나의 합법화는 일반 국민들 중 잠재적 사용자를 감소시키는 데 기여한다고 제안 되었다. 이 정책대안은 얼마나 실현가능한가?	확실히 실현가능 1 [ ] 아마도 실현가능 2 [ ] 아마도 실현불가능 3 [ ] 확실히 실현불가능 4 [ ] 모르겠다 0 [ ]

사용하는 것이다. 가상의 정책 델파이 질문지에 사용된 다양한 유형의 항목과 척도를 <표 4-8>에 예시하고 있다.

<표 4-8>의 척도 중에서 중립적인 응답은 허용하지 않는다. 이렇게 중립적인 응답을 제한하는 이유는 불일치를 유도하고 뻔한 응답(중간쯤에 응답하는 경향)을 피하기 위한 것이다. 정책 델파이의 중요한 목적의 하나가 불일치를 유도하는 것이기 때문이다. 그리고 질문지에 대해 사전조사(pretest)를 실시하여 내적 일관성에 관한 개인 척도의 신뢰도와 전체 척도의 신뢰도를 계산하는 것이 중요하다. 이를 위해 내적 일관성에 관한 신뢰도를 재는 척도인 크론바흐 알파(Cronbach's alpha)를 계산할 수 있는 프로그램이 SPSS, Stata, R 등에 있다. 타당성과 마찬가지로 신뢰도도 다속성 다방법 행렬을 사용하여 평가할 수 있다.[54)]

[4단계] 1차 질문지 결과분석(*analysis of first-round results*). 1차 질문지가 회수되면 예측가는 예측, 이슈, 목표, 대안 등에 대한 최초의 입장들을 판단한다. 대개 바람직하고 중요하다고 믿어지는 항목들은 거꾸로 실현가능성이 없다고 여겨지는 경우도 있고, 또 그 반대의 경우도 있다. 다양한 전문가들 사이에는 상반된 평가가 있을 수 있기 때문에 응답의 집중화 경향을 설명하고 분산도나 양극화 정도를 나타내는 요약된 수치를 이용하는 것이 중요하다. 이러한 수치는 한결같이 중요하다거나, 바람직하지 않다거나, 실현가능성이 없다거나, 불확실하다고 응답이 나오는 항목들을 제외시키는 데 이용될 수 있고, 두 번째 질문지에 첫 번째 결과를 담아 참가자들에게 알리는 수단으로 사용될 수도 있다.

집중화 경향, 분산도, 양극화 정도 등에 대한 요약된 수치들을 계산해서 다음 질문지에 제시할 때 그래프로 표현하는 것이 더 좋다. 가상적인 정책 델파이에서 10명의 참가자가 두 가지 마약통제목표에 대한 소망성과 실현가능성을 다양하게 평가했다고 가정하자. 즉, 하나의 목표가 불법마약의 공급을 줄이는 것이고, 또 하나의 목표는 분별 있는 약물사용과 무분별한 약물사용의 차이를 공중에게 일깨워 주는 것이라고 하자. 참가자들의 응답이 <표 4-9>와 같다고 가정하자.

어떤 응답자(2, 4, 8, 9)는 불법마약의 공급을 줄이는 목표가 전혀 바람직하지 않다고 믿고 있지만, 그 목표는 실현가능성이 어느 정도 있거나 확실히 있는 것으로 믿고 있다. 또 어떤 응답자(1, 5, 7, 10)는 이 목표가 매우 바람직하지만 실현가능성이 확실히 없다고 믿는다. 이 불일치 현상과 목표 2(공중인식)에 대한 응답에서 나타난 소망성과 실현가능성 사이의 불일치를 비교해 보면, 후자의 경우 불일치 정도가 훨씬 낮은 것을 발견한다. 이것은 목표 1에 대한 응답이 소망성이나 실현가능성의 평균이 낮고(숫자는 큼), 이것은 또한 정책 델파이가 끌어내려하는 중요한 갈등

54) 델파이 질문지에 대한 초기 비판은 신뢰도 검사와 타당성 검사를 요구했다. 예를 들어, Harold Sackman, *Delphi Critique: Expert Opinion, Forecasting, and Group Process* (Lexington: Lexington Books and D. C. Heath, 1975) 참조. Kerlinger와 Lee는 신뢰도 검사외 타당성검사를 체계적이고 경제적으로 표현하는 방법을 제시한다. Fred N. Kerlinger and Howard B. Lee, *Foundations of Behavioral Research*, 4th ed. (Cengage Learning, 2000) 참조. 그리고 능숙한 질문지 설계에서 원천을 사용해야 하는데, 이에 관한 훌륭한 작품 중 하나로 Don A. Dillman, Jolene D. Smyth, and Leah Melani Christian, *Internet, Phone, Mail, and Mixed-Mode Surveys: The Tailored Design Method* (New York: John Wiley & Sons, 2014) 참조.

표 4-9 정책 델파이의 가상적인 1차응답: 마약규제 목표에 대한 소망성과 실현가능성

응답자	목표 1: 공급감소		목표 2: 공중인식	
	소망성	실현가능성	소망성	실현가능성
1	1	4	1	1
2	4	1	2	2
3	3	3	2	1
4	4	2	1	2
5	1	4	2	1
6	2	3	2	1
7	1	4	1	1
8	4	2	1	2
9	4	1	2	2
10	1	4	1	2
	Σ=25 중앙값=2.5 평 균=2.5 범 위=3.0	Σ=28 중앙값=3.0 평 균=2.8 범 위=3.0	Σ=15 중앙값=1.5 평 균=1.5 범 위=1.0	Σ=15 중앙값=1.5 평 균=1.5 범 위=1.0

주: 일단의 점수에서 중앙값(median, Md)은 점수를 크기순서로 배열했을 때 가운데 오는 점수의 값이다. 점수의 개수가 짝수이면(위의 경우처럼) 중앙값은 가운데 오는 두 점수의 평균값이다. 측정치의 간격(예를 들어 1, 2, 3, 4의 간격은 모두 1)이 같은 경우에 중앙값은 대개 평균(mean) 대신으로 사용된다.

의 양상을 반영하는 것이다. 우리는 이 갈등을 2차과정의 도구로 이용하고자 할 것이며, 응답자들에게 그렇게 다르게 나타난 입장들을 표방하게 된 이유와 증거들을 제시할 것을 요구할 것이다. 그러한 불일치를 도출하는 또 하나의 방법은 특정 질문에 대답한 응답자들의 모든 조합에 대한 절대편차로 정의될 수 있는 평균 양극화 경향치(polarization measure)를 계산해서 보고하는 것이다.[55)]

[5단계] 후속질문지 개발(*development of subsequent questionnaires*). 2차, 3차, 4차, 5차 질문지가 개발되어야 한다. 대부분의 정책 델파이는 3~5회에 걸쳐 진행된다. 앞에서도 지적했듯이 전회의 결과가 그 다음 회의 기초로 이용된다. 정책 델파이의 가장 중요한 면이 이러한 반복과정에 있는 것이다. 그것은 창도자들이 바로 전회의 결과를 살펴볼 수 있는 기회

55) *Ibid,* p. 92, 그리고 Jerry B. Schneider, "The Policy Delphi: A Regional Planning Application", *Technological Forecasting and Social Change,* 3, No. 4 (1972). 조합의 총수 C=k(k-1)/2이고 이때 k는 특정 항목에 대한 응답자 수이다. 평균차이는 모든 조합간의 거리로부터 계산된다. 이때 부호(+, -)는 무시된다. 또 하나의 방법은 부호를 그대로 두고 각 차이를 제곱해서 합하여 평균을 구하는 방법이다.

를 갖게 되고, 그들이 내린 각각의 판단에 대해 명확한 이유를 제시할 수 있는 기회를 제공하기 때문이다. 후속질문지가 단순히 중앙경향치, 분산도, 양극화 정도 등에 관한 정보를 포함하는 것뿐만 아니라 가장 중요한 상반된 판단에 대하여 제시된 논증을 요약하여 포함시키게 된다. 이러한 방법으로 정책 델파이가 올바른 토론을 촉진시키고, 기발한 판단이 토론 과정에서 상실되지 않을 가능성을 높이게 된다. 마지막 질문지가 완결되면, 모든 창도자로 하여금 예측, 이슈, 목표, 대안 등에 대한 그들의 최초 입장을 진술할 기회를 주고, 또 그들의 입장이 어떤 이유에서 다른 사람들의 입장과 다른지를 살피고 평가할 기회를 주고 그들의 입장을 재평가하고 바꿀 수 있는 기회를 제공한다.

[6단계] **회의소집**(*organization of group meeting*). 마지막 과업의 하나는 창도자들을 한데 모아 그들의 다양한 입장을 뒷받침하는 이유들에 대하여 면대면 토론을 하도록 하는 것이다. 모든 창도자들이 그들의 입장과 다른 사람들의 입장을 살필 기회를 가진 후이기 때문에, 이러한 면대면 토론은 보통의 위원회 형태에서는 가능할 것 같지 않은 식견 있는 신뢰분위기를 조성할 수 있다. 면대면 토론은 또한 창도자들이 자기 입장을 열렬히 주장할 수 있고 즉각적인 환류를 받을 수 있는 조건을 마련할 수 있다.

[7단계] **최종 보고서 작성**(*preparation of final report*). 응답자들이 합의점에 도달할 것이라는 보장은 없지만 이슈, 목표, 대안, 결과에 대한 창의적인 아이디어가 가장 중요한 정책 델파이의 산물이 될 것이라고 기대할 수 있다. 따라서 최종결과의 보고서는 가능한 다양한 이슈들과 대안들을 검토하고 상반된 입장들과 그것을 뒷받침하는 논증들이 충분히 나타나도록 처리한다. 그 다음에 이 보고서는 정책 델파이의 결과를 결정에 이르도록 하는 하나의 정보원천으로 이용할 정책결정자들에게 전달된다.

2. 교차영향분석

델파이 기법은 교차영향분석이라 불리는 또 하나의 널리 쓰이는 판단적 예측기법과 밀접히 관련되어 있다. 역시 전통적 델파이를 개발했던 랜드 연구소의 연구진에 의해 개발된[56] 교차영향분석(*cross-impact analysis*)은 다른 사건이 일어났느냐 일어나지 않았느냐에 기초하여 미래의 어떤 사건이 일어날 확률에 대해서 식견 있는 판단을 이끌어내는 기법이다. 교차영향분석의 목적은 다른 관련된 사건의 발생을 촉진하거나 억제하는 사건을 식별하는 데 있다. 교차영향분석은 전통적 델파이를 보완하기 위하여 특별히 고안되었다. 초기 개발자들은 다음과 같이 말한다.

> 델파이 방법과 기타 여러 가지 예측방법들의 단점은 예측되는 사건들 사이의 잠재적인 관계가 무시될 수 있고 예측이 상호보강적이거나 상호독립적인 항목들을 포함할 수 있다는 점이다. 교차영향분석은 예측되는 항목 중 어떤 항목의 확률이 이들 항목의 상호관련성에 대한 판단에 의하여 조정될 수 있도록 해 주는 방법을 개발하려는 시도이다.[57]

교차영향분석에 쓰이는 기본적인 분석도구는 교차영향행렬(*cross-impact matrix*)이다. 이 행렬은 <표 4-10>처럼 행과 열에 잠재적으로 관련된 사건들을 나열한 대칭적인 표를 말한다. 교차영향분석이 특히 적합한 유형의 예측문제는 상호의존적인 일련의 사건들이 포함된 문제이다. 예를 들어, <표 4-11>은 자동차의 대량생산에 따르는 사건들 사이의 상호의존성을 나타낸다. 대각선 바로 위에 일련의 직접적인 양의 효과를 +기호로 나타내고 있다. 이들 효과는 자동차의 대량생산에 따르는 1차~6차 영향들이다. 또한 (E_2, E_1), (E_3, E_1), (E_7, E_4), (E_7, E_5)칸에는 정의 환류효과가 나타나 있다. 이들 정의 환류효과는 여행의 용이함(E_2)과 대규모 교외상점의 활성화(E_3)가, 이를테면 수요를 증가시켜, 자동차 대량생산에 영향을 줄 수 있다는 뜻이다. 마찬가지로 여러 가지 형태의 사회일탈현상(E_7)이 현존하는 이웃으로부터의 소외수준(E_4)을 높이고 가족구성원들에 대한 사회심리적 의존성(E_5)을 더 크게 하기도 한다.

이 예는 사건들 사이의 연결관계를 의도적으로 단순화시킨 것이다. 다른 많은 상황에서는 한 사건과 다른 사건간의 연결관계가 명백하게 긍정적(+)

---

56) 이 연구진에는 Olaf Helmer, T. J. Gordon, H. Hayward 등이 포함된다. Helmer는 교차영향(*cross-impact*)이라는 말을 만들었다. T. J. Gordon and H. Hayward, "Initial Experiments with the Cross-Impact Matrix Method of Forecasting," *Futures,* 1, No. 2 (1968), p. 101-116 참조.

57) *Ibid.,* p. 101.

표 4-10 자동차대중화의 결과들을 예시하는 교차영향행렬

원인 \ 결과	E_1	E_2	E_3	E_4	E_5	E_6	E_7
E_1		+	0	0	0	0	0
E_2	⊕		+	0	0	0	0
E_3	⊕	0		+	0	0	0
E_4	0	0	0		+	0	0
E_5	0	0	0	0		+	0
E_6	0	0	0	0	0		+
E_7	0	0	0	⊕	⊕	0	

E_1 : 자동차의 대량생산
E_2 : 여행의 편리성
E_3 : 대규모 교외상점의 활성화
E_4 : 이웃으로부터의 소외
E_5 : 가까운 가족에 대한 높은 사회심리적 의존성
E_6 : 가족구성원들이 상호간의 사회심리적 욕구를 충족시키지 못함
E_7 : 이혼, 알콜중독, 청소년범죄 형태로 나타나는 사회일탈현상

주: +는 한 방향 직접효과, 0는 영향 없음, ⊕는 정의 환류효과를 나타낸다.
출처: Coates(1971)로부터 각색.

인 것도 아니며, 어떤 사건들의 뒤를 따라 시간적으로 그렇게 정연하게 일어나지도 않는다. 더구나 많은 사건들이 부정적으로 연결될 수도 있다. 이러한 이유로 교차영향분석은 연결관계의 세 가지 측면을 고려한다.

1. **연결의 방식(방향)**(*mode(direction) of linkage*). 연결방식은 한 사건이 다른 사건의 발생에 영향을 주는지 또 그렇다면 이 영향의 방향이 긍정적인지 부정적인지를 가리킨다. 긍정적인 효과는 이른바 촉진형(*enhencing mode*)에서 나타나고, 부정적인 효과는 억제형(*inhibiting mode*)에 속한다. 촉진형 연결의 좋은 예로 휘발유값 상승이 합성연료의 연구개발을 자극하는 현상을 들 수 있다. 군비경쟁이 도시재개발자금의 가용성에 미치는 효과는 억제형 연결의 한 예이다. 무관형(*unconnected mode*)은 관련되어 있지 않은 사건들을 가리킨다.
2. **연결의 강도**(*strength of linkage*). 촉진형이든 억제형이든 사건들이 얼마나 강하게 연결되어 있는가를 가리킨다. 어떤 사건들은 강하게 연결되

어 한 사건의 발생이 다른 사건의 발생 가능성을 실질적으로 변화시키는 반면에, 또 어떤 사건들은 약하게 연결되어 있다. 일반적으로 연결관계가 약해질수록 이 관계는 무관형에 가까워진다.

3. **연결의 경과시간**(*elapsed time of linkage*). 연결된 사건들 발생 간의 시간(몇 주, 몇 년, 수십 년)을 가리킨다. 촉진형이든 억제형이든 사건들이 강하게 연결되어 있어도 한 사건이 다른 사건에 영향을 미치려면 상당한 시간이 걸린다. 예를 들면, 자동차의 대량생산과 사회일탈현상간의 연결은 수십 년의 경과시간을 필요로 한다.

교차영향분석은 조건확률의 원리에 따른다. 조건확률이란 한 사건의 발생확률이 다른 사건에 종속적이라는 것, 즉 두 사건은 독립적이 아니라는 것을 말한다. 조건확률은 $P(E_1/E_2)$로 나타내고, 이것은 두번째 사건 (E_2)이 주어졌을 때 첫번째 사건(E_1)이 일어날 확률이라고 읽는다. 예를 들어, 한 후보가 당의 지명을 받았을 때(E_2), 대통령에 당선될(E_1) 확률(P)이 0.5라면, 즉 승산이 반반이라면, $P(E_1/E_2)=0.5$가 된다. 당의 지명이 대통령이 되기 위한 선행조건이기 때문에 당의 지명 없이(E_3) 당선될(E_1) 확률은 $P(E_1/E_3)=0.2$와 같이 낮아질 것이다.

이와 똑같은 논리가 교차영향분석에 연장된다. 교차영향행렬의 작성은 이런 질문으로 시작한다. "어떤 사건(E)이 어떤 특정 시점 전에 일어날 확률은 얼마인가?" 예를 들어, 시계열분석을 이용한 어떤 추세연장적 예측이 구간추정을 한다고 하자. 즉, 1995년에 총 에너지 소비량이 100×10^{15} BTU를 초과할 확률이 0.9라 하자. 그 다음 질문은 "다른 사건(E_1)이 선행된다면 이 사건(E_2)이 일어날 확률은 얼마인가?"이다. 예를 들어, 현재 예측할 수 없는 요인들(새로운 협정, 정치적 혼란, 사고 등) 때문에 석유값이 1995년에 2배가 되었다면(E_1) 에너지 소비량이 100×10^{15} BTU수준에 이를 확률이 0.5로 줄어들지도 모른다. 이런 경우에 원래 추세연장적 예측을 할 때 이용될 '객관적' 자료가 첫번째 사건이 이미 발생했다는 조건하에서 원래 추정된 사건의 조건확률에 관한 '주관적' 판단과 결합된다는 것을 주목하여야 한다.

상당히 복잡한 문제에 대한 교차영향행렬의 작성은 수많은 계산과정을 포함하고 컴퓨터를 사용해야 할 것이다. 과학기술정책, 환경정책, 교통정책,

에너지 정책 등의 분야에서 교차영향분석을 적용한 많은 경우에 교차영향행렬의 일관성을 검토하기 위해서, 즉 각 사건의 최종확률을 계산하기 전에 모든 조건확률이 고려되었는지를 확인하기 위해서, 1,000회 이상의 반복과정(게임 혹은 경기라 부름)을 거쳤다. 교차영향분석은 기술적으로 복잡하지만, 이 기법의 기본적인 논리는 간단한 예를 살펴봄으로써 쉽게 이해할 수 있다.

전통적 델파이를 진행하기 위하여 구성된 어떤 전문가집단이 네 가지 사건(E_1, E_2, E_3, E_4)이 장차 일어날 확률을 각각 추정했다고 하자. 예를 들어, 휘발유값이 갤런당 5달러로 인상(E_1)될 확률은 0.5, 교외인구가 대도시로 집중(E_2)할 확률이 0.5, 도시의 범죄건수가 두 배(E_3)로 될 확률이 0.6, 전기자동차의 대량생산(E_4)의 확률이 0.2라고 하자. 이러한 주관적 추정을 바탕으로 다음과 같은 예측문제를 생각해보자. 이들 사건 중 어떤 한 사건이 일어난다면 다른 사건들의 발생확률은 어떻게 달라질 것인가?[58]

<표 4-11>은 교차영향행렬을 작성하는 첫 번째 과정을 예시하고 있다. 휘발유값이 갤런당 5달러가 된다고 가정하면, 교외인구의 도시집중(E_2) 확률은 0.5에서 0.7로, 범죄건수가 두 배로 증가할(E_3) 확률이 0.6에서 0.8로, 전동차의 대량생산(E_4) 확률이 0.2에서 0.5로 주관적 확률이 각각 변하였다. 앞에

표 4-11 가상적인 교차영향행렬

전 \ 후	E_1	E_2	E_3	E_4
E_1		0.7	0.8	0.5
E_2	0.4		0.7	0.4
E_3	0.5	0.4		0.1
E_4	0.4	0.5	0.7	

사 건	사전확률
E_1 : 휘발유값 갤런당 5달러로 인상	P_1 = 0.5
E_2 : 교외인구의 도시집중	P_2 = 0.5
E_3 : 범죄건수 두 배로 증가	P_3 = 0.6
E_4 : 전동차의 대량생산	P_4 = 0.2

58) 그 대신에 어떤 사건이 발생하지 않은 것에 대하여도 같은 질문을 할 수 있다. 따라서 대개 두 개의 행렬, 즉 하나는 발생에 관하여, 또 하나는 미발생에 관하여 각각 행렬을 구하는 것이 필요하다. James F. Dalby, "Practical Refinements to the Cross-Impact Matrix Technique of Technological Fore-casting," in *Industrial Applications of Technological Forecasting* (New York: Wiley, 1971), pp. 259-73 참조.

서도 설명한 바와 같이 이러한 변화는 촉진형 연결(*enhancing linkages*)을 나타낸다. 반대로 억제형(*inhibiting*) 연결도 있다. 예를 들어, 인구의 도시집중은 휘발유값이 갤런당 5달러로 인상될 가능성을 줄인다(0.5에서 0.4로 감소). 이는 교외에 살던 사람들이 도시로 이주함에 따라 자동차의 주행거리가 줄어들어 석유회사들이 가격경쟁을 더 하게 될 것이라는 가정에 입각하고 있다. 마지막으로 무관형(*unconnected*) 연결도 있다. 범죄율의 증가는 휘발유값이 5달러로 인상되는 확률에 아무런 영향이 없고(0.5), 전동차의 대량생산도 인구의 도시집중에 아무런 영향이 없다(0.5).

교차영향행렬의 이점은 그것이 분석가로 하여금 간과될 수도 있는 상호관련성을 식별할 수 있도록 하는 데 있다. 교차영향분석은 또한 새로운 가정과 증거를 바탕으로 사전확률을 계속적으로 수정할 수 있게 한다. 만약 어떤 사건에 대한 경험적 자료(예, 범죄율)가 이용가능하다면 행렬이 다시 계산될 것이다. 한편, 어떤 사건이 다른 사건의 변화에 얼마나 민감한지를 규정하기 위하여 다른 가정들이, 이를테면 상충되는 추정치와 논증들을 산출하는 정책델파이의 결과로, 도입될 수도 있을 것이다. 끝으로 교차영향행렬 속에 들어 있는 정보는 과정의 어느 시점에서나 요약이 가능하다.

교차영향행렬은 구조화가 잘 안된 문제의 복잡한 상호의존성을 밝혀내고 분석하는 데 이용될 수 있다. 이 기법은 또한 기술평가, 사회영향평가, 기술적 예측 등을 포함하는 전문가 예측에 관련된 다양한 접근방법들과도 일맥상통한다.[59] 이미 언급한 바와 같이 교차영향분석은 전통적 델파이와도 관련이 있을 뿐 아니라, 실제로는 델파이의 적응과 자연적인 확장을 의미한다. 예를 들면, 교차영향분석은 한 사람의 분석가에 의해 수행되기도 하지만, 델파이 집단을 이용함으로써 주관적 판단의 정확성을 높일 수도 있다.

다른 예측기법들처럼 교차영향분석도 한계점을 갖고 있다. 첫째, 분석가가 모든 가능한 상호관련된 사건들이 분석에 포함되었는지, 그리고 이 분석이 문제구조화(제3장)의 중요성을 유의하고 있는지를 확신할 수가 없다. 이러한 사건들을 식별하는 데 도움이 되는 다른 기법들이 있다. 예를 들면, 변

59) 이러한 관련 접근방법에 대해서는 Francois Hetman, *Society and the Assessment of Technology* (Paris: Organization for Economic Cooperation and Development, 1973); Kurt Finsterbusch and C. P. Wolf, eds., *Methodology of Social Impact Assessment* (Strousburg, PA: Dowden, Hutchinson & Ross, 1977); H. A. Linstone, J. F. Coates, T. J. Gordon, I. Mitroff, D. N. Michael, and M. Turoff, *Forecasting, A New Agenda* (Amsterdam: North Holland, 1989) 참조.

형된 이론지도작성(<표 4-8> 참조)이나, 관계나무(*relevance tree*)라 부르는 인과적 관련이 있는 사건들의 연결망을 구성하고 그림으로 나타내는 방법(제 3장 [그림 3-14] 참조) 등이 있다. 둘째, 교차영향행렬을 구성하고 진행하는 것이 비용과 시간이 많이 들고 때로는 컴퓨터 프로그램이 필요하고 높은 수준의 컴퓨터 기술이 요구되기도 한다. 셋째, 비록 큰 문제는 아니지만 행렬계산의 기술적 어려움이 있다. 예를 들어 발생하지 않는 것은 항상 분석되지 않는다.[60]

3. 실현가능성 예측

본장에서 마지막으로 살펴볼 판단적 예측방법은 이해관계자들의 미래 행태를 예견하기 위하여 특별히 설계된 것이다. 간략히 실현가능성 예측(*feasibility forecasting*)이라고 표현되는 이 방법은 정책분석가가 여러 정책대안들의 채택이나 집행을 지지하거나 반대함에 있어서 이해관계자들의 예상되는 영향에 관하여 예측하는 것을 도와준다.[61] 실현가능성 예측은 정치적 갈등이 존재하고 권력이나 기타 자원들의 배분이 동등하지 않은 조건하에서 정책대안을 집행하려고 할 때 예상되는 결과를 가늠하는 문제에 특히 적합하다.

실현가능성 예측은 정책채택이나 정책집행을 포함하여 정책결정과정의 어느 단계에서 이해관계자들의 행태를 판단하는 데 이용될 수 있다. 이 방법이 특히 유용한 것은 다른 전문가 예측기법들을 살펴볼 때 이미 직면했던 중요한 문제점을 해결한다는 점이다. 이는 대체로 이해관계자의 행태를 예견 또는 투사할 수 있게 하는 관련 이론이나 가용한 경험적 자료가 없기 때문이다. 사회과학자들이 예견의 원천으로 이용할 수 있는 정책결정행태에 관한 다양한 이론들을 제시했지만, 이들 이론의 대부분은 특정 상황에 적용하기에는 충분히 구체적이지 못하다.[62]

실현가능성 예측은 정책분석에서 정치적 실현가능성과 정책집행의 문제

60) Dalby, "Practical Refinements to Cross-Impact Matrix Technique," pp. 265-273 참조.

61) 이어지는 논의는 Michael K. O'Leary and William D. Coplin, "Teaching Political Strategy Skills with 'The Prince'," *Policy Analysis,* 2, No. 1 (Winter 1976), pp. 145-160에서 나온 내용이다. 또한 O'Leary and Coplin, *Everyman's "Prince."* 참조.

62) 이 이론들은 엘리트, 집단, 연합, 개인들과 지도자들의 집합 등을 다룬다. 예를 들어, Raymond A. Bauer and Kenneth J. Gergen, eds., *The Study of Policy Formation* (New York: The Free Press, 1968); and Daniel A. Mazmanian and Paul A. Sabatier, *Implementation and Public Policy* (Lanham, MD: University Press of America, 1989) 참조.

를 소홀히 할 우려를 해결하는 한 방법이다. 정책집행의 문제가 대부분의 정책문제들에서 큰 역할을 하지만, 현재의 정책분석은 이러한 문제에 거의 관심을 보이지 않고 있다. "각 대안을 집행하기 위한 조직의 능력, 이해관계, 유인을"63) 예측하는 체계적인 방법이 필요한 것이다. 실제적으로 이것은 이해관계자들의 행태가 정책자체의 결과와 함께 예측되어야 한다는 것을 의미한다. 이러한 방법만이 분석가로 하여금 정책의 채택과 집행에 중요한 조직적 요인과 정치적 요인을 적절히 밝힐 수 있게 해 준다.

다른 판단적 예측방법들과 같이 실현가능성 예측도 식견 있는 주관적 판단에 기초한다. 이 방법은 델파이에서처럼 한 사람의 분석가에 의해 사용될 수도 있고, 델파이 과정처럼 집단에 의해 사용될 수도 있다. 실현가능성 예측은 정치적, 조직적 행태의 몇 가지 측면에 초점을 둔다.

1. **이슈에 대한 입장**(*issue position*). 분석가는 여러 이해관계자들이 각 정책대안에 대해 지지하거나 반대하거나 혹은 무관심할 확률을 추정한다. 입장에 지지(+1), 반대(−1), 무관심(0) 등으로 부호를 붙인다. 그 다음에 각 이해관계자가 부호를 붙인 입장을 채택할 확률을 주관적으로 추정한다. 이 추정치(0부터 1까지)는 그 이슈가 각 정책관련자에게 얼마나 중요한가를 가리킨다.
2. **가용한 자원**(*available resources*). 분석가는 이해관계자들이 각 입장을 추구하는 데 이용가능한 자원들을 주관적으로 추정한다. 가용한 자원에는 신망도, 합법성, 예산, 참모, 정보에의 접근성, 통신망 등이 포함된다. 이해관계자들은 언제나 그들의 자원이 필요한 다른 이슈들에 대한 입장도 갖고 있기 때문에, 가용자원은 이해관계자가 갖고 있는 총 자원의 일부분으로 표현된다. 자원가용도 척도는 소수(또는 분수)로 나타내고 0부터 1까지의 값을 갖는다. 어떤 이해관계자가 어떤 정책을 지지할 확률은 높은데 (0.9), 그 이해관계자가 그 정책의 채택이나 집행에 영향력이 거의 없는 경우도 있다. 이런 현상은 대개 그 이해관계자가 그의 자원(명성, 예산, 참모)을 다른 이슈에 너무 많이 할애한 결과이다.

63) Graham T. Allison, "Implementation Analysis: 'The Missing Chapter' in Conventional Analysis: A Teaching Exercise," in *Benefit-Cost and Policy Analysis: 1974,* ed. Richard Zeckhauser (Chicago, IL: Aldine Publishing Company, 1975), p. 379.

3. **자원의 상대적 서열**(*relative resource rank*). 분석가는 각 이해관계자의 자원에 따라 그의 상대적 서열을 정한다. 이해관계자가 갖고 있는 '권력'이나 '영향력'의 척도인 자원의 상대적 서열은 각 이해관계자에게 가용한 정치적 자원과 조직적 자원의 크기에 관한 정보를 제공한다. 어떤 이해관계자가 어떤 정책을 지지하는 데 가용자원의 많은 부분(이를테면, 0.8)을 할애했더라도, 소유한 자원이 별로 없기 때문에, 그 정책의 채택이나 집행에 큰 영향을 미치지 못하는 경우가 있다.

실현가능성 예측의 목적이 정치적 경쟁과 갈등이라는 조건하에서의 행태를 예측하는 것이므로, 가능한 한 대표성 있고 강력한 이해관계자 표본을 식별하는 것이 중요하다. 분석가는 대표성 있는 이해관계자들을 구성원이 다양하고 정책결정과정에서의 역할이 다르고 자원규모가 다른 다양한 조직, 다양한 조직수준들로부터 식별해 낼 수 있다.

실현가능성 예측의 한 예를 <표 4-12>에 제시하였다. 이 예에서 대도시의 한 정책분석가는 다음 해의 지출을 충당하기 위하여 지방재산세를 1% 인상하는 하나의 대안을 검토하였다. 다른 대안은 그 액수만큼의 도시업무를 위한 지출을 감축하는 방안인데, 이것은 많은 공무원을 해고하는 결과를 초래할 것이다. 대부분의 공무원이 노조에 가입하고 있고, 2년 이상 파업을 위협하였기 때문에 시장은 업무감축 방안을 망설이고 있다. 한편 지방 납세자집단은 설사 업무결손이 있더라도 세금인상에 강력히 반대할 것으로 알려져 있다. 이러한 조건하에서 시장은 정책대안들의 실현가능성 예측을 요청하였다.

<표 4-12>는 세금인상은 실현가능하지 않음을 보여준다. 표 하단에 나타나 있는 지수(단순 지수와 조정된 지수)의 부호가 음(−)인 것은 세금인상에 대하여 지지보다 반대가 많음을 가리킨다. 이와 대조적으로 예산삭감에 대한 총실현가능성 지수(조정된 총실현가능성 지수)는 양(+)의 부호이고 약한 범위에 있다. 총실현가능성 지수의 범위는 −1.0부터 +1.0인데, 이는 정책대안들의 실현가능성을 직접 비교할 수 있음을 뜻한다. 지수가 취할 수 있는 최대값은 지지자(혹은 반대자)의 수에 의해 달라지기 때문에 조정이 필요하다.

예를 들어, <표 4-12> (a)에서 음(−)의 지수 최대값은 반대 입장의 수에 달려있다. 두 명의 반대자 실현가능성 점수가 완벽하고(즉, −1.0) 나머지 정

책관련자들은 무관심하여 이들 실현가능성 점수는 0.0이라고 가정하자. 이 경우, 개인별 실현가능성 점수 합의 최대값은 −2.0이 될 것이다. 이를 정책관련자 수(n=5)로 나누면, 이 대안에 대해 최대의 반대밖에 없음에도 불구하고, 지수값은 −0.40이 된다. 이런 이유 때문에 총실현가능성 지수(TF)의

표 4-12 두 재정정책대안에 대한 실현가능성 평가

(a) 대 안 1 (세금인상)

이해관계자 (1)	부호화된 입 장 (2)	확 률 (3)	가용자원 비 율 (4)	자원의 상대적 서열 (5)	실현가능성 점 수 (6)
시 장	+1	0.2	0.2	0.4	0.016
시의회	−1	0.6	0.7	0.8	−0.336
납세자집단	−1	0.9	0.8	1.0	−0.720
공무원단체	+1	0.9	0.6	0.6	0.324
언 론	+1	0.1	0.5	0.2	0.010
					$\Sigma F=-0.706$

총실현가능성 지수(TF)$=\frac{\Sigma F}{n}=\frac{-0.706}{5}=-0.141$

조정된 총실현가능성 지수(TF_{adj})$=\frac{\Sigma F}{2}=\frac{-0.706}{2}=-0.353$

(b) 대 안 2 (예산삭감)

이해관계자 (1)	부호화된 입 장 (2)	확 률 (3)	가용자원 비 율 (4)	자원의 상대적 서열 (5)	실현가능성 점 수 (6)
시 장	+1	0.8	0.6	0.4	0.192
시의회	+1	0.4	0.5	0.8	0.160
납세자집단	+1	0.9	0.7	1.0	0.630
공무원단체	−1	0.9	0.8	0.6	−0.432
언 론	−1	0.1	0.5	0.2	−0.010
					$\Sigma F=0.540$

총실현가능성 지수(TF)$=\frac{\Sigma F}{n}=\frac{0.540}{5}=0.108$

조정된 총실현가능성 지수(TF_{adj})$=\frac{\Sigma F}{3}=\frac{0.540}{3}=0.180$

최대값을 계산해야 하는데, 위의 경우 그 최대값 TF_{max}=2/5=0.40이다. 조정된 지수값을 알아내기 위해서는 원래 TF값을 TF의 최대값으로 나누면 되는데, 즉 TF/TF_{max}=TF_{adj}=−0.40/0.40=−1.0이 된다. <표 4-12> (b)에서 양(+)의 조정된 총실현가능성 지수 값을 구하기 위하여 동일한 절차가 사용되었다.

실현가능성 예측은 우리로 하여금 정치적, 조직적 문제를 산만하고 독단적인 방법으로 처리하기보다는 명확한 주관적 판단을 도출할 수 있도록 도와준다. 실현가능성 예측은 또한 분석가가 정책대안에 따라 변하는 입장과 가용자원의 민감함을 체계적으로 고려할 수 있게 해 준다. 위의 예에서 긴축재정과 시공무원의 생산성을 높이는 계획과 함께 보다 작은 폭의 세금인상이라는 대안이 있다면 아마 전혀 다른 실현가능성 수준을 가져올 것이다.

전통적 델파이나 교차영향분석과 같이, 실현가능성 예측도 주관적 판단을 뒷받침하는 이유나 증거를 표면화시킬 수 있는 체계적인 방법을 제시하지 못한다. 이런 난점을 해결하기 위한 최선의 방법은 아마도 정책 델파이의 절차를 채택하거나 가정분석(제3장)을 이용하는 것일 것이다. 이 방법의 두 번째 한계는 이해관계자들의 입장이 독립적이고 동시에 일어난다고 가정하는 것이다. 이 가정은 비현실적이다. 왜냐하면 시간이 경과함에 따라 담합이 이루어질 수 있고, 종종 한 이해관계자의 입장이 다른 사람의 입장 변화에 따라 결정될 수 있다는 사실을 무시하기 때문이다. 시간이 경과함에 따라 변하는 입장의 상호의존성을 파악하기 위해서는 조금 변형된 교차영향분석이 이용될 수 있을 것이다. 마지막으로 다른 판단적 예측기법들과 마찬가지로 문제가 복잡해서 가용한 이론이나 경험적 자료에 의해 쉽게 파악하기 어려운 조건 하에서는 이 실현가능성 예측도 매우 유용하다. 이런 이유 때문에 한계점을 살펴보면서 창조적인 통찰력의 원천이 될 수 있는 가능성도 함께 고려해야 한다.

이 장을 마치면서 강조하고 싶은 것은 다양한 접근방법과 기법들을 독창적으로 결합하면, 이를테면 복수방법예측(*multiemthod forecasting*)을 적용하면, 예측이 개선될 가능성이 있다는 점이다. 복수방법예측은 여러 가지 형태의 논리적 추론(귀납적, 연역적, 귀추적)과 다양한 근거(추세연장, 이론, 판단)를 결합하는 것이다. 복수방법예측에서는 정확성이나 독창성이 그 자체로서 최종목표가 아니다. 정확한 투사나 예견이 잘못된 문제에 단지 답을 할 수도 있고, 독창적으로 보이고 통찰력 있는 것으로 보이는 예측이 개연성이 부족하고 완전히 억측이거나 엉터리임이 판명될 수도 있다. 하나의 예측에 대한 궁극적인 정당성은 그것이 진실일 개연성이 높은 믿음을 제시하였느냐에 달려 있다.

Ⅶ. 증거에 기초한 예측

우리는 이 책에서 줄곧 증거에 기초한 정책분석의 높은 기준들을 성취하는 것이 중요하다고 강조했다. 이런 맥락에서, 오늘날 정책분석에서 예측의 통합적 특성을 반영하여 증거에 기초한 예측을 이런 기준들을 충족하는 하나의 측면으로 고려하는 것이 중요하다. 암스트롱(J. Scott Armstrong)과 그의 동료들은 현실 세계 예측가들의 경험을 근거로 증거에 기초한 예측의 원칙들을 엮어내는 데 심혈을 기울였다.[64] 이들 원칙은 문제형성, 정보탐색, 방법선

표 4-13 증거에 기초한 예측을 위한 제안

제안	목적
예측에 의해 영향을 받을 수 있는 결정들을 기술한다.	정책결정자에게 예측의 적실성 극대화
문제를 하위문제들로 분해한다.	문제가 적정하게 구조화되었는지 확인
이론을 이용하여 설명변수들을 식별한다.	개연성 있는 인과관계를 식별할 확률 극대화
질문지와 척도의 신뢰도와 타당성을 평가한다.	잘못된 발견에 따라 인위적으로 산출될 오류 회피
구조화되지 않은 예측방법보다 구조화된 예측방법을 사용한다.	잘 알려져 있지 않은, 체계적 바이어스의 원천 극소화
서베이를 수행하기 전에 조사도구를 사전 검사한다.	조사도구를 사용하기 전에 오류 발견
이질적인 전문가 표본으로부터 예측치를 얻는다.	복수관점들의 가용성 극대화
신뢰구간(CI)을 추정한다.	점 추정치의 확률적 표현
예측방법을 명백하게 설명한다.	전문가들이 답할 수 있다고 확신

64) J. Scott Armstrong, "Findings from Evidence-Based Forecasting: Methods for Reducing Forecast Error," International Journal of Forecasting 22,3 (2006): 583-598; J. Scott Armstrong (ed.) *Principles of Forecasting: A Handbook for Researchers and Practioners,* Springer Science & Business Media 참조. 그리고 Armstrong의 웹사이트 www.forecastingprinciples.com 참조.

택, 예측의 평가, 정책결정자와 기획가에 의한 예측의 이용 등 중요한 분야로 나누어 편성되었다.

암스트롱은 증거에 기초한 예측을 개발하는 기준으로 150 여 가지를 제시하였지만, 여기에서 우리의 목적에 직접적으로 가장 관련 있는 것만 고려한다(<표 4-13>). 여기에서는 증거에 기초한 예측의 기준을 추세연장적 예측, 이론적 예측, 판단적 예측을 위한 제안으로 설명한다.

요 약

이 장에서 예측과정을 개괄적으로 살펴보았고, 특히 예측의 특성과 유형을 개관하고, 정책분석에서 예측을 어떻게 이용하는지를 살펴보았다. 귀납적, 연역적, 귀추적 추론에 기초한 접근방법들을 비교한 후, 구체적인 방법들과 기법들을 추세연장적 예측, 이론적 예측, 판단적 예측 등으로 나누어 살펴보았다. 예측을 궁극적으로 정당화하는 것은 그 예측이 어떤 특정한 유형의 방법(계량적인 방법이든 질적인 방법이든)에 기초하는가에 달려 있는 것이 아니고, 그 예측이 미래에 관하여 진실일 개연성이 높을 것이라는 믿음을 제공하는가에 달려 있다. 숙달된 정책분석가이며 미국 국방부의 차관보를 지낸 어떤 학자는 "정확하게 틀린 것보다는 대충 옳은 것이 훨씬 낫다."고 말한다.[65]

복습문제

1. 예측의 세 가지 유형은 무엇이고, 각각 예측의 기초와는 어떻게 관련되어 있는가?
2. 미래를 보다 잘 이해할 수 있다는 것 이외에 예측을 통하여 성취될 수 있는 목적은 무엇인가?
3. 수리경제모형이 추세연장적 예측이나 판단적 예측보다 얼마만큼 더 정확한지 설명하라.
4. 기관적, 시간적, 역사적 맥락이 예측의 정확성에 어떻게 영향을 미치는가?
5. 잠재적, 개연적, 규범적 미래를 구별하여 설명하라.
6. 귀납적, 연역적, 귀추적(역류적) 추론을 비교하고, 이론적 예측과 판단적 예측을 비교하라.
7. 예측의 세 가지 유형에 사용되는 기법들을 열거하고, 예를 들어 설명하라.

65) Alain C. Enthoven, "Ten Practical Principles for Policy and Program Analysis," in Zeckhauser, ed. *Benefit-Cost and Policy Analysis: 1974*, p. 459.

8. 선형이든 비선형이든 대부분의 예측은 지속성과 규칙성의 가정에 기초한다. 이런 가정이 어느 정도 개연성이 있는가?

9. 많은 예측이 선형회귀분석(전통적 선형회귀모형)을 이용한다. 예측에 사용될 때, 선형회귀모형의 주요한 가정들은 무엇인가?

10. 선형회귀모형의 가정들이 맞지 않을 때, 어떤 교정(수정)들이 이루어질 수 있는가?

11. 완전히 틀린 것보다는 대충 옳은 것이 좋은가? 이 질문에 대한 답은 예측방법의 선택에 어떤 영향을 줄 것인가?

12. 복수방법예측의 중요한 예가 '좋은 판단 사업'(Good Judgment Project)에 의해 수행된 연구에서 발견될 수 있다. 예측시장의 방법을 기술하고, 이 방법이 전문가 판단에 기초한 예측과 어떻게 비교하는지 설명하라. (https://www.iarpa.gov/index.php/newsroom/iarpa-in-the-news/2015/439-the-goodjudgment-project)

13. 중요성 검사가 예측결과의 해석이나 프로그램 효과 등 정책결과의 분석 같은 다른 방법의 결과 해석을 방해한다는 일치된 의견이 부각되고 있다. 그 이유를 설명하라. (T. Zilak and D. McCloskey, *The Cult of Statistical Significance: How the Standard Error Costs Us Jobs, Justice, and Lives*. University of Michigan Press, 2008)

시범과제

1. [사례 4.1]을 읽고 다음 물음에 답하라.

1) [그림 C4.1-1]의 네 가지 그래프에서 어떻게 각 상관계수(r), 결정계수(r^2), 유의수준(p-value)의 값이 같을 수 있는지를 설명하라.

2) 네 가지 산포도의 모양을 설명하라.

3) 회귀분석에서 시각적으로 표현된 것을 검토하는 것이 얼마나 중요한지를 설명하라.

2. [사례 4.2]의 수입액 데이터를 보고, SPSS 프로그램이나 유사한 통계 프로그램(Excel, Stata, R)을 사용하여 2004년의 MARTA 수입액을 예측하여 보라. 여러분은 MARTA의 컨설턴트로 2000년 1월에 분석을 수행한다고 가정한다. 고객은 MARTA가 미래 수입액의 정확한 추산치가 필요하여 여러분을 고용하였다. 그 추산치는 요금인상에 관한 결정을 내리는 데 이용될 것이다. 요금인상은

환경정의, 즉 약자나 빈곤층의 교통비 부담에 관한 정의에 대한 논의에서 초점이 되었다. 여러분은 분석시점에서는 알 수가 없겠지만, Atlanta 시의회는 2000년과 2001년에 대단한 정치적 혼란 속에서 요금인상에 반대하였다. MARTA의 2001년 실제 운영예산은 3억 7백만 달러였고 수입은 3억 4백만 달러였는데, 이런 부족은 MARTA 정책결정자들로 하여금 요금을 인상하도록 강요하고 있다. 지역사회집단들은 요금인상이 환경정의의 원칙에 위배된다고 주장하였다.

이 장에서 공부한 추세연장적 예측방법에 기초하여 다음 분석을 실행하라.

1) [표 C4.2-1]의 1973-2000년 수입액 데이터를 SPSS 데이터 편집기에 입력하라. 수입액(RECEIPTS)의 단위는 1,000달러임을 주목하라.
2) 수입액(RECEIPTS) 변수의 시계열(sequence, time-series) 그래프를 만들어라. 시계열 자료가 선형회귀모형의 가정들을 충족시키는가?
3) 로그변환을 수행하고, 새로운 시계열 그래프를 만들어라. 로그변환의 결과로 어떻게 달라졌는가?
4) 1973녀부터 2000년까지의 수입액 데이터를 이용하여 시계열 회귀분석을 수행하고, 2004년, 2008년, 2014년 수입액을 각각 예측하라. 세 가지 회귀분석이 필요할 것이다. 평균의 95% 신뢰구간을 계산하라. 각(2004년, 2008년, 2014년) 점 추정치를 계산하라.
5) 단기 예측치, 중기 예측치, 장기 예측치는 각각 실제 수입액과 어떻게 다른가? 각 점 추정치가 95% 신뢰구간 안에 있는가?
6) SPSS 출력에 나타난 점 추정치와 구간 추정치를 해석하라. 여러분의 세 개 추정치는 얼마나 정확한가? MARTA는 요금을 인상할 필요가 있는가? 여러분은 이에 대해 얼마나 확신하는가?
7) 여러분이 예측한 세 개(2004년, 2008년, 2014년) 예측치를 설명하고 정당화하는 2쪽 분량의 정책메모를 작성하라. 정책메모에 요금인상에 관한 대안들을 포함시키고, 여러분의 제안을 환경정의 이슈에 연결시켜 설명하라.

3. [사례 C4.3]을 읽고, [그림 C4.3-1]의 그래프에 나타나 있는 바와 같이 "군중의 지혜"(wisdom of crowd)와 이 장에서 배운 델파이 예측의 절차는 어떻게 연결되는지를 설명하라.

추천문헌

Allen, T. Harrell, *New Methods in Social Science Research: Policy Science and Futures Research*. New York: Frederick A. Praeger, 1978.

Anscombe, F. J., "Graphs in Statistical Analysis," *American Statistician* 27 (February 1973), pp. 17-21.

Armstrong, J. Scott, "Findings from Evidence-Based forecasting: Methods for Reducing Forecast Error," *International Journal of Forecasting* 22, 3(2006): 583-598.

Armstrong, J. Scott, *Illusions in Regression Analysis* (2011). available at SSRN: https//ssrn.com/abstract=1969740.

Armstrong, J. Scott, Long-Range Forecasting, 2nd ed. (August 11, 2010). available at SSRN: https://ssrn.com/abstract=666990.

Armstrong, J. Scott, (ed.) *Principles of Forecasting: A Handbook for Researchers and Practitioners*. New York: Springer Science & Business Media, 2001.

Armstrong, J. Scott, "Significance Tests Harm Progress in Forecasting," *International Journal of Forecasting* 23, 2(2007): 321-327.

Ascher, William, *Forecasting: An Appraisal for Policy Makers and Planners*. Baltimore: Johns Hopkins University Press, 1978.

Ascher, William, "The Forecasting Potential of Complex Models," *Policy Sciences* 13(1981): 247-267.

Box, G. E .P. and G. M. Jenkins, *Time Series Analysis: Forecasting and Control*. San Francisco: Holden-Day, 1969.

Campbell, Mary P., "What I've Learned from the Good Judgment Project," *Forecasting and Futurism* 11(July 2015): 18-22.

Coates, Joseph, "Technology Assessment: The Benefits, the Costs, the Consequences," *Futurist* 5, 6(December 1971): 219-225.

Finsterbusch, Kurt and C. P. Wolf, (eds.) *Methodology of Social Impact Assessment*. Stroudsburg, PA: Dowden, Hutchinson & Ross, 1977.

Gass, Saul I. and Roger L. Sisson, (eds.) *A Guide to Models in Governmental Planning and Operations*. Washington, DC: US Environmental Protection Agency, 1974.

Guess, George M. and Paul G. Farnham, *Cases in Public Policy Analysis*. New York: Longman, 1989, Chap. 3, "Forecasting Policy Options," pp. 49-67.

Gurr, Ted R., "The Comparative Analysis of Public Order," in *The Politics of Crime and Conflict*, ed. Ted R. Gurr, Peter N. Grabosky, and Richard C. Hula (Beverly Hills, CA: Sage Publications, 1977).

Harrison, Daniel P., *Social Forecasting Methodology*. New York: Russell Sage Foundation, 1976.

Helmer, Olaf and Nicholas Rescher, "On the Epistemology of The Inexact sciences," *Management Science* 6, 1(1959): 25-52.

Horowitz, Michael, "Good Judgment in Forecasting International Affairs (and an Invitation for Season 3)," The Washington Post (november 26, 2013). https://www.washingtonpost.com/news/monkey-cage/wp/2013/11/26/good-judgment-in-forecasting-international-affairs-and-an-invitation-for-season-3/.

Intelligence Advanced research projects Activity(IARPA), *The Good Judgment Project*. https://www.iarpa.gov/index.php/newsroom/iarpa-in-the-news/2015/439-the-good-judgment-project.

Jillson, Irene A., "The National Drug Abuse Policy Delphi: Progress Report and Findings to Date," in *The Delphi Method: Techniques and Applications*, ed. Harold A. Linstone and Murray Turoff. New York: Addison-Wesley, 2002.

Johnson, Lloyd D., P. M. O'Malley, R. A. Miech, J. G. Bachman, and J. E. Schulenberg, (eds.) *Monitoring the Future National Survey Results on Drug Use, 1975-2010*, Vol. II, College Students & Adults Ages 19-50. Ann Arbor: University of Michigan, Institute for Social Research, 2016.

Kahneman, Daniel, "A Perspective on Judgment and Choice: Mapping Bounded Rationality," *American Psychologist* 58, 9 (2003): 697.

Kaufman, Herbert, *Are Government Organizations Immortal?* Washington DC: Brookings Institution, 1976.

Linstone, Harold A. and Murray Turoff, (eds.) *The Delphi Method: Techniques and Applications*. Reading, MA: Addison-Wesley, 1975.

Marino, Y. P., *Technological Forecasting for Decision Making*. Cambridge, MA: American Elsevier Company, 1972.

McNown, Robert, "On the Use of Econometric Models: A Guide for Policy Makers," *Policy Sciences*, 19 (1986): 360-380.

O'Leary, Michael K. and William D. Coplin, *Everyman's "Prince."* North Scituate, MA: Duxbury Press, 1976.

Rescher, Nicholas, *Predicting the Future: An Introduction to the Theory of Forecasting*. Albany, NY: SUNY Press, 1998.

Schroeder, Larry D. and Roy Barl, "The Role of Multi-year Forecasting in the Annual Budgeting Process for Local Governments," *Public Budgeting and Finance*, 4, 1(1984): 3-14.

Tetlock, Philip, *Expert Political Judgment: How Good Is It? How Can We Know?* Princeton, NJ: Princeton University Press, 2005.

Thomopoulos, Nick T., *Applied Forecasting Methods*. Englewood Cliffs, NJ: Prentice-Hall, 1980.

Toulmin, Llewellyn M. and Glendal E. Wright, "Expenditure Forecasting," in *Handbook on Public Budgeting and Financial Management*, ed. Jack Rabin and Thomas D. Lynch. New York: Marcel Dekker, 1983, pp. 209-287.

Tufte, Edward R., *The Visual Display of Quantitative Information*, Cheshire, CN: The Graphics Press, 1983.

Ungar, L., B. Mellors, V. Satopää, J. Baron, P. Tetlock, J. Ramos, and S. Swift, *The Good Judgment Project: A Large Scale Test*. AAAI Technical Report FS-12-06. Philadelphia, PA: University of Pennsylvania, 2012.

U. S. General Accounting Office, *Prospective Evaluation Methods: The Prospective Evaluation Synthesis*. Washington, DC: U. S. General Accounting Office, Program Evaluation and Methodology Division, July 1989.

사례 4.1

회귀분석에서 시각적 표시: 앤스콤(Anscombe) 4중주

[그림 C4.1-1]의 네 개의 산포도는 그래프 상 서로 다른 모양의 관측치들을 보여주고 있다. 각 그래프의 X, Y 관측치들은 동일한 값의 상관계수(r), 결정계수(r^2), 유의수준(p-value)을 나타낸다.

그림 C4.1-1 앤스콤(Anscombe) 4중주

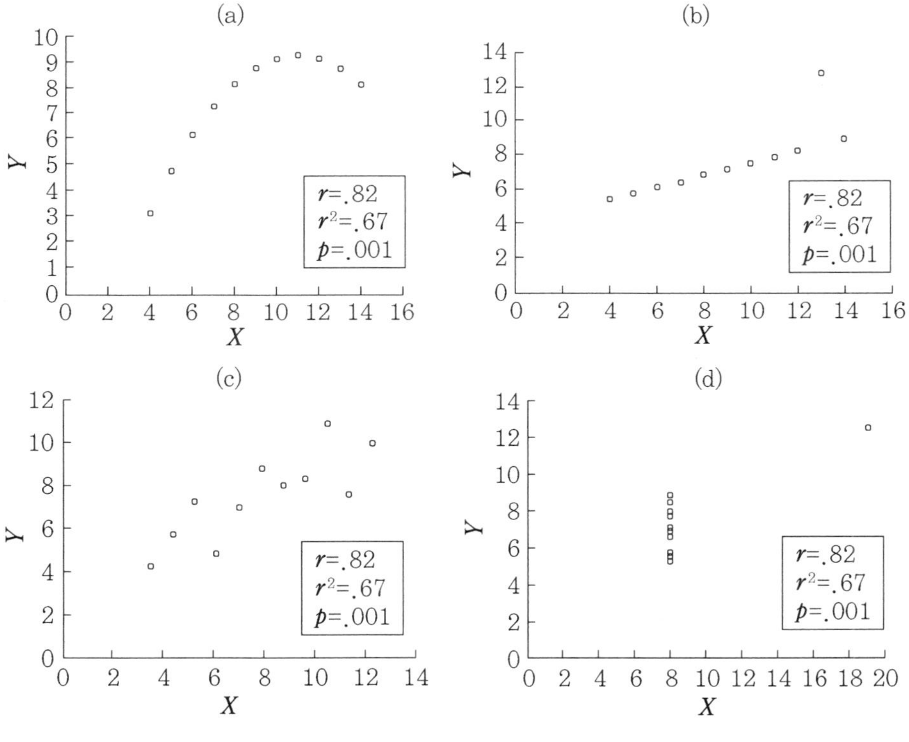

사례 4.2

MARTA 수입액 예측

다음은 1973년부터 2010년까지 판매세와 사용자 요금으로 얻은 Atlanta 시광역 수송국(MARTA)의 수입액에 관한 통계이다.

표 C4.2-1 MARTA 수입액, 1973~2010

(단위 : 1,000달러)

연 도	수입액	연 도	수입액
1973	43,820	1992	167,016
1974	50,501	1993	181,345
1975	50,946	1994	198,490
1976	52,819	1995	222,475
1977	57,933	1996	229,510
1978	66,120	1997	236,545
1979	75,142	1998	243,579
1980	88,342	1999	277,309
1981	99,836	2000	299,103
1982	104,685	2001	303,562
1983	112,008	2002	284,427
1984	123,407	2003	271,006
1985	134,902	2004	283,381
1986	147,149	2005	307,227
1987	148,582	2006	334,486
1988	158,549	2007	350,526
1989	162,543	2008	349,668
1990	165,722	2009	312,704
1991	168,085	2010	307,525

출처: Guess and Farnham(1989), p. 196;
2010 Comprehensive Annual Financial Report, Metropolitan Atlanta Regional Planning Authority, 2010. 1996년과 1997년 수입액은 내삽법(interpolation)으로 추정함.

사례 4.3

복수방법예측: 시리아 화학무기

2005년에 기업예측 공동체와 정보예측 공동체는 서로위키(James Surowiecki)의 저서 「군중의 지혜」(*The Wisdom of Crowds*, New York: Anchor Book, 2005)의 출판으로 충격에 빠졌다. 서로위키는 회귀분석을 발명한 영국의 과학자 골턴 경(Sir Francis Galton)의 이야기를 들려주었다. 골턴은 1906년 한 농축산물 장에서 무게 맞추기 시합에 참가하고 있는 800명의 마을 사람들을 관찰하였다. 도살된 황소의 무게를 가장 정확하게 맞춘 승자는 상을 받게 될 것이다.

군중의 지혜를 의심하였던 엘리트주의자 골턴은 군중이 실제 무게가 1,198파운드인 도살된 황소의 무게를 1파운드 오차 내로 짐작했다는 사실을 발견하고 놀랐다. 군중 개개인은 개별적으로 짐작하고, 다른 사람들과는 거의 의논하지 않았다. 현대의 델파이 예측가들처럼 그들은 군중의 영향력 있는 사람들의 견해에 영향을 받지 않았으며, 기본적으로 익명성이 보장된 것 같았다.

그림 C4.3-1 시리아 화학무기에 대한 복수방법예측

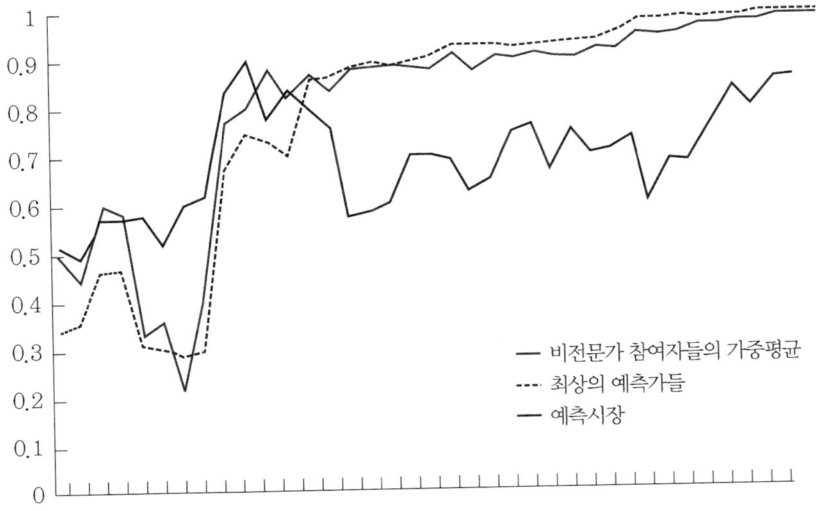

출처: Horowitz(2013).

미국 국가정보국의 IARPA(Intelligence Advanced Research Projects Activity)의 지원 하에 수행된 '좋은 판단 사업'(Good Judgment Project)은 군중의 지혜라는 아이디어에 기초한다. 또한 이것은 테틀록(Philip E. Tetlock)의 중요한 저서 「전문가의 정치적 판단: 얼마나 정확한가? 어떻게 알 수 있는가?」[*Expert Political Judgment: How Good is it? How Can We Know?* (Princeton NJ: Princeton University Press, 2005)]의 연장이다. 이 책은 전문 예측가들에 의한 사회적, 정치적, 경제적 예견들을 체계적이고 비판적으로 분석한 최초의 문헌이다.

2013년 초에 '좋은 판단 사업'의 한 연구계획이 세 가지 예측방법의 정확성을 비교하기 위해 설계되었다. 세 가지 방법이란 비전문 예측가들의 가중된 판단, 훈련된 최상의 예측가들의 판단, 예측시장 구성원들의 판단을 말한다.[66] 최상의 예측가들이 전문가들로 생각되지만, 사실 그들은 전통적인 의미에서의 "전문가"보다는 높게 동기부여된 아마추어인 것이다.

[그림 C4.3-1]에서 보는 바와 같이 11개월 이상 가중평균 집단의 예측과 최상의 예측가들의 예측이 근접하였으며, 예측시장 집단의 예측은 정확하지 못했다. 세 집단의 과업은 화학무기방지기구(OPCW, Organization for the Prevention of Chemical Weapons)가 2013년 12월 1일까지 시리아에 존재하는 화학무기를 조사하고 수집하여 파괴할 확률을 0.0에서 1.0까지 정하는 것이었다. 이것은 매우 중요하고 복잡한 정책 이슈였다. 그 이유는 오바마 대통령과 푸틴 대통령이 많은 사람들이 탁월하다고 생각하는 행동을 취하는 것과 관련되기 때문이다. 이 행동으로 오바마정부의 의회를 통한 시리아에 대한 "레드 라인" 제재에 따른 전면적인 갈등을 피할 수 있는 반면, 화학무기를 파괴함으로써 시리아와 그 국민을 보호할 것이기 때문이다.

[그림 C4.3-1]은 비전문가들의 가중된 판단이 최상위 예측가들만큼 정확하였고, 화학무기에 관한 예측시장보다 정확하였다는 것을 보여준다. '좋은 판단 사업'은 "가장 최상의 추정치보다도 더욱 더 정확한 예측치를 산출할

66) 예측시장(당분간은 정책분석시장이라 하자)이라는 아이디어는 오스트리아 경제학자인 Friedrich Hayek와 Ludwig von Mises로부터 나온 것이다. Hayek, "The Use of Knowledge in Society," *American Economic Review* 35, 4: 519-530 참조. 예측시장은 사건들의 결과를 조사하기 위해 만들어진 하나의 교환-거래시장이다. 이들 사건의 가격은 많은 사람들(군중)에 의해 추정되는데, 사건의 발생확률에 대한 대용 값 역할을 한다. 델파이처럼 예측가들은 기본적으로 익명성이 보장된 판단을 하게 되고 시장에서 개인사업가 역할을 하게 된다.

수 있는" 능력을 보여주었다. 문제가 '올바르게' 해결되었으므로, 각 예측방법의 예측이 1.0에 가까울수록 그들은 더 잘한 것이다. 그래프가 보여주듯이, 초기에 조사가 잘 이루어질지에 대한 불확실성이 있었지만, 결과가 나오기 전에 우리 예측가들은 정확한 답에 대체로 근접하였다.[67] 이런 결과들과 일치하는 문헌은 델파이 같은 구조화된 접근방법들이 구조화되지 않은 전통적인 면접보다 정확한 예측치를 제공할 것이라고 제시한다.[68]

67) 2014년과 2015년 내내 뉴스매체는 염소가스 사용에 대해 보도하였는데, 이런 가스는 안바르(이라크)와 시리아에서 사용되었다. 이 가스는 금지된 무기목록에 없는데, 그 이유는 많은 일반시민들이 염소를 사용하기 때문이다. 1차 세계대전 때에는 염소가스가 무기로 비효과적인 것으로 판명되었고, 인화수소가스와 겨자가스로 대체되었다.

68) A. Graefe and J. S. Armstrong, "Comparing Face-To-Face Meetings, Nominal Groups, Delphi and Prediction Markets on an Estimation Task," *International Journal of Forecasting*, 27, 1: 183-195.

CHAPTER 05

정책의 처방

학습목표

- 두 가지 이상의 대안들 중 선택하는 데 사용되는 기준들을 기술할 수 있다.
- 파레토 기준, 칼도-힉스 기준, 롤스 기준을 대조할 수 있다.
- 선택모형으로서 종합적 합리성과 분절적 점증주의를 비교하고 대조할 수 있다.
- 상이한 유형의 합리성의 밑바탕이 되는 이유를 기술할 수 있다.
- 편익비용분석을 수행하는 절차를 식별할 수 있다.
- 정책을 처방할 때 불확실성의 주요 원천에 대하여 토론할 수 있다.
- 정책처방의 개연성에 대한 위협요인을 기술할 수 있다.
- 편익비용분석에 대한 비판적 분석을 수행하기 위하여 사례연구를 이용할 수 있다.

Ⅰ. 서 론

무엇이 행해져야 하는가? 이러한 질문에 답하기 위한 정보는 처방이라는 방법론을 통하여 얻을 수 있다. 지난 장에서 살펴본 예측 방법론이 예상되는 정책결과에 관한 정보를 얻는 데 필수적이지만, 두 가지 이상의 기대되는 결과들 중에서 하나를 선택하는 데 사용되는 방법을 제공할 수는 없다. 따라서 예측은 기대되는 정책의 결과에 관한 질문에 답할 수 있지만, 어떤 정책을 선택할 지에 관한 질문에는 답할 수 없다. 그것은 바로 처방의 역할이다.

이 장에서는 우선 정책분석의 기본적인 문제인 정책선택에 초점을 맞추어 처방을 개관한다. 정책선택의 핵심은 합리적으로 선택할 때, 특히 다른 대안과 비교하여 하나의 정책대안이 선택되었을 경우 발생되는 기회비용의 분석을 포함하여 규범적·경제적 추론에 기반을 두고 선택할 때 그 이유를 고찰하는 것이다. 그 다음에 처방의 접근방법을 살펴보는데, 비용편익분석과 비용효과분석이 가장 중요한 접근방법이다. 이러한 접근방법과 관련하여, 예상되는 결과가 이미 알려진 정책대안들 가운데 선택하는 데 도움이 되는 여러 가지 기법들을 살펴본다.

Ⅱ. 정책분석에서의 처방

처방의 방법론은 기대되는 정책결과에 관한 정보를 선호되는 정책에 관한 정보로 전환시켜 준다. 어떤 정책을 처방하려면 여러 가지 정책의 예상되는 결과에 관한 사전 정보가 있어야 한다. 그러나 처방의 방법론은 어떤 결과가 다른 결과보다 더 가치 있는지에 대한 정보를 요구한다. 이러한 이유 때문에 처방에 관한 정책분석절차는 본질적으로 규범적이며, 윤리적·도덕적 문제와 밀접하게 관련되어 있다.[1)]

---

1) Daniel M. Hausman and Michael S. McPherson, *Economic Analysis, Moral Philosophy and Public Policy.* 2nd ed. Cambridge: Cambridge University Press, 2006; Dunn, "Values, Ethics, and Standards in Policy Analysis, "in *Encyclopedia of Policy Studies*, ed. Stuart S. Nagel (New York: Marcel Dekker, 1983), pp. 831 - 66; and Stone, *Policy Paradox*, Part I: Goals, pp. 35-130.

1. 처방과 정책창도

미국은 해외원조와 기술지원 수준을 상향조정하여 후진국에 대한 경제적 책임을 증가시켜야 하는가? 국회는 산업체나 자동차에 의해 발생한 대기 및 수질오염을 엄격하게 규제하는 법안을 통과시켜야 하는가? 주정부는 영세민들을 위해 저렴한 가정난방용 연료를 제공해야 하는가? 시의회는 지역사회문화센터를 건립하기 위하여 지방세를 올려야 하는가, 아니면 균형 재정을 유지하여야 하는가? 연방정부는 모든 국민의 최저 연간소득을 보장해야 하는가, 아니면 암치료를 위해 투자해야 하는가?

이러한 정책이슈들은 "무엇을 해야 할 것인가?"라는 질문에 대한 답으로 처방을 필요로 한다. 이러한 질문에 답하기 위해서는 단순한 경험적인 접근방법보다는 규범적인 접근방법이 필요한데, 그 이유는 이러한 질문은 무엇이 올바른 행위인지 묻고 있기 때문이다. 올바른 행위에 관한 질문은 여러 가지 창도적 주장을 포함하는데,[2] 창도적 주장은 다음과 같은 몇 가지 뚜렷한 특징을 지니고 있다.

1. **행위가능성**(*actionable*). 창도적 주장은 정책문제를 해결하기 위해 취해지게 될 행위에 초점을 맞춘다. 창도적 주장을 위해서는 사전에 '무엇이 발생할 것이고', '무엇이 가치 있는 것인가'에 관한 정보도 필요하지만, 무엇이 행해져야 하는가에 관한 논증이 포함되어야 하기 때문에 단순한 '사실'이나 '가치'에 관한 질문을 뛰어넘는다.
2. **조망적**(*prospective*). 창도적 주장은 조망적인데, 그 이유는 행위가 취해지기 전에 주장이 이루어지기 때문이다(사전적, *ex ante*). 반면에 점검이나 평가를 위한 정책분석절차들은 회고적인데, 그 이유는 행위가 취해지고 난 후에 적용되기 때문이다(사후적, *ex post*). 예측이나 처방은 모두 조망적으로 적용된다(사전적, *ex ante*).
3. **가치함축적**(*value laden*). 창도적 주장은 '사실'뿐만 아니라 '가치'에도

---

2) 여기에서는 정책창도가 아닌 합리적 창도를 언급하고 있다. 정책창도는 정치적으로 선호되는 대안을, 증거에 기반을 두지 않고, 미리 선택하는 것을 포함하는 반면, 합리적 창도는 분석가 또는 고객의 선호와는 관계없이 대안을 선택하는 데 이성과 증거를 사용하는 것을 포함한다.

의존하고 있다. 특정의 정책대안이 채택되어야 한다고 주장하기 위해서는 처방된 행위가 예측된 결과를 가져와야 할 뿐 아니라, 예측된 결과가 가치 있어야 한다.[3)]

4. **윤리적 복잡성**(*ethically complex*). 창도적 주장에 내재하는 가치는 윤리적으로 복잡하다. 어떤 가치(예: 건강)는 본질적(*intrinsic*)이면서 동시에 비본질적(*extrinsic*)인 것으로 간주될 수 있다. 여기서 본질적인 가치는 그것 자체가 하나의 목적으로 추구되는 것을 말하며, 비본질적인 가치는 그것이 또 다른 가치를 산출하기 때문에 가치 있는 것으로 간주되는 것을 말한다. 예를 들어, 건강은 그 자체가 하나의 궁극적인 목적이면서 동시에 부, 계몽, 안전, 자유, 경제적 능률성 등 다른 가치를 얻기 위한 수단으로 간주되기도 한다.

합리적 창도와 밀접하게 관련된 다양한 창도(multiple advocacy)는 여러 가지 잠재적인 해결방안에 대한 체계적인 비교와 비판적인 평가를 요구하며, 하나의 입장을 전적으로 방어하는 방식은 아니다. 분석가들이 하나의 처방에 도달하는 것이 분명하지만, 그것은 문제에 대한 여러 가지 처방에 대한 찬성과 반대의견을 비판적으로 평가한 이후에 이루어진다. 다양한 창도는 문제를 해결하는 접근방법인 동시에 문제를 구조화하는 접근방법이기도 하다.[4)] 정책분석가들이 다양한 창도의 지침을 따를 때, 문제와 해결방안을 잘못 정의하여 잘못된 해결책을 낳는, 이른바 '과도한 창도의 함정'(*over-advocacy trap*)에 빠질 가능성이 낮아진다(박스 5.1).

---

3) 처방에는 가치전제와 사실전제의 조합이 포함된다.

4) Ian I. Mitroff, Richard O. Mason and Vincent P. Barabba, *The 1980 Census: Policymaking amid Turbulence* (Lexington, MA: D.C. Heath, 1983). 이들은 두 가지 이상 정책의 창도(다양한 창도)가 정책문제 구조화와 동시에 문제해결의 방법론으로 보고 있다. 또한 Alexander George, *Presidential Decision Making in Foreign Policy: The Effective Use of Information and Advice*. Boulder, CO: Westview Press, 1980.도 같은 입장이다.

박스 5.1 과도한 창도의 함정

조지(Alexander George: 1980)는 「대통령의 의사결정과 외교정책: 정보와 자문의 효과적 이용」(*Presidential Decision Making and Foreign Policy: The Effective Use of Information and Advice*)이라는 저서에서 정책권고의 여러 가지 단점과 약점에 관하여 과도한 창도의 함정(over-advocacy trap)으로 기술될 수 있는 목록을 제시하였다.* 과도한 창도의 함정은 다음과 같은 경우에 발생한다.

- 고객과 분석가가 문제의 본질과 그에 대한 대응책에 너무 쉽게 동의하는 것.
- 분석에 포함된 정책창도자들 간의 의견불일치 사항에 모든 범위의 정책대안이 포함되지 않은 것.
- 분석가가 인기 없는 정책대안의 창도자를 무시하는 것.
- 분석가가 고객으로 하여금 어려운 결정 또는 인기 없는 결정에 직면하게 하는 처방을 소통하는 데 실패하는 것.
- 분석가가 하나의 정보원천에만 의존하는 것.
- 고객이 한사람의 분석가에게 의존하는 것.
- 정책의 가정(assumptions)을 함정에 빠진 분석가와 고객을 포함하여 그 정책의 창도자들만 평가하는 것.
- 고객이 분석결과가 부정적이거나 직관적 판단과 일치하지 않는다는 이유만으로 이를 받아들이지 않는 것.
- 고객과 분석가가 합의(consensus)의 기초와 합의가 이루어진 과정을 면밀하게 조사하지 않고 합의결과를 쉽게 받아들이는 것.

* George(1980): 23-24. 필자가 권고자(*adviser*)라는 용어를 분석가(*analyst*)라는 용어로 대체함.

2. 단순선택모형

창도적 주장은 분석가가 두 개 이상의 대안들 중에서 어느 하나를 선택해야 하는 상황에 직면했을 때에 이루어진다. 어떤 상황에서는 하나의 새로운 행동노선과 현상유지(*status quo*) 중 하나를 선택해야 하는 경우가 있다. 다른 상황에서는 여러 가지 새로운

가장 간단한 용어로 표현할 때

요소를 포함하는 하나의 추론

한 정의, (2) 문제를 해결할

그리고 (3) 가장 선호되는

은 첫째 대안 A_1이 O_1의 산출을 가져오고, 둘째 대안 A_2가 O_2의 산출을 가져오며, 산출 O_1의 값이 산출 O_2의 값보다 크다($O_1 > O_2$)고 할 때, 이 두 대안 중에서 어느 하나를 선택하는 추론과정으로 기술될 수 있다.

이와 같은 간단한 추론과정은 선택의 두 가지 본질적 요소인 사실전제와 가치전제를 내포하고 있다. 첫째 결정전제(decision premise)는 "A_1은 O_1을 가져온다."는 것이고 둘째 결정전제는 "A_2는 O_2를 가져온다."는 것이다. 이들은 모두 사실전제(*factual premise*), 즉 원칙적으로 사실에 관한 지식을 통하여 그것이 참인가 거짓인가를 판단할 수 있는 가정들이다. 그러나 셋째 전제는 가치전제(*value premise*), 즉 어떤 가치척도에 기초하여 O_1이 O_2보다 더욱 효과적, 능률적, 또는 공정하다는 믿음이다. 이러한 전제는 사실적인 전제에 호소하여 옳고 그름을 판단할 수 없는데, 그 이유는 가치문제는 윤리적이며 도덕적 원칙에 기초하여 올바른지 아니면 그른지 결정되기 때문이다.

이 간단한 모형은 모든 선택상황에서 가치전제와 사실전제가 동시에 나타난다는 점을 잘 지적하였다. 이 모형의 단점은 그것이 선택의 복잡성을 모호하게 한다는 점이다. 이러한 단순선택모형이 타당한 것이 되기 위해서 갖추어야 할 조건에 관하여 살펴보기로 하자.[5)]

1. **단일 의사결정자**(*single decision maker*). 선택이 한 사람에 의한 것으로 제한되어야 한다. 선택이 한 사람 이상에 의해 이루어지게 될 경우에는 상충하는 가치전제들과 사실전제들이 존재할 가능성이 커진다.
2. **확실성**(*certainty*). 선택의 결과가 확실하게 알려져 있어야 한다. 그러나 선택결과가 확실하게 알려진 경우는 드물다. 예를 들면, 선호되는 대안의 선택 이외에도, 특정의 결과를 가져오도록 촉진하거나 억제하는 여러 가지 통제할 수 없는 요인들(uncontrollable factors)이 있다.
3. **결과의 즉시성**(*immediacy of consequences*). 행동노선에 따른 결과가 즉시 나타나야 한다. 그러나 대부분의 선택상황에서 행위에 따른 결과는 오랜 기간에 걸쳐서 나타난다. 결과가 즉시 발생하지 않기 때문에 당초에 행위를 촉진했던 가치 자체가 시간이 지남에 따라 변화할 수 있다.

5) Richard Zeckhauser and Elmer Schaefer, "Public and Normative Economic Theory," in *The Study of Policy Formation,* ed. Raymond A. Bauer and Kenneth J. Gergen (New York: The Free Press, 1968), p. 28.

비숙련노동자들에게 최저임금을 보장해 줄 것인지 여부를 둘러싼 이슈를 다루는 단순선택모형을 상상해 보자. 시간제 비숙련노동자들이 현재(2016) 시간당 7.25달러의 최저임금을 받으며 일하고 있다고 가정한다. 이러한 정보를 토대로 현상이 유지될 경우(시간당 7.25달러) 비숙련노동자들은 평균 4,000달러의 소득수준을 유지할 것으로 결론을 내렸다. 그런데 비숙련노동자들에게 시간당 10.00달러의 최저임금을 보장할 경우 비숙련노동자는 평균 7,000달러의 소득을 올릴 것으로 예측되었다. 낮은 소득수준보다는 높은 소득수준이 보다 선호되는 상태라고 가정한다면, 다음과 같이 선택하는 데 큰 어려움이 없을 것이다.

$$A_1 \longrightarrow O_1(4,000\text{달러})$$

$$A_2 \longrightarrow O_2(7,000\text{달러})$$

$$O_2 > O_1$$

$$\therefore A_2$$

그러나 이 경우는 단순선택모형에 필요한 세 가지 조건을 충족시키지 못한다. 첫째, 한 사람이 아닌 다양한 의사결정자가 있다. 국회의원, 투표권자, 행정공무원, 고용주 등 많은 이해관계자가 최저임금정책에 영향을 미치고, 또한 영향을 받게 된다. 다양한 이해관계자들은 각각 다른 사실전제들과 가치전제들을 선택상황에 가져오기 때문에, 무엇을 왜 행동에 옮겨야 하는가를 둘러싸고 상당한 갈등이 발생할 가능성이 높다. 예를 들어, 국회의원들은 비숙련노동자들의 소득수준 유지를 원하고, 시민집단은 최저임금법의 제정에 수반하게 될 조세부담의 감소를 원할 수도 있는 반면, 노동조합은 비숙련노동자의 소득인상을 원할 수 있다. 둘째, 최저임금법이 가져 올 결과는 불확실하다. 입법 이외에 많은 요인들(예를 들어, 비숙련노동력에 대한 대안으로서 대학생의 활용가능성, 지역노동자의 평균소득 수준, 실업 수준)이 고용주가 실질적으로 최저임금 인상의 대가로 일부 노동자를 해고할지 여부를 결정하는 데 영향을 미칠 수 있다. 마지막으로 입법의 결과는 상당히 오랜 기간에 걸쳐 나타나게 되는데, 이는 시간이 지나면서 가치가 변할 수도 있다는 것을 의미한다. 2008년과 2011년 사이 기간처럼 심한 불경기가 도래하면, 이전에 시간당 7.25달러의 임금을 지지했던 어떤 집단은 그러한 임금이 실업을 증가시킬 수 있다고 결론내릴 수도 있다. 간단히 말해서 단순선택모형은 비숙련노동자들에 대한 최저임금 설정에 관련된 사실과 가치에 관하여 과도하게 단순화된 그림을 제시하는데, 이러한 그림은 실제로 최저임금이 실업에 영향을 미치지 못하거나 거의 영향을 미치지 못한다는 점을 인식하지 못하도록 한다.[6)]

3. 복잡한 선택모형

최저임금의 효과에 관한 정보를 보다 철저하게 수집하였다고 하자. 최초의 대안들(최저임금과 현상유지)에 추가하여, 제3의 대안이 식별되었다. 제3의 대안인 직업훈련은 낮은 임금이 문제가 아니라 노동자들이 높은 임금을 받는 직종에 취업할 수 있는 자격을 얻는 데 필요한 숙련기술이 부족하기 때문이라는 가정에 기초한 것이다. 셋째 대안이 추가된 이후, 각 대안이 초래할 결과를 다음과 같이 예측할 수 있다. 첫째 대안(A_1 즉, 시간당 7.25달러)은 2011년에 약 12,000명의 비숙련노동자들에게 연간 평균 18,802달러의 소득을 가져온다. 둘째 대안(A_2 즉, 시간당 10.00달러의 최저임금)은 약 6,000명의 비숙련노동자들에게 연평균 24,958달러의 소득을 가져오는 반면에 나머지 6,000명은 실업자의 위치로 떨어지게 된다. 셋째 대안(A_3 즉, 직업훈련)은 10,000명의 신규 취업 노동자들이 연평균 약 18,808달러의 소득을 보장받는 일자리를 얻게 된다.

각 대안은 다른 결과를 가져오게 된다. 예를 들면, 국회의원들은 재선의 가능성에 관심을 기울여야 한다. 현상유지의 경우($7.25) 노동조합과 복지단체들의 영향력이 크기 때문에 지역구에서 의석을 잃게 될 것으로 전망된다. 최저임금프로그램의 비용은 소기업의 소유자에게 전가되는데, 이들은 의회에 영향을 거의 미치지 못한다. 마지막으로 새로운 직업훈련 프로그램은 세금인

---

6) 1995년 최저임금이 고용에 미친 영향 연구의 메타 분석에 따르면, 기존연구의 표본추출과 출간바이어스를 고려할 경우, 최저임금은 고용에 부정적인 영향은 거의 없으며 긍정적인 영향까지 나타났다고 결론을 내렸다.. David Card and Alan B. Krueger. "Time-series Minimum-Wage Studies: A Meta-analysis." *The American Economic Review* 85, 2 (1995): 238-243. 최근에 이루어진 자연실험에서도 Card와 Krueger의 초기 메타 분석 결과를 지지하는 경향이 나타났다. Harriet Dueled and Xiangfei Liu, "Estimating More Precise Treatment Effects in Natural and Actual Experiments, IZA Discussion Papers, No. 10055 (2016). 참조.

상에 대한 강한 반대 때문에 지역구 의석을 잃게 될 것이다. 어느 경우에나 직업훈련의 혜택은 즉각 나타나지 않으며, 수년간 체감하지 못하게 될 것이다. 피훈련자의 실질 소득능력은 점진적으로 증가되며, 2016년에 가서야 12,000명의 근로자들이 22,500달러의 소득수준에 도달할 것이다. 최저임금 10.00달러를 받게 되는 근로자의 실질소득은 소득세 때문에 감소될 것이다.

마지막으로 세 가지 대안은 여러 이해관계자들에게 불균등한 부담을 지우게 될 것이다. 첫 번째 대안은 새로운 비용이 발생하지 않지만, 두 번째 대안은 소기업 소유자가 추가적 비용을 지불하여야 한다. 세 번째 대안은 훈련프로그램을 유지하기 위한 경비를 조달하기 위해 조세부담자들에게 비용이 배분된다.

단순선택모형이 상당히 복잡해졌다. 이제 다양한 이해관계자, 결과의 불확실성, 시간이 개입한다. 복잡한 선택 모형에서의 문제는 여러 시점에 걸쳐 모든 이해관자들의 가치를 종합하는 만족스러운 처방에 도달할 수 없다는 것이다.

이러한 상황, 즉 대안들의 우선순위를 일관성 있게 매길 수 없는 상황을 비이행성(*intransitive*)이라는 용어로 부른다. 비이행적 선택(intransitive choice)은 전형적으로 상충하는 다양한 목표들을 포함하고 있으며, 이행적 선택상황과는 뚜렷하게 대조된다. 이행적(*transitive*) 선택은 대안들의 순위를 일관성 있게 부여할 수 있는 것을 말한다. 즉, (A_1과 A_2)의 선택 세트에서 A_1

표 5-1 이행적 선택과 비이행적 선택

	(a) 이행적 결과		
대안	2013 **소득**	2015 **소득**	2016 **선거**
A_1	1위	1위	1위
A_2	2위	2위	2위
A_3	3위	3위	3위

	(b) 비이행적 결과		
대안	2013 **소득**	2015 **소득**	2016 **선거**
A_1	1위	2위	3위
A_2	2위	3위	1위
A_3	3위	1위	2위

이 A_2보다 선호되고, (A_2와 A_3)의 선택 세트에서 A_2가 A_3보다 선호될 때, (A_1과 A_3)의 선택세트에서 A_1이 A_3보다 선호된다. 이행적 선택은 각 대안에 값을 부여하여 구성할 수 있는데, 만약 A_1이 A_2나 A_3보다 선호되면 A_1에 높은 값을 부여한다. 선택을 하는 사람은 최고의 값을 가진 대안을 선택함으로써 효용(가치)을 극대화하였다고 말할 수 있다. 이행적 및 비이행적 선택상황이 <표 5-1>에 제시되어 있다.

4. 합리성의 형태

합리적 선택은 때때로 개인의 효용을 극대화하는 선택으로 정의된다. 합리적 선택이론에서 정의되는 것처럼, 이러한 시각의 문제점은 그것이 경험적으로 검증가능한 이론에 기초하고 있지 않다는 데 있다.[7] 검증가능한 이론이란 관찰에 의해 비교될 수 있는 가설을 도출할 수 있는 이론이다. 합리적 선택이론은, 사람들이 모형에 따라 자신들의 효용을 극대화할 것이라고 단순하게 가정하기 때문에, 그 과정에서 선택을 배제하는 경향이 있다. 선택, 숙고, 또는 오류까지도 고려할 여지가 거의 없다. 그러므로 이는 정책선택을 분석하는데 비현실적인 모형이다.

다른 이론으로 이성적 선택(reasoned choice)에 관한 이론이 있다. 사람들이 대안을 선택할 때에는 이유가 있다. 사람들이 자신들의 효용을 극대화하기 위하여 선택한다고 가정하기보다는 서로 다른 이유 때문에 그들의 효용을 극대화한다고 생각하는 것이 유용하다. 이성적 선택은 다섯 가지 유형, 즉 경제적 · 기술적 · 정치적 · 법적 · 실질적 선택 등으로 분류할 수 있다. 이는 식별가능한 추론의 유형과 관련된 상이한 가치, 규범, 그리고 제도적 규칙이 존재한다는 사실을 반영한다. 이러한 맥락에서 어떤 선택상황에서도 다른 대안들보다 바람직한 결과를 가져오는 단 하나의 대안이 있을 수 있다. 그러나 대부분의 선택상황은 다양한 이해관계자, 불확실성, 그리고 시간의 지남에 따라 달라지는 결과 등을 포함한다. 실제로, 갈등과 불일치는 대부분의 정책이슈의 본질적인 특성이다. 속성에 따라 대안들의 순위가 상충되는데 그 이유는 순위가 공공정책결정자들이 내려야 하는 선택의 핵심이며, 그 선택이 많

7) Jeffrey Fiedman, ed., *The Rational Choice Controversy: Economic Models of Politics Reconsidered* (New Haven, CT: Yale University Press, 1996).

은 사람들에게 영향을 미치기 때문이다. 어떤 집단에게는 정책 A가 바람직한 것이지만 다른 집단에게는 정책 B가 더 바람직한 것일 수 있다. 만약 시간을 중요한 요소로 고려한다면, 지금부터 20년 후에는 정책 B가 보다 나은 결과를 가져올 수도 있지만, 만약 불확실한 상황이 유리하게 전개된다면 정책 A가 B보다 우월한 대안일 수 있다. 그러나 재난의 상황에 대처하려면 정책 B가 우수한 것이 될 수 있다.[8)]

합리성의 스캔들(*the scandal of rationality*)이 아마도 현재 상황에 관한 최선의 기술 가운데 하나일 것이다. 유감스럽게도, 정책을 처방하는 과정은 '합리적'(rational)이 아니거나, 결코 합리적일 수 없는 것처럼 보인다. 이러한 견해가 그럴듯해 보이지만, 만약 합리성(rationality)을 사려 깊은 추론과정이라고 한다면, 단순선택모형의 조건을 충족시킬 수 없는 것 자체가 바로 처방과정이 합리적이 아니거나 합리적일 수 없다는 것을 의미하는 것은 아니다. 하나의 합리성 모형과는 대조적으로, 대부분의 선택은 여러 가지 합리성의 속성을 가지고 있는데, 합리성은 복수이며, 그 때문에 어렵지만 실질적인 관련성을 가지게 한다. 이는 정책선택의 저변에는 동시에 일어나는 추론이 자리 잡고 있음을 의미한다.[9)]

1. **기술적 합리성**(*technical rationality*). 기술적 합리성은 효과성(*effectiveness*)을 기준으로 대안을 비교하는 이성적 선택(reasoned choices)을 말한다. 태양에너지기술과 핵에너지기술 가운데 그들이 생산하는 BTU의 크기를 기초로 선택하는 것을 기술적 합리성의 예로 들 수 있다.
2. **경제적 합리성**(*economic rationality*). 경제적 합리성은 능률적(*efficiency*)을 기준으로 대안을 비교하는 이성적 선택(reasoned choices)이다. 대안적인 의료보장체제 가운데 총편익과 총비용의 차이 (순편익) 또는 순능률성 개선을 기준으로 선택한다면 이는 경제적 합리성의 좋은 예가 된다.
3. **법적 합리성**(*legal rationality*). 법적 합리성은 확립된 규칙과 선례에 대한 법적 일치성(legal conformity)을 기준으로 대안을 비교하는 과정이 포

---

8) Friedman, p. 30.

9) Stephen Toulmin. *Return to Reason.* Harvard University Press, 2009; Paul Diesing, *Reason and Society.* Urbana: University of Illinois Press, 1962; and Max Weber. *The Theory of Social and Economic Organization.* Simon and Schuster, 1915/2009. 참조.

함된 이성적 선택을 말한다. 회사가 인종 및 성차별을 금지하는 법률에 순응하고 있는지 여부에 따라 공공계약을 체결하는 것은 법적 합리성의 예로 들 수 있다.

4. **사회적 합리성**(*social rationality*). 사회적 합리성은 대안을 가치있는 사회제도의 유지 즉, 제도화(*institutionalization*)의 유지 또는 촉진 정도를 기준으로 비교하는 과정이 포함된 이성적 선택이라는 특징을 갖는다. 선거에서 민주적 참여 권리의 신장을 포함하는 선택을 한다면 민주적인 제도가 보존되기 때문에 사회적 합리성의 사례가 된다.
5. **실질적 합리성**(*substantive rationality*). 실질적 합리성은 주어진 상황하에서 가장 적절한 선택을 하기 위해 여러 가지 형태의 합리성－기술적, 경제적, 법적, 사회적 합리성－을 비교하는 과정이 포함된 이성적 선택이라는 특징을 갖는다. 정부의 정보정책에 관한 여러 가지 이슈에는 새로운 컴퓨터 기술의 유용성, 이러한 기술의 사회에 대한 비용 및 편익, 이러한 기술이 개인생활보호(privacy)에 대하여 갖는 법적인 함축, 민주적 제도와 일치하는지 여부 등에 대한 질문들이 포함된다. 이러한 이슈에 대한 논쟁은 실질적 합리성이라는 관점에서 특징을 찾을 수 있는데, 대부분의 경우 트레이드오프가 포함된다.

Ⅲ. 정책처방의 기준

몇 가지 형태의 합리성은 처방을 위한 구체적 결정기준과 관련된다. 결정기준(*decision criteria*)이란 정책선택을 정당화하기 위하여 사용되는 분명하게 진술된 규칙, 원칙, 표준을 의미한다. 결정기준에는 여섯 가지, 즉 효과성, 능률성, 충족성, 형평성, 대응성, 적합성이 있다.[10]

효과성(*effectiveness*)은 가치 있는 결과의 달성을 의미한다. 기술적 합리성의 속성인 효과성은 산출물이나 서비스 단위, 또는 화폐 가치로 측정된다. 만약 영국열량단위(British Thermal Units, BTUs)로 정의된 에너지를 원자력발전기가 태양 집열장치보다 더 많이 생산한다면 더 효과적이다. 효과적인

10) 결정기준에 관한 것은 Theodore H. Poister, *Public Program Analysis: Applied Research Methods* (Baltimore: University Park Press, 1978). pp. 9-15 참조.

보건정책은 사람들에게 더욱 향상된 질보정평균수명(Quality Adjusted Life Years, QALYs)을 제공한다.

능률성(*efficiency*)은 주어진 수준의 효과성을 산출하는 데 필요한 노력의 양을 의미한다. 경제적 합리성의 속성인 능률성은 산출물이나 서비스 단위당 비용, 예를 들면, 관개용수 갤런당 비용, 건강진단 한건당 비용으로 계산된다. 능률성은 또한 관개용수 갤런당 총편익에서 총비용을 빼서 계산한다. 능률성을 결정하는 또 한 가지 방법은 대안의 기회비용과 다른 대안의 그것과 비교하는 것이다. 순편익이 큰 정책이 능률적이다.

충족성(*adequacy*)은 주어진 기준의 효과성 또는 능률성을 달성한 것을 의미한다. 충족성의 기준은 하나의 정책과 고정된 수준의 효과성 또는 능률성 사이의 관계의 강도에 대한 기대를 구체화한 것이다. 충족성의 기준과 효과성이나 능률성과의 관계는 다음 <표 5-2>에 제시된 네 가지 유형의 문제로 나타낼 수 있다.

표 5-2 충족성의 기준: 네 가지 유형의 문제

효과성	비 용: 고 정	비 용: 가 변
고정	유형 Ⅳ (동일비용－동일효과성)	유형 Ⅱ (동일효과성)
가변	유형 Ⅰ (동일비용)	유형 Ⅲ (가변비용－가변효과성)

1. **유형 Ⅰ 문제**(*type I problems*). 이 유형의 문제는 동일비용과 가변효과성을 포함한다. 최대한 허용되는 예산지출이 고정비용이 될 때, 목표는 이용가능한 자원의 한계 내에서 효과성을 극대화시키는 것이다. 예를 들어, 각 100만 달러의 고정예산이 주어진 두 가지 프로그램에서, 보건정책 분석가는 지역사회의 질보정평균수명(QALYs)을 최대한 향상시키는 대안을 처방할 것이다. 유형 Ⅰ의 문제에 대한 해결절차를 동일비용분석(*equal-cost analysis*)이라 부르는데, 그 이유는 효과성의 수준이 다른 대안들의 비용이 동일하기 때문이다. 여기서 가장 적합한 정책은 고정비용의 한계에서 목표 달성을 극대화하는 것이다.

2. **유형 Ⅱ 문제**(*type Ⅱ problems*). 이 유형의 문제는 동일효과성과 가변비용을 포함한다. 결과의 수준이 고정될 때, 목표는 비용을 극소화하는 것이다. 예를 들면, 공공교통시설이 적어도 연간 10만 명에게 서비스를 제공해야 한다면, 문제는 고정된 효과성의 수준을 최소비용으로 달성할 수 있는 대안(예: 버스, 모노레일, 지하철)을 식별하는 것이다. 유형 Ⅱ 문제에 대한 해결절차를 동일효과성분석(equal-effectiveness analysis)이라 부르는데, 그 이유는 동등한 효과성을 가진 대안들의 비용이 다르기 때문이다. 여기서 가장 적합한 정책은 고정된 효과성의 수준을 성취하면서 비용을 극소화하는 것이다.
3. **유형 Ⅲ 문제**(*type Ⅲ problems*). 이 유형의 문제는 가변비용과 가변효과성을 포함한다. 예를 들면, 어느 기관의 목표달성을 극대화하기 위한 최적예산 선택의 문제가 유형 Ⅲ의 문제이 다. 유형 Ⅲ 문제의 해결절차를 가변비용 가변효과성분석(variable-cost variable-effectiveness analysis)이라 부르는데, 그 이유는 비용과 효과성의 수준이 다른 값을 가질 수 있기 때문이다. 여기서 가장 적합한 정책은 비용에 대한 효과의 비율을 최대로 하는 것이다.
4. **유형 Ⅳ 문제**(*type Ⅳ problems*). 이 유형의 문제는 동일효과성뿐만 아니라 동일비용을 포함한다. 유형 Ⅳ 문제는 특히 해결하기 어려운 경우가 많은데, 그 이유는 분석가는 비용이 일정 수준을 초과해서는 안 된다는 제약과 대안이 미리 설정된 효과성의 수준을 만족시켜야 한다는 제약을 동시에 받기 때문이다. 예를 들면, 공공교통시설이 최소한 10만 명에게 서비스를 제공해야 하는데 비용은 비현실적인 수준에 고정되어 있다면, 정책대안은 두 제약조건을 만족시켜야만 하며 그렇지 못한 경우 그 대안은 기각되어야 한다. 상당한 수의 공공계약은 유형 Ⅳ 문제이다.

네 가지 유형의 문제에 포함된 서로 다른 충족성의 정의들은 비용과 효과성사이의 관계가 복잡하다는 점을 강조한다. 예를 들면, 리크리에이션, 쓰레기처리, 경찰 및 소방 보호와 같이 자치단체의 서비스를 제공하기 위해 계획된 두 개의 프로그램은 효과성과 비용이라는 측면에서 상당히 다를 수 있다([그림 5-1]). 프로그램 Ⅰ은 프로그램 Ⅱ보다 전체적으로 효과성의 수준이

그림 5-1 네 가지 충족성의 기준을 사용한 비용효과성의 비교

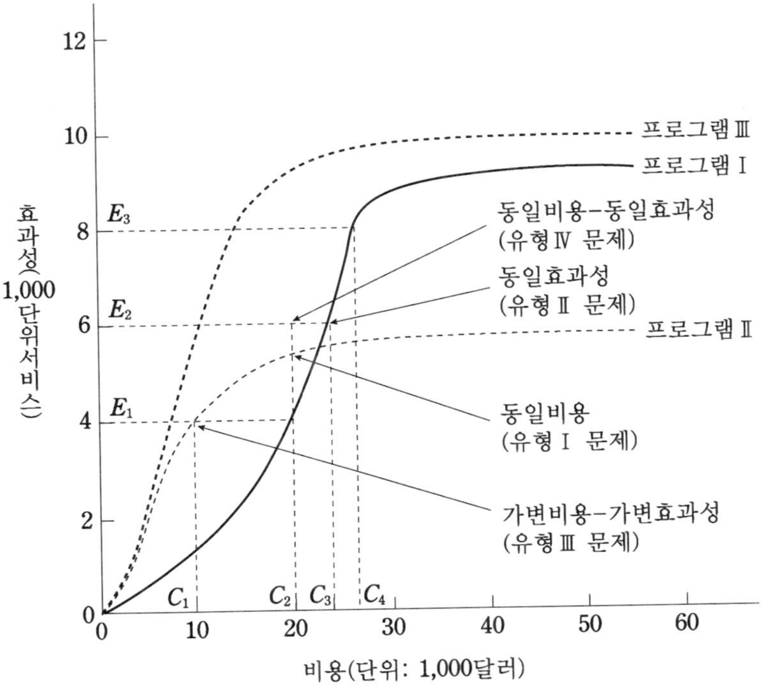

출처: Adapted from Quade(1975): p. 93.

더 높은 반면, 프로그램 Ⅱ는 낮은 효과성의 수준에서는 비용이 적게 든다. 이 경우, 분석가는 효과성을 극대화하는 프로그램(프로그램 Ⅰ)을 처방해야 하는가? 아니면 동일한 효과성의 수준에서 비용을 극소화하는 프로그램(프로그램 Ⅱ)을 처방해야 하는가?

이 질문에 대답하기 위해서 비용과 효과성을 분리해서 살펴보기보다는 비용과 효과성과의 관계에 주의를 기울여야 한다. 그러나 이것이 문제가 복잡해지기 시작하는 이유이다. (1) 만약 우리가 유형 Ⅰ(동일비용)의 문제를 다루고 비용은 20,000달러(C_2)로 고정되었다면, 프로그램 Ⅱ가 더 적합한데, 그 이유는 고정비용의 한계 내에서 효과성의 수준이 가장 높기 때문이다. (2) 만약 우리가 유형 Ⅱ(동일효과성)의 문제에 직면하고 있고 효과성은 6,000서비스 단위(E_2)에 고정되었다면, 프로그램 Ⅰ이 더 적합하다. (3) 다른 한편 유형 Ⅲ (가변비용-가변효과성)의 문제, 즉 비용과 효과성이 자유롭게

변한다면, 프로그램 II가 더 적합한데, 그 이유는 비용에 대한 효과성의 비율(효과성-비용 비율(*effectiveness-cost ratio*)이라 불리는)이 E_1과 C_1의 교차점에서 가장 크기 때문이다. 이 교차점에서 프로그램 II는 10,000달러에 대해 4,000단위의 서비스를 산출하게 되는데 이는 10,000에 대하여 4,000 또는 0.4의 비율이 된다. 이와 대비하여 프로그램 I은 0.32의 효과성-비용비를 나타낸다(8,000단위의 서비스 나누기 25,000달러 = 0.32).[11] (4) 끝으로 우리가 유형 IV(동일비용-동일효과성)의 문제를 다루고, 효과성과 비용이 E_2와 C_2에 고정된다면 어느 프로그램도 적합하지 못하다. 적합한 해결책이 아무것도 없는 이러한 딜레마는 기준과다책정(*criterion over-specification*)으로 알려져 있다.

이러한 사례의 교훈은 비용이나 효과성 중 어느 하나에 근거하여 두 대안 중 선택할 수 있는 경우는 드물다는 것이다. 효과성의 측정을 화폐편익으로 환산하는 것이 가능한 경우도 있는데, 이 경우에는 화폐편익에서 화폐비용을 빼 줌으로써 순소득편익(net income benefits)을 계산할 수 있지만 대부분의 경우 가장 중요한 정책결과에 대하여 확신할 수 있는 달러동등가치를 계산하기가 어렵다. 교통안전프로그램으로 생존할 수 있게 된 생명의 동등가치는 얼마인가? 국제연합의 교육, 과학, 문화 활동으로 증진된 세계평화와 안전의 동등가치는 얼마인가? 환경보호법으로 보존된 자연의 아름다움에 대한 동등가치는 얼마인가? 이러한 질문은 다음에 비용편익 분석을 논의할 때 검토될 것이지만, 달러로 효과성을 측정하는 것은 복잡하고 어려운 문제임을 인식하는 것이 중요하다.[12]

때로는 충족성의 모든 기준을 동시에 충족시키는 대안을 찾는 것도 가능하다. 예를 들면, [그림 5-1]에서 제3의 프로그램 곡선은 고정효과성 기준은 물론 고정비용기준을 적절하게 충족시킬 뿐 아니라 비용에 대한 효과의 비율도 가장 높다. 그러나 이러한 상황은 매우 드물기 때문에, 항상 적절하다고 생각되는 효과성과 비용의 수준을 구체화시킬 필요가 있다. 여전히 비용

11) 효과성-비용의 비를 도표상에서 나타내는 단순한 방법은 그래프의 원점(즉, 아랫부분-왼쪽 코너)으로부터 효과성-비용곡선의 변곡점(knee)(즉 직선이 곡선부분(curvature)과 접하지만 이를 통과하지는 않는 점)으로 직선을 긋는 것이다. 만약 그 직선이 세로 축의 효과성 척도의 방향으로 왼쪽으로 이동할수록, 효과성과 비용의 비율이 커진다.

12) 예를 들면 Richard Zeckhauser, "Procedures for Valuing Lives," *Public Policy* (Fall 1975), pp. 419 64; 그리고 Baruch Fischoff, "Cost-Benefit Analysis and the Art of Motorcycle Maintenance," *Policy Science*, 8 (1977), pp. 177-202를 참조.

이 주어졌을 때, 무엇이 적절한 효과성의 수준을 구성하는지는 판단의 문제이다.

충족성의 문제는 어느 하나의 기준을 자의적으로 채택해서는 결코 해결될 수 없다. 예를 들면, 순소득 편익(효과성의 화폐가치에서 비용의 화폐가치를 뺀 것)은 비용이 고정되고 편익비용비율이 가장 높은 하나의 프로그램을 총고정비용의 한계 내에서 여러 차례 반복할 수 있을 경우에는 적합한 기준이 될 수 없다. 이것은 <표 5-3>에 예시되었는데, 프로그램 I 은 40,000달러의 고정비용 한계 내에 10번까지 반복될 수 있고, 이의 총 순편익은 360,000달러 (즉 36,000×10)이다. 프로그램 I 은 10번 반복할 수 있기 때문에 가장 높은 편익비용비율을 갖게 된다. 그러나 만약 프로그램 I 이 반복될 수 없다면—즉 세 개의 사업계획 중 오직 하나를 선택해야 한다면—프로그램 Ⅲ을 처방하여야 한다. 프로그램 Ⅲ의 편익-비용비율은 가장 낮지만, 가장 큰 순편익을 산출한다.

표 5-3 충족성의 기준으로서 편익-비용비와 순편익의 비교(단위 1,000달러)

프로그램	편 익	비 용	편익-비용비	순편익
I	40	4	10	36
II	64	8	8	56
III	100	40	2.5	60

출처: Adapted from Zeckhauser and Schaefer(1968): 73.

앞에서 살펴본 다섯가지 유형의 합리성으로 되돌아가면, 형평성(*equity*) 기준은 법적, 사회적 합리성과 밀접하게 관련된다. 가장 기본적인 형태에서 형평성은 사회 내 여러 집단 사이에 효과성과 노력의 배분을 의미한다. 형평성이 높은 정책은 효과성(예: 서비스 단위들)과 노력(예: 투자)이 공정하게 또는 균등하게 배분되는 정책이다. 다른 유형의 배분은 소득 또는 부가 포함된다. 미국에서 상위 20% 가구의 가구소득의 비율은 1966년과 2012년 사이에 43%에서 51%로 증가한 반면, 나머지 가구의 소득은 같은 기간 중에 57%에서 49%로 감소하였다.[13] 같은 기간, 지니 계수로 측정된 가계소득의 불평

13) Russell Sage Foundation, *Chartbook of Social Inequality* (2013).

그림 5-2 소득 불평등: 미국과 유럽 국민소득 상위 10% 가구의 점유율. 1900~2010

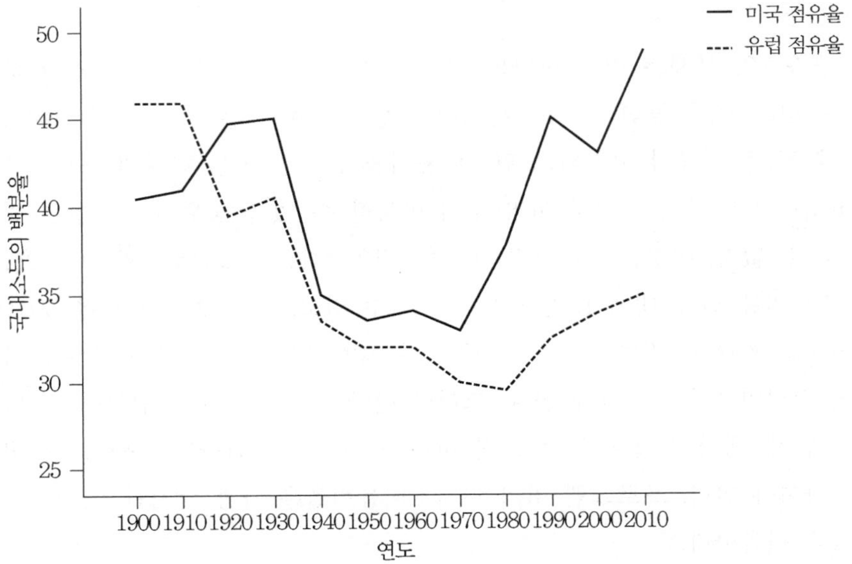

출처: Piketty(2014) 부록.

등은 .40에서 .48로 20% 증가하였다. 2010년에 미국의 지니계수(세금징수와 이전지출 이후)는 열 개 서구 국가 가운데 가장 높았다. 이러한 지표는 능률성과는 별개로 미국이 서구 세계에서 가장 불공정한 분배 상태라는 것을 보여준다.[14] 이는 피케티(Thomas Piketty)의 1910년과 2010년 유럽과 미국의 소득평등 비교([그림 5-2])와 일치한다.

소득, 교육기회, 또는 공공 서비스를 재분배하기 위하여 설계된 정책은 형평성 기준을 기초로 처방된다. 한 프로그램의 편익-비용비와 순 편익이 다른 모든 프로그램보다 우월하기 때문에 효과적이고, 능률적이며, 충족적일 수 있지만, 비용과 편익이 불공평하게 배분됨을 근거로 거부될 수 있다. 이러한 상황이 몇 가지 조건에서 발생할 수 있는데, 예를 들면, 서비스를 가장 필요로 하는 집단이 그 숫자에 비례하여 서비스를 받지 못하거나, 부담능력이 가장 적은 집단이 과다한 비용을 부담하게 되거나, 대부분의 편익을 받는 집단이 비용을 부담하지 않는 경우이다.

형평성 기준은 정의 및 공정성에 관한 상호경쟁적 개념과 사회자원을 배

14) Thomas Piketty, *Capital in the 21st Century*, Harvard University Press, 2014. Technical appendix available on-line at http://piketty.pse.ens.fr/capital21c.

분하는 적합한 근거를 둘러싼 윤리적 갈등과 밀접하게 관련되어 있다. 이러한 '배분적 정의'의 문제는 아리스토텔레스와 카우틸리아 시대부터 광범위하게 논의되어 왔는데, 두 명 이상의 사람들에게 영향을 미치는 행동노선을 처방할 때마다 발생할 수 있다. 전체로서의 사회를 위한 목표를 명확하게 정의하는데 있어서 분석가는 사회복지(*social welfare*) 즉, 지역사회 구성원들이 경험하는 만족 총량의 측정 방법을 실제로 찾기 위해 노력할 수 있다.

그러나 개인이나 집단들은 서로 다른 가치를 가지고 있다. 한 사람이나 한 집단에 만족스러운 것이 다른 사람이나 집단에는 만족을 주지 못하는 경우가 흔히 있다. 이러한 상황에서 분석가는 다음과 같은 근본적인 질문에 답하여야 한다. 어떠한 정책을 통하여 특정인이나 특정집단의 복지가 아닌 사회전체의 복지를 어떻게 극대화할 것인가? 이러한 질문에 대한 답은 다음과 같은 몇 가지 다른 방법으로 찾아볼 수 있다.

1. **개인복지의 극대화**(*maximize individual welfare*). 여기에서 우리는 모든 개인의 복지를 동시에 극대화하기 위하여 노력한다. 이는 모든 개인의 가치를 기초로 단일의 이행적 선호순위의 구성을 필요로 한다. 앞에서 살펴본 바와 같이 애로우의 불가능성 정리(*Arrow's impossibility theorem*)는 이것이 두 사람과 세 가지의 대안이 있는 경우에서 조차도 불가능하다는 것을 증명한다.
2. **최소복지의 보장**(*protect minimum welfare*). 여기서 분석가는 최악의 상태에 있는 일부 집단의 지위를 보장하면서 일부 사람들의 복지를 향상시키기 위해 노력한다. 이 접근방법은 파레토기준(*Pareto criterion*)을 기초로 하는데, 이는 어떤 사람의 복지도 악화됨이 없이 적어도 한 사람 이상의 복지가 향상된다면 그 사회상태가 그 이전의 상태보다 더 개선되었다고 말한다. 파레토최적(*Pareto optimum*)은 다른 집단의 복지수준을 악화시키지 않고는 어떠한 사람의 복지수준도 개선시킬 수 없는 사회상태를 말한다. 대부분의 정책결정은 상태가 악화되는 집단에게 조세를 부과함으로써 상태가 개선되는 집단에게 서비스를 제공하는 것을 포함하기 때문에 파레토기준이 적용되는 경우는 드물다.
3. **순복지의 극대화**(*maximize net welfare*). 여기에서 우리는 순복지(예를

들면, 총편익에서 총비용을 뺀 것)의 증가를 시도하지만, 그 결과로 발생한 이익은 손실자를 보상하는데 사용된다고 가정한다. 이 접근방법은 칼도－힉스기준(*Kaldor－Hicks criterion*)을 근거로 한 것이다. 즉, 능률면에서 순이익(총편익－총비용)이 있고, 그 이익을 얻은 집단이 손해를 본 집단에게 보상할 수 있다면 그 사회상태가 이전의 사회상태보다 개선되었다는 것이다. 이 기준은 실용적 목적 때문에 손실자에게 실제 보상할 것을 요구하지 않으므로 형평성의 쟁점을 회피한다. 칼도－힉스기준은 사회 안전망의 제공을 시도하는 정책의 기초 가운데 하나이다.

4. **재분배복지의 극대화**(*maximize redistributive welfare*). 여기서 분석가는 사회의 선택된 일부 집단들, 예를 들면 인종적으로 억압받는 집단, 빈곤계층, 병자집단에 대한 재분배편익을 극대화하려고 시도한다. 하나의 재분배기준이 철학자 롤스(John Rawls)에 의해 제안되었는데 이는 최악의 상태에 있는 사회구성원의 복지에 이익을 가져온다면 그것이 다른 사회상태보다 더 개선되었다는 것이다.[15)]

롤스의 원칙은 정의라는 개념에 대한 윤리적 기초를 제공하려 시도한다. 이는 우리가 '원초적'(original) 상태, 즉 미래 시민사회에서 직위, 지위, 자원의 미래 배분상태에 관하여 '무지의 장막'(veil of ignorance)에 싸여있는 우리 자신을 상상해 볼 것을 요구한다. 이러한 '원초적' 상태에서 개개인은 앞에서 기술한 재분배기준에 기초한 사회질서를 선택할 것으로 가정하는데, 그 이유는 누구이든지 자신이 최악의 상태에 속해있지 않는 사회를 수립하는 것이 모든 사람의 이해관계와 일치하기 때문이다.

이러한 원초적 상황을 가정함으로써 하나의 공정한 사회질서에 대한 합의에 도달할 수 있게 된다. 이 원초적 상황은 기득권적 이익 때문에 정의의 의미에 관한 합의에 도달할 수 없는 현재의 사회적 상황과 대조되어야 한다. 롤스 이론의 단점은 갈등을 지나치게 단순화하거나 회피하는데 있다. 재분배기준은 잘 구성된 문제에는 적합하지만 정책결정자들이 흔히 직면하는 유형의 문제에는 적합하지 않다. 이것이 선택상황에서 재분배기준을 사용할 수 없다는 것은 아니지만 아직까지는 사회복지를 정의하는 유일한 기준에는 도

15) John Rawls, *A Theory of Justice* (Cambridge, MA: Harvard University Press, 1971).

달하지 않았다는 것을 의미한다.

그러므로 이러한 형평성의 기준들 중에서 어느 것도 전적으로 만족스러운 것은 없다. 그 이유는 전체로서 사회와 사회제도의 합리성(사회적 합리성) 또는 재산권을 보장하는 법적 규범의 적합성(법적 합리성)에 대한 상충하는 견해들을 공식적인 경제적 법칙(예를 들면, 파레토기준 또는 칼도－힉스기준)이나 공식적인 철학적 원리(예를 들면, 롤스의 재분배 기준)에 호소함으로써 해결할 수 없기 때문이다. 형평성, 공정성, 정의에 관한 문제는 정치적이다. 다시 말하면, 여기에는 권력의 배분과 정당화가 포함된다. 경제이론 또는 도덕철학이 경쟁적인 형평성의 기준들을 비판적으로 평가하기 위한 우리의 능력을 향상시킬 수는 있으나 정치적 과정을 대신할 수는 없다.

대응성(*responsiveness*)은 하나의 정책이 특정집단의 필요나 선호, 또는 관심을 충족시켜주는 정도를 의미한다. 대응성의 기준은 정책분석가가 비록 다른 모든 기준－효과성, 능률성, 충족성, 형평성－을 충족시킬 수 있는 경우에도 그 정책으로부터 편익을 받기로 예정된 집단의 실제 필요에 대응하지 못할 경우가 있기 때문에 중요하다. 레크리에이션 프로그램이 편의시설을 공평하게 배분하는 경우에도 특정집단(예를 들면, 노인)의 필요에 대응하지 못하는 경우가 있다. 사실상 대응성 기준은 다음과 같은 실제적인 질문을 하게 한다. 즉 효과성, 능률성, 충족성, 형평성의 기준이 특정집단의 필요, 선호, 가치를 실제로 반영하는가?

적합성(*appropriateness*)은 여기서 논의될 마지막 기준이다. 적합성은 실질적 합리성과 밀접히 관련되어 있는데, 이는 정책의 적합성에 관한 문제는 개별적 기준이 아니라 둘 또는 그 이상의 기준들이 함께 관련되어 있기 때문이다. 적합성은 프로그램 산출의 가치 또는 값어치와 프로그램 목표의 기초가 되는 가정의 주장가능성(tenability)을 의미한다. 다른 모든 기준이 목표－예를 들면, 능률성 또는 형평성의 가치－를 당연시하는데 반하여 적합성의 기준은 이러한 목표가 사회를 위해 과연 적합한 것인지 질문한다. 이러한 질문에 답하려면 모든 기준이 동시에 고려되어야 한다. 다시 말하면, 다양한 형태의 합리성을 탐구하고, 효과성, 능률성, 충족성, 형평성, 대응성 등의 기준을 정당화할 수 있는 상위수준의 기준(메타기준)의 적용을 고려한다.[16)]

16) 일반성(generality), 일관성(consistency), 명료성(clarity)을 포함하여, 이와 유사한 메타기준에

적합성의 기준은 필연적으로 개방적(open-ended)이며, 검증보다는 탐구과제인데 그 이유는 이 기준이 정의상 현재 존재하는 기준을 초월하고자 하는 의도가 있기 때문이다. 이런 이유로 적합성 기준에 관한 표준적인 정의는 없으며 또 가능하지도 않다. 그러나 우리는 몇 가지 사례를 고려할 수 있다.

1. **형평성과 능률성**(*equity and eficiency*). 빈곤층에게 소득을 재배분하기 위해 설계된 프로그램이 너무 비능률적이어서 재배분적 편익의 극히 일부만이 실제적으로 그들에게 전달되었을 때 재배분적 복지(Rawls)로서의 형평성이 과연 적합한 기준인가? 이러한 프로그램이 빈곤층에게 편익을 전달하는 데 사용되는 '새는 물통'(leaky bucket)으로서 보여질 때 우리는 형평성이 적합한 기준인지 의문시해야 한다.[17)]
2. **형평성과 권리부여**(*equity and entitlement*). 특정 집단이 사회적으로 합법화되지 않은 수단을 통해 추가적 편익을 얻을 경우, 최소복지로서의 형평성이 과연 적합한 기준인가? 분석가는 이익을 본 집단들이 부정, 사기, 차별대우, 불로소득인 유산을 통해 이익을 보았을 때(어느 누구도 손해는 보지 않았을 경우에도) 파레토(Pareto)기준의 적합성을 의심해 볼 수 있다.[18)]
3. **능률성**(*efficiency*), **형평성**(*equity*)**과 인간적 가치**(*humanistic values*). 능률적이거나 공정한 사회를 달성하는 데 필요한 수단이 민주적 과정과 대립될 때 능률성과 형평성이 과연 적합한 기준인가? 의사결정을 합리화하려는 노력이 인간해방(emancipation)이나 개성의 추구, 자아실현에 필요한 조건을 파괴할 때 분석가는 능률성 또는 형평성 기준의 적합성에 의문을 제기할 수 있다.[19)] 능률성, 형평성, 그리고 인간주의가 반드시 동등한 것은 아니다. 마르크스와 다른 사회사상가들이 인식했던 것처럼 소외는 풍요한 평등 사회를 창조한다고 해서 자동적으로 제거되는 것은 아니다.
4. **형평성과 이성적인 윤리적 토론**(*equity and reasoned ethical debate*).

관한 것은 Duncan MacRae, Jr., *The Social Function of Social Science* (New Haven, CT: Yale University Press, 1976) 참조.

17) Arthur M. Okun, *Equity and Efficiency* (Washington, D.C: The Bookings Institution, 1975) 참조.

18) 예를 들면 Peter Brown, "Ethics and Policy" *Policy Analysis*, 2 (1976), pp. 325-40 참조.

19) 예를 들면 Jurgen Habermas, *Toward a Rational Society* (Boston: Beacon Books, 1970); and *Legitimation Crisis* (Boston: Beacon Books, 1975). 참조.

재분배복지로서의 형평성(Rawls)이 이성적인 윤리적 토론의 기회를 파괴할 때 과연 적합한 기준인가? 재분배복지로서의 형평성 개념은 인간의 본성에 관한 개인주의적 관점을 전제로 하며, 윤리적 주장을 이성적 논증에서 도출된 것으로 보지 않고, 개인이 가진 자의적(이해는 할 수 있지만) 가치들의 계약상 합성물(contractual composite)이라고 보며, 생물학적 또는 사회적으로 형성되는 것으로 본다는 점에 이의를 제기할 수 있다. 그러므로 롤스주의의 주장의 구조는 도구적 합리성의 구조와 매우 가깝다. 즉 목표는 외생적으로 주어지며, 세상에서 사상의 유일한 역할은 목표실현의 극대화를 보증한다는 것이다. [Rawls의 전제들은] 모든 사상을 욕구를 충족시키기 위한 공식적 추론과 도구에 관한 판단으로 격하시켰다.[20)]

Ⅳ. 처방의 접근방법

정책의 처방에서는 상호 관련된 다수의 질문들이 다루어져야 한다. 누구의 필요, 가치, 기회가 이슈인가? 그리고 이들을 충족시키기 위해 어떤 대안이 이용가능한가? 어떤 목적과 목표가 달성되어야 하고 그 달성정도는 어떻게 측정될 수 있는가? 목표달성에 드는 비용은 얼마이며, 어떠한 재정적, 법적, 행정적, 정치적 제약조건이 그 달성을 저해할 수 있는가? 비용 또는 편익으로 계산되어야 하는 부수적 효과, 파급효과, 그리고 여타의 기대한 결과와 기대하지 않은 결과가 있는가? 비용과 편익의 가치는 시간에 따라 어떻게 변화할 것인가? 예측된 결과가 일어날 것은 어느 정도 확실한가? 무엇이 이루어져야만 하는가?

1. 공공선택과 사적 선택

이러한 질문에 대한 답은 공공부문에서와 같이 민간부문의 정책결정에도 적합하다. 그러나 두 부문에는 주의해야 할 다음과 같은 중요한 차이점이 있다.[21)]

---

20) Laurence H. Tribe, "Ways Not to Think about Plastic Trees,"in Tribe and others, *When Values Conflict*, p. 77 참조.

21) H. H. Hinrichs and G. M. Taylor, *Systematic Analysis: A Primer on Benefit−Cost Analysis and Program Evaluation* (Pacific Palisades, CA: Goodyear Publishing Co, 1972), pp. 4－5; Dennis

1. **공공정책과정의 본질**(*nature of public policy processes*). 공공부문의 정책결정은 시민단체, 입법기관, 행정부처, 규제위원회, 기업, 그리고 많은 이해관계자들 사이에서 일어나는 협상, 타협, 갈등을 포함한다. 이윤이 극대화되어야 할 재화와 서비스의 단일 생산자나 단일 소비자는 없다. 상충하는 가치를 가진 다수의 이해관계자의 존재가 공공부문의 선택문제를 민간부문보다 훨씬 더 복잡하게 만든다.
2. **공공정책목표의 집합적 성격**(*collective nature of public policy goals*). 공공부문의 정책목표는 집합적인데, 이는 사회의 관심 또는 어느 정도 넓은 범위의 '공공이익'을 반영해야 하는 것으로 여겨진다는 것이다. 이러한 집합적인 목표의 구체화하려면 앞에서 살펴본 것처럼 효과성, 능률성, 충족성에서 형평성, 대응성, 적합성까지 다양한 상충되는 기준들이 때때로 포함된다.
3. **공공재의 성격**(*nature of public goods*). 공공재와 사적재화들은 구체적 재화, 집합적 재화, 준집합적 재화로 나누어질 수 있다. 구체적 재화(*specific goods*)는 배타적인데, 왜냐하면 그것을 소유한 사람이 그것의 혜택에서 다른 사람을 배제할 법적 권리를 가지기 때문이다. 구체적 재화(예를 들면, 자동차, 잡화, 또는 민간주택)의 배분은 수요와 공급에 의해 결정되는 시장가격에 기초하여 이루어진다. 집합적 재화(*collective goods*)는 비배타적인데, 이는 누구나 소비할 수 있기 때문이다. 어느 누구도 맑은 공기, 물, 정부가 제공하는 도로의 사용에서 배제될 수 없다. 대부분의 집합적 재화는 시장가격을 기초로 배분하기는 불가능한데, 왜냐하면 수요와 공급의 정상적인 관계가 공공부문에는 작용하지 않기 때문이다. 준집합적 재화(quasi－collective goods)는 그 생산이 사회전체에 상당한 파급효과를 가져오는 구체적 재화를 말한다. 교육은 민간부문에서 제공될 수도 있지만, 고용과 국방과 같은 영역에서 그 파급효과가 너무나 중요하다고 생각하기 때문에 정부가 많은 사람이 감당할 수 있는 저렴한 가격으로 대부분을 제공하고 있다.

C. Mueller, "Public Choice: An Introduction." In *Readings in Public Choice and Constitutional Political Economy* (New York: Springer, 2008): pp. 31-46.

그림 5-3 공공부분과 민간부분에서 재화의 세 가지 유형

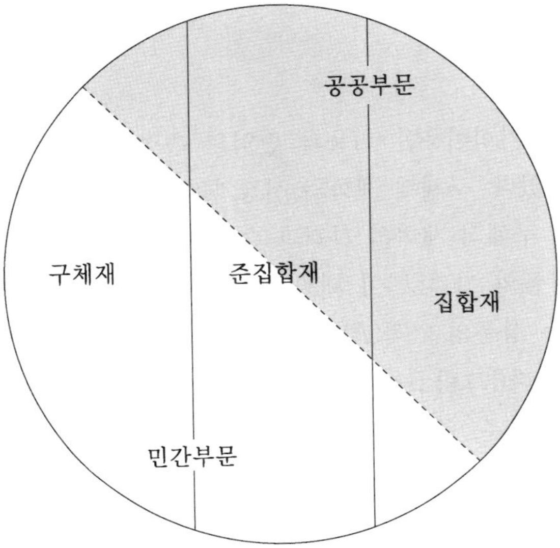

출처: Hinrichs and Taylor(1972): 5.

공공부문과 민간부문의 조직들은 각각 위의 세 가지 유형의 재화들을 생산한다. 그럼에도 불구하고 공공부문에서는 교육, 사회복지, 공공안전, 교통, 환경보호, 그리고 에너지보존과 같은 집합적 재화나 준집합적 재화들을 주로 생산한다. 반면에 민간부문은 음식, 생활도구, 기계, 그리고 주택 등 구체적 재화에 관심을 가진다. [그림 5-3]에 공공부문과 민간부문의 재화생산관계가 대조되었다.

이들 세 가지 유형의 재화는 서로 성격이 다르기 때문에 그 가치를 측정하는 기준도 다르다. 시장에서 판매하기 위해서 구체적 재화를 생산하는 민간회사의 주요 기준은 이윤 창출, 즉 상품을 판매하여 얻은 총수입과 그 생산에 투입된 총비용과의 차이를 극대화하는 것이다. 민간회사가 상품생산에 소요되는 비용과 그 판매를 통한 수익에서 차이가 있는 둘 이상의 상품들 가운데 선택하여야 한다면, 그 회사는 당연히 총수익에서 총비용을 뺀 이윤을 극대화하는 상품을 선택할 것이다. 만약 그 회사가 낮은 이윤을 내는 상품에 투자하기로 결정했다면, 그 결정의 기회비용을 산정할 수 있다. 기회비용(*opportunity cost*)이란 좀 더 많은 이윤을 낼 수 있는 다른 대안을 선택할 수 있었음에도 불구하고 어떤 상품을 생산하기 위해 자원을 투자함으로써 희

생된 편익을 의미한다.

2. 공급과 수요

민간부문에서 기회비용은 비용과 편익의 측정수단으로 시장가격을 사용하여 추정할 수 있다. 구체적 재화의 시장가격은 수요와 공급에 의해 결정된다. 만약 우리가 구체적 재화의 가격과 수량 사이의 다양한 결합을 살펴본다면, 소비자는 상품의 가격(P)이 내릴 때 더 많은 수량(Q)의 상품을 수요할 것이고, 생산자는 상품의 가격(P)이 오를 때 더 많은 수량(Q)의 상품을 공급할 것임을 관찰한다([그림 5-4] 참조). 마지막으로 소비자의 수요와 생산자의 공급이 일치하는 수준, 즉 수요와 공급이 교차하는 점([그림 5-4]의 P_e, Q_e)에서의 가격과 수량의 결합은 시장에서 판매될 구체적 재화의 가격과 수량을 나타낸다. 소비자가 하나의 상품을 기꺼이 사고자 하는 가격과 수량, 그리고 생산자가 그 상품을 기꺼이 팔고자 하는 가격과 수량의 다양한 조합을 그래프로 표현한 것을 각각 수요곡선(*demand curve*)과 공급곡선(*supply curve*)이라 부른다. 공급곡선과 수요곡선이 교차하는 점을 균형가격-수량조합(*equilibrium price-quantity combination*)이라 부른다.

그림 5-4 공급 및 수요곡선과 균형가격-수량조합

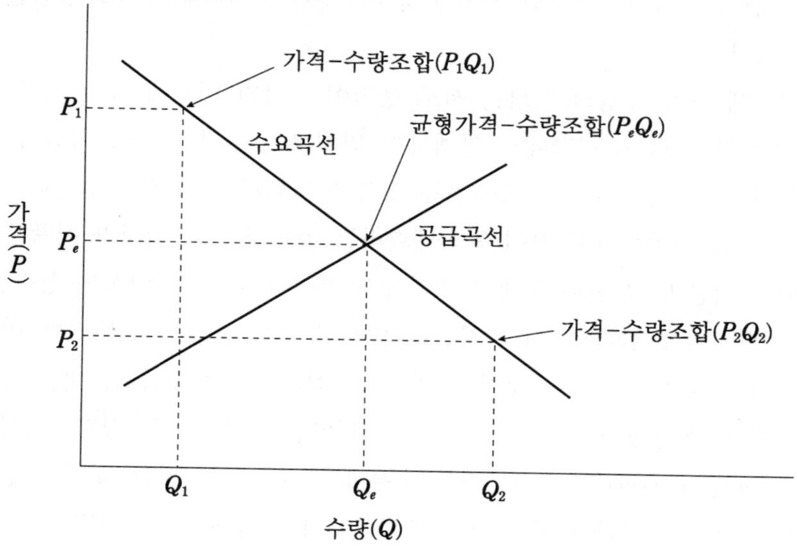

균형가격-수량조합은 만약 소비자와 생산자가 무엇을 사고 팔 것인가의 선택이 완전히 자유롭다면 주어진 가격에서 동일한 수량의 재화를 생산하고 소비할 것임을 나타내게 된다. 만약 우리가 어떠한 구체적 재화(예를 들면, 전기치솔)의 균형가격-수량 조합을 알 수 있다면, 우리는 균형가격(*Pe*)으로 균형수량(*Qe*)을 판매하여 벌어들인 총수입에서 그 재화를 생산하는 데 필요한 총비용을 제함으로써 이루어진 투자의 이윤을 결정할 수 있다. 만약 대안적 투자에서 벌어들일 수 있는 이윤을 알면, 이윤이 더욱 큰 다른 상품에 대한 투자를 할 수 있었음에도 불구하고 그 상품을 생산하기 위해 자원을 투자함으로써 희생된 편익을 측정할 수 있다. 예를 들면, 전기치솔(구체적 재화)을 생산하여 매년 120만 달러의 이윤을 올리는 한 회사가 같은 비용(추가적인 노동력, 기술, 시장설비의 비용을 포함하여)으로 전기드릴을 생산하면 매년 150만 달러의 이익을 올릴 수 있다는 것을 발견하게 된다면 전기치솔 생산에 대한 투자의 기회비용은 30만 달러가 된다.

민간부문에서의 이윤극대화 논리는 공공정책으로 확대될 수 있다. 우리는 공공기관을 마치 투자에 대한 이윤을 극대화하려고 노력하는 민간회사인 것처럼 볼 수 있다. 대안의 처방기준으로서 이윤(총수입-총비용)을 사용하는 대신, 순편익(총편익-총비용)을 사용할 수 있다. 또한 우리는 공공프로그램을 민간기업에서도 이루어질 수 있는 재화생산을 위한 투자로 봄으로써 기회비용의 개념을 적용할 수 있다. 예를 들면, 정부가 댐건설에 5,000만 달러를 투자하여 농민과 다른 수혜자에게 800만 달러의 순편익을 제공할 수 있다면, 그 비용은 5,000만 달러를 다른 곳에 투자할 수도 있었던 시민들로부터 거두어 들여야 한다. 만약 민간투자로 시민들에게 950만 달러의 순편익(이윤)을 가져올 수 있었다면, 그와 같은 댐건설의 기회비용은 150만 달러(순 민간편익 950만 달러-순 공공편익 800만 달러)이다.

3. 공공선택

구체적 재화, 준집합재, 집합재 사이의 대조를 포함하여 공공선택과 사적 선택 사이의 차이를 고려할 때, 이러한 이윤극대화의 논리는 적용되기 어려워진다. 이윤극대화의 논리는 특정유형의 공공재(예를 들면, 수력전기생산)에는 적용될 수 있지만, 공공선택 문제에 이윤, 순편익, 기회비용의 개념이 적용되기 어려운 이유가 있다.

1. **다양한 합법적 이해관계자**(*multiple legitimate stakeholders*). 공공정책결정은 그들의 공공투자에 관한 주장이 법에 의하여 보장되는 다양한 이해관계자를 포함한다. 민간부문의 정책결정에도 다양한 이해관계자가 있지만 소유자와 주주만이 합법적으로 투자에 관하여 주장할 수 있다. 공공부문에서는 다양한 합법적 이해관계자가 있으므로 누구의 편익을 극대화시키고, 전형적으로 조세로 충당되는 공공투자의 비용을 누가 부담해야 하는지 알기 어렵다.
2. **집합재와 준집합재**(*collective and quasi-collective goods*). 대부분의 공공재는 집합재(예를 들면, 깨끗한 공기) 또는 준집합재(예를 들면, 교육)이기 때문에 시장가격의 지불능력에 따라 거래가 이루어지는 시장에서 판매하기는 어렵거나 불가능하다. 시장가격을 순편익 또는 기회비용의 측정도구로 이용할 수 없을 때도 많다. 면접조사를 통하여 시민들의 공공재에 대한 지불의사(willing to pay)를 파악하여 이를 근거로 가격을 결정할 경우에도, 일부 집단은 공공재에 대하여 비용을 지불할 의사가 전혀 없다고 거짓으로 답변한 다음, 차후 그들이 공공재를 사용할 경우에는 실제로 지불할 의사가 있는 가격보다 낮은 가격으로 그 재화를 사용한다. 이것을 무임승차자의 문제(*free-rider problem*)라 부른다. 무임승차자의 문제는 또한 납세자가 지불한 도로, 하수설비, 교량을 세금을 내지 않고 이용하는 회사에도 적용된다.
3. **소득측정도구의 제한된 비교가능성**(*limited comparability of income measures*). 공공투자와 민간투자의 순편익이 공통적 측정단위인 달러로 표현될 수 있을 경우에도, 순편익이 큰 민간투자가 순편익이 낮은(0 또는 마이너스인 경우에도) 공공투자보다 항상 더 바람직한 것은 아니다. 예를 들면, 순편익이 100만 달러인 새로운 사무실 빌딩에 대한 민간투자가 순편익이 0이거나 마이너스인 암치료사업에 대한 공공투자보다 반드시 더 바람직하다고 말하기는 어렵다. 공공투자에 제한하여 비교할 경우에도 대안을 처방하기 위하여 소득이라는 측정도구를 사용하게 되면, 이

는 같거나 낮은 비용으로 생산할 수 없다면 좋은 건강, 더 나은 교육, 빈곤의 퇴치보다 총량소득의 증가라는 목적이 더 중요하다는 의미를 함축한다. 이러한 집합적, 준집합적 목표는 단순히 미래소득을 증가시키는 데 실패하였기 때문에 부당하게 정당화되지 않는 것으로 간주될 수 있다.[22)]

4. **사회적 비용과 편익에 대한 사회적 책임**(*social responsibility for social costs and benefits*). 민간회사들은 법(예를 들면, 공해규제입법)이나 도덕적 관습에 의해 미리 규정된 경우를 제외하고는, 그들 자신의 사적 비용(*private costs*)이나 사적 편익(*private benefits*)에만 책임을 지며 사회적 비용이나 편익에는 책임지지 않는다. 이와는 대조적으로, 공공프로그램의 비용과 편익은, 사적이 아닌, 사회화되며, 따라서 민간 주주들을 만족시켜야 한다는 필요를 훨씬 뛰어넘는 사회적 비용(*social costs*)과 사회적 편익(*social benefits*)이 된다. 사회적 비용과 사회적 편익(예를 들면, 고속도로 건설에 따른 자연환경의 훼손비용 또는 국립공원의 경관을 즐기는 편익)은 계량화되기 어렵고 시장가격이 없는 경우도 있다. 이러한 사회적 비용과 사회적 편익을 무형물(*intangibles*)이라 부른다.

공공선택과 사적선택 사이의 대조는 곧 이윤극대화의 논리가 공공문제에 전적으로 적용될 수 없다는 것을 뜻하지는 않는다. 이러한 대조는 그러한 논리를 공공문제에 적용할 때 한계가 있다는 것을 의미한다. 정책분석에서 처방을 위한 가장 중요한 두 접근방법인 비용편익분석과 비용효과분석을 고려할 때, 이러한 강점과 한계는 명백하게 나타난다.

4. 비용편익분석

비용편익분석(*cost-benefit analysis*)은 총화폐적 비용과 총화폐적 편익을 계량화하여 정책을 비교할 수 있도록 한다. 비용편익분석을 선호되는 정책을 처방하기 위하여 사용할 경우, 이는 조망적(prospectively)으로 적용된다(사전적, *ex ante*). 비용편익분석은 또한 정책이 집행된 이후 정책을 평가하기 위하여 사용된다(사후적, *ex post*). 현대의 비용편익분석은 사회복지 또는 공

22) Alice Rivlin, *Systematic Thinking for Social Action* (Washington, DC: The Brookings Institution, 1971), p. 56.

동체 구성원들이 경험하는 만족 총계의 극대화를 시도하는 후생경제학(*welfare economics*)에 기초를 둔다.23) 후생경제학(*welfare economics*) 분야는 공공투자가 사회의 총만족도(후생)의 측정수단으로서 순소득의 극대화에 기여하는지에 관심을 가진다.

비용편익분석(Cost-benefit analysis, 이하 CBA)은 다양한 종류의 공공프로그램이나 프로젝트에 적용되어 왔다. 비용과 편익을 경제계정의 틀에 결합시키는 아이디어는 미국 재무장관으로 미국 서부의 자연자원 개발에 적극적이었던 갤러틴(Albert Gallatin), 프랑스 엔지니어 뒤피(Jules Dupuit), 그리고 비용-편익분석과 근대적 효용이론의 기초가 되는 공식 개념의 대부분을 형성한 경제학자 마샬(Alfred Marshall)로부터 유래되었다. 그러나 CBA의 실제적 발전은 미 육군 공병단으로 하여금 총편익이 총비용을 초과할 때에만 수로개선 프로젝트를 추진하라고 지시한 1936년 연방항해법(Federal Navigation Act) 제정의 결과이다. 가장 초기에 비용편익분석의 적용은 수력발전, 홍수조절, 관개, 레크리에이션의 비용과 편익의 분석 노력을 포함한 댐건설과 수자원제공 분야에서 이루어졌다. 최근에는 수송, 보건, 인력훈련, 도시재개발 등에 많이 적용되고 있다.

공공부문에서 처방을 위해 사용할 때, 비용편익분석은 몇 가지 특징을 가진다.

1. 비용편익분석은 공공프로그램이 사회에 가져오는 모든(*all*) 비용과 편익, 특히 화폐적 비용과 편익으로 쉽게 측정할 수 없는 여러 가지 무형적인 것도 측정하려고 시도한다.
2. 전통적인 비용편익분석은 경제적 합리성(*economic rationality*)을 요약해서 나타내는데, 그 이유는 가장 빈번하게 사용되는 판단기준이 비용 대비 편익의 비를 의미하는 총체적인 경제적 능률성이기 때문이다.

23) 비용편익분석에 대한 종합적 논의는 Edward M. Gramlich, *Benefit-Cost Analysis of Public Programs*, 2d ed. (Englewood Cliffs, NJ: Prentice Hall, 1990); and Anthony E. Boardman, David H. Greenberg, Aidan R. Vining, and David L. Weimer. *Cost-Benefit Analysis: Concepts and Practice*. 4th ed. Upper Saddle River, NJ: Prentice Hall, 2011. Mark A. Moore, David L. Weimer, Mark A. Moore, and D. H. Greenberg, "'Just Give Me a Number!' Practical Values for the Social Discount Rate." *Journal of Policy Analysis and Management* 23, 4 (2004): 789-812.

만약 정책의 순편익(*net benefits* 즉, 총편익－총비용)이 0보다 크고 또한 다른 대안적인 공공투자 또는 민간투자에서 발생하는 순편익보다 많을 경우 그 정책은 능률적이라고 말한다.

3. 전통적인 비용편익분석은 공공프로그램의 처방을 위한 출발점으로 민간시장(*private market place*)을 활용한다. 공공투자의 기회비용은 민간부문에 투자했을 경우에 얻을 수 있는 순편익을 근거로 해서 계산된다.
4. 현대적 비용편익분석은 때로는 사회적 비용편익분석(*social cost-benefit analysis*)이라고 불리는데, 재분배적 편익의 측정에 사용될 수 있다. 사회적 비용편익분석은 형평성(equity)의 기준에 관심을 가지기 때문에 사회적 합리성(*social rationality*)과 일치한다.

비용편익분석의 강점. 비용편익분석은 여러 가지 강점이 있다. 첫째, 비용과 편익은 가치의 공통단위인 달러, 유로 또는 다른 화폐단위로 측정된다. 이것은 분석가로 하여금 비용효과분석에서는 불가능한 과업인 편익에서 비용을 뺄 수 있도록 한다. 둘째, 비용편익분석은 하나의 정책이나 프로그램의 제한된 범위를 뛰어넘어 편익을 사회의 경제시스템 전체의 소득과 연결시킨다. 이는 개개의 정책이나 프로그램의 결과가 적어도 원칙적으로 화폐단위로 표현될 수 있기 때문에 가능하다. 마지막으로 편익의 순능률성이 화폐단위로 표현되기 때문에 분석가들은 비용편익분석을 통해 전혀 다른 분야(예, 보건, 교통, 교육, 아동보호)의 프로그램을 상호 비교할 수 있다. 이는 효과가 서비스 단위로 측정될 때에는 불가능하다. 왜냐하면, 의사의 치료를 받은 사람들의 수와 마일(miles)로 나타낸 도로 이동거리를 직접 비교할 수 없기 때문이다.

비용편익분석의 한계. 비용편익분석은 전통적 형태이든 현대적 형태이든 몇 가지 한계가 있다. 첫째, 경제적 능률성에 대한 배타적인 강조는 형평성의 기준이 무의미하거나 적용될 수 없음을 의미한다. 실제로 칼도－힉스기준(Kaldor-Hicks criterion)은 재분배적 편익의 문제를 무시하고, 파레토기준(Pareto criterion)이 능률성과 형평성 사이의 갈등을 해결하는 경우는 거의 없다. 둘째, 화폐적 가치는 대응성(responsiveness)을 측정하기에 부적합한 측정수단인데, 왜냐하면 소득의 실제가치가 사람마다 다르기 때문이다. 예를 들면, 100달러의 초과소득은 백만장자보다 빈곤층 가계의 가구주에게 훨씬 더 큰 의미가 있다. 이러한 '사람간 비교의 한계'(*limited interpersonal comparisons*)의 문제는 소득이 개인의 만족과 사회적 후생의 부적합한 측정 수단임을 의미한다. 셋째, 중요한 재화(예, 깨끗한 공기 또는 고속도로에서 구출한 생명)에 대한 시장가격을 이용할 수 없을 경우 분석가들은 흔히 잠재가격(*shadow prices*) 즉, 시민들이 재화와 서비스를 위해 기꺼이 지불하고자 하는 가격의 주관적인 추정치를 측정해야 한다. 이러한 주관적인 판단은 대체로 자의적일 수 있다.

비용편익분석은 재분배와 사회적 형평의 문제를 고려할 때에도 만족의 측정도구로 소득을 사용한다. 이런 이유 때문에 화폐단위로 표시될 수 없는 어떤 목표의 적합성(appropriateness)을 논의하는 데는 어려움이 있다. 순소득이나 재분배적 편익에 대한 지나친 강조는 대안적 정책의 윤리적, 도덕적 측면에 관한 이성적인 논의를 어렵게 한다. 그러므로 비용편익분석은 정책과 프로그램의 실질적인 합리성을 확립하기 위한 노력의 하나로 여러 가지 대안적 형태의 합리성(기술적, 경제적, 사회적, 법적)들 간의 관계를 고려할 수 있는 능력이 제약된다. 따라서 비용편익분석은 우리들에게 "모든 것의 가격을 제공하지만 그 어느 것의 가치도 제공하지 못한다."[24]

5. 비용과 편익의 유형

비용편익분석의 사용 시 정책이나 프로그램에 관련되는 '모든' 비용과 편익을 고려하는 것이 필수적이다. 비용과 편익의 종합 목록을 실제 작성하기는 어렵지만, 비용 또는 편익의 일부를 분석에서 제외했을 때 발생하는 오류를 감소시킨다. 이러한 오류를 방지하는 최선의 방법 중의 하나는 비용과 편익을 다음과 같이 분류하는 것이다. 즉, 내부(내부적) 대 외부(외부적); 직접 측정 가능한(유형적) 대 간접 측정 가능한(무형적); 일차적(직접적) 대이차적(간접적); 그리고 순능률적(실질적) 대 분배적(금전적) 등이다. 이러한 비용과 편익의 유형, 그것들이 근거로 하는 질문들이 [그림 5-5]에 제시되었다.

---

24) 이러한 문구는 아일랜드의 고전작가, 소설가이자 사회비평가인 Oscar Wilde의 것으로 여겨진다. 무명의 경제학자가 "그러나 와일드 씨, 가격이 가치입니다."라고 반박하였다.

그림 5-5 네 가지 유형의 질문에 따른 비용과 편익의 분류

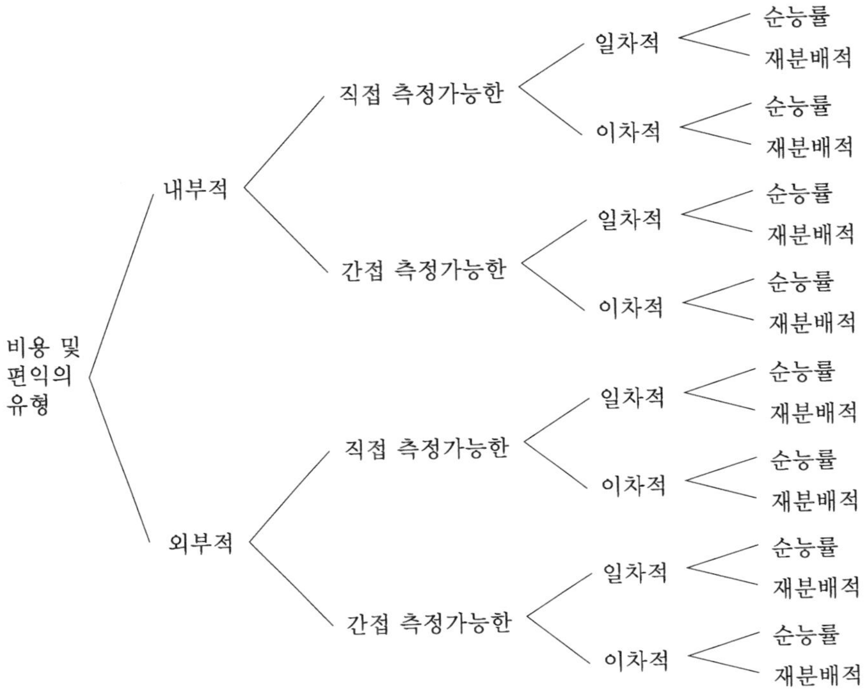

내부적 비용·편익 대 외부적 비용·편익(*inside vs. outside costs and benefits*). 여기에서 질문은 비용과 편익이 관할구역 내부인가 아니면 외부인가이다. 내부비용과 편익을 내부효과(*internalities*)라고 하는 반면 외부비용과 편익을 외부효과(*externalities*)라고 한다. 어떤 경우에는 내부비용이나 편익(내부효과)이 다른 경우에는 외부비용이나 편익(외부효과)이 될 수 있다. 이들의 차이는 지방자치단체와 같은 관할구역의 범위 설정에 달려있다. 만약 범위가 사회전체라면, 외부효과는 없을 것이다. 그러나 범위가 특정 대상집단 또는 관할구역이라면 내부효과는 물론 외부효과도 있을 것이다. 외부효과는 대상집단 또는 관할구역의 경계 밖에서 나타나는 긍정적 또는 부정적 파급효과이다. 예를 들면, 도시재개발계획의 하나로 도심지에 고층아파트를 건설하면 도시관할구역 내에서 건축비용 지출과 임대소득을 포함한 일정한 비용과 편익이 발생한다. 동일한 도시재개발계획은 교외지역에 외부비용을 발생시키는데, 더 이상 도심부에 살 수 있을만한 경제적 여유가 없는 부랑자나 전과자

들이 재정착하는 지역에서 이들에 대한 추가적인 소방 및 경찰서비스를 제공해야하기 때문이다.

직접 측정 가능한 비용·편익 대 간접 측정 가능한 비용·편익(*directly measurable vs. indirectly measurable costs and benefits*). 여기에서의 질문은 비용과 편익이 유형적인가 무형적인가이다. 유형적(*tangible*)인 것은 재화와 서비스를 알려진 시장가격으로 직접 측정할 수 있는 비용과 편익이고, 무형적(*intangible*)인 것은 시장가격의 추정치로 간접적으로 측정할 수 있는 비용과 편익이다. 깨끗한 공기의 가격과 같이 무형적인 것을 다룰 때 분석가는 비용과 편익의 화폐가치에 관하여 주관적인 판단을 내림으로써 잠재가격 추정을 시도할 수 있다. 도시재개발계획의 사례에서 분석가는 도시재개발로 인해 발생할 공동체의식의 붕괴에 대하여 다양한 집단들이 기꺼이 지불하고자 하는 기회비용을 추정하려고 할 것이다.

일차적 비용·편익 대 이차적 비용·편익(*primary and secondary costs and benefits*). 여기에서의 질문은 비용이나 편익이 정책의 '직접적'인 결과인가 '간접적'인 결과인가이다. 일차적 비용 또는 편익(*primary cost or benefit*)은 가장 높이 평가되는 프로그램의 목표와 관련된 반면에 이차적 비용 또는 편익(*secondary cost or benefit*)은 낮게 평가되는 목표와 관련된다. 예를 들어, 도시재개발계획의 가장 중요한 목표가 빈곤층에게 값싼 주택을 제공하는 것일 경우 일차적 비용과 편익에는 건축비와 임대소득이 포함될 것이다. 반면에 이차적 비용과 편익에는 공동체의식의 파괴와 같은 무형적인 비용 또는 개선된 거리 조명서비스와 방화시설 등으로 나타난 경찰 및 소방서비스의 비용 감소 등과 같은 유형적인 편익을 포함한다.

순능률 대 재분배적 편익(*net efficiency vs. redistributional benefits*). 여기에서의 질문은 비용과 편익을 합산할 때 총소득 증가를 가져오는가, 아니면 다른 집단 사이에 소득 또는 여타 자원의 단순한 이동만 가져오는가이다. 순능률편익(*net efficiency benefits*)은 순소득(총편익－총비용)의 '실질적' 증가를 나타내는 것이고, 재분배적 편익은 순능률 편익의 증가 없이 한 집단을 희생하여 이를 다른 집단의 소득으로 금전적 이동을 초래하는 것이다. 이러한 변화를 각각 실질적 편익(*real benefits*), 그리고 금전적 편익(*pecuniary benefits*)이라 부르기도 한다. 예를 들면, 도시재개발계획은 1백만 달러의 순능률 편익을 발생시킬 수 있다. 만약 이 도시재개발이 그 근처 소형 식품점의 판매를 증가시키면서 신축고층아파트에서 멀리 떨어진 식품점의 판매를 감소시켰다면, 결국 증가되고 감소된 소득의 편익과 비용은 '금전적'이다. 즉, 순능률 편익에 아무런 변화를 가져오지 않으면서 서로 상쇄된다.

편익의 한 유형을 '실질적'이라 부르고 다른 유형을 단순히 '금전적'이라고 부르는 것은 상당한 바이어스를 초래할 수 있다. 빈곤층의 가처분 소득 증가는 지역공동체의 순편익의 증가보다 덜 '실질적' 인가? 그러한 이유 때문에 만약 소득 또는 기타 편익이 감소된 사람들로부터 재분배하는 데 소요되는 비용을 공제하지 않고 또한 순능률편익에 재분배편익을 합산하지 않을 경우에는 실질적 범주와 금전적 범주의 구분을 포기하는 것이 바람직할 수도 있다. 이러한 오류를 이중계산(*double counting*)이라고 부르는데, 이것은 순능률 편익을 부당하게 추정하도록 할 수 있다.

이러한 네 가지 질문에 대한 답에 따라 비용과 편익의 여러 가지 조합이 이루어질 수 있다. 어떤 내부비용 또는 편익을 직접 측정할(유형적) 수도 있고, 간접 측정할(무형적) 수도 있다. 무형 비용 또는 편익은 목표들의 상대적 중요성에 따라 일차적이거나 이차적일 수 있다. 일차적 또는 이차적 목표는 순능률 또는 재분배 개념으로 규정될 수 있다. 전형적으로 순능률 또는 재분배 가운데 어느 하나는 반드시 일차적 목표가 된다. 왜냐하면, 높은 순능률편익과 재분배편익이 동시에 달성되는 것은 거의 불가능하기 때문이다. 바꿔 말하면 이러한 두 유형의 편익은 갈등적인 관계이다. 이들은 상충관계(*trade-offs*), 즉 하나의 목표를 달성하려면 다른 목표를 어느 정도 희생시킬지 결정하기 위한 의식적 노력이 요구되는 상황을 나타낸다. 그러나 실질적 및 금전적 편익의 관계가 불변의 법칙은 아니다. 일부 회사와 산업이 양자를 동시에 증가시킬 수 있었을 뿐 아니라, 「대전환」(*The Great Transformation*)[25]과 같은 고전들에 기록된 이러한 이슈의 역사는 일부 국가의 시장과 사회는 재

25) Karl Polanyi, *The Great Transformation: The Political and Economic Origins of Our Time* (Boston: Beacon Press, 1944, 2001), pp. 54-58. 이 책은 다수에 의하여 20세기에 가장 독창적이며 중요한 책 가운데 하나로 여겨진다.

분배의 가치에 기초하고 있으며, 우리가 지금 '실질적' 능률편익으로 부르는 가치가 재분배의 부차적이지만 필수적인 조건임을 시사한다.

6. 비용편익분석의 과업

비용편익분석의 실행에서 가장 그럴 듯한 처방(maximally plausible prescriptions)을 하려면 다음 과제(<표 5-5>)가 중요하다. 가장 중요한 과제의 하나가 목표 또는 일반적 목적을 구체적 세부목표로 전환시키는 것이다(<표 5-4>).

표 5-4 목표와 세부목표의 비교

특징	목표	세부목표
목적	광범위하게 진술 (보건의료의 질을 향상시키고 ...)	구체적 (의사 수를 10% 증가시키고 ...)
정의	공식적 (보건의료의 질은 의료진료의 접근가능성을 말하며 ...)	조작적 (보건의료의 질은 인구 10만명 당 의사 수를 말하며 ...)
기간	구체화되지 않음 (장차 ...)	구체화됨 (2005-2015 기간에 ...)
측정	비계량적 (적정한 의료보험 ...)	대체로 계량적 (1,000명당 가입자 수 ...)
대상집단	광범위하게 정의 (보호가 필요한 사람들 ...)	구체적으로 정의 (연소득 19,000달러 이하인 가정 ...)

문제구조화(*problem structuring*). 비용편익분석에서 대안적 문제 형성의 탐색과 메타문제의 경계 정의(제3장)가 필수 과제이다. 문제 구조화는 한 번에 이루어지지 않으며, 분석의 전 과정에서 여러 차례 이루어진다. 문제의 구조화는 잠재적으로 관련된 목표, 세부목표, 대안, 기준, 대상집단, 비용, 편익에 관한 정보를 산출한다.

목표 구체화(*specification of objectives*). 분석가는 보통 코카인 중독 통제와 같은 일반적 목적 또는 목표를 가지고 시작한다. 목표는 구체적이고 측정가능한 세부목표로 잠정적으로 전환되어야 한다(<표 5-5> 참조). 코카인 중독을 통제하려는 목표는 다수의 구체적 목표, 예를 들면 5년 이내 코카인

표 5-5 비용편익분석의 실행에서 10가지 과제

과 제	내 용
문제구조화	목표, 세부목표, 대안, 기준, 대상집단, 비용 그리고 편익의 경계를 정의함으로써 메타 문제 형성
목표 구체화	일반적인 목표를 잠정적으로 구체적이고 측정가능한 세부목표로 전환
대안 구체화	문제구조화 단계에서 정의된 잠재적 해결방안들의 세트 중에서 가장 유망한 정책대안 선정
정보탐색, 분석 및 해석	구체화된 정책대안이 가져올 결과를 예측하는 데 필요한 정보의 소재파악, 분석 및 해석
대상집단과 수혜집단 식별	행위(예를 들면 규제)나 무행위(현상유지)의 대상, 또는 행위나 무행위로부터 편익을 제공받는 모든 집단(이해관계자)의 나열
비용과 편익 추정	각 대안에서 모든 종류(내부 및 외부, 직접 측정가능 및 간접측정가능, 일차적 및 이차적, 능률 및 재분배)의 구체적 편익과 비용을 화폐가치로 추정
비용과 편익 할인	화폐비용과 화폐가치를 구체적인 할인요소를 적용하여 현재가치로 환산
위험과 불확실성 추정	편익과 비용이 미래에 발생할 확률을 추정하기 위해 민감도분석과 보강조건분석 사용
결정기준 선택	대안의 선택에 사용될 기준의 선택: Pareto 개선, 순능률개선, 재분배의 개선, 내부수익률 등
처 방	대립적인 윤리적 및 인과적 가설들을 고려하여 가장 개연성이 높은 대안 선택

공급 50% 감소로 전환될 수 있다. 세부목표는 항상 정책대안을 함축한다. 코카인 공급 감소는 마약금지라는 정책을 함축하는 반면, 다른 세부목표, 예를 들면 코카인 수요 50% 감소는 코카인 가격상승과 수요를 감소시키기 위한 마약금지정책 뿐 아니라 마약중독자 수를 감소시키고, 또한 마약 수요를 낮추는 마약중독자 재활프로그램을 시사한다. 이러한 사례에서 세부목표와 정책대안의 관계는 의심스럽거나 분명하게 잘못된 것으로 판명될 수 있는 인과적 가정에 의존한다.

대안적 해결방안 식별(*identification of alternative solution*). 일단 목표가 구체화되면 문제의 원인과 잠재적인 해결방안에 관한 가정은 그 목표를 달성하기 위한 정책 대안으로 거의 필연적으로 전환된다. 어떤 문제가 구조화되

는 방법—예를 들면, 코카인 문제는 남아메리카로부터 마약 흐름의 정지가 필요한 수요 문제로 구성될 수 있다—은 정책의 적합성과 효과성에 관한 인식을 지배한다. 만약 문제 탐색이 부주의 또는 이념적 이유 때문에 엄격하게 제한된다면, 제약이 없을 경우에는 포함될 적절한 정책대안이 배제될 수 있다.

정보의 탐색·분석 및 해석(*information search, analysis, and interpretation*). 이 단계의 과제는 정책대안의 결과를 예측하는데 적합한 정보의 소재를 파악하고, 분석하고, 해석하는 것이다. 이 시점에서 예측의 기본적 목표는 이전의 분석단계에서 이미 정의된 정책대안의 비용과 편익이다. 여기에서 정보는 기존 유사한 프로그램의 비용과 편익에 관한 이용 가능한 데이터에서 얻을 수 있다. 예를 들어, 마약단속국(Drug Enforcement Administration) 창설 이전에는 미국 관세청(U.S. Customs Service)의 마약업무 집행활동 비용에 관한 예산자료를 새로운 마약금지정책의 일부 비용 측정에 사용하였다. 공급 및 수요 감소라는 형태의 마약금지정책의 편익은 궁극적으로 의심스러운 것으로 판명된 경제적·행정적 가정에 기초하였다.[26]

대상집단과 수혜집단 식별(*identification of target groups and beneficiaries*). 이 단계의 과제는 정책이슈에 이해관계를 가진 모든 집단을 나열하는 이해관계자(stakeholder) 분석의 실시인데, 왜냐하면 그들이 정책처방의 채택과 집행에 의해 부정적 또는 긍정적으로 영향을 받게 될 것이기 때문이다. 대상집단은 자유 또는 자원의 상실을 수반하는 새로운 규제 또는 제한 대상인데, 예를 들면 중산층의 세부담이 증가되는 새로운 조세계획 등이다. 반면, 수혜집단은 처방의 채택과 집행으로부터 이익을 얻는 집단인데, 예를 들면 1980년대 후반 약 40개 주에서 속도제한을 시속 55마일에서 65마일로 변경한 결과 순수익 증가를 가져온 상업용 트럭업자들이 이에 해당된다

비용과 편익 계산(*calculation of costs and benefits*). 이는 비용편익분석에

---

26) George M. Guess and Paul G. Farnham, *Cases in Public Policy Analysis*, Chap.5, "Coping with Cocaine" (New York: Longman, 1989), pp.7－48; and Constance Holden, "Street－Wise Crack Research", *Science*, 246 (December 15, 1989), pp. 1376－81 참조. 1992년 당시 부시행정부나 오바마행정부는 이러한 문제를 해결하기 위하여 노력을 하지 않고 있었다(2장 참조).

서 가장 어려운 과제로, 대상집단과 수혜집단이 경험할 가능성이 있는 모든 비용과 편익을 화폐단위로 계산할 것을 요구한다. [그림 5-5]에서 본 바와 같이 비용·편익의 유형은 다양하다. 즉 외부 및 내부, 직접 및 간접 측정, 일차적 및 이차적, 순능률적 및 재분배적 등이다. 공공정책의 많은 분야에서 비용과 편익의 추정은 어렵다. 예를 들면, 안전벨트착용 의무법, 주정부의 의무적 자동차 검사조항, 그리고 유방암검사프로그램 등에 의해 예방된 사망자의 금전적 편익은 광범위한 논쟁을 야기시켰는데, 특히 이러한 사망예방정책에 소요되는 비용이 인간생명의 편익으로부터 공제되었을 때에 더욱 심각하다. 그러한 측정도구의 타당성과 신뢰성 그리고 적합성은 때때로 논쟁거리가 된다.

비용과 편익 할인(*discounting of costs and benefits*). 만약 일정 수준의 비용과 편익이 미래의 일정 시점에서 실현될 것으로 예상되면, 추정값은 인플레이션과 미래의 이자율 변동에 기인하는 화폐의 실질가치 감소를 반영하여 조정되어야 한다. 비용과 편익의 실질 가치는 미래의 비용과 편익을 현재가치로 표현하는 절차인 할인기법(techique of discounting)에 기초한다. 미래 일정 금액의 현재가치(present value)는 만약 그 금액을 오늘 투자하였을 경우 그 투자로 얻게 될 이자만큼 미래의 금액이 증가하는 것을 고려한 금액이다. 예를 들어 5년 후 10,000달러의 현재가치는 10,000달러를 이자율, 예를 들면 4%로 5년 동안 얻을 수 있는 금액의 합계로 나눈 금액이다(10,000달러 $/1.04^5$ = 8,219.27달러). 때때로 교통사고로 사망한 사람의 생명 가치는 시간당 임금 곱하기 76년의 기대수명으로 표현된다. 만약 평가되는 사람이 최저임금을 받는 20대의 사람이고 할인율이 4%라고 한다면, 그 사람의 현재 가치는 단지 수천달러 정도로 계산될 수밖에 없다. 이러한 사실은 젊은 사람과 나이든 사람, 가난한 사람과 부자, 시골사람과 도시사람의 생명에 대한 가치의 비교 가능성에 대한 중요한 비판적이고 도덕적인 의문을 제기한다.

위험과 불확실성 추정(*estimation of risk and uncertainty*). 이 단계의 과제는 민감도 분석(sensitivity analysis) 실시인데, 이는 상이한 비용-편익의 발생 확률에 관한 대안적 가정 또는 상이한 할인요소에 관한 결론의 민감도를 검증하는 절차를 말한다. 신뢰할만한 추정치는 계산하기 어려운데, 그 이유는 동일한 미래결과에 관한 예측값은 제도적, 시간적, 역사적인 맥락에 따라 정확도 수준이 달라지기 때문이다.

결정 기준 선택(*choice of decision criterion*). 이 단계의 과제는 서로 다른 비용과 편익의 조합을 가진 둘 이상 대안 가운데 하나를 선택하는 결정기준 또는 규칙을 구체화하는 것이다. 이 장 전반부에서 살펴 것처럼 이러한 기준은 능률성, 효과성, 충족성, 형평성, 대응성, 적합성의 여섯 가지이다. 능률성 기준 가운데 순능률 개선(비용과 편익을 현재가치로 할인한 후 순현재가치가 '0' 이상이어야 한다)과 내부수익률(공공투자의 수익률은 실제 지불된 이자율로 벌어들일 수 있는 것보다 더 커야 한다)이 있다. 효과성 기준에는 가치있는 재화와 서비스를 최대한 생산하기 위한 공공투자의 단계적 수준이 갖는 한계효과성이 포함된다[예를 들면, 전통적인 의료서비스 제공자들과 대비하여 보건유지조직(health maintenance organizations)이 투자한 달러당 의료진료에 대한 접근도]. 분배와 재분배의 기준에는 각각 파레토 개선(어떤 집단도 손해 보지 않고 적어도 한 집단은 편익을 얻음)과 롤스주의적 개선(최악의 상태에 처한 개인 또는 집단이 개선됨)이 있다. 의사결정 기준의 선택은 중요한 도덕적인 암시를 내포하고 있는데, 그 이유는 의사결정기준이 도덕적 의무와 사회적 정의에 관한 매우 상이한 개념에 근거를 두기 때문이다.

처방(*prescription*). 비용편익분석의 마지막 과제는 둘 이상의 정책대안 중에서 하나를 선택하는 처방이다. 대안 선택이 분명하거나 이론의 여지가 없는 경우는 거의 없으며, 처방을 약화시키거나 무효화시킬 수 있는 경쟁적인 인과적·도덕적 가설을 고려하여 처방의 개연성에 대한 비판적 분석이 필요하다. 예를 들면, 파레토 개선이 기초인 처방은 부유층이 중류층 및 하류계층의 희생으로 혜택을 보게 된다는 증거를 제시함으로써 약화될 수 있다. 소득분배의 관점에서 보면, 이는 지난 80여 년 동안 미국과 유렵의 역사이다.[27]

---

27) 앞의 <표 5-2>를 볼 것.

7. 비용효과분석

비용효과분석(*cost-effectiveness analysis, CEA*)은 분석가들이 총비용 및 총효과의 계량화를 통하여 둘 이상 정책 가운데 선택하는 처방의 접근방법이다. 모든 비용과 편익을 가치의 공통단위로 측정하려 하는 비용편익분석과 대조적으로 비용효과분석은 두 개의 각각 다른 가치단위를 사용한다. 비용은 화폐단위로 측정되고, 효과는 전형적으로 재화, 서비스 또는 기타 가치 있는 효과의 단위로 측정된다. 가치의 공통단위가 없는 상황에서 비용효과분석에서는 순효과성 또는 순편익 측정수단이 허용될 수 없는데, 왜냐하면 공통단위가 없는 뺄셈은 비논리적이기 때문이다. 그러나 비용효과비나 효과비용비, 예를 들면 방사선 검사 500건의 총비용 1,200,050달러에서 비용 대 전달된 보건서비스 단위의 비를 산출할 수 있다. 여기에서 1,200,050달러/500 = 검사 1건당 2400.10달러로 계산된다.

이러한 비율은 비용편익비와 다르다. 비용효과비는 산출 단위당 얼마나 많은 달러가 지출되었는지 알려 주는 데 비하여, 편익-비용비는 해당 사례에서 비용에 비하여 몇 배나 많은 편익이 산출되었는지 알려준다. 순편익이 조금이라도 있으려면 편익비용비는 1보다 커야 한다. 예를 들면 만약 총편익이 400만 달러이고 총비용이 600만 달러라고 하면 편익비용비는 4/6, 즉 0.66이고, 총순편익은 −200만 달러이다. 또한 총순편익이 0이라면($400만−$400만=0) 편익비용비는 언제나 1(400÷400=1)이다. 정의에 따르면, 조금이라도 순편익이 있으려면 편익비용비가 1보다 커야 한다. 그러나 이는 효과비용비에서는 사실이 아닌데, 그 이유는 효과비용비는 각 경우마다 다른 의미를 가지기 때문이다.

비용효과분석은 비용편익분익분석과 마찬가지로 조망적(사전적, *ex ante*) 및 회고적(사후적, *ex post*)으로 적용될 수 있다. 비용편익분석과는 대조적으로 비용효과분석은 갤러틴, 뒤피, 그리고 미국 공병단의 업적이 아니라 1950년대 초반 국방부의 업무에서 시작되었다. 2차 대전 이후 초기의 비용효과분석은 대부분 랜드연구소가 군사전략과 무기체제의 대안을 평가하기 위한 프로젝트설계에서 수행되었다. 같은 시기에 비용효과분석은 국방부의 프로그램

예산편성 문제에 적용되었고, 1960년대에 국방부와 다른 연방정부 기관으로 확대되었다.28)

비용효과분석은 소득의 형태로 나타낼 수 없는 목표 달성을 위하여 자원을 가장 능률적으로 활용하는 방법을 포함하는 문제에 특히 적합하다. 비용효과분석은 형사재판, 인력훈련, 교통, 보건, 국방 등 영역에서 대안적 정책과 프로그램의 처방에 활용되어 왔다.

비용효과분석이 공공부문의 처방에 사용될 때 몇 가지 구분되는 특징을 갖는다.

1. 비용효과분석은 화폐단위로 측정하는 문제를 피하기 때문에 비용편익분석보다 훨씬 쉽게 적용될 수 있다.
2. 비용효과분석은 기술적 합리성을 요약해서 나타낸다. 왜냐하면, 이는 정책대안의 결과를 총체적인 경제적 능률 또는 사회적 후생의 집계와 관련시키지 않고 정책대안의 효용을 판단하려고 시도하기 때문이다.
3. 비용효과분석은 시장가격에 거의 의존하지 않기 때문에 민간부문의 이윤극대화원리에 덜 의존적이다. 비용효과분석을 사용하면, 예를 들면 편익이 비용을 초과하는지, 또는 민간부문에서의 대안적 투자가 이윤을 더 많이 낼 수 있었을지 판단하는 것이 어려운 경우가 있다.
4. 비용효과분석은 외부효과와 무형적인 것의 분석에 적합하다. 왜냐하면, 이러한 유형의 효과는 측정의 공통단위인 화폐로 나타내는 것이 곤란하기 때문이다.
5. 비용효과분석은 전형적으로 고정비용(유형 Ⅰ) 또는 고정효과(유형 Ⅱ)문제를 다루는 반면, 비용편익분석은 전형적으로 가변비용－가변효과(유형 Ⅲ)문제를 다룬다.

비용효과분석의 강점은 적용이 비교적 용이하며, 시장가격으로 그 가치를

28) 초기의 적용에 관한 기록은, David Novick, *Efficiency and Economy in Government through New Budgeting and Accounting Procedures* (Santa Monica, CA: The Rand Corporation, February 1954); Roland J. McKean, *Efficiency in Government through Systems Analysis* (New York: Wiley, 1958); Charles J. Hitch and Roland J. McKean, *The Economics of Defense in the Nuclear Age* (New York: Atheneum,1965); and T. A. Goldman, ed., *Cost－Effectiveness Analysis* (New York: Frederick A. Praeger, 1967) 참조.

측정할 수 없는 집합재(collective goods)나 준집합재(quasi-colletive goods)를 다룰 수 있으며, 외부효과와 무형적인 것을 분석하는 데 적합하다는 것이다.

반면 비용효과분석의 주된 제약점은 처방을 총사회적 후생의 문제와 쉽게 관련시킬 수 없다는 것이다. 비용편익분석과는 달리 비용과 효과를 측정하려는 노력은 주어진 문제나 관할구역, 또는 대상집단에 한정되고, 공동체의 구성원들이 경험하는 총만족도의 측정치로서 순소득편익의 계산에 사용될 수 없다.

비용효과분석에서도 정책과 프로그램의 모든 비용과 편익을 고려하려고 시도하지만, 편익을 화폐적 가치로 측정하지 않는다. 앞에서 논의된 비용과 편익의 유형들, 즉 내부 대 외부(inside vs. outside), 직접 측정가능 대 간접 측정가능(directly measurable vs. indirectly measurable), 일차적 대 이차적(primary vs. secondary) 비용과 편익은 비용효과분석에서도 중요하다. 순능률 편익을 계산할 수 없지만 재분배적 효과는 분석할 수 있다.

비용효과분석에서 필요한 과업은 단 두 가지만을 제외하고는 비용편익분석의 경우와 비슷하다(<표 5-5> 참조). 비용만이 현재가치로 할인되며, 충족성의 기준이 비용편익분석에서 통상적으로 사용되는 기준과 다르다. 비용효과분석에서는 주로 다음과 같은 두 가지 충족성의 기준이 사용된다.

1. **최소비용기준**(*least-cost criterion*). 바람직한 효과의 수준이 확정되면 같은 효과를 갖는 프로그램의 비용이 비교된다. 고정된 효과수준에 못 미치는 프로그램은 제외되고, 고정된 효과수준을 최소비용으로 달성할 수 있는 프로그램이 처방된다.
2. **최대효과기준**(*maximum-effectiveness criterion*). 허용할 수 있는 비용의 상한선(일반적으로 예산제약)을 확정한 후, 같은 비용이 소요되는 프로그램을 비교한다. 비용이 상한선을 넘는 프로그램은 기각되고, 고정된 비용수준으로 최대의 효과를 낼 수 있는 프로그램이 처방된다.
3. **한계효과성**(*marginal effectiveness*). 만약 어떤 재화와 서비스 비용뿐만 아니라 재화와 서비스 단위가 두 개의 연속적인 척도로 표현될 수 있다면, 둘 또는 그 이상 대안의 한계효과성이 계산될 수 있다. 예를 들어, 자치단체 경찰에 의해서 제공되는 보안서비스(security services) 비용과 시

당국과의 계약에 의해 민간보안회사가 제공하는 보안서비스 비용은 두 가지 연속적인 척도로 표현될 수 있다. 즉, 그것은 매순찰 시간당 관련 비용의 누적척도와 사유재산에 대해서 보고된, 방지된, 조사된, 해결된 범죄의 수이다. 연속적 비용효과의 함수가 각 유형의 서비스 제공자에 대하여 설정될 수 있을 것이다. 효과의 최저수준을 초과한 어느 지점에서 가장 높은 효과비용비를 가진 제공자가 더욱 큰 한계효과성을 가진다. 즉, 가장 높은 효과성은 마지막에 투입된 달러비용과 후속 달러비용 사이의 가장자리에서 소비된 마지막 달러비용에서 달성된다([그림 5-2]의 점(E_1, C_1) 참조).

4. **비용효과성**(*cost-effectiveness*). 둘 또는 그 이상 대안의 비용효과성은 재화 또는 서비스 각 단위당 비용을 말한다. 예를 들어, 시속 55마일과 65마일 속도제한은 예방된 사망자당 비용이 상이한데, 비용효과성에서 후자가 약간 낮다. 만약 시속 55마일과 65마일 속도제한의 비용이 대체로 동등(분모) 하지만, 후자의 예방된 사망자 수(분자)가 약간 적다면, 예방된 사망자당 평균비용은 시속 65마일 속도제한에서 더 클 것이다. 효과성비용비에서는, 비용편익분석에 사용된 편익비용비와 대조할 때 모든 비용을 고려할 필요가 없다(예를 들면, 높은 속도제한이 적용되는 도로에서의 운전으로 손실되는 생명의 값). 이러한 이유 때문에 단순한 비(ratios)에서는 서비스 또는 재화의 실제비용 추정의 바이어스가 발생되기도 하는데, 일부 비용을 제외하는 것이 비용효과분석의 내부적인 제약이라고 볼 수는 없다.

V. 처방의 방법

비용편익분석 및 비용효과분석을 사용할 때 처방을 위한 다수의 방법을 이용할 수 있다(<표 5-6> 참조). 이러한 방법을 비용편익분석 과제의 실행도구로 볼 때 쉽게 이해할 수 있다(<표 5-5> 참조). 비용편익분석 및 비용효과분석은, 우리가 앞에서 살펴 본 것처럼, 몇 가지 점에서 중요한 차이가 있다. 이러한 차이점은 주로 의사결정의 선택기준과 관련된다. 예를 들면, 순능률 개선은 비용효과분석으로는 추정될 수 없는데 그 이유는 편익이 화

표 5-6 처방의 방법

과 제	방법 및 기법
문제구조화[(1)]	경계분석 분류분석 계층분석 복수관점분석 논변분석 논변지도작성
목표 구체화	목표지도작성 가치명료화 가치비판
정보탐색, 분석 및 해석	경계분석[(2)]
대상집단과 수혜집단 식별	경계분석
비용과 편익 추정	비용구성요소 구조화 비용추정 잠재가격설정
비용과 편익 할인	할인
위험과 불확실성 추정	실현가능성분석[(3)] 제약조건 지도작성 민감도분석 보강조건분석
결정기준 선택	가치명료화 가치비판
처 방	개연성 분석

주: (1) 이러한 방법 및 기법에 관한 것은 제3장 참조.
(2) 제3장 참조.
(3) 제4장 참조.

폐단위로 표현되지 않기 때문이다. 몇 가지 예외가 있지만(예를 들어, 미래 편익의 현재가치 계산), 비용편익분석의 방법과 기법은 비용효과분석에서도 또한 적절하게 사용된다.

1. 목표지도작성

어떠한 목표를 달성할지 파악하는 것이 정책처방에서 자주 겪는 어려움이다. 목표지도작성(*objectives mapping*)은 목표와 세부목표, 그리고 정책대안과의 관계를 배열하는 데 사용되는 기법이다. 하나 또는 그 이상의 문제구

그림 5-6 국가 에너지 정책의 목표나무

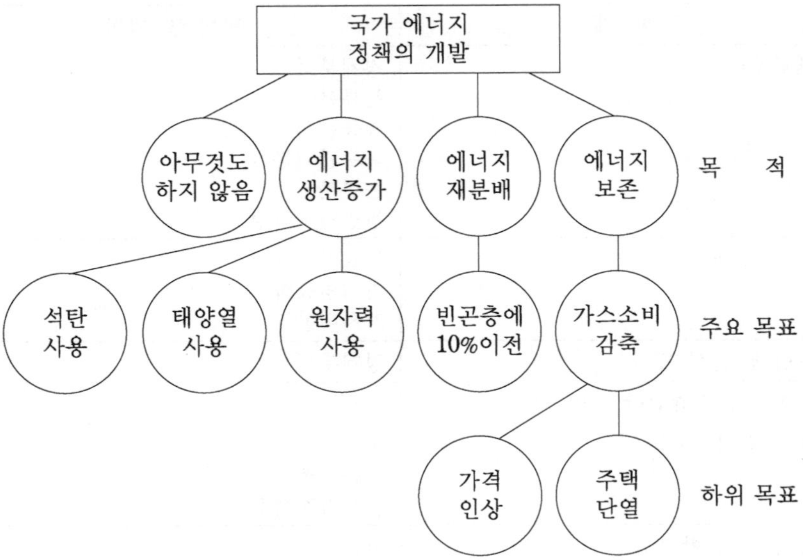

조화 방법에 의하여 정의된 목표, 세부목표, 대안(제3장 참조)은 목표나무(objectives tree)의 형태로 묘사될 수 있는데, 이는 목표들의 전체구조와 그들 사이의 관계를 그림으로 나타낸다.[29] 목표가 나무모양으로 표현될 때, 목표들은 때때로 특정 목표의 달성을 위해 필요한 다른 목표를 수직적으로 배열한 계층제의 형태로 표현된다. 국가에너지 정책의 개발을 위한 목표나무가 [그림 5-6]에 예시되었다.

목표나무를 구성할 때, 기존 목표 또는 새로운 목표가 생성될 수 있다. 만약 새로운 목표를 생성할 필요가 있을 경우, 계층분석, 분류분석, 브레인스토밍, 논변분석을 포함한 문제구조화 기법을 이용할 수 있다(제3장 참조). 한 세트의 목표들이 구해지면 [그림 5-6]과 같이 이들을 나무 형태로 계층적으로 배열할 수 있다. 목표나무는 위로 갈수록 일반적이고 아래로 내려갈수록 점차 구체적이다. 전형적으로 목표나무의 최상부는 광범위한 목적(broad purposes)을 포함하는 한편, 아래로 오면서 목적(goals), 주요목표(prime objectives), 하위목표(subobjectives)를 나타낸다. 아랫부분을 관찰할 때에는 '어떻게' 이

29) T. Harrell Allen, *New Methods in Social Science Research: Policy Sciences and Futures Research* (New York: Frederick A. Praeger, 1978), pp. 95-106 참조.

목표를 달성할 수 있는가? 라는 질문에 답해야 하고, 윗부분을 관찰할 때에는 '왜' 우리는 이 목표를 추구해야 하는가? 라는 질문에 답해야 한다. 목표지도작성은 정책집행(즉, '어떻게' 라는 문제)의 복잡성을 도식화하고자 할 때 뿐 아니라 행위의 목적(즉, '왜'의 문제)을 명료화하기 위하여도 유용하다. 대부분의 목표는 목표이면서 수단으로 간주된다.

2. 가치명료화

가치명료화(*values clarification*)는 정책목표 선택의 근거가 되는 가치를 인지하고 분류하기 위한 절차이다. 정책처방에서 가치명료화의 필요성은 처방에 사용되는 여러 가지 경쟁적 기준(효과성, 능률성, 충족성, 대응성, 형평성, 적합성)과 이러한 기준과 결합된 다양한 형태의 합리성을 고려할 때 매우 분명하다. 가치명료화는 다음과 같은 질문에 답하도록 도와준다. 어떠한 가치가 정책목표 선택의 근거인가? 이러한 가치는 정책분석가, 정책결정자, 특정사회집단, 전체로서의 사회 중 누구의 것인가? 어떠한 상황이 특정 집단은 이러한 가치전제나 목표에 찬성하는 반면, 다른 집단은 이에 반대하는 사실을 설명하는가? 끝으로 어떤 이유가 특정 가치전제와 목표를 정당화하기 위해 제시되었는가?

가치명료화는 몇 가지 단계를 거친다.

1. 정책 및 프로그램의 목표를 확인한다. 목표들은 간단하게 나열하거나 목표나무의 형태로 나타낼 수 있다([그림 5-6]).
2. 목표 달성 또는 미달성에 영향을 주거나 그로부터 영향을 받는 모든 이해관계자를 확인한다. 이해관계자의 목록에 정책분석가와 조언자를 포함시켜야 한다.
3. 각 이해관계자가 추구하는 목표의 근거인 가치전제를 나열한다. 예를 들어, 환경론자들은 에너지보존이 자연환경의 미적 차원 보존 때문에 가치 있다고 보는 반면, 교외거주자들은 더 풍요로운 물질생활 제공 때문에 에너지보존이 가치 있다고 볼 수 있다.
4. 가치전제를 다음과 같이 분류한다. 즉, 단순한 개인적 취향 또는 소망

의 표현(가치표현, *value expressions*), 특정집단의 신념 진술(가치진술, *value statements*), 목표에 함축된 행위나 상황의 보편적 선 또는 악에 관한 판단(가치판단, *value judgements*) 등이다. 예를 들어, 정책분석가로서 당신은 더 많은 에너지를 소비하고자 하는 개인적 소망을 표현할 수 있고, 환경보호집단은 에너지보존에 관한 신념의 동기가 되는 가치를 진술할 수 있으며, 석유생산자들은 사유 재산 사용의 보편적 권리에 대한 신념을 기초로 에너지생산 증가에 관한 가치 판단을 제시할 수 있다.

5. 더 나아가 가치전제를 다음과 같이 분류한다. 즉, 목표를 설명하기 위한 기초(*basis for explaining*) 제공(예를 들면, 환경론자들은 에너지보존이 자연의 불가침성이라는 자신들의 신념과 일치하기 때문에 이를 추구한다), 그리고 목표를 정당화하는 근거(*ground for justifying*) 제공(예를 들면, 자연과 인간이 똑같이 자기보호권리을 부여받았기 때문에 에너지 보존은 적합한 목표이다)으로 구분한다.

가치명료화의 장점은 목표가 단순한 개인적 소망 또는 취향의 표현으로 분석하는 것을 뛰어넘도록 한다는 것이다. 가치명료화는 또한 목표를 알려주는 상황의 단순한 설명보다 한 단계 더 나아갈 수 있도록 한다. 가치의 기초(bases)도 중요하지만—예를 들어, 가난한 사람은 사회적 형평을 더 선호한다는 사실을 아는 것은 중요하다—윤리적·도덕적 논쟁은 목표를 정당화하는 근거(*grounds*)를 검토하지 않고는 해결할 수 없다.

3. 가치비판

가치비판(*values critique*)은 정책목표에 관한 토론의 과정에서 제시되는 대립적 주장들의 설득력을 검토하기 위한 일련의 절차이다. 가치명료화가 가치의 표현 형태, 가치가 주장되는 표준적인 맥락, 설명 및 정당화 기능에 따라 가치를 분류할 수 있도록 하는 반면, 가치비판은 정책주장과 토론 속에서 가치의 역할을 검토할 수 있도록 한다. 가치명료화는 개별 이해관계자들의 목표와 기본가치에 초점을 맞춘다. 대조적으로 가치비판은 상이한 이해관계자들의 목표와 기본가치 사이의 갈등이 초점이 된다. 가치명료화는 정적인 기술의 특성을 가지고 있는 반면, 가치비판은 이성적인 논쟁과 정책토론에서 나올 수 있는 가치의 변화를 지향한다.

가치비판의 절차는 제8장에서 논의된 윤리적 양식의 정책논증(policy argument)을 확장한 것이다. 가치비판을 실행하려면 다음과 같은 절차가 필수적이다.

1. 하나 이상의 주장, 즉 행위를 처방하는 주장을 확인한다.
2. 그 처방을 집행할 때 영향을 받거나 이에 영향을 미칠 수 있는 모든 이해관계자를 열거한다.
3. 처방을 지지하거나 반대하는 각 이해관계자들의 진술을 기술한다.
4. 논쟁에서 각 요소, 즉 정보(*I*), 주장(*C*), 한정어(*Q*), 근거(*W*), 보강(*B*), 이의(*O*), 반론(*R*)을 확인한다.
5. 각 진술의 윤리적 설득력(*ethical persuasiveness*)을 평가하고 그 처방을 유지, 변경, 또는 거부할 것인지 결정한다.

가치비판 과정의 예로, 저가의 가정단열프로그램의 비용편익분석을 완료한 정책분석가를 상상해 보자. 처방 또는 주장(*C*)은 정부가 저가의 가정단열프로그램을 채택해야 한다는 것이다. 정보(*I*)는 그 프로그램의 순편익이 5,000만 달러이며 편익-비용비가 5：1임을 나타낸다. 그 프로그램이 상당한 에너지 절약을 가져오게 되므로, 이는 거의 확실하게 정당화된다(*Q*). 그러나 각 이해관계자의 주장을 분석한 이후에는, 그 처방의 설득력이 감소되었다([그림 5-7]). 그 처방을 지지한 원래의 근거(*W*)는 사회복지의 개선이며, 이는 파레토 또는 칼도-힉스 기준으로 보강(*B*)되는 근거이었다. 반론(*R*)은 그 프로그램이 빈곤층과 노년층에 편익을 제공하지 못한다는 것이다. 이 반론은 최악의 위치에 처한 사람이 좋아져야 한다는 롤즈 기준으로 뒷받침된다.

이러한 가치비판적 토론의 사례는 경제적인 동시에 윤리적인데, 왜냐하면 능률의 문제와 정의의 문제를 동시에 포함하기 때문이다. 그 논쟁의 결론으로 등급별 비용부담(graduated-cost)의 바탕 하에 정부가 저가의 주택단열프로그램을 제공해야 한다고 처방을 수정할 수 있다. 부담할 수 없는 사람은

그림 5-7 가치비판적 토론

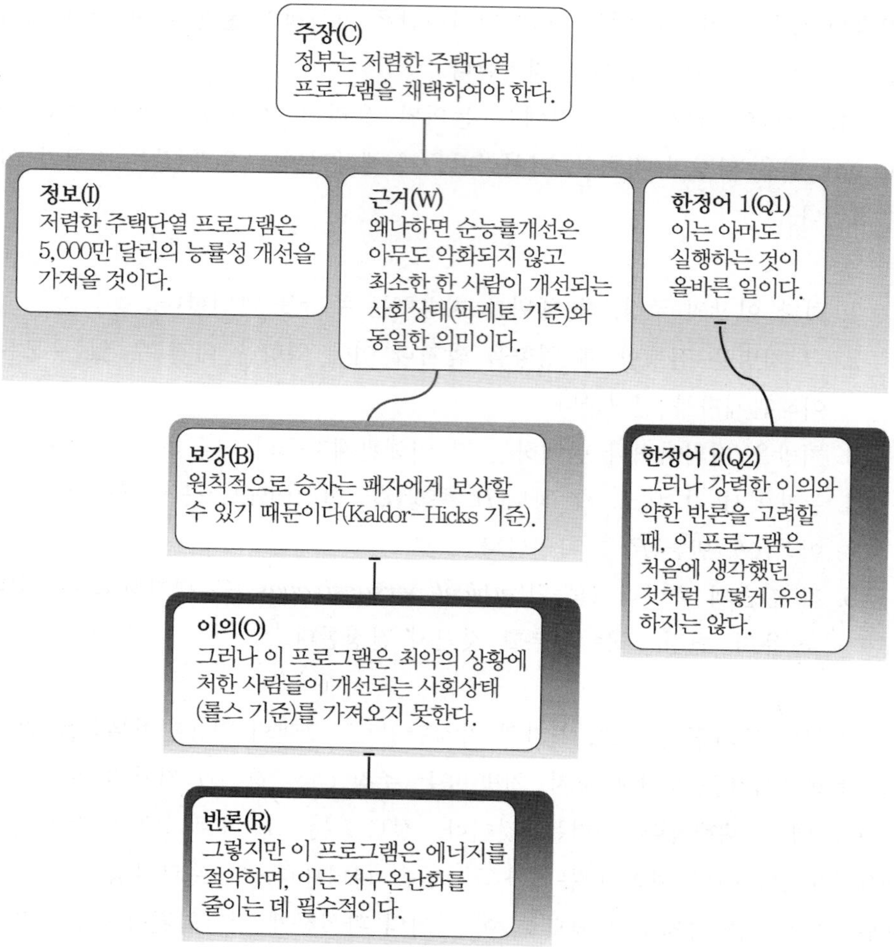

한 푼도 내지 않는 반면 고소득층은 등급의 단계별로 보다 많이 내는 것이다. 그러나 난방연료를 가장 많이 사용하는 사람들에게는, 이들이 대부분의 비용을 부담해야 하므로 이 프로그램이 덜 매력적인 것이 될 것이다. 만약 전반적으로 이러한 집단들이 동일한 비용을 부담한다면(비용을 부담할 수 없는 극빈자와 노인을 제외하고) 총순편익은 당연하게 마이너스가 된다. 가치비판은 사회적 형평을 증진하기 위하여 어느 정도 능률을 희생시켜야 할 것인가라는 질문에 최종적인 답변을 제공할 수 없다. 그러나 이러한 질문에 대한 답을 비용편익분석에서 기대하는 것은 적합하지 않고, 가치비판을 통하여 이러한 문제에 대하여 이성적이고 윤리적인 논쟁을 벌이도록 할 수 있다. 가격이 가치가 아닌 것처럼 경제학이 윤리학은 아니다.[30)]

4. 비용구성요소 구조화

기회비용(*opportunity costs*)은, 이미 살펴보았듯이, 다른 정책에 투자하지 않고 하나의 정책에 투자하였을 때 획득할 수 있는 편익이다. 달리 말하면 비용은 잃어버리거나 포기한 편익 또는 순편익(편익－비용)을 뜻한다.

비용구성요소 구조화(*cost element structuring*)는 프로그램을 채택하고 운영함으로 발생할 모든 비용을 분류하고 기술하는 절차이다.[31)] 비용구성요소 구조화의 산물은 자금의 지출이 필요한 활동, 장비, 그리고 물품의 목록이다. 목록은 상호배타적인 범주들이 망라되어야 한다. 목록이 망라적이면 중

표 5-7 비용구성요소의 구조

Ⅰ. 일차적(직접) 비용
- 1. 1회 고정비용
  - 연구
  - 기획
  - 개발, 검증, 평가
- 2. 투자비용
  - 토지
  - 건물 및 시설
  - 장비 및 차량
  - 초기 훈련
- 3. 반복(운영 및 유지)비용
  - 보수, 임금, 부가급여
  - 운동장, 차량 및 장비유지
  - 반복훈련
  - 고객에 대한 직접지불
  - 외부의 지원 서비스에 대한 지불
  - 잡다한 재료, 물품 및 서비스

Ⅱ. 이차적(간접) 비용
- 1. 타 기관이나 제3자에 대한 비용
- 2. 환경악화
- 3. 사회제도의 혼란
- 4. 기타

30) 가격은 가치의 한 가지 종류일 뿐이기 때문에 이는 참이다.

31) H. G. Massey, David Novick, and R. E. Peterson, *Cost Measurement: Tools and Methodology for Cost-Effectiveness Analysis* (Santa Monica, CA: Rand Corporation, February 1972).

요한 비용 가운데 간과되는 항목이 없다. 목록이 상호배타적인 범주로 구성되었다면, 이중 계산(*double counting*)이 예방된다.

비용구성요소의 구조는 두 가지 주요 부분, 1차적(*primary*) 비용과 2차적(*secondary*) 비용으로 구성된다. 1차적 비용은 1회 고정비용(*one-time fixed costs*), 투자비용(*investment costs*), 반복(*recurrent*)[(운영 및 유지(*operating and maintenance*)]비용의 몇 가지 범주로 세분화된다.[32] 전형적인 비용구성요소 구조가 <표 5-7>에 예시되어 있다.

5. 비용추정

비용추정(*cost estimation*)은 비용구성요소의 구조 항목들의 화폐가치에 관한 정보를 제공하는 절차이다. 비용구성요소의 구조는 어떤 요소가 측정되어야 하는가를 나타내는 반면, 비용추정은 그 요소를 실제로 측정한다. 비용추정관계(*cost-estimating relationship*)는 활동, 물품, 또는 인원의 양과 그 비용 사이의 관계를 명확히 측정한 것이다. 가장 간단한 유형의 비용추정관계는 단위당 비용, 예를 들어 토지 에이커당 비용, 시설 평방피트당 비용, 일정

그림 5-8 최초 총투자비용의 단순화된 부분비용모형

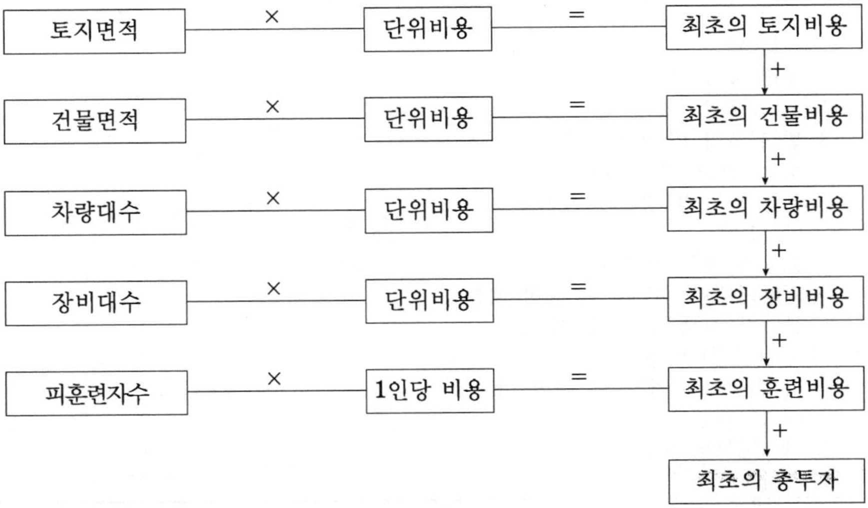

32) Poister, *Public Program Analysis*, pp. 386-87; 그리고 H. P. Hatry, R. E. Winnie, and D. M. Fisk, *Practical Program Evaluation for State and Local Government* (Washington, DC: Urban Institute, 1973).

한 직무범위의 근로자 1인당 비용이다. 좀 더 복잡한 비용추정관계는 선형회귀와 구간추정 방법 사용을 포함한다(제4장 참조). 선형회귀분석이 주행거리를 독립변수로 삼아 차량 유지비용의 구간추정에 이용될 수 있다.

비용추정 관계는 정책처방 과정에서 핵심적인데, 그 이유는 활동, 물품, 인원의 양과 그 비용과의 관계의 측정값이 정책대안 비교에 필수적이기 때문이다. 비용 추정관계는 프로그램을 시작하고 유지하는 데 필요한 비용의 일부 또는 전부를 나타내는 비용모형(cost model)의 구성에 이용된다. [그림 5-8]에 단순화된 비용 모형이 예시되었다.

6. 잠재가격 설정

잠재가격설정(*shadow pricing*)은 시장가격을 이용할 수 없거나 왜곡되었을 때, 편익과 비용의 화폐가치를 판단하는 절차이다. 시장가격은 불공정 경쟁, 독점 및 과점의 관행, 정부의 가격지원을 포함한 여러 가지 이유로 왜곡될 수 있다. 이러한 경우 재화와 서비스의 실제 시장가격을 상향적(또는 하향적)으로 조정할 수 있다. 다른 경우에 시장가격이 존재하지 않을 수 있다. 이러한 경우는 앞에서 무형적(*intangibles*)인 것으로 논의했던 특정의 집합재(예를 들어, '깨끗한 공기' 또는 '공동체 의식')에서 자주 발생한다. 무형적 재화 가격을 추정하는 몇 가지 절차가 있다.[33]

1. **비교가격**(*comparable prices*). 시장에서 비교가능한 또는 유사한 품목의 가격을 이용할 수 있다. 예를 들어, 대량 고속운송체계 건설로 절약되는 시간의 경제적 편익 추정에서 지역의 임금수준을 새로운 교통시설을 이용함으로 절약되는 시간의 화폐가치 측정수단으로 사용할 수 있다. 이같이 작업시간과 여가시간을 동등시하는 방정식은 교통절약시간을 소득증가에 사용한다는 가정에 근거한다.
2. **소비자 선택**(*consumer choice*). 여기에서 분석가는 소비자가 주어진 무형물과 화폐 중 선택해야 하는 상황에서 소비자의 실제 행태를 관찰하여 무형물(예, 교통시간)의 가치를 추정한다. 예를 들어, '시간가치'를 소비자

33) Poister, *Public Program Analysis*, pp. 417-19.

들이 값싼 저속 교통수단과 값비싼 고속교통수단 가운데 실제 선택을 관찰하여 추정한다. 이 방법은 소비자가 시간과 비용 사이의 관계에 대해 완전한 정보를 가지고 있으며, 두 대안이 시간절약과 비용절약을 제외한 나머지 모든 면에서 똑같다고 가정하지만, 소비자들이 교통시간 절약의 대가를 얼마나 지불할 의사가 있는지 알아내는 데 도움이 된다.

3. **파생수요**(*derived demand*). 여기에서 시장가격이 없는 무형물의 가치(예, 입장료 없는 공원 또는 레크리에이션 구역에 대한 만족도)를 방문객들이 지불하는 간접비용을 근거로 추정한다. 수요곡선(즉, 소비자들의 서비스 이용에서 다양한 가격과 수량의 조합을 나타내는 곡선)은 소비자가 공원까지 가는 데 드는 교통비에서 유도될 수 있다. 이러한 간접비용을 공원 및 레크리에이션 시설을 이용하는 데 지불하는 실제 가격으로 보는 것이다. 이 절차에서는 여행의 유일한 목적이 공원또는 레크리에이션 구역의 이용이라고 가정한다.

4. **서베이 분석**(*survey analysis*). 여기에서 시민을 인터뷰, 우편 또는 전자 설문지를 통하여 서베이한다. 응답자들은 특정 서비스(예, 버스운행)에 그들이 기꺼이 지불하고자 하는 비용의 수준에 대하여 응답한다. 이 절차의 한 가지 약점은 소위 무임승차자 문제(*free-rider problem*)이다. 이는 다른 사람들이 비용을 부담하도록 하면서, 자기들은 비용부담 없이 편익을 그냥 향유하려는 의도에서 거짓으로 서비스 대가를 지불하겠다고 주장하는 것이다.

5. **보상비용**(*cost of compensating*). 여기에서 분석가는 무형물－특히 원하지 않는 외부비용(부정적 외부효과)의 형태로 발생하는 것－의 가치를 이를(부정적 외부효과) 시정하는 데 필요한 행위의 비용을 파악함으로써 추정한다. 예를 들어, 환경피해비용은 수질정화, 소음제거, 삼림복구 등을 위한 프로그램의 소요 비용을 근거로 추정할 수 있다. 비슷하게 공해규제 시행 프로그램의 편익은 폐암, 기종, 기타 만성병에 걸리는 사람들이 감소됨으로써 절약되는 의료비용을 근거로 추정될 수 있다.

7. 제약조건 지도작성

제약조건 지도작성(*constraint mapping*)은 정책의 목표달성 과정에서 방해가 되는 장애요인을 확인하고 분류하는 절차이다. 일반적으로 제약조건은 여섯 가지로 분류된다.

1. **물리적 제약조건**(*physical constraints*). 목표달성이 기술의 발달 상태에 의하여 제한될 수 있다. 예를 들어, 태양에너지를 통한 공해억제정책은 현재 태양 에너지 기술의 발달이 낮은 수준이기 때문에 제한된다.
2. **법적 제약조건**(*legal constraints*). 공공법률, 재산권, 그리고 행정 기관의 규제가 목표 달성의 시도를 제약할 수 있다. 예를 들어, 빈곤계층에 자원을 재분배하고자 하는 사회적 프로그램이 보고의무조항에 의해서 제약될 수 있다.
3. **조직상 제약조건**(*organizational constraints*). 프로그램 집행에 이용될 조직의 구조와 과정이 목표 달성의 시도를 제약할 수 있다. 예를 들어, 과도한 집권화, 관리부실, 사기의 저하가 프로그램과 정책의 효과성을 제약한다.[34)]
4. **정치적 제약조건**(*political constraints*). 정치적 반대는 정책의 초기 수용과 집행에 제약이 된다. 그러한 반대는 점증적 의사결정을 실행하여 문제를 회피하고자 하는 조직의 타성 및 경향에 반영된다. 예를 들어, 소비자보호, 환경보호, 에너지 보존은 입법부의 의제로 채택되는 데도 몇 년이 소요될 수 있다.[35)]
5. **분배적 제약조건**(*distributional constraints*). 사회서비스를 제공하려는 공공 프로그램은 때때로 비용과 편익이 여러 사회 집단 사이에 공평하게 분배되는 것을 보장해야 할 필요가 있다. 최고의 순능률 편익을 달성하는 프로그램이 낮은 사회적 형평을 가져오는 경우가 많고, 그 반대의 경우도 있다.

34) 이와 같은 조직상의 제약조건에 관하여 좀더 일반적으로 다룬 것은, Vincent Ostrom, *The Intellectual Crisis in American Public Administration* (University of Alabama Press, 1974) 참조.

35) 예를 들면, Roger W. Cobb and Charles D. Elder, *Participation in American Politics: The Dynamics of Agenda-Building* (Boston: Allyn and Bacon, 1972) 참조.

6. **예산상 제약조건**(*budgetary constraints*). 정부예산은 한정된 것이므로 희소자원의 관점에서 지출을 고려하여야 한다. 고정예산은 유형 I 의 문제를 발생시키는데, 여기에서 분석가는 이용가능한 자원의 한계 내에서 효과성이 최대인 대안을 고려해야만 한다.

제약조건을 확인하고 분류하는 효과적인 방법이 제약조건의 나무(*constraint tree*)를 구성하는 것인데, 이는 목표달성 과정에서 방해가 되는 장애요인을 그림으로 나타낸 것이다. 제약조건의 나무는 목표의 나무에 제약조건을 겹쳐 놓은 것이다([그림 5-6] 참조). 국가에너지 정책에 대한 간단한 제약조건의 나무가 [그림 5-9]에 예시되었다.

그림 5-9 국가 에너지 정책의 제약조건나무

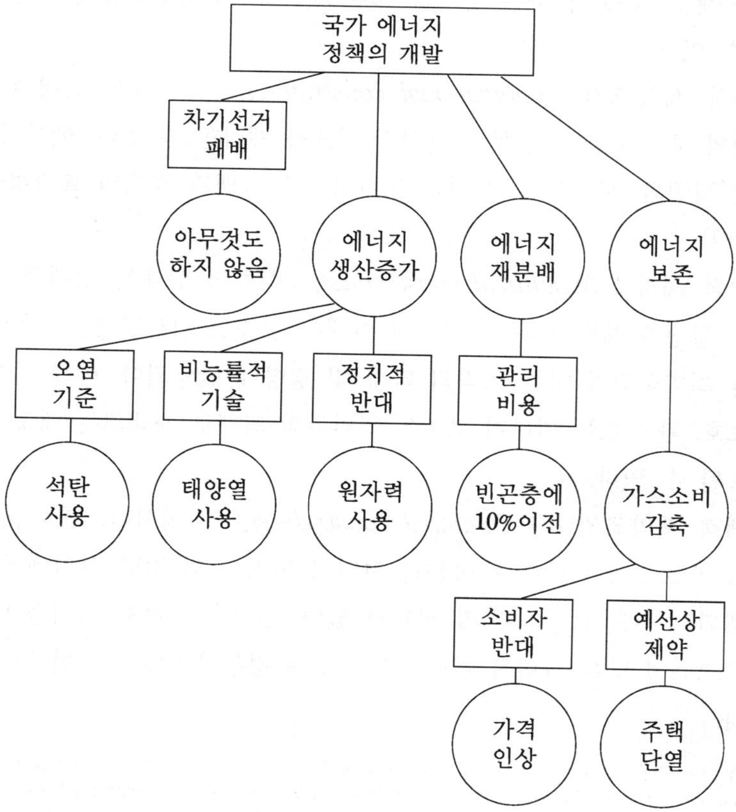

8. 비용 내부화

비용 내부화(*cost internalization*)는 외부비용(외부효과)을 내부비용 구성요소의 구조로 통합한다. 편익뿐만 아니라 비용도 공공정책과 프로그램의 긍정적 파급효과 및 부정적 파급효과를 통합함으로써 내부화 될 수 있다. 비용이 완전히 내부화되면, 정의상 모든 비용이 내부이므로 외부효과가 없다. 이는 다양한 주요 외부비용(예를 들어, 공해비용, 환경파괴, 사회적 혼란)들이 분명하게 비용 구성요소 구조에 포함됨을 의미한다.

일반적으로 네 가지 종류의 파급효과 또는 외부효과가 있다.[36)]

1. **생산이 생산에 미친 파급효과**(*production-to-production spillovers*). 하나의 대상집단 또는 관할구역에 서비스하는 프로그램의 산물이 다른 집단 또는 구역의 산물에 영향(긍정적 또는 부정적)을 미칠 수 있다. 예를 들어, 알코올 중독자 및 약물 중독자 치료프로그램의 성공은 인근 지역사회에서의 법집행활동을 감소시킬 수 있다.
2. **생산이 소비에 미친 파급효과**(*production-to-consumption spillover*). 특정프로그램의 산물이 다른 대상 집단이나 관할구역의 구성원들이 소비하는 재화의 양과 질에 영향을 미칠 수 있다. 예를 들어, 공공기금으로 완성된 고속도로 프로젝트는 해당 주민들을 이주토록 할 수 있고, 주변 지역의 재화와 서비스 수요를 변화시킬 수 있다.
3. **소비가 소비에 미친 파급효과**(*consumption-to-consumption spillover*). 한 지역의 공공 프로그램의 소비활동은 인접한 대상집단 또는 관할구역의 소비에 영향을 미칠 수 있다. 예를 들어, 대규모 정부청사를 건설하게 되면, 그로 인해 주민들이 충분한 주차공간을 찾지 못할 수 있다.
4. **소비가 생산에 미친 파급효과**(*consumption-to-production spillover*). 한 지역의 공공 프로그램의 소비활동은 인근지역에서 생산 활동에 영향을 미칠 수 있다. 예를 들어, 공공 주택건설 프로젝트는 지역 사업가들을 위한 시장을 넓히게 된다.

---

36) Hinrichs and Taylor, *Systematic Analysis*, pp. 18-19.

표 5-8 대안적 산모보호 프로그램의 내부, 외부, 총비용(환자당 비용)

비용유형	프로그램					
	산모 및 영아 보호 프로젝트 I		근린 건강 센터 II		개인의사 III	
주정부 비용(내부)	$31	10%	$96	43.3%	$85	48.3%
연방정부 비용(외부)	$282	90%	$103	51.7%	$90	51.7%
합 계	$313	100%	$199	100%	$175	100%

출처: M. R. Burt, *Policy Analysis: Introduction and Applications to Health Programs* (Washington, DC: Information Resources Press, 1974), p. 35.

비용내부화의 중요성은 산모보호를 위해 설계된 세 가지 프로그램의 총비용, 외부비용, 내부비용을 나타낸 <표 5-8>에 잘 나타나 있다. 만약 세 가지 프로그램이 모두 동등하게 효과적이라면, 주정부 수준의 분석가는 연방정부 비용 부담액이 내부화되지 않은 프로그램 I을 처방할 것이다. 왜냐하면 이것이 최소비용 기준을 충족시키기 때문이다. 만약 연방정부 비용이 내부화되면 총비용이 최소이므로, 프로그램 III이 처방될 것이다. 여기에서 한 당사자에게는 외부효과가 다른 당사자에게는 내부효과이므로, 이 사례는 내부 비용과 외부비용의 상대적인 성격에 대하여 주의를 환기시킨다.

9. 할 인

할인(*discounting*)은, 비용-편익분석의 단계 목록(<표 5-5>)에서 살펴보았듯이, 미래에 실현될 비용과 편익의 현재가치를 추정하는 절차이다. 할인은 시간의 효과를 고려하는 방법이다. 시간은 미래의 비용과 편익은 현재의 그것보다 가치가 적으므로 중요하다. 오늘 소비되는 1달러는 지금부터 1~2년 후에 소비되는 1달러보다 훨씬 더 가치가 있는데, 오늘의 1달러는 1년 후에 1.04달러가 되도록(이자율 4%) 투자될 수 있기 때문이다. 이자소득 이외에도, 많은 사람들은 미래의 소비보다 오늘의 소비를 더 선호하는 경향이 있는데, 그 이유는 미래는 불확실하고, 오늘의 소비는 즉각적인 만족을 가져오기 때문이다.

정책과 프로그램은 시간의 흐름에 따라 다른 수준의 비용과 편익이 발생

그림 5-10 동일한 효과성을 갖는 두 프로그램의 할인비용과 비할인비용의 비교

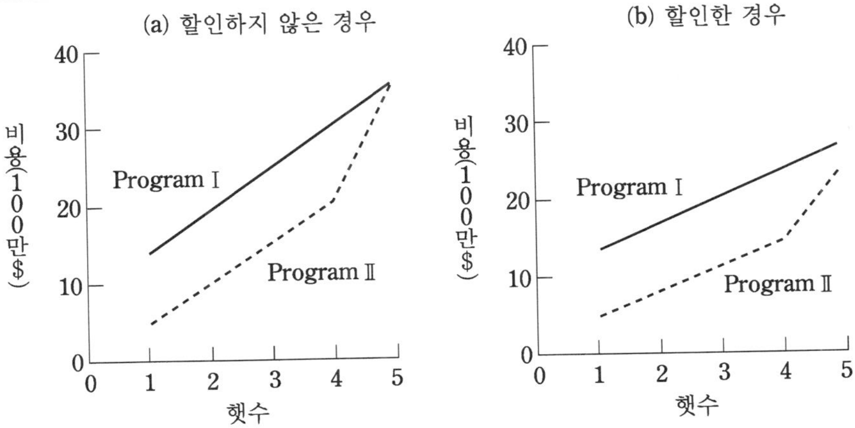

한다. 이러한 비용 또는 편익의 흐름－*cost(and benefit) streams*이라고 불림－은 시간에 따른 분포가 불균등하다. 이러한 이유 때문에 비용 및 편익의 흐름은 현재가치로 할인되어야 한다. 예를 들면, 5년이라는 기간 동안 효과성의 수준이 동등하고 총비용의 수준이 동일한 두 가지 보건사업 프로그램은 동등하게 효과적인 것처럼 보인다. 그러나 한 프로그램(프로그램 Ⅰ)에서는 첫 해에 비용이 집중된 반면, 다른 프로그램(프로그램 Ⅱ)에서는 마지막 해에 비용이 집중되었다. 만약 화폐가치가 1년에 10%씩 하락한다고 가정한다면 프로그램 Ⅱ가 보다 낮은 비용으로 같은 수준의 효과성을 달성한다. 만약 시간과 화폐가치의 변화를 고려하지 않는다면, 두 프로그램을 구별할 기초가 없다([그림 5-10] 참조).

미래의 편익과 비용의 현재가치는 할인요소(*discount factor*)를 사용해서 구하는데, 이 할인요소는 현재의 화폐가 미래의 화폐보다 더 가치 있다는 사실을 반영하기 위해, 미래의 편익과 비용의 가치를 삭감하는 정도를 표시한다. 일단 할인요소를 알면, 이 할인요소에 미래의 편익 또는 비용의 화폐가치를 곱하면 된다. 어떤 할인율(*discount rate*, 때로는 사회적 할인율) 즉, 미래의 편익과 비용의 가치를 삭감하는 비율이 주어졌을 때, 미래의 편익과 비용이 할인되어야 할 햇수를 알면 할인요소(*discount factor*)를 계산할 수 있다. 할인요소를 구하는 공식은 복리이자의 역수이다.

$$DF = \frac{1}{(1+r)^n}$$

여기서 r은 할인율이고, n은 편익 또는 비용이 할인되는 햇수이다.[37] 예를 들어 5년의 기간 동안, 10%의 할인율에 대한 할인요소를 구하면 다음과 같은 계산이 이루어진다.

$$DF = \frac{1}{(1+r)^n}$$

$$DF = \frac{1}{(1+0.1)^5} = \frac{1}{(1.1)^5}$$

$$= \frac{1}{1.61}$$

$$= 0.621$$

만일 5년차에 발생할 비용 100달러의 값을 할인하려면, 이 비용을 할인요소와 곱하면 된다. 즉 $100 \times 0.621 = 62.10$달러가 된다. 달리 말하면, 할인율이 10%로 5년차에 발생할 비용 100달러의 현재가치는 62.10달러이다. 현재가치(*present value*)는 적합한 할인요소를 곱한 미래의 비용이나 편익의 화폐가치이다. 비용 또는 편익 흐름의 현재가치를 구하는 공식은 다음과 같다.

$$PV = \sum(FV \cdot DF)$$

여기서 FV: 비용 또는 편익의 미래가치, DF: 할인요소, Σ(시그마)라는 기호는 비용 또는 편익을 비용(또는 편익)흐름의 전 기간에 걸친 할인요소와 곱한 결과를 총계한 것이다.[38]

37) 할인요소는 비용(또는 편익) 흐름 속의 미래 화폐가치가 똑같지 않다(예, 어떤 기간의 초기에 비용이 많이 들면 시간이 가면서 비용이 줄어든다)는 것을 가정한다. 만약 비용(또는 편익)의 흐름 속의 미래화폐가치가 매년 똑같다면 (예, 5년 동안 해마다 100만 달러씩 비용이 든다), 이때에는 연연요소(annuity factor: AF)라고 불리우는 지름길을 사용하는 것이 보통이다(연연이란 수년간의 기간에 걸쳐서 매년 혹은 정규적으로를 의미한다). 연연요소를 구하는 공식은 다음과 같다.

$$AF = 1 - \left(\frac{1}{1+r}\right)n/r$$

좀 더 간단히 말하면 $AF = 1 - DF/r$

표 5-9 5년간의 비용흐름을 10%의 할인율로 계산한 현재가치

(단위: 백만 달러)

연도	미래가치 (FV)	할인율(r)	햇수(n)	할인요소(DF) $[1/(1+r)^n]$	현재가치(PV) [FV · DF]
2010	$100	0.10	1	0.909	$90.90
2011	50	0.10	2	0.826	41.30
2012	10	0.10	3	0.751	7.51
2013	10	0.10	4	0.683	6.83
2014	10	0.10	5	0.621	6.21
	$180				$152.75

비용흐름의 현재가치를 구하는 계산이 <표 5-9>에 예시되어 있다. 할인되지 않은 모든 비용의 미래가치가 1억 8,000만 달러인데, 할인된 비용흐름의 현재가치는 1억 5,275만 달러이다. 편익 흐름의 현재가치를 1억 7,500만 달러라고 가정하자. 만약 선택하는 데 순편익 기준을 사용한다면(즉, 순편익이 0보다 더 커야 한다), 할인하지 않은 미래 비용을 고려하면 이 프로그램은 기각된다(17,500－18,000＝－500만 달러). 대조적으로 비용 흐름을 할인하면, 순편익이 2,250만 달러(17,500－15,275＝2,250만 달러)가 되므로 그 프로그램은 받아들이게 된다.

일단 적합한 할인율을 확인하면, 할인요소와 비용(또는 편익) 흐름의 현재가치를 구하는 것은 간단한 문제이다. 문제는 할인율의 선택이 분석가, 정책 결정자, 특정 사회집단 등의 윤리적 가치를 반영한 판단에 의존한다는 점이다. 예를 들어, 미래의 편익에 대한 할인율이 높을수록, 공공프로그램을 정당화하는 순편익과 편익－비용비의 획득이 점점 어려워진다. 할인율이 일률적으로 높으면 정부 투자의 역할은 작아지고, 민간투자의 역할이 상대적으로 커지게 된다. 반대로 할인율이 일률적으로 낮으면 사회에서 정부의 확장된 역할이 장려된다. 이러한 이유 때문에 할인율을 선택할 때 쟁점이 되는 여러 가지 기초를 분명하게 인식하는 것이 중요하다.

1. **민간할인율**(*private discount rates*). 여기에서 할인율의 선택은 민간부

38) 현재가치를 구하는 다른 공식은 PV = FV(1+r)n인데, 여기에서 FV는 미래의 비용 또는 편익, r은 할인율, 그리고 n은 비용 또는 편익이 할인되어야 할 햇수를 나타낸다. 이러한 공식에 따라 계산하여도 같은 결과를 가져온다.

문에서 돈을 빌릴 때 내는 평균이자율에 기초를 둔다. 민간할인율을 사용하자는 주장은 공공투자가 민간부문에 투자할 수 있었던 시민의 세금을 사용한다는 것이다. 그러므로 민간할인율은 그 투자재원이 민간부문에 그대로 남아 있었다면 얻었을 수도 있었을 편익을 측정한다. 이는 '공공 투자의 (민간투자에 비한) 기회비용'이다. 공공부문에서 이러한 할인율의 사용을 반대하는 논거는 다음과 같다. 민간할인율은 시장의 왜곡 때문에 변화의 폭이 매우 크며(5%~20%); 민간할인율은 민간투자의 외부적 사회비용(예, 공해)을 반영하지 않고, 좁은 범위의 개인과 집단의 선호를 반영할 뿐이며, 결코 사회 전체의 선호를 반영하지 않는다는 것이다.

2. **사회적 할인율**(*social discount rates*). 여기에서 할인율의 선택은 사회전체의 사회적 시간선호에 관한 판단에 기초한다. 사회적 시간선호(social time preference)란 어떤 미래 기간에 실현될 편익 또는 비용에 대하여 사회가 부여한 집단적 가치를 말한다. 이러한 집단적 가치는 공동체 전체를 위하여 무엇이 가치 있는가에 관한 집단적 인식을 반영하므로, 단순히 개인들의 선호를 합산한 것이 아니다. 사회적 할인율(social rate of discount, SDR)은 미래의 집단적 편익과 비용이 할인되어야 할 비율을 말하는데, 대체로 민간할인율보다 낮다. 사회적 할인율을 주장하는 논거는 다음과 같다. 사회적 할인율은 개인선호의 편협성과 단기적 시야를 보완해 주며; 민간투자의 외부적 사회비용(예: 한정된 자연자원의 고갈)을 고려할 수 있고; 미래세대의 안전, 건강, 복지에 대한 관심을 반영한다는 것이다. 사회적 할인율의 사용을 반대하는 논거는 사회적 할인율이 민간할인율보다 높아야하기 때문에 경제적으로 비능률적이거나 또는 '비합리적'이라는 것이다. 무어(Moore)와 그 동료들은 이러한 고려사항들을 참작하여 3.0~4.0%의 사회적 할인율(SDR)을 제시한다.[39] 2008년 불경기 이후 기간에 적정 할인율은 3.0에 근접한다. 사회적 할인율이 낮으면, 미래비용과 편익의 현재가치가 높아지고, 공공부분의 투자성향이 증가한다.

3. **정부 할인율**(*government discount rates*). 여기에서 할인율은 정부가 채권을 발행할 때 지불하는 비용을 기초로 선택된다. 문제는 연방정부,

---

39) Mark A. Moore, Anthony E. Boardman, Aidan R. Vining, David L. Weimer, and David H. Greenberg, "'Just Give Me a Number!' Practical Values for the Social Discount Rate," *Journal of Policy Analysis and Management* 23, 4 (2004): 789-812.

주정부, 지방정부의 기채율이 상당히 다르다는 점이다. 관리예산처(OMB)는 정부 프로그램들에 다양한 할인율을 주장해 왔는데, 예를 들어 6 %의 표준 할인율로는 어떤 주, 지역, 또는 지역공동체에서 더 낮은 수준의 이자율을 이용할 수 있을 경우 투자의 기회비용을 반영할 수 없다.

할인율의 선택은 사회에서 정부의 적합한 역할에 관한 대립되는 견해와 더불어 앞에서 논의한 여러 유형의 합리성과 밀접하게 관련된다. 이런 상황에서 분석가는 순편익 또는 편익비용비에 대안적 할인율을 적용할 경우의 민감도를 반드시 분석하여야 한다.

할인율의 선택에 관한 이슈를 회피하는 다른 대안은 투자의 내부수익율(*internal rate of return*)인데, 이는 투자자금을 빌릴 경우의 실제 이자율과 비교하여 할인된 비용에 대해서 할인되지 않은 편익의 비율이 초과할 때 정책을 선택하도록 한다. 여기에서도 선택의 기본 가정과 윤리적 함의를 검토하는 것이 필수적이다.

10. 민감도 분석

민감도 분석(*sensitivity analysis*)은 상이한 가정 하에서 비용과 편익의 측정값을 검토하는 절차이다. 두 가지 이상 대안을 비교할 때, 비용과 편익의 단일 측정값(예, 효과비용비)이 계산되었을 경우에도, 일반적으로 정책의 기대되는 결과에 관한 불확실성이 존재한다. 때때로 결정론적(확률적인 것과 구분되는) 선택이라는 특징을 가진 이러한 상황에서 미래비용에 대해 몇 가지 대안적인 가정－예를 들어, 높은 비용, 중간 비용, 낮은 비용을 가정－을 도입하고 각 가정별로 순편익을 계산해 볼 수 있다. 요점은 그 결과들이 상이한 가정에 대하여 얼마나 '민감한지' 파악하는 것이다.

예를 들어, 두 가지 인력훈련 프로그램을 비교할 때, 휘발유 값의 잠재적 변화에 대한 교통비용의 민감도를 검토할 수 있다. 여기에서 프로그램이 집행되는 동안 휘발유 값이 10%, 20%, 또는 30% 인상될 것이라는 가정을 도입한다. 프로그램 I은 준농촌에 위치하기 때문에, 피훈련자들은 시내에 위치한 프로그램 II보다 더 먼 거리를 운전하여야 한다. 민감도 분석을 실시

표 5-10 휘발유값이 훈련 프로그램 비용에 미치는 민감도 분석

(단위: 1,000 달러)

프로그램	가격상승		
	10%	20%	30%
Ⅰ. 준농업지역			
총비용	$4400	$4800	$5200
피훈련자수	5000	5000	5000
피훈련자당 비용	$0.88	$0.96	$1.04
Ⅱ. 시 내			
총비용	$4500	$4800	$5100
피훈련자수	5000	5000	5000
피훈련자당 비용	$0.90	$0.96	$1.02

하지 않은 채 휘발유 값이 크게 상승한다면, 두 개의 프로그램 중에서 부정확하게 더 비싼 프로그램을 처방하는 결과가 나타날 수 있다. 이러한 민감도 분석 사례가 <표 5-10>에 제시되었다. 이미 제4장에서 보았듯이, 또 다른 유형의 민감도 분석이 회귀분석을 이용하여 추정한 비용 또는 편익의 구간추정값으로, 사실상 '최선의' 경우와 '최악의' 경우 시나리오이다.

11. 개연성 분석

개연성 분석(*plausibility analysis*)은 대립적 주장(rival claims)에 대항하여 처방을 검증하는 절차이다. 개연성이란 과거 경험에 기초를 둔 식견있는 주관적 확률로 이해되며, 개연성 분석은 대립적 주장을 분석하는 데 사용될 수 있다.

몇 가지 유형의 대립적 주장이 있으며, 각각은 비용편익분석에 기초를 둔 선택의 개연성에 대한 위협요인(threat)이다. [그림 5-11]에 이러한 위협요인 — 대립가설 또는 정책이 구체적 결과에 미친 효과에 관한 주장의 '타당성 위협요인'과 유사하다 — 이 예시되었다.

- **타당성 결여**(*invalidity*). 정책처방이 정책과 그 결과 사이의 인과관계에 관하여 타당성이 없는 가정에 기초하였다는 것이다. 예를 들어, 55마일

그림 5-11 55마일 속도제한 편익에 관한 주장의 개연성에 대한 위협요인

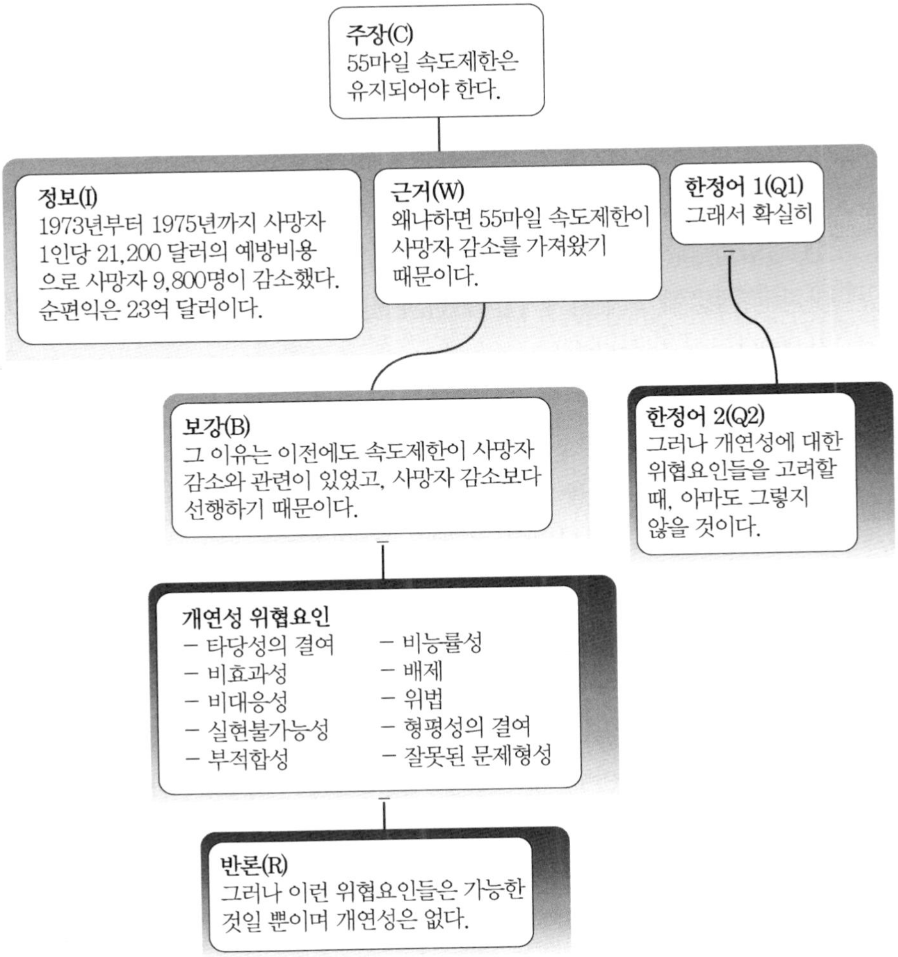

속도제한(1973년 전국최고속도법)의 효능에 관한 토론에서 모든 도시간고속도로(intercity highways)에서의 속도제한법 집행이 1973년 이후 교통사고 사망자 감소에 기여한 정도가 초점이었다. 새로운 최고속도제한법(시속 55마일)이 1973년부터 1975년 사이에 사망자 9,800명 감소에 기여했다는 주장은 다른 이유, 즉 자동차 속도의 범위축소 및 표준편차 감소; 자동차 및 도로안전 개선; 최고속도와 인구밀도와의 상호작용; 그리고 경기침체, 실업, 주행거리 당 휘발유가격 감소 등의 영향 때문에

결과적으로 사망률이 감소되었다고 도전받았다.[40)]

- **비능률성**(*inefficiency*). 55마일 속도제한의 순능률 편익 추정값은 인간 생명의 값과 66마일과 비교하여 55마일 주행시 손실시간의 비용에 따라 크게 달라진다. 한 연구에서 순능률 편익 추정값은 23억 달러인데, 또 다른 연구에서 추정값은 −34억 달러이다.[41)]
- **비효과성**(*ineffectiveness*). 55마일 속도제한의 비용-효과 추정값도 또한 상당히 다양하다. 예방된 사망자 1인당 비용은 무엇이 인간생명의 가치 측정값에 포함되어야 하는지의 가정에 따라, 대략 1,300달러에서 21,000달러에 이른다.[42)]
- **배제**(*exclusion*). 정당한 비용과 편익을 배제하면, 터무니없이 높거나 낮은 순능률 편익이 산출된다. 예를 들어, 55마일 주행시 손실 시간의 비용 또는 인간 생명을 화폐가치라는 형태로 환산한 편익이 배제될 수 있으며, 이 경우 터무니없이 높거나 낮은 순능률 편익이 산출된다.
- **비대응성**(*unresponsiveness*). 시간과 다른 자원의 비용은 때때로 개인이 시간절약 활동에 참여할 때 평균임금을 기꺼이 지불하려한다는 가정에 기초한다. 평균임금은 일반적으로 개인이 실제 지불하고자 하는 가격에 대한 대응성이 낮다. 예를 들어, 대략 과반수의 운전자들은 상거래 또는 업무가 아닌 레크리에이션 활동에 시간을 투입한다. 평균임금을 사용하면 55마일 속도제한의 비용추정을 크게 증가시키게 되며, 따라서 운전자들이 인식하는 55마일 주행 비용에 대한 대응성이 낮다.
- **위법**(*illegality*). 어떤 경우에는 처방의 합법성이 도전받을 수 있다. 위법, 사기, 혹은 불법차별을 통하여 획득한 소득을 비용(혹은 편익)으로 계산하는 것은 적합하지 못하다. 남성, 여성, 그리고 소수민족이 하는 업무의 값어치 비교를 포함하는 사례에서는 위법이 주요 요인이다. 그

---

40) Duncan MacRae, Jr., and James Wilde, *Policy Analysis for Public Decisions* (North Scituate, MA: Duxbury Press, 1979), pp. 133-152; Edward R. Tufte, *Data Analysis for Politics and Policy* (Englewood Cliffs, NJ: Prentice Hall, 1974), pp. 5-18; Charles T. Clotfelter and John C. Hahn, "Assessing the National 55mph Speed Limit, *Policy Science* 9 (1978), pp. 281-94; 그리고 Charles A. Lave and Lester B. Lave, "Barriers to Increasing Highway Safety," in *Challenging the Old Order: Toward New Directions in Traffic Safety Theory*, ed. J. Peter Rothe (New Brunswick, NJ: Transaction Books, 1990), pp. 77-94. 저자는 실업율과 휘발유 가격이 주행거리와 사고율에 미친 영향을 검증한 결과, 이들 변수가 주행거리당 사망률 변량의 90% 이상을 설명하였다.

41) Grover Starling, *Strategies for Policy Making* (Chicago: Dorsey Press, 1988), pp. 407-10; 그리고 Guess and Farnham, *Cases in Public Policy Analysis*, pp. 177-203 참조.

42) Starling, *Strategies for Policy Making*, pp. 409-11; 그리고 각주 33의 참고문헌을 볼 것.

러나 55마일 속도제한의 경우에는 위법이 주요 요인은 아니다.

- **실현불가능성**(*unfeasibility*). 정책처방은 정치적, 예산상, 그리고 행정적 제약요인 때문에 실현가능성이 없다는 근거로 도전받을 수 있다. 속도법을 집행하고 적용하는 역량이 주마다 다르기 때문에, 55마일 속도제한의 집행정도는 주에 따라 차이가 있다. 인구밀도가 높은 미국 동부의 주가 집행역량이 큰 편이다.
- **형평성 결여**(*inequity*). 사회적 형평과 정의의 대안적 개념을 포함하는 윤리적 근거에서 처방이 도전받을 수 있다. 젊은 운전자들이 생명 손실이라는 관점에서 불균형적으로 높은 비용을 부담한다. 교통사고 사망자의 중간연령은 30세보다 약간 높은데, 이는 교통사고 사망자의 절반이 30세 이하임을 의미한다. 최악의 상태에 있는 집단이 개선되어야 한다는 공정으로서의 정의(justice as fairness)라는 롤스주의적 개념을 가지고 젊은 운전자 대상의 교육 및 운전훈련 프로그램이 아닌 속도법 시행으로 사망자를 줄이려는 정책에 이의를 제기할 수 있다.[43]
- **부적합성**(*inappropriateness*). 인간생명 가치의 추정 값에 기초한 처방은 때때로 가치의 측정수단으로 할인된 평생소득을 사용한다. 인간생명(할인 혹은 할인되지 않는)의 비용 확정노력은 공개시장의 상품이 아닌 인간생명의 가격계산이 부적합하다는 이유에서 도전받을 수 있다.[44]
- **잘못된 문제형성**(*misformulation*). 비용편익분석에 기초한 처방에 대한 지속적인 도전으로는 문제가 잘못 형성되었다는 것이다. 55마일 속도제한의 경우, 1970~73년의 석유위기 기간 중 연료절감의 문제가 전국 최고속도법을 해결방안으로 처방하게 한 원래의 문제였다. 문제의 정의가 석유위기기간이 지난 후 사망자 예방으로 전환되었다. 현재의 문제형성(교통사고 사망자 예방)은 재생불가능한 자원인 석유 절약; 오염물질 배출 완화; 그리고 교통량 감축을 위한 휘발유 세금인상을 통한 사망자 예방 가운데 하나로 문제를 재형성하여야 한다는 점을 근거로 도전받을 수 있다. 인플레이션 조정 후 달러가격으로 2015년 휘발유 한 갤런의 비용(2.36달러)은 1931년 대공황 기간(2.65달러)과 2009년 경기

43) 이 문제에 관하여는 특히 Rothe, *Challenging the Old Order* 참조.
44) Guess와 Farnham의 논의를 참조할 것. *Cases in Public Policy Analysis.*

대침체기(2.54달러)보다 실제로 낮았다. 1960년과 2015년 사이에 인플레이션 조정 후 개인당 소득이 거의 세 배로 증가한 것을 고려할 때, 휘발류 세금 인상이 해결방안이 될 것이다.

이러한 정책처방의 개연성 위협요인은 비용편익분석에만 유일하게 적용되는 것은 아니다. 모든 정책처방은 인과적 전제뿐 아니라 가치 전제를 기초로 하므로, 이러한 개연성의 위협요인은 희소자원의 규제, 분배, 또는 재분배를 통한 변화를 성취하려는 거의 모든 정책에 관련된다.[45]

처방을 위한 정책분석방법론은 많은 불확실성을 포함한다. 이 가운데 하나는 정책분석에서 가치와 윤리의 역할과 관련된다. 정책처방의 목적은 단지 어떤 미래결과의 예측이나 예견, 또는 과거와 현재 효과의 점검뿐 아니라, 그 결과가 그 자체로 올바르기 때문에, 또는 그 결과가 정의·공평·능률·민주주의·자유·안전을 증진시키기 때문에 가치 있는(valuable) 결과를 초래할 것 같은 행동노선을 창도하는 것이다. 그러나 무엇이 공동체 구성원들에게 가치 있는 것인가에 관한 주장을 정당화하기 위하여 경제이론과 경제분석도구를 사용하는 데에는 실제로 상당한 어려움이 있다. 이러한 이유 때문에 가치에 관한 불확실성은 이성적인 윤리적 논증과 토론의 적합한 주제이다.

밀접하게 관련된 불확실성의 원천은 정책효과에 관한 지식이 불완전하다는 데서 유래한다. 중요한 사회적·경제적·정치적 가치에 관한 합의가 이루어졌을 경우에도, 여전히 여러 상이한 조건에서 어떤 정책이 가장 잘 작동될 수 있는지 확실하게 알지 못한다. 이러한 불확실성의 일부는 체계적 분석을 통하여 고려되어야만 하는 비용과 편익의 범위에 관한 정보가 불완전하기 때문에 초래된다. 또 다른 중요한 불확실성의 원천은 신뢰성과 타당성이 상이한 측정도구, 그리고 잠재가격과 할인율에 관한 잘못된 판단에서 유래한다.

요 약

정책처방은 "무엇을 해야 할 것인가?"라는 질문에 답한다. 이러한 이유 때문에 정책처방은 단순히 기술적 접근방법을 뛰어넘는 규범적인 접근방법이 필요하다. 모

45) Dunn, "Policies as Arguments,": 그리고 Frank Fischer, *Politics, Values, and Public Policy: The Problem of Methodology* (Boulder, CO: Westview Press, 1980).

든 정책처방은 단지 사실에 관한 주장보다도 올바른 행동에 관한 주장을 포함한다.

이 장에서 정책분석에서 처방의 방법론을 개관하고, 두 가지 주요 접근방법을 비교하여 대조하였으며, 이러한 접근방법을 수행하는데 사용되는 방법을 기술하였다. 정책분석에서 처방을 위한 두 가지 중요한 접근방법은 비용편익분석과 비용효과분석이다. 두 접근방법 모두 사회에 대한 모든 비용과 편익 측정을 시도하지만, 비용편익분석에서만 비용과 편익을 모두 공통단위인 화폐가치로 측정한다.

비용과 편익에는 몇 가지 유형이 있다. 즉 내부 대 외부, 유형적 대 무형적, 일차적 대 이차적, 그리고 실질적 대 금전적 등이다. 비용편익분석의 몇 가지 과제는 문제구조화; 목표구체화; 대안 식별; 자료의 수집・분석 및 해석; 대상집단과 수혜집단의 구체화; 비용과 편익 유형의 식별; 비용과 편익 할인; 대안 선택을 위한 기준 구체화 등이다. 전통적인 비용편익분석에서 가장 빈번하게 사용되는 기준은 순능률 개선이다. 현대적인 비용편익분석에서는 이러한 기준 외에 순재분배 편익이 보충적으로 사용된다.

복습문제

1. 노벨상을 수상한 시카고대학 경제학자 고(故) 프리드만(Milton Friedman)은 정책선택의 기저가 되는 사실적 전제의 연구에 초점을 두는 실증경제학(규범경제학이 아닌)을 주장하였다.
   "이해관계가 없는 시민 사이의 경제정책에 관한 견해 차이는 서로 싸울 수 밖에 없는 기본가치의 근본적인 차이가 아니라, 주로 선택한 행위의 경제적 결과에 관한 상이한 예측, 원칙적으로 실증경제학의 발전에 따라 사라지게 될 차이, 때문에 발생한다." [Friedman(1953), p. 5]
   프리드만 입장의 장점과 단점을 개관하는 짧은 에세이를 쓰시오. 귀하의 답변에 사실적 분석과 규범적 분석(제1장)의 차이를 언급하시오[주의: 제7장을 미리 읽기 원한다면, 프리드만의 입장을 기술적 윤리, 규범적 윤리, 그리고 메타윤리 간 비교의 관점에서 판단하시오].
2. "만약 개인이 자신의 선호를 이행적 형태로 배열할 수 있다면, 다수결 원칙을 사용하여 이행적인 집합적 선호순위를 얻는 것이 가능하여야 한다." 이에 대하여 토론하시오.
3. 합리적 선택은 가능한가? 이 질문에 대하여 에세이를 쓰시오. 그 답변에 상이한 유형의 합리성을 구분하시오.

4. 상이한 유형의 합리성은 상이한 유형의 처방기준과 어떻게 관련되는가?

5. 다음과 같은 목표를 달성하기 위한 노력의 효과성 측정방법을 제시하시오.

- 자치단체의 수입과 지출간 격차의 축소
- 도시지역에서 강력범죄 예방
- 국가의 안보강화
- 테러(리즘)에 대한 전쟁의 승리
- 시민 삶의 질 향상
- 전국적 실업율의 감소
- 빈곤가정의 소득증대

6. 5번의 연구과제로 돌아가시오. 이러한 목표 달성을 위한 노력의 능률성 측정방법을 제시하시오.

7. 많은 경제학자들이 평등과 능률은 상호경쟁적인 목표라고 주장한다. 이러한 이유 때문에, 평등과 능률 사이의 관계는 평등이 개선되려면 능률성이 희생되어야 하고, 그 역도 성립하는 상충관계(trade-off)로 여겨진다[Arthur M. Okun, *Equality and Efficiency: The Big Trade-Off* (Washington, DC: Brookings Institution, 1975) 참조]. 한편 다른 경제학자[Jaroslav Vanek, *The Participatory Economy* (Ithaca, NY: Cornell University Press, 1970) 참조]와 정치학자들[Carole Pateman, *Participation and Democratic Theory* (Cambridge, MA: Cambridge University Press, 1970) 참조]은 평등과 능률의 '상충'은 정치와 직장에서 민주적인 참여가 제한되었기 때문에 나타난 결과라고 주장한다. 이들은 정치와 경제가 완전히 민주적일 경우에는 평등과 능률이 상충될 필요가 없다는 것이다. 왜 이것이 진실일 수 있는가? 이것이 '기회비용'과 '순능률 편익'과 같은 경제학 개념들의 적합성에 관하여 시사하는 바는 무엇인가?

8. 본문의 [그림 5-2]로 돌아가서 다음과 같은 처방기준을 고려하시오.

(a) 최소비용에서 효과성의 극대화(주의-이 문제는 함정이 있는 문제임).

(b) 10,000 달러 고정비용에서 효과성 극대화.

(c) 4,000 단위 서비스 효과성 수준에서 비용 극소화.

(d) 20,000 달러 고정비용에서 6,000 단위의 서비스 효과성 수준 달성.

(e) 서비스 한단위당 시장가격이 10달러일 때, 순편익 극대화.

(f) 서비스 한단위당 시장가격이 10달러일 때, 편익대 비용의 비 극대화.

위에서 제시한 각 기준 하에서 두 주요프로그램(프로그램 I과 프로그램 II)중 어느 것을 선택해야 할지 지적하고, 각 기준이 목표달성의 적합한 측정수단이 될 수 있는 조건을 기술하시오.

9. 위험과 불확실성 추정은 처방을 위한 정책분석방법론의 핵심적 측면이다. 위험과 불확실성을 타당성 있게 추정할 수 있는 최선의 방법은 자격을 갖춘 전문가를 활용하는 것으로 보이지만 "다양한 토픽을 가장 많이 알고 있는 사람이 자신이 옳다는 것을 가장 잘 표현하지는 못한다."는 증거가 있다(Baruch Fischoff, "Cost-Benefit Analysis and the Art of Motorcycle Maintenance," *Policy Sciences* 8, 1977, p. 184). 이에 대하여 토론하시오.

10. 깨끗한 공기의 잠재가격을 알 수 있는 여러 가지 방법을 논하시오.

11. 다음 주장의 기저를 이루는 가치전제를 분석하기 위하여 가치명료화와 가치비판 절차를 사용하시오. "에너지 생산의 증가는 경제성장의 지속에 필수적이다. 그러므로 정부는 새로운 에너지 기술에 대한 연구와 개발에 대규모로 투자하여야 한다." 첫 번째 문장을 정보(I)로 두 번째 문장을 주장(C)으로 취급하시오.

12. 3, 4, 10%의 할인율에서 10년의 할인요소(DF)를 계산하시오.

13. 두 가지 보건 프로그램에서 다음 비용과 편익 흐름(단위 100만 달러)의 현재가치(PV)를 구하시오. 4%의 할인율을 사용하시오. 어떤 프로그램의 현재 순능률편익이 가장 높은가? 그 이유는?

프로그램		연 도					
		2000	2005	2010	2015	2020	합 계
I	비용	$60	$10	$10	$10	$10	$100
	편익	10	20	30	40	50	150
II	비용	20	20	20	20	20	100
	편익	10	20	30	40	50	10

시범과제

1. [사례 5.1]을 읽은 후, 분석의 형태로 스코어카드와 스프레드시트를 비교, 대조, 평가하시오. 그들의 강점과 약점은 무엇인가? 구체적으로 답변하시오.

2. 본장의 [사례 5.2](인명구조의 기회비용 – 55마일 속도제한)를 읽고, 다음 문제에 대답한 후, 스프레드시트(<표 C5.1-1>)를 수정하시오.
   - 주행으로 손실된 시간의 값 추정에 어떠한 가정이 지배하는가? 어떤 가정이 다른 가정들보다 주장가능성이 높은가? 왜?

- 시간의 값을 가장 잘 추정할 수 있는 방법은 무엇인가? 귀하의 답변을 정당화하시오.
- 휘발유 갤런당 비용을 가장 잘 추정할 수 있는 방법은 무엇인가? 귀하의 답변을 정당화하시오.
- 운전속도와 갤런당 주행거리에 관한 추정값은 환경보호청과 에너지부의 공식 통계, 또는 휘발유 엔진의 효율에 관한 공학적 연구에 기초한다. 어느 것을 더욱 신뢰할 수 있는가? 왜? 다른 자료가 아닌 어느 한 자료원을 사용한 결과는 무엇인가?
- 구조된 생명 하나의 가치는 무엇인가? 귀하는 어떻게 그 가치를 계산하는가? 왜?
- 55mph 속도제한과 65mph 속도제한 중 어떤 정책이 선호되는가? 귀하의 답변을 정당화하시오.

3. [사례 5.2]는 시간의 흐름에 따른 결과의 변화를 고려하지 않고 비용편익분석을 수행할 경우 발생하는 몇 가지 위험을 보여준다. 시간을 이용하여 미래의 비용과 편익을 할인하는 경우와 [사례 5.2]를 대조하시오. 귀하는 1974~2015년 기간 동안에 비용과 편익의 조정된 가치를 추산할 수 있는가? 귀하가 극복해야 할 장애물은 무엇인가?

추천문헌

Boardman, Anthony E., David H. Greenberg, Aidan R. Vining, and David L. Weimer, *Cost-Benefit Analysis: Concepts and Practice*. 4th ed. Upper Saddle River, NJ: Pearson Prentice Hall, 2011.

Burt, M. R. *Policy Analysis: Introduction and Applications to Health Programs.* Washington, D.C.: Information Resources Press. 1974.

Clotfelter, Charles T. and John C. Hahn. "Assessing the National 55 m.p.h Speed Limit." *Policy Sciences* (1978): 281-294.

Fischoff, Baruch, "Cost−Benefit Analysis and the Art of Motorcycle Maintenance," *Policy Sciences*, 8(1977): 177−202.

Friedman, Milton. *Essays in Positive Economics*. Chicago, IL: University of Chicago Press, 1953.

George, Alexander. *Presidential Decision Making in Foreign Policy: The Effective Use of Information and Advice*. Boulder, CO: Westview Press, 1980.

Gramlich, Edward M., *Benefit−Cost Analysis of Public Programs*, 2nd ed.

Englewood Cliffs, NJ: Prentice Hall, 1990.
Haveman, Robert H., and Julius Margolis, eds., *Public Expenditure and Policy Analysis*, 3rd ed. Boston: Houghton Mifflin, 1988.
Hinrichs, H. H., and G. M. Taylor. *Systematic Analysis: A Primer on Benefit-Cost and Program Evaluation*. Pacific Palisades, CA: Goodyear Publishing, 1972.
Lave, Charles A. "The Costs of Going 55." *Car and Driver*. May 1978, p. 12.
Miller, Roger Le Roy, Daniel K. Benjamin, and Douglass C. North, *The Economics of Public Issues*. 16th ed. New york: Addison-Wesley, 2010.
Mishan, Edward J., *Cost−Benefit Analysis*, New York: Praeger, 1976.
Moore, Mark A., Anthony E. Boardman, Aidan R. Vining, David L. Weimer, and David H. Greenberg, "'Just Give Me a Number!' Practical Values for the Social Discount Rate," *Journal of Policy Analysis and Management*, 23, 4 (2004): 789-812.
Piketty, Thomas. *Capital in the 21st Century*. Cambridge, MA: Harvard University Press. 2014.
Quade, E.S. *Analysis for Public Decisions*. New York: American Elsevier, 1975.
Zeckhauser, Richard, and Elmer Schaefer. "Public Policy and Normative Economic Theory." in *The Study of Policy Formation*, ed. R. A. Bauer and K. J. Gergen. New York: The Free Press, 1968.

사례 5.1

스코어카드와 스프레드시트: 에너지정책의 편익과 비용 평가

1972년과 1973년에 미국과 더불어 유럽의 다른 석유의존국가들은 석유수출국기구(OPEC)에 의한 원유가격의 극단적인 인상으로 인하여 촉발된 몇 차례 석유위기 중 최초의 위기를 경험하게 되었다. 미국과 유럽 지도자들의 이에 대한 반응은 각각 55mph와 90kph 최고속도제한을 채택한 것이다. 미국의 전국 최고속도제한은 주간 고속도로를 이동하는 모든 자동차들에게 대부분의 자동차에서 연료 효율을 극대화시킬 수 있는 속도인 최고 55mph를 요구함으로써 휘발유 소비를 줄이기 위해 고안되었다.

표 C5.1-1 스코어카드와 스프레드시트

(a) 스코어카드

결 과	65 mph (Base Case)*	55mph
사망자수	54,052	45,196
운전거리(10억 마일)	1,313	1,281
운전시간(10억 시간)	20.2	21.9
연료 소비량(10억 갤런)	46.8	43.3
연료 효율성(mpg)	14.9	16.1
교통위반 딱지(100만)	5,711	7,425
재산피해(100만 사례)	25.8	23.1

* base case는 하나의 기준 정책으로써 이에 대해 새로운 정책이 비교됨

(b) 스프레드시트

목 적	65mph	55mph	차이	가치	10억 달러
Ⅰ 사망자수(천명)	54.1	45.2	8.856	$240,000.00	$2.13
Ⅱ 운전시간(10억 시간)	20.2	21.9	−1.7	5.05	−8.59
Ⅲ 연료 소비량(10억 갤런)	46.8	43.3	3.5	0.53	1.86
Ⅳ 교통위반 딱지(100만)	5,711	7,425	−1,714	3.94	−0.0068
Ⅴ 재산피해사례(천건)	25,800	23,100	2,700	363.00	0.98
편익(Ⅰ+Ⅲ+Ⅴ)					4.97
비용(Ⅱ+Ⅳ)					−8.60
순편익(B−C)					$-3.63

55mph 속도제한을 집행하자마자 곧 이 새로운 정책이 연료 소비를 줄였

을 뿐 아니라 교통사고 사망자와 부상자 수의 극적인 감소를 명백히 가져왔음을 발견하였다. 그러므로 비록 1973년 속도제한법안 통과를 촉진시켰던 에너지위기에 더 이상 대응할 필요는 없어졌지만, 석유수출국기구의 석유위기가 끝나고 난 이후에도 속도제한이 오랫동안 유지되어왔다. 실제로 55mph 속도제한은 1995년 11월 공식 폐지될 때까지 20년 넘도록 유지되어 왔다.46)

속도제한법 폐지 이전에 열띤 논의가 있었다. 55mph 속도제한정책의 영향력 있는 옹호자인 미주리 주 댄포스(John C. Danforth) 상원의원은 속도제한 폐지가 각 운전자의 하루 운전에 1분 정도 절약시킬 수 있겠지만, 대신에 600명에서 1,000명의 추가 사상자를 초래할 것이라고 주장하였다. 워싱턴 포스트지와 뉴욕 타임즈도 사망자 수는 틀림없이 증가하겠지만 시간 절약은 사소할 것이라고 보도하면서 속도제한 폐지 반대에 동참하였다. 그 이후 교통부 장관 페냐(Pena)는 클린턴 행정부가 속도제한 폐지를 단호히 반대한다고 발표하였다.

이는 전국 최고속도제한의 편익과 비용을 평가할 수 있는 좋은 기회였다. 스코어카드는 편익-비용분석이 실현가능하지 않거나 또는 바람직하지 않았을 때 영향을 점검하고 예측하는 데 사용할 수 있는 유용한 도구이다. 스코어카드에서는 정책대안들이 매트릭스의 꼭대기에 나란히 세로 행(columns)에 배열되어 있고, 정책 영향은 각 열(row)별로 열거되어 있다. 그에 반해서 스프레드시트는 정책결과의 편익과 비용을 보여준다.

<표 C5.1-1>은 1974년 말 즉, 정책이 집행되고 일 년이 지난 이후 55mph 속도제한의 효과를 평가하기 위해 사용된 스프레드시트를 보여준다. 스프레드시트와 스코어카드의 차이를 보여주기 위하여, <표 C5.1-1>에서는 스코어카드에서와 마찬가지로 동일한 정보를 보여준다.

스코어카드(<표 C5.1-1> (a))의 음영처리된 셀은 55마일 속도제한이 65마일 속도제한보다 장점(7개 행 가운데 5개 음영처리)이 있음을 보여준다. 그러나 스프레드시트(b)의 이야기는 다르다. 비용-편익분석의 틀을 이용하여, 그 스프레드시트는 55 마일 속도제한의 순편익이 부정적(*negative*)임을 보여준다. 65마일 속도제한이 더 능률적이다.

46) 1987년 4월 2일 의회는 40개 주가 65mph까지의 속도제한에 관한 실험을 허용하는 육상교통 및 획일적 배치전환지원법을 제정하였다.

사례 5.2

인명구조의 기회비용: 55마일 속도제한[47)]

편익비용분석을 실행하는 것은 경제분석의 기술적 문제뿐 아니라, 편익비용분석의 기초가 되고 있는 가정들을 확인하고, 필요하다면 이에 도전하는 문제이기도 하다. 이는 1974년 국가최고속도제한의 사례를 검토할 경우 가장 분명하게 드러난다.

<표 C5.2-1>에 편익비용분석의 단계와, 이러한 단계의 가정에 대한 논평이 제시되었다. 이 사례는 다른 무엇보다도 편익비용비와 순편익을 계산하는 마지막 단계가 그러한 가정에 매우 민감하다는 것을 보여 준다.

표 C5.2-1 55mph 속도제한의 비용과 편익의 분석

단 계	논 평
비용 추산 1. 전국최고속도법(National Maximum Speed Law: NMSL)의 주요 비용은 속도를 늦춘 결과 추가로 소요된 운전시간이다. 1973년 운전소요시간을 계산하기 위하여 차량의 총주행거리를 고속도로 평균속도(65mph)로 나눈 다음, 이를 차량당 평균 탑승인원으로 곱한다. 다음으로, 1974년 운전소요시간을 알기 위하여 차량의 총주행거리를 1974년 평균고속도로 속도(58mph)로 나눈다. NMSL 때문에 일부 시민들이 여행을 취소하거나 대체수송수단을 찾았으므로, 그 결과 1974년 주행거리에 바탕을 둔 계산은 실제보다는 과소평가된 것이다. 그러므로 1973년 총주행거리를 사용해야 한다. 다음과 같은 공식을 사용하는데, 여기에서 VM은 차량주행거리, S는 평균속도, R은 평균 탑승인원, H는 손실시간을 말한다. $H = (\frac{VM_{1973}}{S_{1974}} - \frac{VM_{1973}}{S_{1973}}) \times R$ 위의 등식을 사용할 때 1974년도 운전 때문에 손실된 시간은 17.2억 시간으로 추산된다.	왜 아무런 조정없이 1973년 주행거리를 사용하는가? 1973년 이전 여행의 평균성장율은 4%이다. 그러므로 그 공식은 다음과 같이 수정되어야 한다. $H = (\frac{1.04VM_{1973}}{S_{1974}} - \frac{VM_{1973}}{S_{1973}}) \times R$ 위의 등식을 사용하면 손실된 시간은 17.2억 시간이 아니라 19.5억 시간으로 추산된다.

47) Grover Starling, *Strategies for Policy Making* (Chicago: Dorsey, 1988), pp. 407-10.

단 계	논 평
2. 이 시간의 가치를 추정하기 위하여 1974년 모든 노동자들의 평균임금인 5.05달러부터 시작한다. 한 시간 여행의 가치가 시간당 5.05달러는 아닌데, 그 이유는 극소수의 사람들만이 한 시간 여행을 피하기 위하여 그만큼 지불하고자 할 것이기 때문이다. 여기에서는 한 시간 통근을 회피하기 위하여 시간당 평균임금의 33%까지 지불할 수 있는 것으로 추정한다. 그러므로 여행 때문에 소비한 시간의 가치는 시간당 1.68달러이다.	왜 5.05달러의 퍼센티지를 취하여 통근자들이 한 시간 여행을 피하기 위해 지불하고자 하는 액수를 추정하는가? 두 가지 이유 때문에 사람의 시간이 갖는 가치를 축소하는 것을 피해야 한다. 첫째, 사회에 대한 비용으로 시간의 가치는 사회가 그 시간을 생산적으로 활용하는데 지불하는 것과 동등하다. 통근한다는 것은 교외생활, 생각을 위한 단독생활 등 다른 편익이 있기 때문에, 시간의 가치는 통근자가 통근을 회피하기 위해 지불하려는 것과는 다르다. 둘째, 트럭운전자가 운전에 쓴 시간의 가치는 산업노동자의 임금에 비하여 몇 배가 많다. 할인하는 것은 상업적 운전자의 가치를 크게 과소평가하는 것이다.
3. 비용의 수치(1.68달러)와 시간손실의 수치(17.2억 시간)를 적용하면 추정된 여행비용은 28.9억 달러이다.	한 시간의 가치에 위에서 계산한 시간손실(19.5억 시간)을 적용하면 추정된 여행비용은 98.5억 달러이다.
4. NMSL은 또한 약간의 집행비용이 필요하다. 교통신호, 홍보 및 순찰에 소요되는 총비용은 약 810,000달러이다.	총집행비용은 810,000달러가 아니라 12백만 달러가 되어야 한다.
a. 새로운 교통신호가 부착되었다. 25개 주에서 속도제한 신호를 교체하는데 투입되는 비용은 707,000달러로 추계되었다. 50개 주에서 그 비용은 1.23백만 달러로 추계되었다. 교통신호는 내구연한이 3년이므로 3년으로 나누면, 매년 410,000달러가 필요하다.	OK.
b. 연방정부는 순응을 제고하기 위하여 홍보 캠페인을 벌이고 있다. 연방고속도로행정처의 1974년 홍보비용은 2백만 달러였다. 이 중 10%, 즉 200,000 달러가 NMSL에 대한 순응을 제고하기 위해 사용되었다. 추가적으로 공무원의 시간이 홍보에 투입되었다고 가정하면 총 400,000 달러가 소요되었다.	OK가 아님. 연방고속도로행정청은 2백만 달러의 홍보비용 뿐 아니라 다른 홍보활동도 하고 있다. 공무원의 홍보시간도 과소평가되었다.
c. 순응비용은 추산이 어렵다. NMSL 이전에도 고속도로 순찰은 이루어지고 있었으므로 고속도로 순찰비용은 제외하여야 한다. 각 주정부가 NMSL 집행만을 위하여 추가적으로 인력을 채용하지 않았다고 가정한다. 그러므로 NMSL의 집행으로 과거의 속도제한 규정을 집행하는데 소요된 비용 이상의 추가비용은 발생하지 않은 것으로 본다.	순응비용은 몇 가지 문제를 제기하지만, 추정될 수는 있다. 교통위반 단속건수는 약 5,711,617건에서 1,713,636건이 증가하여 7.4백만 건이 되었다. 각각의 교통위반단속은 사회 전체에 기회비용을 포함하고 있다. 만약 법집행공무원이 교통위반티켓을 발부하지 않았을 경우, 다른 범죄를 해결할 수 있었을 것이다. 법집행공무원이 한 장의 속도위반티켓을 발부하는데 15분이 소요된다면, 법집행의 총비용은 2.9백만 달러이다. 이 수치는 법집행공무원을 거리에 배치하는데 드는 평균 비용이 시간당 6.75달러라는데 바탕을 두고 있다. 이 수치는 속도 위반자를 단속하기 위하여 기다리는 시간을 계산하지 않은 것으로, 분명히 과소평가된 것이다.

<table>
<tr><th>단 계</th><th>논 평</th></tr>
<tr><td></td><td>모든 속도위반자의 약 10%가 법정 청문을 요구할 것이다. 각 청문 당 평균 30분이 소요되고 한 시간의 법정 비용이 45달러라고 추정할 때 171,000사례가 사회에 발생시키는 추가비용은 3.8백만 달러가 된다. 과부하된 법정 소송사건기록을 생각하면, 그 기회비용은 더 클 가능성이 높다.</td></tr>
<tr><td>편익 추산
1. NMSL의 가장 큰 편익은 절약된 휘발유의 양이다. 평균 휘발유 연비는 시속 65mph에서 갤런 당 14.9마일에서, 시속 58mph일 경우 16.1마일로 늘어난다. 이 정보를 이용하여 낮은 속도로 여행하는데 절약된 휘발유 양을 갤런 단위로 추정한다. 절약된 휘발유 양은 다음 공식으로 계산될 수 있다.
$G = \frac{VM_{1973}}{MPG_{1973}} - \frac{VM_{1973}}{MPG_{1974}}$
$= \frac{697 \text{ b-gals}}{14.9 \text{ mi/gal}} - \frac{697 \text{ b-gals}}{16.1 \text{ mi/gal}}$</td><td>왜 차량운행거리와 관련하여 1973년과 1974년의 갤런당 마일 수치를 비교함으로써 휘발유 절약을 추정하는가? 연방정부가 추정한 시간당 평균 마일은 몇 가지 가정에 근거를 두고 있다. 산업계의 추정, 환경보호청(Environmental Protection Agency)의 추정, 그리고 에너지부의 추정이 각각 다르기 때문에 어느 시간당 마일 추정치를 사용하더라도 신뢰할 수 없다. 자동차운행마일에 관한 수치도 판매된 휘발유 양에 시간당 평균 마일을 곱하여 얻은 것이다. 그러므로 이 수치 또한 오류가 있을 수 있다.
휘발유 엔진의 효율에 관한 연구에 따르면 통행이 자유로운 주간고속도로에서 평균속도가 줄어드는 효과는 평상시 휘발유 사용의 2.57%가 절약된다는 것이다. 1979년 미국 자동차 운전자들이 1,063억 갤런의 휘발유를 소비하였다. 2.57%를 절약하면 절약한 휘발유는 총 27.3억 갤런이다.</td></tr>
<tr><td>1974년 휘발유 평균비용은 갤런당 52.8센트였다. 그러나 이 시장가격은 국내석유에 대한 정부의 가격통제 때문에, 휘발유의 사회적 비용을 반영하지 못한다. 원유의 한계(또는 대체) 비용은 외국 석유의 가격이다. 가격통제가 없는 상태에서 휘발유의 시장가격인 71.8센트를 사용한다. 이러한 수치를 적용하면 휘발유 절약의 편익은 25.0억달러로 추산된다.</td><td>왜 시장가격을 사용하지 않는가? 추가로 소요될 휘발유의 한계량이 수입될지 또는 국내 비축분에서 나올지 결정할 수 없다. 덧붙여서, 미국정부가 시장지향적 에너지 정책을 가지고 있지 않다는 것 때문에 NMSL의 편익과 비용이 왜곡되어서는 안 된다. 1974년 갤런당 휘발유 값은 52.8센트이므로, 절약된 휘발유 1갤런의 값은 52.8센트의 가치가 있다.</td></tr>
<tr><td>2. 시간당 55마일 속도제한의 주요한 2차적 편익은 교통사고 사망자가 1973년 55,087명에서 1974년 46,049명으로 크게 줄었다는 것이다. 이와 같은 개선의 상당부분은 교통속도가 감소되었기 때문이다. 국립안전위원회(National Safety Council)의 연구에 따르면 사망자 수 감소의 59%정도가 속도제한의 결과라고 추정된다. 이러한 비율을 교통사고 사망자 감소에 적용하면 인명 구조 추정치는 5,332명이다. 몇 편의 연구에서 합의된 바에 따르면 1974년 교통사고 사망자 일인당 비용은 240,000달러이다. 이러한 수치를 적용하면 1974년 구조된 생명의 가치는 1,279.7백만 달러로 추산된다.</td><td>OK.</td></tr>
</table>

단 계	논 평
3. NMSL은 생명에 지장이 없는 부상자도 줄이는 결과를 가져왔다. 사망자 연구에서 발견된 59% 수치를 적용한다. 1973년과 1974년 사이에, 교통사고 부상자수는 182,626명이 감소하였다. 추정된 비율을 적용하면 107,749명의 부상이 예방되었다. 일반적으로 (1) 영구적 완전불구, (2) 영구적 일부불구 및 영구적 손상, (3) 비영구적 부상 등 세 가지 유형의 부상이 확인되었다. 1971년도에 교통사고 부상자 중 범주별로 분류된 부상자의 비율은 각각 .2%, 6.5%, 그리고 93.2%이다. 국립고속도로교통안전청(National Highway Traffic Safety Administration)에서는 1971년 각 유형별 부상의 평균 비용은 260,300달러, 67,100달러, 그리고 2,465달러로 추산하였다. 그러므로 부상자당 평균 비용은 1974년 8,745달러이다. 이러한 수치를 부상자 추정값에 적용하면 부상자감소에 따른 사회적 편익은 942.3백만 달러로 나타난다.	OK.
4. 마지막 편익인 재산 피해는 25.8백만에서 23.1백만으로 감소하였다. 이러한 감소의 50%는 속도를 낮추었기 때문에 나타난 것이다. NMSL은 평균 비용이 363달러인 1.3백만 사례의 재산피해를 감소시켰다. 그러므로 재산피해를 예방함으로써 얻은 총편익은 472백만달러이다.	OK.
결 론 NMSL의 비용과 편익에 대한 추정결과는 다음과 같다 (단위: 백만).	더욱 개선된 추정치는 다음과 같다.

비 용		비 용	
여행소비시간	$2,890.0	여행소비시간	$9,848.0
집행비용	.8	집행비용	12.0
	$2,890.8		$9,860.0
편 익		편 익	
휘발유 절약	$2,500.0	휘발유 절약	$1,442.5
생명 구조	1,279.7	생명 구조	1,279.7
부상자 예방	942.3	부상자 예방	942.3
재산피해 회피	472.0	재산피해 회피	472.0
	$5,194.0		$4,136.5
순편익: $2,303.2백만		순편익: −$5,723.5백만	
편익 대 비용의 비: 1.8		편익 대 비용의 비: 0.42	

출처: 각 단계와 자료는 Charles T. Clotfelter and John C. Hahn, "Assessing the National 55m.p.h Speed Limit," *Policy Sciences* 9(1978), pp. 281−94. 비판적 논평은 Charles A. Lave, "The Cost of Going 55," *Car and Driver*, May 1978, p. 12에 기초하였음.

CHAPTER **06**

정책결과의 점검

학습목표

- 점검을 다른 정책분석방법들과 구별할 수 있다.
- 점검의 주요 기능을 기술할 수 있다.
- 정책투입, 활동, 산출, 결과, 영향을 구별할 수 있다.
- 사회체제회계, 사회감사, 정책실험, 연구와 실제의 종합, 체계적 검토 및 메타분석을 비교하고 대조할 수 있다.
- 진실험, 준실험, 자연실험의 타당성에 대한 위협요인을 정의하고 예시할 수 있다.
- 정책결과를 설명하기 위한 단절적 시계열분석과 통제-시계열분석을 수행할 수 있다.

Ⅰ. 서 론

정책의 결과에 대하여 사전에 미리 완벽하게 알 수는 없다. 이러한 이유로 점검에 관한 정책분석의 절차는 정책분석에서 필수적인 것이다. 실로 정책분석의 대부분이 정책이 처방되고 채택된 이후에 이루어진다.[1)] 처방은 문제해결을 위해 무엇을 해야 할 지에 대한 가치 있는 정보를 제공하지만, 정책의 결과를 점검하고서야 정책이 성공적으로 집행되었는지 알 수 있다.[2)] 점검은 정책이 작동하는지에 관한 아주 중요한 실제적인 문제에 해답을 돕는다.[3)]

Ⅱ. 정책분석에서의 점검

점검(monitoring)은 공공정책의 원인과 결과에 대한 정보를 산출한다. 점검은 분석가들에게 정책운용과 그로 인한 관찰된 결과간의 관계를 살피도록 하기 때문에, 정책을 집행하기 위한 노력의 성공여부에 대해 중요한 정보의 원천이 된다. 점검은 정책에 대한 사실전제들을 확립하려고 함으로써 경제분석의 규범적인 처방을 넘어선다. 점검은 공공정책에 대한 사실전제들을 확립하는데 주로 관심을 두는 반면에, 평가(제7장)는 가치전제를 확립하는데 관심을 둔다. 사실전제와 가치전제는 끊임없이 유동적으로 변하고, '사실'(facts)과 '가치'(values)는 상호의존적이지만, 점검은 정책이 채택되고 집행되는 동안 그리고 그 이후에 사실적 주장을 제공한다(사후, ex post).

정책분석에서 점검은 순응, 감사, 회계, 그리고 기술과 설명을 포함한 몇 가지 기능을 수행한다.

---

1) Graham T. Allison, *Essence of Decision: Explaining the Cuban Missile Crisis(Boston*, MA: Little, Brown, 1971).

2) '수행'(work) 중인 증거에 기반을 둔 정책들에 관한 연구물의 고유한 출처는 Campbell Collaboration(www.campbellcollaboration.org)에, 의학 및 보건정책분야에서는 the Cochrane Collaboration (www.cochranecollaboration.org)이 있다.

3) 집행분석을 위한 하나의 유용한 실질적인 준거 틀로 R. Kent Weaver, "But Will It Work? Implementation Analysis to Improve Government Performance," *Issues in Governance Studies* 32(February 2010), pp. 1-7이 있다.

- **순응**(*compliance*). 점검은 프로그램관리자들의 행위가 입법부, 규제기관, 전문가집단 등에 의하여 지시된 규범, 가치, 그리고 기준에 대해 얼마나 잘 따르고 있는지 판단하는 데 도움을 준다. 예를 들면, 환경보호청(Environmental Protection Agency)의 지속적 대기점검프로그램(Continuous Air Monitoring Program: CAMP)은 산업체들이 연방정부의 대기오염기준을 얼마나 잘 준수하고 있는지 판단하기 위한 오염수준에 대한 정보를 제공한다.
- **감사**(*auditing*). 점검은 특정 대상집단과 수혜자들을 위해 마련된 자원과 서비스가 실제로 그들(예를 들면, 연방정부와 주정부의 보조금 자격을 부여받고 있는 사회서비스의 수급자 또는 지방자치단체)에게 제대로 도달되고 있는지 발견하는 데 도움을 준다. 연방세입의 배분과정을 점검함으로써 자금이 지방정부에 어느 정도로 잘 교부되고 있는지 판단할 수 있다.[4]
- **회계**(*accounting*). 점검은 시간이 흐르면서 정책의 집행에 따라서 발생되는 사회·경제적 변화를 설명하는 데 도움이 되는 정보를 생산한다. 예를 들면, 웰빙의 변화는 평균 교육정도, 빈곤선 이하 인구비율, 연평균 유급휴가 등과 같은 사회지표들로 점검될 수 있다.[5] 세계은행(World Bank), 유럽연합(European Union), 아프리카 통일기구(Organization of African Unity), 국제연합, 미국, 그리고 그 외의 국가 및 국제기구들은 삶의 질 변화를 점검하기 위해 사회지표들을 사용하고 있다.[6]
- **기술과 설명**(*description and explanation*). 점검은 또한 공공정책과 프로그램의 결과들이 왜 특정한 결과를 야기하는지 설명하는 데 도움이 되는 정보를 생산한다. 40여 개의 국가에 분포한 캠벨 공동연구(Campbell Collaboration)는 교육, 노동, 형사사법제도, 주택, 사회사업, 그리고 그 외의 여러 분야에서의 현장실험에 관한 기록 보관소이다. 캠벨 공동연구와 의학 및 공중보건에서 이와 유사한 조직인 코크런 공동연구(Cochrane Collaboration)

---

4) Richard P. Nathan and others, *Monitoring Revenue Sharing* (Washington, DC: Brookings Institution, 1975).

5) 예를 들어, Angus Deaton, “Income, Health, and Well-Bing Around the World: Evidence from the Gallup World Poll,” *The Journal of Economic Perspectives* 22, 2(2008): 53-72; Tom Rath and Jim Harter, *Wellbeing: The Five Essential Elements* (New York: Simon and Schuster, 2010) 참조.

6) World Bank, *World Development Indicators* at http://data.worldbank.org/indicators; Anthony Barnes Atkinson, *Social Indicators: The EU and Social Inclusion* (New York: Oxford University Press, 2003); Duncan RacRae Jr., *Policy Indicators: Links between Social Science and Public Debate* (Chapel Hill: The University of North Carolina Press, 1985); Office of Management and the Budget, *Social Indicators,* 1973 (Washington, DC: U.S. Government Pribting Office, 1974) 참조.

는 증거에 기반을 둔 정책(evidence-based policy)과 증거에 기반을 둔 의학(evidence-based medicine)을 각기 목적으로 하고 있다.[7]

1. 정보의 출처

정책을 점검하기 위해 적실성이 있고, 신뢰성이 있으며, 타당성 있는 정보를 필요로 한다. 만약에 불우한 어린이들에게 교육의 기회를 제공하기 위하여 고안된 프로그램의 결과에 대하여 알고 싶다면, 일반적으로 교육기회를 달성하는 데 있어서 장애물을 다룬 문서들뿐 아니라 정책결정자들이 보다 더 많은 기회를 유도해 내도록 조작할 수 있는 구체적인 요인들에 대한 해결책을 제시해 줄 수 있는 정보도 필요하다. 전자 형태의 정보는 대개 '거시부정적'(*macronegative*)인 반면에, 후자는 '미시긍정적'(*micropositive*)인 정보라고 할 수 있다. 점검을 통해 얻은 정보 또한 신뢰할 만한 것이어야 하는데, 이것은 관찰이 상당히 정확하고 신빙성이 있어야 하며, 내적으로 모순이 없어야 함을 의미한다. 예를 들면, 범죄에 관한 정보를 신뢰할 수 없는 경우 즉, 실제로 발생된 범죄건수가 경찰에 신고된 것보다 약 2.5 대 1 만큼, 즉 약 2~3배나 더 많은 것을 다년간에 걸쳐 알고 있다.[8] 끝으로 정책결과에 대한 정보가 실제 있는 그대로의 현상을 제대로 정확하게 측정한 것인지 즉, 그 측정이 타당한 것인지 여부를 아는 것도 또한 중요하다. 예를 들어 만약에 우리가 강력범죄에 관심을 갖고 있다면, 일반적인 범죄(자동차 도둑과 화이트칼라 범죄 등)에 대한 정보로는 우리가 실제로 관심을 갖고 있는 종류의 정책결과에 관한 타당한 측정이 되지는 못한다.[9] 그 밖의 다른 중요한 점검체계로는 전 세계적인 거버넌스지표들(Worldwide Goverance Indicators: WGI)이 있다. 수렴적 타당성과 차별적 타당성의 측면에서 정의된 WGI의 타

7) 이들 질문에 대한 탁월한 출처로는 Will Shadish, Thomas D. Cook, and Donald T. Campbell, *Experimental and Quasi-Experimental Designs for Generalized Causal Inference* (Belmont, CA: Wadsworth, Cengage Learning, 2002)가 있다. 그리고 William N. Dunn, ed. and contributor, *The Experimenting Society: Essays in Honor of Donald T. Campbell* (New Brunswick, NJ: Transaction, 1998) 참조. 이런 전통의 초기 출처로는 Alice Rivlin, *Systematic Thinking for Social Action* (Washington, DC: Brookings Institution, 1971); George W. Fairweather and Louis G. Tornatzky, *Experimental Methods for Social Policy Research* (Oxford and New York: Pergamon Press, 1977)가 있다.

8) 원래의 추정치는 R. H. Beattie, "Criminal Statistics in the United States," *Journal of Criminal Law Criminology and Police Science* 51 (May 1960): 49-51에 있다.

9) Wesley G. Skogan, "The Validity of Official Crime Statistics: An Empirical Investigation," *Social Science Quarterly* 55(June 1974): 25-38 참조.

당도는 동 점검체계가 제한적인 타당성을 지니고 있는 것으로 조사되었다.[10)]

연방정부, 주정부, 지방정부, 민간연구소, 대학에서는 상당한 비용을 들여 다양한 시점에서 정책결과에 관한 정보를 주기적으로 수집한다. 이중에서 일부는 일반적인 정보, 예를 들면, 전체 인구의 사회적, 경제적, 그리고 인구학적 특성에 대한 정보이고, 다른 일부는 보다 구체적인 정보로서 지역, 주, 시 및 그 이외의 사회 내부의 다른 하위집단들을 다룬 것이다. 정책결과에 대한 정보는 미국 인구조사국(U.S. Bureau of the Census), 노동통계국(Bureau of the Labor Statistics)을 비롯하여 연방정부기관 및 연구소에 부설된 사무소 및 정보수집처리기관, 몇몇 비영리연구소, 그리고 유럽연합과 유엔의 기관 등에 의해서 출간된다.[11)]

이상의 출처에 더하여, 연방정부, 주정부, 시정부의 각 기관들은 교육, 보건, 복지, 노동, 고용, 범죄, 에너지, 오염, 외교문제 등 여러 분야의 특별 프로그램과 프로젝트들에 관한 보고서들을 내놓고 있다. 또한 연구소, 협회, 대학들도 광범위의 다양한 정치적, 사회적, 경제적 자료를 포함한 자료보관소를 유지하고 있으며, 전국적인 응용연구자들이 저술한 막대한 양의 서적, 전공논문, 일반논문, 보고서 등이 있다. 이러한 정보의 상당부분은 학문적인 출판물을 위한 *JSTOR*과 미국의 공공정책연구를 위한 독특한 자원인 *PolicyFile*을 포함한 많은 온라인 정보시스템들(online information systems)을 통해서 현재 접근할 수 있다. *PolicyFile*은 350개가 넘는 공공정책의 두뇌집단, 비정부조직, 연구소, 대학센터, 활동단체, 그리고 그 이외의 다른 단체들로부터 가져오는 시기적절하고 갱신된 정보가 들어 있다. 그리고 외교정책에서 국내정책에 이르기까지 75개가 넘는 공공정책의 주제들이 다루어지고 있다.[12)] 구글 학술검색(*Google Scholar*) 또한 국가 및 국제수준의 정부기관들과 많은 종류의 비정부조직들에 의해 생산되는 연구들뿐만 아니라 정책과 프로그램에 관하여 동료평가가 이루어진 학술연구들을 다루고 있다.

만약 자료와 다른 유형의 정보를 기존의 출처들로부터 얻을 수 없을 경

---

10) Melissa A. Thomas, "What Do the Worldwide Governance Indicators Measure?" *The European Journal of Development Research* 22, 1(2010): 31-54.

11) 데이터 출처, 보관기록, 사회지표, 척도와 지수 등에 대한 안내서로는 Delbert C. Miller and Neil J. Salkind, Handbook of Research Design and Docial Measurement, 6th ed. (Beverley Hills, CA: Sage Publications, 2002) 참조.

12) The URL for *PolicyFile* is www.policyfile.com.

우, 점검은 설문지, 인터뷰, 그리고 정부기록물의 이용 등을 복수로 사용하여 이루어질 수도 있다.13) 대부분의 정책분석가들은 독창적인 연구를 수행하지 않기 때문에 — 그와 같은 독창적인 연구를 위해 소요되는 재정지원과 시간이 부족함을 고려할 때 — 기존의 자료보관소와 출간 및 미출간 보고서들이 대다수의 분석을 위한 주요 출처가 된다. 점검을 위한 재정지원이 가능할 경우, 소위 우리가 여기에서 점검이라고 부르고 있는 것에 대한 책자와 매뉴얼은 넓은 영역의 프로그램 평가의 분야에 들어간다.14)

2. 정책관련 원인과 효과

정책결과를 점검하는 데 있어서는 몇 가지 유형의 정책관련 효과(effects)가 있다. 정책결과(*policy outcomes*)는 정책이나 프로그램의 효과의 하나로서 대상집단과 수혜자들이 실질적으로 받는 재화, 서비스, 자원을 말한다, 그러나 1인당 복지비 지출과 노인들에게 제공되는 포장된 가정급식 서비스의 단위는 정책결과라기 보다는 정책산출(*policy outputs*)의 사례들이다. 정책결과와는 대조적으로 정책영향(*policy impacts*)은 정책결과로 인한 지식, 태도, 행동 등의 장기적인 변화를 의미한다. 예를 들면, 노인들이 소비한 포장된 가정급식 서비스의 단위는 하나의 적합한 결과에 관한 지표이나, 제공된 가정급식 서비스를 소비한 노인들의 장기간에 걸친 건강과 웰빙은 측정할 수 있는 정책영향이다. 이와 비슷한 예로서, 인구 1,000명당 병상의 수는 수많은 인력과 물자의 투입(*input*)과 활동(*activities*)의 결과인 정책산출(*policy output*)이다. 그러나 정책결과와 영향을 점검하기 위해서는 얼마나 많은 입원수혜자들이 건강상태에 있어서 단기와 장기의 향상을 경험하였는지 판단해야 한다.

정책산출, 정책결과, 정책영향에 있어서의 변이를 설명하기 위해서는 그

13) 우편, 전화, 전자서베이를 위한 철두철미하고 체계적인 안내로 Don A. Dillman, Jolene D. Smyth, and Leah Melani Chtistian. *Internet, Mail, and Mix-Mode Surveys: The Tailored Design Method* (Hoboken, NJ: John Wiley, 2009)가 있다.

14) 대표적인 책자와 매뉴얼로 Peter H. Rossi, Mark W. Lipsey, and Howard E. Freeman, *Evaluation: A Systematic Approach* (Thousand Oaks, CA: Sage Publication, 2003); Carol H. Weiss, *Evaluation*, 2nd ed. (Upper Saddle River, NJ): Prentice Hall, 1998); Michael Quinn Patton, *Essentials of Utilization-Focused Evaluation* (Sage Publication, 2011); and P. J. Gertler, S. Martinez, P. Premand, L.B., Rawlings, L.B., and C.M. Vermeersch, *Impact Evaluation in Practice* (Washington, D.C.: World Bank Publication, 2011)가 있다. 위에서 지적한 바와 같이. 프로그램 평가와 일반적으로 응용사회과학에 관한 발군의 출처로, Shadish, Cook, and *Campbell, Experimental and Quasi-Expeimental Designs for Generalized Causal Inference* (2002)가 있다.

그림 6-1 인과적 구조: 투입, 활동, 산출, 결과, 영향

이전의 정책투입과 정책활동으로 거슬러 올라가 추적해 볼 필요가 있다. 투입, 활동, 산출, 결과, 영향의 관계는 복잡한 하나의 인과적인 구조로 시각화시킬 수 있다([그림 6-1]).[15] 정책투입(*input*)은 활동, 산출, 결과, 영향을 생산해 내기 위하여 사용된 인적·물적 자원으로서, 시간, 자금, 인력, 공급물품, 기술 등을 들 수 있다. 정책투입의 좋은 사례 중 하나가 프로그램 예산으로서, 예산은 프로그램 활동을 수행하기 위해 필요한 자원을 할당하는 체계적인 한 세트의 계정이다. 그 다음 정책활동(*activities*)은 산출, 결과, 영향을 생산하기 위하여 수행되는 기획, 관리, 연구개발, 예산, 인적자원 그리고 교육훈련 등의 기능을 포함한다. 이상 전체적인 인과적인 구조를 [그림 6-1]에서 보여주고 있다. 비록 그림이 선형적 관계를 보여주고 있으나, 실제로는 '전·후방 고리'(feedback amd feedforward loops)와 '단기회로'(short circuits)로 되어 있다.

인과적 구조의 요소들을 점검하는데 있어서, 대상집단과 수혜자를 구별하는 것이 중요하다. 대상집단(*target groups*)이란 정책과 프로그램을 통해 영향을 미치고자 하는 개인, 조직, 지역사회, 지역, 주나 도인 반면, 수혜자들(*beneficiaries*)은 그 효과를 유익하거나 또는 가치 있게 느끼는 집단을 말한다.[16] 예를 들면, 산업체와 제조회사들은 직업안전 및 보건처(Occupational Safety & Health Administration: OSHA)가 관장하는 연방정부 프로그램의 대상집단이 되겠지만, 그 곳에 근무하는 노동자들은 수혜자이다.

정책과 프로그램은 정책투입을 정책결과와 정책영향으로 전환시키고자

15) [그림 6-1]에 있는 인과적 구조는 설명적 인과관계가 아닌 거의 현장실험에 가까운 기술적인 인과관계에 기초를 둔 것이다. 인과적 구조에 관한 포괄적인 논의는 John Gerring, "Causal Mechanisms: Yes, But...".*Cpmparative Political Studies* 43, 1 (2010): 1499-1526.

16) 대상집단과 수혜자의 구분은 Lowi가 구별 짓고 있는 배분정책, 규제정책, 재분배정책과 마찬가지의 차이를 나타낸다. Theodore J. Lowi, "American Business, Public Policy Case Studies, and Political Theory," *World Politics*, 16 (July 1964), 689-690; and Charles O. Jones, *An Introduction to the Study of Public Policy*, 2d ed. (North Scituate, MA: Duxbury Press, 1977), pp. 223-225. 많은 필자들은 정책효과의 유형간 차이를 구별하지 못함으로써 대상집단과 수혜자를 하나로 보고 있다. 예를 들면, Anne Schneider and Helen Ingram, "Social Construction of Target Populations: Implications for Politics and Policy," *American Political Science Review* 8, 2(1993): 334-347 참조.

표 6-1 세 가지 쟁점분야에서의 투입, 활동, 산출, 결과, 영향

쟁점 분야	투입	활동	산출	결과/영향
형사치안	임금, 컴퓨터, 유지를 위한 지출	체포, 경찰교육훈련, 순찰	10만 건의 범죄당 체포된 범인수	10만 건의 범죄당 유죄판결을 받은 범인수, 안전도시
시정서비스	공중보건 공무원과 설비를 위한 지출	공무원들의 교육훈련과 승진	서비스를 받은 총 주택 수	수거한 쓰레기 톤 수, 청결한 거리
사회복지	사회사업가의 수	복지수혜자와의 면담	사회사업가 일인당 복지사례	부양가족이 있는 성인 어른의 생활수준, 자립심

하는 조직적, 정치적인 활동과 태도로 특징지을 수 있을 것이다. 예를 들면, 기관의 참모와 계선 관리층간의 갈등, 작업 상황에 대한 불만, 경직화된 의사결정의 절차 등은 왜 동일한 자원을 투입한 프로그램인데도 불구하고 보다 낮은 수준의 산출을 초래했는지를 설명해 줄 수 있다. 따라서 산출과 영향의 차이를 구별하는 것이 중요한 것처럼, 또한 투입과 활동 및 산출의 차이를 구별하는 것도 매우 중요한 일이다. 이러한 구별을 하지 못한다는 것은 마치 "새가 얼마나 멀리 날아갔는지를 알아 내려고는 하지 않고 단순히 새가 날갯짓을 몇 번이나 하였는지"를 측정하려는 것과 유사하다.[17] <표 6-1>에서 형사치안, 시정, 사회복지 등 분야의 투입, 활동, 산출, 결과 그리고 영향을 예시하고 있다.

3. 정의와 지표

정책결과에 관한 자료를 성공적으로 수집, 분석, 해석하기 위해서는 신뢰성 있고 타당한 측정도구를 구성해야 한다. 측정도구를 구성하기 위한 한 가지 방법은 우리가 관심을 갖고 있는 점검에 관련된 구성개념과 변수들을 구체화하하는 작업이다. '구성개념'(*construct*)은 사회적·정책적인 탐구를 목적으로 하여 정의된 개념을 말한다. 구성개념은 그 공식적인 속성들을 구체화시킴으로써 이를 다른 개념들과 구별짓기 위해 본질적으로 정의된 것이다.

17) Edward A. Suchman, *Evaluative Research: Principles and Practice in Public Service and Social Action Programs* (New York: Russell Sage Foundation, 1969), p. 61.

예를 들면, [그림 6-1]에 기술된 인과적 구조로 돌아가서, '예산' (budget)은 정책투입과 관련된 구성개념의 하나로서, 이는 '프로그램 또는 정책활동을 지원하기 위해 편성되어 상정되거나 또는 공식적으로 승인된 일련의 수입과 지출'(*a proposed or formally appropriated set of revenue and expenditures developed in order to support program or policy activies*)으로 구성요소적으로 정의될 수 있을 것이다. 흔히 어휘식 정의 또는 '사전적'(dictionary) 정의로 일컬어지는 이와 같이 구성적 정의는 구성개념에 대한 주요 속성들을 규정함으로써 조작적 정의에 앞서 진행된다.

조작적 정의(*operational definitions*)는 구성요소적으로 정의된 구성개념을 관찰하고 측정하는 데 필요한 조작을 수행하는 작업으로, 구성적 정의 이후에 이루어진다. '예산'(budget)에 관한 조작적 정의는 '매 회계 연도에 승인된 수입과 지출의 크기를 기록한 부호화된 측정도구로 관찰하고 측정한 것으로서'(*as observed and measured with a codings instrument that records the magnitude of revenue and expenditures appropriated each fiscal year*), 상정되거나 또는 공식적으로 승인된 일련의 수입과 지출에 해당하는 것이다. 조작적으로 정의된 구성개념으로부터 도출되는 변수(variable)는 특정 범위 내에서 서로 다른 수치의 값을 갖는 사람, 사건, 행동, 또는 사물의 어떤 특징이다('상수': constant는 변하지 않는 특징을 지님). 예를 들면, 정책결과와 영향의 변수에는 교육의 기회, 공공의 안정, 대기의 질 등이 포함된다. 흔히 이와 같은 변수들 및 기타 변수들에 관한 신뢰성이 있고 타당성 있는 정의가 부족한 관계로 인하여, 척도, 지수, 검사, 설문지, 면접일정 등에 관한 신뢰도와 타당도를 평가하기 위한 많은 다양한 기법들이 개발되어 왔다.[18)]

동일한 변수에 대하여 선택 가능한 조작적 정의가 있다. 이러한 경우에는 해석상의 문제를 야기시킬 수 있다. 예를 들면, 범죄억제정책의 영향을 측정하는 데 있어서, 담당직원 당 체포건수, 범죄발생건수 당 체포건수, 총 체포건수에 대한 허위 체포건수의 비율, 무혐의 범죄용의자의 수, 유죄판결을 받은 범인 수, 범죄 피해자로 보고된 시민 수, 신변안전에 관한 시민들의 인식 등과 같은 지표들 중에서 과연 어떠한 지표들이 적절한 측정수단인지 안다는

---

18) Richard A. Zeller and Edward G. Carmines, *Measurement in the Social Sciences: The Link between Theory and Data* (New York: Cambridge University Press Archive, 1980); Kerlinger and Lee, *Foundations of Behavioral Research*, 4th ed., pp. 621-688.

것은 어려운 일이다. 변수와 지표들 간의 관계는 복잡하기 때문에, 동일한 결과변수에 관하여 복수의 지표들을 사용하는 것이 대체로 바람직하다.[19] 때로는 몇 개의 지표들의 결합이 한 개나 두개의 지표들에 의한 것보다도 결과와 영향에 관하여 보다 더 나은 측정을 가능하게 해주기 때문에, 지표들의 결합을 통하여 하나의 지수(*index*)를 구성하는 것이 유리할 때가 많다. 정책분석에 사용되는 많은 유형의 지수들에는 생계비, 오염, 범죄의 심각성, 에너지 소비, 건강상태, 행정의 집권화, 사회적·경제적 웰빙, 노동생활의 삶의 질에 관한 지수 등 여러 가지 형태의 것들이 있다.[20]

Ⅲ. 점검을 위한 접근방법

점검은 사회체제회계, 사회감사, 사회실험, 연구와 실제의 종합, 메타분석, 그리고 사례연구 등 크게 여섯 가지의 식별 가능한 접근방법들로 나누어 볼

표 6-2 점검을 위한 여섯 가지 접근방법의 비교

접근법	통제의 유형	필요한 정보의 유형
사회체제회계	통계적 그리고 시각적	이용 가능한 정보
사회실험	독립변수들의 직접적 조작 통계적 그리고 시각적	새로운 정보
사회감사	통계적 그리고 시각적	새로운 정보
연구와 실제의 종합	통계적 그리고 시각적	이용 가능한 정보
메타분석	통계적 그리고 시각적	이용 가능한 정보
사례연구	시각적	이용 가능한 정보, 새로운 정보

19) 복수지표에 대한 일반적인 사례는 Eugene Webb and others, *Unobtrusive Measures: Nonreactive Research in the Behavioral Sciences* (Chicago: Rand McNally, 1966)에서 찾아볼 수 있다. 형사재판과 다른 분야들에 대한 적용에 대해서는 Roger B. Parks, "Complementary Measures of Police Performance," in *Public Policy Evaluation*, ed. Kenneth M. Dolbeare (Beverly Hills, CA: Sage Publications, 1975). pp. 185-218 참조.

20) 다양한 종류의 지수들에 대해서는 Miller and Salkind, *Handbook of Research Design and Social Measurement*; James L. Price, *Handbook of Organizational Measurement* (Lixington, MA: D.C. Heath and Company,1972); Dale G. Lake and others, *Measuring Human Behavior* (New York: Columbia University Teachers College Press,1973); Paul N. Cheremisinoff, ed., *Industrial Pollution Control: Measurement and Instrumentation* (Westport, CT: Technomic Press, 1976); Leo G. Reader and others, *Handbook of Scales and Indices of Health Behavior* (Pacific Palisades, CA: Goodyear Publishing, 1976); Lou E. Davis and Albert B. Cherns, *The Quality of Working Life*, vol.1 (New York: Free Press, 1975); and Albert D. Biderman and Thomas F. Drury, eds., *Measuring Work Quality for Social Reporting* (New York: Wiley, 1976). 척도와 지수들 만들기 위한 적합한 자료로 www.data.gov. 참조.

수 있다. 이러한 접근방법들은 다음의 두 가지 주요 속성을 기준으로 대조를 이룬다(<표 6-2>).

1. **통제의 유형**(*types of controls*). 점검을 위한 접근방법들은 정책 및 프로그램 투입, 활동, 그리고 산출에 대하여 통제하는 면에서 서로 다르다. 여섯 가지 접근방법들 중 오직 한 가지 접근방법(즉, 정책실험)만이 미래지향적인 직접적 통제를 가할 뿐이다. 나머지 접근방법들은 통계적 통제방법을 사용하여, 정책결과와 영향에서 나타난 변량 중 얼마만큼의 변량이 실험에 대한 외부적인 요인들뿐만 아니라 투입, 활동, 산출에 의하여 설명될 수 있는지를 과거지향적으로 측정해 봄으로써 알 수 있을 것이다. 한 가지 유형의 사회실험이 아니라, 무작위 통제 실험 또는 무작위 실험, 준 실험, 회귀-불연속 실험, 그리고 자연실험 등의 몇 가지 유형들이 있다.[21]
2. **필요한 정보의 유형**(*types of information required*). 점검을 위한 접근방법들은 각기 요구하는 정보에 따라서 달라진다. 일부 접근방법들(즉, 정책실험과 사회감사)은 새로운 정보의 수집을 필요로 한다. 사회체제회계는 새로운 정보를 필요로 하는 경우도 있고 그렇지 않은 경우도 있다. 반면에, 연구와 실제의 종합과 메타분석은 전적으로 이용가능한 기존 정보에만 의존을 한다. 사례연구는 새로 수집한 정보와 이용가능한 정보에 의존한다.

또한 위의 여섯 가지 접근방법들은 각기 다음과 같이 추가적인 공통점을 가진다. 첫째, 각 접근방법은 정책과 관련된 결과들과 영향들(*policy-relevant outcomes and impacts*)을 점검하는 데 관심을 가진다. 이에 더하여 사회감사는 자원/투입이 의도했던 수혜자들에게 혜택이 돌아갔는지에 대한 정보를

21) 많은 무작위 통제 실험들이 World Bank와 the Institute for Educational Science of the U.S. Department of Education을 포함한 조직들에 의해 수행 및 보고되고 있다. 다른 자원으로 Consortium for Evidence Based Policy, the Campbell Collaboration, Cochrane Collaboration 등을 포함한다. 이 모든 자원들은 web 및 URL들을 가지고 있다. 다음의 세 서적들은 여러 학문분야에 걸친 탁월한 모든 유형의 사회실험들을 보여주고 있다. 즉, Shadish, Cook, and Cempbell, *Experimental and Quasi-Experimental Designs for Generalized Causal Inference*; P.J.Gertler, S. Martinez, P. Premand, L.B. Rawlings, and C.M. Vermeersch. *Impact Evaluation in Practice* (World Bank Publications, 2011); and Joshua Angrist and Jorn-Steffen Poschke, *Mostly Harmless Econometrics: An Empiricist's Companion* (Princeton: Princeton University Press, 2009).

추구한다. 각 접근방법은 정책결정자들과 관련성이 있는 변수들을 다루는데, 그 이유는 변수들이 정책투입, 활동, 산출, 결과, 그리고 영향의 지표가 되기 때문이다. 정책관련 변수들 중의 일부는 정책결정자들이 조작할 수 있는 것들(예를 들면, 자원의 투입이나 또는 서비스의 전달을 위한 새로운 절차)인 반면에, 조작할 수 없는 변수인 경우도 있다. 조작이 불가능한 변수에는 정책집행과정에서 발생하는 예상치 못한 사건들(예, 갑작스런 참모의 인사이동, 파업, 자연재해 등)뿐만 아니라, 행위가 취해지기 이전부터 존재했던 선행조건들(예를 들면, 대상집단의 평균연령이나 또는 문화적 가치)이 포함된다.

두 번째 공통점은 각 접근방법이 목표에 초점(*goal-focused*)을 두고 있다는 점이다. 이것은 정책결과가 그 목표인 어떤 욕구나 가치 또는 기회에 대한 충족을 제고시켜 준다고 여겨지기 때문에 즉, 정책문제를 해결하는 방법으로 여겨지기 때문에, 정책결과는 점검된다는 것을 의미한다. 이와 마찬가지로 일부 정책결과는 어떤 욕구나 가치 또는 기회의 충족을 억제시킬 수도 있기 때문에 점검된다. 정책의 선행조건들과 예상치 못한 사건들과 같은 조작 불가능한 변수들도 역시 정책결과에 영향을 미친다고 알려진 정도만큼은 목표에 초점을 두고 있다는 점 또한 주목해야 한다.

세 번째 공통점은 각 접근방법이 변화지향적(*change oriented*)이라는 점이다. 각 접근방법은 시간의 경과에 따라 나타나는 정책결과의 변화를 분석하거나, 둘 이상의 프로그램 및 프로젝트들 간 또는 장소들 간에 나타난 변화들을 비교함으로써, 또는 이 두 가지 방식을 함께 활용함으로써 변화를 점검한다. 일부 접근방법(사회체제회계)은 사회, 주, 지역, 공동체들에서 나타난 거시적 수준의 변화에 대한 점검을 지향하는 한편, 다른 접근방법들(사회감사와 사회실험)은 주로 프로그램과 프로젝트들에서 나타나는 미시적 수준의 변화에 대한 점검을 지향한다.

끝으로 각 접근방법들은 정책행위와 정책결과에 관한 주관적인 측정뿐만 아니라 객관적 측정(*objective as well as subjective*)에도 관심을 가진다. 예를 들면, 각 접근방법들은 모두 의료 및 보건서비스에 대한 만족과 같은 주관적인 결과뿐만 아니라 보건서비스를 받은 횟수 등과 같은 객관적 결과도 측정한다. 객관적 지표는 흔히 기존의 이용 가능한 자료(예를 들면, 인구조사자료)에 근거하고 있지만, 주관적 지표는 표본조사 또는 면접을 통해 수집한 새로운 자료에 근거를 둔다. 또한 어떤 경우에는 객관적·주관적 측정이 기존의 이용 가능한 정보와 새로운 정보 모두에 근거를 두기도 한다. 예를 들면, 과거의 연구는 새로운 정보를 얻어내기 위하여 다시 반복(복제)될 수도 있는데, 이는 사회변화의 방향과 속도를 점검하기 위한 노력으로 과거의 정보와 서로 비교해 보기 위한 것일 수 있다.[22)]

1. 사회체제회계

위와 같은 일반적인 준거 틀을 염두에 두고, 점검을 위한 접근방법들을 비교해 보기로 하자. 사회체제회계(*social systems accounting*)란 시간의 경과에 따른 객관적·주관적인 사회상황에서의 변화를 점검하는 하나의 접근방법이며 분석가들에게 일련의 방법들을 제공한다.[23)] 사회체제회계란 용어는 기술발전과 경제성장이 사회에 미친 영향을 조사하기 위하여 1964년에 설립된 '기술, 자동화 및 경제발전에 관한 국립위원회'(National Commission on Technology, Automation and Economic Progress)가 발표한 보고서에서 유래되었다. 동 위원회의 보고서에 따르면 연방정부가 국가 경제회계(national economic accounts)에 대한 하나의 대응물로서 기능을 할 '사회회계에 관한 체제'(system of social accounts)를 확립할 것을 제안하였다.[24)] 이보다 몇 년 앞서 미국항공우주국을 지원하기 위한 미국예술과학원(American Academy of Arts & Sciences)이 수행한 프로젝트는 우주사업의 2차원적 영향을 연구하는 과정에서 경제적 동향과 마찬가지로 사회적·정치적 동향을 점검하기 위한 방법들을 개발하였으며, 그 결과 1966년 「사회지표」(*Social Indicators*)라는 중요한 책이 발간되었다.[25)] 이러한 사회체제회계를 개발하기 위한 노력이 1960년대에 일어났지만, 반면에 이러한 노력은 사실상 '대통령직속 사회

22) 이러한 구 정보와 신 정보의 결합은 기준선 연구의 복제(*replication of baseline studies*)로 불려진다. Otis Dudley Duncan, *Toward Social Reporting: Next Steps* (New York: Russell Sage Foundation, 1969) 참조.

23) 다음 회계는 Kenneth C. Land and Seymour Spilerman, eds., *Social Indicator Models* (New York: Russell Sage Foundation, 1974); Land, "Theories, Models, and Indicators of Social Change," pp. 7-20에 기초한다.

24) National Commission on Technology, Automation, and Economic Progress, *Technology and the American Economy* (Washington, DC: U.S. Government pringting Office, 1966). 위원회의 제안에 가장 큰 영향을 준 사람은 Daniel Bell이었는데, 그의 주요 업적(*Toward Post-Industrial Society: A Venture in Social Forecasting*)은 사례연구 2에 기술되었다.

25) Raymond A. Bauer ed., *Social Indicators* (Cambridge, MA: MIT Press, 1966). Chapter 3, Bertram M. Gross, "The State of the nations: Social Systems Accounting."

동향 연구위원회'(President's Research Committee on Social Trends)의 후원 아래 1933년에 시작된 연구노력의 연장이라고 볼 수 있다. 즉, 사회학자인 윌리암 오그번(William F. Ogburn)의 주관으로 동 위원회는 「최근의 사회동향」(*Recent Social Trends*)이라는 두 권의 보고서를 발간했지만, 공황 중에 중단되고 말았던 것이다.[26]

사회체제회계에 관한 연구노력은 1960년대와 1970년대를 통해 계속되었다. 이 기간 동안 주요 성과 중 일부는 사회변화의 객관적·주관적 지표들에 대한 사회과학자들의 관심의 따른 것이었다.[27] 이 외에도 연구노력이 보건교육복지부(Department of Health, Education, and Welfare), 관리예산처(Office of Management and Budget), 노동부(Department of Labor) 등을 포함한 연방기관이 주도하여 추진되었다.[28] 뿐만 아니라 국제연합(UN)과 경제협력개발기구(OECD)를 포함한 국제기구에서도 프랑스, 영국, 독일, 캐나다, 노르웨이, 스웨덴, 일본 등 각국의 정부에서 추진해 왔던 바와 마찬가지로 사회지표들에 관한 연구노력이 있어 왔다.[29]

사회체제회계의 주요 분석적인 요소는 사회지표(*social indicator*)이다. 사회지표라는 용어에 관해서는 여러 가지 정의가 있으나, 그 중 가장 유용한 정의는 "사회전체(모집단)의 다양한 부분들을 살펴보기 위하여 시간의 추이에 따른 사회상황과 사회상황 내에서의 변화를 측정하는 통계치"로 사회지표들을 정의한 것이다. 여기서 사회상황이란 주어진 사회 내에서의 인간생존

26) President's Research Committee on Social Trends, *Recent Social Trends* (New York: McGraw-Hill, 1933). Ogburn의 주요 업적은 *Social Change: With Respect to Culture and Original Nature* (New YorkL B. Huebsch, 1922)이다.

27) 연속된 두 권의 책이 사회변화의 객관적, 주관적 차원을 각각 깊이 있게 다루고 있다. Eleanor B. Sheldon and Wilbert E. Moore, eds., *Indicators of Social Change: Concepts and Measurements* (New York: Russell Sage Foundation, 1968); Angus Campbell and Philip E. Converse, eds., *The Human Meaning of Social Change* (New York: Russell Sage Foundation, 1972) 참조. 최근 검토로는 "America in the Seventies: Some Social Indicators," *Annals of the American Academy of Political and Social Science* 435 (January 1978) 참조.

28) 관련 출판물로는 U.S. Department of Health, education, and Welfare, *Toward a Social Report* (Washington, DC: U.S. Government Printing Office, 1969): Executive Office of the President, Office of Management and Budget, *Social Indicators, 1973* (Washington, DC: U.S. Government Printing Office, 1974); and U.S. Department of Labor, *State Economic and Social Indicators* (Washington, DC: U.S. Government Printing Office, 1973 등이 있다. 1974년에 National Science Foundation은 Social Science Research Council에 의해 관리되어온 Center for the Coordination of Research on Social Indicators에 기금을 제공하였다. 동 센터는 *Social Indicators Newsletter*를 출판하였다.

29) 포괄적인 주석이 달린 참고문헌에 대해서는 Leslie D. Wilcox and others, *Social Indicators and Societal Monitoring: An Annotated Bibliography* (New York: American Elsevier Publishing Co., 1974) 참조. 주요한 국제저널은 1974년부터 출판된 *Social Indicators Research: An International and Interdisciplinary Journal for Quality of Life Measurement*이다.

에 관한 외적(사회적 · 물리적)인 맥락과 내적(주관적 · 인식적)인 맥락 모두를 의미한다.[30] 앞서 언급한 바와 같이, 사회지표들은 도시화와 같은 객관적인 상황을 점거하는 데뿐만 아니라 정치적 효율성, 소외, 그리고 시정서비스에 대한 만족감과 같이 주관적인 상황을 점검하는 데에도 도움이 되기 때문에 객관적이고 주관적인 것이다. 사회지표들은 국가수준에서뿐만 아니라 주와 시의 수준에서의 변화를 점검하기 위해 사용된다.[31] 사회지표는 또한 오염, 보건, 노동생활의 질 등에 관한 지표들과 같이 특정 측면의 사회변화를 점검하는 데에도 이용될 수 있다.[32]

<표 6-3>에 제시된 대표적인 사회지표들의 목록은 많은 주요 출처로부터 가져온 것으로 분야별로 묶여져 있다. 먼저 많은 사회지표들 가운데에는 '주립 정신병원에 수용된 환자의 수'와 같이 객관적인 사회상태를 점검하기 위해 고안된 것뿐만 아니라, '밤에 혼자 다니기를 두려워하는 사람의 수'와 같이 주관적인 반응에 의존하는 지표들도 있다는 점을 주의해야 한다. 둘째, 대다수의 지표들은 시간 단위로 표현되고 또한 모집단의 다양한 부분들에 의하여 횡단적으로도 분류된다. 예를 들면, '밤에 혼자 다니기를 두려워하는 사람들'은 시계열적으로 배열되기도 하며, 인종, 연령, 교육, 소득 등에 의하여 횡단적으로도 분류된다. 셋째, 일부 지표들은 현재와 과거의 경험으로 표현되기도 하지만, 다른 지표들은 목표들로써 진술되기도 한다. 예를 들면, 1970년대에 제조업 부문에서의 연평균 유급휴가가 1967년도 2주의 가치로 표현되기도 하고, 1976~1979년 4주의 목표치로써 나타내기도 한다. 끝으로 많은 지표들은 공공정책의 결과 및 영향과 관련이 되어 있다. 예를 들면, 35세~64세 여성의 노동력 참여율은 취업기회에 있어서의 남녀 평등화 추진정책의 영향을 알아보기 위한 지표로 사용될 수 있는 반면에, 대기오염에 관한 지표는 환경보호청(Environmental Protection Agency)이 집행하는 프로그램들의 영향을 점검하는 데 사용될 수 있다. 요약하건데, 대부분의 사회지표들은 정책관련적, 목표초점적, 변화지향적, 횡단분석적, 그리고 객관적이고 주

30) Land, "Theories, Models, and Indicators of Social Change," p. 15.

31) 지역사회수준의 사회지표에 대해서는 Terry N. Clark, "Community Social Indicators: From Analytical Methods to Policy Applications," *Urban Affairs Quarterly* 9, 1(September 1973): 3-36 참조. 도시 사회지표에 대해서는 M. J. Flax, *A Study in Comparative Urban Indicators: Conditions in 18 Large Metropolitan Area* (Washington, DC: Urban Institute, 1972) 참조.

32) 정책지표에 관한 포괄적 출처로는 Duncan MacRae Jr., *Policy Indicators* (Chapel Hill: University of North Carolina Press, 1985) 참조.

표 6-3 일부 대표적인 사회지표들

영 역	지 표
건강과 질병	주립 정신병원에 수용된 환자의 수(1)
공공안전	밤에 혼자 다니기를 두려워하는 사람의 수(2)
교육	25세 이상 고등학교 졸업자의 수(1)
고용	여성의 노동력 참여비율(1)
소득	빈곤선 이하의 인구비율(1)
주택	기준이하의 생활을 하는 세대수(2)
여가와 오락	제조업 부문에서의 연평균 유급휴가(1)
인구	실제 인구와 예측된 인구(2)
정부와 정치	행정의 질(3)
사회적 가치와 태도	전반적인 삶의 만족과 소외(4)
사회적 유동성	아버지의 직업으로부터의 변화(1)
물리적 환경	대기오염지수(5)
과학과 기술	과학적 발견(6)
웰빙	사회, 건강 및 일반적인 웰빙(3)
거버넌스	전 세계적인 거버넌스 지표(7)

출처: (1) U.S. Department of Health, Education and Welfare(1970).
(2) Office of Management and Budge(1974).
(3) Andrews and Withey (2012)
(4) U.S. Department of Labor (1973)
(4) Campbell, Converse, and Rodgers (1976).
(5) Duncan 1969).
(6) National Science Board(Biennial)
(7) The World Bank, Worldwide Governance Indicators, http://info.worldbank.org/goverance/wgi/index.aspx#home

관적인 사회상황에 관한 표현임을 알 수 있다.

점검을 위해 사회지표를 사용하는데 있어서, 시간이 지남에 따라 사회지표가 왜 변하는지 그 변화의 이유에 대해 때로는 전제조건들을 세울 필요가 있다. 예를 들어, 만약에 보고된 범죄건수가 범죄억제정책의 산출을 점검하기 위해 사용될 경우, 연방수사국(F.B.I.)에서 발표한 공식적인 통계치(통일범죄보고서: *Uniform Crime Reports*)에 따라 인구 10만 명당 보고된 총 범죄건수가 1975년~1976년 사이에 폭력 범죄의 경우 0.3% 감소되었지만, 1967년~1976년 사이에는 76.2%나 증가하였다. 이와 같은 감소 또는 증가를 치안유지정책의 결과로 돌리려면, 범죄건수의 변화가 연방, 주 및 지방의 법률집행당국에서 실시한 정책행위의 결과로 인하여 일어났다는 전제조건을 세울 필요가 있다. 그런데 이러한 전제조건은 비록 자원투입에 관한 정확한 자료(인원과 장비를 위한 지출)를 가지고 있다 하더라도, 일단 전후의 '베이비 붐'

(baby boom)에 따른 보다 늘어난 젊은 인구를 고려해 본다면, 미심쩍은 것이 된다. 그러나 많은 경우에 우리는 투입과 산출의 관계를 일종의 '블랙박스'(black box) 또는 '어둠상자'(*canera obscura*) 즉, 투입과 활동에서 산출과 결과로 전환하는 인과적 구조의 관계에 대하여 전혀 모르는 것으로 상징화되는 일종의 미지의 영역으로 취급하지 않을 수 없게 된다.

사회지표의 이용은 다음과 같이 몇 가지 장점을 가지고 있다. 첫째, 정책결과를 점검하기 위한 적합한 지표들을 개발하려는 노력을 통하여 부족한 정보의 영역이 어디에 있는지에 대한 경각심을 일깨울 수 있게 한다. 예를 들면, 시 정부의 서비스에 대해서는 많은 정보가 있지만, 이러한 정보의 대다수는 산출 즉, 시민 한 사람당 제공 받은 서비스의 양과 서비스의 유형을 주로 다룰 뿐이다. 반면에 시 정부의 서비스정책이 시민에게 미친 결과와 영향, 예를 들어, 교통, 위생, 오락시설에 대한 만족도로 측정된 영향에 관한 정보는 대다수의 경우 불충분한 상태이다.[33] 둘째, 사회지표가 대상집단과 수혜자들에 미친 정책의 영향에 대한 신뢰할 만한 정보를 제공할 경우, 이는 정책과 프로그램을 수정할 수 있게 한다. 사회지표는 또한 정책문제를 정의하고 구조화하며 기존의 정책대안들을 수정하는데 도움이 되는 정보를 제공한다. 예를 들면, 25세 이상 고교졸업자의 수가 증가함에도 불구하고 교육받은 인구의 사회적 유동성에 아무런 변화를 가져올 수 없을 경우에, 사회적 유동성을 위한 장치로써 교육의 기회균등에 역점을 덜 두는 방식으로 사회적 불평등의 문제를 재구조화하려고 할 것이다.[34]

사회지표는 또한 여러 가지의 한계점을 지니고 있다. 먼저 어떠한 특정지표 — 예컨대, 빈곤선 이하의 세대가 차지하는 비율 — 를 선택하는 것 자체가 무엇보다도 사회적 가치를 반영하는 것이고, 분석가의 정치적 편견을 전할 수 있다.[35] 정책문제가 역동적, 인공적, 주관적인 것이라는 사실을 전제한다면, 점검에 사용되는 어떠한 사회지표도 지표를 개발하고 실제 적용하는 사람들의 가치로부터 완전히 중립적일 수 있다고 볼 수는 없다. 둘째, 사회지

---

33) 이러한 증거는 Urban Institute, *Measuring the Effectiveness of Basic Municipal Services* (Washington, DC: Urbna Institute, 1974)와 같은 출판물에서 볼 수 있다.

34) Christopher Jencks and others, Inequality: *A Reassessment of the Effect of Family and Schooling in America* (New York: Basic Books, 1972) 참조.

35) Thomas R. Dye, *Understanding Public Policy*, 3rd ed. (Englewood Cliffs, Nj: Prentice Hall, 1978), pp. 324-325.

표는 실질적인 선택에 직면한 정책결정자들에게 직접적으로 도움을 주지 못할 수도 있다. 예를 들면, 연방정부의 정책결정자들에 관하여 다룬 한 연구보고에 따르면 사회지표가 훌륭한 도구적인 가치를 갖는다고 볼 수만은 없다는 사실을 지적한다.36) 따라서 사회지표는 문제를 개념화하거나, 정의하고, 구조화하는 데 도움을 줄 수 있는 반면에, 대체로 사회지표는 매우 일반적인 것이어서 문제의 구체적인 해결방안을 모색할 때에는 사용될 수 없다.

대부분의 사회지표는 객관적인 사회상황에 대한 기존의 이용 가능한 자료보관소에 기초를 두고 있다. 사회상황에 관한 주관적인 인식에 대하여 새로운 정보를 수집하려고 하기보다는 객관적 상황에 관한 기존의 이용 가능한 자료보관소를 활용하는 것이 더 쉽지만, 객관적 상황을 점검하는 것 못지않게 주관적 상황을 점검하는 것도 중요하다. 예를 들면, 주민 10만 명당 보고된 범죄건수가 감소하더라도 개인적 불안감은 2016년 미국 선거 중 트럼프 선거유세에서 그랬듯이, 때로는 정치인들이 거짓과 공포심을 불러일으키는 정보를 창출하였는지의 여부에 따라서, 여전하거나 오히려 증가할 수도 있다. 이와 마찬가지로, 빈곤가족의 수는 삶의 질에 관한 인식에 있어서 어떠한 주목할 만한 변화 없이 감소할 수도 있다.

끝으로 사회지표는 정책투입이 정책결과로 전환되는 다양한 경로에 대해서는 거의 아무런 정보도 제공해 주지 못한다. 정책결과와 영향에서 나타나는 변량에 대한 주장은 투입된 자원이 결과와 영향으로 전환되는 인과적 과정에 대한 지식에 근거하기보다는, 상관관계의 자료에 근거를 두고 있다. 즉, 정책투입이 측정되고 정책산출이 측정되고 나면, 이 양자는 상호관계의 정도를 만들어낸 만큼의 관계를 갖는다고 본다. 동시에 일부 결과의 발생을 제고하거나 또는 억제하는 선행조건과 예기치 못했던 사건들—즉, 원래의 정책투입과는 관계가 없는 요인들—이 있는지의 여부를 찾아내기 위한 노력이 진행된다. 그러나 이와 같은 비정책적인 효과를 설명하는 과정은 정책결과가 발생한 이후에 이루어지며, 통계적 통제의 활용 즉, 다양한 통계적 상황 하에서 산출과 결과에 대한 투입의 효과를 관찰할 수 있는 기법들의 활용에 기초를 둔다. 학업성취에 관한 교육비지출의 효과를 빈곤층 가정과 중산층 가정

36) Nathan Caplan and others, *The Use of Social Science Information by Policy-Makers at the Federal Level* (Ann Arbor: Institute for Social Research, Center for Research on the Utilization of Scientific Knowledge, University of Michigan, 1975).

으로 상호 분리하여 분석하는 경우를 그 예로 들 수 있다.

2. 정책실험

사회지표를 사용할 경우 발생되는 한 가지는 어떠한 노력이 있는지 또 왜 그러한지를 찾아내기 위하여 수많은 성공과 실패를 다루어야 한다는 것이다. 이와 같은 접근법을 소위 무작위 쇄신과 관련 있으며, 체계적인 실험과는 대조된다.[37] 무작위 쇄신(*random innovation*)이란 투입이 표준화되거나 체계적으로 조작되지 않은 수많은 대안적 정책 및 프로그램을 실행해 나가는 과정을 의미한다. 이러한 경우 투입, 활동, 그리고 산출에 대하여 직접 통제할 수 없기 때문에, 정책의 결과 및 영향의 변화에 대하여 알려진 원천을 쉽게 찾아낼 수 없다. 이에 반하여 정책실험(*policy experimentation*)은 정책결과에서 변화의 원천에 대한 의문에 어느 정도 수정을 구할 수 있도록 정책과 프로그램을 체계적으로 다룰 수 있는 과정을 의미한다. 정책실험은 정책과 프로그램들의 차이점을 의도적으로 극대화시켜 아직 검증되지 않은 프로그램에 대량투자를 하기 전에 그 결과를 미리 평가해 봄으로써, 사회문제에 대한 해결방안을 찾아보려는 하나의 방법으로 창도되며, 실험실과 현지환경(field settings)에서의 무작위 통제 실험, 무작위 실험, 준 실험, 회귀-불연속 분석, 패널연구 등 다양한 형태가 있다.[38]

정책실험은 농업, 교육, 보건을 포함하여 실제적인 맥락에서 사용되는 절차에 근거하고 있다.[39] 통념과는 달리, 정책실험의 타당성과 실제적인 관련성은 농업경제학에서 새로운 통계학적 알고리즘을 개발하기 위하여 20세기 초에 수행되었던 전통적 실험설계의 방법이나 고상한 현지실험의 방법에서 비롯되지는 않은 것이다. 이와 같은 그릇된 견해는 많은 사회실험이 무작위

37) Rivlin, *Systematic Thinking for Social Action*; and Rivlin, "How Can Experiments Be More Useful?" *American Economic Review* 64 (1974): 346-354.

38) 예를 들어, Fairweather and Tornatzky, *Experimental Methods for Social Policy Research* 참조.

39) Donald T. Campbell and Julian C. Stanley, *Experimental and Quasi-Experimental Designs for Research* (Ravenio Books. 1963/2015)는 농학자 Ronald Fisher가 수행한 기술적으로 복잡한 실험설계의 유형을 명백히 거절하였고, 대신 항시 무작위배정에 기초를 두지 않아도 되는 교육분야의 현지실험과 준실험을 선택하였다. 또한 Campbell, "Reforms as Experiments," in *Handbook of Evaluation Research*, vol. 1, ed. Elmer I., Struening and Marcia Guttentag (Beverly Hills, CA: Sage Publication, 1965), pp.71-100. 참조. Campbell's quasi-experimental framework에 대해 질적방법과 정치적 담론을 포함하는 반대의 관점으로 William N. Dunn, "Reforms as Arguments." *Science Communication* 3, 3(1982): 293-326 참조.

현지실험, 수리통계학자인 네이먼(Jerzy Neyman, 1894~1981)과 식물유전공학자겸 수리 통계학자인 피셔경(Sir Ronald Fisher, 1890~1962)에 의해 매우 다른 목적으로 개발된 방법론의 단순한 연장에 불과한 것이 아니라는 잘못된 인식에 근거한 것이다. 예를 들면, 캠벨(Donald T. Campbell)은 그의 많은 초기 업적이, Neyman, Fisher, Gosset(학생으로 알려짐)의 업적을 기대하면서 무작위배정과 조사설계에 관한 견해를 제시하였던, 맥콜(W.A. McCall)의 「교육실험방법」(*How to Experiment in Education*, 1923)을 포함하여 교육에 있어서의 현지실험에 바탕을 두었다. 그들의 주된 관심은 확률분포와 통계의 유의미성 검증에 두었지, 학교, 정부, 경제를 개선하려는 데에는 별로 관심을 쏟지는 않았다. McCall의 업적은 교육의 실천에 대한 지식에 실제로 기여하였기 때문에 가치가 있었다.

사회실험의 규범적 이상(normative ideal)은 흔히 '진실험'(*true experiment*)이라고 일컬어 왔다. 즉, 개입(예, 새로운 교수법)의 인과적 적실성을 설정할 목적으로, 무작위로 선정된 처리집단과 통제집단에 적극적인 정책개입을 적용하는 실험이다. 진실험은 인과적 추론의 타당성 즉, 한 개 또는 그 이상의 처리결과 및 추정된 효과에 대하여 한 개 또는 그 이상의 처리 및 추정된 원인과 관련된 추론에 관한 타당성을 검증하기 위한 것으로, 방법론적으로 최적의 절차라고 믿는 덕분에 규범적인 이상인 것이다.

그러나 정책실험에 관한 운영상의 이상(operational ideal)은 '준실험'(*quasi-experiment*)이다. 즉, 실험실 밖인 현지환경에서 이루어지는 실험으로서, 무작위로 선정된 사람, 집단 또는 맥락에 대하여 정책의 무작위 배정은 비현실적, 불법적 또는 비윤리적인 것이다. 비록 준실험에서도 처리집단과 통제집단에 대해 무작위 선정을 할 수는 있으나, 이는 실험을 통제할 수 없을 만큼의 접촉이 발생하는 여러 가지 복잡한 현지환경 내에서의 설계가 이루어지게 된다.[40] 요약하면, 점검의 한 형태로서 사회실험은 몇 가지 중요한 특징을 가지고 있다.

• **실험처리에 대한 직접통제**(*direct control over experimental treatments*)

40) 종종 준실험을 '자연실험'(natural experiments)이라고 부른다. 그러나 자연실험은 예를 들어, 지진으로 인한 학력검사점수를 피해를 당한 학교의 탓으로 돌리는 경우처럼, 실험의 효과가 신중하게 생각되지 못한 경우이다.

즉, 정책개입(*policy interventions*). 사회실험을 사용하는 분석가들은 실험처리(정책개입)를 직접 통제하며, 가능한 한 차이의 효과를 얻어내기 위하여 실험처리간의 차이를 극대화하려고 한다. 한 가지 목적은 개연성이 있는 사실과 반대되는(*counterfactual*) 주장 즉, 통제집단에서는 변동이 없기 때문에, 실험(정책개입)집단은 개입이 없을 경우 변화를 경험하지 않을 것이라는 주장을 확보하려는 데 있다.

- **무작위 배정**(*random assignment*). 실험처리 이외의 요인으로 인하여 정책결과의 변화에 영향을 끼칠 수 있는 잠재적인 변수들을 제거하기 위하여, 정책실험의 참여자들을 무작위로 선정하고, 이들을 실험집단과 통제집단으로 무작위로 구분하여, 이들 집단들 중 하나에 '처리'(정책개입)를 무작위로 배정한다. 무작위 배정은 실험처리에 대하여 상이하게 반응할 수 있는 실험집단과 통제집단의 구성원들의 선정에서 그 바이어스를 최소화한다. 예를 들면, 중산층 가정출신 어린이들은 저소득층 가정출신 어린이들보다 특수교육 프로그램에 보다 더 적극적으로 참여할지 모른다. 이것은 프로그램 그 자체 이외의 다른 요인들이 높은 독서점수의 획득과 같은 산출의 원인이 될 수도 있음을 의미한다. 이같이 선정에 따른 바이어스는 무작위 배정을 통해 감소되거나 배제될 수 있다.

정책실험과 준실험(quasi-experiments)은 1930년대 뉴딜(New Deal)시대 이후 공공정책의 결과를 점검하기 위한 방법의 하나로 창도되어 왔다.[41] 제2차 세계대전 이후 사회실험은 공공보건, 보충교육, 복지, 형사치안, 약품 및 알코올중독, 인구억제, 영양, 고속도로 안전, 주택 등 많은 공공정책분야에서 수행되어 왔다.[42] 이 가운데 가장 잘 알려진 사회실험 중 하나는 1960년대 사회복지체제의 개혁을 둘러싼 의문에 답하기 위하여 경제기회청(Office of Economic Opportunity)이 지원하였던 뉴저지-펜실베니아주의 점진적 근로유인실험(New Jersey-Pennsylvania Graduated Work Incentive Experiment)

41) A. Stephen, "Prospects and Possibilities: The New Deal and New Social Research," *Social Forces* 13(1935): 515-521. Robert S. Weiss and Martin Rein, "The Evaluation of Broad-Aim Programs: A Cautionary Case and a Moral," *Readings in Evaluation Research*, ed. Francis G. Caro (New York: Russell Sage Foundation, 1971), pp. 37-42 참조.

42) Carl A. Bennett and Arthur A, Lumsdaine, ed., *Evaluation and Experiment* (New York: Academic Press, 1975); Fairweather and Tornatzky, *Experimental Methods for Social Policy Research* 참조.

이다. 뉴저지 주의 3개 지역(Trenton, Paterson-Passaic, Jersey City)과 펜실베니아 주의 1개 지역(Scranton) 출신의 저소득 가정 중에서 15~58세의 건강한 남성을 대상으로 무작위로 표본을 추출하였다. 각 지역의 일부 가정에는 다양한 수준의 소득보장과 세금감면혜택이 주어진 반면, 다른 가정에는 아무런 혜택도 주어지지 않았다. 동 실험에는 모두 약 1,350가구가 참여하였다.

사회복지체제의 개혁을 반대했던 사람들은 소득보조와 세금감면(부의 소득세: *negative income tax*라고 칭함)으로 인하여 저소득 가정 사람들의 노동의욕이 줄어들 것으로 예상했다. 그러나 실험결과 이러한 예상은 빗나가고 말았다. 즉, 실험 전후 소득수준의 변화를 살펴 본 결과 실험집단(일정한 소득수준유지 조치)과 통제집단(아무런 조치 없음) 간에는 그들의 고용행태에서 커다란 차이를 보이지 않았다. 오히려 실제로는 소득수준유지집단의 소득이 통제집단의 소득에 비하여 약간 증가했음을 나타내었다.

사회실험은 특정 정책행위(예, 소득유지)가 특정한 결과(예, 소득)를 가져올 것인지를 정확하게 알려주는 잠재력을 갖고 있다. 실험 및 준실험에서 결과와 영향에 대한 정책행위의 효과에 관하여 타당한 인과적 추론을 할 수 있게 하는 능력을 '내적 타당성'(*internal validity*)이라 한다. 내적 타당성이 크면 클수록 정책결과와 영향이 정책의 결과일 확신은 더욱 커진다. 한편 타당성에 대한 위협요인들은 실험 그 자체와 관련된 사람, 정책, 맥락 또는 방법론상의 특징들과는 구별된 특수한 상황들로서, 정책결과에 대한 주장의 타당성을 절충시키거나 감소시키게끔 한다. 실제로 잘 고안된 사회실험을 위한 절차들은 정책결과에 대한 그 주장의 내적 타당성을 위협하는 요인들을 줄이기 위한 하나의 방법인 것이다.[43] 내적 타당성을 위협하는 요인들 중 주요요인은 다음과 같다.

1. **역사요인**(*history*). 정책이 집행되고 그 결과가 측정되는 시점 사이에 예상하지 못했던 수많은 사건들이 일어날 수 있다. 예를 들면, 사회적 혼란, 파업, 여론의 급변 등은 정책결과의 관찰된 변량에 영향을 미칠 수 있

43) 내적 타당성과 다른 유형의 타당성을 위협하는 요인에 관한 심도 있는 논의로는 Campbell and Stanley, *Experimental and Quasi-Experimental Designs for Research*, pp. 5-6; 그리고 Shadish, Cook, and Campbell, *Exeprimental and Quasi-Experomental Design for Generalized Causal Inference* 참조.

는 원인들 중 개연성이 있는 경쟁적 설명을 할 수 있을 것이다.

2. **성숙요인**(*maturation*). 개인, 가족, 대규모의 사회조직 등 집단의 구성원 내에서 발생하는 특성의 변화는 정책결과에 대하여 독립적으로 영향을 미칠 수가가 있다. 예를 들면, 시간의 경과만으로도 개인의 태도는 변할 수 있고, 학습이 이루어질 수도 있으며, 지리적인 단위도 커지거나 감소될 수 있다. 이와 같은 성숙요인은 정책결과를 설명할 수 있을 것이다.
3. **불안정요인**(*instability*). 시계열상의 변동은 정책결과에 불안정한 변량을 일으킬 수도 있다. 이때의 불안정한 변량은 무작위 오차나 정보를 획득하기 위한 절차의 결과이지 정책행위의 결과가 아닌 것이다. 대부분의 시계열은 불안정하기 때문에, 행위가 결과에 미친 그 효과에 대한 인과적 추론이 때때로 의문시 된다.
4. **검사요인**(*testing*). 실험을 하고 있다는 사실과 결과를 측정한다는 사실 그 자체가 실험집단과 통제집단의 구성원들에게 민감한 자극을 주어 실험의 목적과 기대하는 바에 변화를 가져올 수도 있다. 이러한 경우 정책결과는 정책행위(예, 소득유지) 그 자체의 결과라기보다, 참여자들의 정책행위에 대한 능동적인 반응의 결과일 수도 있을 것이다.[44)]
5. **도구요인**(*instrumentation*). 결과 그 자체의 변량이라기보다는 결과를 측정하기 위한 체제(system)의 변화가 정책의 성공(또는 실패)의 이유가 될 수 있다.
6. **상실요인**(*mortality*). 실험집단이나 통제집단의 일부 구성원이 실험이 끝나기도 전에 실험으로부터 이탈하거나 포기하는 경우가 있을 수 있다. 이러한 경우에는 인과적 추론을 하기가 더욱 어렵게 된다. 예를 들어, 뉴저지-펜실베니아 실험(New Jersey-Pennsylvania experiment)에 참여했던 가족들 중 일부 가족은 실험이 채 끝나기도 전에 파탄이 났다.
7. **선정요인**(*selection*). 많은 경우 무작위 표본추출이 불가능하기 때문에 조사대상자를 선정하는 데에 바이어스가 완전히 제거되지 못하는 준실험

---

44) 해석의 효과와 검사의 효과는 종종 호손효과(Hawthorne effect)로 알려져 있는데, 일리노이 주 시카고에 있는 Western Electric Company의 Hawthorne 공장에서 1927~1931년에 수행된 일련의 실험을 딴 이름이다. 작업조건과 다른 요소들(투입)이 변한 후, 노동자들의 산출이 증가했다. 나중에 작업조건(휴식시간, 조명, 등등)이 원래의 상태로 바뀐 후에도, 산출은 계속 증가하였다. 대체로 그 이유는 실험 그 자체가 노동자들의 참여 기회를 제공하였기 때문이다. Paul Blumberg, *Industrial Democracy: The Sociology of Participation* (London: Constable, 1968) 참조.

설계가 요구된다. 예를 들면, 독서능력을 향상시키기 위해 마련된 준실험 프로그램에서 실험집단을 주로 독서습관이 몸에 배인 상류계층 가정의 어린이들로부터 뽑았다면, 실험 전후의 독서능력성적의 차이가 하류계층의 가족에서 뽑힌 어린이들을 실험집단으로 할 때보다는 뚜렷하게 나타나지 않을 것이다. 이러한 사실은 준실험 프로그램을 실제보다 덜 효과적인 것으로 보이게 하며, 심지어는 실험을 유해한 것으로까지 보이게 할 수도 있다.45)

8. **회귀인공요인**(*regression artifacts*). 실험집단과 통제집단의 구성원들이 어떤 극단적인 특성치의 값을 근거로 하여 선정되었다면(예를 들면, 실험적 독서프로그램에 뽑힌 가난한 어린이들은 대체로 성취감이 높을 수 있을 것이다), 소위 '평균으로의 회귀'(*regression toward the mean*) 현상의 결과로 독서성적의 인위적인 변화가 발생할 수 있게 된다. 평균으로의 회귀란 모집단의 어떤 특성에 관한 극단치의 값이 자동적으로 전체 모집단의 평균값으로 향하거나 또는 '되돌아가려는'(go back to) 통계적 현상을 말한다. 예를 들면, 키가 매우 크거나 또는 매우 작은 부모를 가진 자녀의 키는 모든 부모들 키의 산술평균값으로 회귀하려는 경향이 있다. 즉, 키가 매우 크거나 또는 매우 작은 부모를 가진 자녀들은 각각 그들의 아버지와 어머니보다 작거나 또는 크게 되는 경향이 있다.

사회실험과 준실험에서 내적타당성은 사려 깊게 조사를 설계함으로써 제고될 수 있다. 일반적으로 이러한 방법의 조사로는 무작위선정, 시간의 경과에 따른 결과변수들의 반복적 측정, 그리고 실험집단과 통제집단의 일부 구성원에게 프로그램 실시 이전에 결과측정치를 측정하지만 다른 구성원들에게는 측정하지 않을 것 등이 포함된다. 마지막 세 번째 방법은 일부 집단에 대한 검사효과의 가능성을 배제하기 위한 것으로서, 프로그램 실시 이후의 결과 측정값과 프로그램 실시 이전과 이후의 동일집단에 대한 결과 측정값을 비교하기 위한 방법이다.46)

45) Donald T. Campbell and A. E. Erlebacher, "How Regression Artifacts in Quasi-experimental Evaluations Can Mistakenly Make Compensatory Education Look Harmful," in *Compensatory Education: A National Debate*, vol. III, ed. J. Hellmuth (New York: Brunner-Mazel, 1970), pp. 185-225 참조.

46) 여기에서 설명하는 설계는 '솔로몬 4그룹 설계'(Solomon 4-group design)이다. 다른 연구설계

정책실험은 '외적 타당성'(*external validity*)의 측면에서 매우 취약하다. 외적 타당성이란 실험이 행해진 특정 상황 이외의 다른 상황에서도 그 실험에서 나타난 인과적 추론을 일반화시킬 수 있느냐 하는 것이다. 정책산출에 대한 주장의 외적 타당성을 위협하는 주요 요인들은 해석요인, 검사요인, 선정요인 등 내적 타당성의 위협요인들과 유사하다. 이 외에 주장의 일반화를 위협하는 몇 가지 다른 요인들이 있는데, 그 중에서도 가장 중요한 것으로 인공물(artificiality)을 들 수 있다. 사회실험이 수행된 상황은 그 이외의 다른 곳의 상황에는 맞지 않거나 동일시 할 수 없다. 예를 들면, 뉴저지와 펜실베니아에서의 상황이 샌프란시스코, 시애틀, 앵커리지에서 나타난 상황과 다르기 때문에, 그 결과를 그대로 일반화시키는 데에는 문제가 있다.

사회실험은 직원과 고객 간의 상호작용의 형태 및 그들의 태도와 가치의 변화 등을 포함한 정책과정을 점검하는 데에 있어서는 만족스럽지 못한 결과를 흔히 가져온다. 대다수의 중요한 정책과 프로그램들은 매우 복잡하기 때문에 사회실험은 정책과정을 지나치게 단순화시키는 결과를 초래하게 된다. 예를 들면, 사회실험은 이해관계자들 간에 심한 갈등을 유발시키는 광범위한 목표를 지닌 프로그램이나 또는 동일한 인력, 자원, 장비의 투입이라도 서로 다른 집단들이 서로 다른 방법으로 사용하고자 인식하는 맥락에서는 적합하지 못하다.[47] 이상과 같이 이러 저러한 이유로 인하여 이해관계자들의 주관적인 판단을 얻어 내기 위한 다양한 질적 방법들이 정책과정의 간과된 측면들을 파악하려는 데 사용되었다. 이러한 방법들 — 예를 들면, 참여관찰과 작업일지 또는 일기의 사용에서부터 정책델파이와 유사한 집단토론에 이르기까지의 여러 가지 방법들 — 은 사회실험을 보완하거나 대치하기 위한 것이다.[48]

와 내적 타당성을 위협하는 요인들을 줄이는 역할에 대한 포괄적인 개관으로 Fred N. Kerlinger, *Foundations of Behavioral Research*, 2nd ed. (New York: Holt, Rinehart and Winston, 1973), pp. 300-377 참조.

47) Robert S. Weiss and Martin Rein, "The Evaluation of Broad-Aim Programs: A Cautionary Case and a Moral," in *Readings in Evaluation Research*, ed. Caro, pp. 287-296; and Ward Edwards, Marcia Guttentag, and Kurt Snapper, "A Decision-Theoretic Approach to Evaluation Research," in *Handbook of Evaluation Research*, vol .1, ed. Streuning and Guttentag, pp. 139-182 참조.

48) M. G. Trend, "On the Reconciliation of Qualitative and Quantitative Analysis: A Case Study," *Human Organization*, 37, 4(1978): 345-54; M. Q. Patton, *Alternative Evaluation Research Paradigm* (Grand Forks: University of North Dakota Study Group on Evaluation, 1976) 참조.

3. 사회감사

사회감사는 정책과정을 무시하거나 지나치게 단순화시키려는 앞의 두 접근방법, 즉 사회체제회계와 사회실험의 한계점들 중 하나를 어느 정도 극복시켜 준다. '사회감사'(*social auditing*)는 '정책투입이 지급되기 시작된 시점에서부터 그 투입이 궁극적으로 의도했던 수령인에게 최종적으로 돌아가기까지'의 정책투입을 추적하기 위한 노력으로 투입, 활동, 과정, 산출, 결과, 영향간의 관계를 명백하게 점검한다.[49] 랜드 연구소(Rand Corporation)와 국립교육협회(National Institute of Education)에 근무하는 분석가들이 교육 및 청소년 정책분야에서 사용해왔던 사회감사는 정책결과가 부적당한 정책투입에서 나온 것인지, 아니면 원래 의도했던 대상집단과 수혜자들에게 자원 또는 서비스를 전환하는 과정에서 잘못된 것인지를 판단하는 데 도움을 준다.

점검에서 사회감사와 다른 접근방법들 간의 근본적인 차이점은 사회감사를 사회체제회계와 사회실험과 비교해 봄으로써 쉽게 발견할 수 있다. 후자의 두 접근방법들 및 그와 유사한 방법들이 '교육의 기회균등'(*Equality of Educational Opportunity*)과 웨스팅하우스 학습연구소(Westinghouse Learning Corporation)의 영세민 아동을 위한 무료조기교육프로그램(Head Start program)에 대한 평가 등 두 가지 중요한 연구에서 교육정책을 점검하기 위하여 사용되어 왔다.[50] 일종의 사회체제회계의 변형인 전자의 경우에는 다양한 수준의 학교자원의 효과성이 자원의 투입(교사, 교재, 학교시설)과 학생들의 학업성취수준으로 측정된 결과간의 관계를 측정함으로써 점검되었다. 한편 사회실험의 일부 특성을 띠고 있는 영세민 아동을 위한 무료조기교육(Head Start)의 연구에서는, 수많은 도시에서 프로그램에 참여한 어린이들의 특수독서 및 기술의 개발활동(투입)과 인지적·정서적인 기술(산출) 사이의 관계가 논의되었다. 이상의 두 가지 접근방법들의 주요 특징은 다음과 같다.

---

49) James S. Coleman, *Policy Research in the Social Sciences* (Morristown, NJ: General Learning Press, 1972), p. 18. 그리고 Michael Q. Patton, *Utilization-Focused Evaluation* (Beverly Hills, CA: Sage Publications, 1978) 참조.

50) James S. Coleman and others, *Equality of Educational Opportunity* (Washington, DC: U.S. Government Printing Office, 1966); 그리고 Victor Cicarelli and others, *The Impact of Head Start: An Evaluation of the Effects of Head Start on Children's Cognitive and Affective Development* (Washington, DC: U.S. Government Printing Office, 1969) 참조.

정책투입이 측정되고 정책결과가 측정되며, 아울러 이 양자는 (물론 상황변수들의 효과를 중립화시키기 위하여 실험적 또는 통계적 통제를 사용함) 관련성을 가진다. 어떠한 제도적 구조가 개입된다 할지라도 그 구조는 투입자원이 들어가고 그로부터 바람직한 결과 및 부작용이 나오는 하나의 블랙박스로서의 효과를 갖는 것으로 간주된다. 앞에서 언급한 첫 번째 연구인 '교육의 기회균등'(*Equality of Educational Opportunity*)에서 학교는 '블랙박스'였다. 학교에 대한 투입으로는 교사봉급, 학생과 교사비율, 교재의 사용 연수, 도서관의 규모 그리고 그 이외의 학교자원에 관한 다양한 전통적인 측정변수들이었다. 산출은 언어와 수학 능력에 있어서의 학생들의 학업성취도였다. 두 번째의 연구에 있어서 자원의 투입은 영세민 아동을 위한 무료조기교육(Head Start)에 제공한 부가적인 자원이었으며, 산출은 어린이들에 대한 인지적・정서적 측정값이었다.[51]

사회감사는 정책과정을 점검하는 데 있어서 '블랙박스'(black box)의 안에서 진행되고 있는 상황에 대하여 중요한 정보를 제공해 준다. 사회감사에 의해 점검되는 정책과정의 두 가지 주요 형태는 자원유용과 자원전용이다.[52] 자원의 유용(*resource diversion*)에서는 원래의 투입이 행정체제를 통한 자원의 전달과정으로 말미암아 처음에 의도했던 대상집단과 수혜자에게 돌아가지 않게 된다. 예를 들면, 두 가지 유형의 인력훈련프로그램에 대한 총비용은 같을 수도 있지만, 만약에 어떤 한 프로그램에서는 봉급 및 인사 비용에 보다 많은 비율의 자금을 배정한다고 하면, 그 프로그램에서의 달러 당 직원의 수가 줄어들게 되어 결국엔 수혜자가 받을 서비스가 유용될 수 있게 된다. 자원의 유용보다 더 중요한 것이 자원전용(*resource transformation*)의 과정이다. 투입된 자원과 대상집단에게 실제로 돌아가는 것이 비록 같을 수도 있지만, 프로그램 집행자와 대상집단이 동 자원에 관하여 갖는 '의미'(*meaning*)는 전혀 다를 수가 있다. 만약에 이들 간에 인식되는 자원의 의미가 실제 다르다면, 그 자원은 수혜자들에게 미치는 영향을 제고(또는 지연)시키는 방향으로 전용되어 질 수도 있다. 이러한 이유로 인해 계량적인 방법들은 정책집행에 영향을 주거나 정책집행으로 인하여 영향을 받는 이해관계

51) Coleman, *Policy Research in the Social Sciences*, p. 18.

52) 여기서 사회감사의 회계(account)는 '자원손실'(resource loss)에 국한시킨 콜맨(Coleman)의 회계와는 다르다. Coleman의 회계는 자원전용의 형태를 포함시키지 않으며, 사회감사는 오직 자원의 배분과 관련된 정책에 대해서만 적합하다는 제한된 가정에 기초를 두고 있기 때문이다.

자들의 정책행위에 대한 주관적인 해석에 관하여 정보를 제공해 주는 질적 방법들(*qualitative methods*)에 의하여 보완되어야 할 것이다.[53)]

정책과정을 점검하는 데 있어서 질적인 방법을 보완적으로 사용했던 좋은 예로는 미 주택 및 도시개발부(U.S. Department of Housing and Urban Development: HUD)가 1972년에 실시한 주택실험을 들 수 있다. 이 이례적인 실험은 주택의 구입 시 직접적인 현금지불방식이 공개시장에서 저소득가정의 적절한 주택마련에 도움을 줄 수 있는지 알아보기 위하여 고안된 것이었다.[54)]

이 실험사례에서 투입과 산출에 관한 계량적인 측정은 정책-프로그램의 과정을 일종의 '블랙박스'로 취급하였을 뿐만 아니라, 프로그램이 가져올 영향을 설명해 줄 어떤 요인들, 예를 들면, 주택 전문가들의 자발적인 조언들을 당초부터 찾을 수도 없게 하였다. 그런데 여기에 질적인 방법을 보완하여 사용한 결과는, 투입과 산출에 관해 전적으로 양적인 측정방법에 의해서만 얻어질 수 있는 결과와는 현저히 다르게 나타났다. 이러한 사례는 또한 점검에 있어서 대안적인 접근방법들이 잠재적으로 상호 보완적으로 사용되고 있음을 나타내 주는 것이기도 하다. 즉, 사회실험 및 계량적인 측정은 정책과정에 관한 사회감사 및 질적인 기술과 성공적으로 결합되어 사용될 수 있다.

4. 연구와 실제의 종합

사회감사와 사회실험은 정책행위와 정책결과에 대한 새로운 정보의 수집을 필요로 한다. 사회체제회계는 주로 기존의 이용가능한 정보에 의존하지만, 주관적 사회상황에 대한 정보가 오래된 것이거나 이용할 수 없을 때는 또한 새로운 자료를 필요로 한다. 이와 같은 접근방법들과는 달리 '연구와 실제의 종합'(*research and practice synthesis*)은 정책 및 프로그램의 집행에 관한 과거의 여러 연구노력들을 체계적으로 편집, 비교, 사정하여 점검의 한 방법으로 사용한다. 이 방법은 사회복지, 농업 그리고 교육으로부터 시정서

53) 질적 방법론에 관한 대표적인 설명으로는 Barney G. Glaser and Anselm L. *Strauss, The Discovery of Grounded Theory: Strategies for Qualitative Research* (Chicago, IL: Aldine Publishing, 1967); 그리고 Norman K. Denzin, *The Research Act* (Chicago, IL: Aldine Publishing Company, 1970)가 있다.

54) Trend, "On the Reconciliation of Qualitative and Quantitative Analysis: A Case Study" 참조.

비스와 과학기술정책에 이르기까지 다양한 정책 이슈영역에서의 각종 정보를 종합하는 데 사용되어 왔다.[55] 또한 연구와 실제의 종합은 정책결과에 관해 수행한 정책연구의 질을 사정하는 데에도 이용되어 왔다.[56]

연구와 실제의 종합에 적실성 있는 기존의 이용가능한 정보로는 정책형성과 정책집행에 관한 사례연구, 그리고 정책개입과 정책결과간의 관계를 다룬 연구보고서 등 두 가지 주요 원천이 있다. 연구와 실제의 종합이 사례연구에 적용될 때에는 정책의 채택과 집행에 있어서의 변량을 설명할 수 있는 요인들을 찾아내고 분석하는 데 사용되는 일련의 절차인 '사례서베이방법'(*case survey method*)에 근거를 둘 수 있다.[57] 사례서베이법을 사용하기 위해서는 정책투입, 활동, 산출, 결과, 영향의 주요 핵심부분을 포착할 일련의 범주가 되는 '사례-부호화 체계'(*case-coding scheme*)를 우선 개발해야 한다. 어떤 한 사례서베이에서는 결과변수인 시정서비스의 전달에 영향을 미치는 정치적 참여와 기타 과정변수들을 알아내려고 하며,[58] 공・사조직의 연구에 초점을 둔 또 다른 사례서베이에서는 다양한 경영혁신을 집행하고 활용하기 위한 긍정적・부정적인 노력을 설명하는 요인들을 파악해 내려고 한다.[59] 간단한 사례-부호화 체계의 대표적인 지표들 및 부호화의 범주들이 <표 6-4>에 예시되어 있다.

---

55) 예를 들면, Jack Rothman, *Planning and Organizing for Social Change: Action Principles From Social Science Research* (New York: Columbia University Press, 1974); Gerald Zaltman, Robert Duncan, and James Holbek, *Innovations and Organizations* (New York: Wiley-Interscience, 1973); Everett Rogers and F. Floyd Shoemaker, *The Communication of Innovations* (New York: Free Press, 1971); Robert K. Yin and Douglas Yates, *Street-Level Governments: Assessing Decentralization and Urban Services* (Santa Monica, CA: RAND Corporation, October, 1974); U.S. General Accounting Office, *Designing Evaluations* (Washington, DC: U.S. GAO, July 1984); and Richard J. Light and David B. Pillemer, *Summing Up: The Science of Reviewing Research* (Cambridge, MA: Harvard University Press, 1984) 등을 참조.

56) 예를 들면, Ilene N. Bernstein and Howard E. Freeman, *Academic and Entrepreneurial Research: The Consequences of Diversity in Federal Evaluation Programs* (New York: Russell Sage Foundation, 1975) 참조.

57) Robert K. Yin and Kenneth Heald, "Using the Case Survey Method to Analyze Policy Studies," *Administrative Science Quarterly*, 20, 3(1975): 371-381; William A. Lucas, *The Case Survey Method: Aggregating Case Experience* (Santa Monica, CA: RAND Corporation, October 1974); and Robert A. Yin, *Case Study Research: Design and Methods, 5th ed.* (Beverly Hills, CA: Sage Publications, 2014) 참조.

58) Yin and Yates, *Street Level Governments.*

59) William N. Dunn and Frederic W. Swierczek, "Planned Organizational Change: Toward Grounded Theory," *Journal of Applied Behavioral Science* 13, 2(1977): 135-158. 유사한 절차에 대한 최근 용어는 '현실적 연구 검토'(realistic research review)로 R. Pawson, T. Greenhalgh, G. Harvey, and K. Walshe, "Realist Review-A New Method of Systematic Review Designed for Complex Policy Interventions," *Journal of Health Services Research & Policy* 10, Supplement 1(2005): 21-34에서 개발되었다.

표 6-4 사례-부호화 체계 견본: 대표적인 지표들과 부호화 범주

지표의 유형	지표	부호화 범주
투입	예산 자원의 적절성	[ ] 완전히 적절하다. [ ] 대부분 적절하다. [ ] 전혀 적절하지 못하다.
활동	프로그램 집행자의 교육훈련 성과	[ ] 높은 시험성과 [ ] 중간 시험성과 [ ] 낮은 시험성과
산출	집행자가 교육훈련시킨 고객의 수	[ ] 20-25 [ ] 15-19 [ ] 10-14 [ ] 없음
결과	직업교육훈련의 4개월 이내에 고용된 고객	[ ] 9-12 [ ] 5-8 [ ] 1-4

연구와 실제의 종합이 이용가능한 연구보고서에 적용될 경우, 정책결과에 대한 과거의 연구결과를 비교 및 사정하는 데 사용되는 일련의 절차인 연구서베이(*research survey*), 연구종합 또는 평가종합 등에 근거를 두게 된다.[60] 이 연구서베이방법의 몇 가지 주요 적용은 혁신의 확산과 전달, 계획된 조직변화 노력의 성공, 정책의 기대했던 결과 및 영향의 성취 등과 관련된 요인들에 대한 통찰력을 제시해 주었다.[61] 이 방법은 여러 종류의 정보 즉, 정책결과에 있어서 변량의 원천에 대한 경험적 일반화, 연구자가 이러한 일반화에 대하여 갖고 있는 신뢰의 요약 평가, 이러한 일반화에 의해 나타날 수 있는 정책대안이나 행동지침 등을 제공한다.

연구서베이방법도 사례서베이방법과 마찬가지로 연구보고서에 나와 있는 정보를 발췌하기 위해서는 코드 북을 구성할 필요가 있다. 전형적인 연구보고서의 양식은 분석가들이 연구결과를 요약하고 그 질을 사정하는 데 도움이 되는 여러 가지 항목들을 포함하고 있다. 이러한 항목에는 측정된 변수, 사용된 조사설계 및 방법의 유형, 연구의 이슈영역, 연구결과의 신뢰성 및 타

60) Rothman, *Planning and Organizing for Social Change*; U.S. General Accounting Office, *Designing Evaluations*; and Light and Pillemer, *Summing Up* 참조.

61) Rogers and Shoemaker, *The Communication of Innovations*; Gerald Zaltman, *Toward a Theory of Planned Social Change: A Theory-in-Use Approach*, prepared for the Second Meeting of Network of Consultants on Knowledge Transfer, Denver, Colorado, December 11-13, 1977; and Rothman, *Planning and Organizing for Social Change*, Ch. 6, pp. 195-278.

표 6-5 연구서베이방법: 경험적 일반화, 행동지침, 일반화의 신뢰수준

일반화[(1)]	행동지침[(2)]	일반화의 신뢰도[(3)]
1. 현재의 예산 할당은 전년도 예산 할당과 근소하게 차이가 있다.	새로운 정책과 프로그램을 집행하는 데 있어서, 근소한 예산할당이 이루어지는 상황에서 분석가들은 기대치를 낮추어야 한다.	3
2. 긍정적 정책결과는 정책이 집행된 시·주·지역의 부와 관련되어 있다.	새로운 정책과 프로그램의 효과성과 같은 결정을 하는데 있어서, 분석가들은 부유하고, 도심지역이며, 산업지역인 곳에 초점을 맞추어야 한다. 그래야 늘어나는 세입을 빈민지역에 할당할 수 있게 된다.	4
3. 전문적인 관리자들(개혁정부)을 갖춘 시정부의 산업정책 산출물은 이러한 전문적인 관리자가 없는 시정부(비개혁정부)의 산업정책 산출물보다 더 크다.	개혁정부의 존재 유무에 따라서 분석가들은 정책제안을 조정하여야 한다.	2

주: (1) 경험적 일반화는 전문서적, 논문, 정부보고서 등을 포함한 이용 가능한 연구보고서에 근거한 것이다.
(2) 행동지침은 경험적 일반화로부터 도출된 것이다. 동일한 일반화는 때로 복수의 행동지침을 의미할 때도 있다.
(3) 일반화에 있어서의 신뢰정도를 나타내는데 사용된 숫자는 때로는 '코더'(coder)가 밝혀내어 일반화를 지지하는 신뢰할만하고 타당한 연구의 수에 근거를 둔 것이다.
출처: Rothman(1974): 254-265로부터 각색.

당성에 관한 전반적인 사정 등이 포함된다. 연구서베이 견본 양식을 <표 6-5>에 보여준다.

연구와 실제의 종합은 점검을 위한 접근방법으로서 다음과 같은 몇 가지 주요 장점들을 지닌다. 첫째, 사례서베이방법과 연구서베이방법은 정책집행에 관한 수많은 사례들과 연구보고서들을 편집하고 평가하는 데 있어서 상당히 능률적이다.62) 양자 중 어느 방법을 이용하던 간에 연구와 실제의 종합은 서로 다른 경험적 일반화와 그 함축된 의미를 체계적·비판적으로 검토해 볼 수 있도록 해준다. 둘째, 사례서베이방법은 정책결과에 영향을 주는 정책과정의 서로 다른 차원을 밝혀주는 여러 방법들 중 하나이다. 정책과정에 대한

62) 사례자료들에 대해서는 행정과 정책에 관한 수많은 사례들을 보존한 Electronic Hallway를 참조. 이러한 사례보존과 저장소 및 관리는 Evans School at the University of Washington에서 담당하고 있으며, 이는 공공정책대학원들의 제휴로 인한 산물인 것이다.

일반화는 유사한 환경 하에서 수행된 정책 및 프로그램들은 유사한 결과를 가져 온다는 결론을 지지하는 데 사용될 수도 있다. 끝으로 사례서베이방법은 주관적 사회상황뿐만 아니라 객관적인 사회 상황까지도 조사할 수 있는 좋은 방법이다. 이와 같은 사례서베이방법은 정책과정에 관하여 주관적으로 인식하고 있는 바에 대한 정보를 저렴하고도 효과적으로 얻을 수 있는 방법이다.[63]

연구와 실제의 종합이 갖는 주요 한계점은 방법의 신뢰성 및 타당성과 관련된다. 사례와 연구보고서는 그 질과 깊이에서 각양각색일 뿐만 아니라 흔히 자기 확신적인 면이 있다. 예를 들면, 많은 사례와 연구보고서는 연구 및 보고서의 한계 및 약점에 대한 명확한 언급이 없을 뿐만 아니라 흔히 일방적인 하나의 견해만을 내세우는 일이 많다. 이와 마찬가지로 기존의 이용 가능한 사례들도 단지 정책과 프로그램들의 '성공적인' 집행의 노력만을 보고하기 위한 경우가 많다.[64]

이러한 한계점에도 불구하고 연구와 실제의 종합은 정책행위와 결과에 대한 지식을 축적하기 위한 하나의 체계적인 방법이라고 할 수 있다. 연구와 실제의 종합은 전적으로 기존의 이용가능한 정보에만 의존하기 때문에 사회감사, 사회실험, 사회체제회계에 비하여 비용이 적게 든다. 동시에 이들과 같은 다른 접근방법들도 나름대로 각각의 뚜렷한 장·단점을 갖고 있다. 어떤 한 접근방법의 장점이 다른 접근방법의 단점이 되는 경우도 있다. 이러한 이유로 정책결과에 대한 가장 설득력이 있는 일반화를 위해서는 복수의 초점(투입, 활동, 산출, 결과, 영향)에 대하여, 다양한 형태의 통제방법들(실험적, 통계적)을 사용하고, 혼합된 방법들(mixed methods)의 조합에 기반을 두어야 할 것이다.[65]

5. 체계적 검토와 메타분석

체계적 검토는 표준화된 절차를 사용하여 정책관련연구의 발견사항들을

63) Zaltman, *Toward A Theory of Planned Social Change*; and Dunn and Swierczek, "Planned Organizational Change: Toward Grounded Theory" 참조.

64) 예를 들어, U.S. Agency for International Development, Deveopment Experience Clearinghouse (DEC)는 수만 건의 사례연구와 보고서를 보관하고 있다(https://dec.usaid.gov/).

65) John W. Creswell and Vicki L. Plano Clark, *Designing and Conducting Mixed Methods Research* 2nd ed. (Thousand Oaks, CA: Sage Publications, 2011) 참조.

식별하고, 사정하며, 종합함으로써 구체적인 질문에 관한 가장 이용가능한 증거를 요약하는 하나의 평가방법론이다. 체계적 검토는 정확하고, 방법론적으로 건전하며, 포괄적이고 바이어스가 없도록 설계된 과정을 통하여 사업과 정책의 효과성을 조사한다.[66]

체계적 검토(SR)와 메타분석(MA)은 정책의 결과와 영향을 점검하기 위한 필수불가결한 도구가 되었다. 예를 들어, 체계적 검토(SR)는 형사사법에서부터 교육정책까지 그리고 대테러 분야 사업과 정책의 결과에 대한 연구를 식별하는 데 도움을 준다. 그리고 체계적 검토(SR)는 이들 결과를 기록하는 데 사용된 연구의 방법론의 질을 평가하는 데에도 도움을 준다. 이들 두 문제는, 하나는 사업의 결과에 관한 것이고 다른 하나는 이들 결과에 관해 주장을 할 때 사용되는 증거의 질에 관한 것인데, 동전의 양면과 같다. 여기에서 동전은 '효과 있는 것'(what works)에 대한 증거이다.[67]

체계적 검토(SR)와 메타분석[MA, 말 그대로 분석의 분석(analysis of analysis)]은 증거에 기초한 정책분석과 프로그램평가의 중심이 되었다. 수만 가지의 체계적 검토와 메타분석이 교육, 청소년범죄, 의료보험, 의약, 국가안보, 국제개발 등의 분야에서 수행되었다. 이들 체계적 검토와 메타분석의 의도는 정보를 제공하여 정책설계와 집행과정에 영향을 미치고자 하며, 미래 연구가 이들 과정을 개선하도록 인도하는 것이다. 두 가지 방법 역시 정책문제를 구조화하는 데 필요한 핵심 정보를 제공한다(제1장). 비록 체계적 검토와 메타분석 모두 연구종합의 형태이지만, 중요한 차이는 메타분석이 전적으로 양적 연구에 기초하는 데 반해, 체계적 검토는 양적 연구와 질적 연구 모두를 포함할 수 있다는 점이다.[68]

중요한 공공정책에 대한 새로운 분석을 시도하기 위해서는 상당한 재정적, 인적, 물적 자원이 필요한 경우가 종종 있다. 국립과학아카데미(National

66) Campbell Collaboration Systematic Reviews: Policies and Guidlines(2015): 6. www.campbell coolaboration.org.

67) '효과 있는 것'(what works)이라는 말은 증거에 기초한 프로그램평가와 정책을 위한 암호가 되었다. '효과 있는 것'이란 말이 들어간 제목을 가진 새로운 책이 수백 권이다. 미국 교육부 산하 교육과학연구소(IES, the institute for education sciences)는 교육정책과 프로그램을 포함한 교육에서의 '효과 있는 것 정보센터'(WWC, What Works Clearinghouse)를 https//ies.ed.gove/에 유지관리하고 있다.

68) 질적 연구와 양적 연구의 조합은, 종종 혼합방법(mixed-methods)이라 부르는데 *Evidence-Based Policy: A Realist Perspective* (Thousand Oaks, CA: Sage Publications, 2006)에 있는 Ray Pawson의 연구에서 설명될 기회가 있었다.

Academy of Sciences)가 활용한 사례, 즉 육류섭취가 간암에 미치는 효과를 연구하는 사례에서, 비용이 백만 달러에 근접할 것이다. 만약 연구가 수행되었고, 그 연구가 이미 수행된 100개의 연구에 하나 더 추가되는 연구라면, 다음과 같은 의문이 생긴다. 새로운 연구를 수행함으로써 더 많이 배울 것인가, 아니면 체계적 검토나 메타분석에 투자함으로써 이미 가용한 연구들로부터 가능한 만큼 배울 것인가? 100번의 연구가 끝난 것을 알지 못한 채, 왜 101번째 정책분석을 수행해야 하는가?[69]

체계적 검토와 메타분석을 위한 방법들이 전문화되어 있고, 전용 소프트웨어가 연구를 저장하고, 분석하며, 결과를 발표하고자 할 때 이용될 수 있다.[70] 체계적 검토(SR)나 메타분석(MA)을 수행할 때 주요 단계는 기본적으로 동일하며, 수많은 책과 매뉴얼에 수록되어 있다.[71] 일반적으로 체계적 검토나 메타분석을 수행하는 데에는 적어도 7단계가 있다([그림 6-2]).

1. **예비 연구질문을 정의한다**(*define the preliminary research question*). 연구질문은 유용한 결과를 산출할 수 있도록 구체화되어야 한다. 예를 들어, 포괄의료비보상제도는 동일 질병에 대해 비용을 낮추는가? "의료보상제도가 비용에 어떻게 영향을 미치는가?" 같이 너무 일반적인 질문은 피한다.
2. **증거의 질을 정의한다**(*define quality of evidence*). 최근 정보검색체제는 모든 수준의 신뢰도와 타당성에 대한 정보를 담고 있다. 체계적 검토에 수용될 증거의 질에 대한 점수를 매길 수 있다. 예를 들어, 증거의 질을 횡단면연구, 상관관계연구, 또는 사례연구보다는 실험설계, 준실험설계, 자연실험으로 정의함으로써 질에 대한 점수를 매길 수 있다.
3. **탐색 및 검색 전략을 설계한다**(*design search and retrieval strategy*). 탐색과 검색에 사용될 키워드를 정한다. 정보검색체제에 달려있지만, 다양

69) Richard J. Light and David B. Pillemer는 *Summing Up: The Science of Reviewing Research* (Cambridge,MA: Harvard University Press, 1984), pp. 608에서 이런 경우에 관해 설명한다.

70) 이 소프트웨어는 Cochrane Collaboration(C1)와 Campbell Collaboration(C2)으로부터 이용할 수 있다. Review Manager(RevMan)라고 불리는 소프트웨어 패키지가 Cochrane으로부터 가용하다. www.cochranecollaboration.org.

71) 예를 들어, Harris M. Cooper, *Research Synthesis and Meta-Analysis: A Step-by-Step Approach*, 5th ed. (Thousand Oaks, CA: Sage Publications, 2017). Light and Pillemer, *Summing Up* 등이 유사한 단계들을 제시한다.

한 수준의 분석과 다양한 유형의 키워드를 탐색문자열에 포함시키는 전략을 설계하는 것이 종종 가능하다. 출판날짜와 저자(아는 경우)가 포함될 수 있다. 구글 학술검색(Google Scholar)과 다른 검색엔진은 탐색과 검색전략의 설계를 도와주는 풀다운 유틸리티를 가지고 있다.

4. **연구 모집단을 식별한다**(*identify population of studies*). 2단계와 3단계의 요구조건을 충족한 모든 연구가 식별될 것이다. 이는 종종 수십만 개의 연구로 구성된 하나의 연구 모집단을 의미한다. 예를 들어, 포괄지불 상환과 비용저감, 적정부담의료보험과 환자보호법(Affordable Care and Patient Protection Act, 일명 오바마케어)에 포함된 혁신 등을 검색하면 2000년 이후에 발표된 연구에 대한 539건의 인용을 찾을 수 있다. 이들 연구는 동료학자들이 검토한 학술지에 발표된 연구와 출판되지 않고 기관이나 비정부단체(NGO)에서 생산된 연구들이었다. 출판되지 않은 연구를 포함시킴으로써 출판바이어스(publication bias), 즉 긍정적인(positive) 발견이 있는 동료학자들이 검토한 연구만 포함될 때 나타나는 바이어스를 상대하였다.[72)]

5. **적절한 연구표본 선택**(*choice of relevant sample of study*). 읽고 코딩할 연구의 수는 코딩하는 사람에게 지불하는데 필요한 예산과 관련이 있다. 만약 연구의 수가 수만 개에 달하고, 반테러연구의 효과성에 대한 체계적 검토의 경우에는,[73)] 표본추출이 필요할 것이다. 하나의 표본추출 전략은 자주 인용되는 논문만 포함시키는 목적표집 전략인데, 이는 출판바이어스를 낳는다. 또 다른 전략은 연구목록 각 페이지에서 무작위로 표본추출 하는 것이다.

6. **분석 및 연구의 시각적 표시**(*analysis and visual display of studies*). 주요 분석은 효과 크기(예를 들어, 비용에 대한 다발지불의 측정된 효과)의 계산, 신뢰구간, 시각적으로 표시되는 깔때기 그림을 포함한다. 분석은 효과 크기뿐만 아니라 연구설계의 질, 즉 등급(grade)의 효과나 조사설계의 질도 포함한다.[74)]

---

72) 출판편의에 대한 자세한 논의는 Light and Pillemer, *Summing Up*, pp. 35-37, 164-165 참조.

73) Lum, Cynthia, and Leslie W. Kennedy, *Evidence-Based Counterterrorism Policy* (New York: Springer, 2012).

74) 질(quality) 지수를 사용하여 공공프로그램의 효과를 점검한 최초의 노력 중 하나는 Bernstein, Ilene Nagel, and Howard E. Freeman, *Academic and Entrepreneurial Research: Consequences of*

그림 6-2 체계적 검토 또는 메타분석을 수행하는 단계

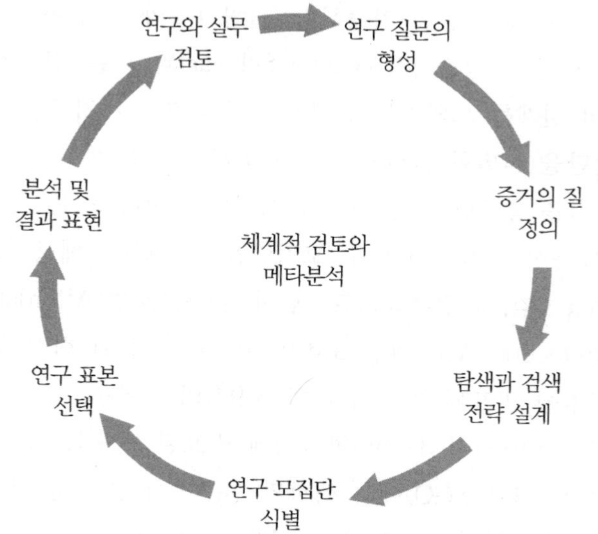

7. **연구자와 실무자의 검토**(*researcher and practitioner review*). 점검할 목적으로 체계적 검토와 메타분석을 수행하는 목적은 특정 정책에 관련된 많은 연구들을 종합하고 평가하는 것이다. 가능하다면, 연구자들과 실무자들은 처음에 프로그램의 작동을 설명하는 데 사용된 이론을 바꿀 수 있고, 그 이론은 기대되는 정책결과를 예측하는 과정을 바꿀 것이며, 아마도 새로운 정책대안을 가져올 것이다. 예를 들어, 시민교육이 투표나 다른 형태의 정치참여에 미치는 효과에 관한 연구들에 대한 하나의 방대한 체계적 검토에서는 시민교육은, 학교나 훈련시설의 활동으로 제한할 때, 효과가 거의 없다고 결론지었다. 성공적인 프로그램들은 외부 정치단체(이를테면 의회 위원회)에서의 실제 참여나 모의 참여를 사용했기 때문에, 서비스학습프로그램에 기초한 새로운 처방이 제안 근거로 사용되었다.

Ⅳ. 점검을 위한 방법

전 절에서 살펴본 점검을 위한 접근방법으로 얻은 자료를 분석하고 시각

Diversity in Federal Evaluation Studies (Russel Sage Foundation, 1975).

표 6-6 점검을 위한 다섯 가지 접근방법에 적합한 방법

접근방법	그래프에 의한 표시	도표에 의한 표시	지수치	효과 크기	시계열 분석	회귀 불연속 분석
사회체계회계	○	○	○	×	○	×
사회감사	○	○	○	×	○	×
사회실험	○	○	○	○	○	○
연구와 실제의 종합	○	○	×	○	×	×
체계적 검토와 메타분석	○	○	○	○	×	×

주: ○ = 접근방법에 적합한 방법, × = 접근방법에 적합하지 못한 방법

적으로 나타내는데 유용한 일반적 방법과 특수 방법에는 사회체제회계, 사회감사, 사회실험, 연구와 실제의 종합, 체계적 검토와 메타분석 등이 있다. 이들 접근방법에 적합한 방법들이 <표 6-6>에 예시되어 있다.

1. 그래프에 의한 표시

관찰된 정책결과에 대한 정보는 그래프에 의한 표시(*graphic displays*)의 형태로 나타내게 되는데, 이것은 하나 또는 그 이상의 산출변수, 결과변수, 영향변수의 값에 대한 시각적 표현을 의미한다. 그래프에 의한 표시는 어떤 한 시점 또는 여러 시점에서의 단일변수를 묘사하거나, 두 변수 사이의 관계를 요약하는 데 사용될 수 있다. 이 경우 그래프는 자료 세트를 두 개의 숫자 척도로 구성된 좌표 상에 위치시키는데, 그래프의 수평척도를 가로좌표(*abscissa*)라 부르고 수직척도를 세로좌표(*ordinate*)라고 부른다. 그래프가 인과관계를 표시하기 위하여 사용될 경우에, 횡축에는 독립변수(X)로 가정하여 X-축이라 부르는 반면, 종축에는 종속변수(Y)를 가정하여 Y-축이라 부른다. 점검을 하는 주요 목적들 중의 하나가 어떻게 정책이 정책결과에 영향을 미치는가를 설명하는 것이기 때문에 흔히, 투입, 활동 및 산출변수를 X축 상에 놓고, 결과 및 영향변수를 Y축 상에 놓는다.

가장 간단하고 유용한 그래프 형태 중 하나는 종축 상에 산출변수를 놓고, 횡축 상에는 시간을 표시한 시계열 그래프(*time-series graph*)이다. 만약

그림 6-3 자동차사고 사망자 수에 대한 두 가지 그래프에 의한 표시

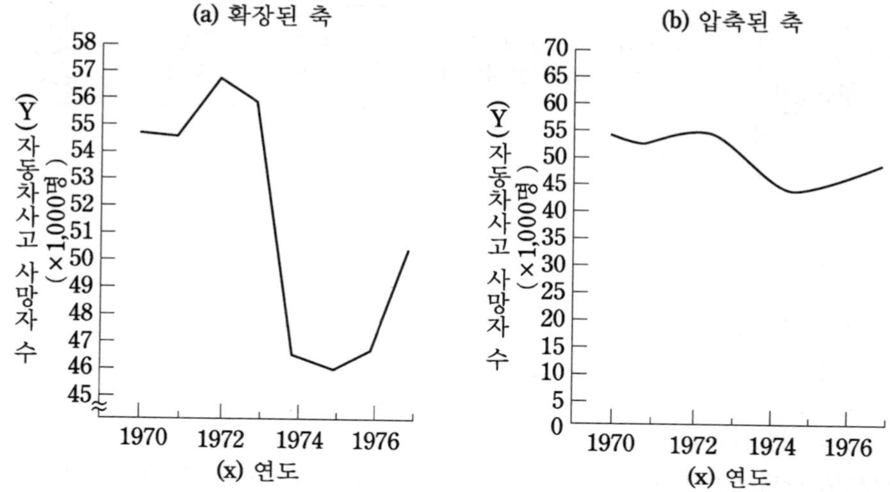

우리가 1970년과 1977년 사이의 자동차사고로 인한 사망자 수에 대한 경찰의 교통통제활동의 효과를 점검하려 한다면, 다음 [그림 6-3]의 (a)와 (b)에 나타낸 것과 같은 시계열 그래프를 이용하면 될 것이다. 그런데 여기서 그래프 (a)는 종축척도에 자동차 사고로 인한 사망자의 수가 1,000명 단위로 표시되어 있고 원점(종축과 횡축이 만나는 지점)은 44,000명인 반면에, 그래프 (b)는 사망자수가 5,000명 단위로 표시되어 있고, 원점은 0이란 사실에 주목해야 한다. 두 그래프 (a), (b)는 동일한 자료를 표시하고 있으며, 1974년에 시속 55마일 속도제한을 시행한 후 사망자 수의 감소를 보여주는데, 사망자 수의 감소현상은 그래프 (b)보다 그래프(a)에서 더욱 현저하게 나타난 것으로 보인다. 결국 이 실례는 종축의 단위 값을 크게 잡느냐 또는 작게 잡느냐에 따라 자료의 감지된 크기를 왜곡할 수 있음을 보여주고 있다. 간격의 크기를 정하는 데 있어서 따라야 할 분명한 규칙은 없기 때문에, 그래프에 표시된 변화의 숨은 의미를 검토하는 것이 요구된다. 터프티(Edward Tufte)의 '거짓 요인'(*lie factor*)을 사용하는 것이 또 다른 방법이다. 이 거짓 요인은 그래프나 다른 시각적 표현에서 보여주고 있는 공간 척도와 숫자 척도의 관계에 기초한다.[75]

75) Edward R. Tufte, *The Visual Display of Quantitative Information* (Cheshire, CT: Graphics Press, 1983). 거짓 요인은 그래프에 나타낸 효과의 크기를 데이터에 나타난 효과의 크기로 나눈 값으로 정의된다. 1/1=1.0 비율을 보여주는 그래프는 왜곡이 없음을 나타내고, 반면에 1±0.05보다 큰 비율

그래프는 또한 어떤 한 시점에서 둘 또는 그 이상의 변수들 사이의 관계를 표시하는 데 사용될 수 있다. 이러한 종류의 그래프를 제4장에서 논의한 것처럼 산포도(*scatter diagrams*)라고 부른다. 산포도는 한 변수가 다른 변수와 같은 방향으로 변화하는지 여부 즉, 두 변수가 서로 상관관계를 가지고 있는지의 여부를 알아보기 위하여 사용된다. 만약 어떤 변수가 시간적으로 선행하여 다른 변수에 영향을 미친다거나(예를 들면, 시간적으로 앞선 어떤 새로운 프로그램이 대상집단의 변화를 가져올 경우) 또는 상관관계가 있는 변수들을 설명할 만한 설득력이 있는 이론이 있다면(예를 들면, 소득수준이 높아질수록 저축성향이 증대한다는 경제이론), 이러한 변수들 사이에는 인과관계(*causal relationship*)가 있다고 주장할 수 있는 보증이 있게 된다. 그러나 변수들이 단순히 상관관계가 있다(*correlated*)고 해서, 즉 두 변수의 값들이 서로 공변하거나 또는 '동반한다'(go with)고 해서 어떤 한 변수가 다른 변수의 원인이라고 가정할 수는 없다.

그래프를 사용할 때 흔히 발생하는 문제점은 허위해석(*spurious interpretation*)으로서, 이는 서로 인과관계가 있는 것처럼 보이는 두 변수가 실제로는 각각 어떤 다른 변수와 인과관계를 갖고 있는 상황을 말한다. 허위해석에 관한 좋은 예로서 어떤 분석가가 자치단체의 소방활동에 관한 자료를 조사 및 관찰한 결과, 화재현장에 출동한 소방차의 수(투입변수)와 화재피해액(산출변수) 사이에는 서로 정의 상관관계가 있음을 발견하였다. 그런데 이러한 관찰된 상관관계는 출동한 소방차의 수가 화재피해를 줄이지 못한다는 주

그림 6-4 시의 소방활동에 대한 자료의 허위해석과 개연성 있는 해석

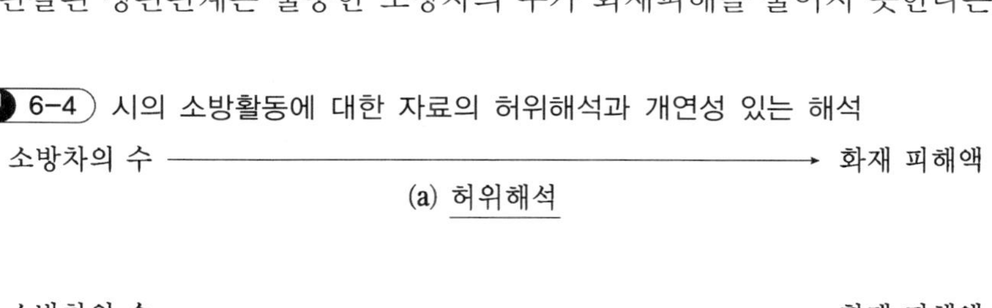

출처: Smith(1975): 325-326.

은 상당한 왜곡을 의미한다. ±10.0에서 ±50.0 그리고 그 이상의 거짓요인도 드물지 않다.

장에 사용될 수 있다. 왜냐하면 아무리 많은 소방차가 출동한다 하더라도 화재피해액은 같은 비율로 계속 증가할 수 있기 때문이다. 이러한 해석은 제3의 변수 즉, 화재의 규모를 고려하지 않았기 때문에 허위의(잘못된) 해석이 된다. 동 분석에 제3의 변수까지 포함해 보면 화재의 규모가 출동한 소방차 수와 화재피해액 둘 다와 상관관계가 있음을 알 수 있다. 이같이 제3의 변수를 포함시켜 분석할 경우 원래의 상관관계는 없어지게 되며, 아울러 우리의 해석은 허위적이라기보다는 오히려 개연성이 있는 해석이 된다([그림 6-4]). 따라서 최초의 두 변수간의 관계에 영향을 미칠 수 있는 모든 관련 변수들을 발견했다고는 결코 확신할 수가 없기 때문에 허위해석은 일종의 심각한 문제가 된다.

정책결과에 대한 자료를 표시하는 또 다른 수단으로써 막대그래프(*bar graph*)가 있는데, 이는 자료를 횡축(또는 종축)을 따라 서로 분리된 평행막대의 형태로 그려서 나타낸 것이다. [그림 6-5]의 막대그래프는 미국 도시들의 재정위기에 관한 분석의 일부로서 정책투입(시의 1인당 총인건비)에 대한 자료를 나타내기 위하여 사용된 것이다. 인구가 증가하고 있는 도시의 경우

그림 6-5 인구가 증가·감소하고 있는 시 및 뉴욕시의 1인당 총인건비를 나타내고 있는 막대그래프

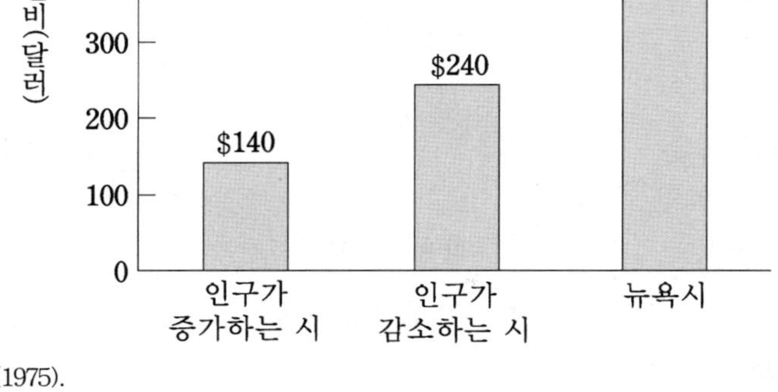

출처: Muller(1975).

1인당 인건비가 가장 낮은 반면에, 인구가 감소하는 도시의 경우는 인건비가 보다 높게 나타났다. 또한 이 막대그래프는 1973년도 뉴욕시의 다소 특수한 경우를 보여주고 있다.

정책결과에 대한 정보는 특정 범주(예, 연령 또는 소득)에 속해 있는 사람이나 또는 대상집단의 수를 그래프로 표시하는 집단도수분포(*grouped frequency distributions*)의 형태로도 이용될 수 있다. 예를 들면, 다양한 연령 집단별로 빈곤선 이하에 속해 있는 사람의 수를 점검하고자 할 경우에는, <표 6-5>에 있는 자료를 가지고 시작할 수 있다. 다시 이들 자료들은 두 가지 종류 즉, 히스토그램과 도수다각형의 그래프에 의한 표시로 전환될 수 있다.

히스토그램(*histogram*)은 어느 한 시점에서 결과변수의 집단도수분포에 대한 정보를 구성하여 나타낸 막대그래프의 일종이다. 히스토그램에서 횡축에 있는 막대의 폭은 서로 같고, 막대와 막대 사이는 틈이 없이 서로 붙어있다. 히스토그램에서 막대의 높이는 각 집단[계급 구간(*class interval*)이라고 부름]의 발생빈도를 나타낸다. [그림 6-6]의 (a)에 예시된 히스토그램은 1977년도에 있어서 몇 개의 연령범주별로 빈곤선 이하의 사람 수를 나타낸다. 히스토그램은 각 계급 구간의 중간점들을 자료의 점으로 하여 하나의 선으로 연결시켜 도수다각형{[그림 6-6]의 (b)}으로 전환될 수 있다. 히스토그램과 도수다각형의 차이점은 도수다각형의 경우 도수분포를 나타내기 위하여 일련의 선을 사용한다는 것뿐이다.

정책결과에 대한 정보를 표시하는 그 이외의 또 다른 방법은 종축을 따라 분포의 누적도수를 보여 주는 그래프인 누적도수다각형(*cumulative frequency polygon*)이다. 횡축을 따라 왼쪽에서 오른쪽으로 이동해가면서 첫 번째 집단에 있는 사람(또는 가정, 도시, 주)들의 빈도수를 종축에 점으로 나타내고, 그 다음에는 첫 번째와 두 번째 집단에 있는 사람들의 빈도수를 점으로 표시하는 식으로 계속 진행하면 횡축 끝에 가서는 모든 도수의 총합이 된다. 빈곤완화정책의 효과를 점검하는 데 있어서 유용하고 널리 사용되는 형태의 누적도수다각형이 바로 로렌츠 곡선(*Lorenz Curve*)이다. 이는 주어진 모집단 내의 소득, 인구 또는 주거상태 등의 분포를 표시하는 데 사용될 수 있다.[76)]

---

76) Lorenz 곡선에 관한 최초의 제시는 M. O. Lorenz, "Methods of Measuring the Concentration of Wealth," *Quarterly Publications of the American Statistical Association*, 9, 70 (1905): 209-219에 나타나 있다.

표 6-7 집단도수분포: 연령집단별 빈곤선 이하의 사람 수(1977)

연령집단	빈곤선 이하의 사람 수
14세 미만	7,856,000
14~21세	4,346,000
22~44세	5,780,000
45~54세	1,672,000
55~59세	944,000
60~64세	946,000
65세 이상	3,177,000
	총계 24,721,000

주: 빈곤선은 성별, 연령, 농촌 또는 비농촌 거주지역 등에 기초한 소비요구조건을 고려하여 만든 지수에 근거를 두고 있다. 빈곤선은 소비자 물가지수에 있어서의 변화를 반영할 수 있도록 개선되었다. 1977년에 연령과 거주지역에 관계없이 모든 사람들에 있어서 총 빈곤선은 연간 $3,067이었다.
출처: U. S. Department of Health and Human Services(2017).

그림 6-6 히스토그램과 도수다각형: 연령집단별 빈곤선 이하의 사람 수(1977)

(a) 히스토그램

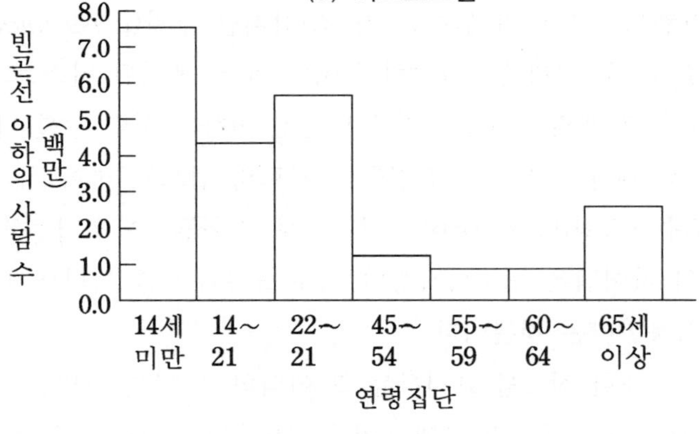

(b) 도수 다각형

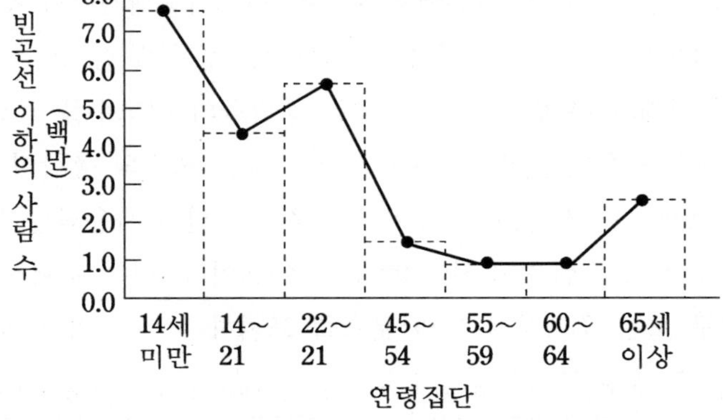

출처: U. S. Department of Health and Human Services(2017).

로렌츠 곡선을 통해 모집단 내에 있는 연속적인 각 인구집단비율에 따른 총소득액의 몫을 비교해 볼 수 있다. 이러한 인구집단비율을 5분위 수(*quintiles*) 또는 10분위 수(*deciles*)라 부르는데, 이는 각각 전체 모집단의 1/5 또는 1/10을 포함하고 있는 집단을 나타낸다. [그림 6-7]은 1975년도와 1989년도 미국의 가계개인소득의 분포를 나타낸 것이다. 로렌츠 곡선이 (완전 평등을 나타내는) 대각선에 가까워질수록 가계소득은 보다 더 균등하게 분포된 것을 의미하므로, 로렌츠 곡선은 1989년도에 비하여 1975년도에 가계소득이 보다 더 균등하게 분포되었음을 나타내 주고 있다. 1989년도 이후 미국의 가계소득은 점차 불균등하게 분포되고 있다.

2. 지니 지수

[그림 6-7]에 예시된 로렌츠 곡선은 특정 두 시점에서의 각 가정들 간의 소득분포를 나타낸다. 또한 로렌츠 곡선은 도시와 같이 공간적으로 조직화된 단위들 간 특정 유형의 활동들(예, 범죄나 인종차별)의 분포를 표시하는 데에

그림 6-7 미국의 가계개인소득의 분포에 관한 로렌츠 곡선(1975년, 1989년)

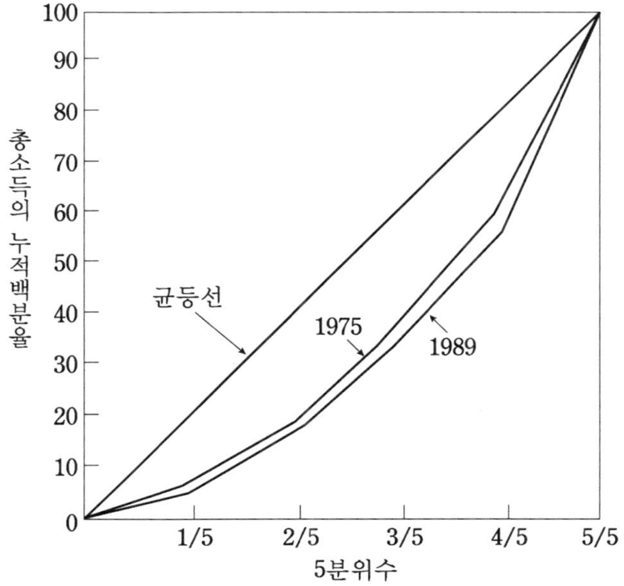

출처: U. S. Department of Health and Human Services(2017).

표 6-8 인구 10만 명당 경찰에 접수된 강력범죄에 대한 지니 집중률 계산(1976)

도시의 규모	도시의 수 (1)	강력 범죄 (2)	비율: 도시 (3)	비율: 범죄 (4)	누적비율: 도시 (Y_i) (5)	누적비율: 범죄 (X_i) (6)	$X_i Y_{i+1}$ (7)	$X_{i+1} Y_i$ (8)
250,000 이상	59	1095	0.008	0.379	0.008	0.379	0.0087	0.0046
100,000~249,999	110	573	0.015	0.198	0.023	0.577	0.0340	0.0166
50,000~99,999	265	416	0.036	0.144	0.059	0.721	0.1016	0.0494
25,000~49,999	604	338	0.082	0.117	0.141	0.838	0.2774	0.1306
10,000~24,999	1398	254	0.190	0.088	0.331	0.926	0.9260	0.331
10,000 미만	4925	216	0.669	0.074	1.000	1.000		
합계	7361	2892	1.000	1.000			Σ = 1.3477	Σ = 0.5322

$$\text{지니 집중률(GI)} = \frac{[(\Sigma X_i Y_{i+1}) - (\Sigma X_{i+1} Y_i)]}{\Sigma X_i Y_{i+1}}$$

$$= \frac{1.3477-0.5322}{1.3477} = \frac{0.8155}{1.3477}$$

$$= 0.605 = 0.61(\text{근사치})$$

출처: Federal Bureau of Investigation(1976).

도 활용될 수 있다.[77] 그리고 로렌츠 곡선은 지니 집중률(*Gini concentration ratio*, 종종 단순히 지니 지수라고 부름)의 형태로도 나타낼 수 있으며, 이러한 지니 집중률은 대각선 아래의 전체면적에 대한 대각선과 로렌츠 곡선 사이의 면적 비율로 측정된다. 이 비율을 계산하는 공식은 다음과 같다.

$$GI = \frac{[(\Sigma X_i Y_{i+1})-(\Sigma X_{i+1} Y_i)]}{\Sigma X_i Y_{i+1}}$$

여기서

77) 불평등에 관한 다른 지수들에 대해서는 Jack P. Gibbs, ed., *Urban Research Methods* (Princeton, NJ: Van Nostrand, 1961) 참조.

X_i = 지역(예, 도시)의 수에 대한 누적률 분포
Y_i = 인구 또는 특정 활동(예, 범죄)에 대한 누적률 분포

지니 지수의 계산방법을 보여주기 위하여, 형사치안정책 분야의 한 가지 실례를 들어 보기로 하자. 1976년도에 다양한 도시의 규모에 따른 강력범죄의 집중도를 알아보기 위하여 다음과 같은 절차에 따라 <표 6-8>을 작성해 보았다.

1. (1)열과 (2)열에 각 도시의 규모에 따라 보고된 도시의 수와 총 강력범죄 건수를 기입한다.
2. (1)열에 있는 시들의 비율분포를 계산하여 (3)열에 기입한다.
   예, 59 ÷ 7361 = 0.008.
3. (2)열에 있는 강력범죄건수의 비율분포를 계산하여 (4)열에 기입한다.
   예, 1095 ÷ 2892 = 0.379.
4. (3)열의 비율들을 아래로 누적시켜 그 결과를 (5)열에 기입한다.
   예, 0 + 0.008 = 0.008, 0.008 + 0.015 = 0.023 등.
5. (4)열의 비율들을 아래로 누적시켜 그 결과를 (6)열에 기입한다.
   예, 0 + 0.379 = 0.379, 0.379 + 0.198 = 0.577 등.
6. (5)열의 두 번째 행과 (6)열의 첫 번째 행을, (5)열의 세 번째 행과 (6)열의 두 번째 행을 곱하는 식으로 하여, 그 결과를 (7)열에 기입한다.
   예, 0.379 × 0.023 = 0.0087, 0.577 × 0.059 = 0.0340 등.
7. (6)열의 두 번째 행과 (5)열의 첫 번째 행을 곱하는 식으로 하여 그 결과를 (8)열에 기입한다.
   예, 0.008 × 0.577 = 0.0046, 0.023 × 0.721 = 0.0166 등.
8. (7)열을 합하여 그 총합(즉, 1.3477)을 기록한다. 또 (8)열을 합하여 그 총합 (즉, 0.5322)을 기록한다.
9. (7)열의 총합에서 (8)열의 총합을 뺀 다음 다시 (7)열의 총합으로 나눈다. 즉, (1.3477 − 0.5322) ÷ 1.3477 = 0.8155 ÷ 1.3477 = 0.605 ≒ 0.61. 이 결과가 바로 지니 지수이다.

지니 지수는 대각선 아래의 면적에 대한 대각선과 로렌츠 곡선 사이의 면적의 비율을 나타낸다. 이 지수는 부, 소득, 인구, 인종, 도시 거주자, 범죄, 기타 사회상황의 집중도를 묘사하는 데 사용될 수 있다. 지니 지수는 집중도에 대한 정확한 측정을 통하여 로렌츠 곡선이 제공하는 그림상의 표현보다도 더 많은 정보를 제공한다는 점에서 그 장점을 갖고 있다. 더욱이 지니 지수는 0(전혀 집중되어 있지 않음)에서부터 1(최대로 집중되어 있음)까지의 범위를 갖는다. 강력범죄의 집중도에 관한 앞의 예에서, 약 2%의 대도시(인구 10만명 이상의 도시)가 전체 강력범죄건수의 58% 정도를 차지하고 있음을 보여주고 있다. 만약 강력범죄가 모든 규모의 도시 간에 다소 균등하게 분포되었다면 지니 지수는 거의 대략 0에 가깝게 될 것이다. 그러나 실제에 있어서 강력범죄는 대도시에 심하게 집중되어 있으며, 0.61의 지니 지수 값은 총면적의 61%가 대각선과 로렌츠 곡선 사이에 있음을 알려 준다. 이것은 미국 형사치안정책에 있어서 중요한 의미를 갖는 실제적인 집중도가 된다.

3. 도표에 의한 표시

정책산출을 나타내는 또 다른 유용한 방법은 도표에 의한 표시를 작성하는 일이다. 도표에 의한 표시(*tabular display*)는 직사각형의 배열 속에 하나 또는 그 이상의 변수들에 관한 주요 특징을 요약·정리하기 위하여 사용된다. 도표에 의한 표시의 가장 단순한 형태는 1차원 도표(one-dimensional table)로서, 이는 연령, 소득, 지역, 시간 등과 같이 단일차원의 관심으로 정책결과에 대한 정보를 나타낸다. 미국에서 1950~1970년 기간 동안의 에너지 수요의 변화를 점검하고자 할 때 분석가는 1차원적인 도표에 의한 표시방법을 활용할 수 있을 것이다.

또한 예를 들어 시간의 흐름에 따른 연령별 그리고 인종별 빈곤율의 변화와 같이 2차원(two dimensions)의 도표로 정보를 배열할 수도 있다. 복지개혁이 미친 영향에 관심을 갖고 있는 분석가는 1968년도, 1990년도, 그리고 2006년도에 미국에서 빈곤수준 이하 사람들의 백분율의 변화를 점검하고자 할 수 있을 것이다. <표 6-9>는 1968년도 이래 노인들의 빈곤율은 급격히 감소한 반면, 어린이들 가운데 빈곤율이 증가하였음을 보여주는 정보를 제공

표 6-9 연령별·인종별 1968년, 1990년, 2006년의 빈곤율

빈곤율(단위: %)

	1968	1990	2006
전체	12.8	13.5	12.3
어린이들	15.4	20.6	17.4
연령: 18-64세	9.0	10.7	10.8
노인들	25.0	12.1	9.4
65세 이하 전체	11.5	13.7	12.7
백인	7.5	8.7	8.4
흑인	32.8	31.6	24.2
히스패닉	23.8	28.3	20.7

출처: Meyer and Wallace(2009): 9.

하고 있다. 비록 2006년도 전체 빈곤율은 11.5%로 떨어졌지만, 2006년도 전체 빈곤율은 1968년도와 실질적으로 같다.

고용, 서비스 수혜, 수입과 같은 어떤 결과변수의 수준별로 둘 또는 그 이상의 집단을 분석하는 경우에는 또 다른 다차원 도표(multidimensional table)를 사용하게 된다. 예를 들면, 사회실험은 어떤 특별한 형태의 처리를 받은 집단(실험집단)과 받지 않은 집단(통제집단)간의 비교에 근거를 두고 있는데, <표 6-10>은 공공기금에 의한 알코올 중독 치료 프로그램에 참여한 집단이 치료를 받은 후에 다시 체포된 수에서 어떤 차이가 있었는지를 평가하기 위해 사용되었다. 그 결과를 보면 처리하기(실험집단) 위해 알코올 중독 클리닉(alcoholism clinics) 또는 알코올 중독자 협회(Alcoholics Anonymous)에 대한 법원명령의 강제 단기위탁정책은 아무런 실험처리도 하지 않은 집단에 비

표 6-10 처리집단과 통제집단에서 음주운전 재범자의 수

재범자의 수	처리 집단: 알코올 중독 클리닉	처리 집단: 알코올 중독자 협회	처리안함	계
없 음	26 (32.0)	27 (31.0)	32 (44.0)	85
한 번 또는 그 이상	56 (68.0)	59 (69.0)	41 (56.0)	156
총 계	82 (100.0)	86 (100.0)	73 (100.0)	241

출처: Gilbert, Light, and Frederick Mosteller(1975): 94로부터 각색함.

해 별로 효과적이지 못한 것으로 나타났다.

4. 지수치

시간의 경과에 따른 결과변수의 변화를 점검하기 위한 또 다른 유용한 방법은 지수치 방법이다. 지수치(*index numbers*)는 하나의 지표 값 또는 지표들의 집합 값이 시간의 경과에 따라 기준 시점에 비해 상대적으로 얼마나 변화했는지를 나타내는 측정치이다. 기준 시점은 임의적으로 100의 값을 갖는 것으로 규정하여, 측정하고자 하는 지표의 후속변화를 비교하기 위한 표준으로서의 역할을 한다. 정책분석에는 많은 지수치들이 점검을 위해 사용되는데 소비자물가, 산업생산, 범죄의 심각성, 오염, 보건, 삶의 질, 그리고 그 이외의 중요한 정책결과에 있어서의 변화를 점검하는 데 사용되는 지수치가 이에 해당된다.

지수치는 가격, 양, 가치의 변화에 초점을 둘 수 있다. 예를 들면, 소비 품목의 가격에 대한 변화는 소비자물가지수(Consumer Price Index: CPI)의 형태로 요약되고, 제조 회사에서 생산한 상품들의 가치변화는 산업생산지수(Index of Industrial Production)로 요약된다. 지수치는 단순할 수도 있고 복잡할 수도 있다. 단순 지수치(*simple index numbers*)는 오직 하나의 지표만을 가진 것(예, 인구 10만 명당 범죄 건수)이며, 복합 지수치(*composite index numbers*)는 여러 개의 상이한 지표들을 포함한다. 복합 지수치에 관한 좋은 예로서 약 400여개의 상품과 서비스의 비용을 측정하는 데 사용되는 두 개의 소비자 물가지수가 있다. 이 중 하나의 지수는 모든 도시소비자들을 포함시킨 것인 반면, 다른 지수는 도시의 임금소득자와 사무직 노동자들만을 포함시킨 것이다.[78)]

지수치는 묵시적으로 가중(*implicitly weighted*)하거나 명시적으로 가중(*explicitly weighted*)할 수 있다. 묵시적 가중치의 경우에는 지표들의 상대적인 가치를 매기는 데 어떤 명백한 절차가 없다. 예를 들면, 대기오염지수에서는 일부 오염물질(예, 일산화탄소)로 인하여 손상된 건강에 대해 서로 다른 비용들을 고려하지 않고 여러 종류의 오염물질들(일산화탄소, 산화물, 이산화황

78) 1978년 1월에 소비자 물가지수(CPI)가 개정되었다. 이때부터 두 가지 지수가 산출되었다. 새로운 지수는 고용여부와 관계없이 모든 도시소비자들을 포함하고 있고 그리고 이는 비제도적인 인구의 80% 정도를 포괄한다. 구 지수는 도시임금소득자(Urban Wage Earners)와 사무직 노동자(Clerical Workers)를 포함하며 이는 신 지수에 포함된 인구의 약 50% 정도를 포괄한다.

등)을 단순히 총계화시킬 수 있다. 명시적으로 가중치가 부여된 지수의 경우에는 각 지표에 관한 상대적인 가치를 매겨 그와 같은 요인들을 고려한다.

지수치의 구성에는 두 가지의 일반적인 절차 즉, 총계화와 평균화가 있다. 총계화(*aggregative*) 지수는 주어진 기간 동안의 지표(예, 소비자 물가) 값들을 합산해서 구성한다. 평균화(*averaging*) 절차(소위 상대적 평균의 방법)는 총계화 절차에서는 계산하지 않는 시간의 경과에 따른 지표 값의 평균적인 변화를 계산한다. 유용하고도 간단한 총계적인 물가지수의 한 예로는, 후속기간 중 소득의 실제 값을 측정하는 구매력 지수(*purchasing power index:* PPI)가 있다. 구매력 지수(PPI)는 공공부문의 단체교섭활동의 일부로서 근로자들의 실질소득에 대한 임금협상의 영향을 점검하고자 할 때 사용될 수 있다. 구매력 지수는 소비자 물가지수 값을 사용하여 구성한다. 즉, 임금의 구매력을 결정하고 싶은 특정 연도(예, 2010년도)의 값을 찾아, 이 값을 기준연도(예, 2001년도)의 값에 대해 상대적으로 나타낸 특정 당해 연도의 재화와 서비스의 가격을 표시한 값인 상대가격(*price relative*)으로 환산한다. 아울러 이 상대가격을 역수(*reciprocal*)로 나누면 2001년도 시가로 표시한 임금의 구매력을 얻을 수 있다.

<표 6-11>에서 특정 연도의 구매력 지수의 값은 2001년 기준연도의 소비자물가지수와 비교해서 상대적으로 표시된 각 달러의 실질적인 화폐가치가 얼마나 되는지 나타낸다. 예를 들면, 2005년도 임금 1달러는 2001년도 1달

표 6-11 구매력 지수의 계산을 위한 소비자물가지수(1982~84=100)의 활용

연도	소비자 물가지수 (1)	상대가격 (2)	역 수 (3)	구매력 지수 (4)
2001	177.1	177.1÷177.1=1.0	1.0÷1.0	× 100=100.0
2002	179.9	179.9÷177.1=1.016	1.0÷1.016	× 100= 98.4
2003	184.0	184.0÷177.1=1.039	1.0÷1.039	× 100= 96.2
2004	188.9	188.9÷177.1=1.039	1.0÷1.039	× 100= 93.8
2005	195.3	195.3÷177.1=1.103	1.0÷1.103	× 100= 90.6
2006	201.6	201.6÷177.1=1.138	1.0÷1.138	× 100= 87.9
2007	207.3	207.3÷177.1=1.171	1.0÷1.171	× 100= 85.4
2008	215.3	215.3÷177.1=1.216	1.0÷1.216	× 100= 82.3
2009	214.5	214.5÷177.1=1.211	1.0÷1.211	× 100= 82.6
2010	218.1	218.1÷177.1=1.232	1.0÷1.232	× 100= 81.2

출처: U. S. Department of Labor, Bureau of Labor Statistics.

표 6-12 미국의 주당 실질임금(2001~2010)

연도	명목소득 (1)	구매력 지수 (2)	역 수 (3)	실질임금 (4)
2001	$596	1.0	1.000 × $596 =	$596.00
2002	608	98.4	.984 × 608 =	598.27
2003	620	96.2	.962 × 620 =	596.44
2004	638	93.8	.938 × 638 =	598.44
2005	651	90.6	.906 × 651 =	589.81
2006	671	87.9	.879 × 671 =	589.80
2007	695	85.4	.854 × 695 =	593.53
2008	722	82.3	.823 × 722 =	594.21
2009	739	82.6	.826 × 739 =	610.41
2010	747	81.2	.812 × 747 =	606.56

출처: U. S. Department of Labor, Bureau of Labor Statistics.

러의 구매력과 비교해 볼 때 약 90.6센트의 재화와 서비스를 살 수 있을 뿐이다. 구매력 지수는 직접 실질임금으로 전환될 수 있는데, 이는 당해 연도의 명목임금에 구매력 지수를 곱하면 된다. <표 6-12>에 계산된 것은 2001~2010년 동안 주당 소득의 실질 값이다. 2001년부터 2008년까지의 주당 실질임금은 596달러에서 594달러로 하락되었다. 그런데 2009년의 주당 실질임금은 610달러 이상 증가되었고, 2010년의 주당 실질임금도 606달러보다 더 증가되었음을 알 수 있다.

또 다른 하나의 유용한 총계화 지수로서 환경보호청(Environmental Protection Agency)의 지속적 대기점검 프로그램(Continuous Air Monitoring Program: CAMP)에서 개발된 오염물질 집중지수(Index of Pollutant Concentration)가 있다. 다양한 종류의 오염물질의 집중도는 백만분율(ppm) 또는 공기 1입방미터 당 백만분의 1그램($\mu g/m^3$) 단위로 측정되어 미국 전역에 걸쳐 설치된 여러 지점에서 5분 간격으로 기록테이프에 기록된다. 오염물질은 가스와 부유물의 두 가지 주요 범주로 나누어진다. <표 6-13>에는 1964년도의 두 평균 시점(5분과 1년) 동안에 시카고, 샌프란시스코, 필라델피아에서 보고된 오염물질의 최대집중도가 표시되어 있다. 일 년의 평균시점은 일 년 동안 매 5분 간격으로 보고된 오염물질의 총량을 당해의 5분 간격의 총수로 나눈 값이다. 5분의 평균시점은 단순히 각 5분 동안 기록된 오염물질집중도 가운데 최대집중도를 의미한다. 묵시적으로 가중치가 부여된 총계화의 계량

표 6-13 평균 5분과 1년 동안 시카고, 필라델피아, 샌프란시스코에 보고된 오염물질의 최대집중도

도시와 평균 시간	오염물질									
	가스[1]							부유물[2]		
	일산화 탄소	탄화 수소	일산화 질소	이산화 질소	산화 질소	산화물	이산 화황	납	유기물	황산염
시카고										
5분	64.0	20.0	0.97	0.79	1.12	0.17	1.62	NA	NA	NA
1년	12.0	3.0	0.10	0.05	0.15	0.02	0.18	0.6	15.1	16.6
필라델피아										
5분	43.0	17.0	1.35	0.37	1.50	0.25	1.00	NA	NA	NA
1년	7.0	2.0	0.04	0.04	0.08	0.02	0.09	0.8	12.2	19.8
샌프란시스코										
5분	47.0	16.0	0.68	0.38	0.91	0.29	0.26	NA	NA	NA
1년	7.0	3.0	0.09	0.05	0.14	0.02	0.02	NA	9.2	6.2

주: (1) 가스 오염물질은 1964년에 공기 백만분의 1단위로 측정되었다.
(2) 부유 오염물질은 1964년에 공기 1입방미터당 백만분의 1그램($\mu g/m^3$) 단위로 측정되었다.
NA=not available
출처: Singpurwalla(1975): 69-71.

지수는 시간의 경과에 따른 오염물질의 집중도를 점검하기 위해 개발될 수 있는데, 이 지수의 계산공식은 다음과 같다.

$$QI_n = \frac{\Sigma q_n}{q_0} \cdot 100$$

여기서
QI_n = 특정 기간 (n) 동안의 가스 오염물질의 양적 지수
q_n = 시계열상 n 기간 동안의 가스 오염물질의 양
q_0 = 시계열상 기준 기간(0)의 가스 오염물질의 양

이 공식을 기초로, 1970년도와 1975년도 사이의 오염물질(백만 톤으로 측정) 수준의 변화를 점검하기 위한 지수치를 계산해 낼 수 있다. 1970년도를 기준 기간(q_0)으로 잡고 1973, 1974, 1975년도의 양적 지수의 값을 계산해 낼 수 있을 것이다. 이들 양적 지수의 값들이 <표 6-14>에 나타나 있는데, 이에 따르면 총 오염물질 배출량이 1970년 이래 감소하고 있음을 알 수 있다.

이와 같이 오염에 관해 묵시적으로 가중치가 부여된 총계화 계량지수의

약점은 오염물질집중도 또는 그것이 건강에 미치는 피해의 상대적인 차이를 고려하지 못한다. 그러나 이와는 대조적으로 환경보호청의 지속적인 대기점검 프로그램의 일환으로 개발된 지수는 명시적으로 가중치가 계산되어 있기 때문에 특정 기간(평균시점) 동안 오염물질의 최대집중도를 조사할 수 있고 이 최대집중도를 알려진 건강의 위험상태에 결부시킬 수가 있다. 예를 들면, 1970년 이후 전반적인 오염물질의 양은 감소한 반면, 일부 도시에서는 특정 기간 중에 대단히 높은 오염수준을 기록하였다. 이와 같은 특정 기간에 대한 자료는 <표 6-14>에 예시된 묵시적으로 가중치가 부여된 총계화 계량지수에는 반영되어 있지 않다. 그런데 매우 중요한 것은 각 기간별로 서로 다른 유형의 오염물질집중도가 서로 다른 종류의 건강에 위험을 초래한다는 사실이다. 명시적으로 가중치가 부여된 계량지수는 각 기간(평균시점)별 오염물

표 6-14 묵시적으로 가중치가 부여된 총계화 계량지수

(미국 오염물질의 변화측정: 1970～1975년)

오염물질	양적 지수의 값			
	1970	1973	1974	1975
일산화탄소	113.7	111.5	104.2	96.2
이산화황	32.3	32.5	31.7	32.9
탄화수소	33.9	34.0	32.5	30.9
부유물	26.8	21.9	20.3	18.0
산화질소	22.7	25.7	25.0	24.2
	229.4	225.6	213.7	202.2
계량 지수 (1970=100)	100.0	98.34	93.16	88.14

$$QI_n = \frac{\Sigma q_n}{\Sigma q_0} \cdot 100$$

$$QI_{1790} = \frac{\Sigma 113.7 + 32.3 + 33.9 + 26.8 + 22.7}{\Sigma 113.7 + 32.3 + 33.9 + 26.8 + 22.7} \cdot 100$$

$$= \frac{229.4}{229.4} \cdot 100 = 100.0$$

$$QI_{1793} = \frac{\Sigma 111.5 + 32.5 + 34.0 + 21.9 + 25.7}{\Sigma 113.7 + 32.3 + 33.9 + 26.8 + 22.7} \cdot 100$$

$$= \frac{225.6}{229.4} \cdot 100 = 98.34$$

주: 백만 톤의 오염물질 중에서(가스와 부유물).

출처: U. S. Environmental Protection Agency.

표 6-15 오염물질에의 노출기간과 그에 따른 건강 및 환경상의 피해

노출기간	결 과	오염물질			
		일산화탄소	산화물	부유물	이산화황
1초	느낌				
	냄새	-	+	-	+
	맛	-	-	-	+
	눈의 자극	-	+	-	-
1시간	운동성과의 손상	-	+	-	-
	가시능력의 감소	-	+	+	+
8시간	판단력의 손상	+	-	-	-
	심장병환자의 압박	+	-	-	-
1일	건강의 손상	+	-	+	+
4일	건강의 손상	+	-	+	+
1년	식물의 손상	-	-	+	+
	침식	-	-	+	+

주: - 부호는 아무런 피해가 없음을 나타내고, + 부호는 피해가 있음을 나타낸다.
출처: Singpurwalla(1975): 66

질 집중도와 잠재적인 건강위험을 동시에 고려하고 있다. 비록 여기서는 지속적인 대기점검 프로그램이 보고한 평균시점을 기초로 하여 명시적으로 가중치가 부가된 총계화 계량지수를 구성하지는 않았지만, <표 6-15>의 오염물질에 노출된 기간과 건강 및 환경에 미친 피해와의 관계를 고려하는 것은 매우 중요하다.

정책결과의 변화를 점검하는데 널리 사용되는 여러 가지 지수가 있다. 이에는 앞에서 이미 살펴본 두 가지 소비자물가지수(하나는 모든 도시소비자에 대한 것이고 다른 하나는 도시임금소득자와 사무직 노동자에 대한 것)를 포함한다. 또한 생산자물가지수(PPI)가 있는데, 이는 1978년 이전에는 도매물가지수(WPI, wholesale price index)라고 불렀던 것으로 경제계에서 생산되는 모든 상품의 가격변화를 측정하는데 사용된다. 그리고 주요산업생산지수(IIP, index of industrial production)가 있는데, 이는 연방준비제도(federal reserve system)가 매월 발간하는 것으로 공장설비, 광산, 전력회사 등의 산출물 변화를 측정하는데 사용된다. 이들 지수는 모두 1967년을 기준연도로 삼고 있다. 이들 지수에 더하여 범죄의 심각도, 삶의 질, 의료의 질, 환경의 질 등을 측정하기 위해 구성된 지수들이 있다.

지수치에는 몇 가지 한계점들이 있다. 첫째, 명시적인 가중치를 부여하는 과정에서 흔히 정확성이 결여된다. 예를 들면, 서로 다른 종류의 오염물질들로 인한 피해의 추정은 부분적으로 판단에 근거하고 아울러 그로 인하여 생긴 건강문제에 금전적 가치를 부여한다는 것은 매우 어려운 일이다. 둘째, 사회의 모든 집단들에게 동등한 의미를 부여하는 지수를 구성하기 위한 표본자료를 얻기가 어렵다. 예를 들면, 소비자물가지수는 도시주민들이 구입하는 400여 가지 이상의 소비재 상품과 서비스의 표본에 기초를 둔다. 이 표본은 매월 56개의 도시지역에서 선정되며, 이렇게 해서 얻은 자료는 복합적인 전국지수를 구성하는 데 사용된다. 1978년도에 두 부문별 소비자 물가지수가 개발됨으로써 임금소득자와 사무직 노동자들뿐만 아니라 퇴직자, 노인, 실업자들까지도 의미를 가질 수 있는 지수치를 만들었으나, 소비자물가지수(CPI)는 아직도 많은 도시와 농촌지역의 물가 차이를 반영하지 못하고 있는 실정이다. 끝으로 지수치는 시간의 경과에 따른 지수항목들의 의미 또는 그 중요성에 있어서의 질적 변화를 항시 반영하지는 못한다. 예를 들면, 다양한 종류의 오염물질(예, 납성분의 미립자, 석면 등)이 미치는 영향에 대하여 보다 많은 것을 알수록 그들의 상대적인 중요성은 변하게 된다. 오염물질에 관한 단순한 양적 표시는 서로 다른 시점에서 그 오염물질에 부여된 사회적 가치(또는 무가치)의 변화를 반영할 수는 없을 것이다.

지수치는 광범위의 다양한 변화를 점검하는 데 사용될 수는 있지만, 이러한 기법으로는 정책결과의 변화와 그에 앞선 정책안을 서로 연결시키는 체계적인 방법을 제공하지는 못한다. 정책분석가로 하여금 정책이 정책결과에 미친 영향에 대하여 체계적 판단을 할 수 있게 해 주는 세 가지 방법들, 즉 효과 크기 측정, 단절적 시계열분석, 회귀-불연속분석 등을 살펴보고자 한다.[79] 이들 절차는 그래프에 의한 표시와 함께 사용되며, 제4장의 예측에서 논의했던 상관관계와 회귀기법들에 기초를 둔 것이다. 비록 이들 절차 중 두 가지(단절적 시계열분석과 통제-시계열분석)는 사회체제회계, 사회감사, 사회실험 등에도 똑같이 적용 가능하지만, 세 가지(효과 크기 계산, 단절적 시계열분석, 회귀-불연속분석)는 무작위표본추출에 의한 실험과 준실험에 전적으로

79) 아래의 논의는 Campbell의 두 전통적 논문 "Reforms As Experiments"와 Donald T.Campbell and H. Laurence Ross, "The Connecticut Crackdown on Speeding: Time-Series Data in Quisi-Experimental Analysis," *Law and Society Review* (1968): 33-53에 기초한다.

적용될 수 있다.

5. 효과 크기

체계적 검토(SR)와 메타분석(MA)을 수행하는 목표 중 하나가 정책과 사업이 바람직한 결과와 영향을 어느 정도 달성했는지를 판단하는 것이다. '효과 있다'(what works)는 것을 판단하기 위해서는 증거가 필요하다는 것이 정책분석 공동체와 프로그램평가 공동체에서의 의견이 거의 일치하고 있다. 일반적으로 실험 형태로 수행되는 정책개입은 몇 가지 요구조건이 있는데, 추정된 원인은 뒤따르는 결과를 산출하기 위해 적극적으로 조종되고, 정책과 결과 사이에는 상관관계가 있으며, 어떤 단위(사람, 집단, 또는 더 큰 실체)를 개입집단에 배정하고 다른 단위는 통제집단에 배정하기 위해 무작위추출이 사용된다. 대안적 설명을 배제하기 위하여 무작위배정이 사용된다. 예를 들어, 개입집단과 통제집단을 무작위로 선택하여 두 집단이 교육연한이라는 변수의 동일한 평균과 분산을 갖게 함으로써, 교육수준이 졸업비율을 좌우한다는 설명은 배제될 수 있다. 성공적으로 수행되면, 무작위배정은 만약 실험이 없었더라면 개입(실험)집단은 통제집단과 거의 동일하게 행동했을 것이라는 반사실적(counterfactual) 주장을 정당화할 수 있다. 실험집단이 동시에 '처리되고'(treated) '처리 안 되고'(not treated) 할 수는 없기 때문에 통제집단이 필요하다. 또 다른 형태의 실험인 준실험(quasi-experiment)은, 개입집단과 통제집단에 무작위배정하는 것이 논리적, 법적, 윤리적 이유 때문에 불가능한 경우를 제외하고는 무작위배정에 의한 실험과 거의 같다.

지금까지는 어떻게 원인과 효과가 측정될 수 있는가를 보여주려고 시도하지 않고, '원인'(cause)이라는 관념이 개념적으로 표현되었다.[80] 이러한 맥락에서 효과 크기를 측정하는 데 자주 사용되는 네 가지 방법이 있는데, 교차비율(O-R), 이원 효과 크기 표시(BESD), 위험비율(R-R), 표준평균편차

80) 인과관계와 인과적 추론은 여기에서 제시하는 것보다 더 복잡하다. 인과관계에 대한 더 발전된 설명은 Cook and Campbell, *Quasi-Experimentation: Design and Analysis Issues for Field Settings* (Boston: Houghton Mifflin, 1979), Ch. 1; Guido W. Imbens and Donald B. Rubin, *Causal Inference in Statistics, Social, and Biomedical Sciences* (Cambridge: Cambridge University Press, 2015); Pearl, Judea, Madelyn Glymour, and Nicholas P. Jewell, *Causal Inference in Statistics: A Primer* (New York: John Wiley & Sons, 2016)가 있다. Pearl 등은, 통계언어가 이미 가용하지만, 그것은 인과적 추론을 하기 위해서는 다른 언어로 대체되어야 한다고 주장한다.

표 6-16 교차비율 계산(<표 6-10>의 자료 이용)

	정책	정책 없음
성공	a	b
실패	c	d

a × d / b × c

(Cohen's *d*라고도 부름) 등이다.[81]

<표 6-10>으로 돌아가서, 우리가 답하고자 하는 질문 중 하나가, 만약 어떤 사람이 알코올 중독 클리닉 처리를 받으면 처리를 전혀 받지 않은 것과 비교하여, 한 번 또는 그 이상 다시 체포될 가능성이 작아지는가이다. <표 6-16>은 교차비율(O-R)을 계산하여 이들 질문에 답한다. 교차비율의 공식은 O-R = ad ÷ bc 이고, a, b, c, d는 <표 6-16>에 나타낸 것처럼 정의된다.

알코올 중독 클리닉에 대해서는, O-R = (a × d) ÷ (b × c) = (26×59) ÷ (27×56) = 1,534 ÷ 1,512 = 1.014이다. 이 교차비율은 거의 1이기 때문에, 알코올 중독 클리닉 처리는 알코올 중독자 협회 처리와 비교해서 거의 아무런 차이가 없음을 나타낸다. 대신에 알코올 클리닉 처리와 처리안함의 성공 교차비율을 비교한다면(<표 6-10> 참조), O-R = (a × d) ÷ (b × c) = (27×41) ÷ (32×56) = 1,107 ÷ 1,888 = 0.586임을 알 수 있다. 알코올 중독 클리닉 처리와 알코올 중독자 협회 처리 사이 성공 교차비율은 거의 동등한(1.014) 반면에, 알코올 중독 클리닉과 처리안함의 성공 교차비율은 0.586으로 1보다 상당히 작다. 그러나 이들 교차비율을 해석할 때, 선정바이어스의 가능성을 알고 있어야 한다. 알코올을 마시지 않는 어떤 사람이 집단들 중 하나에 과대하게 대표될 수 있는 것이다. 개선된 분석은 정책 개입 전, 후에 무작위로 선택된 음주 집단을 구성하는 것이다.

하나의 예로 <표 6-17>을 사용하면, 다른 효과크기 측정치를 계산할 수 있는데, 이원 효과 크기 표시(BESD)는 {a ÷ (a + c)} - {b ÷ (b + d)} = (26 ÷ 82) - (27 ÷ 86) = 0.317 - 0.314 = 0.003으로 알코올 중독 클리닉은 재범

81) 효과 크기를 측정하는 데 가끔 사용되는 다른 방법으로 Pearson's *r*, Cramer's *V*, *Phi* 등이 있다. 일반적으로 표본의 크기에 의한 편의 때문에 *p*-value와 기타 통계적 유의성 검정은 효과 크기에는 사용되지 않는다.

표 6-17 이원 효과 크기 표시(BESD)와 위험비율(R-R)의 계산

결과/정책	알코올 중독 클리닉	처리안함
성공/체포 없음	27 (0.317)	27 (0.314)
실패/한 번 이상 체포	56 (0.683)	59 (0.686)
	82 (100.0)	86 (100.0)

에서 효과는 있지만 무시할 수 있을 만큼의 효과밖에는 없음을 나타낸다. 위험비율(R-R)도 이원 효과 크기 표시(BESD)와 비슷한데, 분모가 열의 합(a + c 또는 b + d)이 아니라 3번째, 4번째 셀로서 R-R =(a ÷ c) - (b ÷ d)이다. 위험비율(R-R)은 다른 정책과 비교하여 하나의 정책을 채택하는 것이 얼마나 위험한가를 나타낸다. 이 예에서는 위험이 거의 같다(0.464-0.457=0.007).

아마도 가장 널리 사용되는 효과 크기 측정치는 Cohen's *d*(=ES)이며, 다음과 같이 정의된다(ES= 효과 크기, G_1과 G_2는 두 집단을 가리킴).

$$ES = \frac{\overline{X}_{G1} - \overline{X}_{G2}}{s_{pooled}} = \sqrt{\frac{s_1^2(n_1 - 1) + s_1^2(n_2 - 1)}{n_1 + n_2 - 2}}$$

예시를 위해 알코올 중독 클리닉과 처리안함 간의 예를 다시 이용한다. 그러나 이 가상적인 예에서 0.0부터 100.0까지의 연속적인 성공측정치(즉, 자동차운전 준비에 대한 상담자 평가)가 있고, 3.0이라는 차이가 있다고 가정한다. <표 6-18>에서 두 번째 열에 평균 성공(average success)이라 표시되어 있고, 괄호 안에는 전체 표준편차를 계산하기 위해 필요한 분산(s^2)이 표시되어 있다(위의 공식 참조).

0.201이라는 Cohen'c d 값은 표준화된 값이기 때문에, 같은 단위의 측정치에서 효과를 비교할 때 이용될 수 있다. 일반적으로 다음과 같이 해석된다.

0.20 = 약한 효과

0.50 = 보통 효과

0.80 = 강한 효과

표 6-18 표준평균편차(Cohen's *d*)의 계산

결과/정책	알코올 중독 클리닉	처리안함
평균 성공	52.1 (221)	49.1 (225)
N	82	86

$$ES = \frac{\overline{X}_{G1} - \overline{X}_{G2}}{s_{pooled}}$$
$$= \frac{52.1 - 49.1}{14.9} = 0.201$$

이 예에서 Cohen's *d*는 약한 효과(0.201)를 제시하지만, 교차비율(O-R) 1.014나 이원 효과 크기 표시(BESD) 0.003보다 훨씬 큰 효과를 나타낸다. 교차비율(O-R)과 이원 효과 크기 표시(BESD)는 무시할 만큼 작다.[82] 코헨(Cohen) 등은 계수의 융통성 없는 해석에 대해 경고하는 것을 주목해야 한다. 예를 들어, 매우 작은 계수 값 *d*=0.11은 실제로 약한 효과가 아닐 수 있다. 충분치 못한 정책투입(투자자금)으로는 적당한 효과 또는 강한 효과를 창출할 것이라고 기대할 수 없는 경우도 있기 때문이다.

6. 단절적 시계열분석

단절적 시계열분석(*interrupted time-series analysis*)은 정책개입이 정책결과에 미친 효과를 그래프와 통계 형태로 표시하기 위한 일련의 절차이다. 단절적 시계열분석은 특정 기관이 예컨대, 특정 주의 전체 관할지역 또는 빈곤세대의 모든 대상집단에 영향을 미칠 어떤 행위를 취하게 되는 문제에 적합하다. 이 때 정책행위는 특정 관할지역 또는 대상집단의 사람들에 국한되기 때문에, 다른 관할지역들과 정책결과들을 비교한다거나 다른 범주에 속하는 대상집단들과 정책결과를 비교할 기회를 갖지는 못한다. 따라서 이 같은 상황하에서 유일한 비교 기준은 이전 년도의 결과들에 관한 기록뿐이다.

단절적 시계열 그래프는 (예컨대, 고속도로상의 사망률, 의료지원의 수혜

82) 효과 크기에 대한 다른 측정치와 그 장·단점에 관한 자세한 논의로는 Mark W. Lipsey and David B. Wilson, *Practical Meta-Analysis* (Thousand Oaks, CA: Sage Publications, 2001)가 있다. Excel에 기초한 실제 효과 크기 계산기가 David B. Wilson에 의해 개발되었다. Campbell Collaboration 웹사이트 www.campbellcollaboration.org에서 이용할 수 있다. 이 웹기반 효과 크기 계산기는 메타분석과 체계적 검토를 위한 효과 크기를 계산하기 위하여 설계되었으며, 한 유형의 효과 크기(예, O-R)를 다른 유형(예, *d*)으로 바꾸는 데 사용될 수 있다.

그림 6-8 효과의 유·무를 나타내는 단절적 시계열

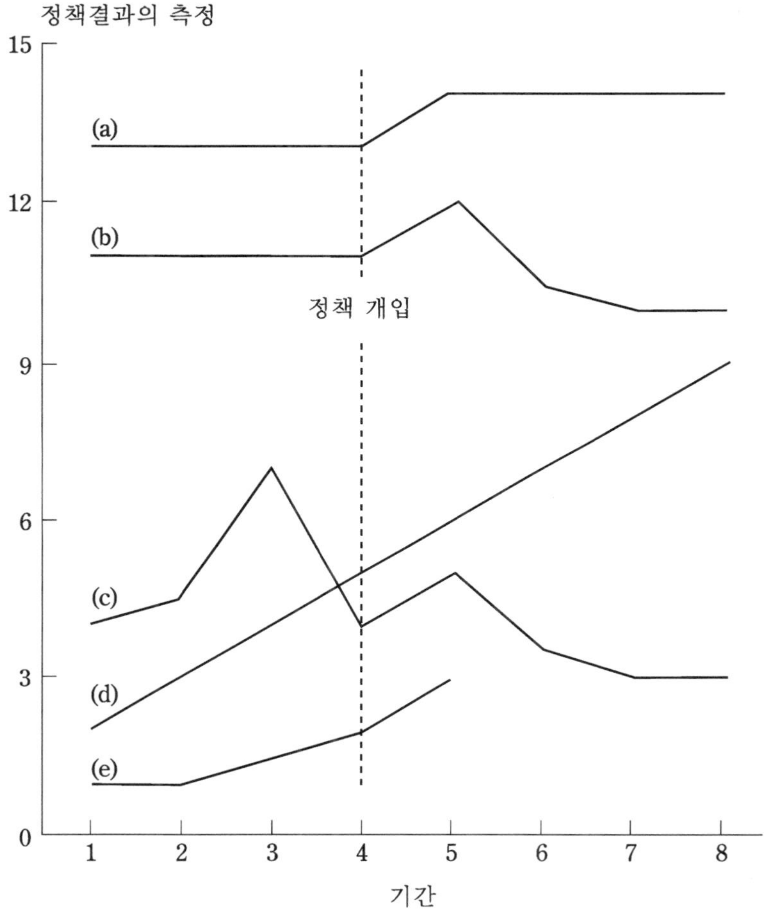

출처: Campbell and Stanley(1963): 38.

자 수, 직업훈련원생의 취업률, 의료사고의 사망률 등과 같은) 어떤 정책결과의 측정에 관한 정책개입의 효과를 시각적으로 평가하는 데 매우 강력한 도구이다. [그림 6-8]에서도 알 수 있듯이, 어떤 정책개입은 정책결과에 진정한 영향을 미치는 반면, 그렇지 못한 경우도 있다. 개입 (a)와 (b)는 개입 이후 측정된 정책결과의 값에 실제적으로 유의미한 증가를 가져왔으므로 정책개입이 어떤 가치 있는 결과의 증가에 개연성이 높게 관련되어 있음을 알 수 있다. 그러나 그 중 개입 (b)는 가치 있는 결과가 영속적이지 못했음을 보여준다. 즉, 그 결과가 다섯 번째 시기 이후부터는 '감소'(fade)하기 시작하였기 때문이다.

개입 (c)도 역시 영속성이 부족하지만, 이는 또한 개입 이전에 측정된 정책결과의 극대치에 비해서 보다 낮음을 알 수 있다. 이것은 개입 이후의 증가가 아마도 시계열상의 평균값으로 '회귀'(regression)하려는 데에 있었음을 의미한다. 즉 네 번째 시기와 다섯 번째 시기 사이의 증가는 정책개입이 없이도 어떻게든지 일어날 수 있음을 의미한다. 개입 (d)에서는 측정된 결과변수 값의 변화율에 있어서 아무런 차이가 없으므로 개입효과가 없었음을 보여준다. 끝으로 개입 (e)에서는 개입 이전에 이미 증가 추세에 있었으므로 개입 이후 측정된 정책결과에는 미량의 증가만이 있음을 나타낸다. 이와 같은 미약한 효과를 가지고 개입이 네 번째와 다섯 번째 시기 사이에 있어서 증가를 가져왔다고 결론짓기에는 충분하지 못하다. 만약에 다섯 번째 시기 이후의 후속자료가 이용가능했다면, 이는 개입 이후의 증가가 아마도 영속성이 부족하든지 또는 같은 증가율로 증가했을 수도 있다. 그러나 여기서 [그림 6-8]에 나타난 상황만으로는 그 중 어느 것인지 단순히 알 수 없다.

단절적 시계열분석은 '준실험'이라고 불리는 정책실험의 접근방법에 특히 적합하다. 여기서 준실험(*quasi-experimental*)이란 진정한 의미의 실험이 갖추고 있는 즉, 참여자들의 무작위선정, 실험집단과 통제집단에의 무작위배정, 실험집단과 통제집단에 대한 '처리'(정책)의 무작위배정, 실험처리(정책) 이전과 이후의 결과에 대한 측정 등의 제 특징들을 갖추고 있는 실험이지만, 그 중 일부가 결여된 실험을 말한다. 단절적 시계열분석이 갖고 있지 못한 유일한 면은 참여자나 구성원들의 무작위 선정에 관한 점이다. 그 이외의 세 가지 특징들은 정책 및 프로그램이 관심 있는 결과에 어떤 차이를 가져왔는지를 시험하기 위해 설계된 많은 준실험에서 나타난다.

단절적 시계열분석을 머릿속에 그리기 위한 가장 좋은 방법으로 구체적인 실례를 들어보자.[83] 1956년 코네티컷 주의 주지사 리비코프(Abraham Ribicoff)는 1955년도의 교통사고 사망자 수가 많음을 알고, 주의 속도제한법 위반자에 대하여 강력한 단속을 실시하였다. 단속실시 이전 1955년도의 사망자 수는 324명이었는데 비해 단속실시 이후인 1956년도 말에는 284명이었다.

---

83) Campbell, "Reforms As Experiments" pp. 75-81; and Donald T. Campbell and H. Lawrence Ross, "The Connecticut Crackdown on Speeding: Time-Series Data in Quasi-experimental Analysis," *Law and Society Review*, 3, no.1 (1968), pp. 33-53 참조.

그림 6-9 1956년 차량속도단속 전·후의 코네티컷 주 교통사고 사망자 수

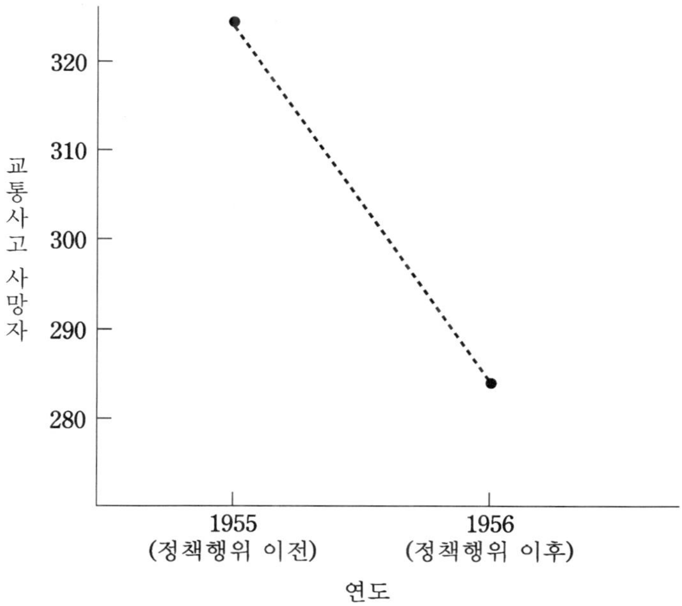

출처: Campbell(1969).

따라서 주지사 리비코프는 차량속도에 대한 단속결과를 다음과 같이 해석하였다. 즉 “1956년에 40명의 생명을 구함으로써, 1955년도 교통사고 희생자 수를 12.3% 줄인 점으로 보아, 본 프로그램은 명백히 가치 있는 프로그램이었다라고 말할 수 있다.” 그리고 속도단속의 뚜렷한 결과를 보여주기 위하여 [그림 6-9]의 그래프로 표시하였으며, 또 효과의 크기를 좀더 과장하기 위해 종축의 값을 의도적으로 늘려 잡았다.

단절적 시계열분석을 사용하여 코네티컷 주의 차량속도단속 결과를 점검하기 위해서는 다음과 같은 몇 가지 단계를 거치게 된다.

1. 명백한 관찰효과가 지나치게 과장되지 않도록 종축 값을 축소시킨다. 여기서 간격을 10명의 사망자 수에서 25명의 사망자 수로 바꾼다.
2. 정책집행 전과 후의 다년간에 걸친 교통사고 사망자의 수치를 구하여 그래프에 표시한다. 즉, 1951년부터 1959년까지 시계열자료를 확장 표시한다.
3. 정책이 집행된 연도 즉, 1956년도 초에 시계열을 중단시키는 수직선을 그

그림 6-10 확장된 시계열 그래프

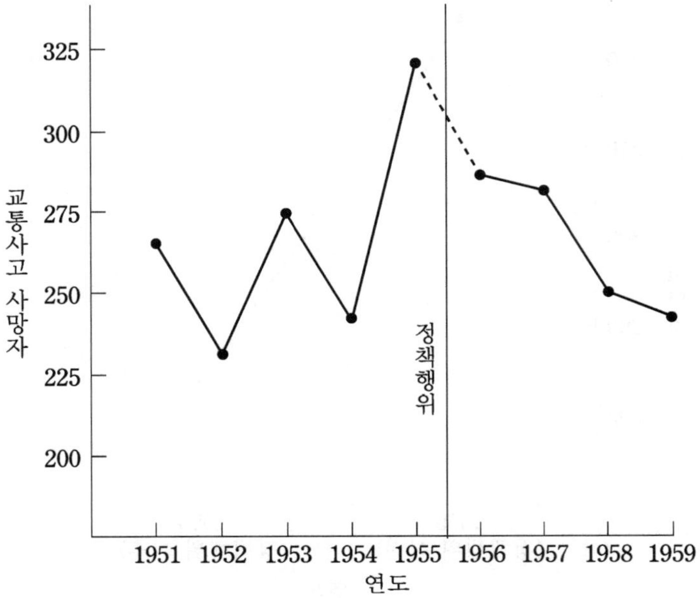

출처: D T. Campbell, "Reforms as Experiments," *American Psychologist,* 24, 4(1969).

린다(따라서 '단절적 시계열'임). 시계열에서 연도를 표시하기 위해 사용된 간격들은 각 연도의 중간시점(7월 1일)을 나타내므로, 두 간격 사이의 어떠한 중간점도 1월 1일의 시계열값을 가짐에 주목해야 한다.

이상의 절차를 따른 결과가 [그림 6-10]에 표시되어 있으며, 이를 단절적 시계열 그래프라 부른다. 이 그래프를 보면 [그림 6-9]에서 나타난 정책결과에 관한 시각적 이미지와는 전혀 다르다는 것을 알 수 있다.

단절적 시계열분석의 장점 중 하나는 정책결과에 대한 인과적 추론의 타당성을 저해하는 다양한 요인들을 체계적으로 고려할 수 있다는 점이다. 이미 앞에서 논의한 바와 같이, 이와 같은 타당성의 저해요인(또한 경쟁가설이라고 함)들이 중요한 이유는 단절적 시계열 그래프에 표시된 정책결과(교통사고 사망자 수)와 '속도단속이 교통사고 희생자 수를 명백하게 줄였다'라고 주장하는 리비코프 주지사의 인과적 추론을 비교해 볼 때 쉽게 알 수 있다. 그러면 [그림 6-10]에 표시된 자료를 고려하여 이러한 주장의 타당성을 위협할 수 있는 몇 가지 요인들을 검토해 보자.

1. **성숙요인**(*maturation*). 집단의 구성원(본 사례의 경우 운전자)들 내에서 발생한 특성변화가 정책행위와는 별도로 정책결과에 대하여 영향을 끼칠 수가 있다. 예를 들면, 코네티컷 주의 교통사고 사망률은 운전자들을 위한 교육프로그램이나 공공안전캠페인 등 점증하는 사회학습의 결과로 인하여 수년 동안에 걸쳐 감소되어 왔을 수도 있다. 그러나 단순히 정책의 전-후만을 나타내는 그래프 즉, [그림 6-9]로는 이와 같은 가능성이 있는 요인의 독립적 효과를 알아낼 수는 없다. [그림 6-10]의 단절적 시계열 그래프를 사용할 경우, 개입 전·후의 교통사고 사망자 수에 있어서 장기간의 지속적인 감소추세를 보여주고 있지 않기 때문에 개연성 있는 경쟁적 설명으로서의 성숙요인을 배제할 수 있다.
2. **불안정요인**(*instability*). 모든 시계열은 어느 정도 다소나마 불안정하다. 단절적 시계열 그래프에서는 이러한 불안정성이 보다 확연하게 나타난다. 1955~1956년 사이의 사망자 수가 감소한 정도는 1951~1952년과 1953~1954년 사이에 감소한 정도보다 단지 약간 더 클 뿐이기 때문에, 정책결과가 정책행위의 귀결이라기보다는 불안정성의 귀결이라고 볼 수도 있을 것이다. 한편 1956년 이후 교통사고 사망자 수는 증가되지는 않았다. 비록 1956년 이후 교통사고 사망자 수의 감소추세는 주지사의 주장을 설득력 있게 해주지만, 이 논증은 [그림 6-10]과 같은 단절적 시계열그래프 없이는 불가능할 것이다.
3. **회귀인공요인**(*regression artifacts*). 정책결과를 점검하는 데 있어 정책행위로 인한 효과를 그 정책프로그램의 대상으로 선정된 개인 또는 집단들에 의해 발생하는 효과로부터 분리시키기 어려운 경우가 흔히 있다. 만일 1955년도의 교통사고 사망자 수가 하나의 극단적인 측정값을 나타낸다면, [그림 6-10]만 갖고 생각한다면 이 경우에 해당되는데, 1956년도 교통사고 사망자 수의 감소는 평균값이나 또는 시계열의 일반적인 추세로 회귀하려는 극단값의 성향을 단순히 반영한 것에 불과할 수도 있다. 1955년도 사망자의 수는 사실상 시계열상에서 가장 극단값이다. 이러한 이유로 1955~1956년 사이에 감소된 사망자 수에 대한 설명의 일부는 시계열

의 불안정성 요인과 함께 회귀인공물요인에 기인한 것이라고 볼 수도 있을 것이다. “정책결정자들은 문제가 매우 심각하거나 극단상황에 처해 있을 때 행동을 취하려고 한다”라고 하는 한 가지의 중요한 이유만을 보더라도, 회귀인공물은 정책결과에 대한 주장의 타당성을 위협하는 특히 중요한 요인이 된다.

통제-시계열분석(*control-series analysis*)은 단절적 시계열설계에 하나 또는 그 이상의 통제집단들을 첨부한 것으로서, 이는 다른 집단의 특성들이 본래의 정책행위와는 별도로 정책결과에 어떤 독립적인 효과를 미치는지 알아내기 위한 것이다. 통제-시계열분석의 논리는 단절적 시계열분석의 논리와 똑같다. 다만 정책행위에 노출되지 않았던 집단(들)도 그래프에 첨부된다는 점이 다르다. [그림 6-11]은 코네티컷 주의 본래의 자료와 함께 통제된 다른 주의 교통사고 사망자에 관한 자료를 나타낸 것이다.

통제-시계열분석을 통해 정책행위가 정책결과에 미친 효과에 대한 주장

그림 6-11 통제-시계열 그래프

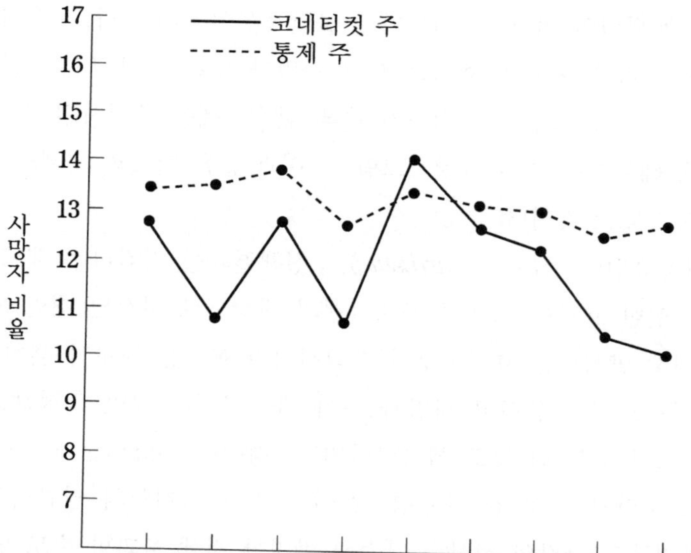

출처: Donald T. Campbell, “Reforms as Experiments,” *American Psychologist*, 24, 4(1969).

의 타당성을 좀 더 면밀히 조사해볼 수 있다. 예를 들면, 통제-시계열자료는 역사요인(갑작스런 기상조건의 변화)과 성숙요인(운전자들이 습득한 안전운행습관)에 근거한 경쟁적 주장을 어느 정도 부분적으로 지지할 수 있게 한다. 따라서 코네티컷 주와 통제된 다른 주에서 1952~1955년 사이의 교통사고 사망자 수는 유사한 증가와 감소의 추세를 보이고 있다. 그러나 1955년 이후에는 코네티컷 주의 교통사고 사망자수가 통제된 다른 주의 사망자수 보다도 더 급속히 감소하고 있다는 것도 분명히 나타나 있다. 이와 같이 통제-시계열 그래프를 통하여 정책의 성공을 주장하는 주지사를 보다 비판적으로 평가할 수 있을 뿐만 아니라, 이 경우 개연성이 있는 경쟁적 해석도 제거할 수 있게 된다. 통제-시계열분석은 정책주장을 위한 보다 확고한 근거를 제공해 주는 효과를 가지고 있다.

내적·외적 타당성을 위협하는 다양한 요인들과 함께, 단절적 시계열분석 및 통제-시계열분석은 정책논증에 사용될 수 있다. 1955~1956년 사이에 교통사고 사망자 수의 감소에 관한 원래의 자료는 정보(I)를 나타내는 반면, 정책주장(C)은 "본 프로그램은 명백히 가치가 있다"가 된다. 한정어(Q)로는 '명백히'(*definitely*)라는 용어가 가리키듯 최대한의 확실성을 나타내고, 정보를 주장화시키는 데 필요한 함축적(*implicit*)인 근거(W)는 정책행위가 교통사고 사망자 수의 감소를 가져왔다는 사실이 된다. 이 사례에서 가장 중요한 것은 일련의 반론(R)인데 이는 내적·외적 타당성을 위협하는 다양한 요인들 즉, 역사, 성숙, 불안정성, 검사, 도구, 상실, 선정, 회귀인공물 등의 요인들에 의해 펼쳐질 수 있다. 주장에 관한 타당성을 위협하는 이러한 요인들이 [그림 6-12]에 정책논증의 형태로 제시되어 있다.

본 장에서 논의할 마지막 절차는 회귀 및 상관관계 절차의 연장에 관한 부분이다. 선형회귀와 상관관계는 앞에서 이미 어느 정도 자세하게 다루었기 때문에, 여기서는 반복하여 다루지 않고 다만 이러한 기법들이 예측에서와 마찬가지로 점검문제에도 적용될 수 있다는 점을 강조하고자 한다. 회귀분석은 미래의 결과를 예측하기보다는 과거의 결과를 설명하는 데 사용될 수 있고, 그 분석결과는 흔히 과거의 사건들을 (통계학적 의미로) 예측한다는 점에서 흔히 '과거예측'(post-dictions)이라 부른다.[84] 회귀분석이 미래의 사건들

84) 통계학적 의미의 예측은 인과적 해석과 다르다. J. Pearl, M. Glymour, and N. P. Jewell, *Causal*

그림 6-12 속도위반 강력단속이 가치 있었다는 주장에 대한 이의로서의 타당성을 위협하는 요인들

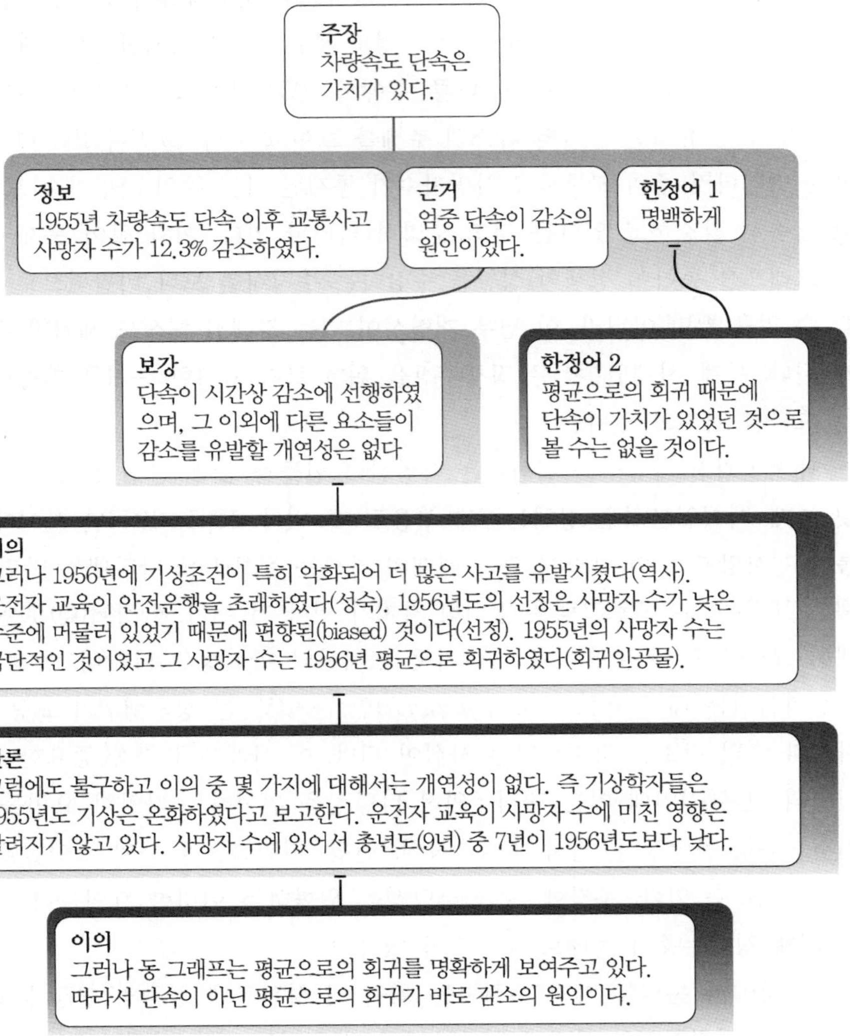

을 예측하는 데 사용될 경우에도 그 분석은 반드시 과거 정책결과의 점검을 통해서 얻어진 정보에 기초를 두게 마련이다.

다섯 가지 인력훈련프로그램들에의 투자액에 대한 정보와 아울러 이러한 프로그램들을 끝마친 훈련생들의 후속적 고용에 대한 정보를 습득했다고 생각해 보자. 이 때 문제는 다음과 같이 진술될 수 있다. 인력훈련프로그램

Inference in Statistics: A Primer(New York: John Wiley & Sons, 2016) 참조.

표 6-19 회귀와 상관관계의 계산표: 인력훈련프로그램의 투자액과 훈련생의 고용

프로그램	고용된 훈련생 비율(Y)	프로그램 투자액(백만달러)(X)	$Y-\overline{Y}$ (y)	$X-\overline{X}$ (x)	xy	y^2	x^2	Y_c	$Y-Y_c$	$(Y-Y_c)^2$
A	10	2	-20	-2	40	400	4	12	-2	4
B	30	3	0	-1	0	0	1	21	9	81
C	20	4	-10	0	0	100	0	30	-10	100
D	50	6	20	2	40	400	4	48	2	4
E	40	5	10	1	10	100	1	39	1	1
	150	20	0	0	90	4000	10	150	0	190
	$\overline{Y}=30$	$\overline{X}=4$								

$$b=\frac{\Sigma(xy)}{\Sigma(x^2)}=\frac{90}{10}=9$$

$$a=\overline{Y}-b(\overline{X})=30-9(4)=-6$$

$$Y_c=a+b(X)=-6+9(X)$$

$$S_{yx}=\sqrt{\frac{\Sigma(Y-Y_c)^2}{n-2}}=\frac{\sqrt{190}}{3}=7.96$$

$$Y_{i(6)}(95\%)=Y_{c(6)}\pm 2Z(S_{yx})$$
$$=48\pm 1.96(7.96)$$
$$=48\pm 15.6=63.6\sim 32.4$$

$$r^2=\frac{b(\Sigma xy)}{\Sigma y^2}=\frac{9(90)}{1000}=0.81$$

$$r=\sqrt{r^2}=0.90$$

들에 대한 투자수준이 그 이후 훈련생들의 고용에 어떠한 영향을 미치는가? 본 문제를 풀기 위하여 회귀방정식 [$Y_c=a+b(x)$], 결정계수(r^2), 단순상관계수(r), 추정의 표준오차($S_{y\cdot x}$), 구간추정(Y_i) 등의 계산과정이 <표 6-19>에 나타나 있다. 그리고 [예시 6-1]에 나와 있는 SPSS 결과치를 설명함으로써 이러한 영향관계를 알 수 있어야 한다. 그렇지 않으면, 제4장의 상관관계 및 회귀에 관한 부분으로 되돌아가서 재검토를 해야 할 것이다.

예시 6-1 〈표 6-19〉에 대한 SPSS 출력

Model Summary

Model	R	R Square	Adjusted R Square	Std. Error of the Estimate
1	.900[a]	.810	.747	7.95822426

a. Predictors: (Constant), PROGINV

ANOVA[b]

Model		Sum of Squares	df	Mean Square	F	Sig.
1	Regression	810.000	1	810.000	12.789	.037[a]
	Residual	190.000	3	63.333		
	Total	1000.000	4			

a. Predictors: (Constant), PROGINV
b. Dependent Variable: PERCEMP

Coefficients[a]

Model		Unstandardized Coefficients B	Unstandardized Coefficients Std. Error	Standardized Coefficients Beta	t	Sig.
1	(Constant)	-6.000	10.677		-.562	.613
	PROGINV	9.000	2.517	.900	3.576	.03

a. Dependent Variable: PERCEMP

7. 회귀-불연속분석

상관관계분석과 회귀분석의 계산절차를 상기하면서 회귀-불연속분석을 알아보자. 회귀-불연속분석(*regression-discontinuity analysis*)은 정책처리를 한 집단과 정책처리를 하지 않은 집단 등 두 개 이상의 집단들에 취한 정책행위의 결과 추정치들을 계산하고 이를 비교하는데 사용되는 일련의 그래프와 통계적 절차이다. 회귀-불연속분석은 오직 사회실험에만 적합한 것으로 지금까지 논의된 유일한 절차이다. 사실상 회귀-불연속분석은 특히 사회실험의 중요한 유형을 위해 고안된 것이다. 즉, 투입자원이 희소하여 오직 특정 대상집단의 일부에게만 필요자원이 공급될 수밖에 없는 그런 경우의 실험에 사용된다. 이와 같은 실험에는 "사회개선을 위한 자원공급이 부족하기 때문에 모든 개인에게 혜택이 돌아갈 수는 없다"는 의미가 내포되어 있다.[85] 아울러 무작위선정을 하게 되면 가장 곤궁한 (또는 가장 받을만한 자격이 있는) 일부 사람들이 배제되는 수가 있기 때문에, 무작위선정 또한 정치적 실현가능성이 적고 그리고 도덕적 정당성을 갖지 못할 가능성이 있다. 예컨대, 직업훈련은 가장 곤궁한 사람들을 위해 마련된 것이기 때문에, 직업훈련을 위한 한정된 자원을 미숙련근로자들의 표본 가운데 무작위로 배정할 수는 없다. 이와 유사한 예로서, 장학금은 받을 만한 자격이 있다고 믿어지는 가장 실적이 있는 (아울러 반드시 가장 곤궁할 필요는 없는) 학생에게 주어야 하기 때문에, 한정된 수의 장학금을 다양한 능력을 가진 신청자들의 표본 가운데 무작위로 배정해서 줄 수는 없다. 비록 무작위화를 통한 인력훈련 또는 장학금지급이 대상집단의 대표적인 구성원들의 행태에 미치는 영향을 알아보는 데에는 도움을 줄 수도 있지만, 무작위화는 필요성이나 실적 등의 원칙을 자주 위반하기 때문에 정치적으로 그리고 도덕적으로도 받아들일 수 없을 때가 있다.

회귀-불연속분석의 장점은 전체 대상집단이 주어진 프로그램의 수용범위보다 너무 커서, 그 중에서도 가장 곤궁하거나 또는 가장 받을 만한 가치가 있는 일부 구성원들에게만 희소자원을 제공했을 때의 효과를 점검할 수 있다는 점이다. 가령 받을 만한 가치가 있는 사람들(예, 법학대학원 입학시험의 고득점자들)은 많은데 그 중 일부에게만 희소자원(예, 법학대학원 장학금)을 주어야 하는 상황을 가정해보자. 입학정책의 목적들 중의 하나는 훗날 성공할 수 있는 사람을 선정하자는 것이다(여기서 '성공'이란 훗날 벌어들일 수 있는 소득으로 정의된다). 이때 가장 받을 만한 자격이 있는 신청자들에게만 장학금을 지원했다면, 이는 실적주의 원칙을 충족시킨 것이다. 그런데 이런 학생들은 장학금을 받지 못했더라도 아마도 훗날 성공할 수는 있을 것이다. 이러한 상황 아래서는 훗날의 성공이 장학금을 받은 결과인지 아니면 신청자들의 가정환경 또는 사회적 지위의 다른 요인들에 의한 결과인지를 판단하기가 매우 어렵게 된다. 그렇다면 과연 장학금은 훗날 인생에 있어서의 성공에 영향을 미칠 것인가?

85) Campbell, "Reforms As Experiments" pp. 86~87.

이러한 질문에 답하기 위한 한 가지 방법이 능력이나 곤궁의 수준에서 동일한 또는 '동점'(tied)인 소수의 사람들에게 희소한 자원을 무작위로 할당하는 실험('동점-분리'실험이라 부름)을 실시하는 것이다. 동점분리실험을 이해하기 가장 쉬운 예로, 가령 다섯 명의 학생들이 입학시험에서 모두 100점을 맞았다고 하자. 여기서 문제는 받을만한 자격이 있는 이들 다섯 명 중 두 명에게만 장학금을 주어야 한다는 것이다. 다섯 명의 학생 모두가 동등한 자격을 가지고 있기 때문에 동일 조건 즉, 동점을 분리시키기 위한 어떤 절차가 사용되어야 한다. 그 중 한 가지 절차가 무작위화이다.

이와 똑같은 논리가 회귀-불연속분석을 이용한 사회실험에도 적용된다. 동점분리실험에서는 희소자원을 받을 자격이 있는 사람과 그렇지 못한 사람들을 구분할 어떤 점 이외에도 실적이나 곤궁(예, 입학시험성적이나 가계소득으로 결정됨)의 좁은 대역(band)을 설정해야 한다. 예를 들면, 법학전문대학원 입학시험에서 90점에서 95점 사이에 능력의 좁은 대역을 설정했다고 생각해 보자. 89점 이하의 사람들은 장학금을 받지 못할 것이고 96점 이상의 사람들은 장학금을 받을 것이다. 그러나 90점과 95점 사이(즉, 능력의 좁은 대역)에 속하는 사람들은 무작위로 두 집단으로 나뉘어, 한 집단은 장학금을 받게 되고 나머지 다른 집단은 장학금을 못 받게 될 것이다. 단, 이러한 무작위 절차는 가치 있는 자원을 받을만하거나 곤궁한 사람들이 너무 많아서 한정된 자원으로는 모두 수용할 수가 없는 그런 상황 아래서만 정당화될 수 있음을 주목해야 한다.

이러한 '동점-분리장치'(tie-breaking equipment)가 없다면, 우리는 오직 최고점수를 받은 학생들만을 선택하지 않을 수 없을 것이다. 이러한 조건하에서는 [그림 6-13]의 점선이 보여 주듯이, 입학시험 점수와 훗날 인생에 있어서의 성공이 매우 강한 정적 상관관계가 있는 것으로 생각할 것이다. 그러나 능력의 좁은 대역(즉, 90~95점 사이)에서 무작위로 사람들을 선정하여 일부에게는 장학금을 주고 다른 일부에게는 장학금을 주지 않음으로써(정확한 수는 주어진 특정 연도의 수용 가능한 학생 수에 따른다), 장학금이 가정환경과 사회적 지위보다도 훗날의 성공에 더 많은 영향을 미치게 되는지 여부를 알 수 있게 된다. 만일 입학시험점수가 이와 같은 증폭효과를 가져왔다면, 이것은 장학금을 받은 사람들과 받지 못한 사람들을 분리시키는 불연속

그림 6-13 동점분리실험

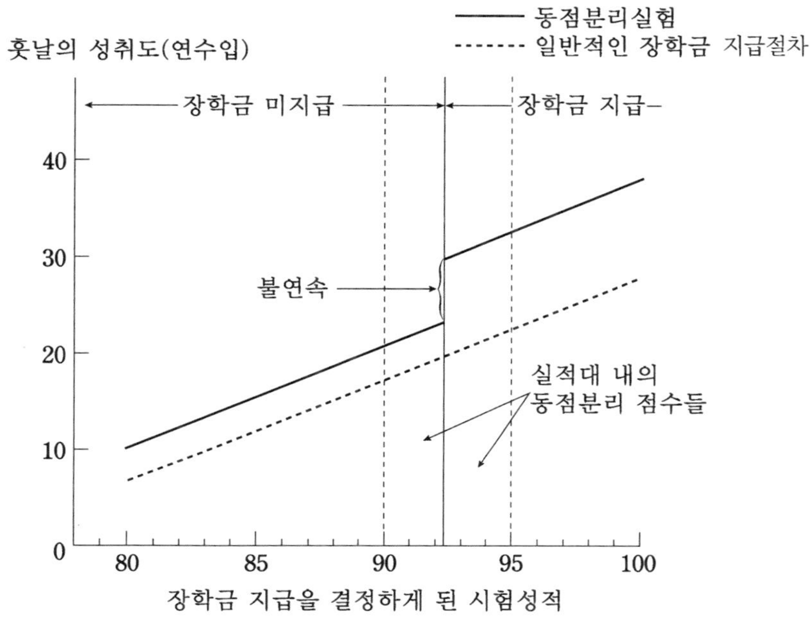

출처: D. T. Campbell, "Reforms as Experiments," *American Psychologist*, 24, 4(1969).

실선의 형태로 표시될 것이다([그림 6-13]).

회귀-불연속분석은 상관관계와 회귀의 원리에 기초를 둔다. 그러나 이들 간의 주요 차이점은 회귀-불연속분석이 어떤 가치 있는 자원을 받는 집단과 받지 못하는 집단 등 두 집단의 회귀방정식[$Yc = a + b(x)$]을 각기 따로 계산해야 한다는 점이다. 추정의 표준오차($S_{y \cdot x}$), 결정계수(r^2), 단순상관계수(r) 또한 각 집단별로 계산해야 한다. 실험집단과 통제집단의 회귀추정치의 표준오차가 [그림 6-13]에 실선으로 표시된 것과 같이 어떤 불연속의 의미를 밝혀주는 구간추정치로 전환될 수 있음을 주목해야 한다.

회귀-불연속분석의 적용을 나타내는 가상적인 또 다른 하나의 예를 들어보자. 예컨대, 환경보호청의 규제정책이 여러 도시의 대기오염수준을 줄이는데 미치는 영향을 점검하고자 한다고 가정하자. 규제정책은 비용이 많이 들기 때문에 공해문제가 심각한 모든 도시에 이러한 프로그램을 마련하기는 사실상 불가능하다. 몇 개 도시를 무작위로 선정하는 것도 이러한 규제 노력이 가장 필요한 지역을 우연히 빠뜨릴 수 있기 때문에 정치적 실현가능성이 없

표 6-20 가상적 공해심각도 지수의 점수에 따른 도시 분포

공해심각도		도시의 수
97		1
95		1
92		1
90		1
89		1
87		1
86		1
85		2
84		1
83	'동점-분리' 집단	1
82		1
81		1
80		1
79		1
78		1
76		1
74		1
71		1
67		1
	총계	20

출처: 가상자료.

다. 또한 그럼에도 불구하고 규제활동을 하는 것이 규제활동을 전혀 하지 않는 것에 비하여 대기오염을 줄일 수 있는지 여부를 알고 싶을 것이다.

공해수준이 중간 정도인 도시에서부터 심각한 도시에 이르기까지 20개의 도시들을 규제의 실험대상으로 선정하였다고 가정한다. 각 도시들은 지속적 대기점검프로그램(CAMP)에 의해 마련된 오염물질에 관한 자료에 따라 차례로 배열되었다. 공해심각도 지수(최고치 = 100)에 따른 각 도시들의 분포가 <표 6-20>에 나타나 있다.

공해심각도가 81에서 85 사이의 구간 내에 있는 여섯 개의 도시를 규제실험을 위한 '동점-분리'집단으로 구분하였다. 이 중 세 개의 도시를 무작위로 선정하여 규제프로그램을 실시한 반면, 나머지 세 개의 도시에는 실시하지 않았다. 이상의 도시들은 순전히 우연에 기초하여 선정된 것이기 때문에, 통제도시들 중 두 개 도시의 공해심각도 점수가 실험도시들 보다 다소 더 높다 할지라도 도시 선정 시 정실이 개입되었다고 정책결정자들을 비난할 수는 없을

것이다. 20개 도시 전체(실험집단과 통제집단에 각각 10개씩)의 대기오염수준이 규제실험이 실시되기 한해 전과 한해 후에 CAMP에 의해 점검되었다. 그 가상적인 결과는 <표 6-21>에 표시된 바와 같이, 회귀방정식, 추정의 표준오차, 결정계수, 단순상관계수 등을 계산하는 데 필요한 모든 자료를 제공해 주고 있다. 이 때 계산은 실험집단과 통제집단들이 각기 분리해서 이루어진 것임을 주목해야 한다. 이에 관한 SPSS 출력이 [예시 6-2]에 표시되어 있다.

회귀-불연속분석의 결과를 통하여 규제실험의 결과에 대한 몇 가지 질문

표 6-21 가상적 실험도시와 통제도시에 대한 회귀-불연속분석의 결과

실험 도시										
도시	규제실험 실시 전 오염수준 (X)	규제실험 실시 후 오염수준 (Y)	x	y	x^2	y^2	xy	Y_c	$(Y-Y_c)^2$
1	97	93	8.4	8.3	70.56	68.89	69.72	92.56	0.19
2	95	91	6.4	6.3	40.96	39.69	40.32	90.69	0.10
3	92	87	3.4	2.3	11.56	5.29	7.82	87.88	0.77
4	90	87	1.4	2.3	1.96	5.29	3.22	86.01	0.98
5	89	84	0.4	-0.7	0.16	0.49	-0.28	85.07	1.15
6	87	82	-1.6	-2.7	2.56	7.29	4.32	83.20	1.44
7	86	83	-2.6	-1.7	6.76	2.89	4.42	82.27	0.53
8	85	82	-3.6	-2.7	12.96	7.29	9.72	81.33	0.45
9	84	80	-4.6	-4.7	21.16	22.09	21.62	80.39	0.15
10	81	78	-7.6	-6.7	57.76	44.89	50.92	77.59	0.17
	$\overline{X}=$ 88.6	$\overline{Y}=$ 84.7	0	0	226.40	204.10	211.80	847.00	5.74

$$b = \frac{\Sigma(xy)}{\Sigma(x^2)} = \frac{211.80}{226.40} = 0.936$$

$$a = \overline{Y} - b(\overline{X}) = 84.7 - 0.936(88.6) = 1.8$$

$$Y_c = a + b(\mathrm{X}) = 1.8 + 0.936(X)$$

$$S_{yx} = \sqrt{\frac{(Y-Y_c)^2}{n-2}} = \frac{\sqrt{5.74}}{8} = 0.86$$

$$r^2 = \frac{b(\Sigma xy)}{\Sigma(y^2)} = \frac{936(211.80)}{204.10} = 0.97$$

$$r = \sqrt{r^2} = 0.98$$

통제 도시										
도시	규제실험 실시 전 오염수준 (X)	규제실험 실시 후 오염수준 (Y)	x	y	x^2	y^2	xy	Y_c	$(Y-Y_c)^2$
11	85	88	7.5	11.3	56.25	127.69	84.75	87.2	4.84
12	83	84	5.5	7.3	30.25	53.29	40.15	84.4	1.96
13	82	86	4.5	9.3	20.25	86.49	41.85	83.0	1.00
14	80	78	2.5	1.3	6.25	1.69	3.25	80.2	0.04
15	79	75	1.5	−1.7	2.25	2.89	−2.55	78.8	0.04
16	78	77	0.5	0.3	0.25	0.09	0.15	77.4	0.36
17	76	75	−1.5	−1.7	2.25	2.89	2.55	74.6	1.96
18	74	73	−3.5	−3.7	12.25	13.69	12.95	71.8	4.84
19	71	71	−6.5	−5.7	42.25	32.49	37.05	67.6	11.56
20	67	60	−10.5	−16.7	110.25	278.89	175.35	62.0	25.00
	$\overline{X}$ = 77.5	$\overline{Y}$= 76.7	0	0	282.50	600.10	395.50	767.0	51.60

$$b = \frac{\Sigma(xy)}{\Sigma(x^2)} = \frac{395.5}{282.5} = 1.4$$

$$a = \overline{Y} - b(\overline{X}) = 76.7 - 1.4(77.5) = -31.8$$

$$Y_C = a + b(\mathrm{X}) = -31.8 + 1.4(X)$$

$$S_{yx} = \sqrt{\frac{(Y-Y_c)^2}{n-2}} = \frac{\sqrt{51.60}}{8} = 2.41$$

$$r^2 = \frac{b(\Sigma xy)}{\Sigma(y^2)} = \frac{1.4(395.5)}{600.10} = 0.923$$

$$r = \sqrt{r^2} = 0.961$$

들을 해결할 수 있다. 첫째, 실험도시와 통제도시의 규제실험실시 전후의 평균값을 살펴본다. 비록 통제도시에는 규제프로그램이 실시되지 않았지만 두 집단의 공해수준은 규제실험실시 이후에는 모두 낮아졌다. 그럼에도 불구하고 규제실험실시 전후 평균값의 차이는 통제도시(77.5−76.7=0.8)에서보다 실험도시(88.6−84.7=3.9)에서 더 크게 나타났는데, 이는 규제프로그램이 공해를 줄이는 데 기여했음을 의미한다. 둘째, 실험도시에서의 결정계수(r^2=0.971)와 단순상관계수(r=0.986)는 통제도시에서의 결정계수(r^2=0.932)와 단순상관계수(r=0.961)보다 높게 나타났다. 실험도시의 추정의 표준오차($S_{y \cdot x}$

예시 6-2 〈표 6-20〉과 〈표 6-21〉에 대한 SPSS 출력

Model Summary

Model	R	R Square	Adjusted R Square	Std. Error of the Estimate
1	.985[a]	.971	.967	.86302379

a. Predictors: (Constant), PREENF

ANOVA[b]

Model		Sum of Squares	df	Mean Square	F	Sig.
1	Regression	198.142	1	198.142	266.030	.000[a]
	Residual	5.958	8	.745		
	Total	204.100	9			

a. Predictors: (Constant), PREENF
b. Dependent Variable: POSTENF

Coefficients[a]

Model		Unstandardized Coefficients		Standardized Coefficients		
		B	Std. Error	Beta	t	Sig.
1	(Constant)	1.814	5.089		.356	.731
	PREENF	.936	.057	.985	16.310	.000

a. Dependent Variable: POSTENF

Model Summary

Model	R	R Square	Adjusted R Square	Std. Error of the Estimate
1	.961[a]	.923	.913	2.40831892

a. Predictors: (Constant), PREENF

ANOVA[b]

Model		Sum of Squares	df	Mean Square	F	Sig.
1	Regression	553.700	1	553.700	95.466	.000[a]
	Residual	46.400	8	5.800		
	Total	600.100	9			

a. Predictors: (Constant), PREENFC
b. Dependent Variable: POSTENFC

Coefficients[a]

Model		Unstandardized Coefficients		Standardized Coefficients		
		B	Std. Error	Beta	t	Sig.
1	(Constant)	-31.800	11.131		-2.857	.021
	PREENF	1.400	.143	.961	9.771	.000

a. Dependent Variable: POSTENF

$=0.76$) 역시 통제도시($S_{y \cdot x}=2.27$)에서 보다 낮게 나타났다. 따라서 실험도시에서의 규제 실시와 공해수준간의 관계에 대한 추정의 표준오차가 보다 작다는 것을 알 수 있다.

끝으로 두 집단의 회귀선들 사이에는 부분적인 불연속이 존재한다. 만약 규제실험실시 이전의 동일한 85점 값을 가진 두 개의 '동점분리' 도시들에 대한 구간추정치를 계산하면, 그 결과는 아래와 같다.

$$
\begin{aligned}
Y_i(\text{실험도시 } 8) &= Y_{c(85)} \pm 1.96(0.76) \\
&= 81.33 \pm 1.49 \\
&= 79.8 \sim 82.8 \\
Y_i(\text{통제도시 } 11) &= Y_{c(85)} \pm 1.96(2.27) \\
&= 87.2 \pm 4.45 \\
&= 82.8 \sim 91.7
\end{aligned}
$$

이러한 구간추정치들이 의미하는 것은 95%의 유의수준에서 8번 실험도시에서 발생될 수 있는 최고 공해수준이 82.8인 반면에, 11번 통제도시에서 발생될 수 있는 최저 공해수준이 또한 82.8이라는 것이다. 즉, 95%의 유의수준에서 발생될 수 있는 공해수준의 최고치와 최저치 값을 고려할 때, 실험도시의 최고치와 통제도시의 최저치가 똑같은 값을 갖는다. 동시에 점추정에 있어서 10번 실험도시(77.59)와 14번 통제도시(80.2)가 서로 근접한다는 것은 이들 도시간의 불연속의 정도가 그다지 크지 않다는 것을 알려준다.

회귀-불연속분석을 사용하지 않고서는 이와 같은 종류의 비교는 불가능하다는 점에 주목해야 한다. 실험집단과 통제집단에 무작위로 '동일한' 점수를 부여함으로써 규제실험실시 이전의 공해수준이 같거나 유사한 도시들에 대하여 규제프로그램이 미치는 효과가 어느 정도인지를 알아볼 수 있다. 회귀-불연속분석의 결과를 그래프의 형태로 표시해 보면 보다 쉽게 이해할 수가 있게 된다. [그림 6-14]를 살펴보면 두 집단 간의 부분적 불연속이 매우 명확히 나타나 있다.

회귀-불연속분석은 어떤 희소자원의 분배에 관련된 사회실험의 결과를 점검하는데 유용하고 강력한 기법이다. 앞의 가상적인 예에서 본 기법을 적

그림 6-14 가상적 실험도시와 통제도시의 회귀-불연속분석 결과에 대한 그래프표시

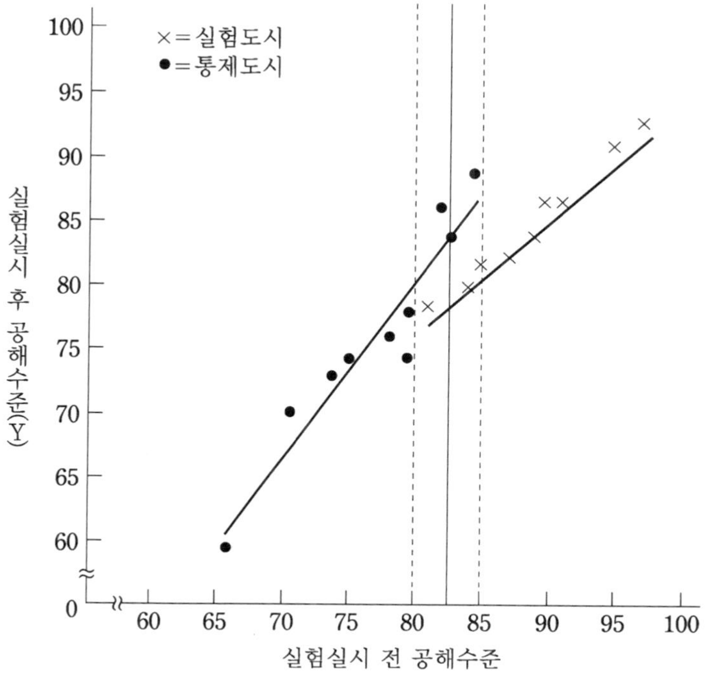

용할 때 필요한 몇 가지의 계산방법을 살펴보았지만, 그것은 단순한 예에 불과하다. 이 기법을 적용하려면 일반적으로 여기서 사용한 것보다 훨씬 많은 사례들이 필요하다. 예를 들면, 실제에 있어서는 바로 앞의 예와 같은 유형의 분석을 함에 있어서도 200개 이상의 사례들이 필요하였을 것이다. 상대적으로 보다 많은 표본사례들을 적용하는 것은 타당한 결과를 얻기 위해 충족시켜야 할 몇 가지 기본적인 조건들 중의 하나이다. 변수들이 정규분포를 이루도록 해야 한다든지 하는 이러한 조건들에 관한 자세한 점들은 이용 가능한 통계학 서적을 참조하기 바란다.[86]

요 약

본 장에서는 정책분석에서 점검의 본질과 기능에 관한 개관을 제시하였고, 투입, 활동, 산출, 결과, 영향을 연결하는 인과적 메커니즘을 설명하였으며, 점검을 위

86) James H. Stock and Mark W. Watson, *Introduction to Econometrics* (Boston, MA: Addison Wesley, 2003).

한 여섯 가지 접근방법들 을 대조하였다. 점검의 핵심 문제가 정책이 바람직한 결과와 영향을 성취하였는지를 판단하는 것이기 때문에, 인과적 주장에 대한 내적 타당성과 외적 타당성을 위협하는 요인들 살펴보았다. 그리고 사회체제회계와 사회감사로부터 정책실험, 체계적 검토, 메타분석까지 관찰된 결과를 점검하는 방법들의 적용에 대해 살펴보았다. 여러분은 연료와 사망자수를 줄이기 위해 설계된 국가 최고 속도제한의 결과를 점검하기 위하여 단절적 시계열분석, 통제-시계열분석을 수행할 수 있어야 한다.

복습문제

1. 점검은 예측과 어떤 관련이 있는가?
2. 구조화가 안 된 문제와 점검을 위한 접근방법들 사이의 관계는 무엇인가?
3. 다음 변수들 중에서 다섯 개의 변수들을 선정하여 구성적 정의와 조작적 정의를 구성하라.

프로그램 지출	교육기회의 균등
인사이동	국가안보
보건서비스	노동유인
삶의 질	공해
시정서비스에 대한 만족도	에너지소비
소득분배	고객과의 친화

4. 다음 표에 정책문제들이 열거되어 있다. 이들 중 다섯 개 문제를 골라서 이러한 문제들이 정부행위를 통해 해결될 수 있는지 결정할 지표 또는 지수를 제시하라.

노동소외	학교중퇴자
범죄	빈곤
에너지 위기	재정위기
인플레이션	불법이민

5. 다음 표는 경찰이 집계한 인구 10만 명당 범죄건수를 나타낸 것이다. 1985~2009년에 발생된 이러한 범죄들을 두 개의 범주, 즉 사람에 대한 폭력 범죄와 재산에 대한 범죄로 분류하였다. 동 기간 동안 범죄율의 추세를 나타내는 두 개의 곡선 그래프를 그려보고, 각 그래프에 적합한 명칭을 붙여라. 이러한 그래

프들이 정책결과에 대하여 제시하는 것은 무엇인가?

표 6-22 미국의 범죄: 경찰집계 인구 10만 명당 범죄건수, 1985~2009

	1985	1990	1995	2000	2005	2009
사람에 대한 범죄	556	730	685	507	469	430
재산에 대한 범죄	4,651	5,079	4,591	3,618	3,432	3,036

출처: Federal Bureau of Investigation.

6. 줄리아니(Rudy Giuliani) 시장은 가끔 그가 뉴욕시장으로 재직한 기간(1994~2001) 동안 폭력범죄가 감소한데 대한 평판을 주장한다. 미국의 폭력범죄건수에 대한 그래프를 검토한 후, 줄리아니 재임기간의 시작과 끝을 표시한 단절적 시계열 그래프를 만들어라. 뉴욕시의 살인범죄건수는 국가 전체 폭력범죄건수(문제 5)와 비슷하게 떨어졌는가? 그 이유는? 줄리아니는 칭찬을 받을만한가?

표 6-23 뉴욕시의 살인범죄건수, 1985~2009

1985	1987	1989	1991	1993	1995	1997	1999	2001	2003	2005	2007
1384	1672	1905	2154	1946	1177	770	671	649	597	539	494

7. 다음 표는 1975년도와 1989년도에 있어서 가계소득의 백분율 분포를 5분위수로 나타낸 자료이다. 이 자료를 이용하여 1975년과 1989년 사이의 소득분포의 변화를 묘사해 주는 두 개의 로렌츠 곡선을 그려 보아라. 아울러 두 개의 곡선과 두 개의 축에 각각 명칭을 붙여라.

표 6-24 5분위수에 따른 미국 가계소득의 백분율 분포, 1975년, 1989년, 2006년, 2015년

5분위수	1975	1989	2006	2015
최상위 20%	41.0	46.7	52.1	51.1
두번째 20%	24.0	24.0	20.3	23.2
세번째 20%	17.6	15.9	14.3	14.3
네번째 20%	12.0	9.6	9.5	8.2
최하위 20%	5.4	3.8	4.7	3.1
총 계	100.0	100.0	100.0	100.0

출처: U.S. Bureau of the Census, *Current Population Reports*, Series P-60.

8. 과제 7번에 나타나 있는 1975년도, 2015년도 자료를 이용하여 지니 집중률을 계산하라. 로렌츠 곡선과 지니 계수가 정책문제로서의 빈곤에 대하여 제시해 주는 것은 무엇인가? 만약 빈곤문제 및 그 외의 다른 문제들이 '인공적'(artificial)이고 '주관적'(subjective)이라면, 로렌츠 곡선이 제시하는 정보는 어떠한 타당성이 있는가? 그리고 또한 그 이유는 무엇인가?

9. 정책이슈: 부양아동 가정에 대한 지원(AFDC, Aid to Families with Dependent Children) 프로그램 수혜자들에게 지급되는 월평균 지원액은 증가되어야 하는가?

연 도	월평균 수혜액	소비자 물가지수 (1982-1984=100)
1970	$183.13	38.8
1975	219.44	53.8
1980	280.03	82.4
1985	342.15	107.6
1988	374.07	118.3

이 질문에 대답하기 위한 정책메모를 준비하라. 메모를 작성하기 전에,

(a) 1970년을 기준연도로 사용하여 시계열상 모든 연도에 대한 구매력 지수를 구하라.

(b) 시계열상 모든 연도에 대한 월평균 수혜액을 실질 수혜액으로 전환하라.

(c) 1980년을 기준연도로 하여 똑같은 절차를 반복해 보아라.

10. 대학에서 형편이 어려운 10명의 학생들에 대하여 지급한 장학금이 훗날의 학업 성과에 어떠한 영향을 미쳤는지를 조사한다고 생각해 보자. 지원자에 비하여 수혜자의 수가 적기 때문에 장학금은 성적에 따라서 지급되어야만 한다. 그러므로 형편이 어려운 모든 학생들에게 장학금을 지급하는 것은 불가능하며, 무작위로 장학금을 받을 학생들을 선정하는 것도 성적이라는 실적의 원칙에 위배되기 때문에 정치적으로 실현가능성이 없다. 따라서 다음과 같은 규칙에 따라 10명의 학생들에게 장학금을 할당하기로 결정한다. 즉, 86점 이상의 시험점수를 받지 않고서는 장학금을 받을 수 없다. 또한 92~100점 구간 사이의 상위 5명의 학생에게는 자동적으로 장학금이 지급된다. 그리고 86~91점 사이의 학생

들 중 5명에게 무작위적 추출에 의하여 나머지 장학금이 지급된다.

일년 후 장학금을 받은 10명의 학생과 장학금을 받지 못한 형편이 어려운 10명의 학생들의 평균 학점에 대한 정보를 입수했다고 하자. 20명 학생 전원의 대학 입학성적도 물론 가지고 있다. 그렇다면 형편이 어려운 학생들에 대한 장학금 지급 규정이 대학에서의 성적향상을 가져왔는가?

장학금을 받은 집단		장학금을 받지 못한 집단	
입학성적	평점	입학성적	평점
99	3.5	88	3.2
97	3.9	89	3.2
94	3.4	90	3.3
92	3.0	86	3.0
92	3.3	91	3.5
86	3.1	85	3.1
90	3.3	81	3.0
89	3.2	79	2.8
88	3.2	84	3.0
91	3.4	80	2.6

(a) 장학금을 받은 집단과 받지 못한 집단의 입학성적과 평균학점을 나타내주는 회귀-불연속 그래프를 그려라. 실험집단(X)과 통제집단(O)에 대한 자료점을 표시하기 위하여 X_s와 O_s를 이용하라.

(b) 작업계획표를 작성하고 각 집단에 대하여 방정식 $Y_c = a + b(\mathrm{X})$에서 a의 값과 b값을 계산하라.

(c) 각 집단에 대하여 실적(입학성적)과 후속 학업성과(평균학점)간의 관계를 기술할 회귀방정식을 구하라.

(d) 각 집단에 대하여 95%의 추정구간(즉, 2단위의 표준오차)에서 추정의 표준오차를 계산하라.

(e) r^2값과 r값을 계산하라.

(f) (a)에서 (e)까지에 포함되어 있는 정보를 해석하고 다음의 질문에 답하라. 즉, 형편이 어려운 학생들에 대한 장학금 지급규정이 그에 따른 대학에서의 성적향상을 가져왔는가? 아울러 대답에 대한 정당한 근거를 제시하라.

11. 장학금을 받지 않은 (통제)집단에 속한 각 학생의 평균학점에서 0.5를 빼라.

(a) 통제집단의 Y축 절편이 변하는가? 그렇다면 그 이유는?

(b) 통제집단의 회귀선의 기울기가 변하는가? 그렇다면 그 이유는?

(c) 통제집단의 추정의 표준오차가 변하는가? 그렇다면 그 이유는?

(d) 통제집단의 r^2 값과 r 값이 변하는가? 그렇다면 그 이유는?

(e) 사전검사(pretest)와 사후검사(posttest)의 점수가 높은 상관관계를 가지고 있는 문제에서 상관관계분석 및 회귀분석의 적합성에 대한 귀하의 답은?

(f) 회귀-불연속 분석의 특별한 장점은 무엇인가?

12. 최소한 네 가지의 타당성을 위협하는 요인들을 이용하여, 다음의 논증에 대하여 반론을 제기하라. (B) 어떤 대안에 관한 비용이 크면 클수록, 그 대안이 채택될 가능성은 적어진다. (W) 최대 시속 55마일의 제한속도의 시행은 제한속도 초과의 비용을 증가시킨다. (I) 시속 55마일 제한속도의 집행 이후 1억 마일당 사망률이 4.3%에서 3.6%로 감소하였다. (C) 시속 55마일 속도제한(1973년의 국가최대속도 제한법)은 생명을 구하는데 매우 성공적이었다. 시작하기 전에 [그림 6-12]를 공부하기 바란다.

시범과제

우리가 알고 있는 바와 같이, 단순(이변량) 선형회귀방정식은 다음 식 (6.1)의 형태로 표현된다.

$$Y = a + b(x)$$

또는

$$y = b_0 + b_1 x \tag{6.1}$$

그런데 위의 방정식을 시계열(*time series*)에서 변수의 값을 추정하기 위하여 사용할 경우, 방정식은 식 (6.2)와 같이 표현된다.

$$y_t = b_0 + b_1 x_t \tag{6.2}$$

또 다른 유형의 시계열회귀방정식은 결과로 추정되는 하나의 종속(반응)변수 y_t에 대한 원인으로 추정되는 둘 또는 그 이상의 독립(예측)변수들 즉, $x_{1t} \cdots x_{kt}$들을 갖고 있는 방정식이다(여기서 '추정된다'(*presumed*)는 말을 사용하였는데, 회귀분석은 인과관계 그 자체와는 아무런 관련이 없기 때문이다). 그러한 방정식은 다음 식 (6.3)과 같이 표현된다.

$$y_t = b_0 + b_1 x_{1t} + b_2 x_{2t} + b_k x_{kt} \tag{6.3}$$

시계열회귀분석을 사용할 경우, 다음과 같은 점들을 반드시 염두에 두어야 할 것이다. 이런 점들이 교실에서 토의될 것이다.

1. 정책결과에 대한 정책개입의 효과를 추정하려고 할 경우, 소위 '가(범주형: *categorical*)변수(*dummy variable*)'로 불리는 변수를 만들어 활용할 수 있는데, 이 경우 정책개입 이전에 대하여 0의 값을, 그리고 정책개입 이후에 대하여는 1의 값을 부여한다. 예를 들면, 가변수가 두 번째 예측 변수로 사용될 경우에, 그 가변수를 x_{2t}의 기호로 나타낼 수 있을 것이다. 그리고 첫 번째 변수는 연도로 측정된 시간변수 x_{1t}이다. 정책개입의 회귀방정식은 식 (6.4)와 같이 표현될 것이다.

$$y_t(\text{정책결과}) = b_0 + b_1 x_{1t}(\text{시간}) + b_2 x_{2t}(\text{정책개입}) \tag{6.4}$$

2. 선형회귀에서는 선형성(linearity)과 등분산성(homoskedasticity)의 가정을 충족시켜야만 한다. 특히 시계열분석에서는 그 이외에도 시계열에서 종속변수 *y*의 관찰은 독립적(비상관적)이어야 한다는 소위 비자기상관의 가정(*non-autocorrelation assumption*)을 충족시켜야 한다. 그리고 선형성 여부를 파악하기 위한 검증방법(*test for linearity*)이 있듯이(예, 정규확률곡선에서 정상점수를 벗어난 *y*값의 추적), 자기상관의 문제를 파악하기 위한 검증방법(*tests for autocorrelation*)이 존재한다는 점에 주목해야 한다. 이 같은 검증의 하나가 바로 Durbin-Watson(D-W) 검증방법이다. 이와 같은 검증을 위해서는 SPSS 및 다른 통계 패키지를 활용할 수 있다.

3. 만약 자기상관의 계수 *r*이 정해진 유의수준 *a* 하에서(보통 $p = 0.05$) 통계적으로 유의미하다면, 시계열상에서 인접한 관찰이 비상관적이다 라는 영가설을 기각할 수 있으며, 따라서 인접 관찰은 자기상관의 관계를 갖는다는 대립

가설을 수용하게 된다. 통계적으로 유의미한 자기상관의 문제가 있을 경우, 흔히 y_t의 값을 지체된 값 y_{t-1}에 의하여 회귀화시킴으로써 그 대부분의 효과를 제거시킬 수도 있다. 이것은 한 기간 동안 지체(예, 1년)이며, 변수에 대한 지체 값(하나 또는 그 이상의 기간)들은 SPSS와 다른 통계 패키지에 의하여 쉽게 계산될 수 있다.

독립변수 속에 지체된 종속변수(이 경우, 1년)가 포함된 회귀방정식은 식 (6.5)와 같이 표현된다.

$$y_t = b_0 + b_1 y_{t-1} \tag{6.5}$$

방정식 6.4와 방정식 6.5는 정책결과변수(y_t)에 대한 지체된 정책결과변수(y_{t-1}), 시간(x_{t1}) 그리고 정책개입(x_{t2})의 효과를 표현하기 위하여 결합될 수 있다. 식 (6.6)은 결합된 방정식이다.

$$y_t = b_0 + b_1 y_{t-1}(\text{1기간 지체}) + b_2 x_{2t}(\text{시간}) + b_3 x_{3t}(\text{정책개입}) \tag{6.6}$$

본 시범사례에서는 아래에 기술된 과업을 수행하기 위하여, 국립 고속도로 경찰안전청(National Highway Traffic Safety Administration)의 사망사고 보고체제(Fatal Accident Reporting System) 자료를 이용하고자 한다.

1. 시속 55마일 제한속도의 채택 이전(1966~1973)과 이후(1974~2000)의 사망자수에 대한 시간(연도) 변수의 효과를 추정하라. 두 개의 별도 회귀를 이용하여, 각각의 회귀추정에 대해서 해석하라. 이 부분 문제에서는 2000년 이후의 자료는 사용되지 않는다.
2. '고용'이 사망자수에 미친 효과를 추정하라. 1966~1990년의 시계열에 근거하여 2009년도 교통사고 사망자수를 예측하라. 2009년도 사망자 수의 실제 값은 33,808이다. 컴퓨터 출력을 해석하고, 그 예측치를 2009년도의 실제 사망자수와 비교하라.
3. 정책개입을 나타내는 가변수를 이용하여, 사망자수에 대한 시간(연도)과 정책개입(시속 55마일 제한속도)의 효과를 추정하라. 정책개입의 효과가 통계적으로 유의미한지 여부를 밝히고, 컴퓨터 출력을 해석하라.

4. 앞의 3번에서의 방정식을 재추정하라. 이번에는 세 번째 예측변수로서 Y_{t-1} (종속변수의 지체된 값)을 부여하여 자기상관 효과를 통제하라. 출력을 해석하고, 이것을 3번에서 얻은 출력과 비교하라.
5. 부가적인 예측변수들로 '여행거리'와 '고용' 변수를 포함시킨 후, 사망자수에 대한 정책개입의 효과를 추정하라. 그리고 본 회귀에서는 예측변수로서 '연도'를 포함시키지 않는다. 컴퓨터 출력을 해석하라.
6. (a) 미국, (b) 시속 48마일과 54마일(시속 80km와 90km)의 제한속도를 채택하고 있는 유럽국가들(실험국가), 그리고 (c) 제한속도를 택하고 있지 않은 유럽국가들(통제국가) 각각에 대하여 단절적 시계열과 통제시계열을 나타낼 그래프를 [예시 C6-2]에 나타나 있는 자료를 사용하여 만들어라. 그래프들을 해석하고 '그 제한속도는 사망자수의 감소를 가져왔는가?'라는 질문에 대해 귀하의 분석을 통해 답하라.

추천문헌

Andrews, Frank M. and Stephen B. Withey, *Social Indicators of Well-Being: Americans' Perceptions of Life Quality* (New York: Springer Science & Business Media, 2012).

Campbell, Angus, Philip Converse, and Willard Rodgers, *The Quality of American Life*. New York: Russel Sage Foundation, 1976.

Campbell, Donald T. *Methodology and Epistemology for Social Science: Selected Papers*, ed. E. Samuel Overman. Chicago, IL: University of Chicago Press, 1989.

Campbell, Donald T. "Reforms as Experiments," *American Psychologist*, 24, 4(1969): 409-429.

Campbell, Donald T. and Julian C. Stanley, *Experimental and Quasi-Experimental Designs for Research*. Chicago, IL: Rand McNally, 1963.

Cook, Thomas D. and Charles S. Reichardt, eds. *Qualitative and Quantitative Methods in Evaluation Research*. Beverly Hills, CA: Sage Publications, 1979.

Coopers, Harris, Larry V. Hedges, and Jeffrey C. Valentine, eds. *The Handbook of Research Synthesis and Meta-Analysis*. New York: Russell Sage Foundation, 2009.

Duncan, Otis Dudley, *Toward Social Reporting: The Next Steps*. New York: Russell Sage Foundation, 1969.

Federal Bureau of Investigation, *Uniform Crime Reports for the United States*. Washington, DC, 1976.

Gilbert, John P., Richard J. Light, and Frederick Mosteller, "Assessing Social

Innovations: An Empirical Base for Policy," in *Evaluation and Experiment: Some Critical Issues in Assessing Social Programs*, ed. Carl A. Bennett and Arthur A. Lumsdaine. New York: Academic Press, 1975.

Imbens, Guido W. and Donald B. Rubin, *Causal Inference in Statistics, Social, and Biomedical Sciences*. Cambridge: Cambridge University Press, 2015.

Light, Richard J. and David B. Pillemer, *Summing Up: The Science of Reviewing Research*. Cambridge, MA: Harvard University Press, 1984.

MacRae, Duncan, Jr. *Policy Indicators: Links between Social Science and Public Debate*. Chapel Hill, NC: University of North Carolina Press, 1985.

Meyer, Daniel R. and Geoffrey L. Wallace, "Poverty Levels and Trends in Comparative Perspective," *Focus* 26, 2(Fall 2009).

Miles, Matthew B. and A. Michael Huberman, *Qualitative Data Analysis: A Sourcebook of New Methods*. Beverly Hills, CA: Sage Publications, 1984.

Muller, Thomas, *Growing and Declining Urban Areas: A Fiscal Comparison*. Washington, DC: Urban Institute, 1975.

National Science Board, *Science and Engineering Indicators*. Biennial. Washington, DC: National Science Foundation.

Office of Management and Budget, *Social Indicators, 1973*. Washington, DC: U.S. Government Printing Office, 1974.

Rossi, Peter H., Mark W. Lipsey, and Howard E. Freeman, *Evaluation: A Systematic Approach*. Thousand Oaks, CA: Sage Publications, 2003.

Rothman, Jack, *Planning and Organizing for Social Change: Action Principles from Social Science Research*. New York: Columbia University Press, 1974.

Shadish, William, Thomas D. Cook, and Donald T. Campbell, *Experimental and Quasi-Experimental Design for Generalized Causal Inference*. Belmont, CA: Wadsworth, Cengage Learning, 2002.

Singpurwalla, N. D. "Models in Air Pollution," in *A Guide to Models in Governmental Planning and Operations*, ed. Saul I. Gass and Roger L. Sisson. Washington, DC: U.S. Environmental Protection Agency, 1975.

Smith, H. W. *Strategies of Social Research: The Methodological Imagination*. Englewood Cliffs, NJ: Prentice Hall, 1975.

Trochim, William M. K. *Research Design for Program Evaluation: The Regression-Discontinuity Approach*. Beverly Hills, CA: Sage Publications, 1984.

U.S. Department of Health, Education, and Welfare, *Toward a Social Report*. Ann Arbor: University of Michigan Press, 1970.

U.S. Department of Health and Human Services, *Poverty Guidelines*. Washington, DC, 2017. https://aspe.hhs.gov/poverty-guidelines.

U.S. Department of Labor, *State Economic and Social Indicators*. Washington, DC: U.S. Government Printing Office, 1973.

U.S. Environmental Protection Agency, Air Quality Index Report. Washington, DC. www.epa.gov/outdoor-air-quality-data/air-quality-index-report.

The World Bank, Worldwide Governance Indicators, http://info.worldbank.org/governance/wgi/index.aspx#home.

사례 6.1

정책결과의 점검: 유럽과 미국의 교통사고 사망자에 관한 정치경제

1973~74년 석유 수출국 기구(OPEC)의 석유수출 금지기간 중 휘발유 소비를 줄이기 위한 하나의 수단으로써 시속 55마일 제한속도가 1974년에 채택되었다. 이와 같은 정책으로 인하여 교통사고 사망자의 수는 예기치 못할 정도로 급속히 줄어드는 결과를 가져왔다. 즉, 1974년 1월 1일과 1975년 12월 31일 사이에 9,100명의 사망자 수가 감소되었으며, 이는 16.8%나 줄어든 셈이다. 서부의 농촌 주들(states)과 운송 산업체로부터의 끊임없는 저항에도 불구하고, 본 55마일 제한속도의 정책은 폭넓은 정치적인 지지를 받아 왔다. 그리고 분명히 본 정책문제는 중요하지 않다거나 사소한 것은 결코 아니었다. 교통사고 사망은 35세 이하의 젊은이들에게 죽음의 주요 원인이었으며, 1974년 이래 연평균 고속도로 사망자의 수는 매주 수요일마다 767명의 승객을 탑승시킨 비행기의 추락사고로 인하여 전원 사망한 수에 상응하는 것이다.

1987년 4월 2일 의회에서는 레이건 대통령의 거부권을 무효로 하는 1987년 육상 수송 및 균등 재배치 지원법(Surface Transportation and Uniform Relocation Assistance Act)을 제정하였다. 본 법안의 조항은 각 주가 농촌의 주간 고속도로에서 시속 65마일까지의 제한속도를 둘 수 있는 실험을 하도록 허용하고 있다. 따라서 1988년 7월까지 40개 주들은 89퍼센트나 되는 농촌의 주간 고속도로에 시속 60 또는 65마일까지 제한속도를 끌어 올렸다. 그러나 시속 55마일 제한속도를 강력히 지지하는 상원의원 댄포스(Danforth)는 시속 65마일 제한속도는 연간 600명에서 1,000명의 사망자 수의 증가를 초래하는 대가로 고작 운전자 1인당 하루 평균 1분의 절약을 가져다 줄 뿐이라며, 시속 65마일의 새로운 정책에 대하여 비난을 퍼부었다. 워싱턴 포스트(*Washington Post*)도 다음과 같은 이유로 65마일 제한속도 반대 입장에 동참하였다. 즉, "이는 몇 분 대 생명의 등식이다. 일말의 비교 가치조차 없는 일이다. … 시속 55마일로 백 마일을 달린다 하여도 이는 65마일에 비하여 단지 17분 정도가 더 걸릴 뿐이며, 이는 결국 운전자의 생명에 대한 가격에 해당한다. 55마일 제한속도는 결국 금년도에 하원이 택하게 될 가장 쉬운 투표임에 틀림이 없다." 그 후 8년 후인 1995년 11월 신문보도에 따르면, 미국 교통부장관(U.S. Secretary of Transportation)인 페데리코 페냐(Federico Pena)는 시속 65마일 제한속도에 대한 클린턴 정부의 반대 입장을 재확인하였다(제1장 사례1 참조). 동년에 국가 최대제한속도는 공식적으로 포기되었다.

정책개입의 효과를 평가해 왔던 많은 분석가들은 55마일 제한속도가 철회되기 전까지 이를 유지했었던 10개 북동부 주 출신의 선출직 관료들과 함께, 1974년 법은 교통사고 사망자 수 감소의 분명히 원인이라고 단언하였다. 그러나 그들은 당연히 식별해 내어 검증을 했어야 할 경쟁가설들을 고려하지 못했기 때문에 교통사고 사망자에 대한 상반된 해석을 낳게 하였으며, 이는 결국 상반된 다른 정책제안을 가져오게 하였다.

여기에 1966년~2015년 기간 동안 미국 교통사고 사망자수와 기타 변수들에 관한 자료를 나타낸다. 그리고 1970년~1976년 기간 동안 미국과 유럽 국가들에서 10만 명당 사망자수에 관한 자료가 별도의 목록에 마련되었다. 이와 같은 자료를 시범과제를 위해 사용하라.

예시 C6.1-1 미국에서 사망자수와 기타 변수들, 1966~2015

	연도	연도에 부여한 수	사망자수	여행거리 (10 억 마일)	실업률	고용 (천 명)	인구 (천 명)	주요산업 생산지수
1	1966	1	50894	926	3.2	72895	195578	35.7000
2	1967	2	50724	964	3.1	74372	197457	36.4000
3	1968	3	52725	1016	2.9	75920	199399	39.4635
4	1969	4	53543	1062	2.8	77902	201385	40.1779
5	1970	5	52627	1110	4.4	78627	203984	38.7009
6	1971	6	52542	1179	5.3	79120	206827	40.6885
7	1972	7	54589	1260	5.0	81702	209284	45.4161
8	1973	8	54052	1313	4.2	84409	211357	47.6644
9	1974	9	45196	1281	4.9	85936	213342	43.6268
10	1975	10	44525	1328	7.9	84783	215465	44.0037
11	1976	11	45523	1402	7.1	87485	217561	47.5003
12	1977	12	47878	1467	6.3	90546	219758	50.3455
13	1978	13	50331	1545	5.3	94373	222093	53.8859
14	1979	14	51093	1529	5.1	96945	224569	53.7087
15	1980	15	51091	1527	6.9	97722	227255	53.2684
16	1981	16	49301	1553	7.4	98878	229637	51.7685
17	1982	17	43945	1595	9.9	98047	231996	48.6945
18	1983	18	42589	1653	9.9	99347	234284	54.0090
19	1984	19	44257	1720	7.4	103413	236477	56.7436
20	1985	20	43825	1774	7.0	105613	237924	57.5636
21	1986	21	46087	1835	6.9	107860	240133	58.3863
22	1987	22	46390	1921	6.2	110634	242289	62.6829
23	1988	23	47087	2026	5.5	113153	244499	64.4210
24	1989	24	45582	2096	5.2	115453	246819	64.4375
25	1990	25	44599	2144	5.6	116660	249403	63.7612
26	1991	26	41508	2172	7.0	115657	252138	64.2613
27	1992	27	39250	2247	7.8	116395	255039	66.8587
28	1993	28	40150	2297	7.2	118149	257800	69.0884
29	1994	29	40716	2360	6.1	121999	260350	73.8818
30	1995	30	41817	2423	5.6	124766	262755	75.8317
31	1996	31	41907	2469	5.4	125311	265284	80.3307
32	1997	32	42013	2560	4.9	129558	267744	86.9454
33	1998	33	41471	2619	4.5	131463	270299	90.1893
34	1999	34	41611	2691	4.2	133488	279000	94.9777
35	2000	35	41945	2750	4.0	135208	282200	96.0165
36	2001	36	42196	2797	4.7	136933	285000	91.2654
37	2002	37	43005	2856	5.8	136485	287600	93.8334
38	2003	38	42884	2890	6.0	137736	290100	95.8638
39	2004	39	42836	2965	5.5	139252	292800	98.9703
40	2005	40	43510	2989	5.1	141730	295500	101.4873

	연도	연도에 부여한 수	사망자수	여행거리 (10 억 마일)	실업률	고용 (천 명)	인구 (천 명)	주요산업 생산지수
41	2006	41	42708	3014	4.6	144427	298400	103.6229
42	2007	42	41059	3003	4.6	146047	301200	105.7256
43	2008	43	37423	2926	5.8	145362	304100	93.7283
44	2009	44	33808	2991	9.3	139877	306800	90.8895
45	2010	45	31000	2980	9.5	139064	310233	96.4959
46	2011	46	32479	2950	9.2	139869	313232	98.6739
47	2012	47	33561	2969	8.3	142469	316266	101.0382
48	2013	48	35200	2988	8.0	143929	319330	102.9513
49	2014	49	32675	3026	6.6	146305	322423	106.5182
50	2015	50	35092	3148	5.6	148834	325540	104.0452

주: 첫째 열은 SPSS 파일에서 사례번호임.

예시 C6.1-2 10만 **명당 사망자수**, 1970～1976

연도	미국	유럽 실험국가*	유럽 통제국가	영국	핀란드	프랑스	덴마크
1970	25.8	21.9	24.3	14.3	24.8	23.5	25
1971	25.4	22.8	24.7	14.8	25.9	25.4	25
1972	26.1	22.8	25.0	14.6	25.2	27.4	24
1973	25.6	22.1	23.5	14.7	23.8	25.6	24
1974	21.2	17.4	21.3	13.0	18.0	22.5	16
1975	20.1	17.6	20.2	11.9	19.0	24.0	17
1976	20.9	18.3	18.8	12.0	20.0	26.0	17

주: 유럽 '실험'국가는 1972년도에 시속 90킬로미터(시속 54마일)의 속도제한을 채택한 나라임.

CHAPTER 07

정책성과의 평가

학습목표

- 점검과 평가의 방법을 비교 대조할 수 있다.
- 평가방법을 다른 방법과 구분하는의 특징들을 열거할 수 있다.
- 정책성과를 평가하는 기준들을 식별하고 예시할 수 있다.
- 평가, 가치평가, 메타평가를 대조할 수 있다.
- 가치, 윤리, 메타윤리를 비교할 수 있다.
- "최저생계임금"정책과 관련된 윤리적 그리고 경제적 쟁점들을 분석할 수 있다.

Ⅰ. 서 론

점검의 주된 목적은 정책의 효과에 대한 타당한 기술적 주장을 하기 위한 것이다. 점검은 사실에 대한 것이며, 평가는 사실과 더불어 가치에 대한 것이다. 점검은 '정책이 의도했던 결과를 가져왔느냐?'라는 질문에 해답을 주기 위한 것이다. 평가는 '그 결과가 어떠한 가치를 갖고 있느냐?'라는 점검과 관련이 있으면서도 이와 구별되는 질문에 대한 해답을 추구한다.

이 장에서는 윤리와 가치가 공공정책을 위해 중요시되는 몇 가지 사항들을 먼저 검토해 봄으로써 평가에 관한 정책분석의 방법을 고려해 보고자 한다. 그리고 가치와 윤리 및 메타윤리(메타윤리는 윤리적 추론에 관한 철학적인 연구임)에 대한 사고를 위한 준거 틀을 소개하고자 한다. 계속하여 윤리적 사정의 한 형태인 평가가 어떻게 정책성과에 관한 정보를 산출하는지를 밝히면서, 정책분석에서 평가의 본질, 목적, 그리고 기능을 검토하고자 한다.[1] 한편 이와는 달리 인과적 사정의 한 형태로서의 점검은 결과에 관한 정책의 효과에 대한 정보를 생산하는 데 도움을 준다.[2] 이어서 평가를 위한 세 가지의 접근방법을 비교·대조해 보고, 이러한 접근방법과 관련하여 사용되는 방법 및 기법들을 검토해 보고자 한다.

Ⅱ. 정책분석에서의 윤리와 가치

일부 분석가들은 정책평가가 설명과 예측에 초점을 두어야 하며, 윤리와 가치는 부차적인 것으로 믿고 있다. 이들 '예측가들'(predictivists)에 따르면, 분석가들이 보다 큰 확실성을 갖고 예측을 할 수 있다면 정책의 불일치 현상은 줄어들게 되거나 또는 사라지게 될 것이라고 주장한다. 따라서 기본적인 가치들 즉, 논란의 여지가 있어 해결에 어려움을 갖고 있는 가치들에 대한

1) Duncan MacRae Jr., *The Social Function of Social Science* (New Haven, CT: Yale University Press, 1976, 맥레이는 정책분석이 응용윤리의 한 형태로 고려될 수 있음을 정확히 관찰하였다.

2) William R. Shadish, Thomas D. Cook, and Donald T. Campbell, *Experinental and Quasi-Experimental Designs for Generalized Causal Inference* (Belmont, CA: Wadsworth, Cengage Learning, 2002). 이들의 주요 목적의 하나가 인과적 추론에 관한 일반이론을 발전 및 정당화시키려는 데 있다.

견해의 차이를 둘러싸고 많은 시간을 보낼 필요가 없게 된다는 것이다.[3)]

소위 논리적 실증주의라고 하는 과학철학과 관련이 있는 이와 같은 정책 분석의 관점은 사실과 가치 사이의 관계를 예리하게 분리시킨다. 사실(facts)은 당연히 해야 할 것(what *ought to be*)에 대한 추측과는 달리 그것이 무엇인지를 확신시킬 수 있기 때문에, 사실의 습득은 의문의 여지가 없을 만큼 명백한 것으로 간주된다. 이와 같은 논리적 실증주의[4)]는 1920년대 유럽에서 소위 비엔나 학파로 불리는 물리학자와 과학철학자의 집단에 의해 발전되었다. 당시 초기 비엔나 학파의 실증주의자들과 훗날 사회과학에서의 추종자들은 윤리와 도덕에 관한 의문이 과학의 진정한 대상이 아니라고 굳게 믿고 있었다. 왜냐하면 관찰, 설명, 그리고 예측을 과학의 유일한, 정당한 목적으로 간주하였기 때문에, 윤리적 및 가치 판단을 비과학적이거나 과학을 넘어선 또는 과학에 반하는 것으로 보았다. 따라서 과학과 가치는 엄격히 분리되어야 한다고 보며, 사회과학에 있어서 분석가들의 역할은 당연히 해야 할 것이 아닌, 그것이 무엇인지에 대한 관찰 및 분석에 국한하여 정책결과를 설명하고 예측하는 일로 제한하였다.

1. 가치에 대한 사고

그런데 이와 같은 실증주의는 1950년대 중반에 철학자들에 의해 그 힘을 잃게 되었다. 실증주의는 이제 더 이상 옹호될 수 있는 과학의 모델이 될 수 없다는 것이다. 즉, 과학은 사회적, 문화적, 경제적, 정치적, 그리고 심리학적인 요인 등 다양한 요인에 의하여 영향을 받을 수 있기 때문에, 실증주의자들이 주장하는 바와 같은 것을 더 이상 실현시킬 수 없다는 견해가 오늘날 지배적이다. 이러한 맥락에서 분석가들은 사실과 가치와의 관계(분리시킬 수 있는 것이 아님)를 비판적으로 바라볼 필요가 있다. 이와 같은 이유로 '가치'(values)와 '윤리'(ethics)라는 용어를 사용할 때 그 의미를 정확히 이해하는 것이 중요하다.

가치라는 용어는 어떤 소망, 욕구, 관심 또는 선호 등을 포함하는 포괄적

---

3) 이는 Milton Friedman, *Essays in Positive Economics* (Chicago, IL: University of Chicago Press, 1953), p. 5.에서 옮겨 놓은 것이다. 프리드만은 '실증주의 경제학'(positive economics)에 대해 설명하고 있다.

4) 논리적 실증주의는 논리적 경험주의라고도 하고, 간혹 과학적 실증주의라고도 부른다.

인 방식으로 정의될 수 있다.[5] 여기에서 가치란 넓은 스펙트럼의 형태들 가운데 선택을 고려하는 '대상'(object)을 나타내는데, 그 예로, "그는 버터보다 총을 더 선호한다" 또는 "그녀는 버터보다 총을 더 원한다"를 들 수 있다. '대상으로서의 가치'(*value-as-objects*)를 나타내는 이와 같은 관점(예: 능률성에 따른 선호)에 의하면, 가치는 평가하는 사람이 중요한 것으로 생각하는 어떤 대상이다. 이러한 광의의 개념에 따를 경우, 정책분석가는 광범위한 배열의 가치들을 다루는 것으로 볼 수 있다. 따라서 정책선택이 '가치의 권위적 할당'(authoritative allocation of values)을 포함한다는 것은 바로 이러한 광의의 가치를 의미한다.[6]

둘째로, 보다 구체적인 가치의 개념은 '기준으로서의 가치'(*values-as criteria*)를 말한다. 여기서 주된 관심을 대상으로서의 가치뿐만 아니라 가치의 선정을 위해 사용되는 기준에도 둔다. 이러한 두 번째 의미의 가치는 둘 또는 그 이상의 가치들 사이의 선택에 활용되는 의사결정의 규칙이나 기준을 포함한다. 다시 말해, 가치에 관한 광의의 정의는 "대다수의 시민들은 프로그램이 보다 능률적이기를 원한다"와 같은 진술을 유도하는 반면에, 가치에 관한 보다 구체적인 정의는 기준 또는 규칙을 구체화시킨다. 즉 "대다수의 시민들은 '어떤 프로그램이 최대의 순편익(편익-비용)을 가져오기 때문에 보다 능률적이므로 이를 선택하라.'의 예와 같이 특정 기준에 따른 프로그램을 원한다."

이와 같이 가치의 용어에 대한 두 가지 사용법은 우리가 가치를 이해하는 서로 다른 맥락들 즉, 개인적, 표준적, 이상적 맥락들과 관련이 있다.[7] 개인적인 맥락에서의 가치는 선호, 소망, 그리고 욕구의 형태로 표현된다. 이와 같은 가치표현의 하나로 "나는 사립학교보다는 공립학교를 선호한다"와 같은 예를 들 수 있다. 반면에 표준적 맥락에서는 "인종의 통합을 위한 통학버스제도는 중산층의 시민들이 보기에 좋은 정책이다"의 예와 같이 특정 가치를 고수하는 하나의 개인이나 집단에 대한 '진술'(*statements*)을 포함한다. 끝으로 이상적인 맥락은 가치표현이나 가치진술로 환원되지 않는 '가치판단'(*value judgements*)을 포함한다.

---

5) Stephen C. Pepper, *The Sources of Value* (Berkeley: University of California Press, 1958).

6) 정치학자들에게 잘 알려져 있는 이와 같은 정의는 David Easton의 *The Political System* (Chicago: Alfred Knopf, 1953)에서 내린 것이다.

7) Abraham Kaplan, *The Conduct of Inquiry* (San Francisco, CA: Chandler, 1964), pp. 387-397.

가치판단은 "순편익을 극대화시키는 정책을 선택하라."의 예와 같이 능률성과 같은 규칙으로 표현된 가치를 정당화시키기 때문에 특별하다. 이에 따라서 가치판단의 역할은 그와 같은 의사결정의 규칙을 정당화하려는 데에 있으며, 가치판단을 윤리적 논변의 실례로서 적절한 맥락 속에 자리잡게 한다(제8장 참조). 예를 들면, "정책 A는 최대의 순편익을 가져와 그 지역의 구성원들에게 총체적인 만족 즉, 최대 다수의 최대 행복을 제고시키기 때문에 정책 B보다 선호된다." 이러한 가치판단은 개인적 선호의 기술과 더불어 특정 집단의 가치를 넘어선다. 예를 들면, 실제로 가치판단이 윤리적 정당성을 요구하는 규칙일 경우에는, '순편익의 최대화'(Maximize net benefits!)가 자명한 도덕적 명령이라고 무비판적으로 진술하는 합리적 선택 이론가들의 집단적 가치를 뛰어 넘는다. 비록 가치를 기술할 수 있다고 하더라도, 우리는 그 가치의 정당성을 위한 기초를 제공할 수 있고 그리고 또 제공해야 한다 — 이것이 바로 가치판단의 특수한 역할이다.[8)]

가치는 이상과 같은 맥락에 따른 차이 이외에도, 다음과 같은 측면에서 중요한 차이점들이 있다.

- **가치 대 가치들**(*value versus values*). 사람들이 기술과 설명이 가능한 가치들을 표현할 때 그와 같은 가치표현들이 반드시 가치 있는 것을 언급한다고 볼 수는 없다. '특정 가치가 과연 좋은지'(Are these values good?)는 항시 물어 볼 수 있기 때문에, 어떤 것의 가치를 오직 관찰에 기초해서만 매길 수는 없다. 예컨대 "경제학자는 모든 물건의 가격을 알고 있지만 가치에 대해서는 전혀 모르는 사람이다"라고 오스카 와일드(Oscar Wilde)가 퍼부은 하나의 익살을 생각해 보면 그 의미를 파악할 수 있다.
- **가치 대 욕구**(*values versus needs*). 건강의 가치가 최소 영양기준에 미달하는 욕구를 충족시키려는 노력을 정당화할 수 있는 것처럼, 비록 가치는 욕구의 근원이 될 수는 있으나 욕구와 반드시 똑같지는 않다. 욕구를 유발시키는 인식된 결핍(예컨대, 물질적 욕구로서의 영양)은 안전, 질서, 정의, 형평성 등의 가치와는 상대적으로 거리가 있을 수 있다. 욕구는 가치와 다르기 때문에, 욕구와 가치 사이의 복잡한 관계는 '욕구의 사정'(needs assessments)을

8) *Ibid*, pp. 387-89.

수행하는 분석가들에게 개념적 쟁점과 방법론상의 쟁점을 불러일으키게 된다.

- **가치 대 규범**(*values versus norms*). 규범은 구체적인 맥락에 적용할 수 있는 행위의 규칙을 의미하는 반면에, 가치는 다양한 또는 모든 맥락에 적용할 수 있는 성취의 기준을 의미한다. 권력, 존엄, 정직, 애정, 웰빙, 부, 계몽 등의 가치들[9]은 분석가와 정치인, 분석가와 분석가, 분석가와 언론인, 분석가와 고객, 또는 분석가와 일반대중 사이의 관계를 규제하도록 분리된 일련의 규범들을 각기 설정시킬 수 있다. 역으로 공공책무성의 규범은 권력, 존엄, 안녕 및 그 이외의 가치들을 포함할 수 있다. 비록 가치는 규범을 정당화시키기 위한 초석을 제공하지만, 규범이 보다 일반화되면 될수록 규범과 가치의 구분은 그 만큼 더 어려워질 것이다. 기획가, 정책분석가, 공공관리자의 행태를 규제하기 위한 행동강령들은 사실상 가치와 구분하기 힘들 정도의 일반적인 규범들을 포함하고 있다.[10]
- **가치평가 대 평가**(*valuation versus evaluation*). 또 다른 주요 구분은 가치평가와 평가이다.[11] 다양한 형태의 사정을 포함하는 일반적 사회과정으로서의 평가는, 사정이 이루어지는 그 기초를 확립하려는 노력을 의미하는 특수과정으로서의 가치평가와 구분되어야 한다. 평가에서는 평가되어야 할 두 개 이상의 대안 — 예를 들면, 능률성 개선의 기준에 따른 — 이 필요한데 비하여, 가치평가는 정당화시켜야 할 기준, 예를 들면 최대다수의 최대행복이라는 효용철학의 관점 또는 그렇게 함으로써 나타난 결과와는 별개로 약속은 반드시 지켜져야 한다는 의무론적 원칙의 관점, 그 자체가 필요하다. 정책 및 프로그램 평가의 목적과 본질을 둘러싼 논쟁으로 인하여 때로는 가치평가와 평가의 구분이 발생하게 된다.[12]
- **가치평가 대 처방**(*valuation versus prescription*). 가치평가의 산출물인 가치판단은 비이성적인 감정의 호소나 이념적 권고 또는 교조적 형태의 정

9) Harold D. Lasswell and Abraham Kaplan, *Power and Society* (New Haven, CT: Yale University Press, 1950) 참조.

10) 그 실례로서 Elizabeth Howe and Jerome Kaufman, "Ethics and Professional Practice in Planning and Related Policy Professions," *Policy Studies Journal* 9, no. 4 (1981): 585-594 참조.

11) John Dewey. "Theory of Valuation," *International Encyclopedia of Unified Science* 11, no. 4 (1939) 참조.

12) 예를 들면, Ernest House, *Evaluating with Validity* (Beverly Hills, CA: Sage Publications, 1980); and Deborah Stone. "Conclusion: Political Reason," in her *Policy Paradox: The Art of Political Decision Making*(New York: W.W. Norton, 2002), pp. 384-415 참조.

책창도 등과 혼돈되어서는 안 된다. 이와 같은 혼돈은 정책분석이 가치중립적[13]이어야만 한다는 생각과 관련되는데, 그러한 생각은 가치평가가 주관적이고 비이성적이라는 잘못된 믿음 때문에 가치중립성이 비과학적이고 자의적인 분석으로부터 보호하는 유일한 장치라고 간주한다. 많은 분석가들은 가치판단이 "명령, 처방, 또는 그 외에 사람들에게 어떤 일을 강요하는 것이 아니라는 사실을 인식하지 못한다. … 사람들에게 해야 할 일이 무엇인지 말하는 것은 그것을 강제하거나 훈계하는 것이 아니다. … 이는 실제적인 문제에 대한 건전한 해결방안을 제공하려는 취지이다."[14]

2. 윤리와 메타윤리

윤리(*ethics*)라는 용어는 도덕적 선택에 관한 성찰적 연구를 의미하는 반면에, 메타윤리(*meta-ethics*)는 윤리 그 자체에 대한 성찰적 연구를 의미한다. 따라서 윤리라는 용어는 '정책결정자들의 윤리'에서와 같이 습관적 또는 관습적인 행태에 흔히 적용된다. 이러한 윤리의 의미에 대한 일상적인 사용법은 어원적으로 습관 또는 관습을 의미하는 그리스와 라틴어의 에토스(*ethos*)와 모레스(*mores*)로부터 유래되었다. 비록 공공관리자, 기획가, 정책분석가 등을 위한 윤리강령의 개발이 주로 이와 같은 일상적 의미의 사용에서 연유된 것이지만,[15] 전문적으로 표준화된 배경하의 개발노력은 함축적인 윤리와 도덕적 판단에 기초를 두고 있다. "심지어 '관습적인 도덕체계'가 거론될 때조차도 그 용어의 준거는 규칙적이고 반복적인 행동의 연속과 같은 관습에 두었을 뿐만 아니라, 최소한 잠재적으로나마 참여자들이 일상적으로 행하는 일이 어느 정도 옳다고 믿고 있는 관점에 두고 있다. 즉, 이것은 단지 행해진 것뿐만 아니라 또한 행하여 질것이 무엇인지에 관한 것이기도 하다."[16] 따라서 이와 같이 윤리라는 용어는 두 가지의 서로 다르면서도 관련성이 있는 의미를 갖고 있다. 즉, 관습적인 도덕의 기술에 관한 분석을 포함하는 기술적 윤리

13) Stokey and Zeckhauser, *A Primer for Policy Analysis*, pp. 4-5.

14) Kurt Baier, "What Is Value? An Analysis of the Concept," in *Values and the Future*, ed. Kurt Baier and Nicholas Rescher (New York: Free Press, 1969), p. 53.

15) 예를 들어 Herman Mertins, *Professional Standards and Ethics: A Workbook for Public Administrators* (Washington, DC: American Society for Public Administration, 1979).

16) Louis A. Gewirth, *Reasoning and Morality* (Chicago: University of Chicago Presss, 1978), p. 67.

(*descriptive ethics*)와 이와는 대조되는 규범적 윤리(*normative ethics*)가 있으며, 규범적 윤리는 실질적인 문제를 해결하고자 하는 사람들에게 지침을 제공하는 규범적인 진술의 분석과 평가 및 개발과 관련되어 있다.

규범적 윤리는 규범적인 진술을 정당화하기 위한 기준의 사정과 관련된다. 규범적 윤리의 핵심적인 질문은 "공적 행위의 진실성, 우수성 또는 공정성에 대한 규범적 주장을 정당화시킬 수 있는 기준은 무엇인가?"의 형태를 띤다. 이와는 달리 메타윤리는 일반적인 규범적 주장의 본질과 의미에 관련된다. 메타윤리의 질문은 "어떠한 (메타-윤리적) 기준들이 공공정책의 진실성, 우수성 또는 공정성에 대한 주장을 정당화시키기 위하여 사용되는 (규범적 윤리의) 기준 선택의 정당한 근거가 되는가?"의 형식을 갖는다. 이 경우에서든 또는 다른 경우에 있어서든 흔히 '메타'(meta)라는 용어는 어떤 것에 '관한'(about 또는 of) 그 무엇인가를 뜻한다. 예를 들면, '메타정책'(meta-policy)은 정책에 관한 정책의 결정[17]이고 '메타평가'(meta-evaluation)는 프로그램과 정책평가를 평가하기 위한 기준들을 개발하여 적용하는 것이기 때문에 평가에 관한 평가이다.[18]

공공정책분석에서 규범적 윤리와 메타윤리의 역할에 대한 관심이 고조되어 왔다. 규범적 주장을 정당화하기 위해 활용된 기준들의 성찰적인 평가에 대한 강조는 정책분석에 관한 일반문헌에서도 발견할 수 있다.[19] 뿐만 아니라, 존재론적인(윤리적 지식은 존재하는가?), 인식론적인(윤리적 주장에 관한 진위를 다룰 기준은 무엇인가?), 그리고 실제적인(윤리와 도덕적 행위간의 관계는 무엇인가?) 등의 메타윤리적 질문들을 조사하기 위한 특별한 시도도 있어 왔다. 예를 들면, 미칼로스(Michalos)는 상호 배타적인 두 가지 경험의 영역('사실'과 '가치')의 존재에 대하여 널리 통용되고 있으나 그릇된 가정으로 인하여, 윤리적 주장은 과학적으로 다루기 힘들다는 그릇된 결론을 가져오게 되었다고 말한다.[20] 하버마스(Jurgen Habermas)의 비판이론과 그 업적 그리

---

17) Yehezkel Dror, *Public Policymaking Reexamined* (New York: Elsevier, 1968).

18) Thomas D. Cook and Charles Gruder, "Metaevaluation Research," *Evaluation Quarterly* 2 (1978): 5-51. MacRae는 메타윤리를 정책분석의 규범적 윤리에 최초로 적용 및 발전시켰다. Duncan MacRae Jr., *The Social Function of Social Science* (New Haven, CT: Yale University Press, 1976).

19) 예를 들어, MacRae, *The Social Function of Social Science*; Frank Fischer, *Evaluating Public Policy* (Chicago: Nelson-Hall, 1995).

20) Alex C. Michalos, "Facts, Values, and Rational Decision Making," *Policy Studies Journal* 9, no. 4 (1981): 544-51.

고 프랑크프루트 학파(Frankfurt School)의 구성원들에 매혹된 달마이어(Dallmayr)는 "정책평가는 전문가나 정책분석가뿐만 아니라 크게는 일반대중에게도 개방되어 비판적으로 성찰된 '실제적 담론'(practical discourse)을 필요로 한다. … 완전히 비도구적인 '실제적'(practical) 판단의 회복은 구체적인 정책뿐만이 아니라 '정책'(policy) 그 자체의 지위에 대한 평가를 전제로 한다"고 주장한다.[21]

기술적 윤리와 규범적 윤리 그리고 메타윤리 간의 차이점은 사회적 형평성과 정의에 관한 쟁점에 특히 적용될 수 있다. 배분적 정의에 관한 쟁점—즉, 소득을 배분하기 위한 적합한 규칙에 대한 의견의 불일치—은 다음의 신공리주의의 의사결정기준들 가운데 하나 혹은 그 이상의 기준을 채택할 때 발생될 결과를 기술함으로써 흔히 제기된다.

- **순능률성 개선**(*net efficency improvment*). 총편익-총비용의 극대화.
- **파레토 개선**(*Pareto improvement*). 다른 사람들을 희생시키지 않고서는 더 이상 어떤 사람을 보다 개선하게 할 수 없는 점까지 총편익-총비용의 극대화.
- **칼도-힉스 개선**(*Kaldor-Hicks improvement*). '사실상의 파레토 개선'이라고 칭하며 원칙적으로 승자가 패자에게 보상할 수 있다고 할 경우 총편익-총비용의 극대화.

기술적 윤리 수준에서, 이와 같은 기준들에 관한 만족은 가계 소득의 분배에 있어서의 차이를 측정하기 위하여 사용되는 지니 지수(제6장 참조)와 같은 불평등의 측정값을 비교함으로써 판단할 수 있다. 이와는 대조적으로 규범적 윤리 수준에서는 이같은 기준들의 정당함은 예를 들어 롤스(John Rawls)의 공정성으로서의 정의와 같은 정의에 관한 규범적 이론에 의하여 판단될 수 있다.[22] 권력, 부 그리고 특권 등의 차이가 알려지지 않았던 시민사회 이전—즉, 롤스주의(Rawlsian)의 '무지의 장막'(veil of ignorance) 속에 싸여있는 것

21) Fred R. Dallmayr, "Critical Theory and Public Policy," *Policy Studies Journal* 9, no. 4 (1981): 523. Daneke는 메타윤리를 공공정책관리대학원의 교과과정에 들여 넣기 위하여 일반 사례를 만들었다. Gregory Daneke, "Beyond Ethical Reductionism in Public Policy Education," in *Ethics, Values, and the Practice of Policy Analysis*, ed. William N. Dunn (Lexington, MA: D. C. Heath, 1982).

22) John Rawls, *A Theory of Justice* (Cambridge, MA: Harvard University Press, 1968).

으로 추정되는 사회 — 에는 시민들이 현실 사회에서 사용되는 기준들과는 다른 의사결정기준을 받아들였을 것이다. 롤스주의의 의사결정기준은 최악의 상태에 있는 사회 구성원들의 복지를 극대화시키기 위한 것이며, 이와 같은 기준의 정당성은 보다 기본적인 메타윤리의 수준에서 도전을 받을 수 있다. 이러한 맥락에서 롤스주의 이론은 인간의 본성에 관한 개인적 관념이 기본전제이며 규범적 책무는 더 이상 이성적인 사회적 담론의 산물이 아닌 것으로 본다는 메타 윤리적 근거에 의하여 도전 받아왔다. 그 대신에 롤스에 따르면 규범적 책무는

> 개인이 가진 자의적 (비록 이해할 수는 있지만) 가치들의 계약상 구성물(contractual composite)이며, 생물학적 또는 사회적으로 형성된다 … 그러므로 롤스주의에서 주장의 구조는 도구적 합리성의 구조와 매우 가깝다. 즉 목표는 외생적으로 주어지며, 세상에서 사상의 유일한 역할은 목표실현의 극대화를 보증한다 … [롤즈의 주장들은] 모든 사상을, 욕구를 충족시키기 위한 형식적 추론과 도구에 관한 판단으로 환원시켰다.[23]

3. 행위의 표준

분석가들의 행태의 지침인 행위의 표준(standards of conduct) 또는 '관례상의 도덕'(customary morality)은 가변적이다. 이러한 가변성은 공공정책관리대학원에서 윤리와 가치를 가르치는 다양한 접근방법들에 어느 정도 기인한다고 볼 수도 있다.[24] 정부의 정책분석가와 기획가들은 윤리의 노선뿐만 아니라 방법론상의 노선에 따라서 그들의 방향이 갈라진다.[25] 이와 같은 가변성을 줄이기 위한 노력들이 몇 가지 출처의 표준을 낳게 되었다. 즉, 이러한 표준은 일반 시민들뿐만 아니라 정책분석가들의 행동의 지침이 될 수 있는 형평성과 정직성 및 공정성 등을 포함하는 사회적 가치와 규범, 객관성과 중립성 및 제도화된 자기비판 등을 포함하는 과학적 가치와 규범, 공식적으로

---

23) Laurence H. Tribe, "Ways Not to Think about Plastic Trees," in *When Values Conflict*, ed. L. H. Tribe, C. S. Schelling. and J. Voss (Cambridge, MA: Ballinger, 1976), p. 77.

24) Joel L. Fleishman and Bruce L. Payne, *Ethical Dilemmas and the Education of Policymakers* (Hastings-on-Hudson, NY: Hastings Center, 1980).

25) Elizabeth Howe and Jerome Kaufman, "The Ethics of Contemporary American Planners," *Journal of the American Planning Association* 45 (1979): 243-55; and "Ethics and Professional Practice in Planning and Related Planning Professions," Policy Studies Journal 9, 4 (1981): 585-594.

정해진 의무와 책임 및 처방 등을 포함하는 전문적인 행위의 규범, 그리고 제도적 검열기관의 공식적인 승인을 추구함으로써 동의를 획득하게 하려는 장치들을 포함한 법과 행정상의 절차 등이다.

사회적 가치와 규범에 관한 의사소통은 개별 학자들의 연구와 교육활동에 중추적인 것인 반면에, 과학자와 전문가의 규범에 관한 의사소통은 주로 미국 행정대학원협의회(National Association of Schools of Public Affairs and Administration: NASPAA)의 교과과정 개발을 위한 노력과 정책연구학회(Policy Studies Organization: PSO), 공공정책·관리학회(Association for Public Policy and Management: APPAM), 미국행정학회(American Society for Public Administration: ASPA) 등의 전래적인 회의 및 출판활동을 통하여 이루어졌다. ASPA는 표준에 관한 공식적인 법제화를 잠시 중단하기는 하였지만 전문가 행위의 강령을 위한 필요성을 언급하면서, 전문가 표준과 윤리: 공공관료를 위한 규준서(*Professional Standards and Ethics: A Workbook for Public Administrators*)라는 제목의 소책자를 출간하여 배포하였다. 이와는 달리, 일반적으로 인간 연구대상(human subjects)과 연구 성실성을 포함하는 연구의 행위를 규제하기 위한 법적, 행정적인 절차는 전문가 협회 또는 대학에 의한 산출물이라기보다는 정부주도에 의한 산출물이다.

Ⅲ. 기술적 윤리, 규범적 윤리, 메타윤리

윤리와 가치에 관한 이론은 그 기능에 따라서 편의상 다음과 같이 분류될 수 있다. 즉, 윤리와 가치의 기술, 분류, 측정(기술적 이론), 윤리적 행동을 사정하기 위한 기준의 개발과 적용(규범적 이론), 규범적 윤리이론 그 자체를 사정하기 위한 부가적 기준의 개발과 적용(메타윤리적 이론) 등이다. 또한 이와 같은 기능상의 분류는 예를 들면, 목적론적 대 윤리의무론적 규범이론(teleological versus deontological normative theories) 또는 인지론자 대 비인지론자의 메타윤리 이론(cognitivist versus noncognitivist meta-ethical theories) 등으로 크게 세분화될 수 있다.

1. 기술적 가치의 유형학

로키치(Milton Rokeach)의 연구[26]는 1930년대 이래로 개발된 가치에 관한 기술적 이론들의 주요 종합을 나타내고 있다. 로키치가 갖고 있는 관심의 범위와 깊이는 다음 주장에서 명백히 나타난다.

> 무엇보다도 가치의 개념은 모든 사회과학에 걸쳐서 가장 핵심적인 개념이다. 가치는 문화, 사회, 인물 등의 연구에서 주요 종속변수가 되고, 사회적 태도와 행태의 연구에서는 주요 독립변수가 된다. 나에게는 사회과학자들이 인간의 가치가 깊이 관련되지 않은 문제에 관심을 가질 수 있다는 것을 생각하기 어렵다.[27]

로키치의 공헌 중의 하나는 가치에 관한 기술적 이론들을 개발하고 검증하기 위한 기본적인 유형학을 진전시킨 것이다. 그 기본적인 유형학은 두 가지 주요 차원 즉, 궁극적 가치와 도구적 가치로 되어 있다. 개인적일 뿐만 아니라 사회적인 가치로서의 궁극적 가치(*terminal values*)는 존재의 바람직한 목적 상태에 대한 믿음이다. 도구적 가치(*instrumental values*)는 바람직한 행위의 방법에 대한 믿음을 나타낸다(<표 7-1>).

하우(Howe)와 카우프만(Kaufman)은 전문계획가의 윤리에 관한 자신들의 연구에서 이와 유사한 유형분류를 활용하였다.[28] 하우와 카우프만은 기존의 문헌에서 보고된 수많은 가치들의 중요성에 관한 '목적-지향적'(ends-oriented) 윤리와 '수단-지향적'(means-oriented) 윤리 간의 관계를 구분하면서, '미국 계획가협회의 1962년 전문가 책임의 강령과 절차의 법칙'(*1962 Code of Professional Responsibility and Rules of Procedure of the American Institute of Planners*)으로부터 두 가지 유형의 윤리적 원리를 도출하였다. 이 연구의 발견들 가운데 중요한 점은 전문가 윤리와 개인의 윤리는 흔히 일치되지 않고 있다는 것과 어떤 특정 목적(예, 사회적 형평성)의 수용은 특정 수단(예, 저소득계층을 위한 정보의 누설)의 사용에 대한 윤리적 판단에 영향

---

26) Milton Rokeach, *The Nature of Human Values* (New York: Free Press, 1973).
27) *Ibid.*, p. ix.
28) Howe and Kaufman, "The Ethics of Contemporary American Planners."

표 7-1 기본적 가치의 유형: 궁극적 가치와 도구적 가치

궁극적 가치	도구적 가치
편안한 생활(A comfortable life)	야심적인(Ambitious)
즐거운 생활(An exciting life)	관대한(Broadminded)
성취감(A sense of accomplishment)	유능한(Capable)
평화로운 세계(A world at peace)	명랑한(Cheerful)
미의 세계(A world of beauty)	청결한(Clean)
평등(Equality)	용감한(Courageous)
가정의 안전(Family security)	관대한(Forgiving)
자유(Freedom)	도움이 되는(Helpful)
행복(Happiness)	정직한(Honest)
내적 조화(Inner harmony)	상상적인(Imaginative)
성숙한 사랑(Mature love)	독립적인(Independent)
국가의 안전(National security)	지적인(Intellectual)
즐거움(Pleasure)	논리적인(Logical)
구원(Salvation)	사랑이 깃든(Loving)
자기 존중(Self-respect)	순종하는(Obedient)
사회적 인식(Social recognition)	공손한(Polite)
진정한 우정(True friendship)	책임이 있는(Responsible)
지혜(Wisdom)	자제하는(Self-controlled)

출처: Rokeach Table 2.1, p. 28. Reliability coefficients and parenthetical qualifiers have been omitted.

을 미친다는 점이다. 비록 이 연구는 본질적으로는 탐색적인 수준의 것이지만, '훌륭한 목적은 수단들의 선택을 정당화한다는 것'[29] 대(versus) '수단들은 자신의 관계 속에서 정당화되어야 한다는 것'[30]에 대한 중요한 경쟁적 원리들을 소개하고 있다.

2. 발전적 가치의 유형학

기본적 유형학은 개별적인 가치와 집합적인 가치의 변화와 발전에 관한 이론을 조사하기 위한 기초로 활용될 수 있다. 예를 들면, 로키치는 궁극적 가치와 도구적 가치의 유형학에 따라서 인식론적 불일치의 이론을 체계화된 자료를 가지고 검증하였다.[31] 그는 또한 연령의 차이에 근거한 발전양상의 다양성을 발견하여, 가치가 청년기뿐만 아니라 전체의 인생을 통하여 변화된다고

29) Saul Alinsky, *Rules for Radicals* (New York: Random House, 1971) 참조.
30) Sissela Bok, *Lying: Moral Choice in Public and Private Life* (New York: Pantheon, 1978) 참조.
31) Rokeach, *Nature of Human Values*, pp. 215-234.

결론을 지었다.[32] 이와 같은 발전양상은 콜버그(Lawerence Kohlberg)에 의하여 만들어지고 검증된 도덕발전의 단계이론과도 관련된다.[33] 콜버그의 발전유형학은 도덕적 추론의 발전에서 세 가지 수준, 즉 협약 이전, 협약, 협약 이후 등의 수준으로 구분한다. 각각의 수준은 또한 두 단계로 되어있기 때문에, 이 유형학은 합쳐서 여섯 단계, 즉 1단계(처벌과 복종의 지향); 2단계(도구적 상대주의자의 지향); 3단계(대인관계 조화의 지향); 4단계(법과 질서의 지향); 5단계(사회계약법의 지향); 6단계(보편적 윤리의 원칙 지향) 등을 산출한다.

콜버그의 발전에 관한 유형학은 정책분석에서 윤리적 규범과 원리의 역할을 평가하기 위한 매우 커다란 잠재적인 중요성을 갖는다. 위의 여섯 단계들은 개인들이 도덕적 판단을 위한 자신의 능력(*capacity*)을 향상시킬 불변의 경로를 나타내는 것이라고 주장한다. 그 경로는 불변이고 순차적이기 때문에 발전적 변화는 오직 인접한 단계 사이에서만 발생될 수 있다. 이에 따라서 개인들은 이기적인 시장경제의 사회(2단계)에서 보편적 윤리의 원칙에 기반을 둔 사회(6단계)로 예를 들면, 소득 극대화의 윤리에 대한 관심으로부터 롤스에 의해 정의된 유형의 윤리를 갖춘 사회로 직접적으로 옮겨갈 것을 기대할 수는 없다. 콜버그의 이론은 (비록 불완전하지만) 비교적 확고한 실증적 근거에 기초를 두고 있기 때문에, 현대사회에서 규범적인 윤리적 담론의 가능성을 둘러싼 질문에 중대한 영향을 미친다. 즉 "어떠한 도덕적 판단을 내려야 하는가(ought to)에 관한 그 어떠한 생각도, 그것이 무엇인지(what is)에 대한 타당한 생각에 기초를 두어야만 한다." 도덕에 관한 우리의 생각이 경험적으로 '작용'(works)한다는 사실은 도덕의 철학적인 타당성을 위해서도 중요하다.[34]

3. 규범적 이론

가치에 관한 규범적 이론 또는 규범적 윤리는 세 가지의 주요 유형 즉, 윤리

---

32) *Ibid*, p. 81.

33) Lawrence Kohlberg, *Stages in the Development of Moral Thought and Action* (New York: Holt, Rinehart, and Winston, 1961).

34) Lawrence Kohlberg, "From Is to Ought: How to Commit the Naturalistic Fallacy and Get Away with It in the Study of Moral Development," in *Cognitive Development and Epistemology*, ed. T. Mischel (New York: Academic Press, 1971), pp. 151-235. '자연주의적 오류(naturalistic fallacy)'는 '존재(is)'로부터 '당위(ought)'를 끌어내려고 하는 데에서 생기는 오류이다.

의무론적, 목적론적, 실천적으로 분류될 수 있다. 윤리의무론적 규범이론(deontological normative theory)은 어떤 종류의 행동이 본질적으로 옳거나 또는 의무적(그리스어의 *deontos*는 '의무로서 지워지는 것에 관한'을 의미한다)인 것이거나 또는 그 행동이 어떤 공식적인 원칙에 부합되기 때문에 옳은 것이라고 주장한다. 이와는 대조적으로 목적론적 규범이론(teleological normative theory)은 어떤 행동이 선(good) 또는 매우 가치 있는 결과를 초래하기 때문에 옳다는 것이다(그리스어의 *teleios*는 '행동의 결과 또는 목적을 초래하다'를 의미한다). 끝으로 실천적 규범이론(practical normative theory)은 어떤 행동이 원칙에 부합하거나 또는 그로 인한 결론(그런데 그 옳음 또는 미덕은 도덕적인 규칙의 창출과 적용에 영향을 주고 또 이에 의하여 영향을 받는 사람들 가운데에서 이성적인 담론이나 거래를 통하여 이루어진 것임)을 가져오기 때문에 옳다고 믿는다(그리스어의 *praktikos*는 '경험하다, 협상하다 또는 거래하다'를 의미한다).

윤리의무론적 규범이론은 결과의 미덕에 기초를 둔 개념 및 원리와는 달리 '의무에 관한'(deontic) 개념과 원리에 의존한다. 롤스의 정의론과 같은 정의에 관한 이론들은 배분적 정의('공정으로서의 정의': justice as fairness) 그리고 공정한 사회(최악의 상태에 있는 사람들의 복지를 극대화시키는 사회)에 대한 논쟁을 정당화하기 위하여 의무(시민사회 이전의 사회계약이 '무지의 장막'하에 작성되었음)의 공식적인 원리를 적용하기 때문에 대체로 윤리의무론적이다. 이와는 대조적으로 목적론적 이론은 행동이 가져올 결과의 도덕적 숭고함에 따라서 행동을 평가한다. 목적론적 이론의 중요한 형태의 하나가 현대 후생경제학을 통해서 정책분석에 심오한 영향을 끼쳐왔던 공리주의(*utilitarianism*)이다. 벤담(Jeremy Bentham)과 밀(John Stuart Mill)의 고전적 공리주의 이론은 올바른 행위란 최대다수를 위한 최대의 행복을 촉진키 위한 행동이라고 주장한다. 비용-편익분석을 사용하는 정책분석가들은, 그들이 정책제안의 근거를 순소득편익의 극대화 기준, 즉 사회구성원들에 의하여 경험한 총계적인 만족을 반영하는 것으로 추정하는 기준에 기초를 두는 정도까지는 공리주의자이다.

현대 신공리주의 이론을 포함한 목적론적인 이론을 윤리의무론적인 이론과 비교함으로써 그 주요 속성들은 매우 쉽게 파악될 수 있다.[35)]

- 목적론적 이론은 행동이 초래할 결과(예, 순소득편익의 극대화) 때문에 행동을 정당화하는 반면에, 윤리의무론적 이론은 행동이 어떤 원칙(예, 절차상의 공정성)에 부합되거나 또는 본질적으로 옳다(예, 진실을 말함) 고 생각되기 때문에 행동을 정당화한다.
- 목적론적 이론은 조건부의 의무(예, 자유는 국가안보의 이익을 위하여 절충될 수 있다)를 제시하는 반면에, 윤리의무론적 이론은 절대적인 복종(예, 자유는 어떠한 더 높은 원칙으로도 정당화될 수 없는 포괄적 권리이다)을 제시한다.
- 목적론적 이론은 물질적 또는 실질적인 기준들(예, 즐거움, 행복, 만족 등)을 제공하는 반면에, 윤리의무론적 이론은 공식적인 또는 관계적인 기준들(예, 사회적 형평성 또는 행정적 불편부당 등)을 제공한다.
- 목적론적 이론은 총계적인 기준들(예, 지역 구성원들에 의하여 경험한 총 만족으로서의 사회복지)을 제공하는 반면에, 윤리의무론적 이론은 재화의 할당(예, 교육의 기회균등 또는 최저생계임금) 또는 악폐(예, 유독 폐기물과 발암물질에 대한 노출)를 규제하는 배분적 기준들을 제공한다.

실천적 규범이론은 가치와 윤리에 대한 기준들을 발견하기 위한 과정으로서의 성찰적인 도덕적 행동을 강조한다. 즉 실천적인 규범이론은 과학적 지식뿐만 아니라 윤리적 지식을 창출하고 평가하기 위한 과정으로서 이성적인 도덕적 담론을 중요시 해왔다.[36] 때때로 '타당한 이유'(good reasons)의 이론이라고도 불리는 실천적 규범이론은 행동이 원칙에 부합되거나 결과를 가져오기 때문에 옳거나 가치가 있다고 간주되는 범위에서 '실천적'인데, 여기에서 원칙은 (도덕적 규칙의 개발 및 적용에 영향을 미치거나, 그 영향을 받는 사람들 사이에) 이성적 상호작용을 토대로 하여 확립되어온 것이다(그리스어 *praktikos*는 '경험, 협상 또는 거래'를 의미함).

---

35) Louis A. Gewirth, *Reason and Morality* (Chico: University of Chicago Press, 1978) 참조.

36) P. W. Taylor, *Normative Discourse* (Englewood Cliffs, NJ: Prentice Hall, 1971); Stephen Toulmin, *The Place of Reason in Ethics* (Oxford: Oxford University Press, 1950); and *The Uses of Argument* (Cambridge: Cambridge University Press, 1958); Kurt Baier, *The Moral Point of View* (Ithaca, NY: Cornell University Press, 1965); Frank Fischer, *Politics, Values, and Public Policy* (Boulder, CO: West-view Press, 1980) 참조.

4. 메타윤리의 이론

정책분석에서 규범적 윤리이론의 기능은 “정책행위의 옳고 그름이 어떠한 기준에 따라서 결정되어질 수 있는지?”에 관한 질문에 대해 해답을 구하기 위한 것이다. 이와 같은 질문에 대한 해답은 앞서 살펴본 바와 같이 목적론적, 윤리의무론적, 실천적 규범 윤리의 기준들 중 하나 또는 그 이상의 기준에 그 근거를 둘 수 있다. 그러나 이와는 대조적으로, 메타윤리 이론(meta-ethical theory)의 기능은 규범적인 윤리의 주장 그 자체에 대한 질문 즉, “규범적 윤리의 주장이 진실인지 거짓인지 판단할 수 있는지?” “규범적 윤리는 일종의 지식을 생산하는지, 그리고 만일 지식을 생산한다면 그것이 어떤 종류의 지식인지?” 등에 대하여 해답을 구하기 위한 것이다. 그런데 만약 규범적인 윤리가 진실인지 거짓인지 알 수 없다면, 어떠한 종류의 비인지적인 결과가 초래될 것인가?

메타윤리의 이론들은 규범적 윤리이론들의 인식론적 지위에 대한 가정이 다르다. 예를 들면, 소위 말하는 ‘인지론자’(cognitivist)의 메타윤리는 규범적인 윤리이론들이 진실인지 또는 거짓인지 판단할 수 있으며, 따라서 규범적 윤리는 일종의 지식을 구성한다고 단언한다. 그러나 ‘비인지론자’(non-cognitivist)의 메타윤리이론은 이와 같은 입장을 부인한다. 메타윤리의 이론은 규범적 윤리이론과 관련되어 있다. 따라서 예를 들면, 사회과학분야에 있어서 논리적 실증주의의 발전은 비인지론자의 메타윤리의 학설에 기여해 왔고, 이는 결국 규범적 윤리의 담론에 관한 평가절하를 가져왔으며, 사실상의 실증적 이론(후생경제학)과 분석적인 관례(비용-편익분석)들이 논란의 여지가 있는 윤리적 전제에 기초를 두고 있다는 사실을 인식할 수 없게 하였다. 이 경우에 어떤 특정 메타윤리의 학설(비인지주의)은 성찰적인 규범적 담론 및 새로운 윤리적 지식 개발을 위한 기회를 미리 점유함으로써, 규범적 윤리에 대하여 직접적이고도 논리적으로 제약하는 압력을 행사해 왔다.

Ⅳ. 정책분석에서의 평가

기술적, 규범적, 메타윤리적 이론은 정책분석에서 평가를 위한 하나의 토대를 제공하며, 여기서 평가란 정책결과의 가치(value) 또는 값어치(worth)에 대한 정보를 생산하는 것을 말한다. 정책결과가 실제로 가치를 가지고 있다는 것은 결국 정책결과가 추구하고자 하는 목표나 목적에 기여하고 있기 때문이다. 이러한 경우에 우리는 하나의 정책 또는 프로그램이 어떤 의미 있는 수준의 성과를 달성하였다고 말한다.

1. 평가의 본질

평가의 주요 특징은 정책주장이 성격상 평가적인 것으로 귀결된다는 점이다. 여기에서 주요 질문은 하나의 사실(어떠한 것이 존재하는가? *Does something exist?*), 또는 행위(어떠한 조치가 취해져야 하는가? *What should be done?*)에 관한 것이 아니라 하나의 가치(그 값어치는 어느 정도인가? *Of what worth is it?*)에 관한 것이다. 그러므로 평가는 그 이외의 다른 정책분석의 방법들과는 구별되는 몇 가지 특징이 있다.

1. **가치 초점**(*value focus*). 점검과는 대조적으로 평가는 정책이나 프로그램의 소망성 또는 가치에 관한 판단에 초점을 둔다. 평가는 우선적으로 어떤 정책이나 프로그램이 가지고 있는 값어치나 또는 효용성을 판단하기 위한 노력이지, 단지 정책행위로 인하여 발생된 예상하거나 예상하지 못하였던 정책결과에 대한 정보를 수집하고자 하는 노력이 아니다. 정책목표와 목적의 적합성이 항상 의문시될 수 있기 때문에, 평가는 어떤 정책이 가지고 있는 목표나 목적 그 자체를 평가하는 절차들을 포함한다.
2. **사실과 가치의 상호의존성**(*fact-value interdependence*). 평가는 '가치'(values)에 의존하고 있는 것만큼 '사실'(facts)에도 의존한다. 특정 정책이나 프로그램이 높은 (또는 낮은) 수준의 성과를 달성하였다고 주장하려면 정책결과가 어느 개인이나 집단 또는 사회 전반에 걸쳐 소중한 것이라

는 점뿐만 아니라, 나아가 정책결과가 어떤 문제를 해결하기 위해 취해진 행동으로 인한 사실상의 귀결이라는 점이 또한 요구된다. 이러한 의미에서 점검은 평가를 위한 필요조건이 된다.

3. **현재와 과거지향성**(*present and past orientation*). 평가적 주장은 처방적인 주장과는 달리 미래의 정책결과보다는 현재와 과거의 결과에 지향되어 있다. 다시 말해, 평가라는 것은 과거지향적인 성격을 지닌 것으로서 행위가 취해진 이후(*ex post*)에 이루어진다. 처방 역시 가치전제들을 내포하고 있으나 미래지향적인 성격을 지닌 것으로서 행위가 취해지기 이전(*ex ante*)에 이루어진다.
4. **가치 이중성**(*value duality*). 평가적 주장의 근저에 깔려있는 가치는 이중적 속성이 있다. 이는 가치라는 것이 목적으로서 뿐만 아니라 수단으로도 간주될 수 있기 때문이다. 어떤 주어진 가치(예를 들면, 건강)가 (그 자체로서 소중하다는 점에서) 본질적 가치로 간주되는 동시에 (어떤 다른 목적에도 기여하기 때문에 바람직하다는 점에서) 비본질적 가치로도 간주될 수도 있다는 점에서 평가는 처방과 유사하다. 이러한 속성때문에 가치는 흔히 상하 계층적으로 배열되어 목표와 목적들의 상대적 중요성과 상호의존성을 나타낸다.

2. 평가의 기능

평가는 정책분석에서 몇 가지 주요 기능을 수행한다. 첫 번째 가장 중요한 것으로서, 평가는 정책성과(*policy performance*) 즉, 정책행위를 통하여 실현되어온 욕구, 가치 및 기회의 정도라는 정책성과에 대한 신뢰성 있고 타당성 있는 정보를 제공한다. 이러한 점에서 평가는 특정 목표(예, 건강의 증진)와 특정 목적(예, 1990년도까지 만성질병의 20% 감소)이 달성된 정도를 나타낸다.

둘째, 평가는 목표와 목적들을 선택하는 데 기초가 되는 가치를 명료화(*clarification*)하고 비판(*critique*)하는 데 기여한다. 가치의 명료화는 목표와 목적들을 정의하고 조작화함으로써 이루어진다. 가치에 대한 비판 또한 다루어질 문제와 관련하여 목표와 목적들의 적합성을 체계적으로 의문시함으로써 이루어진다. 목표와 목적들의 적합성을 의문시함에 있어서 분석가는 가치의 대안적 원천들(예를 들면, 관료, 기득이익집단, 고객집단)은 물론 여러 가지 서로 다른 형태의 (기술적, 경제적, 법적, 사회적, 실질적) 합리성의 근거들을 검토해 볼 수 있다.

셋째, 평가는 문제구조화(*problem structuring*)와 처방(*prescription*)을 포함한 그 외의 다른 정책분석방법의 적용에도 기여할 수 있다. 예를 들면, 불충분한 정책성과에 대한 정보를 가지고, 목표와 목적들이 재정의 되어야 한다는 것을 보여줌으로써, 정책문제를 재구조화할 수 있다. 또한 평가는 이전에 선호된 정책대안이 포기되거나 다른 정책대안으로 대체되어야 한다는 것을 보여줌으로써, 새로운 또는 수정된 정책대안에 대한 정의를 내리도록 기여할 수 있다.

3. 정책평가를 위한 기준

정책성과에 대한 정보를 생산하는 데 있어서, 분석가는 정책결과를 평가하기 위하여 상이한 유형의 기준을 사용한다. 이러한 유형의 기준에 대해서는 정책처방과 관련하여 이미 논의한 바가 있다(제5장). 정책평가를 위한 기준과 정책처방을 위한 기준들 사이의 주요 차이점은 이러한 기준들이 적용되는 시

표 7-2 평가를 위한 기준

기준의 유형	질 문	예시적 기준
효과성	가치 있는 결과가 달성되었는가?	서비스 단위
능률성	가치 있는 결과를 달성하기 위하여 얼마나 많은 노력이 요구되었는가?	단위 가격 순편익, 비용-편익비율
충족성	가치 있는 결과의 달성이 문제를 어느 정도 해결하였는가?	고정비용(유형 I 문제) 고정효과성(유형 II 문제)
형평성	비용과 편익이 상이한 집단들 간에 형평성 있게 분배되어 있는가?	파레토 기준 칼도-힉스 기준 롤즈 기준
대응성	정책결과는 특정 집단의 욕구, 선호 또는 가치를 만족시키고 있는가?	시민여론조사와의 일관성
적합성	바람직한 결과(목적)가 실제로 값어치가 있거나 또는 소중한가?	공공사업은 능률적이면서도 또한 형평성이 있어야 한다.

주: 각 기준에 대한 자세한 기술은 제5장을 참조할 것.

기이다. 평가를 위한 기준은 과거지향적으로 (사후에: *ex post*) 적용되는 반면에, 처방을 위한 기준들은 미래지향적으로 (사전에: *ex ante*) 적용된다. 이와 같은 기준들이 <표 7-2>에 요약되어 있다.

Ⅴ. 평가의 접근방법

앞에서 살펴본 바와 같이 평가는 상호 관련된 두 가지 측면을 포함한다. 즉, 공공정책 및 프로그램의 결과를 점검하기 위한 다양한 방법들의 사용이라는 측면과 더불어 이러한 결과들이 일부 사람이나 집단 또는 사회전체에 값어치가 있는 것인지 확정하기 위한 일단의 가치들을 적용하는 측면이다. 이러한 두 가지의 상호 관련된 측면은 어떠한 평가적 주장에서도 사실전제와 가치전제가 존재하고 있음을 지적한다. 그러나 정책분석에서 '평가'(evaluation)라고 말하는 많은 활동들이 본질적으로 비평가적(*nonevaluative*)인 활동들이다. 즉, 평가를 위한 활동이 평가적 주장보다는 사실적(designative: factual) 주장을 생산하는 일에 주로 관심을 갖고 있다. 사실상 제6장에 기술된 점검을 위한 네 가지 접근방법들 각각은 '평가연구'(evaluation research) 또는 '정책평가'

표 7-3 평가를 위한 세 가지 접근방법

접근방법	목 표	가 정	주요 형태
유사평가	정책결과에 대한 신뢰성 있고 타당한 정보를 생산하기 위해 기술적 방법을 사용	값어치 또는 가치의 측정이 자명하거나 논쟁의 여지가 없음	사회실험 사회체제회계 사회감사 연구와 실제의 종합
공식적 평가	정책-프로그램의 목적으로 공식적으로 선언된 정책결과에 대한 신뢰성 있고 타당한 정보를 생산하기 위해 기술적 방법을 사용	정책결정자 및 관료들의 공식적으로 선언한 목표와 목적들이 값어치 또는 가치의 측정에 적합	발전적 평가 실험적 평가 과거지향적 과정 평가 과거지향적 결과 평가
결정이론적 평가	다수의 정책관련자들에 의하여 명백하게 중요시되고 있는 정책결과에 대한 신뢰성 있고 타당한 정보를 생산하기 위해 기술적 방법을 사용	정책관련자들의 공식적으로 선언한 것과 더불어 잠재적인 목표와 목적들이 값어치 또는 가치의 측정에 적합	평가가능성 사정 다속성 효용분석

(policy evaluation)를 위한 접근방법으로 흔히 잘못 불리고 있다.[37]

정책분석에서 평가의 의미에 대한 명확성이 결여되고 있는 현재의 여건 하에서는, 정책평가를 위한 몇 가지 상이한 접근방법들을 구별하는 것이 중요하다. 여기에는 유사평가(pseudo-evaluation), 공식적 평가(formal evaluation), 결정이론적 평가(decision-theoretic evaluation)가 있다. 이러한 접근방법들과 각각의 접근방법들이 추구하는 목적, 가정, 그리고 주요 형태 등을 <표 7-3>에서 보여주고 있다.

1. 유사평가

유사평가(*pseudo-evaluation*)란 개인, 집단, 또는 사회 전체에 미치는 정책결과의 값어치나 가치를 의문시하지 않고, 정책결과에 대해 신뢰할 수 있고 타당한 정보를 생산하기 위해 기술적 방법들을 사용하는 접근방법을 말한다. 유사평가가 지니고 있는 주요 가정은 이러한 값어치 또는 가치의 측정수단이 자명하거나 논란의 여지가 없다는 것이다.

유사평가에서 분석가는 전형적으로 다양한 방법들(준실험설계, 설문지, 무작위 표본추출, 통계적 기법)을 사용하여 정책결과에서의 변이를 정책투입 변수와 정책과정 변수를 가지고 설명하고자 한다. 그렇지만 어떤 주어진 정책결과(예를 들면, 취업한 훈련생의 수, 전달된 의료서비스의 단위, 생산된 소득의 순편익)를 하나의 적합한 목적으로 당연시하여 받아들인다. 유사평가의 주요 형태에는 제6장에서 논의된 점검을 위한 여러 가지 접근법들 즉, 사회실험, 사회체계회계, 사회감사, 그리고 연구와 실제의 종합이 포함된다.

2. 공식적 평가

공식적 평가(*formal evaluation*)는 정책결과에 대해 신뢰할 수 있고 타당한 정보를 생산하기 위하여 기술적 방법을 사용하는 접근방법을 말하지만, 그러한 정책결과를 평가함에 있어서 정책결정자와 프로그램의 집행자들이 공식적으로 선언한 정책-프로그램의 목적들에 입각하여 평가하는 것을 말한다. 공식적 평가가 가지고 있는 주요 가정은 공식적으로 선언한 목표와 목적들이

37) 예를 들면, Marcia Guttentag and Elmer Struening, eds., *Handbook of Evaluation Research,*

정책 및 프로그램의 값어치나 또는 가치의 측정수단으로서 적합하다는 것이다.

공식적 평가에서 분석가는 유사평가에서 사용된 방법들과 동일한 종류의 방법들을 사용하며, 정책투입과 정책과정까지 추적될 수 있는 정책산출과 정책영향에서의 변이에 대한 신뢰성있고 타당성있는 정보를 생산하려는 의도 역시 동일하다. 그러나 차이점은 공식적 평가가 공식적인 목표 및 목적을 식별, 정의 및 구체화하기 위하여 법률, 프로그램 문서 및 정책결정자와 관료들과의 면접 등을 사용한다는 점이다. 이와 같이 공식적으로 선언된 목표와 목적들이 지니고 있는 적합성에 대해서는 의문이 제기되지 않는다. 공식적 평가에서 가장 흔히 사용되는 유형의 평가적 기준은 효과성과 능률성이다.

공식적 평가의 주요 유형 중 하나는 특정 정책이나 프로그램이 일정 기간 동안 집행된 이후에 공식적인 목표와 목적들을 어느 정도나 달성하였는지 점검하기 위한 노력을 포함하는 총괄적 평가(*summative evaluation*)이다. 총괄적 평가는 안정되고 잘 확립된 공공정책과 공공프로그램의 결과물을 사정하기 위하여 고안된 것이다. 이와는 달리 형성적 평가(*formative evaluation*)는 공식적 목표와 목적들의 성취여부를 계속적으로 점검하기 위한 노력을 포함한다. 그러나 총괄적 평가와 형성적 평가간의 차이점이 과도하게 강조되어서는 안 된다. 그 이유는 형성적 평가를 구별하는 주요 특징은 정책결과가 점검되는 시점의 수이기 때문이다. 따라서 총괄적 평가와 형성적 평가의 차이점은 주로 정도상의 차이로 볼 수 있다.

공식적 평가는 총괄적 또는 형성적으로 이루어지지만, 이러한 총괄적 평가와 형성적 평가는 또한 정책투입과 정책과정에 대한 직접적 또는 간접적인 통제를 포함시킬 수 있다. 직접적 통제의 경우, 평가자는 지출의 수준, 여러 프로그램의 복합적 사용, 또는 대상 집단의 특성 등을 직접 조작할 수 있다

표 7-4 공식적 평가의 유형

정책행위에 대한 통제	정책과정에 대한 정향	
	형성적	총괄적
직접적	발전적 평가	실험적 평가
간접적	과거지향적 과정평가	과거지향적 결과평가

— 즉, 평가는 점검을 위한 하나의 접근방법으로서 하나 또는 그 이상의 사회실험의 특징들을 보유할 수 있다(제6장). 간접적 통제의 경우에는 정책투입변수와 정책과정 변수들이 직접 통제될 수는 없다. 오히려 이러한 변수들은 이미 발생된 행위에 근거하여 과거지향적으로 분석되어야 한다. 네 가지 유형의 공식적 평가 — 이들 각각은 정책과정에 대한 상이한 정향(총괄적 대 형성적)과 행위에 대한 통제의 형태(직접적 대 간접적)에 입각하고 있다 — 가 <표 7-4>에 예시되어 있다.

3. 공식적 평가의 다양성

발전적 평가(*developmental evaluation*)는 프로그램 집행요원의 일상적인 욕구를 충족시키기 위하여 명확하게 고안된 평가활동을 말한다. 이러한 발전적 평가는 "집행요원에게 프로그램이 가지는 초기의 약점이나 또는 의도하지 않은 실패에 대한 경각심을 갖게 하고, 프로그램의 운영을 책임지고 있는 자들에 의한 적절한 운영을 보장하는 데에도" 유용하다.[38] 정책행위에 대한 직접적인 통제 조치를 수반하는 발전적 평가는 공적 부문은 물론 사적 부문 등 광범위한 상황 하에서 활용되고 있다. 예를 들면, 기업체는 새로운 생산품을 배포, 검사, 그리고 회수하기 위하여 흔히 발전적 평가방법을 사용한다. 공공부문에서 발전적 평가는 세사미 스트리트(*Sesame Street*)나 일렉트릭컴퍼니(*Electric Company*)와 같은 공교육사업에 새로운 교육방법과 교육자료를 실험하기 위하여 사용되어 왔다. 이와 같은 프로그램들은 특정 연령 범주에 속한 어린이들로 구성된 청중들에게 프로그램을 보여줌으로써 체계적으로 점검되고 평가되고 있다. 후속적으로 이러한 프로그램들은 "프로그램의 어떠한 특징들이 관심을 불러일으키고 있는가에 대한 체계적인 관찰과 더불어 프로그램을 본 후에 어린이들과의 면접을 토대로 여러 번 수정되었다."[39] 발전적 평가는 형성적인 성격을 가지고 있고 직접적인 통제방법을 수반하고 있기 때문에 투입변수와 과정변수들을 체계적으로 조작함으로써 획득된 새로운 경험을 즉각 수용하는 데 사용될 수 있다.

38) Peter H. Rossi and Sonia R. Wright, "Evaluation Research: An Assessment of Theory, Practice, and Politics," *Evaluation Quarterly 1*, no. 1 (February 1977), p. 21.

39) *Ibid*, p. 22.

과거지향적 과정평가(*retrospective process evaluation*)는 프로그램이 일정기간 동안 집행되고 난 이후에 그 프로그램에 대한 점검과 평가를 수반한다. 과거지향적 과정평가는 정책과 프로그램을 집행하는 데 있어서 당면하게 되는 문제나 장애요인에 흔히 초점을 맞추지만 투입(예, 지출)과 과정(예, 대안적 전달체계)에 대한 직접적 조작을 허용하지는 않는다. 오히려 진행 중인 프로그램의 활동에 관한 과거지향적(*ex post facto*: retrospective) 기술에 의존하며, 이는 결과적으로 산출과 영향에 관계된다. 과거지향적 과정평가는 프로그램과 관련된 정보(예를 들면, 최종 수혜자집단의 수, 제공된 서비스의 유형, 프로그램을 담당하는 직원의 특징)를 계속적으로 생산해 내는 제대로 확립된 내부적 보고체제를 필요로 한다. 공공기관에서의 정보관리체계가 결과는 물론 과정에 대한 정보를 포함하고 있으면, 이는 흔히 과거지향적 과정평가를 가능하게 한다.

미국의 초등 및 중등 교육법(1965) 제1조는 교육부로 하여금 과거지향적 과정평가를 의무적으로 하도록 규정하였으나 그 결과는 실망스러운 것이었다. 교육법 제1조에 따라 가난한 가정 출신의 학생 수에 비례하여 지방의 학교에 자금을 지원하였다. 지방학군은 불충분하고 유용성이 적은 정보만을 제출할 수밖에 없었으며, 이에 따라 교육 프로그램을 동시에 평가하고 집행하는 것이 불가능하게 되었다. 과거지향적 과정평가는 신뢰성있고 타당성있는 정보체제의 확립을 전제로 하지만, 흔히 이러한 정보체제를 확립한다는 것은 어려운 과제이다.

실험적 평가(*experimental evaluation*)란 정책투입과 정책과정을 직접 통제하는 조건 하에서 그 결과를 점검하고 평가하는 것을 말한다. 실험적 평가의 이상형은 일반적으로 '통제된 과학적 실험'(controlled scientific experiment)으로서, 특정 투입변수 또는 과정변수를 제외하고는 정책결과에 영향을 줄 수 있는 모든 요인들이 통제되거나, 상수로 취급되거나, 또는 개연성이 있는 경쟁가설로 취급된다. 실험적 및 준 실험적 평가에는 뉴저지-펜실베이니아의 소득보장실험(New Jersey-Pennsylvania Income Maintenance Experiment), 캘리포니아의 상습범 집단치료실험(California Group Therapy-Criminal Recidivism Experiment), 캔자스 시의 예방적 순찰실험(Kansas City Preventive Patrol Experiment), 프로젝트 추적조사(Project Follow Through), (복지대상자에 대한) 정부지원 직업훈련계획 시범프로젝트(Supported Work De-monstration Project), 그리고 교육의 성과계약을 위한 다양한 실험들이 있다.

실험적 평가에서는 평가가 실시되기 이전에 다소 엄격한 몇 가지 기준을 반드시 충족시켜야 한다.[40] 그 기준은 (1) 조작적인 용어로 구체화된 것으로, 명확하게 정의되고 직접 조작가능한 일련의 '처리'(treatment)변수들, (2) 성과에 대한 결론을 많은 유사 대상집단 또는 환경에 최대한 일반화시킬 수 있는 평가전략(외적 타당성: *external validity*), (3) 조작된 정책투입 및 과정 변수의 실질적인 결과로서 정책성과를 해석하는 데 있어서 최소한의 오류만을 허용하는 평가전략(내적 타당성: in*ternal validity*), 그리고 (4) 선행조건, 예상하지 못했던 사건, 투입, 과정, 산출, 영향, 부수적 효과와 파급효과 사이의 복잡한 상호연관성에 대하여 신뢰할 수 있는 자료를 생산하는 점검체제([표 6-2] 참조) 등이다. 실험적 평가에서는 이상과 같은 방법론적 요건들을 전부 충족시키기가 어렵기 때문에 전형적인 '진'(true) 통제실험에는 미치지 못하고, 대신에 '준 실험적'(quasi-experimental)인 평가로 돌리게 된다.

과거지향적 결과평가(*retrospective outcome evaluations*)는 조작 가능한 정책투입과 과정에 대하여 직접적인 통제 없이 결과를 점검하고 평가하는 것을 포함한다.[41] 설혹 통제를 한다 하더라도 간접적인 통제나 또는 통계적 통제를 하게 된다. 즉 평가자는 계량적 방법들을 사용하여 많은 다른 요인에 의한 영향력을 분리시키고자 한다. 여기에는 일반적으로 과거지향적 결과평가의 두 가지 주요 변형인 횡단적 연구와 종단적 연구의 방식이 있다. '종단적 연구'(*longitudinal studies*)란 하나, 소수 또는 다수의 프로그램 결과에 있어서의 변화를 두 개 또는 그 이상의 시점에서 평가를 하는 연구를 말한다. 수많은 종단적인 연구가 가족계획의 분야에서 실시되어 왔는데, 여기서 출산율과 피임기구의 채택에 있어서의 변화가 상당히 오랜 기간(5년에서 20년)에 걸쳐 점검되고 평가되어 왔다. 이와는 대조적으로 '횡단적 연구'(*cross-sectional studies*)에서는 한 시점에서 많은 프로그램들을 점검하고 평가하고자 한다. 즉 횡단적 연구의 목적은 다양한 프로그램들의 산출과 영향이 의미 있게 서

40) Walter Williams, *Social Policy Research and Analysis* (New York: Elsevier, 1971), p. 93.

41) 제6장에서 논의된 점검을 위한 세 가지 접근법 즉, 사회체제회계, 사회감사, 그리고 연구와 실제의 종합 등은 과거지향적인 결과평가의 형태들로 또한 간주될 수 있음에 주목해야 한다. 이와 비슷하게 비용-편익분석과 비용-효과분석(제5장)도 과거지향적 결과평가의 특수한 형태들로 간주될 수 있다.

로 차이가 있는지를 발견하고자 하는 데 있으며, 만일 상이하다면 어떠한 특징적인 행위, 전제조건, 또는 예상하지 못했던 사건들이 이러한 차이를 설명하고 있는가를 발견하고자 한다.

본질적으로 횡단적 연구의 성격을 가지고 있는 과거지향적 결과평가의 두 가지 유명한 예로서, 취학 전 아동에 대한 보충 교육을 제공하기 위해 고안된 프로그램인 무료조기교육 프로젝트(Project Head Start)와 콜맨 보고서(Coleman Report)가 있다. 사실상,

> 1960년대 중반의 시기에 시작된 전국적인 보충교육 프로그램에 관한 거의 모든 평가는 횡단적 자료에 입각하고 있다. 가정배경, 인종, 지역, 도시규모 등과 같이 경쟁적 설명을 가능케 하는 요인들을 통계적으로 상수화 하여, 보충교육 프로그램에 등록한 아이들을 등록하지 않은 아이들과 비교하고자 하였다.[42]

4. 결정이론적 평가

결정이론적 평가(*decision-theoretic evaluation*)는 다양한 이해관계자들에 의해서 명백하게 평가된 정책결과에 대한 신뢰할 수 있고 타당한 정보를 생산하기 위하여 기술적 방법을 사용하는 접근법이다. 한편 결정이론적 평가와 다른 한편 유사평가 및 공식적 평가와의 주요 차이점은, 결정이론적 평가에서는 이해관계자들의 명시적인 목표와 목적들은 물론 잠재적인 목표와 목적들까지도 표출시키고 분명한 것으로 하고자 한다는 것이다. 이것이 의미하는 바는 정책결정자와 관료들이 공식적으로 선언한 목표와 목적들은 다양한 가치의 원천들 중 단지 하나에 해당한다는 것이다. 왜냐하면, 하나의 정책을 형성하고 집행하는 데 있어서 이해관계를 가지고 있는 모든 당사자들(예를 들면, 중급 및 하급참모, 다른 기관에 속한 직원, 고객집단들)이 성과를 측정하는 데 사용되는 목표와 목적들을 생산하는 바와 관련이 있기 때문이다.

결정이론적 평가는 유사평가와 공식적 평가의 다음과 같은 몇 가지 결점을 보완하려는 하나의 방법이다.[43]

---

42) Rossi and Wright, "Evaluation Research," p. 27.

43) 이와 같은 결점 및 그 이외에 다른 결점들을 설명하는 문헌들로서는 다음을 참조할 것: Carol H. Weiss, *Evaluation Research* (Englewood Cliffs, NJ: Prentice Hall, 1972); Ward Edwards, Marcia Guttentag, and Kurt Snapper, "A Decision-Theoretic Approach to Evaluation Research." in *Handbook of Evaluation Research*, ed. Guttentag and Struening, pp. 139-81; and Martin Rein and

1. **성과정보의 과소활용 및 미활용**(*underutilization and nonutilization of performance information*). 평가를 통하여 생성된 정보의 상당 부분이 정책결정을 개선하는 데 제대로 활용되지 않거나 또는 전혀 활용되지 못하고 있다. 그 이유의 일부는 평가보고서가 정책 및 프로그램을 형성하고 집행하는 데 이해관계를 가지고 있는 당사자들의 목표와 목적들을 충분하게 반영시키지 못하고 있기 때문이다.
2. **성과목표의 모호성**(*ambiguity of performance goals*). 공공정책 및 프로그램에서 대부분의 경우 그 목표들이 명확하지 못하다. 이것이 의미하는 바는 동일한 일반적인 목표 — 예를 들면, 건강의 증진 또는 에너지 보전의 개선 — 가 상호 갈등적 관계를 가지는 구체적인 목적들로 나타날 수 있으며 또한 나타나고 있다는 것이다. 이러한 현상은 동일한 목표(예로서, 건강의 증진)가 적어도 여섯 가지 형태의 평가기준 즉, 효과성, 능률성, 충족성, 형평성, 대응성 및 적합성 등에 의하여 조작화 될 수 있다는 것에서 분명히 나타난다. 결정이론적 평가가 지니고 있는 취지 중의 하나는 목표들의 애매 모호성을 감소시키고 갈등적인 목적들을 분명히 하고자 하는 것이다.
3. **복수 목적들 간의 갈등**(*multiple conflicting objectives*). 공공정책 및 프로그램이 지니고 있는 목표들과 목적들은 하나의 또는 소수의 당사자들(예로서, 의회, 지배적인 고객집단, 행정책임자)이 지니고 있는 가치만을 중점적으로 고려하는 방식에 의해서는 만족스럽게 확립될 수 없다. 실제로 평가를 요구하는 대부분의 상황에서는 갈등적인 목표들과 목적들을 가진 다수의 이해관계자들이 존재하고 있기 때문이다. 결정이론적 평가에서는 이러한 다수의 이해관계자들을 식별해 내고 그들이 가지고 있는 목표들과 목적들을 표출하려고 시도한다.

결정이론적 평가가 가지고 있는 주요 취지 중의 하나는 정책결과에 대한 정보를 다수의 이해관계자들의 가치들과 연결시키고자 하는 것이다. 결정이론적 평가가 지니고 있는 가정은 공식적으로 표명된 목표 및 목적들뿐만 아니라 이해관계자들의 잠재적인 목표와 목적들이 정책 및 프로그램의 값어치

Sheldon H. White, "Policy Research: Belief and Doubt," *Policy Analysis* 3, 2(1977), pp. 239-272.

또는 가치를 평가하는 적합한 측정기준이 된다는 것이다. 이러한 결정이론적 평가에는 평가가능성 사정과 다속성 효용분석의 두 가지 주요 형태가 있으며, 이 두 가지는 모두 정책결과에 대한 정보를 다수의 이해관계자들이 지니고 있는 가치들과 연결하고자 한다.

평가가능성 사정(*evaluability assessment*)이란 정책성과에 대한 정보로부터 혜택을 받게 되리라고 생각되는 의사결정체제를 분석하고 그리고 성과를 측정하려는 데 사용되는 목표, 목적 및 가정들을 명백히 하기 위해 고안된 일련의 절차들을 말한다.44) 평가가능성 사정에 있어서의 기본적인 의문사항은 어떤 정책이나 프로그램이 평가될 수 있는지 여부를 확인하는 것이다. 어떤 정책이나 프로그램이 평가될 수 있기 위해서는 적어도 다음 세 가지 조건들이 제시되어야 한다. 첫째, 명백하게 표현된 정책이나 프로그램이 있어야 한다. 둘째, 명백하게 구체화된 목표와 결과가 있어야 한다. 셋째, 정책행위를 목표 및 결과에 연결시키는 일련의 명백한 가정들이 있어야 한다.45) 평가가능성 사정을 수행함에 있어서 분석가는 성과에 대한 정보를 의도적으로 사용하고자 하는 사람들과 평가자들 자신의 관점에 입각하여 정책이나 또는 프로그램을 명확하게 평가하고자 하는 다음과 같은 일련의 단계를 밟아야 한다.46)

1. **정책-프로그램의 구체화**(*policy-program specification*). 연방정부, 주정부, 지방정부의 어떠한 활동들이 그리고 어떠한 목표와 목적들이 정책이나 프로그램을 구성하고 있는가?
2. **정책-프로그램 정보의 수집**(*collection of policy-program information*). 정책 및 프로그램의 목적, 활동 및 이의 밑바탕에 깔려있는 기본가정들을 정의하기 위하여 어떠한 정보를 수집해야 할 것인가?
3. **정책-프로그램의 모형화**(*policy-program modeling*). 성과에 대한 정보를 의도적으로 활용하고자 하는 사용자들의 관점에 입각하여 볼 때, 어떠한 모형이 정책-프로그램과 이에 관련되어 있는 목적들과 활동들을 가장 잘 나타낼 수 있는가? 그리고 어떠한 인과적 가정들이 행위와 결과 사이

44) 평가가능성 사정에 대해서는 Joseph S. Wholey and others, "Evaluation: When Is It Really Needed?" *Evaluation* 2, 2 (1975): 89-94; and Wholey, "Evaluability Assessment," *Evaluation Research Methods*, ed. Rutman, pp. 41-56 참조.

45) Rutman, *Evaluation Research Methods*, p. 18 참조.

46) Wholey, "Evaluability Assessment," pp. 43-55.

를 연결하고 있는가?

4. **정책-프로그램의 평가가능성 사정**(*policy-program evaluability assessment*). 정책-프로그램의 모형이 평가를 유용하게 할 수 있을 만큼 충분히 명확한가? 그리고 어떤 유형의 평가연구가 가장 유용한가?
5. **사용자들에게 평가가능성 사정의 환류**(*feedback of evaluability assessment to users*). 정책-프로그램의 평가가능성에 대한 결론을 의도적 사용자들에게 제공한 이후, 정책성과를 평가하기 위하여 어떠한 후속 단계들을 밟아야 하는 (또는 밟지 말아야 하는) 것으로 나타나는가?

결정이론적 평가의 두 번째 형태는 다속성 효용분석(*multiattribute utility analysis*)이다.[47] 다속성 효용분석이란 정책결과들의 발생 확률과 그 가치에 대하여 다수의 이해관계자들의 주관적 판단을 도출해 내기 위해 고안된 일련의 절차를 말한다. 다속성 효용분석이 지니고 있는 강점은 다수의 이해관계자들의 가치판단을 명확하게 표출시킨다는 점이다. 이 방법은 정책-프로그램의 평가에서 다수의 갈등적인 목적들이 존재하고 있음을 인정하고 있으며, 의도적인 사용자들의 관점에서 볼 때 보다 유용한 정책성과에 대한 정보를 산출해 낸다. 다속성 효용분석을 수행하는 데 있어서 밟아야 할 제 단계는 다음과 같다.

1. **이해관계자의 식별**(*stakeholder identification*). 정책 또는 프로그램에 영향을 미치거나 그로 인해 영향을 받을 당사자들을 확인한다. 이러한 이해관계자들 각자는 그들이 최대화하고자 하는 목표와 목적들을 가지고 있을 것이다.
2. **정책결정관련 이슈의 구체화**(*specification of relevant decision issues*). 이해관계자들 간에 의견이 일치하지 않는 바에 대해 행동노선 또는 무조치(무행동)를 구체적으로 밝힌다. 가장 단순한 경우, 현상유지와 어떤 새로운 정책의 추진이라는 두 가지의 행동노선이 존재할 것이다.
3. **정책결과의 구체화**(*specification of policy outcomes*). 각 행동노선으로부터 나타나게 될 결과의 범위를 명확히 한다. 하나의 행동이 여러 가지의

47) Edwards, Guttentag, and Snapper, "A Decision-Theoretic Approach," pp. 148-159. 참조.

결과를 낳게 하고, 또한 이러한 결과의 각각은 그 다음의 결과를 낳게 하는 식의 상하 계층적으로 정리하여 결과는 계층제로 나타낼 수 있다. 이러한 결과의 계층제적 표현은 제5장에서 기술한 목표나무(objectives tree)와 비슷하나, 다른 점은 여기에서의 결과들은 이들의 가치가 명확하게 평가되지 않는 한 목표들이 아니라는 점이다.

4. **결과의 속성에 대한 확인**(*identification of attributes of outcomes*). 여기에서 해야 할 작업은 이러한 결과들을 값어치 있게 또는 가치가 있도록 하는 모든 관련된 속성들을 확인하는 것이다. 예를 들면, 각 결과는 상이한 대상집단이나 수혜자들에 대해 상이한 형태의 편익과 비용을 갖게 될 것이다.
5. **속성의 서열화**(*attribute ranking*). 각 가치의 속성을 중요도의 순서에 따라 서열을 매긴다. 예를 들면, 가계소득의 증가가 어떤 빈곤퇴치 프로그램의 결과라면, 이 결과는 몇 가지 가치속성들을 가질 것이다. 즉, 가족 복지의 느낌, 영양섭취도의 증가, 의료비를 위한 가처분소득의 증가 등이 있다. 이러한 속성들은 상호간의 상대적 중요도에 따라서 서열이 매겨져야 한다.
6. **속성의 척도화**(*attribute scaling*). 척도의 속성은 중요성의 순으로 매겨져야 한다. 이를 위해서, 가장 중요성이 적은 속성에 자의적으로 10의 값을 매긴다. 다음으로 중요한 속성에 대하여 이 속성은 이보다 바로 덜 중요한 속성보다 몇 배나 더 중요하냐는 질문을 던지고 이에 대한 답을 구한다. 이렇게 척도화 하는 절차를 가장 중요한 속성이 다른 모든 속성들과 비교되어질 때까지 계속하여 진행해 나아간다. 유의할 점은 가장 중요한 속성이 중요도가 가장 적은 속성의 척도 값에 비해서 10, 20, 30, 또는 그 이상 몇 십 배에 해당하는 척도 값을 가질 수 있다는 것이다.
7. **척도의 표준화**(*scale standardization*). 지금까지 척도화된 속성들은 상이한 이해관계자들에 따라 상이한 최대값을 가지게 될 것이다. 예를 들면, 한 이해관계자는 속성 A에 60이라는 값을 주고, 속성 B에는 30, 속성 C에는 10이라는 값을 줄 것이다. 그러나 다른 이해관계자는 이러한 동일한 속성들에 대하여 각각 120, 60, 10이라는 값을 줄 수도 있을 것이다. 이러한 척도를 표준화하기 위하여, 각 척도에 대한 모든 초기치를 합한 합산치를

구한 다음에, 각 초기치를 합산치로 나누고, 이 값에 100을 곱한다. 이는 결국 구성치의 합이 100인 독립된 척도를 낳게끔 한다.

8. **결과에 대한 측정**(*outcome measurement*). 각 결과가 각 속성을 달성할 가능성의 정도를 측정한다. 최대의 확률에는 100의 값을 주고, 최소의 확률에는 0(즉, 특정 결과가 그러한 속성을 달성할 기회는 전혀 없음)을 주어야 할 것이다.
9. **효용의 계산**(*utility calculation*). 다음의 공식을 사용하여 각 결과의 효용(가치)을 계산한다.

$$U_i = \Sigma W_J U_{ij}$$

여기에서
$U_i = i$번째 결과의 총 효용(가치)
$w_j = j$번째 속성의 표준화된 척도 값
$u_{ij} = j$번째 속성에 대하여 i번째 결과가 발생할 확률

10. **평가 및 발표**(*evaluation and presentation*). 전반적인 성과가 가장 큰 정책결과를 가려내어, 이 정보를 관련된 정책결정자들에게 제시한다.

다속성 효용분석의 강점은 이 방법이 분석가로 하여금 다수의 이해관계자들이 가지고 있는 갈등적인 목적들을 체계적으로 취급할 수 있게끔 하여 주는 데 있다. 그러나 이는 앞에서 기술한 제 단계가 관련된 이해관계자들을 포함시키는 집단과정(*group process*)의 부분으로서 수행될 때에만 가능하다. 따라서 다속성 효용분석에서의 필수적 요구사항은 정책 또는 프로그램에 영향을 주거나 그로 인해 영향을 받는 이해관계자들이 정책성과의 평가에 적극적으로 참여해야 한다는 것이다.

Ⅵ. 평가의 방법

분석가는 정책성과를 평가하는 데에 있어서 수많은 방법과 기법들을 사용할 수 있다. 그러나 이러한 방법과 기법들의 대다수가 또한 정책문제의 구조

화, 예측, 처방 및 점검을 포함한 다른 정책분석방법들과 연결되어 사용될 수 있다. 예를 들면, 논변분석(argumentation analysis; 제8장)은 정책행위와 목적들 사이에 존재하는 기대되는 관계에 대한 가정들을 표출하는 데 사용될 수 있다. 교차영향분석(cross-impact analysis; 제4장)은 정책-프로그램의 목적 달성을 저해하는 예상되지 못한 정책결과들을 확인하는 데에 있어서 그 유용함이 입증되고 있다. 마찬가지로, 비용편익분석 및 비용효과분석이 미래지향적(*ex ante*)으로는 물론 과거지향적(*ex post*)으로도 사용될 수 있듯이, 할인기법(discounting; 제5장)도 정책처방에서 적실성 있게 사용될 수 있는 것과 마찬가지로 정책-프로그램의 평가에서도 적실성 있게 사용될 수 있다. 끝으로 그래프 표시와 지수치에서부터 통제시계열분석에 이르기까지의 기법(제6장)들은 평가의 선행 작업으로서 정책결과를 점검하는 데 필수적일 수 있다.

다양한 기법들이 하나 이상의 정책분석방법들과 함께 사용될 수 있다는 사실은 정책분석에서 정책문제의 구조화, 예측, 처방, 점검, 평가들 간에 상호의존성이 있음을 지적하는 것이다. 이에 따라 많은 방법들과 기법들이 유사평가, 공식적 평가, 그리고 결정이론적 평가와도 관련되어 있다(<표 7-5>).

<표 7-5>에 열거된 기법 중 하나의 기법만이 아직 설명되지 않았다. 즉

표 7-5 세 가지 접근법에서의 평가를 위한 기법들

접근법	기 법
유사평가	그래프에 의한 표시(Graphic displays) 도표에 의한 표시(Tabular displays) 지수치(Index numbers) 단절적 시계열분석(Interrupted time-series analysis) 통제-시계열분석(Control-series analysis) 회귀-불연속분석(Regression-discontinuity analysis)
공식적 평가	목표지도작성(Objectives mapping) 가치명료화(Value clarification) 가치비판(Value critique) 제약조건지도작성(Constraint mapping) 교차영향분석(Cross-impact analysis) 할인(Discounting)
결정이론적 평가	브레인스토밍(Brainstorming) 논변분석(Argumentation analysis) 정책델파이(Policy Delphi) 사용자-서베이분석(User-survey analysis)

사용자-서베이분석(*user-survey analysis*)은 의도적 사용자와 다른 이해관계자들로부터 정책이나 프로그램의 평가가능성에 대한 정보를 수집하기 위한 일련의 절차를 말한다.48) 사용자에 대한 서베이(user survey)는 평가가능성 사정을 포함한 그 이외의 다른 형태의 결정이론적 평가를 수행하는 데 있어서도 핵심적인 것이다. 정보를 수집하기 위한 주요 수단은 일련의 개방형 질문들로 구성된 면접용 설문지침이다. 이러한 설문에 대한 응답들은 앞에서 기술한 평가가능성 사정의 다음과 같은 몇 가지 단계를 완성하는 데 필요한 정보를 제공하여 준다. 그 단계로는 정책－프로그램의 구체화, 정책－프로그램

표 7-6 사용자-서베이분석을 위한 면접용 설문지침

평가가능성 사정에서의 단계	설 문
정책-프로그램의 구체화	1. 정책 또는 프로그램의 목적들은 무엇인가? 2. 정책-프로그램 목적들의 달성을 위한 증거로서 받아들일 만한 것은 무엇인가?(1)
정책-프로그램의 모형화	3. 어떠한 정책행위들(예를 들면, 자원, 지침, 직원들의 활동)이 목적들을 달성하는 데 이용 가능한 것인가?(2) 4. 왜 정책행위 A가 목적 O를 달성하리라고 보는가?(2)
정책-프로그램의 평가가능성 사정	5. 다양한 이해관계자들(예를 들면, 의회, 관리예산처, 주정부감사원, 시장실)이 정책성과로서 프로그램에 대해 기대하는 점은 무엇인가? 이러한 기대사항들이 일관성이 있는가? 6. 목적들을 달성하는 데 있어서 가장 심각한 장애요인이 되는 것은 무엇인가?
사용자에게 평가가능성 사정의 환류	7. 업무와 관련하여 어떠한 성과정보가 필요한가? 그 이유는? 8. 현재의 성과정보에 관한 출처는 적절한가? 그러한 이유는? 또는 그렇지 못한 이유는? 9. 다음 해에 필요하리라 생각되는 가장 중요한 성과정보의 출처는 무엇인가? 10. 평가에서 반드시 다루어야 할 핵심적 쟁점은 무엇인가?

주: (1) 이 질문에 대한 해답을 위해 목적들에 대한 조작적 측정수단들을 구성해야 한다.
(2) 이러한 질문들에 대한 해답을 위해 행위와 목적들 간의 관계에 대한 인과적 가정들을 구성해야 한다.

출처: Wholey (1977): Figure 3, p. 48로부터 각색

48) Wholey, "Evaluability Assessment," pp. 44-49. 참조.

의 모형화, 정책－프로그램의 사정, 사용자에게 평가가능성 사정결과의 제공 등이다. 사용자－서베이분석을 위하여 이용되는 면접용 설문지침의 예가 <표 7-6>에 제시되어 있다.

요 약

본 장에서는 평가의 과정에 관한 개관을 제시하였고, 정책분석에서 서로 다른 기능을 갖고 있는 점검과 평가를 대조하였다. 가치평가와 평가 및 메타평가의 차이를 구별한 다음, 정책분석에서의 가치와 윤리, 메타윤리의 역할을 알아보았다. 그리고 사회적 형평성과 정의에 대한 경제적·윤리적인 쟁점들을 분석하는데 있어서, 본 장은 최저생계임금에 대하여 재분배적 윤리와 경제적 의사결정의 도덕성에 관한 사례들로 매듭을 지었다.

복습문제

1. 평가의 정책분석방법과 처방의 정책분석방법을 각각의 방법에 의하여 생산되는 주장의 시기와 유형에 입각하여 비교하고 대조하여라.
2. 상당수의 정책-프로그램에 대한 평가들은 평가가 지니고 있는 잠재적인 의도 또는 목적을 인식하지 못하고 있다. 이러한 잠재적인 목적에는 (a) 프로그램이 갖는 표면적인 특징에만 주의를 환기시킴으로써 그 프로그램을 보기 좋게 하고자 하는 의도('눈가림용': eyewash), (b) 프로그램의 실책을 숨기고자 하는 의도('겉발림용': white-wash), (c) 프로그램을 파괴하고자 하는 의도('잠수함식 공격용': submarine), (d) 예산획득을 위하여 반드시 실시되어져야 하는 하나의 단순 의례적 행위로서 평가하고자 하는 의도('예산획득용': posture), (e) 문제를 풀려는 시도를 연기하고자 하는 의도('연기용': postponement) 등이 있다. 이에 대한 자세한 언급은 Edward A. Suchman, "Action for What? A Critique of Evaluative Research," in *Evaluating Action Programs*. ed. Carol H. Weiss (Boston: Allyn and Bacon, 1972), p. 81을 참조하라. 이상의 것들은 평가되어야 할 정책성과에 대한 목적들을 정의하는 데 있어서 어떠한 문제점들을 제기하고 있는가?
3. 형성적 평가와 총괄적 평가를 비교하고 대조하여 보라. 이러한 두 가지 유형의 평가 중 어떤 것이 정책결정자들에게 매우 유용할 것 같은 성과에 대한 정보를

제공하는가? 그 이유는?

4. 평가를 위한 하나의 접근방법으로 비용-편익분석이 지니는 장점과 한계점은 무엇인가?(제5장 참조). 이에 대한 답변에서 유사평가, 공식적 평가, 그리고 결정이론적 평가 등을 대조하여 언급하라.

5. 평가하고 싶은 정책이나 또는 프로그램 하나를 선택하라. 평가의 기법으로서 평가가능성 사정과 다속성 효용분석을 비교하고 대조하여라. 그리고 이 두 가지 절차 중 어떤 것이 보다 신뢰할 수 있고 타당하며 나아가 보다 유용한 결과를 가져다줄지 나타내라.

시범과제

'생계임금'(living wage)에 관한 쟁점은 빈곤, 불평등, 소득분배, 그리고 경제적 능률성 등에 관한 질문들을 제기한다. 비록 보수주의자들은 미국사회를 '기회의 사회'(opportunity society)라 하고 그리고 진보주의자들은 '불평등의 사회'(inequality society)라고 끊임없이 말하지만, 미국에서 민주당이나 공화당 중 누가 정권을 잡던 상관없이 과거 35년 이상에 걸쳐 다양한 유형의 불평등이 증가하여 왔다.

추천문헌

Bok, Sissel. *Lying: Moral Choice in Public and Private Life*. New York: Pantheon Books, 1978.

Dasgupta, Partha. "Valuation and Evaluation: Measuring the Quality of Life and Evaluating Policy." Background paper prepared for the World Bank's annual *World Development Report* (2000).

Hausman, Daniel M. and Michael S. McPherson, *Economic Analysis, Moral Philosophy and Public Policy*, Cambridge: Cambridge University Press, 2006.

MacRae, Duncan, Jr. *The Social Function of Social Science*. New Haven, CT: Yale University Press, 1976.

Nozick, Robert. *Anarchy, State, and Utopia*. New York: Basic Books, 1974.

Rawls, John. *A Theory of Justice*. Cambridge, MA: Harvard University Press, 1971.

Rokeach, Milton. *The Nature of Human Values*. New York: Free Press, 1973.

Rossi, Peter H., Mark W. Lipsey, and Howard E. Freeman. *Evalution: A Systematic Approach*. Thousand Oaks, CA: Sage Publications, 2003.

Sen, Amartya. *Inequality Reexamined*. Oxford: Clarendon Press, 1992.

Stone, Deborah. *Policy Paradox: The Art of Political Decision Making*. Rev ed.

New York: W.W. Norton, 2002.
Weiss, Carol H. *Evaluation*. Upper Saddle River, NJ: Prentice Hall, 1998.
Wholey, Joseph S. "Evaluability Assessment," in *Evaluation Research Methods*: A Basic Guide, ed. Leonard Rutman. Beverly Hills, CA: Sage Publications, 1977.

사례 7.1

케이크 자르기의 윤리

불평등에 대한 정의를 내리고자 할 때, 흔히 서로 다른 규칙에 따라 조각으로 나눌 수 있는 하나의 케이크(cake)를 유추하여 사용한다.49) 이와 같은 규칙들은 그 기초가 되는 정당성과 함께 소득, 부, 교육의 기회, 그리고 보건의료 등의 배분문제를 다룬다. 그 중 일부 규칙들은 롤스(John Rawls)50)와 노직(Robert Nozick)51)을 포함한 저명한 정치적 · 윤리적 이론가들이 주장한 정의 이론의 기초이다. 롤스는 주로 사회적 재화의 공정한 분배에 기초를 둔 정의 이론을 소개하였다. 롤스에 따르면, 공정성에 관한 근본적인 규칙은 "사회적 재화를 열악한 상태에 있는 사람이 보다 더 나은 상태가 되도록 할당"하자는 것이다. 이와는 달리, 노직은 사회적 재화를 획득하는 데 있어서 공정한 절차에 기초를 둔 정의 이론을 주장한다. 여기서의 규칙은 "모든 사람들은 그와 같은 재화를 획득하는 데 있어서 균등한 기회를 가져야 하는 규칙에 따라 사회적 재화를 할당"해야 한다는 것이다. 이상의 두 이론가들은 많은 사람들이 가치와 윤리 및 공공정책에 대하여 생각하는 방법에 지대한 영향을 끼쳐왔다.

1. 세 그룹으로 나눠라. 각 그룹은 학급의 구성원들에게 케이크를 배분하기 위하여 상이한 규칙을 사용할 것이다. 그룹 A는 '누가 수혜를 볼 것인지'(*who benefits*)에 부합되게 사회적 재화를 배분할 세 가지 규칙을 사용할 것이다. 이와는 달리 그룹 B는 '분배되어져야 할 것이 무엇인지'에 근거를 둔 두 가지 규칙을 사용할 것이다. 그 다음 그룹 C는 '그 재화를 분배하는 과정'에 근거를 둔 두 가지 규칙을 사용할 것이다.

세트 A: 누가 수혜를 볼 것인가?

- 주어진 케이크를 학급 구성원들에게 균등하게 나눠라.
- 주어진 케이크를 학급 구성원들의 등급에 따라 나눠라. 등급을 구성원들의 교육연한의 수에 따라 규정하라.

---

49) Deborah Stone, *Policy Paradox: The Art of Political Decision Making*. rev.ed. (New York: W.W.Norton, 2002), Chapter. 2: Equity, pp. 39-60, and Chapter. 3: Efficiency, pp. 61-85.

50) Rawls, *A Theory of Justice*.(Cambridge, MA: Harvard University Press, 1971)

51) Robert Nozick, *Anarchy, State, and Utopia* (New York: Basic Books, 1974).

• 주어진 케이크를 두 가설적 그룹에 균등하게 나눠라. 그 중 한 그룹은 임금에서 역사적인 차별을 받아 온 자들로 학급 구성원들의 20%로 구성된다. 그리고 그 나머지는 다른 한 그룹을 이룬다. 각 그룹은 각자 받은 균등한 몫을 교육연한으로 확정된 등급에 따라 나누어야 한다.

세트 B: 분배되어져야 할 것이 무엇인가?

• 일정 기준 이하로 칼로리를 섭취하고 있는 사람들이 칼로리의 부족분을 보충하도록 보다 많은 케이크의 몫을 받을 수 있게 나눠라.
• 세 조각의 케이크를 선호하는 사람들에게 두 조각의 케이크를 선호하는 사람들보다도 더 큰 조각을 받도록 나누어 주고, 더 나아가 두 조각의 케이크를 선호하는 사람들에게 한 조각의 케이크를 선호하거나 또는 이를 선호하지 않는 사람들보다도 더 큰 조각을 받도록 나누어 줘라.

세트 C: 재화를 분배하는 과정은 무엇인가?

• 경쟁적 과정에 따라 케이크를 나눠라. 여기서 교실의 첫 번째 줄에 있는 구성원들이 한 조각의 케이크를 얻을 수 있는 기회가 100%이고, 두 번째 줄에 있는 구성원들이 얻을 수 있는 기회는 80%이며, 세 번째 줄에 있는 구성원들은 60%의 기회를, 네 번째 줄에 있는 구성원들은 40%의 기회를, 그리고 더 멀리 떨어져서 앉아 있는 구성원들은 20%의 기회를 갖고 있다. 마지막 줄에 앉아 있는 일부 구성원들은 기회가 전혀 없다.
• 각 사람은 한 조각의 케이크 몫을 받도록 선택될 동등한 확률의 기회를 가질 수 있도록, 케이크를 무작위의 과정(추첨: lottery)에 따라 나눠라. 그 과정을 30번 반복하라.52)
• 단순 다수득표자가 케이크의 2/3를 얻을 수 있도록 하는 선거과정에 따라 케이크를 나눠라. 두 명의 후보자를 선정하여 이들에 대하여 투표를 하라.

---

52) 이것은 복원방법에 의한 표본추출이며, 이에 따라 한 번 표본으로 뽑힌 사람을 다시 모집단으로 되돌려 보내서 30번의 각각에 걸쳐서 다시 선정될 수 있다.

사례 7.2

도덕적 판단의 경제학: 생계임금정책의 평가

앞의 과제로부터의 그룹 A, B, C는 각 그룹에서 사용된 규칙들을 사례 7.2에 기술된 '생계임금' 정책이 정당화될 수 있는지 여부에 관한 쟁점에 적용할 것이다. 노직과 롤스의 이론을 포함해 본 장에서 기술한 규범적 윤리이론과 메타윤리이론을 이용하여 귀하가 선정한 각 규칙의 정당성을 증명하라. 그 다음 생계임금을 검토하고 있는 시(city)의 시장에게 정책제안을 제출할 수 있도록 10분 정도의 브리핑을 구성하라.

많은 사람들은 생계임금(living wage) 운동을 미국 시민 평등권 운동 이래 가장 중요한 풀뿌리 정치운동으로 여기고 있다. 생계임금의 채택을 둘러싼 쟁점은 도덕적, 윤리적 쟁점일 뿐만 아니라 경제적인 쟁점이기도 하다. 생계임금이 빈곤, 불평등, 고용 등에 미치는 영향에 대하여 경제학자들 간에는 견해가 나뉘는 반면에, 대다수의 종교 지도자와 지역사회 지도자들은 생계임금을 100년이 넘도록 지지해 왔다.

다음 계산은 매사추세츠 공과대학(Massachusetts Institute of Technology: MIT)의 글라스마이어(Amy K. Glasmeier) 박사가 개발한 웹사이트(www.livingwage.geog.psu.edu)로부터 발췌하였다. 나타나 있는 생계임금(*living wage*)은 뉴욕시(퀸즈 자치구)의 상근 직원(연 2,080시간)이 다양한 크기의 가족들을 부양하기 위해 벌어야만 하는 2011년 기준의 시간급(hourly rate)이다. 뉴욕시의 최저임금(*minimum wage*)인 시간당 7.25달러는 가족의 수에 관계없이 모든 사람에게 동일하다. 빈곤율(poverty rate)은 보통 총 연수입으로 제시되지만, 여기서는 비교를 위하여 시간급으로 환산하였다.

샌프란시스코, 디트로이트, 그리고 시카고와 같은 지방자치단체는 연방정부가 2011년도에 지시하였던 최저임금 7.25달러보다도 높은 최저임금을 책정하였다. 자녀

표 C7.2-1 시간급(hourly wages)

시간급	성인 1명	성인 1명 자녀 1명	성인 2명	성인 2명 자녀 1명	성인 2명 자녀 2명
생계임금	$11.86	$19.66	$16.29	$24.10	$30.30
빈곤임금	$5.04	$6.68	$6.49	$7.81	$9.83
최저임금	$7.25	$7.25	$7.25	$7.25	$7.25

한명과 더불어 보다 큰 가정을 부양하는 성인 한명의 생계임금은 또한 다르다. 자녀 한명을 부양하는 성인 한명의 생계임금에 있어서 피츠버크의 경우는 연 34,244달러인 반면에 로스앤젤레스의 경우는 연 45,235달러이다.

일반적 지출비용

이들 숫자는 뉴욕시의 2011년도 생계임금을 계산하기 위해 사용되었다. 수치는 가구의 크기에 따라 변한다. 일반적 지출비용, 생계비용, 미국 전역의 상이한 직업에 따른 임금 등에 관하여, www.livingwage.geog.psu.edu 참조하라.

표 C7.2-2 월 지출비용(Monthly Expenses)

월 지출비용	성인 1명	성인 1명 자녀 1명	성인 2명	성인 2명 자녀 1명	성인 2명 자녀 2명
음식	$232	$378	$448	$594	$740
보육	$0	$572	$0	$572	$1,012
의료	$76	$151	$152	$227	$302
주택	$1,185	$1,318	$1,185	$1,318	$1,318
교통	$232	$397	$464	$629	$794
기타	$188	$369	$376	$557	$738
필요 세후 월소득	$1,913	$3,185	$2,625	$3,897	$4,904
필요 세후 연소득	$22,956	$38,220	$31,500	$46,764	$58,853
연간 세금	$1,706	$2,678	$2,387	$3,373	$4,161
필요 세전 연소득	$24,662	$40,898	$33,887	$50,137	$63,014

출처: © 2011 Dr. Amy K. Glasmeier and The Pennsylvania State University

Public Policy Analysis

제 3 부

정책소통의 방법

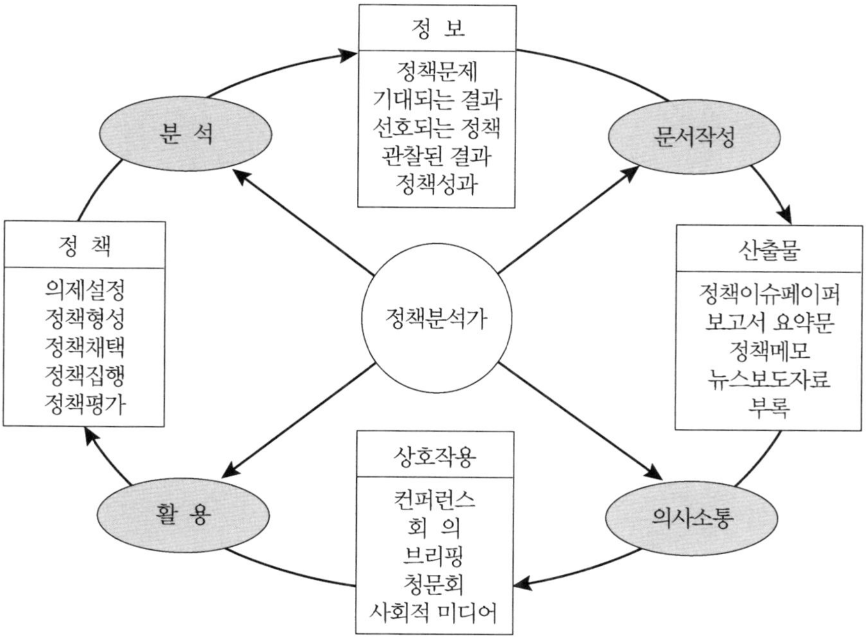

CHAPTER **08**

정책논증의 개발

학습목표

- 정책논증의 구조를 기술할 수 있다.
- 네 가지 형태의 정책주장을 비교·대조할 수 있다.
- 논증의 일곱 개 요소 사이의 관계를 기술할 수 있다.
- 이의와 반론이 논증의 강도에 어떻게 영향을 미치는지 설명할 수 있다.
- 한정어가 이의와 반론에 대응하여 어떻게 변하는지 제시할 수 있다.
- 정책논변의 각기 다른 양식을 구별할 수 있고 예시할 수 있다.
- 형식적 오류와 비형식적 오류가 왜 주장의 강도를 약화시키는 지 설명할 수 있다.
- 논증지도작성기법을 사용하여 외교정책논변의 사례를 표현할 수 있다.

Ⅰ. 서 론

정책결정자들은 이해하고 있지만 분석가들이 자주 잊고 있는 것은 정책논변(policy argumentation)이 정책결정의 중심이라는 점이다.[1] 정책논증(policy argument)은 정책관련정보를 소통하기 위한 주요 수단 중의 하나이고 정책이 만들어지고 시행되는 방식에 관한 지식의 중요 원천이다. 왜냐하면 정책논증은 정책관련정보의 운반수단이기 때문에 정책결정자에 의한 정책분석의 활용과 오용을 이해하기 위하여 중요하다.[2]

정책논증을 조직하고 구성하며 평가하는 능력은 본서의 앞부분에 소개한 비판적인 분석적 사고과정의 중심이다. 실무의 맥락에서 논변은 형식논리나 사회과학에서 사용하는 추론(reasoning)의 종류, 예를 들어, 정치적 행태를 설명하기 위한 계량적 모형에 기초한 추론, 또는 경제학에서 사용된 합리적 선택의 형식수리모형에 기초한 추론에 국한하지 않는다. 윤리적·정치적 추론으로부터 유추와 은유에 의한 추론에 이르기까지 많은 논변의 양식은 정책결정자의 관심을 끌기 위해 공존하고 서로 경쟁한다. 유능한 분석가는 추론의 각기 다른 양식을 비교·대조할 수 있어야 하고 정책결정자가 이해할 수 있는 언어로 기술적 논증을 표현할 수 있어야 한다.

Ⅱ. 정책논증의 구조

정책논증은 과정으로 볼 수 있는 논변(argumentation)의 산물이다. 현실 정책상황에서 논증은 복잡하고 오해되기 쉽다. 이러한 이유로 개념모형(conceptual model) 또는 지도(map)는 정책논증의 요소들을 식별하고, 관련시키는데 유용하다. 그러한 모형 중의 하나가 영국에서 태어난 철학자 툴민(Stephen Toulmin)에 의하여 개발되고 다른 사람들에 의하여 확장된 논증의 구조모형이다.[3] 여기에서는 겔더(Tim van Gelder)와 그의 동료들이 개발한

1) 정책논변에 관한 대표적 문헌 중의 하나는 Giandomenico Majone, *Evidence, Argument, and Persuasion in the Policy Process* (New Haven, CT: Yale University Press, 1992).

2) 이 점에 대한 열정적 표현은 National Academy of Science, Using Science as Evidence in Public Policy. National Academies Press, 2012.

3) Stephen Toulmin, *The Use of Argument* (Cambridge: Cambridge University Press, 1958); 그

*Rationale*이라고 부르는 또 다른 논증구조모형을 정책논증을 지도화하기 위하여 사용하기로 한다([그림 8-1]).[4] 구조모형은 실제적 추론의 구조와 과정을 조사하기 위하여 고안되었다. 실제적 추론에 기초한 논증은 수학이나 연역논리처럼 형식적 추론에 기초한 논증과 달리, 예를 들어, 만약 A가 B에 선호되고 B가 C에 선호되면 A는 C에 선호된다는 형식적으로 타당한 논리적 논증과 같은 확실성이 부족하다. 실제적 논증은 결론을 정당화하기 위해 사용된 추론이나 증거가 그러하듯이 항상 불확실하다. 논거(reason)는 항상 명확하게 진술되어 있는 것은 아니며, 어떤 경우에는 전혀 진술되어 있지 않다. 진술되어 있을 때조차 완전하거나 결정적일 경우는 거의 없다. 툴민(Toulmin)의 말에 의하면 실제적 추론은 "우리가 전적으로 확신하고 있지 못하는 것을 우리가 보다 크게 확신하고 있었던 다른 정보와 관련시킴"으로써 결론을 산출한다.[5] 정책논증이 연역적 논리의 확실성을 보유하고 있는 경우는 극히 드물다.

1. 지식주장의 유형

지식주장(claim 또는 contention)이란 정책논증의 결론을 말한다. 지식주장에는 네 가지 유형 즉, 정의적 주장, 사실적 주장, 평가적 주장, 그리고 창도적 주장이 있다.

• **정의적**(*definitive*) **주장.** 어떠한 정책이 특정 정의를 가지고 있다고 주장된다면 그 주장은 정의적이다. 이다(*is*), 아니다(*is not*), 구성된다(*constituted by*), 대표된다(*represented by*), 비슷하다(*similar to*), 다르다(*different from*)와 같은 단어를 찾아라. 정의적 주장은 어떤 것은 "이다 또는 아니다, 비슷하다 또는 다르다, 어떤 계급이나 범주에 속한다"라고 말한다. 정책과

리고 Stephen Toulmin, Robert Rieke, and Alan Janik, *An Introduction to Reasoning,* 2nd ed. (New York: Macmillan, 1984). 추론과 논증의 또 다른 모형은 Hayward Alker Jr., "The Dialectical Logic of Thucydides' Melian Dialogue," *American Political Science Review* 82, no. 3 (1988): pp. 805-20; Michael Scriven, *Reasoning* (New York: McGraw Hill, 1977); D. R. Des Gasper, "Structures and Meanings: A Way to Introduce Argumentation Analysis in Policy Studies Education," *Africanus* (University of South Africa) 30, no.1 (2000); pp. 49-72; 그리고 D. R. Des Gasper, "Analyzing Policy Arguments," *European Journal of Development Research* 8, no.1 (1996): 36-62.

4) Tim van Gelder, "The Rationale for Rationale." Law, Probability, and Risk 6 (2007): 32-42. *Rationale*이라고 하는 컴퓨터응용프로그램은 www.austhink.com에서 이용가능하다.

5) Toulmin, *The User of Argument*, p. 127.

특별히 관련이 있는 정의적 주장의 한 형태는 은유(metaphor)이다. 정책은 '전쟁', '전염병', '유행병', '방역'이라는 용어로 은유적으로 정의되어 왔다.

- **사실적**(*designative*) **주장.** 정책의 어떤 측면이 관찰되거나 관찰될 수 있다면, 또는 관찰이 원인을 추론하기 위하여 사용된다면, 그 주장은 사실적이다. 관찰되거나 관찰될 수 있는 특성을 기술하는 단어, 즉 되다(*become*), 기원되었다(*originated*), 연계되었다(*linked*), 원인이 되었다(*caused*), 영향을 미쳤다(*effected*), 결과(*consequence*), 예견(*prediction*)과 같은 단어를 찾아라. 사실적으로 보여 지는 어떤 용어, 예를 들어, "그는 좋은 자유주의자이다" 또는 "악의 제국(또는 악의 축)은 적이다"는 실제로는 평가적이다. 이러한 그리고 또 다른 평가적(appraising) 기술을 사용하는 주장은, 평가적 기술과 관련된 관찰을 행함으로써 가치를 경험적으로 연구하는 것 또한 가능하지만, 사실에 관한 질문이 아니라 평가적이다. 좋은 예는 설문지나 면담 목록에 포함된 민주주의, 윤리적 행태, 보수주의, 자유주의에 관한 측정도구이다.[6] 사실적 주장은 '사실적'인 근거에 기초한다.
- **평가적**(*evaluative*) **주장.** 정책의 어떤 측면이 가치가 있다 또는 없다고 주장한다면 그것은 평가적이다. 좋은(*good*), 나쁜(*bad*), 옳은(*right*), 틀린(*wrong*), 유익한(*beneficial*), 고비용(*costly*), 효율적(*efficient*), 대응적(*responsive*), 형평성있는(*equitable*), 정의로운(*just*), 공정한(*fair*), 안전한(*secure*)과 같은 단어를 찾아라. 예: "그 정책은 생계임금을 가져다 줄 것이므로 사회는 형평성과 대응성이 높아진다." "그 프로그램은 기대한 것보다 덜 효율적이다." "그 정책은 건강한 경제를 구축할 것이다." 어떤 평가적 주장은 상태나 조건(예, 정의로운 사회)를 말하고 어떤 평가적 주장은 절차적 과정(예, 공정한 심리)를 말한다. 평가적 주장은 가치, 윤리, 메타 윤리를 포함하는 근거에 의존한다.
- **창도적**(*advocative*) **주장.** 만약 정부나 정부 부서가 행동을 취하여야 한다고 주장한다면 그것은 창도적이다. 해야 마땅하다(*should*), 할 필요가 있다(*need to*), 해야 한다(*must*)와 같은 단어를 찾아라. 예: "세계은행(World Bank)은 구조조정사업을 종결하여야 한다." "의회는 평등권 수정안을 통과

6) Delbert C. Miller and Neil J. Salkind, *Handbook of Research Design and Social Measurement*, 6th ed. (Newbury Park, CA: Sage Publications, 2002) 참조.

그림 8-1 정책논증의 구조

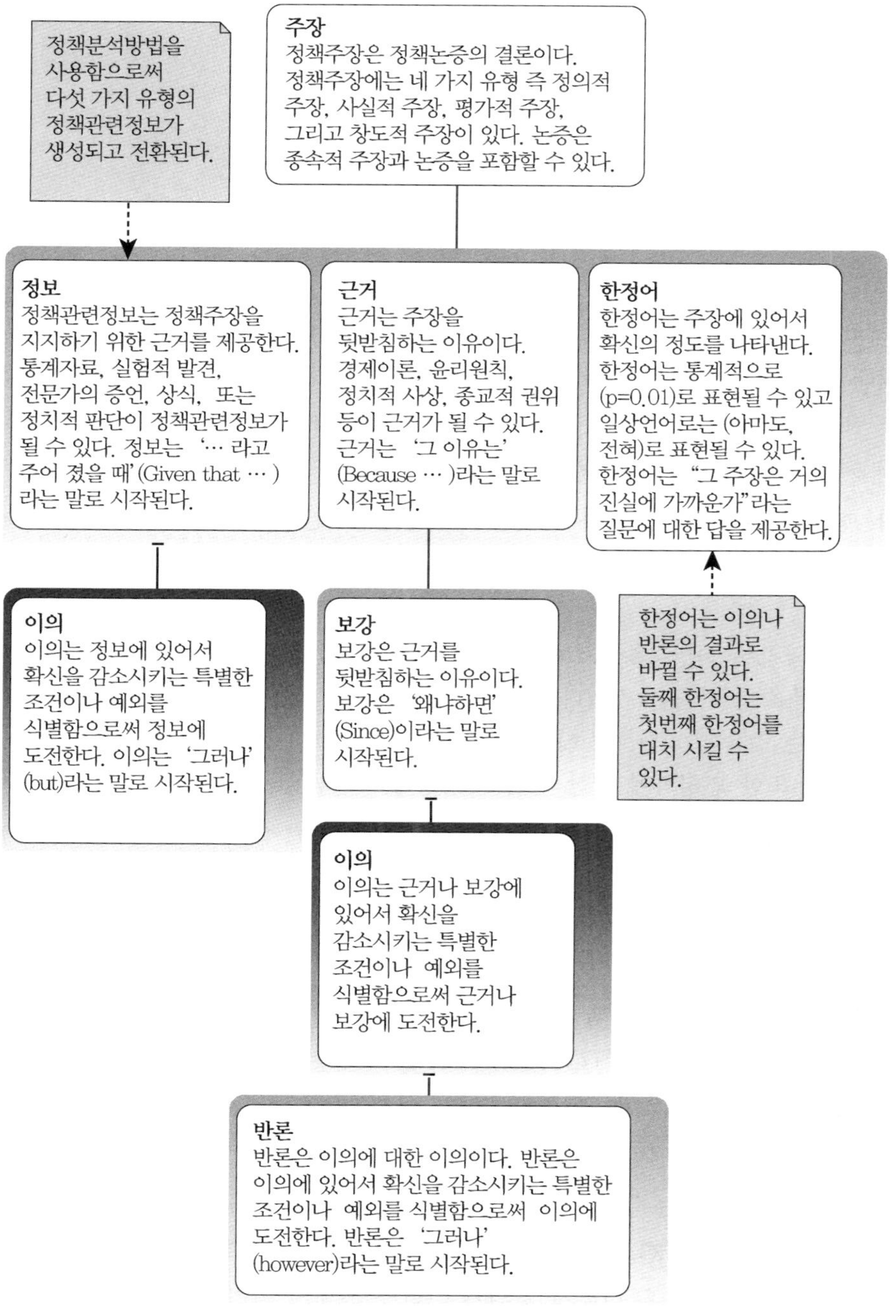

시켜야 한다." "미국은 교토 조약을 비준하여야 한다." "자동차 제조업체는 보다 연료 효율이 높은 차를 생산하여야 한다." 창도적 주장은 사실과 가치를 동시에 포함하는 근거에 의존한다.

2. 정책지도

정책지도(policy maps)는 복잡한 논증을 표현하는 데 유용하다. 논증(arguments)은 일곱 가지 요소로 구성되어 있다. 이들은 주장(claim), *C*, 정보(information), *I*, 근거(warrant), *W*, 보강(backing), *B*, 이의(objection), *O*, 반론(rebuttal), *B*, 한정어(qualifier), *Q*이다[그림 8-1]. 주장, *C*는 논증의 결론 또는 논점이다. 이는 보통 논증의 출발점이 되는 정책관련정보, *I*에 의하여 지지된다. 근거, *W*는 제공된 정보에 기초하여 주장을 하기 위한 이유이다. 한정어, *Q*는 주장, *C*에서 진실의 근접성, 개연성, 또는 확신을 나타낸다. 다음 예를 고려해 보자.

> 상원의원은 연방고속도로체제의 민영화를 지지하는데, 이는 효율성 증가와 세금축소를 가져올 것이다. 공공서비스의 민영화가 다른 영역에서 성공적이었다는 점을 고려할 때, 이것은 분명히 "생각할 필요조차도 없는 당연한 것"이다. 또한 민영화에 관한 전문가 패널에서도 동일한 결론에 도달하였다.

상원의원의 논증은 기본요소로 분할될 수 있다([그림 8-2]). "상원의원은 연방고속도로체제의 민영화를 지지하고(*INFORMATION*), 이는 효율성 증가와 세금축소를 가져올 것이다(*CLAIM*). 공공서비스의 민영화가 다른 영역에서 성공적이었다는 점을 고려할 때(*WARRANT*), 이것은 분명히 "생각할 필요조차도 없는 것이다"(*QUALIFIER 1*). 이 논증을 강화하기 위하여 추가적 요소가 도입될 수 있다. 예를 들어, 보강(*BACKING*)(이것은 민영화에 관한 전문가 패널의 결론이다)이 추가될 수 있다. 마지막으로 보강에 대한 이의(*OBJECTION*)는 "전문가는 상원의원의 정당에 의해서 고용되었다"라고 진술한다. 그러면 약한 반론(*REBUTTAL*)은 "전문가는 저명한 경제학자이다"라고 진술한다. 반론은 학문적 지위가 아니라 정치적 편견에 관한 반박에 대하여 개연성있는 도전이 아니기 때문에 약하다. 두 번째 이의(*OBJECTION*)

그림 8-2 논증지도-교통의 민영화

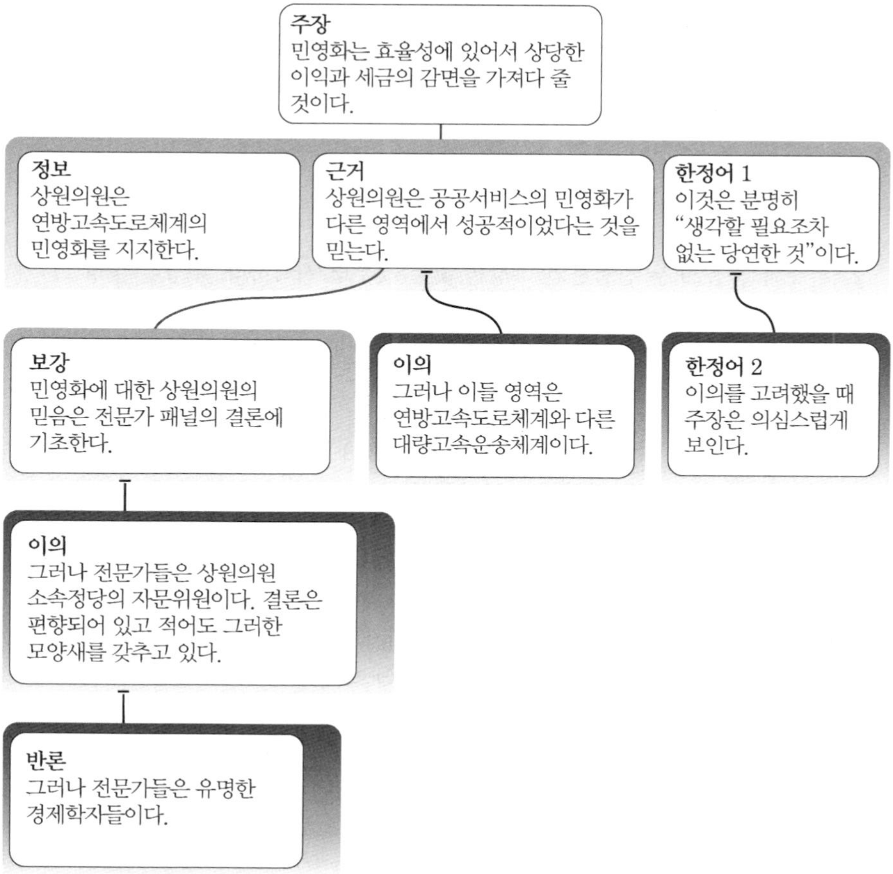

는 "도시의 대중운송수단 관리는 연방고속도로체제의 관리와 다르다"라고 진술한다. 이것은 개연성있는 도전으로 보인다. 마지막으로 원래의 한정어 1 (*QULIFIER 1*)은 "그 주장은 생각할 필요조차도 없는 것"이었다. 한정어 2 (*QUALIFIER 2*)는 반박과 반론의 강도를 고려했을 때 '아마도'로 약화된다. 이것은 "민영화가 효율성 증가와 세금축소를 가져올 것이다"라는 결론(*CLAIM*)을 상당히 약화시킨다.

절차지침 8.1 정책논증요소의 식별과 배열

정책논증에는 일곱 가지 요소가 있다. 즉, 정보(information), 주장(claim), 한정어(qualifier), 근거(warrant), 보강(backing), 이의(objection), 반론(rebuttal).
다음 지침은 이러한 요소를 식별하고 배열하는 데 유용하다.

1. 가능하다면 논증을 분석하기 전에 이해관계자 분석(제3장을 참조)을 수행하라. 이것이 요소의 주요 원천이다.
2. 논증의 종점 또는 산출물인 주장을 찾는 것부터 시작하라. 주장은 항상 그 기초인 정보보다 더 일반적이다. 주장은 정보를 넘어서 '추론적 도약'을 포함한다.
3. 논증자가 주장에 부여한 신뢰의 정도를 나타내는 언어(이것이 한정어이다)를 찾아라.
4. 주장을 지지하는 정보를 찾아라. 정보는 두 질문에 답한다. 즉, 논증자가 계속 진행해야 하는 것은 무엇인가? 그것은 현재의 사례와 관련이 있는가?
5. 정보와 함께 주장을 지원하는 근거를 찾아라. 근거는 그 정보에 기초하여 그러한 주장을 하는 데 있어서 왜 논증자가 정당화되는가?라는 질문에 답한다.
6. 보강에서도 같은 절차를 반복하라. 진술문이 보강인지 아니면 근거인지 의문이 있을 경우 보다 일반적인 것을 찾아라. 이것이 보강이다.
7. 근거 또는 보강이 암묵적이거나 진술되어 있지 않을 수 있다는 것을 기억하라. 논증이 전적으로 투명할 것이라고 기대하지 마라.
8. 이의와 반론을 찾기 위하여 다른 이해관계자의 논증을 찾아보아라. 가능하다면, 실제로 이의와 반론을 믿는 사람으로부터 이의와 반론을 얻어라.
9. 요소들은 규칙, 원리, 진술 또는 논증 전체일 수 있다는 것을 기억하라.
10. 다툼이 없는 논증은 정적인 반면, 적어도 두 명의 당사자를 포함하는 논변은 역동적이다. 최초의 한정어는 보통 이의와 반론이 논증에 도전할 때 보통 바뀐다.
11. 어떤 한정어는 그대로 남지만 대부분의 한정어(Q)는 보다 약화된다. 어떤 한정어는 도전을 견뎌내면서 보다 강화(보강)된다.
12. 논변은 많은 이해관계자 사이에서 시간이 지남에 따라 논변과정을 포함하는 '나무' (trees)와 '사슬'(chains)을 산출한다.

Ⅲ. 정책논변의 양식

논변의 독특한 양식이 정책주장을 정당화하기 위하여 사용된다. 추론의 구체적 패턴인 논변의 양식은 권위, 방법, 일반화, 분류, 직관, 원인, 신호, 동기, 유추, 유사사례, 윤리에 입각한 추론을 포함한다.[7] 이들 논증의 양식과

7) 이들 양식의 어떤 것은 Wayne Brockriede and Douglas Ehninger, "Toulmin on Argument: An Interpretation and Application," *Quarterly Journal of Speech* 1006 (1960): pp. 45-53; and Toulmin,

특징적 추론 패턴이 <표 8-1>에 기술되어 있다. 하나 이상의 양식이 하나의 복잡한 정책 논증에 사용될 수 있다는 점에 유의하라.

표 8-1 추론패턴과 정책논변의 양식

양 식	추론패턴
권위(authority)	권위에 입각한 추론은 정책관련정보의 생산자, 예를 들어, 전문가, 내부자, 과학자, 달인, 권력중계인의 성취한 또는 귀속적 지위와 관련된 근거에 기초한다. 주나 참고문헌은 위장된 권위적 논증이다.
방법(method)	방법에 입각한 추론은 정보를 생산하기 위하여 사용된 공인된 방법 또는 기법의 지위에 관한 근거에 기초한다. 초점은 사람이라기보다는 절차의 성취된 또는 귀속적 지위 또는 힘에 있다. 공인된 통계적, 계량경제학적, 질적, 문화인류학적, 해석학적 방법이 그 예이다.
일반화(generalization)	일반화에 입각한 추론은 표본과 표본이 추출된 모집단 사이의 유사성에 기초한다. 표본은 무작위적일 수 있지만 일반화는 질적인 비교에 기반을 둘 수 있다. 가정은 표본의 구성요소에 해당되는 것은 표본에 포함되지 않은 모집단의 구성요소에도 해당된다는 것이다. 예를 들어 $n \geq 30$인 무작위 표본은 표본이 추출된 모집단(관찰되지 않았거나 관찰될 수 없는)을 대표하는 것으로 여겨진다.
분류(classification)	분류에 입각한 추론은 정의된 계급의 구성원자격(membership)과 관련이 있다. 근거에 기술된 사람 또는 사건의 계급에 해당하는 것은 정보에 기술된 계급의 구성원에도 역시 된다는 논리이다. 하나의 사례가 다음과 같이 옹호될 수 없는 이념적 논증인데, 모든 사회주의체제는 비민주주의적이기 때문에, 어떤 국가가 사회주의경제이므로 비민주적임에 틀림없다는 것이다.
원인(cause)	원인에 입각한 추론은 생성적 힘('원인')과 그 귀결('결과')에 관한 것이다. 원인과 결과 사이의 불변의 관계를 말하는 경제학의 일반적 명제 또는 법칙에 기초한 주장이 있을 수 있다. 어떤 정책이 어떠한 구체적 효과를 가지고 있다는 것을 추론하기 위하여 만족되어야 하는 관찰 조건에 기초한 또 다른 종류의 인과적 주장도 있다. 거의 모든 사회과학과 자연과학의 논변은 원인에 입각한 추론에 기초하고 있다.
신호(sign)	신호에 입각한 추론은 신호(sign) 또는 지표(indicator) 그리고 그 대상물(referent)에 기초한다. 신호의 존재가 사건 또는 조건의 존재를 지칭한다. 왜냐하면 신호와 그것이 지칭하는 것이 같이 발생하기 때문이다. '조직보고서' 및 'benchmark'와 같은 제도적 성과의 지표, 또는 "선행경제지표"와 같은 경제성과지표가 그 예이다. 신호는 원인이 아닌데, 그 이유는 인과관계는 신호에서 기대되지 않는 추가 요구조건을 반드시 충족시켜야 하기 때문이다.

Rieke, and Janik, *Introduction to Reasoning*, 2nd ed., pp. 213-237에서 인용하고 나머지는 본인에 의하여 추가되었다.

동기 (motivation)	동기에 입각한 추론은 개인과 집단의 행태를 형성하는 데 있어서 목표, 가치, 의도의 동기부여적 힘에 기초한다. 예를 들면 "시민은 오염기준의 엄격한 시행을 지지할 것이다"라는 주장은 그러한 추론에 기초하고 있다. 왜냐하면 시민은 깨끗한 공기와 물이라는 목표를 성취하려는 욕구에 의하여 동기부여되어 있으므로 시민은 엄격한 시행을 지지한다는 것이다.
직관(intuition)	직관에 입각한 추론은 정책관련정보 생산자의 의식적인 또는 무의식적인 인지적, 감성적 또는 영적 상태에 기초한다. 예를 들어, 어떤 조언자가 특별한 통찰력, 느낌, 또는 '묵시적 지식'을 갖고 있다고 하는 믿음이 그의 판단을 수용하는 이유가 될 수 있다.
유추(analogy)	유추에 입각한 추론은 주어진 사례에서 발견된 관계와 은유, 또는 유추의 관계 특성 사이의 유사성에 기초한다. 예를 들면 정부는 불법마약을 차단함으로써 나라를 검역시켜야 한다는 주장 — 불법마약을 전염병으로 봄으로써 — 은 그러한 추론에 기초하는데, 검역이 전염병의 사례에 효과적이었으므로 불법마약의 경우에도 차단이 효과적이라는 것이다.
유사사례 (parallel case)	유사사례에 입각한 추론은 둘 또는 그 이상의 정책결정 사례사이의 유사성에 기초한다. 예를 들어, 어느 지방정부가 오염기준을 엄격히 시행해야한다는 이유는 유사한 정책이 어느 비슷한 지방정부에서 성공적으로 집행되었다는 것이다.
윤리(ethics)	윤리에 입각한 추론은 정책 또는 그 결과의 옳음 또는 그릇됨, 좋음 또는 나쁨에 관한 판단에 기초한다. 예를 들면, 정책주장은 흔히 '정의로운' 또는 '선한' 사회의 조건을 말하는 도덕적 원리 또는 공공생활에서 거짓말을 금지하는 윤리적 규범에 기초한다. 도덕적 원리와 윤리적 규범은 특정 개인 또는 집단의 가치와 규범을 넘어선다. 공공정책에서 경제적 편익과 비용에 관한 많은 논증은 진술되지 않거나 암묵적인 도덕적·윤리적 추론과 관련된다.

1. 권위에 입각한 논변

권위적 양식에서, 주장은 권위에 입각한 논증에 기초한다. 정책관련정보는 사실에 입각한 보고서 또는 의견의 표명으로 구성되어 있다. 근거의 기능은 정보의 출처에 대한 신뢰성 또는 믿음을 확증하는 것이다. 사회적 맥락에 따라, 권위자는 왕, 마술가, 종교 지도자일 수 있으며, 또는 대통령, 의회의원, 과학자, 교수, 신문기자로서 역할을 점할 수 있다.

권위적 논증에서 주장은 그 근거로서 신뢰도, 지위, 또는 현명함이 보증되어온 권위자가 제공한 정책관련정보를 반복해서 언급한다. 예를 들어, [그림 8-3]에서 예시된 바와 같이, 1999년 미국과 나토의 유고 공격이 절정에 달했을 때 국가안전보장위원회에 자문하는 한 정책분석가가 사실적 주장 *C*, 즉,

그림 8-3 권위에 입각한 논변 – 미국과 나토의 세르비아 공격의 의도하지 않은 결과

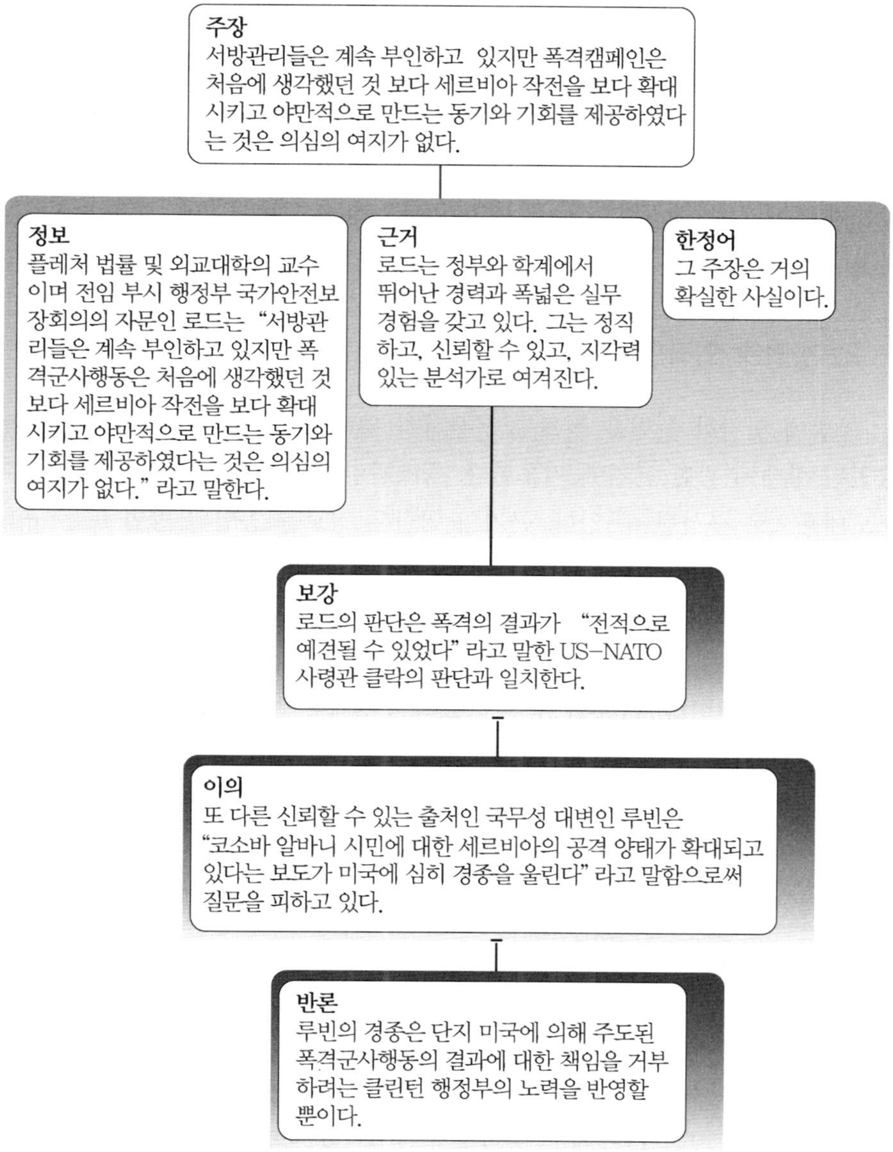

"서방지도자들은 계속 부인하지만 폭격캠페인은 처음에 생각하였던 세르비아 작전을 보다 확대시키고 야만적으로 만드는 동기와 기회를 제공하였다는 것은 의심의 여지가 없다"고 말했다고 상상해 보자.[8] 정보 *I*는 플레처

8) *Boston Globe*, April 4, 1999. Noam Chomsky, *Rogue States: The Rule of Force in world*

(Fletcher) 법률 및 외교 대학의 교수이며 전임 부시행정부 국가안전보장회의 자문관인 로드(Carnes Lord)의 진술이다. 근거 *W*는 로드(Lord)의 신뢰도를 확증하며, 이는 논증의 설득력을 더하려고 의도된 추가적인 권위적 논증에 의하여 보강 *B* 되었다. 이의 *O*는 최초의 근거에 도전하지만 한정어 *Q*에 진술된 주장의 신뢰성을 약화시키지 못하였다. 반론 *R*은 *Q*에 거의 영향을 미치지 못하였는데, 권위의 경쟁자인 국무부 대변인 루빈(James Rubin)에 의한 도전에도 불구하고 변화가 없다.

2. 방법에 입각한 논변

방법에 입각한 논변은 정보를 생산하기 위하여 사용된 방법 또는 기법의 공인된 상태에 관한 근거에 기초한다. 정책관련정보는 사실에 관한 진술이나 보도내용으로 구성될 수 있다. 근거의 역할은 정보를 공인된 방법 또는 규칙의 사용과 연결시켜 그 정보에 기초한 정책주장을 받아들여야 하는 이유를 제공하는 것이다. 보통, 주장은 정보에서 기술된 사건, 조건, 또는 객체가 그것을 산출하려고 사용된 방법 때문에 가치가 있다(또는 쓸모없다)고 간주되어야 한다는 것이다. 다음과 같은 공공투자문제를 생각하여 보자. 분석가는 원자력발전은 수력발전보다 달러 당 에너지의 생산량이 크며, 또한 수력발전은 태양열발전보다 달러 당 더 많은 에너지를 생산한다고 하는 정보 *I*를 갖고 있다. 주장 *C*는 정부는 태양에너지 보다는 원자력에너지에 투자하여야 한다는 것이다. 근거 *W*는 이 정보를 수리경제학의 이행성 법칙(law of transitivity)을 상기하여 정책주장 *C*와 연결시킨다.[9] 근거는 이행성 법칙이 선택의 합리성을 보장하는 '보편적 선택법칙'이라는 가정에 의하여 보강 *B*를 받게 된다. 반론 *R*은 순환적 선호의 존재를 지적함으로써 이행성의 보편적 타당성에 관한 가정에 도전을 한다. 원래의 한정어 *Q1*은 '매우 가능성 있는'에서 새로운 한정어 *Q2* '매우 불확실한' 으로 약화된다([그림 8-4]).

방법에 입각한 논변에 있어서, 주장은 일반적 절차(방법)과 특별한 절차(기법)의 성취된 또는 귀속적 지위와 관련하여, 그리고 그 사용을 지도하는

Affairs (Cambridge, MA: South End Press, 2000), p. 35에서 인용.

9) 이행성 선호도와 순환적 선호도를 표현하는 규칙에 대하여는 Norman Frohlich and Joe A. Oppenheimer, *Modern Political Economy* (Englewood Cliffs, NJ: Prentice Hall, 1987), pp. 6-13를 참조.

그림 8-4 방법에 입각한 논변 – 원자력 선호의 비이행성

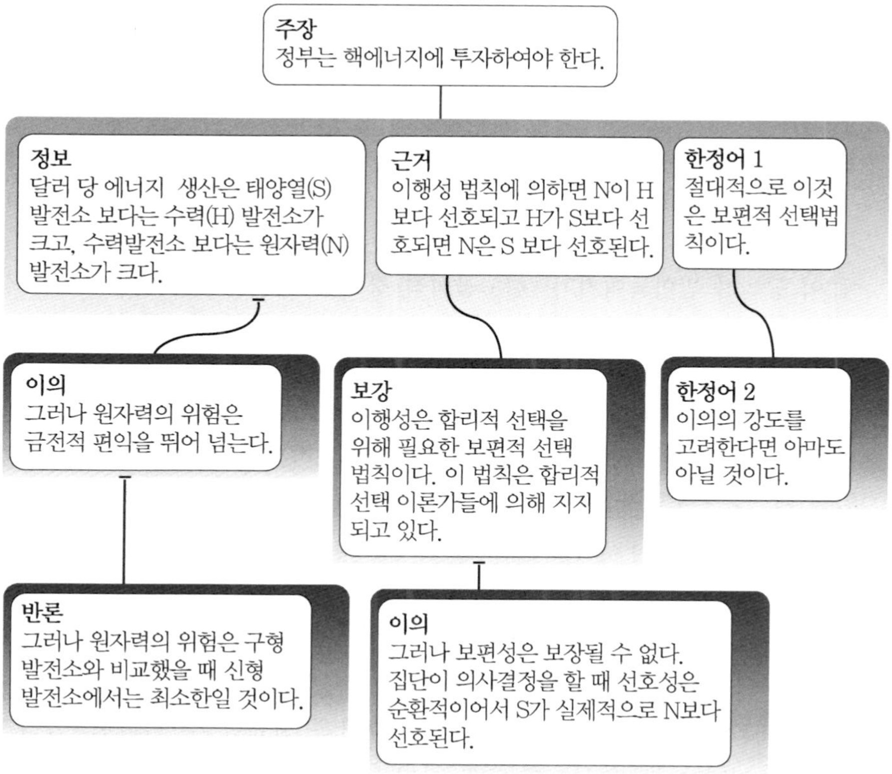

규칙과 더불어 평가된다. 방법과 기법은 전체를 근본적인 요소나 구성부분으로 분리하거나 쪼개는 것처럼 분석의 사전적 정의의 의미에 있어서 '분석적'일 수 있다. 계량경제학, 비용편익분석 또는 의사결정분석과 같은 분석적 방법의 권위를 수용하는 사람은 그러한 방법을 사용하는 것이 실제로 "정책의제와 그 방향을 결정한다는 것, 그리고 유용한 분석은 분석이 사용될 것이다"라고 믿고 있는 듯 하다.[10]

방법의 권위는 질적인 방법의 역사에서 보듯이 형식논리학이나 수학의 규칙으로부터 도출될 필요는 없다. 많은 질적인 방법은 성경구절의 해석에서 진화한 해석학적 전통에 기원을 둔다. 질적인 방법의 권위는 다른 것들처럼 공인된 방법의 목적, 범위, 적절한 응용의 정의를 만들어내는 전문직업인 및

10) Allen Schick, "Beyond Analysis", *Public Administration Review* 37, 3 (1977): 259.

과학 공동체에서 유래한다.[11] 이러한 공동체는 권위의 초과학적 원천이다.

이행성 법칙과 기타 수학의 기본 공리는 또한 초과학적 원천에서 유래하였다.

> 선호의 이행성에 관한 공리를 생각하여 보자. 만약 A가 B보다 선호되고, B가 C보다 선호되면, 반드시 A는 C보다 선호되어야(또는 합리적으로 반드시 선호되어야) 한다. 이 주장이 갖고 있는 직관적 호소력은 아주 강력하기 때문에 이 공리가 받아들여지지 않는 공식적 경제체제를 생각해 보려고 하는 경제학자는 거의 없다. 기하학도… 고전적인 사례에 해당된다. 유클리드(Euclid)의 '공준'이 갖고 있는 직관적인 호소력이 아주 강력하였기 때문에 거의 2,000여 년 동안 많은 기하학자들이 유클리드(Euclid)가 정의한 이 범주 내에서 연구 활동을 하여 왔다. 심지어 19세기 초기 비유클리드 기하학이 발견되었을 때, 많은 수학자들은 그것이 타당하다고 생각하지 않았다.[12]

공인된 방법에 대한 집착은 정책결정을 보다 '합리적'으로 만든다고 잘못 믿게 한다. 만약 분석가가 행위와 연관된 모든 결과들의 서열을 매길 수 있고, 결과의 서열이 이행적이며, 분석가가 일관성있게 이행성 법칙에 의하여 비용에 비해 최대의 편익을 산출하는 정책대안을 선택할 수 있다면, 합리적 선택이 가능하다고 생각되고 있다.[13] 이러한 논증에 대하여 경험적, 권위적, 직관적, 그리고 윤리적 이유에 입각하여 의문을 제기할 수 있다.[14] 새로운 분석학파의 주장이 공인된 방법의 원천이 될 수 있으며 비이행성에 입각한 선호의 법칙을 제공하여 주는 새로운 공리가 직관적 이유에서 인정될 수 있고, 도덕적 원칙과 윤리적 규범에 충돌하는 규칙은 새로운 것으로 대체될 수 있다.[15] 또한 실용적인 이유에서, 예를 들면, 불완전한 정보, 가치갈등, 복수의 경쟁적인 목표, 당파 간 상호조정 그리고 조직화된 무정부상태(organized

11) 승인된 방법은 Kuhn의 disciplinary matrix의 부분이다. Thomas Kuhn, *The Structure of Scientific Revolutions*, 2nd ed. (Chicago: University of Chicago Press, 1971). p. 103.

12) C. West Churchman, *The Design of Inquiring Systems: Basic Concepts of Systems and Organization*(New York: Basic Books, 1971). p. 25.

13) Joseph L. Bower, "Descriptive Decision Theory from 'Administrative' Viewpoint," in *The Study of Policy Formation*, ed. Raymond A. Bauer and Kenneth J. Gergen (New York: Free Press, 1968), pp. 104-106.

14) 이러한 도전의 좋은 예는 Jeffrey Friedman, ed., The Rational Choice Controversy: Economic Models of Politics Reconsidered (New Haven, CT: Yale University Press, 1996)에서 찾을 수 있다.

15) Duncan MacRae Jr., *The Social Function of Social Science* (New Haven, CT: Yale University Press, 1976), pp. 107-157에 있는 후생경제학의 진화에 관한 토론을 참조할 것.

anarchy)로 특징 지워지는 정책상황에서 이행성 법칙은 실제적으로 보다 나은 결정을 촉진하지 못한다고 주장함으로써 도전될 수 있다.16) 마지막 단계의 분석에서 방법에 입각한 성공적인 논증은 실용적 문제이다. 방법에 입각한 논증은 특정 규칙을 사용한 결과가 그것 없이 나온 결과보다 우월하다는 것, 그리고 관찰된 개선이 규칙, 법칙, 또는 절차를 사용한 결과라는 것을 제시하여야 한다.17)

3. 일반화에 입각한 논변

일반화에 입각한 논증은 표본을 포함한다. 정책관련정보는 동일한 요소로 구성된 보다 큰 모집단을 대표하고 있다고 여겨지는 표본으로 추출된 요소인 사건, 개인, 집단, 조직 또는 국가로 구성된다. 근거의 기능은 표본 내의 요소들에 해당하는 것은 모집단에 있는 관찰되지 않은(그리고 흔히 관찰 될 수 없는) 것에도 해당한다는 것을 확인하는 것이다. 정책주장은 표본이 모집단의 만족스러운 대표라는 논증에 기초하고 있다.

예를 들어, 식량을 배급받는 사람들이 인체에 아주 중요한 광물질 중의 하나인 칼슘을 날마다 충분히 섭취하고 있는지 알고자 하는 어느 지역 식량배급소 책임자가 있다고 생각해 보자([그림 8-5]). 식량배급소를 위한 추가 재정지원을 정당화할 수 있는 이유에 주의를 기울이고 있는 이 책임자는 식량배급소 고객들은 충분한 칼슘을 섭취하고 있을 "가능성이 크다"고 주장 *C* 하는데, 구체적으로, 관찰된 칼슘 섭취량 755mg은 100번 중 9번은 우연에 의하여 발생될 수 있다고 가정한다면 이는 국립과학재단의 식량 및 영양 담당국에서 규정한 일일필수섭취량(recommended daily allowance: RDA) 800mg과 신뢰성 있는 차이가 없다는 것이다.

이 사례에서, 정보 *I*는 50명의 무작위 표본(때때로 정책집단에서 부적절하게 '과학적 표본'이라고 부름)에서 측정된 일일평균 칼슘섭취량(755mg)을 기술하고 있다. 정보 *I*는 통계적 검증('두 표본의 차이에 관한 검증')에 기초하여 도달한 결론인 755mg과 800mg의 차이는 100번 중 9번은 우연히 발생할

16) 제2장 참조.

17) Bower, "Descriptive Decision Theory from the 'Administrative' Viewpoint," p. 106. Nicholas Rescher의 방법론적 실용주의, 예를 들어, *Induction* (Pittsburgh, PA: University of Pittsburgh Press, 1980) 참조.

그림 8-5 일반화에 입각한 논변 – 공동체의 영양섭취 성공에 관한 '긍정오류'(false positive)

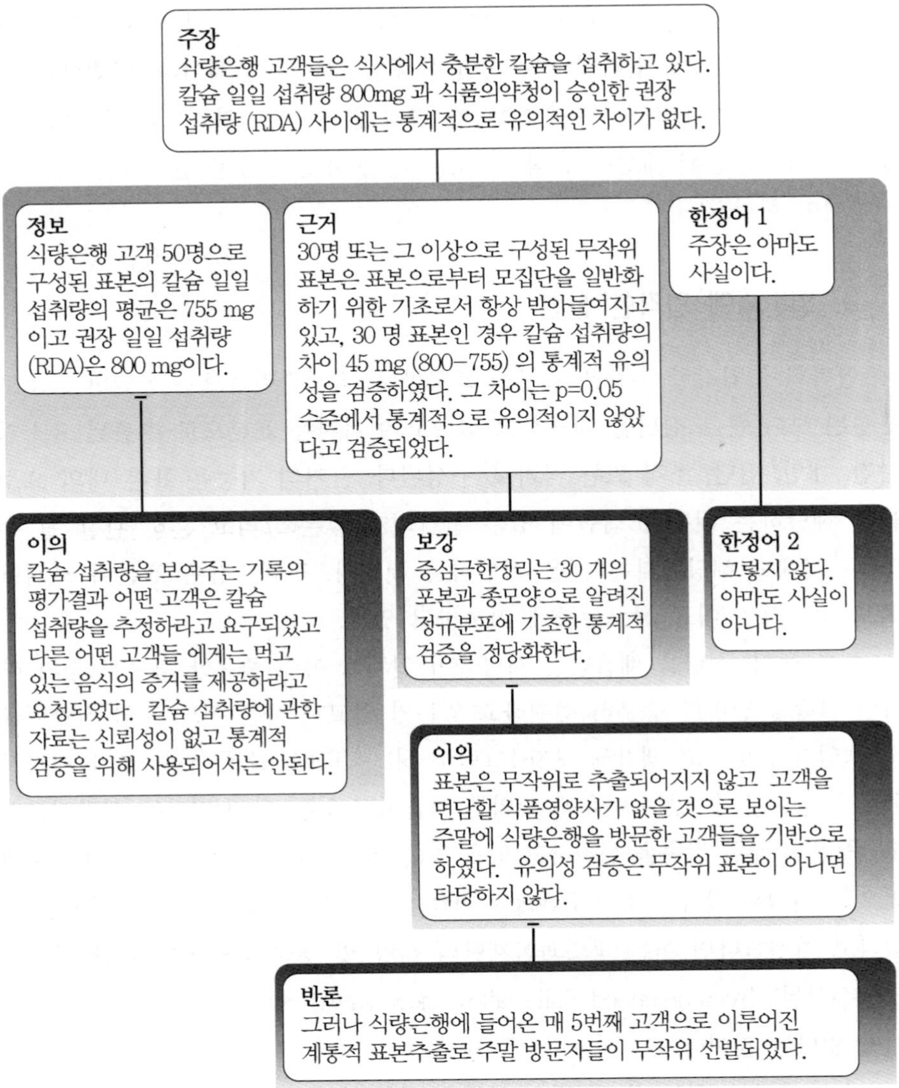

수 있다는 것을 지적하고 있다. 확률 값($p=0.09$)은 일상 언어로 "꽤 가능성이 있다"라는 한정어 *Q*에 포함되어 있다. 정보 *I*를 주장 *C*로 전환할 때 이유를 제공해 주는 근거 *W*는 두 부분이다. 최소 30개 이상의 무작위 표본은 그 표본이 추출된 모집단에 일반화는 데 충분하다는 규칙, 그리고 통계적 유의수준 $p=0.05$(100번 중 5번)는 '받아들일 수 있는' 수준의 위험이라는 것이다. 추가로 정당화가 요구될 때, 책임자는 통계학 교재를 살펴보아 규칙 $n \geq 30$에 대한 적절한 이론적 보강 *B*를 찾을 것이다. 보강 *B*는 확률이론의 중심극한정리이다.

책임자의 한 참모는 식량배급소로부터 배급받는 고객들이 칼슘 결핍이 있을지 모른다는 비평에 민감하고 그 생각에 저항적이다. 그러므로 이 참모는 몇 가지 반론 *R*을 가지고 이러한 주장에 도전한다. 즉, 91 퍼센트 (100-9) 확률로 차이가 없다는 '부정오류'(false negative) 결론(Type II 오류)을 포함하여 9 퍼센트의 오류는 우연의 여지를 너무 남긴다, 또 다른 확률표본은 다른 결론에 도달하였다. 그리고 어떤 경우이던지, 칼슘 755mg과 800mg의 차이는 실제적으로 심각하고 주의 깊게 보아야한다는 것이다. 반론은 개연성이 있으며, 책임자의 한정어는 고객들이 RDA 최소 일일칼슘 섭취량을 섭취하고 있을 "꽤 가능성이 있다" *Q1*에서 "가능성이 없다"는 *Q2*로 수정되었다. 모든 것을 감안할 때, 책임자의 원래의 주장, 즉 "칼슘 섭취량은 아마도 적절하다"는 주장은 매우 의미 있는 반론과 비판적인 참모에 의하여 감소된다.

일반화에 입각한 논증은 통계량은 모집단 값(모수라고 부른다)의 추정치라는 구체적 의미에서 항상 통계적인 것은 아니다. 비무작위 표본 — 예를 들면, 목적표본, 이론적 표본, 소시오메트리(눈덩이)표본은 통계적 추정을 허용하지 않는다. 그럼에도 불구하고 이들은 모집단에 관한 주장을 할 때 유용하다.[18] 사례연구($n=1$)조차도 다양한 패턴매칭 방법을 사용하여 보다 넓은 모집단에 일반화하는 데 사용될 수 있다.[19]

4. 분류에 입각한 논변

분류에 입각한 논변은 하나의 정의된 계급에서 구성원 자격에 초점을 둔다. 그 추론은 근거에 기술된 사람 또는 사건의 계급에 해당하는 것은, 정보에 기술된 바와 같이, 계급의 구성원인 개인 또는 집단에도 역시 해당된다는

---

18) Delbert C. Miller, *Handbook of Research Design and Social Measurement*, 4th ed. (Newbury park, CA: Sage Publication, 1991). 실험연구와 준실험연구의 일반화 가능성(외적 타당성)은 본질적으로 비통계적이다. William R. Shadish, Thomas D. Cook, and Donald T. Campbell, *Experimental and Quasi-Experimental Designs for Generalized Causal Inference* (Boston, MA: Houghton Mifflin, 2002). 참조.

19) William N. Dunn, "Pattern Matching: Methodology," *International Encyclopedia of the Social and Behavioral Sciences*(New York: Elsevier, 2002) 참조.

그림 8-6 분류에 입각한 논변 – 권위주의적 통치와 테러리즘에 관한 도전적인 주장

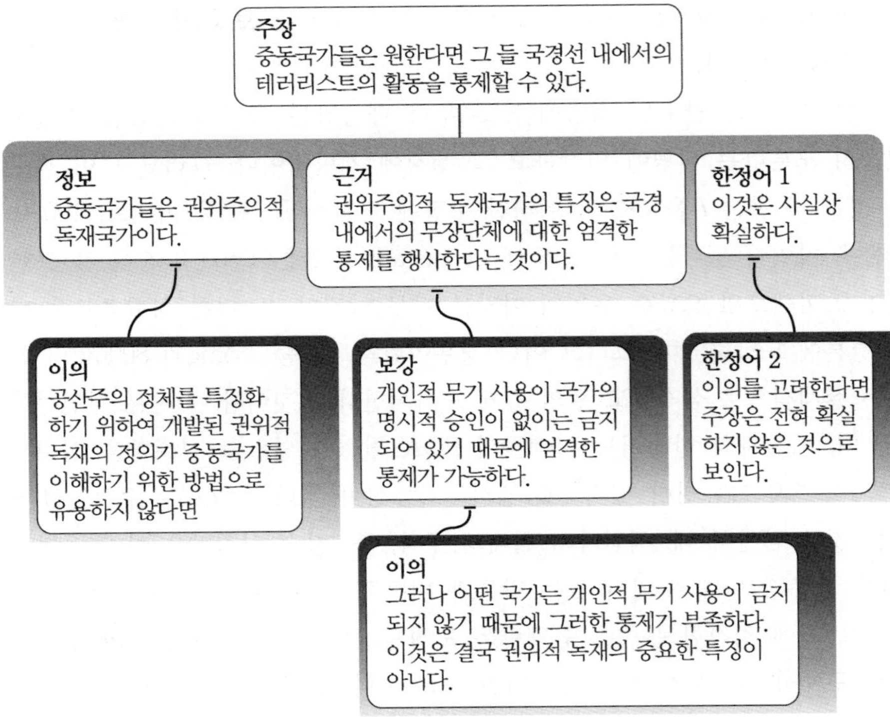

것이다. 이것을 예시하기 위하여, 정권의 형태와 테러리즘 통제와의 관계에 관한 다음 논증을 생각해 보자([그림 8-6]). 정보 *I*는 이란, 이라크, 팔레스타인 당국은 권위적 독제체제라는 것이다. 주장 *C*는 이란, 이라크, 팔레스타인 당국은 그들 국경 내에서 테러리즘을 통제한다는 것이다. 근거 *W*는 권위적 정권은 자기 영역 내에 있는 테러리스트와 기타 무장단체에 대하여 엄격한 통제를 행사한다는 것이다. 보강 *B*는 두 부분이다. 첫 번째는, 권위적 독제체제에 의하여 행사되는 엄격한 통제는 가능한데, 그 이유는 그러한 정권은 정부의 명시적 또는 묵시적 승인 없이는 무기를 개인적으로 사용하는 것을 허용하지 않기 때문이라는 것이다. 두 번째는 권위적 독재체제의 이론은 Harvard 대학의 유명한 학자에 의해서 개발되고 검증되었다는 것이다. 이의 *O*는 중동 정권 중 하나 또는 그 이상의 정권이 무기의 개인적 사용을 허용하고 있으며, '권위주의 정권'의 정의는 부적절할 수 있다는 것이다. 원래의 한정어 *Q1*(확실하다)은 *Q2*(확실하지 않다)로 약화된다.

분류적 논증의 개연성은 계급을 정의하기 위하여 사용된 특성의 완전성과 내적 일관성에 달려있다. 다양한 종류의 정치적 레짐 — 권위적 독재체제, 전체주의적 민주주의, 사회주의적 민주주의, 자본주의적 민주주의 — 은 흔히 사용되는 분류체계가 제시하는 것 보다 덜 동질적이고 내적 일관성이 덜하다. 정책(예, '민영화'), 조직(예, '관료제'), 정치적 이념(예, '자유주의'와 '보수주의'), 집단(예, '하위 계급,' '중산계급,' '상류계급') 등의 계급에도 해당된다. 많은 명백히 단순한 분류체계도 복잡하고, 단순하지 않은 것으로 판명될 수 있고, 위장된 이데올로기가 될 수 있다.

5. 원인에 입각한 논변

원인에 입각한 논변은 공공정책의 원인과 결과에 초점을 둔다.[20] 인과관계 논증에서 정보는 정책 환경, 정책 이해관계자, 그리고, 정책에 관한 하나 또는 그 이상의 명백히 사실적인 진술문 또는 보고서로 구성되어 있다. 근거는 이러한 진술문이나 보고서를 생성적 힘(원인)과 그 결과(효과)을 연관시킴으로써 그것을 변환시킨다. 주장은 이러한 원인-효과를 거꾸로 제공된 정보와 관련시킨다.

정책관련정보를 정책주장으로 전환시키는데 있어서, 인과적 논증의 역할은 앨리슨(Allison)에 의하여 잘 알려진 1962년 10월 쿠바 미사일 위기사태(Cuban Missile Crisis) 기간 동안 대외정책의 행태에 관한 인과적 설명에서 잘 예시될 수 있다.[21] 앨리슨은 상이한 모형이 외교정책을 다르게 설명할 수

---

20) 인과적 논변은 정책과정을 설명하기 위하여 정치학자들이 주도적인 노력을 하였다. 최근 공헌자의 예를 들면 Sabatier, *Theories of the Policy Process.* 또 다른 예는 James E. Anderson, *Public Policy-Making* (New York: Praeger Publishers, 1975); Thomas R. Dye, *Understanding Public Policy.* 3rd ed. (Englewood Cliffs, NJ: Prentice Hall, 1978); Robert Eyestone, *The Threads of Public Policy: A Study in Policy Leadership* (Indianapolis, IN: Bobbs-Merrill, 1971); Jerald Hage and J. Rogers Hollingsworth, "The First Steps toward the Integration of Social Theory and Public Policy," *Annals of the American Academy of Political and Social Science*, 434 (November 1977): 1-23; Richard I. Hofferbert, *The Study of Public Policy* (Indianapolis, IN: Bobbs-Merrill, 1974); Charles O. Jones, *An Introduction to the Study of Public Policy*, 2nd ed.(North Scituate, MA: Duxbury Press, 1977); Robert L. Lineberry, *American Public Policy: What Government Does and What Difference It Makes* (New York: Harper & Row, 1977); Austin Ranney, ed., *Political Science and Public Policy* (Chicago: Markham, 1968); Richard Rose, ed., *The Dynamics of Public Policy: A Comparative Analysis* (Beverly Hills, CA: Sage Publications, 1976); Ira Sharkansky, ed. *Policy Analysis in Political Science*(Cambridge, MA: Markham, 1970); and Peter Woll, *Public Policy* (Cambridge, MA: Winthrop Publishers, 1974).

21) Graham T. Allison, "Conceptual Models and the Cuban Missile Crisis," *American Political Science Review* 3002, no. 3 (1969); 689-718.

있음을 보여주면서, (1) 정부의 정책분석가들은 그들의 사고를 형성하고 있는 묵시적인 개념적 모형에 입각하여 외교정책의 문제들을 생각하고 있고, (2) 대부분의 정책분석가들은 정부의 행위를 정치적 선택의 합리성을 가정한 하나의 기본모형에 입각하여 설명하고 있고(합리적 정책모형), (3) 조직과정(조직과정모형)과 관료적 정치(관료정치모형)를 강조하는 모형을 포함한 대안적 모형은 외교정책행태의 향상된 설명을 위한 기초를 제공한다고 주장한다.

대안적 모형을 대조함에 있어서, 앨리슨은 이 세 가지 개념적 모형에서 도출된 설명적 논증을 검토함으로써 쿠바 미사일 위기사태 기간 미국외교정책을 평가하고자 하였다. 1962년 미국이 취할 수 있는 정책대안은 아무런 조치를 취하지 않는 대안에서부터 외교적 압력, 비밀협상, 침투작전, 국지적 공습 및 봉쇄에까지 이른다. 대안은 외교정책행태의 경쟁적 설명과 관련하여 검토되었다. 이러한 설명의 구조는 철학자들이 연역－법칙론적(deductive-nomological: D-N)설명이라고 부르는, 즉 타당한 설명이란 오로지 일반적인 이론적 명제 또는 법칙들이 이전 상황을 후속적 사건에 연결시킬 수 있을 때만 가능하다는 인과적 설명의 형태와 일치한다.[22]

쿠바 미사일 위기가 발생한 당시 대두된 여러 창도적 주장들 중에서 미국 정부가 실제로 채택한 정책제안, 즉 "미국은 쿠바를 봉쇄하여야 한다"를 고려해 보자. 이 사례에서, 정책관련정보 *I*는 "소련은 공격용 미사일을 쿠바에 배치하고 있다"라는 정보이다. 정보 *I*를 주장 *C*로 가져가기 위하여 근거 *W*는 다음 질문에 답한다. "정보가 제공되었다고 가정한다면 미국은 쿠바를 봉쇄하여야 한다는 주장에 개연성이 있는가?" 근거는 왜냐하면 "미국이 군사력을 사용하기로 결정하였다는 것을 소련에게 보여줌으로써 봉쇄는 미사일의 철수를 강제할 것이다"라고 진술함으로써 답을 할 것이다. 주장을 받아들이기 위한 추가적 이유를 제공하는데 있어서, 보강 *B*는, 질문 "왜 봉쇄는 이러한 효과를 갖는가?", 왜냐하면, "한 대안의 비용이 증가하면 그 대안이 선택될 가능성이 줄어든다"라고 질문에 답한다.[23] 보강 *B*는 합리적 정책모형 내에서 일반적 이론 명제 또는 법칙을 나타낸다[그림 8-7]. 본 사례에서, 이의 *O*가 성공적으로 근거 *W*의 보강 *B*에 도전한 후에 *Q1*(아마도)은 *Q2*(아마도

22) Carl G. Hempel, *Aspects of Scientific Explanation* (New York: Free Press, 1965).
23) Allison, "Conseptual Models," p. 694.

그림 8-7 원인에 입각한 논변 – 쿠바 미사일 위기 중 외교정책행태의 경쟁적인 이론적 설명

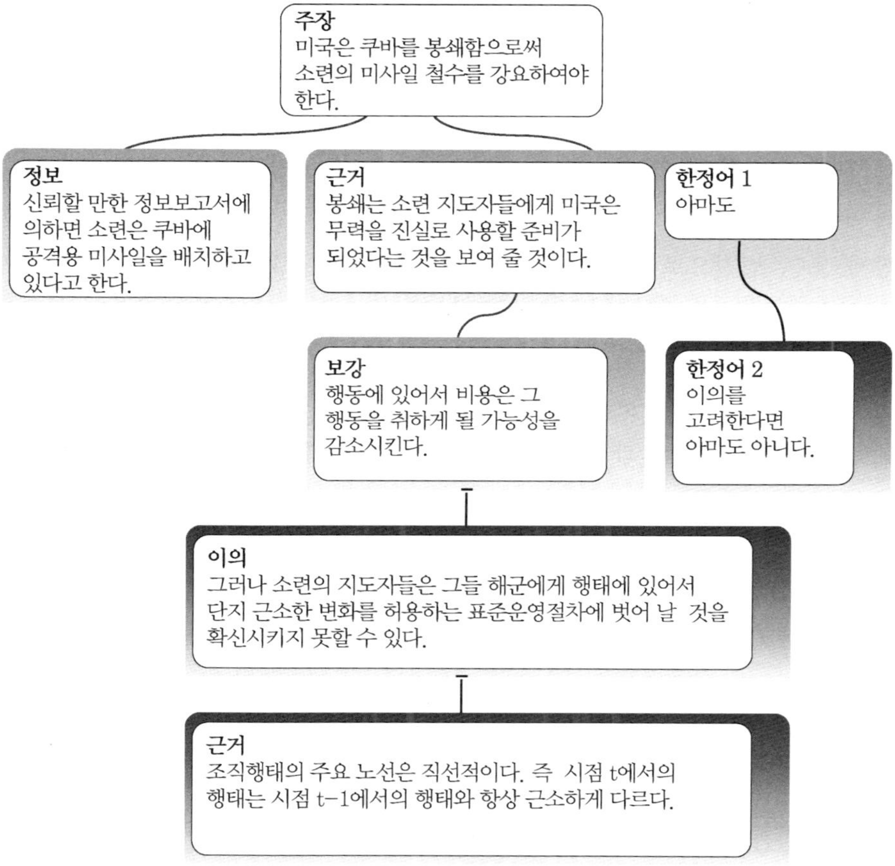

아니다)로 바뀐다.

앨리슨의 설명의 일차적 목적은 세 가지 개념적 모형 중에서 어떤 모형의 다른 모형에 대한 내재적 우수성을 제시하는 것이 아니라, 오히려 경쟁적인 다양한 모형들을 혼합하여 사용하는 것이 외교정책행태를 설명하는 데 보다 향상된 설명을 할 수 있게 된다는 것을 보여주는 데 있다. 다양한 모형들을 사용하면 정책분석을 정보와 주장간의 관계에 대한 독립적이고 정적인 하나의 논증으로부터 역동적인 논쟁이 야기될 수 있는 새로운 무대로 옮겨 놓는다. 이러한 맥락에서, 조직과정 모형은 경쟁적인 인과적 논증의 형태로 이의 *O*와 그 자신의 보강 *B*를 제공한다. 이의 *O*는 소련의 지도자들은 그들의 조

직단위들로 하여금 부여된 과업과 관례에서 벗어나도록 강제할 수 없을지 모른다고 말한다. 이러한 일이 발생할 것으로 기대되는 이유는 "조직행태의 주요 노선들은 직선적이다. 즉 어느 한 시점에서의 행태는 시점 t-1에서의 행태와 거의 다르지 않다"라는 것이다.[24] 이의 *O*에 대한 보강 *B*는 마찬가지로 조직과정모형 내에서의 일반적인 명제 또는 법칙이다.

쿠바 미사일 위기의 사례는 연역-법칙론적 설명에 기초한 인과적 논변의 몇 가지 한계를 보여주고 있다. 첫째, 여러 개의 인과적 논증들이 일반적 명제 또는 법칙으로서 동등하게 경쟁력이 있다는 것이다. 각각 과학이론에 의하여 보강을 받고 있는 이들 논증은 단지 정보나 자료만을 기초로 확증되거나 반박될 수 없다.[25] 둘째, 주어진 인과적 논증은, 이것이 아무리 설득력이 있다 하더라도, 바로 창도적 주장이나 정책제안으로 연결되지는 않는데, 왜냐하면 전통적인 인과적 설명들은 가치전제를 함축하고 있지 않기 때문이다.[26] 아래 사례에서 억압된 가치전제가 있는데, 그것은 미국의 지도자들은 서반구에 있어서 소련 군사력 존재로부터의 안보라는 가치에 의하여 동기부여되어 있다는 것이다. 만약 다른 가치들이 정책결정자들을 동기부여시키고 있다면, 두 개의 경쟁적인 인과적 설명 가운데 하나는 예를 들어, 미국은 쿠바를 침공하여 점령하여야 한다는 다른 주장을 지지하게 될 것이다. 과학적 설명의 연역-법칙론적(D-N) 모형에 기초한 인과적 논변은 원인과 결과에 관한 일반적 명제를 개발하고 검증하려고 시도한다.[27] 헴펠(Carl Hempel)은 연역-법칙론적(D-N) 설명을 다음과 같이 상세히 설명하였다.

> 우리는 설명을 피설명항(*explanandum*)과 설명항(*explanans*)의 두 주요 구성요소로 나눈다. 피설명항에 의하여 설명되어질 현상을 (현상 그 자체가 아니라) 기술하는 문장을 이해하게 되며, 설명항으로 그 현상을 설명하기 위하여

---

24) *Ibid.*, p. 702.

25) Georg H. von Wright, *Explanation and Understanding* (Ithaca NY: Cornell University Press, 1970). p. 145; 그리고 Kuhn, *Structure of Scientific Revolutions*.

26) 가치를 함축하지 않고 있다고 말하는 것은 아니다. 왜냐하면 사회과학이나 자연과학의 경험이론은 언급되지 않은 가치전제에 의존하기 때문이다. 예로는, M. Gunther and K. Reshaur, "Science and Values in Political Science," *Philosophy of Social Sciences* 1 (1971): pp. 113-21; J. W. Sutherland, "Axiological Predicates in Scientific Enterprise," *General Systems* 19 (1974); pp. 3-14; and Ian I. Mitroff, *The Subjective Side of Science: A Philosophical Inquiry into the Psychology of the Apollo Moon Scientists*(New York: American Elsevier Publishing, 1974).

27) Allison, "Conceptual Models," p. 690 (note 4)는 Hempel의 D-N(연역-법칙론적)설명은 그의 세가지 모형에 대한 기초(보강)라고 말해 준다.

제시된 문장들의 계급을 이해하게 된다.…… [과학적 설명]이란 "왜 피설명항-현상이 발생했는가?"라는 질문에 대하여, C_1, C_2, … C_k로 구체화된 특정 상황이 L_1, L_2, … L_k라는 법칙에 부합하여 귀결된 현상이라는 것을 보여줌으로써, 질문에 답하는 것이다. 이를 지적함으로써, 논증은 의문대상인 특정 상황과 법칙이 주어졌을 때, 현상의 발생이 기대될 수 있었다는 것을 보여준다. 그리고 이러한 의미에서 설명은 우리들로 하여금 왜 현상이 발생했는가를 이해하도록 한다.[28]

간단한 예가 전통적인 인과적(D-N) 설명을 예시해 준다.[29] 만일 내가 영하의 추운 밤 내내 (부동액이 없이) 자동차를 밖에 세워 둔다면, 내 차의 냉각장치는 터지게 될 것이다. 왜 이러한 현상이 발생할 까? "내 차의 냉각장치가 터졌다"(피설명항), "내 차의 냉각장치는 물로 가득 차 있고, 마개는 단단히 조여 있었으며, 바깥의 기온은 영하 이하로 떨어졌다"(설명항에서 상황 또는 C_k). 그리고 "물은 얼면 그 부피는 팽창한다"(설명항에서 일반적 명제 또는 법칙).[30] 이 예에서 사전 상황이나 적절한 법칙에 관한 지식은 결과적 사건을 예측하게 하여 준다.

역사학과 사회과학에서 D-N 설명의 적합성에 관한 의문이 제기되었다.[31] 이러한 의문은 다른 이유보다도 정책분석과 기타 사회과학은 성격상 부분적으로 평가적이고 창도적(규범적)이기 때문에 제기되었다. 모든 창도적 주장은 사실전제와 가치전제를 동시에 포함하는 반면, 전통적인 인과적 설명에 있어서는 단지 사실전제만이 발견되고 있다. 또한 전통적인 인과적 설명에서는 설명항이 피설명항보다 선행할 것(또는 동반할 것)을 요구하고 있다. 그러나 많은 창도적 주장들은 행위를 설명하는 상황이 미래에 존재하는 한 이러한 순차적 순서를 뒤바꾸어 놓고 있다. 의도, 목표, 욕구를 포함한 미래상황은 그러한 의도, 목표 및 욕구에 의하여 제공된 동기부여가 없이는 행위가 발생할 수 없다는 한계 내에서 현재의 행동을 설명한다.[32] 마지막으로, 창도적 주장에 입각한 행위의 결과와 인과적 논증의 결론간의 일치가 순전히 우

28) Hempel, *Aspects of Scientific Explanation,* pp. 247-58.

29) von Wright, *Explanation and Understanding,* p. 12.

30) *Ibid.,* p. 12.

31) *Ibid.,* p. 11.

32) *Ibid.,* p. 74-124; G. E. M. Anscombe, *Intention* (London: Basil Blackwell, 1957); and W. H. Dray, *Laws and Explanation in History* (London: Oxford University Press, 1957).

연일 수 있다. 정책결정에서 연역-법칙론적 설명에 기초한 예측은, 만약 정책행위자들이 지성적으로 심사숙고하여 그들의 행위를 바꾸거나, 또는 "창조적인 생각으로부터 연유되는 비예측적 요소들이 개입"되는 경우에 실패하게 된다.[33)]

D-N 설명은 공공정책에 있어서 유일하게 정당한 형태의 인과적 논변은 아니다. 또 다른 형태는 불변의 인과관계 또는 법칙에 관한 명제를 포함하지 않는 이론으로부터 가설을 연역하는 가정-연역적(hypothetico- deductive: H-D) 설명이다. 흥미있는 가설은 어떤 실제적 결과를 성취하기 위하여 고안된 정책이나 사업 행위에 관한 것이다.[34)] 그러나 행위와 결과와의 관계는 확실하지 않다. 만약 확실하다면 보통 인과관계의 '본질주의자'적 관점이라고 부르는 다음과 같은 요구조건에 부응할 것이다.

- 정책 *x*는 시간 상 결과 *y*에 선행하여야 한다.
- 정책 *x*의 발생은 결과 *y*의 발생을 위하여 반드시 필요하고, 결과 *y*의 발생은 정책 *x*가 존재하지 않으면 발생하지 않아야 한다.
- 정책 *x*의 발생은 결과 *y*의 발생을 위하여 충분하여야 하고, 결과 *y*는 정책 *x*가 존재한다면 발생하여야 한다.

이러한 조건이 충족된다면 정책행위와 결과 사이의 관계는 확실할 것이다. 실제로, 이러한 요구조건은 현실 정책상황에서는 결코 충족되지 않는다. 그 대신, 다른 조건 즉, 정책결정자의 통제 밖에 놓여 있는 통제되지 않은 우발사건이 어떤 정책이 어떤 결과의 발생을 위하여 필요하거나 충분한지 분명하게 아는 것을 불가능하게 만든다. 통제되지 않은 우발사건은 고려해야 할 개연성 있는 경쟁가설이고, 정책결과의 경쟁적 설명으로서 가능한 한 제거되어야 한다. 여기서 최상으로 개연성 있는 주장, 즉 근사적으로 타당한 인과적 추론이 기대될 수 있는 최선이다.[35)] [그림 8-8]은 캠벨(Donald T. Campbell)

33) Alasdair MacIntyre, "Ideology, Social Science, and Revolution," *Comparative Politics* 5, no. 3 (1973): 334.

34) "activity theory of causation" in Thomas D. Cook and Donald T. Campbell, *Quasi-Experimentation: Design and Analysis Issues for Field Settings* (Boston, MA: Houghton Mifflin, 1979). Ch. 1의 토론 참조.

35) 사회과학과 행태과학에 있어서 타당성 문제에 관한 저명한 출처는 William R. Shadish, Thomas D. Cook, and Donald T. Campbell. *Experimental and Quasi-Experimental Design for*

그림 8-8 실제적 원인에 입각한 논변 - 코네티컷 주의 과속단속의 영향에 관한 경쟁적 설명

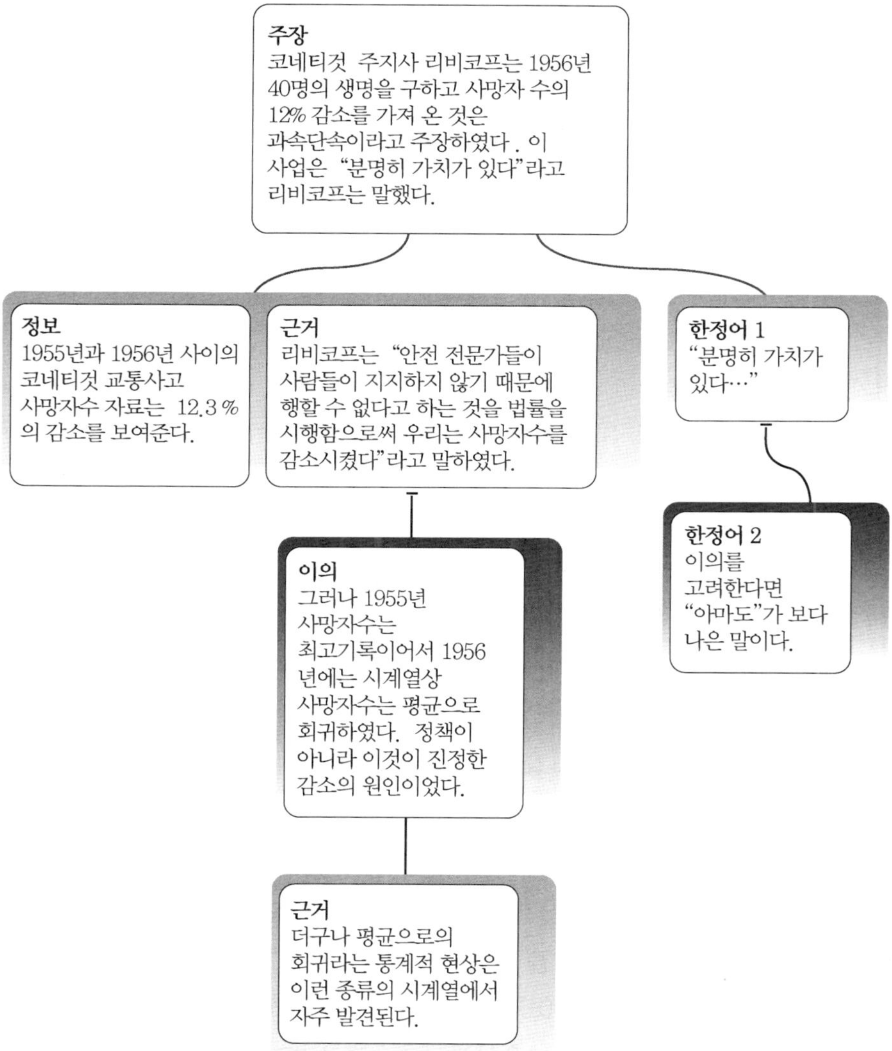

에 의하여 확립된 준실험적 전통, 즉 현실 정책상황에서의 인과적 논변은 경쟁적 가설의 형성, 검증, 제거를 요구한다는 근본적인 전제에 입각한 전통에 있어서 인과적 논변을 나타내고 있다.[36] [그림 8-8]은 근거에 도전하기 위하

Generalized Causal Inference (Boston, MA: Houghton Mifflin, 2002).

36) 경쟁가설은 타당성 위협요인으로도 알려져 있다. Donald T. Campbell, *Methodology and Epistemology for Social Science: Collected Papers*, ed. E. S. Overman (Chicago: University of

여 사용된 경쟁가설이 초기 한정어 '분명히 가치있는'(*Q1*)에서 '아마도'(*Q2*)로 바꾸어 주고 있음을 보여 준다.

6. 신호에 입각한 논변

신호에 입각한 추론은 지표(indicator)와 그 대상물(referent)에 기초한다. 신호의 존재는 사건, 조건, 또는 과정의 존재를 나타내는데, 왜냐하면 신호와 그 대상물은 같이 발생하기 때문이다. 예를 들면, '조직보고서', '벤치마크', 그리고 '우수 사례'와 같은 제도적 성과의 지표들이다.[37] 또 다른 예로는 콘퍼런스 보드[역자주: Conference Board, 미국의 비영리 민간조사 연구기구]가 주기적으로 발표하는 '선행', '후행', 그리고 '동행' 경제지표와 같은 널리 사용되고 있는 경제성과의 지표 세트(실제로는 지표들)가 있다. 신호는 원인이 아니다. 위에서 본 바와 같이, 인과관계는 추가로 요구조건을 만족시켜야 하나 신호에서는 그것이 기대되지 않는다. [그림 8-9]는 상관관계와 확률 값(p-값)에 기초한 신호에 입각한 논변을 나타내고 있다.

[그림 8-9]는 신호와 원인의 중요한 차이를 나타낸다. 현대 통계분석에서, 상관관계, 회귀, 그리고 통계적 유의도(예를 들어, 카이 자승, t와 F 값)의 측정은 공동변화를 말해 주는 신호이다. 공분산(covariation)은 인과관계의 필요조건이지만 충분조건은 아니다. [그림 8-9]에서 반론 *R*은 조기유아무료교육프로그램(Head Start)에의 참여와 졸업율 증가 사이의 인과관계를 말해 주고 있다. 인과관계인 이유는 참여한 학생들은 보다 높은 졸업율을 보이고, 참여하지 않은 학생들은 보다 낮은 졸업율을 보이며, 프로그램은 시간 상 졸업 이전에 있었고, 또한 참여와 졸업 사이에 정의 상관관계가 존재하기 때문이다. 상관관계는 보통 정도(r=0.61), 정(正)의 상관관계이고, 통계적으로 유의하다(p= 0.05). 이의 *O*는 "조기유아무료교육프로그램은 효과적이지 않다"라고 잘못 추론하는 신호에 입각한 논증에 성공적으로 도전하고 있다. 애초의 한정어 *Q1*('아마도')는 *Q2*('아마도 아니다')로 수정된다.

신호에 입각한 논증은 그것이 조직보고서나 벤치마크 또는 상관관계 계수

Chicago Press, 1988). 예는 위에서 인용한 Overman edition 에 있는 Campbell의 "Reforms as Experiments"에서 발췌한 것임.

37) 예를 들면, William T. Gormley Jr. and David L. Weimer, *Organizational Report Cards* (Cambridge, MA: Harvard University Press, 1999).

그림 8-9 신호에 입각한 논변 – 상관계수나 P값과 같은 계량지표는 인과관계를 '증명'하지 않는다.

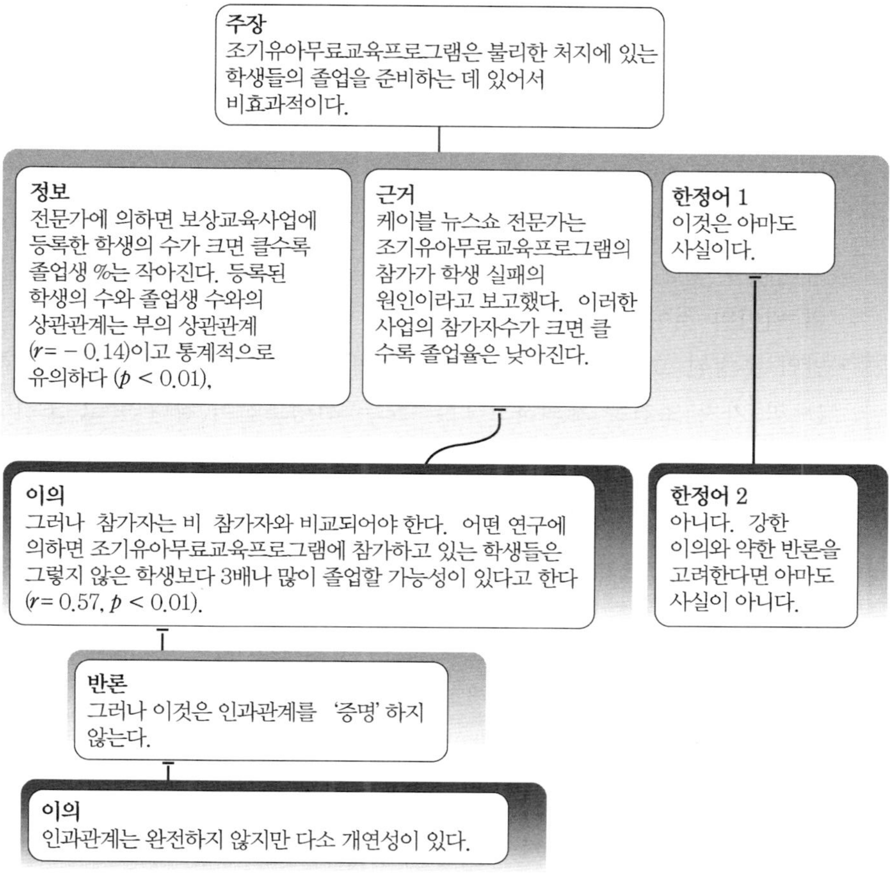

로 제시되었든지 간에 공분산이나 우연의 일치에 관한 진술에 불과하다. 공분산은 인과관계가 존재하기 위하여 반드시 제시되어야 하지만, 인과관계는 일정 조건을 충족시킬 것을 요구한다. 19세기 영국의 철학자 밀(John Stuart Mill)은 인과관계를 발견하기 위하여 고안된 귀납적 추론이라는 일련의 방법(때때로 '규준'[canon]이라고 불린다)을 제시하였다. 밀의 방법은 오늘날 사회과학과 행태과학, 정책 분석, 그리고 프로그램 평가에 널리 채택되고 있다.[38] 그

38) 사업평가에 있어서 준실험설계는 대체로 Mill의 방법에 기초하고 있다. 가장 좋은 예는 Mill의 방법을 비판하고 그를 넘어서는 Cook and Campbell, *Quasi-Experimentation*, Ch. 1. 또 다른 비평과 재구성에 대하여는 William N. Dunn, "Pragmatic Eliminative Induction," *Philosophica* 60, no. 2 (1997). Special Issue Honoring Donald T. Campbell. 비교정치론, 비교사회학, 비교정책, 실험심리학도 Mill의 방법에서 도출.

방법은 일치법(*agreement*), 차이법(*difference*), 일치와 차이법(소위 '결합법'[joint method]), 공동변화법(*concomitant variation*), 그리고 잔여법(*residues*)이다. 처음 세 가지 방법의 기본 아이디어는 다음과 같다.

- 만약 두 개 또는 그 이상의 사례에서 추정된 효과가 하나의 공통 선행조건만을 가진다면, 그 조건이 추정된 효과의 원인일 것이다. 만약 처음 사례에서 추정된 효과 Y보다 조건 X_1, X_3, 및 X_5가 선행하고 두번째 사례에서 추정된 효과 Y보다 조건 X_2, X_3, 및 X_6가 선행한다면 X_3가 Y의 원인일 것이다.
- 만약 추정된 효과와 추정된 무효과 사이에 추정된 효과와 같이 발생하는 한 가지 조건을 제외하고 다른 모든 선행조건이 같다면 그 조건이 추정된 효과의 원인일 것이다. 만약 추정된 효과 Y와 추정된 무효과 ~Y 사이에 선행조건 X_1, X_2, X_5, 및 X_6가 공통이고 추정된 효과와 같이 발생하는 조건 X_3만이 공통이 아니라면 X_3가 Y의 원인일 것이다.
- 만약 추정된 효과가 발생하는 둘 또는 그 이상의 사례가 오직 하나의 공통 선행조건을 가지는 반면, 추정된 무효과가 나타나는 둘 또는 그 이상의 사례에서 그러한 선행조건의 부재를 제외하고는 공통 조건이 없다면 추정된 효과와 추정된 무효와의 사이에 다른 선행조건이 원인일 것이다. 추정된 효과 Y가 발생하는 둘 또는 그 이상의 사례에서 단지 선행조건 X_3만 동반되고 추정된 효과 Y가 발생하지 않는 둘 또는 그 이상의 사례에서 선행조건 X_3의 부재를 제외하고는 공통점이 없다면 X_3가 Y의 원인일 것이다.

우리가 오늘날 상관관계(공분산, 연관)이라고 알고 있는 공동변화의 방법은 그것이 인과관계의 필요조건이라는 것을 제외하고는 여기서 추가로 논평할 필요성을 요구하지 않는다. 잔여법은 우리가 현재 다변량분석과 계량경제학에서 잔차(오차) 분산의 분석이라고 부르는 것과 비슷하다. 그 논리는 하나의 현상에서 모든 (추정된) 원인의 효과를 설명하고 '남은 것'(left over)이 기타 가능한(보통 알지 못한다) 원인의 '잔여물'(residues)이라고 본다. 그러나 우리가 인과관계를 분석하고 있는지 또는 상관관계를 분석하고 있는지 알려면 처음 세 가지 방법을 먼저 채택하여야 한다. 왜냐하면 아무리 발달했을지라도 어떤 통계분석이든 인과관계를 설정하기 위하여 충분치 않기 때문이다. 통계학은 원인이 아니라 신호를 제공한다.

7. 동기에 입각한 논증

동기유발적 논증에서는 의도, 목적 또는 가치들의 동기유발적 힘 때문에 행위가 반드시 채택되어야 한다고 주장한다. 동기에 입각한 논증은 제안된 행동노선에 깔려 있는 의도, 목적 또는 가치가 그 수용, 채택 또는 성과를 보증하는 것이라고 증명하고자 한다. 대규모 또는 중요한 집단이 실제로 주장에서 언급되고 있는 행동노선을 따르고자 원한다는 것을 아는 것으로 흔히 충분하다.

동기에 입각한 논변은 아리스토텔레스(Aristotle) 이래 철학자들이 실제적 삼단논법(practical syllogism) 또는 실제적 추론이라고 부르는 추론의 형식을 띤다. 실제적 추론에서 대전제 또는 근거 *W*는 행위의 바람직한 상태 또는 목표를 기술하는 반면, 소전제 또는 정보 *I*는 목표에 대한 수단으로서 어떤 행동노선을 이러한 바람직한 상태와 연결시킨다. 결론 또는 주장 *C*는 바람직한 상태 또는 목표를 달성하기 위하여 어떠한 방식으로 행동해야 한다는 제안으로 구성된다. 이론적 추론(원인에 입각한 논변)에 있어서, 보편적 명제 또는 법칙의 수용이 결론 또는 주장으로 이어지는 반면, 실제적 추론(동기에 입각한 추론)에서는 목표, 가치, 의도에 관한 전제의 수용이 그 전제와 일치하는 행동에 관한 결론 또는 주장으로 유도한다.[39] 실제적 추론에서의 주장은 보통 행동을 이해하기 위하여 고안된 것인 반면, 이론적 추론에서의 주장은 사건을 설명하려고 한다.[40]

실제적 추론은 중요한 문제들 중의 하나가 행위를 목적, 가치 및 의도의 관점에서 설명하고자 하는 분야인 정책분석에서 매우 중요하다.

실제적 삼단론법은 과학에 종사하는 사람들에게 그들의 방법론에서 오랫동

---

39) von Wright, *Explanation and Understanding*, pp. 22-27.

40) *Ibid.*, pp. 22-24. 또한 Fred R. Dallmayr and Thomas A. McCarthy, eds., *Understanding and Social Inquiry*(Notre Dame, IN: University of Notre Dame Press, 1977): and Rein, *Social Science and Public Policy*, pp. 14-15, 139-170 참조.

안 없었던 것 즉, 포섭-이론적 포괄법칙모형(subsumption-theoretic covering law model)[즉, 연역-법칙론적 설명-저자]에 대한 명백한 대안인 그 자체로서의 설명모형을 제공한다. 넓은 의미에서, 포섭-이론적 모형과 인과적 설명 및 자연과학에서 설명과의 관계는 실제적 삼단론법과 목적론적 설명 및 역사와 사회과학에서 설명과의 관계와 같다.41)

동기유발적 논변은 정책분석을 위한 하나의 설명모형의 대안을 제공할 뿐만 아니라 정책과정을 정치적 과정으로 개념화하도록 한다. 동기에 입각한 논증은 분석가들로 하여금 정책행위자들이 가지고 있는 목표, 가치 및 의도의 관점에서 생각하도록 하며, "정책결정자들이 가지고 있는 현상학적 세계에 들어가게 한다."42) 또한 동기유발적 논증은 다른 정책논변의 양식에서는 흔히 그리고 유감스럽게도 '사실적' 문제와 분명하게 분리된 가치와 윤리의

그림 8-10 동기에 입각한 논변-평등권 수정안에 관한 논쟁

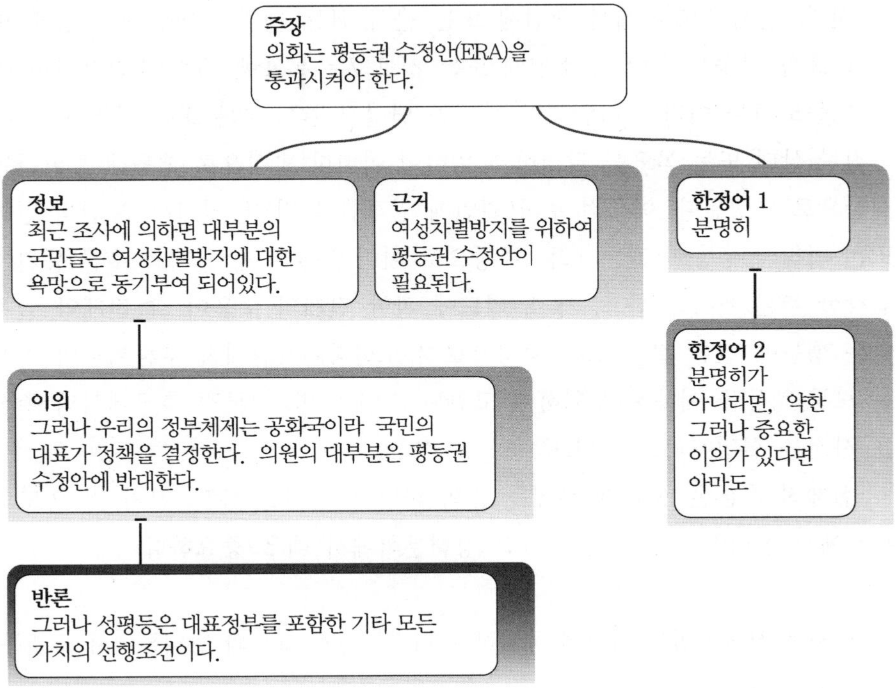

41) von Wright, *Explanation and Understanding*, p. 27.
42) Bauer, *Study of Policy Formation*. p. 4.

문제로 보다 가깝게 이끈다. [그림 8-10]은 동기에 입각한 또 다른 논증과 분류에 입각한 논증에 의하여 도전을 받는 동기에 입각한 논증을 제시하고 있다. 이 예에서 *Q1*('절대적으로')이 반론 이후 *Q2*('아마도')가 된다.

8. 직관에 입각한 논변

직관에 입각한 추론에 있어서 정책주장은 정책결정과정 참여자의 통찰력에 관한 전제와 가정에 기초한다. 정책관련정보는 사실에 관한 보고서 또는 의견의 표현으로 구성된다. 근거의 기능은 정보생산자가 보유한 내적인 정신상태(통찰력, 판단, 이해)가 의견을 제시하거나 조언을 하기에 충분히 자격이 있다는 것을 확인하여 주는 것이다. 정책주장은 단순히 정보에 제공된 보고나 견해를 반복하는 것일 수 있다. 옛날 군사정책의 예를 고려해 보자.

> 1334년 티롤(Tyrol) 여백작 마가레타 마울타쉬(Magareta Maultasch)가 카린티아(Carinthia) 지역에 있는 호코스테르비츠(Hochosterwitz) 성을 포위하고 있을 당시, 그녀는 이 요새가 계곡 밑으로부터 우뚝 선 아주 가파른 바위 위에 있어서, 직접적인 공격에는 난공불락이며 오로지 장기간의 포위가 유효할 것이라는 사실을 잘 알고 있었다. 시간이 흐르면서 당연히 방어자의 상황은 심각한 상황에 처하게 되어 마지막으로 황소 한 마리와 보리 두 부대만 남게 되었다. 마울타쉬의 상황도 다른 이유이긴 하지만 마찬가지로 긴박하였다. 그녀의 군대는 기강이 해이해 지고 외관상 포위공격은 끝나지 않을 것으로 보였다. 또한 다른 지역에서도 비슷한 긴박한 군사적 업무가 있었다. 이러한 시점에서 성주는 그의 부하들이 어리석은 행위라고 여길 수 있는 결사적 행동을 결정하였다. 즉, 성주는 마지막 황소를 잡아 그 내장 속에 남은 보리를 가득 담아 가파른 절벽을 따라 적군 진영 앞 초원으로 내던지라고 명령하였다. 이런 모욕적인 메시지를 받은 여백작은 크게 실망하여 포위를 풀고 후퇴하였다.[43)]

[그림 8-11]은 정책문제에 대한 창의적인 해결책을 개발하는 데 있어 통찰력, 판단, 암묵적 지식의 독특한 장점을 강조하고 있다. 그러나 이것 역시

43) Paul Watzlawick, John Weakland, and Richard Fisch, *Change: Principles of Problem Formation and Problem Resolution* (New York: W. W. Norton & Company, 1974), p. xi에서 인용

어려움을 지적하고 있다. 정책학자들이 정책의 분석에 직관, 판단, 암묵적 지식을 포함할 것을 촉구하지만,[44] 통찰력이나 창의성을 불러 낼 수 있는 방법이나 추론형태를 미리 식별하는 것은 거의 불가능하다는 것이다. 처치만(Churchman)은 창조적 행위란 "사후에만 분석이 가능할 수 있지만, 사전에 고안될 수 없는 행위이고, 만일 이것이 창조성에 대한 정확한 의미라면, 어떠한 지적인 기술자라도 창조적이라고 할 수 없다"[45]고 보았다.

그림 8-11 직관에 입각한 논변 – 반직관적 해결책이 어떤 죽음을 피하게 한다.

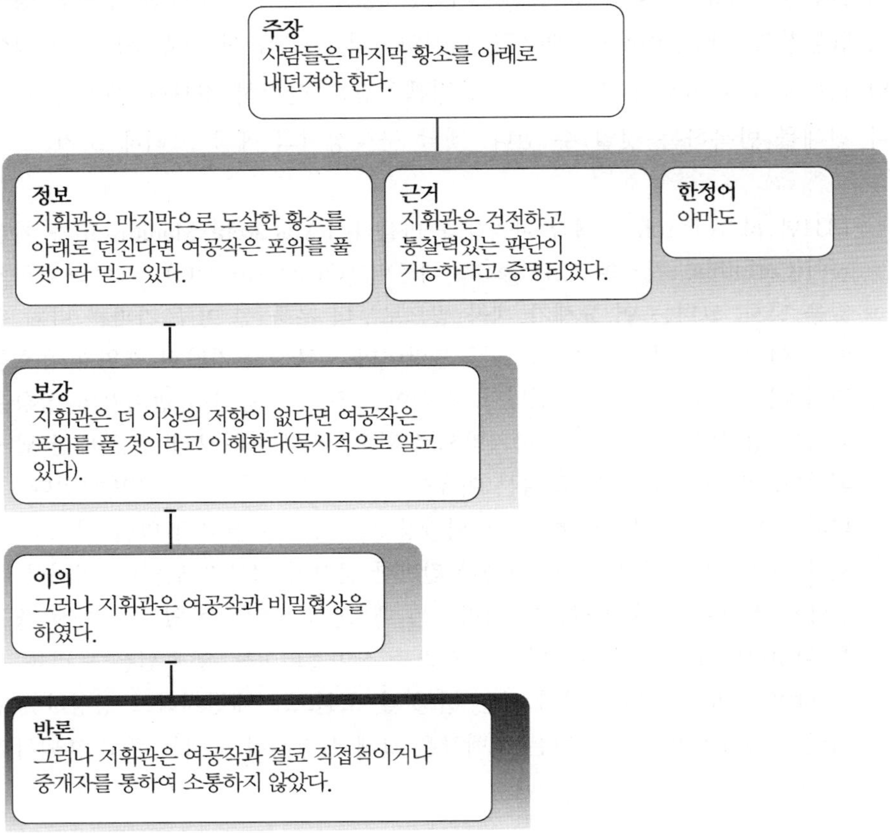

44) 예를 들어, Yehezkel Dror, *Ventures in Policy Sciences* (New York: American Elsevier Publishing, 1971), p. 52; Sir Geoffrey Vickers, *The Art of Judgment: A Study of Policy Making* (New York: Basic Books, 1965); and Edgar S. Quade, *Analysis for Public Decisions* (New York: American Elsevier, 1975), pp. 4-5. 어떤 관측자들은 또한 정책결정자들의 정신상태에 있어서 마약으로 야기된 변화의 가능성에 대해 우호적으로 논평하였다. Kenneth B. Clark, "The Pathos of Power: A Psychological Perspective," *American Psychologist* 26, no. 12 (1971): 1047-57.

45) Churchman, *Design of Inquiring Systems*, p. 17.

9. 유추에 입각한 논변

유추와 은유에 입각한 추론은 주어진 사례에서 발견된 관계와 은유(metaphor), 유추(analogy) 또는 풍유(allegory)에서 발견된 관계 사이의 유사성에 기반한다([그림 8-12]). 예를 들어, 정부는 불법 마약을 차단시킴으로써 나라를 '검역'시켜야 한다는(불법 마약은 '전염병'으로 제시되었다) 주장은, 검역은 전염병의 경우에도 효과적이기 때문에, 차단은 불법 마약의 경우에 효과적일 것이라는 추론에 기반을 둔다. 유추에 입각한 논증에서 주장은 둘 또는 그 이상의 사례 사이의 관계(사례 그 자체는 아니다)는 본질적으로 유사하다는 가정에 기반을 둔다. 예를 들면, 대기오염을 완화하기 위한 정책 채택의 바람직성에 관한 주장은 수질오염의 성공에 관한 믿음에 입각하여 하

그림 8-12 유추에 입각한 논변 – 평등권 수정안과 잘못된 유추

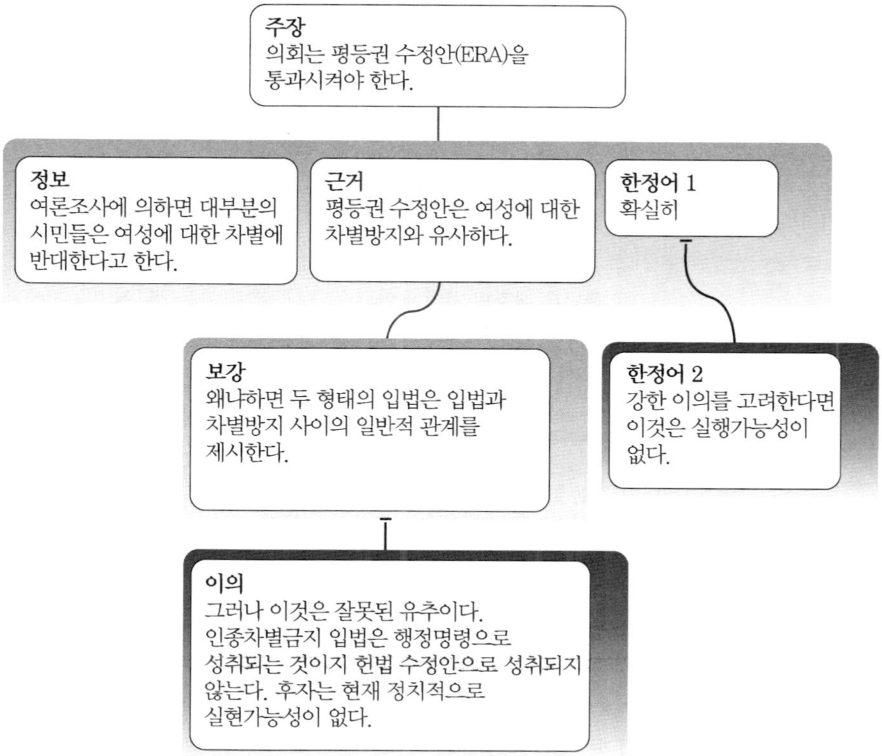

여 왔다. 여성에 대한 고용차별을 감소시키고자 하는 방법에 관한 주장에 있어서, 추론은 때때로 소수민족에 대한 차별을 감소시키고자 했던 정책의 성공과 실패에 대한 가정에 입각한다.46)

10. 유사사례에 입각한 논변

유사사례에 입각한 추론은 둘 또는 그 이상의 정책결정 사례의 유사성에 초점을 둔다([그림 8-13]). 예를 들어, 지방정부가 엄격히 오염기준을 시행하여야 한다는 이유는 유사한 정책이 비슷한 다른 지방정부에서 성공적으로 집행되었다는 것이다. 정책주장은 비슷한 상황에서 채택된 정책의 결과는 가치

그림 8-13 유사사례에 입각한 논변 – 네덜란드 모형과 잘못된 유사사례

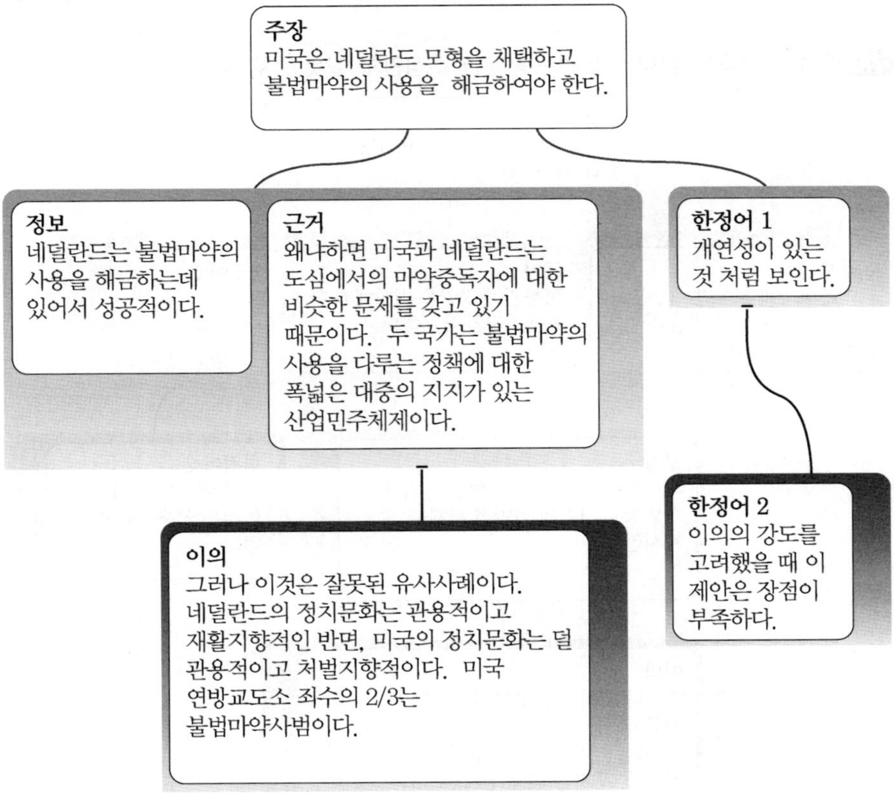

46) Robert L. Lineberry, *American Public Policy: What Government Does and What Difference It Makes* (New York: Harper and Row, 1977), p. 28.

가 있고, 성공적이라는 가정에 입각하고 있다. 미국과 해외 정부기관들은 자주 비슷한 문제에 봉착하게 되며, 정책주장은 그들의 공통된 경험에 기반을 두는 경우가 많다. 영국의 종합의료보호 및 도시계획("new town") 그리고 덴마크와 스위스의 불법마약에 대한 비범죄화 접근은 미국의 마약정책에 관한 논쟁에 영향을 끼쳤다. 몇몇 주의 조세제도, 주택개방 및 고용기회 평등정책의 경험은 연방정부 수준의 정책의 기반으로 활용되어 왔다.[47] 유사사례에 입각한 논변의 변형이라고 할 수 있는 것은 동일한 행정기관에서 장기간 경험에 입각한 논증이다. 행정기관은 보통 현상유지로부터 약간만 차이가 있는 특정 행동노선을 채택하여야 한다는 주장을 지원하기 위하여 같은 행정기관의 과거 정책이 활용된다. 연방과 주정부 예산정책에 관한 주장은 전형적으로 같은 기관에서 채택되었던 과거 정책들과의 유사성에 관한 가정에 입각한다.[48]

11. 윤리에 입각한 논변

윤리에 입각한 추론은 정책 또는 그 결과의 옳음 또는 그름, 선함 또는 나쁨에 기반을 둔다([그림 8-14]). 예를 들면, 정책주장은 흔히 '정의로운' 또는 '선한' 사회의 조건을 말하는 도덕적 원리나 공적생활에 거짓을 금하는 윤리규범에 기초한다. 도덕적 원리와 윤리규범은 특정 개인이나 집단의 가치나 규범을 뛰어 넘는다. 공공정책에서 경제적 편익이나 비용에 관한 많은 주장은 언급되지 않은 또는 암묵적·도덕적 및 윤리적인 추론을 포함한다. 윤리에 입각한 논증에서 근거는 하나의 주장을 어떤 도덕적 원리 또는 윤리적 규칙과 연관시킴으로써 받아들이기 위한 이유를 제공한다. 주장은 정보에서 언급된 사람, 상황 또는 조건이 가치 있는 또는 가치 없는 것으로 간주되어야 한다든지, 또는 정보에 기술된 정책이 채택되어야한다거나 또는 채택되지 말아야 한다는 식이다.

윤리적 논변의 예로서 [그림 8-14]를 고려해 보자. 여기서 평가적 주장 *C*는 "미국에서 현존하는 소득분배는 불공정하다"는 것이다. 정보 *I*는 다음과

---

47) *Ibid.*

48) 예를 들어, 현재 고전적 작품이 된 Aaron Wildavsky의 점증적 정책결정은 *The Politics of the Budgetary Process* (Boston: Little, Brown and Company, 1964) 참조. 또한 제2장에 있는 정책변화의 모형에 관한 토론도 참조.

그림 8-14 윤리에 입각한 논변 – 소득분포와 공정성으로서 정의

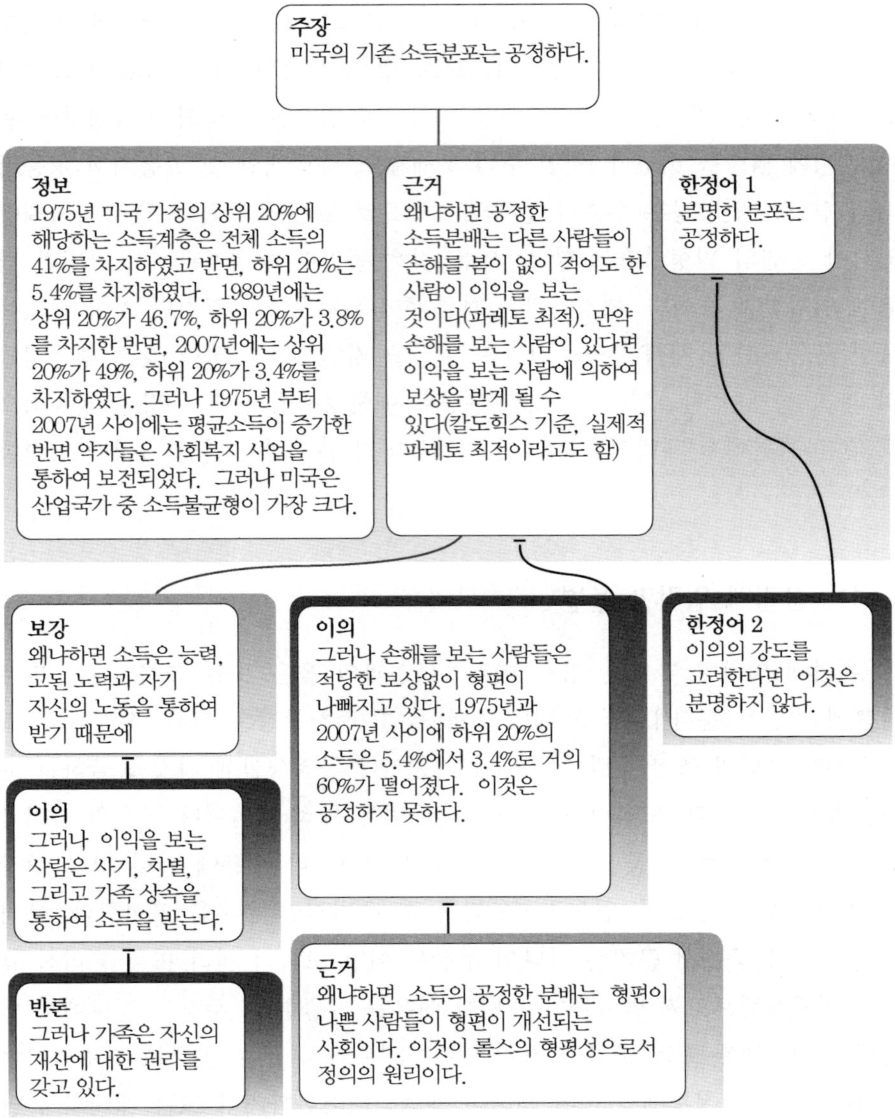

같다.

"1975년도 미국의 가정에서 상위 20%에 해당하는 소득계층은 전체 소득의 41%를 차지한 반면, 하위 20%는 5.4%를 차지하였다. 1989년에 상위는

46.7%, 하위는 3.8%를 차지한 반면, 2007년에는 상위가 49%, 하위는 3.4%를 차지하였다. 1975년부터 2007년 사이에 평균소득은 약 3% 증가하였고, 승자들이 사회서비스와 복지프로그램을 통하여 약자들에게 보전하였다. 그러나 미국은 산업화된 국가들 가운데 소득평등도가 가장 높다."

근거 *W*는 이탈리아의 경제학자이며 사회학자인 파레토(Wilfredo Pareto)(1848~1923)의 이름을 따 만들어진, '파레토 법칙'이다. 파레토 법칙은 많은 정책경제학자들에 의하여 지지받고 있는 단순한 윤리적 법칙이다.[49] 이 법칙은 "한 사회에서 소득의 최적분배는 다른 사람들이 손해를 봄이 없이 어떤 사람들이 이익을 보는 상태"이라고 말한다. 이러한 근거에 대한 보강 *B*는 "왜냐하면 소득은 능력, 고된 업무와 자기 자신의 노동을 통하여 얻기 때문에" 이다. 이의 *O*는 "그러나 승자 가운데 다수는 사기, 차별, 그리고 상속을 통하여 소득을 얻는다."이다. 이의에 대한 반론 R은 "가족은 자신의 재산에 대하여 권리가 있다."이다([그림 8-14]).

[그림 8-14]는 중요한 경쟁적 도덕원리인 롤스(John Rawl)의 '공정성으로서 정의'라는 원리가 어떻게 파레토 원리에 대한 이의로서 기여하는 지 보여주고 있다. 파레토 최적의 사례는 정의로운 사회에 관한 주장을 지지하고 있지만 일반적으로 널리 받아들여지고 있는 윤리적 법칙은 사기, 차별, 상속과 관련된 상황에는 적용되지 않는다는 것을 제시하고 있다. 밑받침이 되고 있는 윤리적·도덕적 추론에 대한 체계적인 분석에 참여함으로써 논쟁 당사자들은 '수혜권'(entitlement)과 같이 처음 보기에는 분명한 것 같지만 실은 보다 복잡한 핵심개념의 의미를 명확하게 하여야 한다. 어떤 주장을 하는 당사자들은 파레토나 롤스의 최적과 같은 특정한 윤리적 법칙이 그들 자신의 도덕적 확신과 어긋나는지 여부를 생각하여야 한다. 파레토 법칙의 옹호자들은 수혜권의 원칙이 능력과 노동에 기초해야 할 필요성에 관한 자신들의 도덕적 확신과 어긋난다고 생각할지 모른다. 만약 이것이 복지 수혜자를 위하여 적용된다면 왜 재산 상속인을 위해서는 적용되지 못하는가? 요컨대, 윤리적 논변의 분석은 윤리 규칙과 도덕원칙을 조사하여 그 적용이 보편적인지 그리고 내적 일관성이 있는지 판단하는 데 도움이 될 수 있다.[50] 윤리적 논변은 한

49) Peter G. Brown, "Ethics and Policy Research," *Policy Analysis 2* (1976): 332-35 참조.
50) MacRae, *Social Function of Social Science*, pp. 92-94.

가지 본질적인 면에서 기타 추론 양식과 다르다는 것이 강조되어야 한다. 즉, 다른 양식에서는 가치를 '주어진 것'으로 보지만 — 예를 들어, 여론조사를 통하여 기술된 가치는 동기부여에 입각한 논증의 기초이다. — 윤리적 논변과정은 윤리적 주장을 할 좋은 이유가 있는지를 발견하려고 시도한다.

Ⅳ. 정책논증의 평가

정책논증의 평가는 공공정책분석에서 비판적 사고를 촉진한다. 여기까지 논증의 구조, 논변의 과정, 그리고 정책 주장에 사용된 추론의 양식을 살펴보았다. 이것은 숨겨진 또는 암묵적 가정을 식별하게 하고 또한 그 한정어로 표시된 주장의 개연성이 정책논변의 과정에서 도입된 이의와 반론의 결과로서 어떻게 변화하게 되는지 보여 준다.

논증을 평가하기 위한 구체적 기준으로 넘어가 보자. 이들 기준 중 어떤 것은 자격기준은 없고 연역적 확실성을 가진 논증의 형식적 타당성을 판단하는 기준을 제공하는 학문인 형식논리학으로부터 나온 것이다.[51] 다른 기준은 논증의 비형식적 타당성을 평가하기 위하여 계속 진화하는 표준 체계에 기원을 두고 있다.[52] 또 다른 기준은 해석학 및 해석론자들(*Vertehende*)의 전통에서 연구하는 방법론자가 사용하는 절차로부터 나왔다. 이러한 전통은 성문으로 된 텍스트의 형태로 표시되었든 아니면 구어로 표시되었든, 인간 행동의 의미를 발견하고 정확히 표현하는 것에 오랫동안 관심을 가져왔다.[53] 마지막으로 일부 기준은 논변의 전체체제를 평가하는데 유용한 인식론이자 방법론인 철학적 실용주의에 기원하고 있다.[54]

1. 해석학적 지침

해석학은 인간의 텍스트(text)의 의미에 대하여 조사한다. 이는 아마도 가장 종합적이고 체계적인 질적인 방법론이다. 사회과학에 널리 퍼져 있는 흔

51) 형식논리학의 고전은 Irving M. Copi, *An Introduction to Logic* (New York: Macmilan, 1953).
52) Toulmin, Rieke, and Janik, *An Introduction to Reasoning, Part V: Fallacies: How Arguments go Wrong,* pp. 129-97.
53) 1960년에 발행된 해석학의 고전은 Hans Georg Gadamer. *Truth and Method* (New York: Seabury, 1975).
54) Nicholas Rescher, *Induction* (Pittsburgh, PA: University of Pittsburgh Press, 1980)

한 오해와는 달리 '질적'(qualitative)이라는 용어는 '양적'(quantitative) 또는 통계적이 아니라는 것을 말한다는 의미에서 단순히 '양적'의 논리적 보충은 아니다.[55] 확실히, 소수 n 사례연구나 이산(연속에 대응) 측정 수준에 '양적' 용어를 사용하는 것은 부적절하다. 오히려, 해석학적, 문화인류학적, 구성주의적 방법으로 알려진 질적 방법은 개인적 · 집합적 행동의 의미를 조사하기 위하여 명확히 고안되었다.[56] 통계분석과 또 다른 형태의 양적 분석은 이러한 목적에 부적절하다.

인간의 텍스트는 인간행동의 산물, 예를 들어 정책토론에서 유래된 입법문서나 법률 같은 성문으로 된 문서를 말할 뿐만 아니라 성문으로 된 형태로 표현되었든 그렇지 않든, 행위 그 자체를 말한다. 정책논증의 평가에서 해석학적 지침의 중요성을 증명하는 다양한 방법 가운데 윤리적 논변에 초점을 맞추는 것이 가장 의미가 크다. 적군 병사에 의해서 잡힌 포로에 관한 여러 가지 윤리적 논증을 고려해 보자.

- **논증 A.** 포로는 정규군의 일원이 아니다. 테러리스트의 은밀한 계획이나 군사기밀에 관하여 수사할 때 거짓말을 하는 테러리스트인 보통의 범법자이다. '전쟁포로'로서 자격을 공식적으로 가지고 있지 않기 때문에 '비인도적 취급' 및 고문에 대하여 보호되지 말아야 한다.
- **논증 B.** 포로는 적에 의하여 가해진 테러나 압제에 맞서 싸우는 자유투사이다. 그는 군사기밀에 관하여 수사관을 갈팡질팡하게 할 도덕적 의무를 가진 충성스런 병사이다. 전쟁포로로서 보호받아야 한다.
- **논증 C.** 포로는 상비군으로 구성된 전투부대의 대원이다. 그는 군사기밀에 관하여 수사관을 갈팡질팡하게 만들 충성심이 요구되는 전쟁포로이다. 그래서 어떤 전쟁포로에게도 부여되는 것과 같이 비인도적 취급으로부터 보호를 받아야 한다.

이들 논증에 대한 평가는 성문 또는 구술된 논변의 해석을 위한 지침(절

55) 예를 들어, 널리 사용되고 있는 교재 Gary King, Robert Keohane, and Sidney Verba, *Designing Social Inquiry*(Princeton, NJ: Princeton University Press, 1994) 참조.

56) 질적의 의미에 관한 깊이 있는 수필에 대해서는 John Searle, *The Construction of social Reality* (New York: The Free Press, 1995). 참조.

차지침 8.2)으로부터 도움을 받을 수 있다.

논증 A와 B의 주요기능은 변증법적 또는 논리 실증주의적이 아니라, 수사학적이다. A와 B를 서로 간에 반론으로 사용하는 것이 변증법적 기능에 기여하겠지만 이는 A나 B의 유일한 목적이 아니다. A와 B는 분명하게 사실적 진술을 제시하고 그 중 일부는 경험적으로 건전하고 이론의 여지가 없는 것처럼 보인다. 한 포로가 붙잡혔고 그는 전투원으로서 참여했으며 그는 진실을 말하고 있지 않다. 논쟁이 되는 것은 두 가지 주요 이슈이다. 즉, 그러한 상황에서 거짓말하는 것은 도덕적·법적으로 옳은가? 그 병사는 전쟁 포로의 자격이 있는가?

다른 지침 역시 적용된다. 일부 단어에서 인용부호('전쟁포로'와 '비인도적 취급')는 의미를 숨기거나 모호하게 한다. A와 B의 맥락 또한 논증을 이해하기 위하여 중요하다. 많은 분쟁의 역사를 가정한다면, 양편이 적대자를 서로 테러리스트라고 간주하는 것은 놀랄 일이 아니다. 해석학적 관대함(hermeneutic charity)의 원리는 예를 들어, 양 당사자가 동등하게 취급받으려 한다는 것을 이해하려 함으로써 각 당사자에게 유리한 해석을 하도록 장려한다. 한 진영은 군복을 입지 않은 전투병에 의하여 그들의 군대(와 시민)에 공격한 그러한 관례는 불공정하다고 주장하면서 공격의 도덕적·법적 수용성에 이의를 제기한다. 다른 진영은 한쪽이 현대무기에서 우세할 때 (비대칭 전쟁), 그러한 행동은 공정하다는 이유로 행동의 도덕적·법적 수용성을 주장한다. 마지막으로 양쪽 논증은 도덕적·법적 이유를 명백히 하기보다는 모호하게 하는 비방 언어—'과격파', '범죄자', '테러리스트', '선동주의자', '자유투사', '압제'—를 자유롭게 사용한다.

반론을 도입하고 절대적인 것을 한정어를 쓴 주장으로 대치하면서 논증을 바꾸어 표현한다면 논증 *C*와 같은 것처럼 보일 것이다. 논증 *C*는 충돌하는 의무 가운데 하나인 다툼이 있는 이슈를 따로 떼어 내는 이점이 있다. 즉, 전쟁의 윤리에서 군사비밀에 관하여 수사관을 갈팡질팡하게 하는 포로는 용기, 영광, 애국심 등의 미덕을 나타내는 것으로 널리 이해되어 왔다. 여기에서 양 진영에 똑같은 이해(understanding)가 적용되는 것으로 추정한다.

2. 비형식적 논리와 형식적 논리의 지침

해석학적 지침은 논증과 논변에 깔려있는 의미의 이해를 향상시키기 위하여 고안되었다. 논증의 건전성, 신뢰성 또는 개연성에 관한 의문은 제기되지 않는데, 왜냐하면 주요 목표가 주장하는 사람이 의미하는 바를 정확하게 해석하려는 것이기 때문이다. 대조적으로 비형식적·형식논리 분야는 비형식적 오류의 중요성을 인식하고 평가하기 위한 지침을 제공한다.[57] 다른 곳에서와 마찬가지로 여기서도 '법칙' 대신에 '지침'이라는 용어가 사용되는데, 왜냐하면 논증에 오류가 있는지 절대적으로 판단할 방법이 없기 때문이다. 그래서 비형식적 오류의 분석은 전부 또는 전무(all-or-none)라는 결론은 허용하지 않는다.

절차지침 8.2 논증해석을 위한 지침

- 정책논변은 세 가지 주요 기능이 있다. 즉, 정책의 타당성, 건전성, 효능성을 향상시키는 토론을 생성하는 것(변증법적 기능), 가장 타당하고 경험적으로 건전한 결론을 제시하는 것(논리-경험적 기능), 논증의 타당성, 건전성, 유용성과 별도로 정책논증을 수용하도록 설득시키는 것(수사학적 기능)
- 낱말, 문장, 전체 논증에서 숨겨진 의미를 찾아라. 낱말 또는 문장은 표면상 언급된 것을 의미하지 않을 수 있다. 예: "그는 좋은 사회주의자이다."라는 것은 기술된 사람이 사회주의자로서 잘 활동한다는 것을 의미하지 않을 수 있다. 오히려 그 사람의 사회주의자로서 정체성이 어떤 종류의 약점 또는 결점과 관련됨을 의미할 수 있다.
- 단어, 문장 또는 논증의 표면적 의미와 논증자의 맥락에서 그 의미를 구별하라. 자신의 이해와 논증자의 이해 간의 차이를 식별하려고 노력하라. 예: "시장은 시위자의 요구를 공개적으로 묵인하지 말았어야 했다. 여러 잘못된 해석이 가능하다. 즉 시장을 제외하고 누군가 묵인했어야 했다. 시장은 공개적으로 묵인하지 말았어야 했다. 시장은 전혀 묵인하지 말았어야 했다."
- 해석학적 관대함의 원칙, 즉 의미에 관한 의견차이를 논증자가 말하려고 하는 것을 수용 또는 이해하려고 노력함으로써 해결할 것을 요구하는 원칙을 관찰하라. 예: 양적 언어로 제시된 논증에 대한 비평은 계량화 그 자체는 논리 실증주

57) 용어 '비형식적 논리'와 '비형식적 오류'는 논리학에서 사용된다. '형식적 논리'와 '형식적 오류' 역시 구별되고 있다.

의자와 거의 관계가 없는데도 불구하고 때때로 그러한 논증(또는 논증자)에 '논리실증주의자'라는 딱지를 부친다. 논증자가 실제로 믿는 것을 이해하려는 너그러운 노력이 이러한 문제를 풀 수 있다.

- 어떤 사람 또는 정책에 손상을 입히려고 비방적으로 사용되는 용어를 찾아보아라. 표면상, 이러한 용어는 중립적이지만 때로는 맥락상 비방적으로 사용된다. 예: "이것은 단지 또 다른 신관료제이다." "이것은 전형적인 '과격한 환경보호운동가'의 논증이다." "일단의 '질적 연구자'들에 의하여 쓰여진 보고서는 받아들일 수 없다."

본 장의 전반부에서 살펴본 바와 같이 정책담론에 적절하다고 일반적으로 인식되는 수많은 양식의 논변이 있다. 다음과 같은 종류의 논증은 형식적으로 타당하다.

- **가정적 삼단논법**(*hypothetical syllogism*). 만약 p가 q를 포함하고 q가 r을 포함한다면, p는 r을 포함한다. 또는 $p \supset q$, $q \supset r$, $\therefore$ $p \supset r$ ($\supset$ = 포함한다). 예: 이행적 선호서열은 가정적 삼단논법의 한 형태이다. A, B, 그리고 C 세 가지 프로젝트가 주어졌을 때, 만약 A p B, 그리고 B p C 이면, A p C (p = 보다 선호된다). 이러한 형식적으로 타당한 논증도 경험적으로 불건전할 수 있다.
- **전건긍정.** *Modus ponens*(긍정논법)는 만약 p가 q를 포함한다면, p가 발생할 때 q도 발생할 것이라고 주장한다. 만약 $p \supset q$ 이고, p가 발생할 때, q도 발생한다. 예: 만약 어떤 프로젝트에서 투자 I가 결과 O를 산출하는데, 투자 I가 이루어 졌다면 결과 O가 나타날 것이다. 이 논증은 형식적으로는 타당하지만 결론은 I 외에는 인과적으로 관련된 요인이 있지 않다는 거의 존재하지 않는 상황을 가정한다. 이러한 형식적으로 타당한 논증은 경험적으로 불건전할 수가 있다.
- **후건부정.** *Modus tollens*(부정논법)는 만약 p가 q를 포함한다면, q가 발생하지 않았을 때, p는 원인이 아니라고 주장한다. 만약 $p \supset q$이고, q가 발생하지 않았다면($\sim q$), p는 원인이 아니다($\sim p$). 예: 만약 어떤 사업에 투자 I가 결과 O를 산출하는데, O가 발생하지 않았다면 I는 원인이 아니다. 이러한 형식적으로 타당한 논증은 경험적으로 불건전할 수 있다.

처음 볼 때는 설득력 있게 보일지라도 형식적으로 타당하지 않고, 부적절하며, 불건전한 것으로 일반적으로 인식되는 논변의 양식을 알아보자. 이러한 논변의 양식을 오류라고 부른다. 오류(*fallacy*)는 부적절 또는 부적합한 정보, 잘못된 또는 불건전한 추론, 부적합하고 오해하게 만드는 언어를 사용하기 때문에 약화된 또는 심각한 결함이 있는 논증이다. <표 8-2>에 오류를 인식하는 데 도움이 되는 오류의 목록과 지침이 수록되어 있다.

표 8-2 타당하지 않은 논증과 오류를 식별하기 위한 지침

오 류	지 침
결과의 확증 (Affirming consequent)	형식(명제)논리의 문제이다. 논리적으로 타당하지 않은 논증은 다음과 같다. 만약 *p*이라면 *q*이다. 그런데 *q*이므로 *p*이다. ($p \supset q$, *q*, 그러므로 *p*). Merton은 "예견을 통한 증명의 패러다임은 물론 논리적으로 오류가 있다"고 말한다. 즉, 만약 A (가정)라면, B(예견)이다. B가 관찰되었다. 그러므로 A는 진실이다."* "만약 과속단속의 엄격한 시행이 교통사고 감소의 원인이고, 교통사고가 감소했다면 엄격한 시행이 그 원인이다." 과학적 연구에서 이런 형태의 논증이 형식적으로는 타당하지 않지만 B가 아닌 다른 검증조건, 즉 경쟁적 가설에 의하여 어떤 한 가설이 향상될 수 있기 때문에 유용할 수 있다.
선행조건의 거부 (Denying Antecedent)	또다시, 형식 논리적 타당성의 문제이다. 만약 *p*이라면 *q*이다. 그런데 ~*p*이므로 ~*q*이다. ($p \supset q$, ~*p* 그러므로 ~*q*)에는 오류가 있다. 예: 시장경제는 민주주의 체제인데, 국가 X는 시장경제가 아니기 때문에 국가 X는 민주주의 체제가 아니다.
잘못된 유추 (False Analogy)	비슷하다고 믿어지는 두 관계의 비교에서 비교를 상대적으로 건전하지 못하게 만드는 중요한 차이점들을 무시한다. 예: 마약중독은 전염병과 같기 때문에 중독자를 검역하는 것이 효과가 나타날 유일한 정책이다.
잘못된 유사사례 (False Parallel)	비슷하다고 믿는 두 사례의 비교에서 비교를 건전하지 못하게 만드는 중요한 차이점들을 무시한다. 제2차 세계대전에서 미국의 묵인은 대량학살과 인종청소로 이끌었다. 미국은 발칸에서의 인종청소를 묵인할 수 없다.
성급한 일반화 (Hasty Generalization)	어떤 사례의 특별한 경우로부터 일반화하는 데 있어서, 사례의 수가 너무 적다든지, 사례가 전형적이 아니라 오히려 예외적임을 인식하는데 실패함. 여론조사를 실시하는데 표본크기가 불충분하면 사례가 너무 적게 선정되고, 무작위표본 — 모든 구성요소 또는 사례가 동등하게 추출될 확률이 있는 — 을 사용하지 못하면 모집단에 전형적인 결론이 아니라 예외적 결론을 도출할 가능성이 있다. 예: 선거 이

	전에 15명의 전형적 투표자와 가진 '초점집단 '면접에서 후보자 B보다는 A를 보다 많이 지지하였다.
거짓 원인 (False Cause)	원인과 결과에 관한 주장에 있어서, 다른 개연성 있는 원인을 검토하지 않고 어떤 결과에 대하여 하나의 원인이 책임이 있다고 주장하는 것. 거짓 원인은 또한 통계적 상관관계 또는 공변관계를 인과관계와 혼동할 때, 시간적 연속성만 가지고 원인을 추론할 때(사후적 오류) 발생한다. 예: 과도한 정부 지출은 느린 GDP 성장의 원인이다(단독 거짓 원인). 경제적 조건이 사회적 복지에 영향을 미치는 것은 자살과 실업 사이의 통계적으로 유의한 정의 상관관계(r=0.74, p=0.05)로 볼 때 자명한 것이다(상관관계에 기초한 거짓 원인). 레이건(또는 클린턴)행정부가 출범한 이후, 우리는 20년 만에 가장 높은 실업률(또는 정부 지출)을 경험하고 있다(사후적 오류).
결합의 오류 (Fallacy of Composition)	전체의 부분에 해당되기 때문에 전체에도 해당된다고 결론짓는 것. 결합의 오류(소위 집계오류 또는 전체론적 오류)는 단지 표본뿐만 아니라 모든 부분을 포함하기 때문에 성급한 일반화의 오류와는 다르다(앞의 기술 참조). 예: 자동차 속도를 달리하여 탑재시킨 시험용 로봇에 가해진 손상의 정도에 관한 자동차안전연구에서 속도와 손상의 정도는 강한 정의 상관관계가 있다는 것이 나타났다. 이것은 "속도가 살상을 한다"는 놀라운 증거이다. 그러나 사망사고에 관한 연구에 의하면 사망사고의 약 20% 정도가 속도위반과 관련이 있다는 것을 보여준다.
분해의 오류 (Fallacy of Division)	전체에 해당되기 때문에 부분에도 해당된다고 결론짓는 것(개체적 오류라고도 부름). 예: 한 국가의 일인당 소득이 증가하였기 때문에 모든 사람의 생활수준이 향상되었다. 그러나 많은 국가에서 이것은 거짓이다. 생활수준이 향상된 사람들은 더욱 더 향상되게 된 반면, 나빠진 사람들은 더욱 더 나빠지게 된다. 또 다른 예는 집단 구성원 사이의 차이점(예, 산포도에서 극단치)을 검토함이 없이 하나의 집단을 기술하기 위하여 산술평균 또는 기타 대표치를 사용하는 것이다.
미끄러운 경사면의 오류 (Fallacy of the Slippery Slope)	한 가지 사건이 발생하면 다른 사건들도 불가피하게 통제할 수 없이 잇달아 이어 질 것이라는 불충분하고 부적절한 증거에 기초하여 결론짓는 것. 예: 만약 의회가 보다 엄격하게 권총의 등록을 요구하는 법률을 통과시킨다면 정부가 모든 총을 압수하는 것으로 이어질 것이다.
선결문제요구의 오류 (Begging the Question)	주장이 하나의 이유 또는 증거로 가정되는 것. 예: "500,000 군대의 힘으로 우리는 이라크를 침공하여 사담 후세인 대통령을 쓰러뜨릴 수 있다. 그 일을 하기 위하여 이렇게 많은 군대가 필요할 것이다."
사람에 대한 오류 (Ad Hominem)	어떤 사람의 개인적 특성이 관련이 없는 이슈에서 논증의 일부로 사용되는 것. 예: "유명한 자연과학자가 복지개혁은

	불건전하다고 주장하였다." "환경주의자의 논증에는 깊은 결함이 있다. 결국 과격한 환경보호운동가는 단지 위장한 사회주의자이다." "경제개발이론은 서양식 사고의 산물이다. 분명히 그것은 비 서방세계에는 적용될 수 없다." 개인적 특성이 관련이 있을 때는 사람에 대한 오류는 없다. 예, 재판 사례의 경우 '전문감정가'는 적절한 전문성을 가지고 있어야 한다.
군중에 대한 오류 (Ad Populum)	한 집단 또는 공동체의 특성이나 신념이 관련이 없는 이슈에서 논증의 일부로 사용되는 것. "공동체의 다수는 염소가 암을 유발한다고 믿고 있다".
전통에 호소하는 오류 (Appeal to Tradition)	전통이 이슈와 대체로 또는 전혀 관련이 없는 경우에도 전통에 순응함을 기초로 한 주장. 예: (1) "우리는 항상 이렇게 해왔다." (2) "건국의 아버지들은 그 상원의원의 건의안에 놀랄 것이다." (3) "성공적인 학문분야들은 물리학을 흉내 내었기 때문에 성공하였다. 만약 사회과학도 성공하길 원한다면 이것이 모델이 되어야 한다."
강조의 오류(Accent)	단어, 구절, 또는 논증의 일부에 잘못 강조를 함으로써 오해 또는 잘못된 해석을 초래하는 것. 이탤릭체, 볼드체, 다양한 폰트, 사진, 클립아트, 그리고 칼라를 사용하는 것은 상대적으로 건전하거나 개연성 있는 논증뿐만 아니라 상대적으로 불건전하거나 개연성이 없는 논증이나 논증의 일부도 강조할 수 있다.

주의
* Robert K. Merton, *Social Theory and Social Structure*, rev. ed. (Glencoe, IL: Free Press, 1957). p. 99. Donald T. Campbell, *Epistemology and Methodology for Social Science: Selected Essays* (Chicago: University of Chicago Press, 1988), p. 168에서도 같은 주장.

요 약

본 장에서는 주장의 형태사이의 대조, 정책논증의 요소의 식별과 배열, 논변의 동적 과정에서 반론의 효과에 초점을 맞추어, 정책 논변의 구조와 과정에 대한 이해를 제공하였다. 본 장은 또한 정책추론의 각기 다른 양식을 대조하고, 정책논증을 약화시키거나 심각한 결함을 주는 공통적 오류를 식별하고 평가하는 지침을 제공하였다. 정책 논변은 정책분석과 정책결정과정의 중심이다.

복습문제

1. 다음의 용어들 가운데 세 가지를 사용하여 정의적, 사실적, 평가적 및 창도적 주장을 구성하여 보아라. 최소한 모두 12개의 주장이 되어야 한다.

범죄	재정위기
공해	인권
테러리즘	인종청소
삶의 질	실업
지구 온난화	빈곤

2. 질문 1의 한 가지 이상의 용어에 기초하여 정책논증을 개발하라.
3. 질문 2의 논증에 이의와 반론을 제기함으로써 정책토론으로 전환시켜라.
4. 이의와 반론이 도입되면서 한정어가 바뀌었다면 왜 바뀌었는지 설명하라. 한정어가 바뀌지 않았다면 왜 바뀌지 않았는가?
5. 오류라는 용어를 정의하라. 결과의 확증(*affirming the consequent*)과 같은 형식적 오류를 범하게 되면 논증을 무효로 만드는가? 예를 들어 잘못된 유추나 군중에 대한 오류와 같은 비형식적 오류도 똑같은 결과를 가져오는가?

시범과제

1. 신문의 국제관계 면을 온라인이나 복사를 통해서 구하라. 가능한 한 많은 논증의 양식을 식별하고 기술하라. 신문보다 학술잡지에서 상이한 양식을 찾을 수 있을 것이라고 기대하는가? 설명하라.
2. 신문이나 잡지, 온라인 게시판 또는 블로그에서 독자 투고 난을 읽어라. 가능한 한 많은 형식적·비형식적 오류의 예를 찾아보아라. 그룹으로 나누어 숙제를 완성하여도 가능하다.
3. *Los Angeles Times* 사설에서 따온 [사례 8.1](발칸 개입의 찬성과 반대)을 읽어보아라. 미국은 발칸에 개입해서는 안 된다는 제안에 대한 찬성과 반대(강점과 약점)를 분석하기 위하여 본 장에서 제시된 논증지도작성 절차를 사용하라. 이 연습을 할 때 Microsoft Draw를 가지고 논증의 요소를 표시하거나 정책논증의 구조를 맵핑하기 위한 특별 프로그램인 *Rationale II* 를 사용하여라.
4. "보스니아분쟁은 남의 문제이다. 미국은 군사적으로 개입해서는 안 된다."는 주

장의 전체 개연성을 평가하는 한 페이지 분석서를 작성하여라. 분석서에 논증 지도를 넣어라.

5. 다음은 근거, 보강, 이의, 반론, 한정어가 섞여 있는 논증지도이다.[58] 설득논증과 반대논증을 하기 위하여 요소를 재배열하라. 예로서 [사례 8.2]를 연구하라.

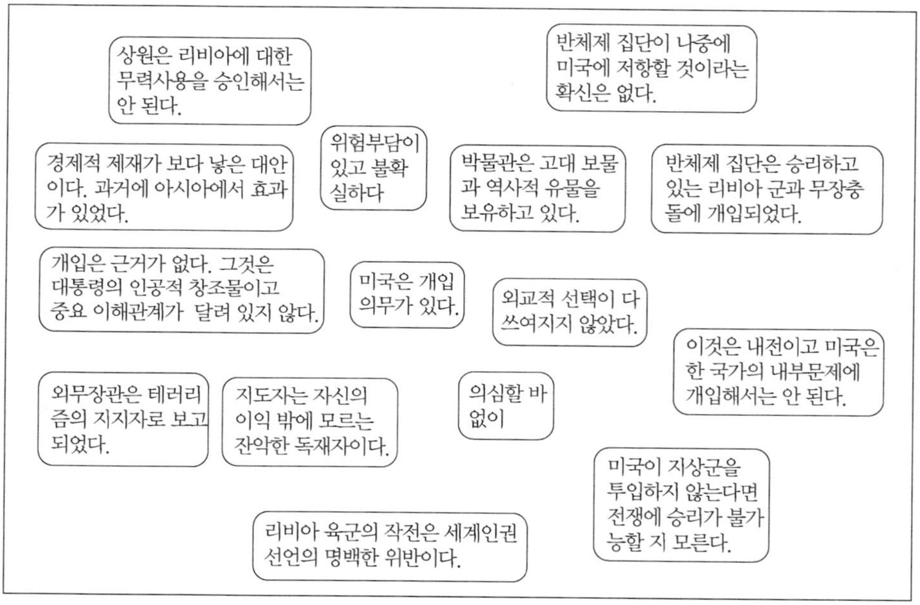

추천문헌

Alker, Hayward R., Jr., "The Dialectical Logic of Thucydides' Melian Dialogue," *American Political Science Review*, 82, no. 3, (1988): 805-20.

Anderson, C. W. "Political Philosophy, Practical Reason, and Policy Analysis." In *Confronting Values in Policy Analysis*, Edited by F. Fischer and J. Forester. Newbury Park, CA: Sage Publications, 1987.

Apthorpe, R., and D. Gasper, eds. *Arguing Development Policy: Frames and Discourses*. London: Frank Cass, 1996.

Campbell, Donald T. *Epistemology and Methodology for Social Science: Selected Essays*. Chicago, IL: University of Chicago Press, 1988.

Dunn, W. N. "Policy Reforms as Arguments." In F. Fischer and J. Forester (eds.), *The Argumentative Turn in Policy Analysis and Planning*. Durham, NC: Duke University Press, 1993.

58) 이것은 Rationale로 작성되었다.

Fischer, D. H. *Historians' Fallacies: Toward a Logic of Historical Thought.* New York: Random House, 1970.

Fischer, F., and J. Forester, eds. *The Argumentative Turn in Policy Analysis and Planning.* Durham, NC: Duke University Press, 1993.

Gasper, D., and R. V. George, "Analyzing Argumentation in Planning and Public Policy: Improving and Transcending the Toulmin-Dunn Model." *Environment and Planning B: Planning and Design,* Vol. 25 (1998), pp. 367-390.

Majone, G. *Evidence, Argument, and Persuation in the Policy Process.* New Haven, CT: Yale University Press, 1989.

McCloskey, D. N. *The Rhetoric of Economics.* Madison: University of Wisconsin Press, 1988.

Merton, Robert K. *Social Theory and Social Structure.* Rev. ed. Glence, IL: Free Press, 1957.

Mitroff, I. I., R. O. Mason, and Vincent P. Barabba, *The 1980 Census: Policy Making Amid Turbulence.* Lexington, MA: D. C. Heath, 1985.

Rawls, John, *A Theory of Justice.* Cambridge, MA: Harvard University Press, 2009.

Roe, E. *Narrative Policy Analysis.* Durham, NC: Duke University Press, 1994.

Scriven, Michael, *Reasoning.* New York: McGraw-Hill, 1976.

Stone, D. *Policy Paradox: The Art of Political Decision Making.* Rev ed. New York: W. W. Norton, 2002.

Toulmin, Stephen Edelston, *An examination of the place of reason in ethics.* 1950.

Toulmin, Stephen E. *The Uses of Argument.* Cambridge: Cambridge University Press, 2003.

Toulmin, S., R. Rieke, and A. Janik, *An Introduction to Reasoning.* 2nd ed. New York: Macmillan, 1984.

Van Gelder, Tim. "The Rationale for Rationale." *Law, Probability & Risk* 6, 1-4 (2007): 23-42.

사례 8.1

발칸 개입의 찬성과 반대[59)]

보스니아-헤르체고비나의 고통은 어떠한 후회가 따르든 누군가 남의 문제로 간주되어야 하는가? 그렇게 생각하지 않는다. 그러나 그러한 견해를 대변하는 주장에는 답변할 가치가 있다. 주장은 다음과 같다.

- 발칸 분쟁은 내전이고 옛 유고 국경을 넘어 확산될 가능성은 없다. 틀리다. 베오그라드는 비엔나에서 훈련받은 미사일 부대를 보유하고 있다. 티토의 유고는 마세도니아를 경유하여 남쪽 테쌀로니키(Thessaloniki)까지 걸치는 북부그리스는 그의 주권에 속한다고 주장하였다. 그러한 주장은 다시 나올 수 있다. 세르비아인에 대항하는 비 슬라브 알바니아 사람의 내전은 알바니아, 터키, 불가리아, 그리스로 확대될 수 있다.
- 미국은 발칸에 대하여 전략적 이해관계가 없다. 틀리다. 평화없이 군사비 삭감도 없다. 인종적 순수성이 더 이상 국가주권의 기초가 될 수 없다는 견해를 서방세계가 강요할 수 없다면 끊임없는 국가간 전쟁이 냉전을 대치할 것이다. 이러한 위협이 보스니아에서 대량학살의 형태로 나타났다. 여기에서 봉쇄될 수 없다면 다른 곳에서 다시 터질 것이고 클린턴 행정부의 국내 의제는 초반에 뜻하지 않은 피해를 볼 것이다.
- 보스니아를 대신하여 서방세계가 개입한다면 러시아는 세르비아를 대신하여 개입할 것이고 냉전은 다시 탄생될 것이다. 틀리다. 러시아는 지구상 어떤 사람들보다 "인종청소"를 두려워하고 있다. 러시아인들은 모든 포스트-소비에트 공화국에 거주하는 러시아인 소수민족을 포함한 소수민족에 대한 박해에 대대적으로 조기 대응한다는 서방의 새로운 냉전 후 정책에 확실히 안심할 것이다. 러시아 우파는 세르비아를 좋아할지 모르나 러시아 자국의 이해관계는 다른 데에 있다.
- 세르비아인들 역시 불만이 있다. 틀리다. 그들은 불만이 있다. 그러나, 지난주 발행된 미 국무성 연차인권보고서에 의하면 이러한 불만에 대

59) *Los Angeles Times*, January 24, 1993, p. A7.

응하는 방법은 "나치 시절 이후 유럽에서 볼 수 있는 그 어떤 것보다 위축되었다." 대량학살 대책회의(Genocide Convention)를 통하여 무장 개입이 정당화될 뿐만 아니라 되고 정당화된다.

- UN 평화계획이 유일한 대안이다. 틀리다. 믿을 수 없을 정도로 그 계획은 휴전 이후 보스니아-헤르체고비나의 재편을 제안하고 있다. 보다 나은 첫번째 조치는 인종적 순수성 원리에 따르는 국가 또는 국가의 지위로 진행하는 어떤 인종집단도 불법국가이고 그렇게 취급될 것이라고 UN이 선언하는 것이다. 초안 상태의 UN 평화계획은, 분쟁의 어느 일방 당사자도 수용하지 않는 지역 지도와 함께, 실제로는 '인종청소'를 지속하게 하는 계획이다.

사례 8.2

이미지, 논증, 그리고 제2차 페르시아 만 위기, 1990~1991

정책논증의 분석이 정책결정자가 문제를 표현하거나 구조화하는 방법(제3장)을 조사하기 위하여 활용될 수 있다. 그리하여 의사를 결정하고 정당화하는 과정을 형상화하는 이미지 또는 문제표현을 식별할 수 있다. 예를 들면, 위기 시 미국이 다른 나라에 대해 가지고 있는 이미지가 평화유지와 협상, 경제제재 부과, 또는 치명적 무력의 사용을 심사숙고하는데 영향을 준다. 본 사례는 1990-91년 제2차 페르시아 만 위기 기간 동안 쿠웨이트로부터 이라크를 철수시키기 위하여 무력을 사용할 것인가 하는 미국의 의사결정을 둘러싼 심사숙고 과정을 살펴본다. 1980년 이후 세 번의 페르시아 만 위기가 있었다는 것을 인식하는 것이 중요하다. 8년 간 이라크와 이란이 전쟁을 하게 된 1차 페르시아 만 위기는 1980년 9월부터 1988년 8월까지 계속되었다. 20세기에서 가장 긴 전쟁에서 50만 명으로 추정된 민간인과 군 전투원이 이 분쟁에서 사망하였다.

3차 페르시아 만 위기는 2003년에 시작되었고 미국과 연합국 점령군이 이라크로부터 차츰 철수를 계속함에 따라 2011년에 결론에 도달한 것처럼 보였다. 2003년과 2010년 사이에 70만 명에서 150만 명의 민간인이 전쟁의 직·간접적 결과로 죽었고 11,800명의 이라크 안보군과 경찰이 사살되었다고 추정된다.[60] 4,500명의 미군과 거의 절반이 영국인인 연합군 220명이 사망하였다.

2차 페르시아 만 위기는 이라크가 쿠웨이트를 침공한 1990년 8월 2일로 편리하게 거슬러 올라간다. 7개월 후 1991년 3월 3일 휴전이 비준되었다.[61] 이라크가 1990년 8월에 쿠웨이트를 침공했을 때 미국은 사우디아라비아와 이스라엘을 방어하기 위하여 군대와 패트리엇 미사일을 보내기 시작하였다. 그 목적은 리야드, 텔아비브와 하이파에 대한 이라크의 스커드 미사일 공격을 방어하기 위한 것이었다. 미국과 유엔 안전보장이사회의 쿠웨이트로부터

60) Hannah Fischer, "Iraq Casualties: U.S. Military Forces and Iraqui Civilians, Police, and Security Forces." U.S. Cogressional Research Service Report (June 11, 2010).

61) 일찍이 시아파 성직자 Muqtada al-Sadr는 2월 2일 이라크 국민을 위하여 후세인 정부를 전복하라는 Gerge H. W. Bush 대통령의 전화를 부응하여, 2월 15일 사담 후세인 정체에 대항하는 반란을 이끌었다. 같은 달 북부 이라크 쿠르드 족 역시 사담 정체를 전복하기위하여 일어났다.

즉각적인 철수 요구에 따라 경제적 금수조치 또한 시행되었다. 그 시점에 이라크로 하여금 1991년 1월 15일까지 철수하라는 안전보장이사회 결의안이 통과되었다. 그 결의안은 그날 이후 미국이 주도한 연합군에게 개입권을 부여하였다.

쿠웨이트 철수 마감일 이전 미국 상원은 미국 개입의 장점에 관해 토론하였다. 두 개의 정책대안이 제시되었다. 이중 하나인 돌-워너(Dole-Warner) 결의안은 철수를 강제하기 위한 무력 사용권한을 부여함으로써 부시 행정부와 유엔을 지지하였다. 다른 결의안인 미첼-넌(Mitchell-Nunn) 결의안은 계속적인 제제의 사용을 요구하였다. 52 대 47표로 Dole-Warner 결의안이 가결되었다.

정치학자 카텀(Richard Cottam)과 인지정치심리학자 보스(James Voss)는 지각된 동기, 능력, 문화와 그 국가의 의사결정과정에 집중함으로써 어떻게 다른 국가에 대한 이미지가 조사될 수 있는지 보여준다.[62)]

- **동맹국 이미지**(*ally image*). 동맹국 이미지는 동맹국의 호혜적인 목표, 동맹국의 적정한, 그러나 가능한 것보다 낮은 군사 및 경제적 능력, 동맹국의 비교적 교화된 문화, 그리고 동맹국의 잘 관리되고 대중의 지지를 받는 정부의사결정과정 같은 것을 말하는 외교정책 담론지표들을 찾아봄으로써 알 수 있다.
- **적 이미지**(*enemy image*). 적 이미지는 적의 침략적이고, 악하고, 팽창주의적인 동기, 적의 비교적 침투 가능한 군사 및 경제적 능력, 적의 비교적 교화된 문화, 그리고 적의 단조롭고 비민주적인 정부의사결정과정 같은 것을 말하는 외교정책 담론지표들을 찾아봄으로써 알 수 있다.
- **급진 이미지**(*radical image*). 급진국가의 이미지는 광란적이고 극단주의적인 동기, 급진국가의 열등한 군사 및 경제적 능력을 보상하기 위한 테러 사용, 덜 교화된 문화, 잘 구조되고 영리한 의사결정과정 같은 것을 말하는 외교정책 담론지표들을 찾아봄으로써 알 수 있다.

---

62) 이미지는 Richard W. Cottam, *Foreign Policy Motivation: A General Theory and a Case Study* (Pittsburgh, PA: Pittsburgh University Press, 1977) 참조. 이미지에 대한 기술과 인용사용은 Voss et al., "Representations of the Gulf Crisis as Derived from the U.S. Senate Debate," pp. 279-302 in Donald A. Sylvan and James F. Voss, eds. *Problem Representation in Foreign Policy Decision Making* (Cambridge; Cambridge University Press, 1998).

- **퇴보 이미지**(*degenerate image*). 퇴보국가의 이미지는 개인적 권력의 축적과 보전에 의하여 동기부여된 지도자, 퇴보국가의 열등하고 쇠퇴하는 군사 및 경제적 능력, 퇴보국가의 덜 교화된 문화, 그리고 혼란스럽고 조직화되지 않은 의사결정과정 같은 것을 말하는 외교정책 담론지표들을 찾아봄으로써 알 수 있다.
- **제국 이미지**(*imperial image*). 제국국가의 이미지는 민족주의와 사람들의 이해관계의 현대화에 입각한 동기부여, 제국국가의 열등한 군사 및 경제적 능력 때문에 외부 도움의 필요성, 제국국가의 덜 교화된 문화, 군사 및 경제적 지원을 요구하는 형편없이 관리되는 의사결정과정 같은 것을 말하는 외교정책 담론지표들을 찾아봄으로써 알 수 있다.

2차 페르시아 만 위기 때 상원토론이 1991년 1월 10일, 11일, 12일에 개최되었다. 토론에서 제기된 논증은 방금 기술한 지표들을 포함한다.[63] 예를 들면, 백악관과 거의 같은 입장인 Dole-Warner 결의안의 지지자는 Bryan(민주-네브라스카주) 상원의원이었다. 그는 "후세인은 독일군이 라인지방으로 행진했을 때보다 더 많은 무장군인… 기갑사단이 프랑스를 궤멸시켰을 때 보다 더 많은 탱크… 가장 소름끼치는 것은 히틀러보다 더 핵무기 보유가 임박했다." 라고 이라크를 전통적인 적 이미지를 나타내는 용어를 사용하여 주장하였다.

이것은 급진 또는 테러리스트 국가의 이미지는 아니고, 미국에 비교할 만한 침략적이고 사악하고 팽창주의적인 국가의 이미지이다. Ruth (민주-델라웨어주) 상원의원은 "냉전이 사라져가는 즈음, 자유를 사랑하는 국가의 진정한 위협은 전제 독재자의 수중에 있는 무기의 확산이라는 것을 후세인이 보여주었다. 대륙간 탄도탄, 화학, 생물학, 그리고 핵무기가 불안정한 제3세계 국가를 일급 군사력으로 전환시킬 수 있다."라고 이러한 이미지를 강화하였다. 대조적으로 Dole-Warner의 또 다른 지지자인 Cohen (공화-메인주) 상원의원은 "우리들 중 누구도 …쿠웨이트에서 현재 가해진 폭력으로부터 안전하지 않다. 우리의 안전보장은 언제든지 단지 팬암 103 만큼 가깝다." 라고 급진 이미지 또는 테러 국가를 암시하는 논증을 사용하였다. Hatch (공화-유타주) 상원의원도 "우리는 후세인이 아랍세계를 급진화하지 못하게 막는 데

63) 모든 진술문은 The Congressional Record (January 9, 10, 11) by Voss et al., "Representations of the Gulf Crisis as Derived from the U.S. Senate Debate."에서 발췌되었음.

있어서 중요한 정치적 이해관계가 있다"라고 비슷한 언어를 사용하였다.

Mitchell-Nunn 결의안 지지자 중 한 사람인 Joseph Biden (민주-델라웨어주) 상원의원은 "그렇다. 우리는 중동에 이해관계가 있다. 우리는 석유의 자유로운 흐름을 지지하고 싶다. 우리는 이스라엘을 안전하게 하는 것을 포함하여 안정을 촉진하길 원한다. 그러나 우리를 전쟁으로 위태롭게 하는 방법에 있어서 어떤 미국의 극히 중요한 이해관계가 있는지 수긍이 가는 논증을 하나도 듣지 못했다."라고 주장하였다. 군사적 능력에 관하여 Patrick Moyihan 상원의원(민주-뉴욕주)은 "이라크는 자국 지폐를 인쇄할 기술조차 가지고 있지 않다."라고 주장하였다. Frank Lautenberg (민주-뉴저지주) 상원의원은 경제제재의 계속 사용을 지지하면서 "경제적 제재 사용의 역사적 분석에서 우리는 경제적 제재가 결국에는 쿠웨이트로부터 이라크 철수를 강요하는 데 효과적일 수 있는 것을 암시한다"고 주장하였다.

[그림 C8.1]은 Bob Dole(공화-캔자스주)과 John Warner(공화-버지니아주)가 발의한 결의안을 지지하는 논증을 지도화하고 있다. 이 그림은 또한 George Mitchell (민주-메인주)과 Sam Nunn(민주-조지아주)이 발의한 반대 결의안을 찬성하는 상원의원들의 이의를 표시하고 있다. 이의에 대한 반론 또한 표시되어 있다. 괄호 안의 숫자는 군사개입을 지지하는 논증의 다른 부분에 대한 투표수이다. 표결은 Dole-Warner 결의안에 찬성표를 던진 두 명의 민주당 의원을 제외하고 당론에 따라 이루어 졌다. 왜냐하면 두 상원의원은 표결에 불참하였고 총 투표수는 98표이다.

상원의 토론은 이라크에 대한 전통적 적대국가, 급진적 테러리스트 국가, 퇴보국가라는 적어도 세 가지 이미지의 결과로 보이는 논증을 포함한다. 군사공격을 허가하는 Dole-Warner 결의안을 지지하는 논증은 급진테러리스트 국가, 또는 퇴보국가로서의 이라크 이미지의 결과로 보인다. 이어서, 계속적인 경제제재를 지지하기 위한 논증은 2차 대전 독일 같은 전통적인 적국으로서의 이라크 이미지에 기원하는 것처럼 보인다. 중요한 것은 이미지는 문제 표현을 도출하고 그것은 또다시 외교나 국내 정책의 중요한 이슈를 둘러싼 논변과정을 도출한다는 것이다.

그림 C8.2-1 쿠웨이트로부터 이라크를 철수시키기 위하여 미국의 군사개입을 승인한 안전보장이사회 결의안 678호(1990년 11월 29일)에 대한 상원의 찬반논증

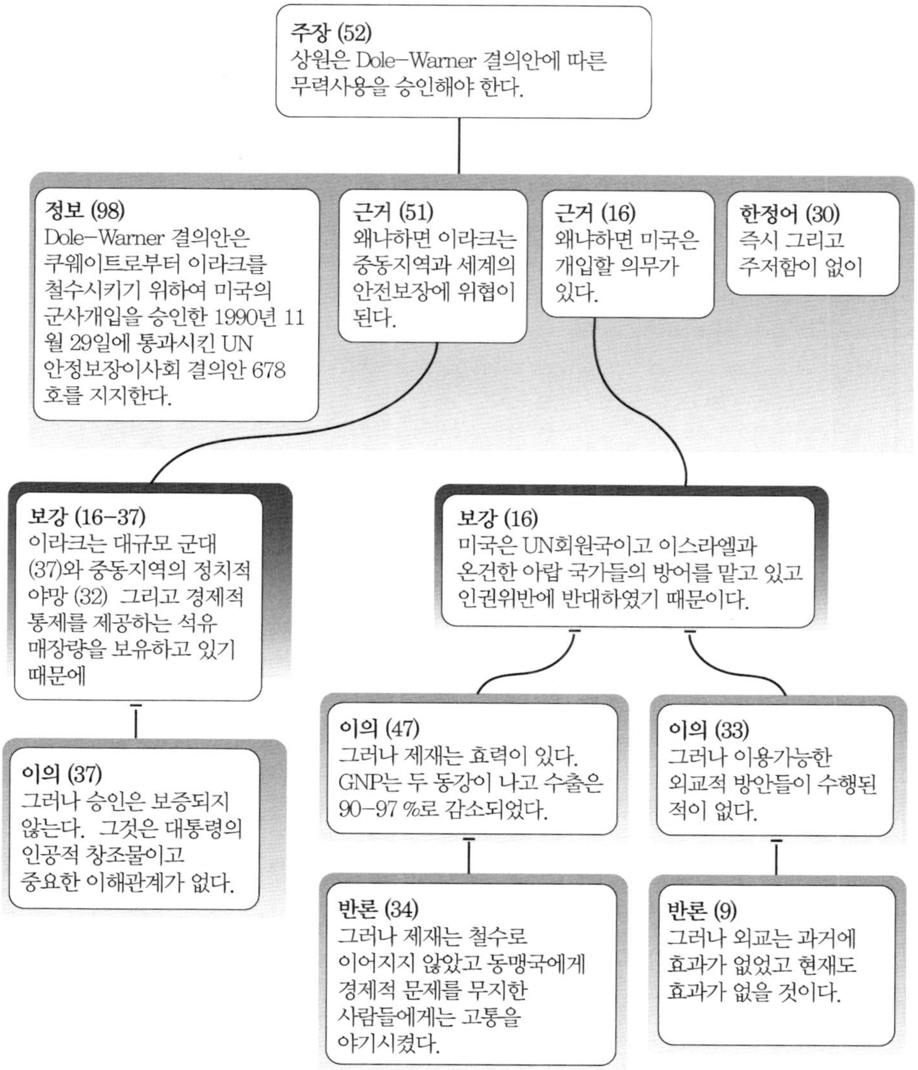

CHAPTER 09

정책분석의 의사소통

학습목표

- 정책의사소통과정의 단계를 기술할 수 있다.
- 정책분석, 문서작성, 의사소통, 상호작용적 발표, 지식의 활용을 대조할 수 있다.
- 어떻게 정책분석과정이 정책결정과정과 관련되는지 설명할 수 있다.
- 정책이슈페이퍼와 정책메모의 주요한 구성요소를 기술할 수 있다.
- 정책분석결과의 이용, 오용, 남용을 설명하는 요인들을 식별할 수 있다.
- 정책논증을 구성된 문서형태의 이야기체로 바꿀 수 있다.
- 구두 브리핑을 계획·발표·평가할 수 있다.
- 복잡한 분석결과를 다양한 청중에게 전달할 수 있다.

Ⅰ. 서 론

정책분석은 정책을 향상시키기 위한 노력의 끝이 아니라 시작이다. 이것이 이 책 서두에서 정책분석을 정책관련정보를 창출하고, 비판적으로 평가할 뿐 아니라, 최대한 이용될 가능성을 높이기 위해 그 정보를 의사소통하는 과정으로 정의한 이유이다. 확실히 정책분석의 질은 중요하지만, 우수한 정책분석의 결과라고 하여도 반드시 활용되지는 않는다. 분석결과의 산출과 정책결정자들에 의한 활용 사이에는 큰 격차가 있다(박스 9.1 참조).

Ⅱ. 정책의사소통과정

정책관련지식의 의사소통은 정책분석, 문서작성, 의사소통, 활용을 포함한 네 단계 과정으로 나타낼 수 있다. [그림 9-1]에서 보듯이 정책분석은 정책결정과정의 단계, 즉 의제설정, 정책형성, 정책채택, 정책집행, 정책평가, 그리고 정책적응 단계에서 다양한 기능을 수행하는 정책결정자와 기타 이해관계자

박스 9.1 정책분석의 산출: 잘못 관리된 제재소

사회과학연구자들이 지식의 숲으로 들어가, 양질의 튼튼한 나무를 넘어뜨린 다음, 서로에게 그들이 한 일의 결과를 보여주었다. 매우 모험적이면서 열심히 하려는 벌목 노동자들이 강으로 통나무 몇 개를 끌고 가서 하류로 떠내려 보냈다(그들은 이를 '전파'라고 불렀다). 강 하류의 한 지점에서 실무자들은 건축회사의 인력을 배치하고 있었다. 그들은 물결을 따라 떠내려 오는 통나무를 찾아 몇 개의 임시건물을 간신히 지었다. 하지만 그들의 일에 적절히 사용될 다양한 크기와 형태의 재목이 크게 모자랐다. 문제는 누군가가 그 통나무들을 쓸모 있는 형태의 재목으로 만들 제재소를 짓는 것을 잊었던 것이다. 건축회사가 계속 한쪽에서 일을 하고 있는 동안 다른 쪽 끝에서는 계속 통나무가 쌓였다. ... 벌목활동에 대하여 정부와 연구재단의 지원이 있었다. 또한 건축회사에 대한 지원도 있었다. 그러나 제재소를 계획하고 운영하기 위한 지원은 거의 없었다.

* 출처: Rothman(1980): 16.

로부터 정보 요청이 있을 경우 시작된다. 제2장에서 이러한 기능을 살펴보았다.

정책결정자와 다른 이해관계자, 예를 들면, 시민집단, 비정부기구, 뉴스 미디어, 전문결사체와 이익집단의 요청에 대응하여 분석가는 정책문제, 기대되는 정책결과, 선호되는 정책, 관찰된 정책결과, 정책성과 등에 관한 정보를 창출하고 비판적으로 평가한다. 이를 위하여 분석가는 문제구조화, 예측, 처방, 점검, 그리고 평가 접근방법의 범주로 나누어 지금까지 논의된 다양한 방법을 사용한다(제3장~7장).

그러한 정보를 정책관련정보의 핵심적인 매개수단 또는 통신수단인 정책논증으로 전환하는 것(제8장)에 추가하여, 분석가들은 이슈페이퍼, 보고서 요약문, 정책메모, 뉴스 보도자료, 부록과 같은 다양한 유형의 정책관련문서를 개발하여야 한다. 그 다음에, 이들 문서의 내용은 컨퍼런스, 회의, 브리핑, 청문회, 그리고 전자 및 사회적 미디어 등 다양한 유형의 상호작용을 통하여 의사소통된다. 정책관련문서를 개발하고 발표하는 목적은 지식활용의 가능성을 향상시키는 데 있다.

[그림 9-1]에서 네 개의 화살표는 분석가들이 단지 분석을 수행할 뿐 아니라 정보 생산 및 사용의 여러 지점에서 영향을 미치는 것을 나타낸다. 분석가들은 정책분석절차를 적용함으로써 도달한 결론과 제안의 신뢰성, 타당성 및 전반적 질에 영향을 미칠 뿐 아니라 정책관련문서의 형태, 내용, 적합성과 정책결정 과정에서 분석의 활용을 주도하는 후속 상호작용적 토론에도 영향을 미친다.[1] 사례 2.2 (정책분석의 활용에 대한 점검)에서 보았듯이, 분석의 활용에 영향을 미치는 최소한 다섯 가지 주요 요인이 있다.[2]

1) 최근 National Academy of Sciences 보고서, *Using Science as Evidence in Public Policy* (Washington, DC: National Academies Press, 2012)가 이러한 토론에서 좋은 정보원의 사례이다. 이 보고서는 Kenneth Prewitt, Thomas A. Schwandt, and Miron L. Straf가 the Committee on the Use of Social Science Knowledge in Public Policy, Center for Education, Division of Behavioral and Social Sciences and Education, National Research Council.을 대신하여 편집하였다.

2) Weiss, Carol H., and Michael J. Bucuvalas. "Truth tests and utility tests: Decision-makers' frames of reference for social science research." *American sociological review* (1980): 302-313. For a review and critical assessment of literature on this issue, see Dunn, William N., and Burkart Holzner. "Knowledge in society: Anatomy of an emergent field." *Knowledge in Society* 1.1 (1988): 3-26. See also Dunn, William N. "The Two-Communities Metaphor and Models of Knowledge Use: An Exploratory Case Survey." *Science Communication* 1.4 (1980): 515-536.Webber, David J. "The distribution and use of policy knowledge in the policy process." *Knowledge, Technology & Policy* 4.4 (1991): 6-35. Bradbury, Judith A. "The policy implications of differing concepts of risk." *Science, technology & human values* 14.4 (1989): 380-399.

- **기술적 품질.** 여러 가지 요인들 가운데 방법의 신뢰성, 타당성, 적합성이 분석의 활용에 영향을 미친다. 증거에 기반한 정책 운동은 증거와 과학 그 자체의 정의에 관한 논쟁과는 무관하게 기술적 품질의 중요성을 뒷받침한다.
- **사용자 기대의 부응.** 분석 사용자는 분석의 유용성에 관하여 일률적으로 기대하지는 않으며, 정보의 진실성과 유용성 평가에 동일한 기준을 적용하지도 않는다.
- **현상유지 도전.** 일률적 기대가 없는 상황에서 사용자는 기존정책에 도전하는 연구기반 정보에 영향을 받는 경향이 있다. 기존정책에 대한 도전은 정보의 진실성과 유용성에 대한 다양한 기대와 일맥상통할 수 있다.
- **조직상 제약.** 제2장에서 논의된 제한된 합리성과 당파적 상호조정을 포함한 정책변화와 안정성의 몇 가지 모형은 정보의 품질, 진실성, 또는 효용성 평가 과정 외부의 사회적, 정치적 및 경제적 요인이 구체적인 정보활용에 중요한 역할을 수행한다는 것을 확인한다.

그림 9-1 정책의사소통의 과정

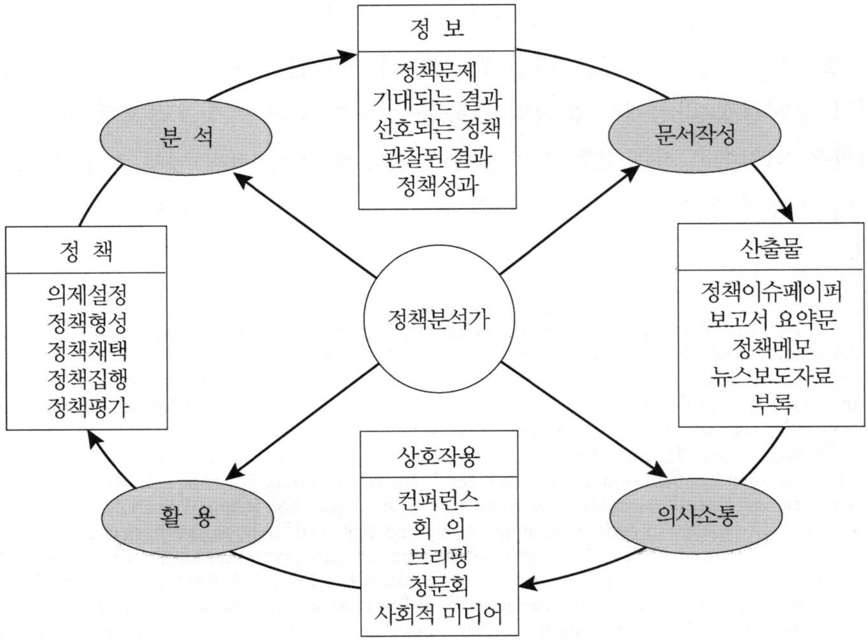

- **행위가능성.** 정책분석과 다른 응용사회과학 분야의 주요 특성은 이들이 정책결정의 특정 국면에 유용하지 않을 경우, 행위가 이루어질 가능성이 없다는 점이다. 정책학으로 대변되는 정책분석의 기초는 듀이와 다른 실용주의자들의 이론에서 유래된 지식에 관한 관점에 의존한다.

1. 정책문서작성의 과제

정책분석을 수행하는 데 적합한 지식과 기술은 정책관련문서를 개발하는 데 필요한 지식과 기술과는 차이가 있다. 정책관련문서, 즉 유용한 지식을 전달하는 문서를 개발하기 위해서는 정보를 종합, 조직화, 해석, 단순화, 표시, 요약할 수 있는 지식과 기술을 필요로 한다.

종합(*synthesis*). 분석가들은 대체로 수백 쪽의 이미 출간된 보고서, 신문기사, 학술지의 논문, 주요한 정보제공자와 이해관계자와의 인터뷰를 요약한 노트, 현존하는 '모델' 법률들의 복사본, 일련의 통계표 등을 가지고 작업한다. 이와 같은 정보는 한두 쪽 분량(정책메모)에서부터 25쪽 이상(정책이슈페이퍼와 보고서)의 문서로 종합하여야 한다. 또한 정책이슈페이퍼를 요약할 때 정보는 보고서 요약문이나 뉴스보도자료의 형태로 종합하여야 한다.

조직화(*organization*). 분석가들은 정보를 결집력이 있고, 논리적 일관성이 있으며, 경제적인 방법으로 조직화할 수 있어야 한다. 정책문서는 스타일과 내용, 길이가 다양하지만, 일반적으로 특정 공통요소를 가진다.

- 개요 또는 내용의 요약
- 문제를 해결하기 위한 기존 노력의 배경
- 문제의 범위, 심각성, 원인에 대한 진단
- 대안적 해결방안의 식별 및 평가
- 문제해결에 기여할 행동의 제안
- 정책메모와는 대조적으로, 정책이슈페이퍼는 보통 표와 그래프를 삽입하고, 필요한 경우 자료분석 결과, 기존의 법률이나 제안된 법률, 공식

이나 방정식에 대한 설명, 기타 참고 자료 등 기술적 사항에 관한 부록 (technical appendices)을 첨부한다.

해석(*translation*). 정책분석에 사용된 전문용어와 기법은 정책이해관계자의 언어로 해석되어야 한다. 대부분의 경우 추상적인 이론적 개념과 복잡한 분석적·통계적 과정을 비전문가들이 사용하는 일상적인 언어와 주장으로 전환시키는 작업이 필요하다. 독자에 그 문제에 관한 전문가(예: 다른 분석가와 참모전문가)가 포함된 경우에는 이론적 개념과 분석적·통계적 과정에 관한 상세한 설명을 부록에 포함시킬 수 있다.

단순화(*simplification*). 때때로 문제에 대한 잠재적 해결방안은 복잡하다. 정책대안들과 결과들의 조합이나 순열이 수백 개가 넘는 경우가 있다. 이러한 경우, 적은 수의 중요한 대안과 결과를 행렬 또는 '스코어카드' 형태로 나타낼 수 있다.[3] 복잡한 것을 단순화시키는 또 하나의 방법은 의사결정나무(decision tree)를 이용하거나 의사결정나무의 부분으로서 전략표를 이용하는 것이다. 스코어카드와 의사결정나무는 모두 제1장에 제시되었다. 복잡한 계량적 관계도 양적 측면을 전형적으로 대표하는 사례들을 선정하여 일상적인 용어로 나타냄으로써 단순화시킬 수 있다.[4]

시각적 표시(*visual displays*). 사용자에게 편리한 고급 컴퓨터 그래픽을 이용하여 효과적인 시각적 의사소통 능력이 크게 향상되었다. 계량적 정보의 시각적 표시, 예를 들어 막대차트, 히스토그램, 파이차트, 선 그래프, 지리정보시스템(GIS)으로 제작된 지도 등이 효과적인 정책의사소통을 위해서 필수적이다.[5]

---

3) Rand 연구소의 Bruce F. Goeller가 개발한 스코어카드 또는 행렬표현방법은 많은 수의 상호의존적 대안들을 단순화시키는 데 유용하다. Goeller가 개발한 스코어카드 또는 행렬에 관한 것은 Bruce F. Goeller, "A Framework for Evaluation Success in Systems Analysis" (Santa Monica, CA: Rand Corporation, 1988) 참조.

4) 좋은 예는 Ronald D. Brunner, "Case-Wise Policy Information Systems: Redefining Poverty," *Policy Sciences*, 19(1986), pp. 201-23.

5) 그래프 표시 방법론에 관한 우수한 문헌으로는 Edward R. Tufte, *The Visual Display of Quantitative Information* (Cheshire, CT: Graphics Press, 1983); *Envisioning Information* (Cheshire, CT: Graphic Press, 1990); *Visual Explanations* (Cheshire, CT: Graphic Press, 1997) 등이 있음.

요약(*summaries*). 많은 의제를 다루어야 하는 정책결정자들은 극심한 시간적 제약 하에 활동하기 때문에 하루 몇 분 정도밖에는 문서를 읽을 시간이 없다. 미국 하원의원들은 독서에 하루 대략 15분 정도를 쓰는데, 그것도 주로 지역 또는 전국 신문을 읽는 데 보낸다고 한다.[6] 국무부와 같은 부서의 상위 정책결정자들도 역시 마찬가지이다. 이러한 조건하에서 참모 분석가들은 정책결정자에게 브리핑하는 중요한 역할을 하는데, 정책결정자들이 정책이슈페이퍼의 본문보다는 보고서 요약문(executive summary)이나 압축한 메모를 읽을 가능성이 더 크기 때문이다. 요약문을 준비하는 기술이 효과적 정책의사소통을 위하여 필수적이다. 정책이슈페이퍼가 가장 종합적이고 상세한 문서이다. 정책이슈페이퍼는 다음과 같은 문제를 다룬다.

- 문제가 어떤 다른 방식으로 형성될 수 있는가?
- 문제의 범위와 심각성은 어느 정도인가?
- 어느 정도까지 공공행위가 필요한가?
- 만약 행위를 취하지 않는다면, 문제가 수개월 또는 수년 동안 어떻게 변화할 것인가?
- 다른 정부기관에서 그 문제를 다루었는가? 만약 그러할 경우, 그 결과는 무엇이었나?
- 문제를 해결하기 위하여 어떠한 목표와 세부목표가 추구되어야 할 것인가?
- 이러한 목표와 세부목표를 달성하기 위하여 어떠한 주요 정책대안이 이용가능한가?
- 이러한 대안의 성과를 측정하기 위하여 어떠한 기준이 채택되어야 하는가?
- 어떠한 대안이 채택되고 집행되어야 하는가?
- 정책집행의 책임을 어느 기관에 맡겨야 할 것인가?
- 정책이 어떻게 모니터되고 평가될 것인가?

정책분석가들에게 이러한 모든 질문에 대한 답변이 요청되는 경우는 거

6) 미국 회계검사원(General Accounting Office) 직원과 저자의 개인적 대화에 기초한 것임.

의 없다. 그 대신 그들에게는 이러한 질문들 가운데 정책결정과정의 하나 또는 몇 단계에 관한 적은 범위의 질문들에 대한 답변이 요구될 수 있다. 예를 들면, 의제설정 단계에 관하여 보건의료의 미래 비용, 편익, 그리고 이용가능성에 관한 질문에 제기될 수 있다. 정책이슈페이퍼는 분량이 한 페이지에서 몇 페이지 정도의 정책메모와 정책 브리프보다도 요청되는 경우가 적다. 정책 메모와 브리프는 정책이슈페이퍼, 연구보고서, 그리고 다른 형태의 원자료의 내용, 결론, 그리고 제안에 기초하여 종합한다. 한편 뉴스 보도자료는 통상적으로 주요 정책보고서와 보고서의 결론과 제안을 요약한다.

정책문서가 다양한 것은 동일한 정책분석에 기초하여 적절한 문서를 작성하는 여러 가지 방법이 있다는 사실을 알려준다. 또한 정책관련정보에 대한 다양한 유형의 독자가 있다. 때로는 직접적인 '고객'이 단 한 사람의 독자인 경우가 있으며, 분석가는 효과적인 의사소통을 위해서 다양한 독자들을 위한 각기 다른 형태의 문서를 작성할 필요가 있는 경우도 있다. 따라서 분석가는 정책개선의 기회에 관하여 전략적으로 사고할 필요가 있다.

"독자의 구성에 관해 전략적으로 생각하는 것이 효과적인 의사소통을 위해서 필수적이다. 독자 선정을 전적으로 해당 고객에 위임할 사항은 아니다. ... 전달되어야 할 고객은 매우 많다. 일부 고객은 중요성이 적고, 일부는 관계가 적으며, 일부는 장래에나 관련성이 있다. 그러나 이들 모두가 잠재적 독자의 일부가 된다."[7] 예를 들어, 표준운영절차(SOP)에서 뉴스보도자료의 작성이 허용될 경우, 뉴스보도자료는 대중매체를 통하여 일반대중에 접근할 수 있는 가장 적합한 수단이다.[8] 정책이슈페이퍼는 적합한 수단이 아니다. 그러나 만약 직접적인 고객과의 의사소통이 목적이라면, 보고서요약문이나 정책메모가 가장 효과적일 것이다.

---

7) Arnold Meltsner, "Don't Slight Communication," *Policy Analysis* 2, 2(1978): 221-231.

8) 사회과학지식의 의사소통에서 매스 미디어의 역할에 관한 것은 Carol H. Weiss and Eleanor Singer, with the assistance of Phyllis Endreny, *Reporting of Social Science in the National Media* (New York: Russell Sage Foundation, 1987) 참조. 매우 소홀히 취급된 분야인 과학과 인문학에서 출발한 아이디어의 소통에서 학문적·상업적 출판사의 역할에 관한 문헌으로는 Irving Louis Horowitz, *Communicating Ideas: The Crisis of Publishing in a Post-Industrial Society* (New York: Oxford University Press, 1986) 참조.

2. 구두발표와 브리핑의 과제

정책분석을 수행하는 절차가 정책관련문서를 작성하는 절차와 상이한 것처럼, 이러한 문서를 개발하는 절차도 이를 구두발표나 브리핑하는 절차와는 상이하다. 일상적 전달매체는 우편문서인데, 이것은 정책관련문서를 고객과 기타 정책이해관계자들에게 도달하게 하는 비인격적 수단이다. 이 매체의 주요 한계는 문서가 의도된 수혜자에게 도달되지만 그대로 책꽂이에 처박힐지도 모른다는 가능성에 있다. 그 활용 가능성은 정책문서의 내용이 정책발표를 통해 소통될 때 보강된다. 대화, 회의, 브리핑, 모임, 공청회 같은 정책발표는 정책관련지식의 활용과 긍정적으로 연관된 상호작용적 양식의 의사소통을 구성하는 요소이다.9)

구두발표를 위한 성문화된 규칙은 없다. 그럼에도 불구하고 과거의 경험에 의하면 효과적인 정책의사소통을 위해서는 여러 가지 일반 지침들이 중요하다. 이러한 지침들은 실제의 복잡한 환경에서 직면하는 다양한 상황별로 적합한 복수의 의사소통전략을 제공한다. 이러한 상황요인은 다음과 같다.

· 청중을 구성하는 집단의 크기
· 다루고 있는 문제영역에서 전문가의 수
· 분석방법에 대하여 집단 구성원이 친숙한 정도
· 집단이 가지는 분석가에 대한 신뢰성의 정도
· 적극적으로 고려중인 정책에서 발표가 가지는 중요성의 정도

이러한 맥락에서 복수의 의사소통전략이 필수적이다. 왜냐하면 정책분석의 개연성, 현실성, 유용성을 평가하는 데 동일한 기준을 적용하는 '보편적 고객'은 없기 때문이다. 효과적인 정책발표는 의사소통전략을 정책분석의 청중

9) 정보의 소통과 활용에 대한 '상호작용적' 모형이 갖는 효능에 관한 문헌들이 최소한 지난 30여년간 보고되었다. Ronald G. Havelock, *Planning for Innovation: Through Dissemination and Utilization of Knowledge* (Ann Arbor, MI: Institute for Social Research, Center for the Utilization of Scientific Knowledge, 1969); Carol H. Weiss, "Introduction," in *Using Social Research in Public Policy Making* (Lexington, MA: D. C. Heath, 1977), pp. 1-22; Charles E. Lindblom and David Cohen, *Usable Knowledge: Social Science and Social Problem Solving* (New Haven, CT: Yale University Press, 1979); Michael Huberman, "Steps toward and Integrated Model of Research Utilization," *Knowledge: Creation, Diffusion, Utilization,* 8, No. 4(June 1987), pp. 586-611 참조.

이 갖고 있는 특성에 부합하도록 매칭하느냐에 달려있다(박스 9.2).

박스 9.2 상황적응적 의사소통

때때로 정책분석결과는 문제영역에 관한 전문가가 극소수이고, 분석적 방법에 친숙도가 매우 낮으며, 분석가에 대한 신뢰가 적고, 귀중한 시간을 할애하여 모임에 참여할 여유가 거의 없는 집단을 대상으로 발표된다. 이러한 조건하에서 어떠한 의사소통전략이 효과적일 것인가?*

- 발표에서 주요 정책결정자의 필요사항을 다루고, 독자의 다양성을 인식한다.
- 너무 많은 배경정보를 제공하지 않는다.
- 결론에 초점을 맞춘다.
- 자료 제시에 간단한 그래프를 사용한다.
- 결론 지지에 꼭 필요한 경우에만 방법을 논한다.
- 자신에 대한 신뢰부족 이유를 정확하게 찾아내고, 그 문제의 극복전략을 선택한다. 예를 들면, 신뢰받는 동료가 소개하도록 편성하거나, 팀원으로 발표하도록 조정한다.
- 시간제약과 그 집단이 행동노선에 헌신할 가능성의 정도에 민감하게 대응한다.
- 자신의 지지자를 부정적 반응이 예상되는 사람들 옆에 배치한다.
- 그 집단의 선호결정에 가장 중대한 것부터 발표하도록 요점의 우선순위를 정한다.

* Eastman Technology, Inc.이 개발한 소프트웨어 패키지 *Presentation Planner* 2.0판에서 발췌함.

Ⅲ. 정책이슈페이퍼

정책이슈페이퍼(policy issue paper)는 다음과 같은 의문사항에 대한 해답을 제공하여야 한다.

· 어떤 실제적 또는 잠재적 행동노선이 이해관계자들 사이에서 갈등 또는 의견불일치의 대상이 되고 있는가?
· 문제가 어떤 다른 방식으로 정의될 수 있는가?
· 문제의 범위와 심각성은 어느 정도인가?
· 문제는 앞으로 어떻게 변할 것인가?
· 문제를 해결하기 위하여 어떠한 목표가 추구되어야 할 것인가?

· 목표를 달성하는 데 성공한 정도를 어떻게 측정할 수 있는가?
· 문제를 해결하기 위하여 현재 어떠한 활동들이 진행되고 있는가?
· 문제를 해결하기 위하여 어떠한 정책대안들이 고려되어야 하는가?
· 주어진 목표 또는 세부목표 하에서 어떤 정책대안이 선호되는가?

이러한 의문사항들에 대한 해답을 제시하고자 할 때, 분석가는 정책이슈페이퍼를 작성하는 데 필요한 지식과 기술을 획득할 필요가 있다. 최근에 이르러 그러한 지식과 기술이 공공정책, 공공관리, 행정을 다루는 대학과 직업교육기관에서 교육 프로그램의 핵심부분이 되었다. 정책분석은 사실상 모든 사회과학 학문을 바탕으로 하며 이로부터 많은 도움을 받고 있지만, 이러한 학문과는 차이점을 가지고 있는데 이는 정책분석이 정책결정과정을 이해하고자 함은 물론 이를 개선시키고자 한다는 점에서 그러하다. 이러한 점에서, 정책분석은 '기초' 정책학분야라기보다는 오히려 '응용' 정책학분야라는 학문적 특성을 보유하고 있다.[10] 분석가들은 기초 정책학분야에서 제공되는 지식과 기법들을 반드시 획득하여야 한다. 그러나 정책분석가의 목적은 '기초적' 성격보다는 '응용적' 성격을 더욱 많이 지니고 있다. 두 종류의 정책학분야가 지니고 있는 특성을 <표 9-1>에 나타내었다.

표 9-1 두 종류의 정책학분야

특 성	기 초	응 용
문제의 원천	동료 대학교수들	고객 및 시민
전형적 방법	계량적 모형화	건전한 논증의 개발
연구의 형태	새로운 자료의 수집	기존 자료의 종합 및 평가
일차적 목표	이론의 개선	실제 현실의 개선
의사소통 수단	논문 또는 저서	정책메모 또는 정책이슈페이퍼
유인의 원천	대학의 학과	정부부처 및 비정부기구(NGO)

10) 여기에서 '기초' 또는 '응용'이라는 용어는 오로지 편의상 사용된 것이다. 이러한 과학에 대한 두 가지 정향이 실제에 있어서는 중복되고 있다는 사실이 널리 공인되고 있다. '기초' 사회과학에서의 매우 중요한 발전이 실제 문제와 갈등에 대한 '응용' 연구에 그 기원을 두고 이루어졌다. 특히, Karl W. Deutsch, Andrei S. Markovits, and John Platt, *Advances in the Social Sciences, 1900-1980: What, Who, Where, How?* (Lanham, MD: University Press of America and Abt Books, 1986) 참조.

1. 정책이슈페이퍼의 초점

정책이슈페이퍼는 보건, 교육, 복지, 범죄, 노동, 에너지, 해외원조, 국가안보, 인권 등 거의 모든 영역에 존재하는 이슈를 다룬다. 이러한 이슈 영역 중 어느 한 영역에서의 정책이슈페이퍼는 어떤 정부수준과 관련된 문제들에 그 초점을 맞출 수 있다. 예를 들어, 대기오염, 지구온난화, 테러 등은 그 문제의 범위가 국제적, 국가적 또는 지역적이다. 정책이슈페이퍼는 '참모보고서', '브리핑 보고서', '정책대안보고서', 또는 '정부백서'의 형태로 제시될 수 있다. 정책이슈페이퍼에서 초점이 될 수 있는 이슈들을 예시적으로 나열하면 다음과 같다.

- 노동조합의 협상팀은 여러 계약안 중 어떤 것을 수용해야 하는가?
- 시장은 도로유지에 소요되는 지출을 증가시켜야 하는가?
- 시의 관리인은 전산화된 정보관리체계(MIS)를 도입하여야 하는가?
- 시장은 연방정부의 기금지원을 받기 위하여 어떤 공공수송계획을 제출해야 하는가?
- 주정부 기관은 소수민족들과 여성들을 공무원으로 충원하기 위하여 특별기구를 설치하여야 하는가?
- 시민단체는 현재 의회에 계류 중인 환경보호법을 지지하여야 할 것인가?
- 주지사는 주의회에서 통과시킨 세법안에 대하여 거부권을 행사해야 하는가?
- 기관장은 '자유노동시간제'(flextime)라는 제안을 지지하여야 할 것인가?
- 국회의원은 소형 개인화기의 판매를 제한하는 법안을 지지하여야 하는가?
- 대통령은 인권을 침해하고 있는 국가들에 대한 해외원조를 보류해야 하는가?
- 유엔 총회는 특정 국가에서의 인권탄압을 비난하여야 할 것인가?
- 미국은 국제노동기구(ILO)에서 탈퇴하여야 할 것인가?
- 미국에 등록된 다국적기업의 해외투자에 대한 세금을 증가시켜야 하는가?

2. 정책이슈페이퍼의 구성요소

정책이슈페이퍼는 "독자가 문제의 차원과 해결방안의 가능한 범위에 대하여 충분히 알 수 있도록 문제를 심층적으로 조사하여야 하고, 그리하여 의사결정자가 아무 조치도 취하지 않을 것인지 또는 계속하여 심층적으로 정책대안을 개발하여 제안할 연구를 지시할 것인지 결정할 수 있도록 하여야 한다."[11] 저자의 경험에 의하면, 대부분의 정책이슈페이퍼는 주로 문제의 형성과 가능한 해결방안들을 다루고 있으며, 극히 소수의 정책이슈페이퍼들만이 결정적인 결론이나 제안을 내리는 데까지 이르고 있다. 정책이슈페이퍼는 그 보고서에서 정책제안과 정책결과를 점검하고 평가하기 위한 개괄적인 계획안을 포함할 수는 있지만, 이는 본질적으로 정책이슈페이퍼가 작성된 이후에 행하여질 심층적인 정책분석의 첫 단계에 해당한다.

정책이슈페이퍼를 준비함에 있어 분석가는 모든 주요한 문제들이 다루어지고 있는지를 상당히 확신하고 있어야 한다. 연구되는 문제의 속성에 따라 달라지지만, 대부분의 정책이슈페이퍼는 몇 개의 표준적인 요소들을 가지고 있다.[12] 이런 표준적 요소들은 이 책에서 제시되고 있는 정책분석을 위한 준거틀을 중심으로 구성되고 있다.

정책이슈페이퍼의 각 요소가 정보를 산출하고 변환시키는 다양한 정책분석방법을 요구하고 있음에 유의하여야 한다. 그러나 정책이슈페이퍼는 본질적으로 미래지향적(사전적: *ex ante*) 연구로서, 과거의 정책행위, 정책결과, 정책성과에 대한 제한된 정보에 기초하고, 이런 의미에서 프로그램평가나 기타 과거지향적(사후적: *ex post*) 연구와는 다르다. [부록 1]에 정책이슈페이퍼를 작성할 때 필요한 점검표를 수록하였다.

---

11) E. S. Quade, *Analysis for Public Decisions* (New York: American Elsevier Publishing, 1975), p. 69.

12) Eugene Bardach, *The Eight-Step Path to Public Analysis: A Handbook for Practice* (Berkeley: University of California Press, 1996); Quade, *Analysis for Public Decisions*, pp. 68-82; Harry Harty and others, *Program Analysis for State and Local Governments* (Washington, DC: Urban Institute, 1976), appendix B. pp. 139-43.

3. 정책메모

정책분석가는 대부분의 시간을 정책이슈페이퍼나 연구보고서를 작성하는 데 보낸다고 널리 알려져 있지만 그것은 사실과 다르다. 사실, 대부분의 정책분석가들이 하는 주요 활동은 정책메모를 준비하는 것이다. 정책이슈페이퍼는 수개월에 걸쳐 이루어지는 정책연구나 정책분석의 수행을 포함하는 장기적인 활동인데, 정책메모는 단기간, 보통 1개월 이내이며 때로는 수일 이내에 작성된다. 정책이슈페이퍼나 연구보고서와 정책메모의 차이는 <표 9-1>에 요약된 기초적 정책분석과 응용적 정책분석의 차이를 반영한다.

정책메모는 간결하고, 초점이 있으며, 잘 조직화되어야 한다. 정책메모는 보통 고객의 요청에 따라 배경정보를 알려주고 결론이나 제안을 제시한다. 정책메모는 종종 몇 개의 정책이슈페이퍼나 연구보고서를 요약하고 평가하여, 그것을 뒷받침하는 문서 및 통계자료와 함께 제출한다.

정책메모의 형식은 기관마다 다르지만, 능률적으로 빨리 읽을 수 있도록 설계된다. 대부분의 정책메모는 보고받는 사람의 이름, 메모를 제출하는 분석가의 이름, 날짜 등을 표시하고 상단에 행을 달리하여 제목을 기입한다. 대부분의 기관에서 미리 인쇄해 놓은 메모 양식이 있다. 워드프로세스 프로그램에 메모와 표준 문서를 위한 기본양식(template)이 있다. 정책메모를 작성하는 사람은 분석의 주안점을 명료하고 효과적으로 전달할 모든 기회를 활용하여야 한다.

- 제목에 주요 결론이나 제안, 또는 메모의 목적을 간명하게 밝혀야 한다.
- 본문(보통 2쪽 이내 분량)에는 단락별로 해당하는 소제목이 있어야 한다.
- 그래픽 문자(네모나 별표 등)로 표시한 항목은 목표, 세부목표, 대안 등 중요한 항목(다섯 개 이내)을 강조하기 위하여 사용된다.
- 서론 부분에서는 정보나 분석에 대한 요청을 확인하고, 고객의 주요 질문을 반복한 다음, 메모의 목적을 기술한다.

[부록 3]에 정책메모의 예를 수록하였다.

4. 보고서 요약문

보고서 요약문은 정책이슈페이퍼나 연구보고서의 주요 요소들을 요약하여 그 개요를 밝힌 것이다. 이는 전형적으로 다음과 같은 요소들을 가지고 있다.

· 요약된 정책이슈페이퍼나 연구보고서의 목적
· 다루어지는 문제나 질문의 배경
· 주요 발견사항 또는 결론
· 가능하면, 분석의 접근방법과 방법론
· 결론 및 제안(요청된 경우)

[부록 2]에 보고서 요약문의 예를 수록하였다.

5. 발송서한

발송서한은 정책이슈페이퍼 또는 연구보고서와 동봉하여 전달된다. 발송서한은 정책메모의 요소 대부분을 포함하는데, 이 서한의 목적은 수령인에게 많은 분량의 보고서를 소개하고자 하는 데 있다. 발송서한에는 일반적으로 다음과 같은 요소들이 포함된다.

· 편지지 윗부분에 위치한 인쇄문구 또는 정책이슈페이퍼나 연구보고서가 전달될 사람의 주소
· 정책이슈페이퍼나 연구보고서를 요청한 사람 또는 고객의 이름, 공식직함 및 주소
· 위의 사람들이 분석가가 다룰 것으로 기대하는 질문이나 문제를 언급하는 짧은 문장
· 정책이슈페이퍼나 연구보고서의 가장 중요한 결론이나 제안의 개요
· 고객과 추후 토론할 일정(예: 브리핑 스케줄)에 대한 언급
· 질문사항이 있을 때 접촉할 수 있는 장소와 방법을 알려주면서 맺는 말
· 분석가 또는 분석가를 감독하는 사람의 이름과 직함, 그리고 서명

그림 9-2 정책메모 또는 이슈페이퍼 작성 방법

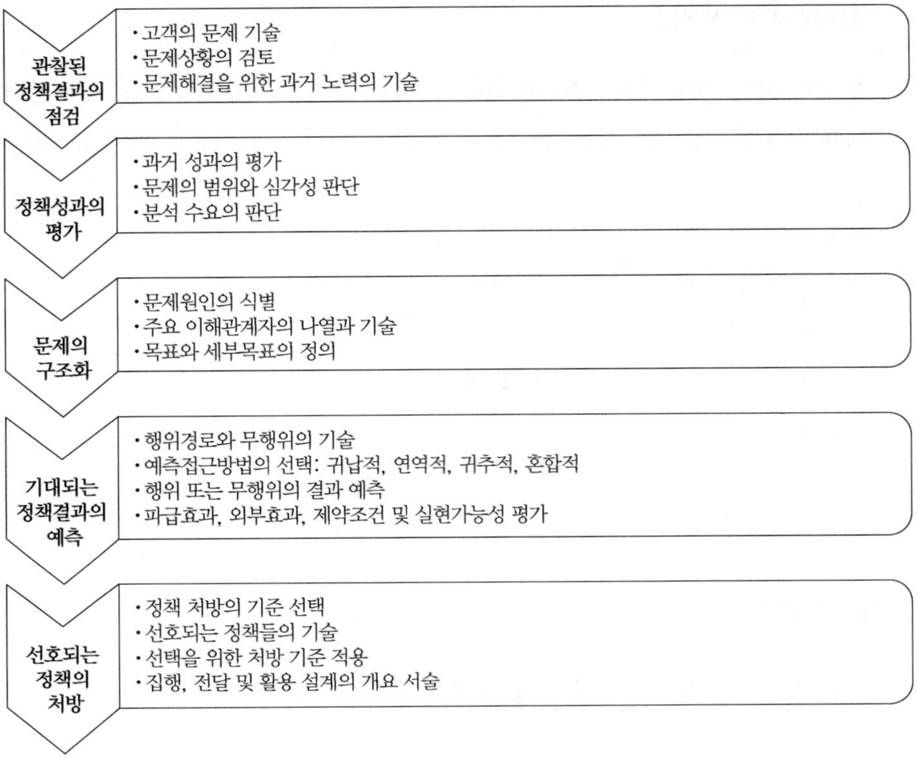

Ⅳ. 구두 브리핑과 시각적 표현의 계획

문서화된 보고서는 정책분석의 결과를 전달하기 위한 하나의 수단에 불과하다. 다른 수단으로 구두 브리핑이 있다. 구두 브리핑 또는 구두발표는 정책이슈페이퍼의 요소들과 동일한 요소들 대부분을 갖고 있지만, 구두발표를 계획하고 실시하는 접근방식은 문서화된 보고서와는 판이하게 다르다. 구두 브리핑에 전형적으로 포함되는 요소들은 다음과 같다.

· 참가자들에게 전하는 말과 인사
· 브리핑의 배경
· 정책이슈페이퍼나 연구보고서에서의 주요 발견사항
· 접근방법과 분석방법

· 분석의 기초로 사용된 자료
· 제안사항
· 참가자들로부터의 질문
· 맺음말

구두 브리핑을 계획할 때 가장 중요한 측면 중 하나가 청중을 아는 것이다. 이러한 맥락에서 브리핑이 실시되기 전에 다음과 같은 주요 질문들에 대하여 답하여야 한다.

· 청중은 얼마나 많은가?
· 브리핑에서 다루고자 하는 문제에 관한 전문가들이 청중 중에 얼마나 많은가?
· 청중의 몇 %가 해당 연구방법론을 이해하는가?
· 청중이 발표자를 신뢰하는가?
· 청중은 상세한 브리핑을 원하는가 아니면 일반적인 브리핑을 원하는가?
· 브리핑이 정책결정과정의 어느 단계에서 행해지는가? 예를 들어, 의제설정단계인가, 집행단계인가?

이러한 의문사항에 대한 대답이 특정한 청중에 적합한 의사소통 전략과 전술을 결정한다. 예를 들어, 만일 청중이 20～25명 정도의 중간 크기라면, 청중의 다양성 때문에 특별한 의사소통 전략과 전술이 필요하다.

· 모든 사람들이 공통적인 지식을 갖는 선에서 출발할 수 있도록 회합이 이루어지기 전에 배경자료들을 회람시킨다.
· 참석자들에게 선택된 전략이 참석자 전체의 목표에 적합하도록 마련된 것이지만 개개인 모두에게 만족스럽지 못할 수도 있음을 공지시킨다.
· 비록 나머지 청중을 잃는 한이 있더라도, 주요 정책결정자들의 의제에 초점을 맞춘다.

구두 브리핑에서 또 하나 자주 발생하는 문제는 정책결정자들이 그 브리핑에 그들의 참모전문가들을 대동하고 참석할 수 있다는 것이다. 만일 청중의 다수가 다루고자 하는 문제영역에 전문성을 가지고 있다면, 다음의 전략과 전술이 적합할 것이다.

· 주제에 정통한 전문가들과 '지식 경쟁'을 피하고, 발표의 목적에 초점을 맞춘다.
· 발견사항과 제안사항에 초점을 둠으로써 집단의 전문성을 이용한다.
· 배경자료에 대한 발표나 분석방법에 대한 설명을 장시간 동안 하지 않는다.
· 정책대안에 대한 의견교환과 생산적인 논쟁이 일어날 수 있도록 유도한다.

구두 브리핑에서 이와 못지않게 중요한 문제는 청중 개개인을 이해하는 것이다. 예를 들어, 정책분석의 직접적인 고객이 어떤 사람들인가를 아는 것이 중요하다.

· 문제영역에 대한 전문가인가?
· 채택한 분석방법에 정통한가?
· 정책과정에서 영향력 있는 참여자인가?
· 상세한 정보를 선호하는가 또는 폭넓은 정보를 선호하는가?
· 결과에 대하여 이해관계를 얼마나(높음, 중간, 낮음) 갖고 있는가?
· 제안이 채택되는 데 정치적으로 중요한 인물인가?

마지막으로, 여러 가지 그래프를 사용하면 구두 브리핑의 효과를 상당히 높일 수 있다. 가장 흔히 사용되는 것으로 오버헤드 프로젝터에 사용되는 슬라이드나 컴퓨터 그래픽으로 제작한 슬라이드, 또는 마이크로소프트 파워포인트 같은 프로그램 등이 있다. 이러한 슬라이드를 사용함에 있어, 만일 발표자가 비공식적인 형태의 발표를 원한다면 이러한 슬라이드가 적합하지 않을 수 있다는 사실을 알아야 한다. 오버헤드 프로젝터를 사용하는 브리핑은 매우 공식화시키고 공개적인 대화를 어렵게 만드는 경향이 있다. 또한 슬라이드를 사용함에 있어 다음의 지침을 따르는 것이 중요하다.

· 슬라이드를 압축되고 강조하는 문구로 간결하게 작성한다.
· 명료하고, 굵은, 그리고 난잡하지 않은 문자와 선을 사용한다.
· 복잡한 색채나 대중 미술, 그리고 화려하게 장식한 템플릿을 피한다.
· 중요한 사항은 강조하고 상이한 색깔을 사용한다. 어두운 배경에 흰색 이나 노란색 글자를 사용하는 것이 효과적이다.
· 한 페이지에 내용이 10행을 넘지 않도록 한다.
· 스크린의 넓이가 적어도 스크린과 스크린으로부터 가장 멀리 떨어진 사람과의 거리의 1/6이 되도록 한다.
· 스크린에 가장 가까이 있는 사람이 스크린으로부터 적어도 스크린 넓이의 두 배만큼 떨어져 있도록 한다.
· 한 오버헤드에 브리핑을 받는 사람이 그 내용을 읽을 수 있는 시간으로서 최소한 2분 정도, 그리고 그 내용을 자세히 살필 수 있는 시간으로서 추가로 30초 정도 여유를 둔다.
· 실내조명을 밝은 상태로 유지한다. 슬라이드는 영화관과는 달리 밝은 곳에서 보일 수 있도록 설계되었다.
· 발표자가 청중의 주의를 다시 돌리고 시선을 끌고자 할 경우 오버헤드 프로젝터를 끄거나 컴퓨터 화면을 어둡게 한다.

이런 사항들은 상이한 청중과 의사소통매체에 적합한 몇 가지 전략과 전술에 불과하다. 청중의 특성에 맞는 의사소통매체와 산출물을 선택함에 있어서, 아이디어를 효과적으로 전달하고자 하는 분석가들에게 많은 유형의 시각적 표현방법이 이용가능하다. 다양한 적합한 컴퓨터 그래픽 프로그램들을 활용할 수 있다.

분석가가 복잡한 아이디어를 효과적으로 의사소통하기를 원할 경우 다수의 유형의 시각적 표현이 이용가능하다. 다음과 같은 시각적 표현방법(*Harvard Graphics*를 사용하여 작성)의 예를 [부록 4]에 수록하였다. 이러한 그래픽을 마이크로소프트 엑셀 또는 파워포인트로 제작할 수 있다.

· 대안 – 영향 행렬(필러 스코어카드)
· 스프레드시트
· 막대 그래프
· 파이 그래프
· 도수 히스토그램
· 누적도수분포도
· 산점도
· 단절시계열 그래프와 통제시계열 그래프
· 영향다이어그램
· 의사결정나무
· 전략비교표
· 인과(화살표) 다이어그램

Ⅴ. 정책결정과정에서의 정책분석

이 책 서두에서 우리는 정책분석을 "정책을 이해하고 개선하는데 유용한 정보를 창출하고, 비판적으로 평가하며, 의사소통하기 위해 설계된 다학문적 탐구과정"으로 정의하였다. 시종일관 우리는 정책분석이 정책결정과정으로 알려져 있는 사회적 과정 속에서 수행되는 일련의 지적 활동이라는 점을 강조하였다. 이 두 차원(지적인 면, 사회적인 면)을 구별하는 것은 정책분석결과가 정책결정자들에 의해 제대로 이용되는 것, 전혀 이용되지 않는 것, 잘못 이용되는 것 등을 이해하는 데 중요하다.

제2장에서 살펴본 정보이용의 상호관련된 세 가지 차원들을 다시 살펴보자.

- **이용자의 구성**(*composition of users*). 정책분석결과는 개인뿐 아니라 집단(예: 행정기관, 입법기관)에 의해서도 이용된다. 정책분석결과를 이용하는 것이 개인이 인식하는 미래 정보 가치의 증가(또는 감소)와 관련될 때, 정보이용과정은 개인적 의사결정의 측면이다(개인적 이용, individual use). 이와는 대조적으로, 정보이용과정이 대중의 계몽이나 집단적 학습을 수반

하는 경우, 정보이용은 집단적 의사결정의 측면이다(집단적 이용, collective use).

- **이용의 효과**(*effects of use*). 정책분석결과의 이용은 여러 가지 효과를 가져 온다. 정책분석결과는 문제와 그 해결방안에 관하여 생각하는 데 이용될 수 있다(개념적 이용, conceptual use). 또한 정책분석결과는 전문가, 종교, 분석방법 등의 권위에 호소하여 문제 또는 해결방안을 자기가 선호하는 방향으로 형성되는 것을 정당화시키는 데 이용될 수도 있다(상징적 이용, symbolic use). 이와는 대조적으로 행태적 효과는 구체적인 정책결정활동을 수행하기 위한 수단 또는 도구로 정책분석결과를 사용하는 것을 말한다(도구적 이용, instrumental use). 개념적 이용, 상징적 이용, 도구적 이용은 개인적인 수준에서도 일어나고 집단적인 수준에서도 발생한다.
- **이용된 정보의 범위**(*scope of information used*). 이용 범위는 구체적인 것에서 일반적인 것까지 분포되어 있다. '널리 통용되는 아이디어'(ideas in good currency)의 이용은 그 범위가 일반적이고(일반적 이용, general use), 특정한 정책제안을 이용하는 경우 그 범위는 구체적이다(구체적 이용, specific use). 다양한 범위의 정보가 개인이나 집단에 의해 사용되고, 개념적 효과, 상징적 효과, 행태적 효과를 가져온다.

이러한 구별을 생각하면서, 정책결정에서의 정보이용을 최소 다섯 가지 유형의 요인으로 구체화할 수 있다.[13] 이들 요인에는 (1) 정보의 특성, (2) 정보를 산출하는 데 사용된 탐구양식, (3) 정책문제의 구조, (4) 정치적 구조와 관료적 구조, (5) 정책분석가, 정책결정자, 기타 이해관계자 사이에서 일어나는 상호작용의 특성 등이 있다.

1. 인지된 정보의 질

정책분석에 의하여 산출된 정보의 특성이 정책결정자에 의한 정보활용방식에 영향을 미친다. 정책결정자가 기대하고 있는 정책의 설계와 부합되는

13) 이러한 요인들에 대한 사례연구는 William N, Dunn, "The Two-Communities Metaphor and Models of Knowledge Use: An Exploratory Case Survey," *Knowledge: Creation, Diffusion, Utilization,* No. 4(June 1980) 참조.

정보는 그렇지 못한 정보에 비해서 활용될 가능성이 크다. 그 이유는 정책의 설계는 정책결정자들이 가지고 있는 욕구, 가치 및 인식된 기회들을 반영하기 때문이다. 정책결정자들은 대체로 공식적으로 작성된 서류형태보다는 개인적인 구두보고형태의 정보를 가치 있게 여기고, 또한 사회과학분야의 학문에서 중요시되는 추상적인 관심사항보다는 구체적인 정책문제를 반영하고 있는 언어형태로 표현된 정보를 가치 있게 여기는 경향이 있다.[14] 또한 정책결정자들은 객관적이라고 여겨지는 정보, 즉 정확하고, 간결하며, 유사한 환경에 일반화가 가능한 정보에 더 큰 가치를 부여한다.[15]

2. 인지된 방법의 질

정책결정자에 의한 정보의 활용은 또한 그 정보를 생산하고 해석하기 위해서 분석가가 사용한 탐구조사의 과정에 의하여 영향을 받는다. 질적으로 우수한 연구 및 분석의 표준을 충족하는 정보는 정책결정자에 의해서 활용될 가능성이 더 크다. 그러나 질적 우수성의 의미에 대하여서는 매우 상이한 견해들이 있다. 다수의 정책분석가들에게 질적 우수성은 사회실험, 무작위 표본추출 및 계량적 측정의 절차들을 사용하는 것으로 정의된다.[16] 여기에서의 가정은, 정보활용이 획득한 정보가 시의적절한 정보의 요구 등과 같은 조직상의 제약요인들을 수용하는 것을 전제로 할 때 정책연구 및 정책분석이 수용된 과학적 방법들을 어느 정도 따르고 있느냐에 달려있다고 본다.

이에 반하여, 다른 분석가들은 질적 우수성을 다른 방식으로 정의한다. 여기에서 질적 우수성이란 정책결정자들과 다른 이해관계자들이 가지고 있는 문제와 잠재적 해결방안들에 대한 주관적 판단들을 밝히도록 고안된 비계량적 절차들을 강조하는 관점에서 정의된다.[17]

14) Mark van de Vall, Cheryl Bolas, and Thomas Kang, "Applied Social Research in Industrial Organizations: An Evaluation of Functions, Theory and Methods," *Journal of Applied Behavioral Science*, 12, No. 2(1976), pp. 158-177 참조.

15) Nathan Caplan, Andrea Morrison, and Roger J. Stambaugh, *The Use of Social Science Knowledge in Policy Decisions at the National Level* (Ann Arbor, MI: Institute for Social Research, 1975) 참조.

16) I. N. Bernstein and H. E. Freeman, *Academic and Entrepreneurial Research* (New York: Russell Sage Foundation, 1975) 참조.

17) Martin Rein and Sheldon H. White, "Policy Research: Belief and Doubt," *Policy Analysis* 3, No. 2 (1977); Michael Q. Patton, *Alternative Evaluation Research Paradigm* (Grand Forks: University of North Dakota, 1975); and H. Aeland, "Are Randomized Experiments the Cadillacs of Design?" *Policy Analysis*, 5, No. 2 (1979), pp. 223-42 참조.

3. 문제의 복잡성

정책결정자에 의한 정보의 활용은 또한 탐구양식과 문제유형간의 적합도에 의하여 영향을 받는다. 목표, 세부목표, 대안 및 대안의 결과에 대하여 의견이 일치하는 상대적으로 구조화가 잘 된 문제들은 구조화가 잘 안된 문제들에 대한 방법론과는 다른 방법론을 요구한다. 구조화가 잘 안된 문제들은, 그 본질적 특성이 일치가 아닌 갈등이기 때문에, 총체적(holistic) 방법론을 요구하며, 문제의 본질 그 자체를 정의하는 데 있어서 동일한 문제상황에 대해 다양한 시각을 갖도록 하는 방법론을 요구한다.[18]

구조화가 잘 된 문제와 구조화가 잘 안된 문제간의 차이는 낮은 수준의 문제(미시적 문제)와 높은 수준의 문제(메타문제) 간의 차이와 비슷하다. 메타 수준의 문제들은 문제를 어떻게 구조화할 것인가, 반드시 이해되어야 할 사항에 관하여 어떻게 정책결정자들을 도와줄 것인가, 그리고 개념적 지식을 기반으로 해결하여야 할 문제의 측면을 결정하는 방법은 무엇인가 등의 이슈들을 포함하고 있다.[19] 대부분의 정책연구와 정책분석은 도구적 지식, 즉 인정된 목적을 달성함에 있어서 가장 적절한 수단에 대한 지식을 생산하고자 한다. 그러한 도구적 지식들은, 낮은 수준에 속하는 구조화가 잘 된 문제에 적절한 것이기 때문에, 문제의 본질과 가능한 해결방안에 대한 의견의 불일치 또는 갈등을 내포하고 있는 구조화가 잘 안된 문제에 봉착하고 있는 정책결정자들에 의하여 활용될 가능성이 낮다.

4. 정치적 및 조직적 제약요인

정보의 활용은 또한 공공조직의 공식적 구조, 절차 및 유인체제상의 차이에 의해서 영향을 받는다. 정책결정 엘리트의 존재, 역할관계의 관료주의화, 제반 절차의 공식화, 그리고 보수주의를 장려하고 혁신주의를 억압하는 유인

18) Russell Ackoff, *Redesigning the Future: A Systems Approach to Societal Problems* (New York: Wiley, 1974); Ian I. Mitroff, *The Subjective Side of Science* (New York: American Elsevier Publishing, 1974); and Ian I. Mitroff and L. Vaughan Blankenship, "On the Methodology of the Holistic Experiment: An Approach to the Conceptualization of Large-Scale Social Experiments," *Technological Forecasting and Social Change,* 4 (1973), pp. 339-53.

19) Nathan Caplan, "Two-Communities Theory and Knowledge Utilization," *American Behavioral Scientist,* 22, No. 3 (1979), pp. 459-70 참조.

체제의 운영은 모두 정책분석가에 의하여 생산된 정보를 낮게 활용하거나 또는 활용하지 않도록 하는 데 영향을 미치고 있다. 비록 이러한 요인들이 정책분석의 방법론에는 '외부적'이지만, 이러한 요인들은 정보 활용의 정치적 및 관료제적인 맥락을 형성한다.[20]

5. 정책결정자와 기타 이해관계자들 간의 상호작용

정책결정자들에 의한 정보의 활용은 또한 정책결정과정의 여러 단계에서 활동하고 있는 이해관계자들 간에 이루어지는 상호작용의 성격과 유형에 의하여 영향을 받는다.[21] 정책분석은 과학적, 기술적인 절차일 뿐만 아니라 또한 사회적 절차로서, 이해관계자들 간의 상호작용의 구조, 범위, 강도는 정보가 창출되고 활용되는 방식에 영향을 미친다.

이러한 정책분석의 상호작용적 성격은 정보의 활용이라는 문제를 아주 복잡한 것으로 만들고 있다. 정책분석가가 단순히 잘 정의되고 실질적으로 합의가 이루어진 목표에 가장 적절한 수단을 발견한다는 좁은 의미의 '문제해결'을 위하여 사용되거나 사용될 수 있는 정보를 생산하는 경우는 드물다. 가장 중요한 정책문제의 대부분은, 지금까지 우리가 이 책에서 고찰한 바와 같이, 아주 복잡하고, 혼잡하며, 구조화가 잘 안되어 있기 때문에 좁은 의미의 문제해결을 위한 정책분석모형은 적절하지 않거나 또는 적용할 수 없다. 그 대신에, 정책분석은 이 책 전반을 통하여 다수의 방법들- 문제구조화, 예측, 처방, 점검, 평가 -을 적용하여, 정보를 지속적으로 창출하고 변형시키는 통합적 과정으로 기술하였다. 정책분석의 과정이 핵심적으로는 방법론적이지만, 이는 또한 소통적 과정이기도 하다. 정책분석은 정책관련정보의 창출, 비판적 평가 및 소통을 목적으로 하기 때문에, 정책논증과 공공토론에서 필수적이다.

---

20) Robert F. Rich, *The Power of Social Science Information an Public Policymaking: The Case of the Continuous National Survey* (San Francisco, CA: Jossey-Bass, 1981) 참조.

21) Weiss, "Introduction," *Using Social Research in Public Policy Making*, pp. 13-15 참조.

요 약

마지막 장인 이 장에서 정책의사소통의 과정을 개관하고, 정책결정자에 의한 분석결과의 이용이 중요함을 살펴보았다. 정책분석은 정책결정을 개선하려는 노력의 끝이 아니라 시작이다. 정책분석을 수행하는 데 필요한 지식과 기술은 정책관련문서를 개발하고 구두발표에 필요한 지식과 기술과는 다르다. 효과적인 의사소통을 위해서 정책분석가는 광범위한 의사소통기술을 익히고 이용할 필요가 있다. 이렇게 함으로써 정책결정의 지적 차원과 사회적 차원 사이의 현저한 간격을 좁힐 수 있다.

복습문제

1. 의사소통과 정보이용이 정책분석의 중요한 목적인 이유는 무엇인가?
2. 정책분석이 사회적 과정 속에서 수행되는 지적 활동이라면, 정책결정자에 의한 분석결과의 이용은 어떤 의미를 갖는가?
3. "정책분석은 정책결정과정을 개선하려는 노력의 끝이 아니라 시작이다"라는 말에 대하여 논평하라.
4. 분석결과의 의도된 수취인이 정책관련정보를 이용할 수 있기 전에, 그 정보가 정책관련문서로 전환되고 다양한 방식의 발표를 통하여 전달되어야 한다. 이렇게 하면 의도된 수취인이 정보를 이용한다고 보장할 수 있겠는가?
5. 정책의사소통과정의 단계를 설명하라.
6. 정책관련문서를 개발하고 구두발표를 하는 데 필요한 기술이 정책분석을 수행하는 데 필요한 기술과 다른 이유는 무엇인가?
7. 정책결정자와 기타 이해관계자에 의한 정책분석결과의 이용에 영향을 미치는 요인들에 대하여 논하라.
8. 정책분석활동이 잘못 관리된 제재소로 묘사되는 이유는 무엇인가?

시범과제

1. [사례 9.1]을 읽은 후 사례에서 설명한 네 가지 문서유형을 위한 논증지도를 작성해 보라.
   - 입장표명서
   - 정책이슈페이퍼 또는 정책메모
   - 정책개요

• 편집자에게 보내는 서한

논증지도를 작성한 다음, 각 지도에서 사용된 추론을 포함한 문서를 개발하라.

2. 이 시범과제의 목적은 효과적인 구두 브리핑을 계획하고 수행하기 위한 지식과 기술을 익히는 데 있다. 여러 사람들이 개인적으로 풀 수도 있지만, 집단으로 문제를 풀어보는 것이 바람직하다. 이 과목을 수강하는 학생들을 네 집단으로 나누고, 각 집단이 다음과 같은 과제를 수행한다.

a. 휘발유에 함유된 유해한 납 성분을 줄이는 문제에 대하여 구두발표를 할 경우, 다음 질문들(I , II, III, IV) 중 하나에 답하라. 여러분은 [사례 9.2]의 정책분석가라고 가정하자. 이 사례는 경험이 풍부한 정책분석가인 와이머(David Weimer)와 바이닝(Aidan Vining)이 수행한 분석결과이다. 여러분이 속한 그룹은 아래 네 종류의 브리핑 중 하나를 수행하여야 한다.

b. 각 집단은 15분간 브리핑을 하고, 10분간 질문에 답한다. 여러분이 답해야 하는 주된 질문은 "정부는 휘발유에 대한 납 첨가를 규제해야 하는가?"이다.

c. 다른 학생들은 첨부된 평가표를 이용하여 각 집단의 발표를 평가할 것이다. 이러한 평가를 가지고 각 브리핑을 비평하고 토론한다.

• **[집단 1]** 통계적 지식이나 납에 관한 생의학적 연구에 대한 지식이 거의 없는 60명의 시민으로 구성된 지역 환경단체를 대상으로 구두 브리핑을 준비한다. 청중이 연방정부의 문외한들로 구성되어 있는 것 같지 않다. 청중 중에는 '지식논쟁'(knowledge contest)으로 주의를 끄는 것을 좋아하여 분란의 소지가 있는 사람이 있다. 이 사람은 다음 선거에서 공직에 출마할 예정이다. 이 환경단체는 위의 공중의제에 관한 새로운 입법을 원하고 있다. 위의 정책문제에 대한 여러분의 답이 그들을 도와줄 것이다.

• **[집단 2]** 생물통계학, 수리경제학, 환경경제학 분야의 전문가 10명으로 구성된 집단을 대상으로 구두 브리핑을 준비한다. 이 집단의 모든 구성원은 납이 첨가된 휘발유가 건강에 미치는 효과에 관한 방대한 지식을 소유하고 있다. 그리고 대부분 여러분이 전에 함께 연구한 동료들이다. 그 중 한 사람은 존경받는 생물통계학자인데, 그는 국제 납 · 아연조합(ILZU, 납 제품과 아연 제품을 판매하는 조직)을 위해 일하는 유급 컨설턴트이다. ILZU는 "통계적 상관관계가 인과관계를 증명하지는 못한다."는 입장이다. 이 연구집단은 납이 건강에 미치는 효과를 조사하는 연구계획을 구상하고 있다. 위의 정책문제에 대

한 여러분의 답이 그들을 도와줄 것이다.

- [**집단** 3] 정유산업체에서 온 30명의 간부들로 구성된 집단을 대상으로 구두 브리핑을 준비한다. 그들은 납 첨가 휘발유에 대한 정부규제에 반대하고 있다. 그들은 규제가 수익을 감소시켜 산업을 망친다고 믿는다. 그들은 참모전문가로부터 브리핑을 받고 있지만, 통계학이나 납에 대한 생의학적 연구에 대하여 잘 모른다. 이 간부들은 납 첨가 휘발유를 금지하는 법안이 다음 달에 채택될 경우, 그 법안에 대한 투쟁을 준비하고 있다. 위의 정책문제에 대한 여러분의 답이 그들을 도와줄 것이다.
- [**집단** 4] 직업안전보건청(Occupational Safety and Health Administration)에서 나온 6명의 전문가 집단을 대상으로 구두 브리핑을 준비한다. 그들은 납노출의 생의학적 효과에 대하여 광범위한 연구를 수행해왔다. 따라서 그들은 납에 조금만 노출되어도 매우 해로우며, 많은 양의 자동차배기가스에 노출되어 있는 도심에 사는 어린이에게 특히 해롭다고 확신한다. 이 전문가들은 여러분의 분석결과를 평가하여 연례회의를 준비하려고 한다. 위의 정책문제에 대한 여러분의 답이 그들을 도와줄 것이다.

브리핑을 준비할 때, 발표를 구상하고, 여러분의 주장을 밝히고, 예상되는 도전을 나타내기 위하여, 제8장의 논증지도를 이용하라.(주의: 정책논증의 모형을 브리핑의 일부로 발표하지 말 것. 이는 분석도구이다.)

여러분의 구두 브리핑은 청중의 특성에 맞는 의사소통전략에 바탕을 두어야 함을 기억하라. 적절한 의사소통전략을 개발할 때, 본장에서 살펴본 지침들을 이용하라. 각 브리핑은 다음 평가표에 의해 평가될 것이다. 여러분 또는 교수는 평가표 4부를 복사하여 3부는 다른 그룹의 발표를 평가할 때 사용하고 1부는 여러분의 기록으로 남겨야 한다.

박스 9.3 구두 브리핑 평가표

평가대상집단(동그라미 표시): Ⅰ Ⅱ Ⅲ Ⅳ

다음의 평가척도를 사용하시오. 각 항목 끝 공간에 생각을 간단히 제시하시오.

1 = 매우 좋음
2 = 좋음
3 = 보통
4 = 나쁨
5 = 매우 나쁨

1. 다음 브리핑 요소의 효과성에 등급을 매기시오.
   (a) 인사말 ________
   (b) 배경 ________
   (c) 분석결과 ________
   (d) 분석방법 ________
   (e) 증거/자료 ________
   (f) 제안 ________
   (g) 질의응답 ________
   (h) 맺음말 ________
2. 브리핑의 적절성
   (a) 청중의 규모 ________
   (b) 청중의 전문성 ________
   (c) 청중의 분석방법 친근성 ________
   (d) 청중의 정보에 대한 선호 ________
   (e) 정책결정과정의 단계 ________
   (f) 발표자의 신뢰성 ________
3. 브리핑의 논리, 조직화, 흐름 ________
4. 시각적 표시의 사용 ________
5. 전체적인 총평 ________

추천문헌

Barber, Bernard. *Effective Social Science: Eight Cases in Economics, Political Science, and Sociology*. New York: Russell Sage Foundation, 1987.

Freidson, Elliot. *Professional Powers: A Study of the Institutionalization of Formal Knowledge*. Chicago: University of Chicago Press, 1986.

Hacker, Diana. *A Writer's Reference*. 4th ed. New York: St. Martin's Press, 1999.
Horowitz, Irving L., ed. *The Use and Abuse of Social Science: Behavioral Science and Policy Making*. 2d ed. New Brunswick, NJ: Transaction Books, 1985.
Jasanoff, Sheila. *The Fifth Branch: Science Advisors as Policymakers*. Cambridge, MA: Harvard University Press, 1990.
Lindblom, Charles E., and David K. Cohen. *Usable Knowledge: Social Science and Social Problem Solving*. New Haven, CT: Yale University Press, 1979.
Machlup, Fritz. *Knowledge: Its Creation, Distribution, and Economic Significance*, Vol. 1, *Knowledge and Knowledge Production*. Princeton, NJ: Princeton University Press, 1980.
McCloskey, Deidre. *Economical Writing*. 2nd ed. Long Grove: Illinois, Waveland Press, 2000.
Rothman, Jack. *Social R & D: Research and Development in the Human Services*. Englewood Cliffs, NJ: Prentice-Hall, 1980.
Tufte, Edward R. *The Visual Display of Quantitative Information*, Cheshire, CT: Graphics Press, 1983.
Tufte, Edward R. *Envisioning Information*. Cheshire, CT: Graphics Press, 1990.
Tufte, Edward R. *Visual Explanations*. Cheshire, CT: Graphics Press, 1997.
Weiss, Carol H. with Michael Bucuvalas. *Social Science Research and Decision Making*. New York: Columbia University Press, 1980.

사례 9.1

정책논증으로부터 정책이슈페이퍼, 입장보고서, 편집자에게 보내는 서한으로의 전환 – 제2차 페르시아 만 전쟁의 사례

정책논증을 구조화된 서면의 내러티브로 전환하는 것은 중요한 기술이다. 이러한 서면 내러티브를 백서, 정책이슈페이퍼, 메모, 뉴스보도자료, 서한 등 각기 다른 이름으로 부른다. 모두 정책분석의 결과를 전달하여 그 결과가 결정을 하는 데 그리고 결정에 영향을 주는 데 실제로 이용될 가능성이 최대화되기를 기대한다.

8장에서 제2차 페르시아 만 전쟁의 사례를 살펴보았다. [그림 C8.2-1]에서 논증지도는 미국의 개입에 대하여 찬성하는 의견과 반대하는 의견을 나타낸다.

이 논증지도는 네 가지 종류의 정책문서로 전환될 수 있다.

- **입장보고서.** 입장보고서는 정책주장을 제기하는 이유만 기술한다. 반대되는 견해, 반대, 반론 등은 포함되지 않는다. 입장보고서는 논증의 한쪽 측면을 가능한 한 설득력 있게 기술한다.
- **정책개요.** 정책개요는 소송사건개요와 유사하다. 주장의 이유를 기술한 다음, 이를 반박하는 이의제기가 뒤따른다. 정책이슈페이퍼와 정책메모도 반대 주장을 기술한 후, 그 주장이 개연성이 없거나 타당하지 않다는 것을 보여준다.
- **정책이슈페이퍼 또는 정책메모.** 정책이슈페이퍼 또는 정책메모(정책이슈페이퍼의 축소판)는 한쪽 편을 들지 않고 이슈의 양쪽을 동등하게 기술한다. 반박되는 주장 또는 이슈를 지지하는 이유와 이의제기들도 제공된다.
- **편집자에게 보내는 서한.** 편집자에게 보내는 서한은 주장에 대한 이의제기를 고려하면서 시작하고, 그것을 반박하고, 그 다음에 그 주장을 뒷받침하는 여러 가지 이유들을 제공한다. 이러한 서한은 5장에서 살펴본 '보강조건 분석'(fortiori analysis)의 한 예이다.

그림 C9.1-1 견본 논증지도

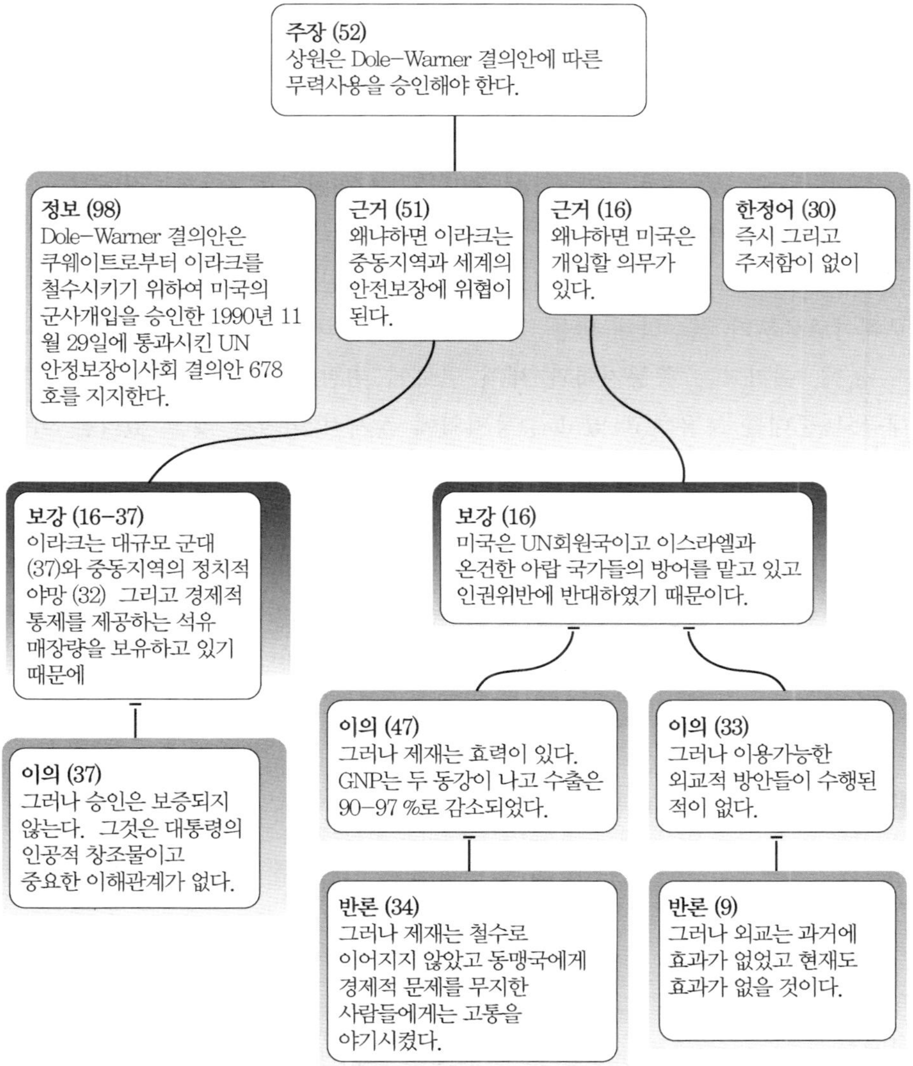

다음 각 문서에서 Dole-Warner 결의안에 대한 논증지도가 구조화된 서면 내러티브 초안으로 변환된다. 문서들은 배포하기 전에 교정이 필요할 것이다.

1. 미국의 이라크침공에 대한 입장보고서의 내러티브

상원이 Dole-Warner 결의안에 따른 무력사용을 승인해야 한다고 믿는 세 가지 이유가 있다.

첫째, Dole-Warner 결의안은 1990년 11월 29일의 UN안전보장이사회 결의안 678호에 의해 정당화 된다. 이것은 결의안 678호가 미국의 쿠웨이트 군사개입을 승인하고 있다는 점에서 명백하다. 또한 결의안 678호는 이라크가 쿠웨이트로부터 철수하게 만들 것이라는 점도 명백하다.

둘째, 이라크는 중동지역과 세계 안보에 위협이 된다. 이것은 이라크가 대규모 군대를 보유하고 있고 중동지역에 정치적 야망을 갖고 있다는 이유 때문에 지지된다. 또한 이라크는 경제적 지배를 가능하게 하는 석유매장량을 가지고 있다.

마지막으로 미국은 개입할 의무가 있다. 이것은 미국이 UN회원국이고 UN헌장에 따라 행동한다는 점에서 명백하다. 또한 미국은 이스라엘과 온건한 아랍 국가들의 방어를 맡고 있다. 이는 미국은 개입할 의무가 있다는 것을 보여준다.

그림 C9.1-2 입장보고서 논증지도

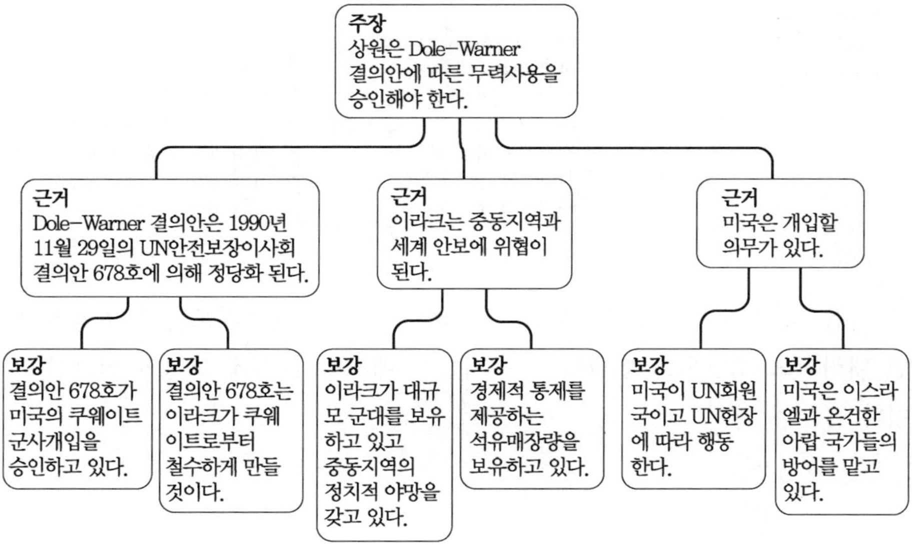

이러한 점들을 고려할 때, 상원이 Dole-Warner 결의안에 따른 무력사용을 승인해야 한다는 것은 명백하다.

2. 정책브리프의 내러티브

상원이 Dole-Warner 결의안에 따른 무력사용을 승인해야 한다. 이러한 주장을 지지하는 두 가지 중요한 이유가 있고, 이를 반박하는 중요한 이의가 있다.

첫째 이유는 Dole-Warner 결의안은 1990년 11월 29일의 UN안전보장이사회 결의안 678호에 의해 정당화 된다는 것이다. 이것은 결의안 678호가 미국의 쿠웨이트 군사개입을 승인하고 있다는 주장에 기초한다.

상원이 Dole-Warner 결의안에 따른 무력사용을 승인해야 한다는 주장의 둘째 이유는 미국은 개입할 의무가 있다는 점이다. 이는 미국은 이스라엘과 온건한 아랍 국가들의 방어를 맡고 있다는 것 때문이다.

반면에, 상원이 Dole-Warner 결의안에 따른 무력사용을 승인해야 한다는 의견에 반대되는 생각은 외교적 방안들이 가용함에도 불구하고 이런 방안들이 수행된 적이 없다는 것이다. 그러나 이러한 이의는 이라크와의 외교가 과

그림 C9.1-3 이라크침공에 관한 정책브리프 논증지도

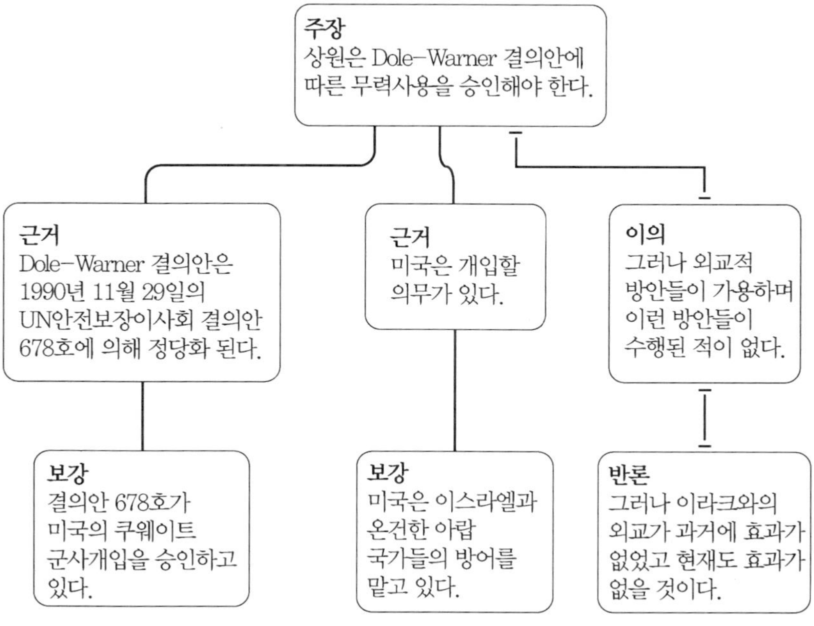

거에 효과가 없었고 현재도 효과가 없을 것이라는 점 때문에 설득력이 없다.

이러한 추론에 기초하여 상원이 Dole-Warner 결의안에 따른 무력사용을 승인해야 한다는 점은 명백하다.

3. 미국의 이라크 침공에 대한 정책메모의 내러티브

상원이 Dole-Warner 결의안에 따른 무력사용을 승인해야 한다는 주장에 대하여 의문이 제기되었다. 여기에서는 이러한 주장을 지지할 것인지 또는 거부할 것인지를 결정하기 위한 여러 가지 관점을 고려한다.

상원이 Dole-Warner 결의안에 따른 무력사용을 승인해야 한다는 주장을 받아들이는 하나의 이유는 Dole-Warner 결의안은 1990년 11월 29일의 UN 안전보장이사회 결의안 678호에 의해 정당화 된다는 생각이다. 이 이유는 결의안 678호가 미국의 쿠웨이트 군사개입을 승인하고 있다는 사실에 의해 지지된다. Dole-Warner 결의안은 1990년 11월 29일의 UN안전보장이사회 결의안 678호에 의해 정당화 된다는 주장에 대한 이의는 결의안이 대통령의 인공 창조물이고 중요한 이해가 고려되지 않고 있다는 것이다.

상원이 Dole-Warner 결의안에 따른 무력사용을 승인해야 한다는 주장을 믿는 또 다른 이유는 이라크는 중동지역과 세계 안보에 위협이 된다는 것이다. 이것은 이라크가 대규모 군대를 보유하고 있고 중동지역에 정치적 야망을 갖고 있다는 견해에 기초하고 있다.

그럼에도 불구하고 제재가 잘 작동하고 있고 군사적 행동은 필요치 않다는 반대의견은 흥미로운 관점을 제공한다. 그러나 균형적인 면에서 이 주장을 거부하는 것이 더 합당할 것 같다.

반면에 상원이 Dole-Warner 결의안에 따른 무력사용을 승인해야 한다는 주장에 반대하는 견해는 승인이 근거가 없다는 것이다. 이러한 이의는 미국은 주권국가이고 UN에 종속되어서는 안 된다는 주장에 의하여 지지된다. 그럼에도 불구하고 이러한 이의를 정말 수용할 것인지를 결정하기 위해서는 결의안이 미국 상원에서 51대 47로 지지를 받았다는 반론을 고려해야 한다.

마지막으로 상원이 Dole-Warner 결의안에 따른 무력사용을 승인해야 한다는 주장에 대하여 또 다른 중요한 이의가 있다. 이는 외교적 방안들이 가

그림 C9.1-4 이라크침공에 관한 정책이슈페이퍼 또는 정책메모 논증지도

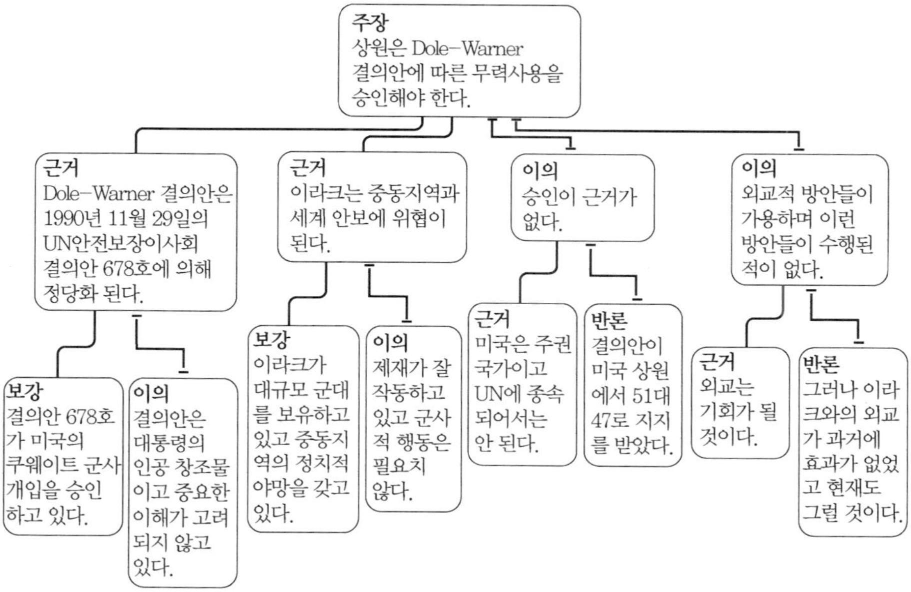

용하며 이런 방안들이 수행된 적이 없다는 것이다. 이러한 견해를 지지하는 이유는 외교는 기회가 될 것이라고 보기 때문이다. 한편, 이라크와의 외교가 과거에 효과가 없었고 현재도 그럴 것이라는 반론이 제기된다.

요컨대 상원이 Dole-Warner 결의안에 따른 무력사용을 승인해야 한다는 주장을 수용하는 것이 더 합당한 것 같다. 이러한 견해를 위한 추론의 가장 강력한 근거는 이라크는 중동지역과 세계 안보에 위협이 된다는 것과 이라크가 대규모 군대를 보유하고 있고 중동지역에 정치적 야망을 갖고 있다는 것이다.

4. 미국의 이라크침공에 관하여 편집자에게 보내는 서한의 내러티브

○ ○ ○ 귀하

본인은 상원이 Dole-Warner 결의안에 따른 무력사용을 승인해야 한다는 생각을 쓰고 있습니다. 이것은 제재가 잘 작동하고 있고 군사적 행동은 필요치 않다고 주장하는 상원의 소수 의견과 상치됩니다. 본인은 이라크와의 외교가 과거에 효과가 없었고 현재도 그럴 것이라고 보기 때문에 이런 주장을 거부합니다.

그림 C9.1-5 편집자에게 보내는 서한의 논증지도

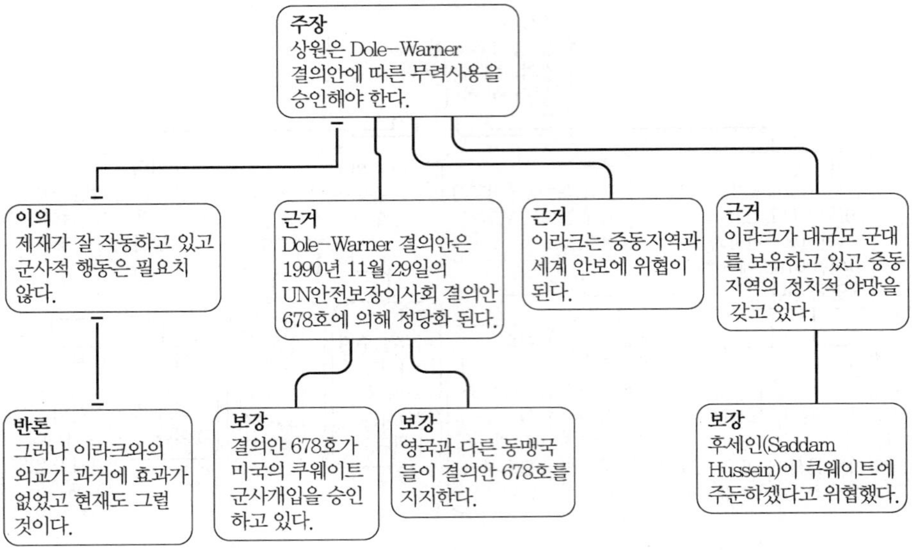

더구나 상원이 Dole-Warner 결의안에 따른 무력사용을 승인해야 한다는 본인의 견해를 뒷받침하는 세 가지 이유가 있습니다. 첫째 이유는 Dole-Warner 결의안은 1990년 11월 29일의 UN안전보장이사회 결의안 678호에 의해 정당화 된다는 것이고, 결의안 678호가 미국의 쿠웨이트 군사개입을 승인하고 있다는 것입니다. 또한 이 이유는 영국과 다른 동맹국들이 결의안 678호를 지지한다는 사실에 의해 지지를 받습니다.

둘째 이유는 이라크는 중동지역과 세계 안보에 위협이 된다는 것입니다.

마지막으로 이라크가 대규모 군대를 보유하고 있고 중동지역에 정치적 야망을 갖고 있다는 사실을 감안할 때, 상원이 Dole-Warner 결의안에 따른 무력사용을 승인해야 한다는 것은 분명합니다. 그 이유는 후세인(Saddam Hussein)이 쿠웨이트에 주둔하겠다고 위협했다는 주장에 의해 지지를 받습니다.

상원이 Dole-Warner 결의안에 따른 무력사용을 승인해야 한다는 본인의 주장을 다시 진술하면서 귀하께서도 이 견해를 채택할 것을 촉구합니다.

진심으로,

[당신 이름]

사례 9.2

다양한 청중 대상의 복잡한 분석결과의 의사소통: 유연휘발유 규제 – 통계를 고려한 환경청(EPA) 납 기준 개정[22)]

정책분석가는 여러 종류의 실증적 증거를 다루어야 한다. 고려중인 정책문제의 성격, 그리고 시간과 분석능력의 제약 때문에 분석가는 질적 자료와 단편적인 자료에 의존할 수밖에 없는 경우가 종종 있다. 그러나 때로는 분석가가 사회적, 경제적, 정치적 조건에 미치는 정책개입 효과의 크기를 추정할 수 있게 하는 자료를 발견하는 경우도 있다. 이러한 추정치를 가지고 분석가는 제안된 정책의 적당한 순사회적 편익을 계산할 수 있고, 공식화된 최적화 기법을 적용하여 바람직한 대안을 발견할 수도 있다.

양적 자료를 효과적으로 이용하기 위해서는 연구설계의 기초적인 문제들에 대한 이해와 통계적 추론기법을 다루는 기술이 필요하다. 분석가들이 초보적인 자료분석에 필요한 능력이 부족한 경우에도, 정책과정에서 다른 참여자에 의하여 산출되거나 학술문헌에서 발췌된 계량적 증거를 자주 접하게 된다. 만약 분석가들이 비판적 평가에 필수적인 기술이 부족하면, 정책결정자들에게 더 객관적이고 더 과학적인 것으로 보이는 계량적 증거 앞에서 그들의 영향력을 잃을 위험에 빠지게 된다. 그러므로 잘 훈련된 분석가는 자기방어를 위해서도 통계적 추론의 기본개념을 잘 다룰 수 있어야 한다.

연구설계와 통계적 추론의 기초는 정책분석의 개론과목에서 제대로 다루어질 수 없다. 따라서 우리도 본서에서 이 부분을 제대로 다룰 수 없었다. 그러나 우리는 계량적 분석이 도구적으로 사용된 정책변동의 한 가지 사례를 살펴볼 수는 있다. 1985년에 미국 환경청(EPA)이 휘발유에 허용된 납의 양을 극적으로 감소시킨 결정을 사례로 살펴보고자 한다. 납에 대한 새로운 기준치에 관한 이 일화는 조직적 환경에서 계량적 분석을 수행할 때 자주 접하는 많은 요소들을 담고 있다. 이를테면 처음의 임시변통으로 만든 분석이, 더 많은 시간과 자료가 가용해지면서, 더욱 정교한 분석으로 대체되는 것, 제안

22) David Weimer and Aidan Vining, *Policy Analysis: Concepts and Practice,* 2nd ed. (Englewood Cliffs, NJ: Prentice-Hall, 1992), Ch. 13, pp. 382-406. 이후의 각주도 Weimer & Vining의 저서 13장에서 발췌한 것임.

된 정책에 반대하는 사람들이 제시하는 대안적 설명(가설)을 기각하기 위하여 반복해서 재분석하는 것, 분석전략에 영향을 미치는 운이 따르는 뜻밖의 사건 등의 요소들이 등장한다. 우리의 주된 목적은 정책분석의 실제에 관한 일화를 소개하는 데 있는데, 이야기 자체가 재미있고 교육적인 효과도 있을 것으로 기대한다. 그러므로 우리는 이 이야기를 읽으면서 계량적 분석에 대한 몇 가지 교훈을 얻고자 한다.

배경: EPA의 납 기준치

1970년의 대기청정수정법(Clean Air Amendments)은 환경청(EPA)의 행정가에게 공중 보건·복지에 위해한 배출물을 발생시키는 자동차연료의 성분이나 첨가물을 규제할 수 있는 권한을 부여한다.[23] 그러나 이러한 권한을 행사하기 전에 행정가는 연료성분보다는 배출기준을 정하는 다른 방법도 고려해야 하며, '그가 이용할 수 있는 관련된 모든 의학적 증거와 과학적 증거'를 고려해야 한다.[24]

1971년에 환경청(EPA)의 행정가는 휘발유의 납 첨가물에 대한 가능한 통제방법을 고려하고 있다고 발표하였다.[25] 그 이유 중 하나는 그 당시 표준연료인 납이 첨가된 휘발유를 연소시키는 엔진으로부터 나오는 배기가스가 건강에 미치는 악영향 때문이었다. 가용한 증거는 납이 인간의 몸에 독이 된다는 것, 납이 공기로부터 몸에 흡수된다는 것, 공기 중 납의 대부분이 휘발유 엔진 때문이라는 것을 알려주었다. 휘발유의 납 함유를 통제하려는 또 다른 이유는 납이 첨가된 연료는 자동차 배기가스 중 탄화수소를 감소시키는 능력이 있다고 간주되는 장치인 촉매 컨버터와 함께 사용할 수 없기 때문이다. 첫째 이유는 모든 휘발유의 납 함유량을 줄이는 것을 고려해야 한다는 사실을 시사하고 있으며, 둘째 이유는 촉매 컨버터가 장착된 신형 자동차에 사용될 휘발유로부터 납을 모두 제거해야 한다는 사실을 알려주고 있다.

우선 이러한 질문을 던져볼 수 있을 것이다. 정부는 왜 휘발유에 함유된 납의 수준에 관심을 가져야 하는가? 그리고 연방정부는 왜 촉매 컨버터의 장착을 명하는 결정을 이미 하였는가? 아래 분석은 촉매 컨버터가 바람직하다

23) 1970년 공기청정수정법, 행정법 91-604, 1970. 12. 31.
24) 211조 (c)(2)(A), 42 U. S. C. @ 1857f-6c(c)(2)(A).
25) 36 Fed. Reg. 1468 (1971. 1. 31.)

는 것을 명백히 다루지는 않는다. 그러나 우리가 논의한 바와 같이 공공 행위에 대해 설득력 있는 근거가 있다는 사실을 확실히 하는 것이 항상 중요하다. 촉매 컨버터나 관련된 납 제한 등과 같은 직접적인 개입은 시장실패에 대처하기 위한 것이다. 부정적인 외부효과 또는 공공재(공기)의 문제로 보는 것이다. 게다가 납과 관련하여 또 다른 시장실패가 작용한다. 즉, 납이 건강에 미치는 영향에 대한 정보나 자동차 유지비에 대한 소비자 정보가 완벽하지 못하다는 것이다. 건강 또는 유지비에 미치는 영향은 몇 년 동안 분명히 나타나지 않을 수 있기 때문에(납이 첨가된 휘발유는 그 효과를 나중에 알 수 있는 '후경험' 제품임), 정보의 불균형으로 인하여 시장이 비효율적으로 움직일 수 있다. 이러한 명백한 시장실패가 정부개입을 고려하는 하나의 사례를 만들어 낸다.

그러나 개입 자체가 비용을 유발한다. 개입의 비용이 편익을 능가할 수도 있다는 것을 충분히 상상할 수 있다. 비용과 편익을 비교하기 전에 몇 가지 물음에 답해야 한다. 1982년 규제안들을 연구하였던 경제분석실(Economic Analysis Division)에서 밝힌 영향들은 어떤 것인가? 슈워츠(Schwartz)는 기존의 분석결과들로부터 얻은 축적된 지식을 이용하여 며칠 동안에 납 첨가 전면적 금지에 대한 간단한 비용편익분석을 완성하였다.

전면적 금지는 1982년에 검토된 대안들 중 하나였기 때문에 슈워츠가 적정한 비용을 추정하는 일은 상당히 용이하였다. 보건이나 안전을 위한 규제의 경우에서처럼, 전면적 금지의 편익을 추정하는 일이 더욱 어려운 문제였다. 슈워츠는 두 가지 편익 항목 즉, 혈중납농도가 낮아짐에 따르는 어린이들의 지능지수(IQ) 향상과 자동차 촉매 컨버터의 손상피해 감소를 항목으로 잡고 조사하였다.

슈워츠는 여러 가지 출처로부터 도출한 추정치들을 이용하여 납 배출가스와 어린이의 평생소득 현재가치 사이의 관계를 정립하였다. 첫 단계에서 그는 1982년에 수행한 납 배출가스와 어린이의 혈중납농도 간의 관계에 대한 분석결과들로부터 도출된 추정치를 이용하였다. 그 다음에 혈중납농도와 IQ 간의 관계에 대하여 보고한 전염병학 연구들을 조사하였다. 마지막으로 IQ점수가 미래소득의 현재가치에 기여하는 정도를 추정한 수리경제학적 연구들을 찾아냈다.

다른 배출가스를 효과적으로 통제함으로써 나오는 편익을 계량화하는 경우처럼, 슈워츠는 전면적 금지 하에서는 오염되지 않기 때문에 필요 없지만, 현기준치 하에서는 오염되기 때문에 사용되는 촉매 컨버터의 비용을 추정하였다. 그는 절약된 컨버터의 수와 그 단가를 곱한 값을 편익 측정치로 사용하였다. 컨버터 자체의 편익비용비가 1보다 크면, 이 편익 측정치는 보수적이라고 할 수 있다.

이런 개략적인 계산에 의하면, 납첨가 전면 금지의 편익이 비용의 두 배가 넘는다. 슈워츠는 이 결과를 그의 부서장인 와그너(G. Martin Wagner)와 토의하였다. 와그너는 환경청장에게 납첨가금지에 대한 분석을 더 해볼 가치가 있을 것이라고 보고하였다. 몇 주 후에 슈워츠와 동료 분석가인 레깃(Jane Leggett)은 이런 개략적인 추산으로부터 예비보고서를 완성하기 위한 2개월의 노력을 시작하였다.

분석결과의 종합

슈워츠와 레깃이 직면한 가장 긴급한 과제는 납첨가금지의 편익을 측정하는 더 양호한 측정치를 개발하는 일이었다. 컨버터를 못 쓰게 만드는 것을 방지함으로써 얻는 편익의 측정치를 개선하는 문제의 핵심은 미국 전 차량의 미래 연령구성을 정교하게 밝히는 것이었다. 납배출가스를 줄임으로써 얻는 편익의 측정치를 개선하는 문제의 핵심은 휘발유에 함유된 납의 양과 혈중납 농도 간의 관계를 보다 양호하게 계량적으로 추산하는 것이었다. 모형화와 통계적 분석이 그들의 연구에서 중요한 부분이 되었다.

전 차량의 연령구성은 계속해서 변한다. 오래된 차량 중 일부는 컨버터가 완전히 오염되거나 부분적으로 오염되어 폐기되고, 새로운 컨버터가 장착된 새 차량이 들어오기 때문이다. 납첨가금지는 차량연식에 따라 다른 효과를 나타낼 것이다. 예를 들어, 이미 오염된 컨버터를 장착하고 있는 차량은 관계가 없을 것이고, 오염이 안 된 컨버터를 장착한 차량의 경우는 이 금지로 인하여 장시간 동안 사용할 수 있어서 매우 중요한 의미를 갖게 될 것이다.

분석가들은 일단의 차량을 오랫동안 추적할 수 있는 하나의 재고모형(inventory model)을 개발하였다. 해마다 일단의 신차들이 전 차량 속에 들어오게 된다. 그 다음 해에 일부 차량들이 사고나 기계적 결함 때문에 폐기된다. 게다가 일부는 잘못된 연료로 인하여 컨버터가 오염될 것이다. 계속해서 여러 집단의 차량들을 조사해보면, 휘발유에 함유된 납의 양을 줄임으로써 미래의 어떤 해에 절약되는 컨버터의 수를 예측할 수 있다. 손실이 방지된 촉매 컨버터의 현재가치(뒤에서는 납 이외의 다른 오염원으로부터의 재산피해나 건강에 관한 절감된 비용)가 해마다 계산될 수 있다. 적절한 할인으로 매년 발생하는 편익을 합산하여 검토 중인 납감소계획의 현재가치를 산출할 수 있었다.

전차량모형으로 연구하는 과정에서 두 가지 중요한 고려사항이 나타났다. 하나는 문헌에 의하면 납이 일상적인 차량유지비를 증가시킨다는 사실이다. 따라서 새로운 편익 항목, 즉 절감된 유지비가 전차량모형을 이용하여 추정되었다. 또 다른 고려사항은 어떤 엔진은 무연휘발유를 주유할 때 밸브시트(valve-seat)가 빨리 마모될 가능성이 있다는 것이다. 이 문제는 제한적이지만(주로 자동차 엔진이 1971년 이전에 제작된 것, 일부 신형 트럭, 오토바이, 일반 도로 이외의 장소에서 사용되는 차량 등이 해당됨), 전면금지가 아닌 다른 대안을 검토할 필요가 발생하게 하였다.

휘발유에 함유된 납과 혈중납농도 간의 관계를 더욱 양호하게 계량화하려는 노력으로 제2차 국가보건영양조사(NHANES II)의 자료를 분석하는 데 초점을 맞추었다. NHANES II 조사는 국립보건통계센터에 의해 설계되었는데, 6개월 이상 74세 이하의 인구를 대표하는 표본을 추출하였다. 1976~1980년 동안 64개 대표지역에서 추출된 27,801명을 표본으로 선정하였다. 혈액표본을 요청 받은 16,563명 중 61%가 이에 응했다. 표본혈액의 납농도가 측정되고, 4년의 조사기간 동안 평균농도를 추적하는 데 사용될 자료를 마련하였다. 이 기간 동안 판매된 휘발유에 함유된 납의 양과 혈중납농도의 상관관계가 밝혀지게 되었다.

NHANES II 자료에 나타난 혈중납농도와 휘발유에 함유된 납의 양 사이에 정의 상관관계가 있다는 사실은 연구자들에 의해 이미 밝혀져 있었다. 질병통제센터 소속 제임스 퍼클(James Pirkle)이 혈중납농도와 휘발유에 함유된 납의 총량의 밀접한 변화추이를 보여주기 위해서 만든 [그림 C9.2-1]에서 정의 상관관계가 분명히 나타나 있다. 그러나 편익비용분석을 위해서는 명백한 상관관계 이외에도 많은 것이 필요하다. 슈워츠는 다중회귀기법을 이용

그림 C9.2-1 휘발유제조에 사용된 납의 양과 NHANES Ⅱ의 혈중납농도

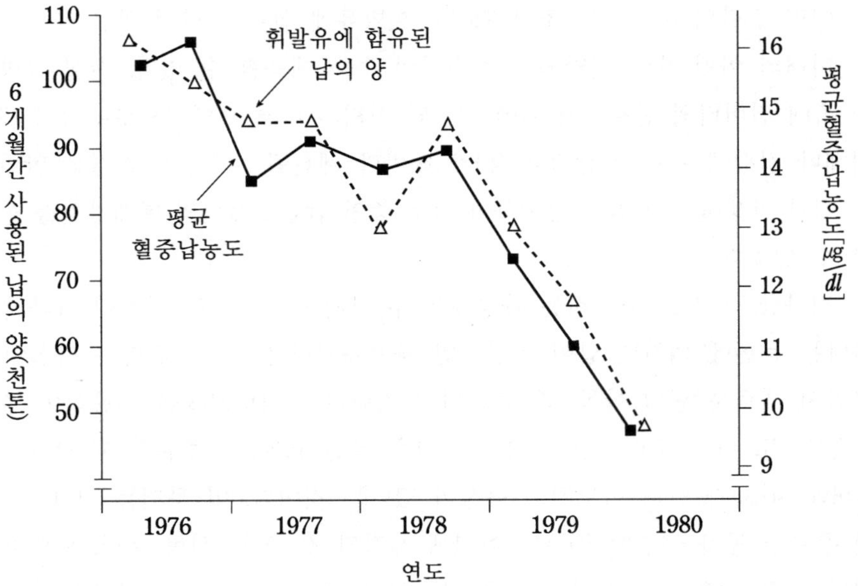

출처: J. Schwartz et al., *Costs and Benefits of Reducing Lead in Gasoline: Final Regulatory Impact Analysis*. Publication No. EPA-230-05-85-006(Washington, D.C.: EPA, 1985), p. E-5.

하였다. 뒤에서 이에 관하여 자세히 논의할 것이다. 회귀모형을 이용하여 소비되는 휘발유에 함유된 납 100톤 당 증가되는 평균 혈중납농도(*μg/dl*)를 추정할 수 있다. 그도 이러한 모형을 이용하여 구체적인 특징을 지닌 어린이들의 혈중납농도가 유해수준(질병통제센터에서는 30*μg/dl*보다 크면 유해하다고 정의함)에 다다를 확률을 추정하였다. 이러한 확률을 사용하여 휘발유에 납첨가를 금지하는 조치가 시행되는 경우 납중독을 피할 수 있는 어린이의 수를 예측할 수 있다.

1983년 11월초에 슈워츠와 레깃는 그들의 분석결과들을 종합하여 전면금지의 편익비용비가 원래 슈워츠가 개략적으로 계산했던 비율보다 더 크다는 것을 발견하였다. 그들은 부서장과 함께 그 결과를 부청장인 알름(Alm)에게 발표하였고, 그는 그 결과를 보고 고무되었다. 그는 새로운 규제안의 기초자료로 청장에게 보고할 수 있는 세련된 보고서를 준비하라고 지시하였다. 알름도 EPA 외부의 전문가들이 검토할 여러 가지 세련된 연구결과를 원하였던 것이다. 동시에 그는 EPA가 모든 증거를 검토할 기회를 갖기 전에 금지

안에 대한 주요 반대자들인 정유업체나 제조업체에게 말이 새나가는 확률을 줄이기 위하여 서두를 것을 요구했다.

부서장은 청장에게 보낼 정교한 보고서를 빨리 마무리 하기 위하여 분석팀을 확대하였다. 기존의 슈워츠와 레깃에 로니 레빈(Ronnie Levin), 수리경제학자 휴 피처(Hugh Pitcher), 오존감축의 편익 전문가인 바트 오스트로(Bart Ostro) 등이 가세했다. 1개월 여 만에 이 팀은 동료검토(peer review)를 위한 보고서 초안을 제출할 준비를 마쳤다.

분석의 접근방법에 몇 가지 변화 노력이 있었다. 밸브헤드(valve-head) 문제 때문에, 분석은 전면금지와 함께 유연휘발유 1갤론 당 납의 양을 줄이는 데(1.1gplg에서 0.1gplg로) 초점을 맞추었다. 가용한 증거에 의하면, 0.1gplg 수준은 유연휘발유만 주입할 수 있게 설계된 소수의 엔진에서 밸브헤드의 과도한 마모를 피할 수 있다. 동시에 납농도가 감소할 때 다른 차량들의 유지비 감소분을 계량화하는 데 상당한 노력을 기울였다. 소비자가 얻는 유지비 편익이 휘발유를 위해 지불해야 하는 높은 가격을 상쇄하고도 남는다는 사실이 밝혀졌다. 마지막으로 이 팀은 혈중납농도에 기초한 편익(IQ를 통해서)의 미래소득에 대한 관계가 논쟁의 여지가 많다고 결론지었다. 대신에 그들은 높은 수준의 혈중납농도로 인하여 IQ가 낮은 어린이들에 대한 보상적 교육비에 주의를 기울였다.

그 해 12월말에 EPA 외부의 전문가들에게 평을 듣기 위해서 보고서를 보냈다. 이들 전문가로는 자동차 기술자, 경제학자, 생물통계학자, 독극물학자, 임상연구원, 교통전문가, 심리학자 등이 포함되었다. 1984년 1월 한 달 동안 이 팀은 그들의 분석을 정교하게 다듬고, 외부 검토자들의 평에 대하여 답변하거나 그 견해들을 반영하였다.

마침내 2월 초에 이 팀은 러클스하우스(Ruckelshaus) 청장에게 결과를 발표할 준비를 마쳤다. 청장은 그들의 분석결과가 0.1gplg라는 새로운 기준을 뒷받침한다고 동의하였다. 청장은 이 팀에게 보고서를 제안 규정 없이 마무리하여 대중의 반응을 살피기 위하여 공표하라고 지시하였다. 또한 러클스하우스 청장은 대기·방사선담당 부청장실(Office of the Assistant Administrator for Air and Radiation)에 제안 규정 초안을 만들 것을 지시하였다.

이 팀의 최종보고서초안(Draft Final Report)은 인쇄되어 결국 1984년 3

월 26일에 공표되었다.[26] 이 팀은 그 다음 몇 달 동안 계속해서 분석결과를 다듬었다. 또한 외부와의 관계에 상당히 많은 시간을 쏟아야 했다. 대통령령 12291호에 의하면, 규제기관은 매년 1억 달러 이상의 비용이 소요될 것으로 예상되는 규제안들을 관리예산처(OMB)가 검토하도록 보내야 한다. 이 팀은 OMB 분석가들과 여러 차례 만나서 그들이 기준강화방안에 대한 편익비용분석결과를 수용하도록 하였다.

정치적 환경은 기대한 대로 매우 좋은 상태였다. 반대는 정유업체나 납첨가물 제조업체 정도였을 것이다. 그러나 정유업체는 대체로 종국에는 휘발유로부터 납을 제거해야 할 것으로 단념하는 것 같았다. 그들의 주된 관심사는 실행 속도였다. 일부 정유업체는 강화된 기준안 시행의 초기 몇 년 동안에 특히 관심을 보이는 것 같았다. 기존의 기본장비 구성변화에 어려움이 있었기 때문이다. 이에 대한 대응으로, 이 팀은 덜 엄격한 이행계획안의 비용과 편익을 따져보기 시작했다.

납첨가물 제조업체는 강화된 기준안에 투쟁할 채비를 갖추고 있었다. 그 해 5월에 슈워츠는 조지아주 애틀란타에 소재한 질병통제센터(Center for Disease Control)가 주최한 혈액 납중독 기준치를 30*μg/dl*에서 25*μg/dl*로 개정하는 회의에 참석했다. 납제조업체 대표자들도 이 회의에 참석했다. 그들은 강화된 기준안에 대한 투쟁전략을 공개적으로 언급하였다. 그들은 납이 규제되면 정유업체가 옥탄가를 높이기 위해서 휘발유에 발암물질로 의심받고 있는 벤젠을 더 많이 혼합할 것이라고 주장할 계획이었다. 슈워츠는 회의 후에 이런 가능성에 대해서 조사하였다. 그는 휘발유에 더 많은 벤젠이 첨가되더라도, 벤젠을 산화시키는 촉매 컨버터의 오염이 감소하기 때문에, 벤젠의 총 배출량은 감소할 것이라는 사실을 밝혀냈다. 제안 규정이 공표되는 날, 슈워츠는 처리사항 일람표에 벤젠 문제에 관한 메모를 적어 두어 제조업자들의 주된 공격을 봉쇄하였다.

1984년 8월 2일 EPA는 제안 규정을 공표하였다.[27] 이 규정은 1986년 1월 1일부로 휘발유에 함유된 납의 허용수준이 0.1gplg로 낮아지도록 요구하는

---

26) Joel Schwartz, Jane Leggett, Bart Ostro, Hugh Pitcher, and Ronnie Levin, *Costs and Benefits of Reducing Lead in Gasoline: Draft Final Report* (Washington DC: Office of Policy Analysis, EPA, March 26, 1984).

27) 49 Fed. Reg. 31031 (1984. 8. 2.)

것이었다. 제안설명은 새로운 기준이 기존의 정유장비로도 가능하다는 EPA의 가정을 언급하고 있는데, 이 가정이 잘못된 것으로 판명될 경우에는 좀더 점진적 감소를 내용으로 하는 다른 단계적 도입계획들도 고려되고 있다고 밝혔다. 마침내 이 제안은 1995년에 휘발유에 납첨가를 전면적으로 금지하는 조치의 가능성을 높이게 되었다.

휘발유에 함유된 납의 양과 혈중납농도 간의 관계

납기준 강화의 직접적인 건강 편익을 계산하기 위해서는 휘발유에 함유된 납이 혈액 속의 납에 미치는 영향을 계량적으로 추정하여야 한다. NHANES II 자료와 휘발유에 함유된 납의 수준에 관한 정보를 가지고 이 연구팀은 필요한 추정치를 산출할 수 있었다. 그들의 노력은 정책분석에서 통계적 추론이 어떻게 이용될 수 있는지를 잘 보여주는 실례를 제공한다.

다변량분석의 필요성

[그림 C9.2-1]을 대충 살펴보면 휘발유에 함유된 납의 양과 혈중납농도 간에 강한 정의 관계가 있음을 알 수 있다. 좀더 세밀한 분석이 필요한 이유는 무엇인가? 첫째, [그림 C9.2-1]로부터 직접 "이전 1개월 동안 휘발유에 사용된 납의 총량 1,000톤당 혈중납농도가 얼마나 감소되는가?"와 같은 실증적인 핵심 질문에 답하기 어렵다는 것이다. [그림 C9.2-1]은 휘발유에 함유된 납의 양과 혈중납농도 사이에 정의 상관관계가 있음을 나타낸다. 다시 말해서 혈중납농도의 변화는 휘발유에 함유된 납의 양 변화에 매우 밀접하게 관련된다는 뜻이다. 그러나 자료에서 나타나는 상관관계가 같아도 위의 핵심 질문에 아주 다른 답을 할 수가 있는 것이다.

[그림 C9.2-2]는 일정한 양식에 맞춘 자료에서 상관관계와 효과의 크기는 차이가 있음을 보여주고 있다. 만약 자료가 세모로 표시된 점들로 나타났다면, 혈중납농도와 휘발유에 함유된 납의 양 사이의 관계에 적합한 회귀직선으로 직선 1을 예상할 수 있다. 휘발유에 함유된 납의 양이 하루 500톤에서 400톤으로 감소할 때 효과는 평균 혈중납농도가 10.1*μg/dl*에서 10.0*μg/dl*로 감소하는 효과가 있을 것이다. 다시 말해서 하루 100톤당 0.1*μg/dl*만큼 감소하는 것이다. 동그라미로 표시된 점들로 나타낸 자료들도 세모로 표시된 점들

그림 C9.2-2 상관관계가 같고 회귀직선이 다른 자료의 예

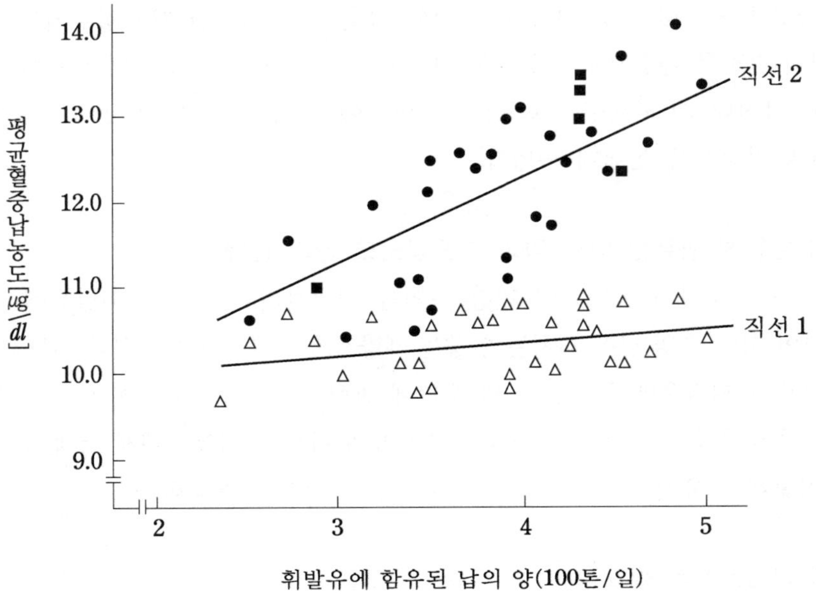

의 상관관계와 거의 같은데, 이 자료에 적합한 직선 2의 기울기는 1(하루 100톤당 1$\mu g/dl$)이 되어 직선 1에 비하여 10배나 된다. 즉, 두 자료의 상관관계가 같은데도 불구하고, 두 번째 자료가 첫 번째 자료에 비해서 그 기여도(휘발유에 함유된 납의 양이 혈중납농도에 미치는 영향)가 훨씬 크다는 것을 의미한다.

[그림 C9.2-2]에서 혈중납농도와 휘발유에 함유된 납의 양을 그림으로 나타낸 후에도, 분명한 관계(직선 1과 직선 2의 기울기)가 허위의 관계일 수 있기 때문에 여기에서의 분석은 완전치 못하다. 혈중납농도와 휘발유에 함유된 납의 양이 직접적인 관련이 없고, 두 변수를 동시에 변화시키는 제3의 변수가 관련되어 있을 수도 있다. 이런 문제에 대한 전통적인 예가 황새 둥지의 밀도와 인간의 출생률 사이에서 자주 발견되는 상관관계이다. 어떤 지역에서 황새 둥지의 밀도와 출생률을 그림으로 나타내면 양의 관계를 발견할 수 있고, 따라서 황새가 어린아이를 가져온다는 이야기에 일리가 있다고 결론지을 수도 있다.

물론 개연성이 더 높은 설명도 있다. 출생률과 둥지 밀도 사이에 도시화

정도를 측정하는 변수가 있다는 것이다. 시골에서는 허드렛일을 도와줄 많은 아이들을 원하는 농부가 많고, 동시에 황새 둥지가 될 만한 들판이 많다. 도시지역에서는 아이를 적게 갖기를 원하는 사람들이 많고, 동시에 황새가 둥지를 틀 만한 땅이 적다. 시골 지역과 도시 지역을 포함하는 표본을 조사해보면 출생률과 둥지 밀도 사이에 양의 상관관계가 나타날 수 있는 것이다. 만약 이 매개변수를 통계적으로 통제하여 시골 지역과 도시 지역을 분리하여 조사하면 출생률과 둥지 밀도 사이의 상관관계는 무시해도 좋을 정도가 될 것이다.

분석으로 되돌아가서, 휘발유에 함유된 납의 양과 혈중납농도 간 양의 상관관계를 설명하는 몇 개의 제3의 변수를 고려해야 한다. 예를 들어, 흡연자는 비흡연자에 비하여 높은 혈중납농도를 갖는다는 증거가 있다. NHANES II 자료를 수집하는 기간 동안에 표본에 속한 구성원 중 흡연자비율이 감소하여, 평균 혈중납농도가 감소하는 경향의 많은 부분이 휘발유에 함유된 납의 양 감소 때문이 아니라 흡연률의 감소 때문일 가능성이 있다.

흡연이 매개변수 또는 혼란변수인지를 확인하기 위하여 [그림 C9.2-2]와 같이 흡연자와 비흡연자를 분리하여 그래프를 그려볼 수 있다. 이런 방법으로 조사기간 동안 표본의 구성원 중 흡연자비율의 변화가 혈중납농도의 변화를 초래할 가능성을 통제할 수 있다. 만약 두 표본에 적합한 회귀직선의 기울기가 비슷하다면, 흡연이 휘발유에 함유된 납의 양과 혈중납농도 간의 관계에서 매개변수가 아니라고 결론지을 것이다.[28)]

자료의 양이 무한하다면 우리는 이런 방법으로 매개변수들을 언제나 통제할 수 있다. 불행하게도 표본의 크기가 고정된 경우, 우리가 설명하고자 하는 종속변수(혈중납농도)와 하나의 설명변수로 예상하는 독립변수(휘발유에 함유된 납의 양)를 제외한 모든 변수를 고정시킨 자료를 여러 부분으로 나누면 관측치의 수가 너무 적어지게 된다. 예를 들어, 직업상 노출, 알코올 소비, 지역, 연령 등은 휘발유에 함유된 납의 양과 혈중납농도 간 관계에 영향을 줄 수 있는 몇 가지 변수들에 불과한 것이다. 만약 우리의 표본 중에서 술을

28) 두 직선이 일치하면, 흡연이 혈중납농도에 영향을 주지 않는다고 결론 지을 것이다. 두 직선이 평행하다면, 두 절편의 차이는 흡연이 혈중납농도에 미치는 효과를 나타낼 것이다. 두 직선이 평행하지 않다면, 흡연이 휘발유에 함유된 납에 노출되는 것과 상호작용을 하여 그 효과를 합할 수 없다고 생각할 수 있다. 다시 말해서 흡연자가 비흡연자에 비해서 휘발유에 함유된 납에 노출될 위험이 클 수도 있고 작을 수도 있다.

적당히 마시고 비흡연자이며 직업상 납에 노출되지 않는 남부의 소도시에 거주하는 성인남자들만 선정한다면, 자료가 너무 없어서 [그림 C9.2-2]에서와 같이 믿을 만한 직선을 찾기 어려울 것이다. 적절한 자료를 갖고 있는 경우에도 각 부분 자료에서 얻은 관계의 추정치를 처리해야 한다. 부분 자료의 수는 통제할 변수에 해당하는 항목의 수를 모두 곱한 값이 된다. 이러한 부분 자료로부터 얻은 각 추정치를 통합하는 데 어려움이 있다.29)

기본적인 선형회귀모형

선형회귀는 여러 가지 독립변수들의 효과를 통계적으로 통제하는 간편한 방법을 제공한다.30) 회귀모형을 이용할 때, 독립변수들의 효과를 합할 수 있다는 가정이 필요하다. 다시 말해서 어떤 독립변수가 한 단위 변할 때 종속변수에 미치는 효과는 다른 독립변수들의 값에 관계없이 동일하다는 것이다.31) 선형회귀모형을 수학적 형태로 나타내면 다음과 같다.

$$y = b_0 + b_1x_1 + b_2x_2 + \cdot\cdot\cdot + b_kx_k + e$$

여기에서 y는 종속변수이고, x_1, x_2, ⋯ , x_k는 독립변수이며, b_0, b_1, b_2, ⋯, b_k는 추정된 계수이고, e는 오차항으로 모형에 명백히 포함되지 않은 모든 요소들의 효과를 합한 것이다. 만약 다른 독립변수의 값들은 고정시키고 x_1을 한 단위 증가시키면, y는 b_1만큼 증가하게 된다. 마찬가지로 각 계수는 각 변수의 종속변수에 대한 효과를 나타낸다.

---

29) 만약 부분 자료별로 관계가 전혀 달라진다면, 추정치를 하나로 통합하는 것은 의미가 없을 것이다. 그러나 뒤에서 보겠지만, 우리는 진정한 관계를 관찰할 수 없는 것이고 항상 알 수 없는 오차를 포함하게 되어 있다. 따라서 각 부분 자료의 결과를 통합하는 것이 옳은지 확신할 수 없다. 자료를 더 많이 나눌수록, 표본의 크기는 더 작아지고 오차변량은 더 커지기 때문에, 관측된 차이가 진정한 차이를 반영하는지를 결정하기 더 어렵게 된다.

30) 자세한 내용은 Eric A. Hanushek and John E. Jackson, *Statistical Methods for the Social Sciences* (New York: Academic Press, 1977); Christopher H. Achen, *Interpreting and Using Regression* (Beverly Hills, CA: Sage Publications, 1982) 참조.

31) 이 가정은 그렇게 제한적인 것은 아니다. 비선형성을 포착하기 위해서 원래의 독립변수 기능을 갖는 새로운 변수를 만들 수 있다. 예를 들어, 만약 흡연자가 비흡연자에 비해서 공기 중 납을 쉽게 흡수한다고 생각한다면, 선형회귀모형에 하루 흡연하는 담배의 수와 휘발유에 함유된 납의 양을 곱한 값을 새로운 변수로 포함시킬 수 있다. 이 새로운 변수는 흡연과 휘발유에 함유된 납의 양 사이의 상호작용을 간파할 수 있고, 흡연이나 휘발유에 함유된 납의 양을 포함하여 모형에 속한 다른 독립변수들에 부가하는 효과를 갖는다. 휘발유에 함유된 납의 양이 혈중납농도에 미치는 효과는 휘발유에 함유된 납의 양에 해당하는 변수의 효과와 그 변수와 흡연과의 상호작용의 효과로 구성될 것이다. 상호작용의 효과는 흡연의 수준에 따라 달라질 것이다.

x_1을 제외한 모든 독립변수의 값이 0이라고 가정할 때, y와 x_1을 [그림 C9.2-2]와 같은 그래프로 나타낼 수 있다. 식 $y = b_0 + b_1x_1$은 우리의 관측치들에 적합한 직선을 나타낸다. 직선의 기울기는 b_1이고, 이는 다른 것이 같다면 x_1이 한 단위 변할 때 y의 변화치를 의미한다. 그러나 실제 관측치가 정확히 이 직선 위에 있는 것은 아니다. 이 직선으로부터 떨어진 거리가 오차이며, 각 관측치의 오차를 모두 합한 것이 바로 e인 것이다. e값이 작으면, 실제 관측치들이 이 직선에 가까이 있다는 것을 뜻하므로 이 직선은 자료에 적합한 직선이라고 할 수 있다.

적합한 직선을 어떻게 찾아야 하는가? 가장 흔히 이용되는 방법이 최소자승법(OLS, ordinary least squares)이다. 독립변수가 하나일 때, [그림 C9.2-2]와 같이 2차 평면 위에 그래프로 나타낼 수 있고, 최소자승법으로 각 관측치의 편차를 제곱하여 합한 값이 가장 작은 직선을 발견할 수 있다. 독립변수가 두 개 이상일 때에도 최소자승법으로 예측오차의 제곱합을 최소화하는 계수값(b_0, b_1, ⋯, b_k)을 발견할 수 있다.[32] 관측치의 수가 추정하고자 하는 계수의 수보다 많고 어떤 독립변수도 다른 독립변수들과 선형의 결합관계가 나타나지 않으면, 일반적으로 사용되는 컴퓨터 회귀분석 프로그램으로 최소자승법에 의한 계수를 발견할 수 있다.[33]

최소자승법(OLS)으로 구한 계수들의 추정량은 여러 가지 바람직한 특징을 갖는다. 독립변수들이 모두 오차항(e)과 상관관계가 없다면, 계수들의 추정량은 바이어스가 없게 된다.[34] 추정량(estimator)은 자료로부터 특정한 추

32) 예측오차(prediction error)는 종속변수의 관측치에서 추정된 계수값과 독립변수의 값에 의하여 계산된 종속변수의 예측치를 뺀 값이다. 각 관측마다 예측오차를 계산할 수 있다. 예측오차는 잔차(residual of the observation)라고도 한다. 최소자승법(OLS)으로 잔차제곱의 합을 최소화하는 계수를 찾을 수 있다.

33) 어떤 독립변수가 다른 독립변수들과 선형의 결합관계를 나타낼 수 있는 경우, 완전한 다중공선성(perfect multicollinearity) 현상이 일어난다. 이와 관련하여 흔히 발생하는 문제는 독립변수들 간의 상관관계가 높을 때 발생하는데, 해결하기가 매우 어렵다. 이런 경우, 이를 다중공선성(multicollinearity)이라고 하는데, 이는 구체적인 모형의 문제가 아니고 추정에 사용되는 자료의 문제이다. 만약 두 독립변수의 상관관계(+ 또는 −)가 높다면, 최소자승법(OLS)으로 종속변수에 대한 각 독립변수의 효과를 식별하기 어렵다. 따라서 이런 변수에 해당하는 계수의 추정치는 신뢰할 수 없게 된다. 다시 말해서 분산(variance)이 커지게 되고, 종속변수에 대한 각 독립변수의 효과를 통계적으로 알아낼 수 없을 가능성이 증가하는 것이다. 다중공선성을 해결하는 하나의 방법은 상관관계를 낮출 수 있는 새로운 관측치들을 포함시키는 것이다. 예를 들어, 만약 흡연과 음주 사이에 높은 양의 상관관계가 있다면, 흡연은 하나 음주를 하지 않는 사람들이나 음주는 하나 흡연을 하지 않는 사람들에 대한 관측치를 포함시키도록 하여야 한다. 불행하게도 이미 가용한 자료만으로 작업을 할 수밖에 없는 경우가 많다.

34) 엄밀히 말해서 각 독립변수에 해당하는 똑같은 관측치들을 갖는 새로운 표본을 구성할 수 있다는 의미에서 독립변수들은 고정되어 있다고 가정하여야 한다. 물론, 독립변수들이 고정되어 있더라도

정치를 계산할 때 사용하는 공식이다. 하나의 추정량이 바이어스가 없다는 의미를 이해하기 위해서는 특정한 추정치는 자료표본에서 실제로 발생하는 오차에 따라 달라진다는 사실을 기억해야 한다. 만약 새로운 표본을 선정하게 되면, 다른 오차들을 갖게 되고, 따라서 다른 추정량을 갖게 된다. 하나의 추정량이 바이어스가 없을 때, 각 표본에서 구한 추정치들의 평균은 진짜 계수값에 가까워질 것이라고 기대할 수 있다. 예를 들어, 만약 휘발유에 함유된 납의 양이 혈중납농도에 아무런 효과가 없다고 할 때, 우리는 계수를 정확히 0이 아닌 양의 값 혹은 음의 값으로 추정하게 될 것이 거의 확실하다. 그러나 표본의 수를 증가시켜 최소자승법(OLS)을 반복적으로 사용하여 그 계수의 추정치들을 평균하면, 그 값이 0에 매우 가까운 결과를 얻는다는 것이다.[35] 사실, 더 많은 표본을 추가하게 되면 그 평균은 우리가 원하는 바대로 0에 가까워진다.

불행하게도 우리는 보통 단 하나의 표본을 가지고 계수를 추정하게 된다. 어떤 추정치가 진정한 계수값이 0이 아니다라고 결론지을 만큼 0으로부터 충분히 떨어져 있다면, 우리는 어떻게 하여야 하는가? 각 관측치의 오차가 일정한 분산을 갖는 정규분포로부터 나온 것이라고 가정할 때, 이 가정은 상당히 일리가 있는 가정이며, 최소자승법(OLS)으로 구한 추정량들은 t-분포를 따를 것이다.[36] 즉, 어떤 계수의 특정한 추정치는 그 계수의 진짜 값을 중심으로 t-분포를 이루는 어떤 확률변수로부터 뽑은 것이라고 해석할 수 있다(OLS로 구한 추정량은 확률변수이고, 자료로부터 실제로 구한 추정치는 그 확률변수를 현실화한 것이다).

무작위오차 때문에 종속변수의 값은 달라질 것이다. 또한 완전한 일반화를 위해서는 오차항의 기대값이 모든 관측치에서 일정하다고 가정하여야 한다.

35) 만약 휘발유에 함유된 납의 양이 우리의 모형에서 제외된, 혈중납농도에 영향을 미치는 어떤 변수와 상관관계가 있다면 그 평균은 0에 가까워지지 않을 것이다. 이런 경우, 휘발유에 함유된 납의 양은 제외된 그 변수의 대용변수가 된다. 다른 것이 모두 같다면, 제외된 그 변수의 혈중납농도에 미치는 영향이 클수록, 휘발유에 함유된 납의 양과 제외된 그 변수 사이의 상관관계는 커지게 되고, 또 휘발유에 함유된 납의 양에 해당하는 계수의 바이어스도 커지게 된다. 표본의 크기를 증가시키면 계수값이 0에 접근한다는 사실을 알게 되면, 바이어스에 대하여 그리 큰 걱정을 하지 않아도 될 것이다. 표본의 크기를 증가시킬 때 추정량의 분산도 역시 0에 접근한다면, 그 추정량은 일관성 있다고 말할 수 있다. 최소자승법(OLS)으로 구한 추정량들이 정확하게 구체화된 모형에서 일관성이 있다고 하더라도, 제외된 중요한 변수와 상관관계가 있는 변수가 있으면 그 변수에 해당하는 추정량은 일관성이 없게 된다.

36) 중심극한정리(central limit theorem)에 따르면, 무작위 독립변수들의 합이 이루는 분포는 그 합의 수가 커질수록 정규분포에 가까워진다. 거의 모든 분포에 이 정리를 적용할 수 있고, 일정한 분산만 존재하면 충분하다. 모형에서 제외된 모든 요인들의 합을 오차항으로 생각하면, 그리고 그 요인들이 서로 상관관계가 없으며 모형에 포함된 변수와도 상관관계가 없다고 믿는다면, 중심극한정리에 의하여 오차항의 분포는 적어도 대충 정규분포를 이룰 것이다.

OLS로 구한 추정량의 분포를 알면, 우리는 우리가 추정한 계수추정치의 통계적 유의성을 해석할 수 있다. 통계적 유의성은 다음과 같은 질문을 함으로써 결정한다. 진짜 계수값이 0이라면, 우리가 추정한 계수추정치는 얼마나 클 것인가? 우리의 추정량이 0을 중심으로 분포하므로, 진짜 추정량이 0이라고 가정하고(귀무가설) 이 질문에 답하게 된다. 그 다음에 이 분포를 표준화하면 추정량을 표준오차(OLS과정에서 구할 수 있음)로 나눈 분산을 갖는다. 계산 결과가 바로 *t*값이고, 이것을 대부분의 통계학 책 부록에 나오는 *t*-분포표의 임계치와 비교한다. 예를 들어, 계산된 *t*값의 확률이 5%보다 작으면, 모수인 계수값이 0이라는 귀무가설을 기각하게 된다(귀무가설이 옳은데도 잘못 기각할 확률, 즉 유의수준은 우리가 선택하는 것이다).[37] 검증하기 위해서는 *t*-분포표에서 5%에 해당하는 임계치를 찾아야 한다.[38] *t*의 절대값이 임계치보다 크면 우리는 귀무가설을 기각하고, 우리가 추정한 계수는 통계적으로 유의미하게 0과 다르다고 결론 짓는다.

다행히 대부분의 회귀분석 프로그램이 계산된 *t*값에 해당하는 유의확률을 계산해주기 때문에 임계치를 일일이 찾아볼 필요가 없다. 계수에 대한 일반적인 검증에서 우리는 나타난 유의확률이 유의수준(마땅히 채택하여야 할 귀무가설을 잘못 기각할 확률)보다 작은지 살피면 된다. 만약 그 값이 유의수준보다 작으면 귀무가설을 기각하는 것이다.

<표 C9.2-1>에 나타낸 회귀분석결과를 살펴보자. 혈중납농도를 측정한 NHANES II 조사는 백인 6,534명의 자료를 분석한 것이다.[39] 종속변수는 개인의 혈중납농도(*μg/dl*)이다. 독립변수는 '효과' 난에 열거되어 있다. 개인의 혈중납농도를 측정하기 1개월 전 휘발유에 함유된 납의 총소비량(단위: 100

37) 올바른 귀무가설을 잘못 기각하는 것을 제 I 종오류라고 한다. 대립가설이 옳은데도 귀무가설을 기각하지 않고 채택하는 것을 제II종오류라고 한다. 우리는 보통 제 I 종오류를 범할 확률을 5% 등으로 정하는 것이다. 표본의 크기가 일정할 때, 제 I 종오류를 범할 확률을 낮게 잡을수록 제II종오류를 범할 확률은 커진다.

38) *t*-분포는 자유도에 따라 달라진다. 기본적인 OLS에서 자유도는 관측치의 수에서 추정되는 계수의 수를 뺀 값이다. 자유도가 커지면, *t*-분포는 표준정규분포에 가까워진다. 또한 단측검증과 양측검증의 차이를 알아야 한다. *t*-분포는 0을 중심으로 좌우대칭인 분포이므로, 유의수준이 5%인 경우 양쪽 꼬리에 2.5%씩 기각영역이 생기도록 임계치가 정해진다. 단측검증의 경우에는 모수인 계수값이 0보다 작거나 같다라는 귀무가설에 적절한 5% 기각영역이 오른쪽 꼬리에만 생기도록 하여야 한다.

39) 분석가들은 유사한 모형으로 흑인에 대한 추정과 흑인과 백인 모두에 대한 추정을 하였다. 휘발유에 함유된 납에 해당하는 계수의 추정치는 각 표본에서 10% 이상 차이나지 않았다. 공간절약 차원에서, 그들은 백인에 대한 회귀분석결과만을 자세히 보고하였다. 백인을 택한 이유는 가장 큰 그룹이고, 혈중납농도와 휘발유에 함유된 납 사이의 관계가 표본의 인종별 구성에 따라 달라질 수 있다는 주장을 차단하기 위해서였다.

표 C9.2-1 휘발유함유 납이 혈중납농도에 미치는 효과 추정 기본회귀모형

효 과	계 수	표준오차	p값
절편	6.15		
휘발유	2.14	.142	0.0000
저소득	0.79	.243	0.0025
중간소득	0.32	.184	0.0897
어린이(8세 이하)	3.47	.354	0.0000
흡연담배수	0.08	.012	0.0000
직업상노출	1.74	.251	0.0000
비타민 C	-0.04	.000	0.0010
10대 청소년	-0.30	.224	0.1841
남성	0.50	.436	0.2538
10대 남성	1.67	.510	0.0026
성인 남성	3.40	.510	0.0000
소도시	-0.91	.292	0.0039
농촌지역	-1.29	.316	0.0003
인	-0.001	.000	0.0009
음주자	0.67	.173	0.0007
과음자	1.53	.316	0.0000
동북부지역	-1.09	.332	0.0028
남부지역	-1.44	.374	0.0005
중서부지역	-1.35	.500	0.0115
교육수준	-0.60	.140	0.0000
리보플라빈	0.188	.071	0.0186
비타민 A	0.018	.008	0.0355

주: 종속변수는 NHANES II 조사에서 백인의 혈중납농도(*μg/dl*)
출처: Joel Schwartz et al., *Costs and Benefits of Reducing Lead in Gasoline: Final Regulatory Impact Analysis.* (Washington DC: EPA, 1985), p. III-15. 원래 보고서에서는 틀린 표준오차를 보고하였다. 여기에 나타낸 표준오차는 Joel Schwartz에 의해 제공된 것이다.

톤/일)이 가장 관심을 끄는 독립변수이다. 혈중납농도에 영향을 줄 것으로 예상되는 다른 요소들을 통계적으로 통제하기 위해서 기타 독립변수들이 포함되었다. 하루 흡연되는 담배의 양과 음식물 요소들(비타민 C, 리보플라빈 등등)을 제외한 다른 통제변수들은 변수로 어떤 조건을 충족하면 1, 아니면 0

값을 취하는 '더미'(dummy) 변수들이다. 예를 들어, '남성'이란 변수에서 남성이면 1, 여성이면 0이 된다. 비타민 C, 인, 리보플라빈, 비타민 A 등의 변수는 음식물을 통한 납의 섭취량의 대용변수로 포함된 것이다(단위: mg). 이렇게 하지 않는 경우 인구통계, 소득, 직업, 음주, 지역 등의 효과를 통제하기 위한 변수들이 포함되어야 한다. 보고된 결정계수(R^2)는 모든 독립변수들이 혈중납농도의 총변동량(variation)을 33% 정도 설명한다는 것을 나타내고 있다.[40)]

휘발유에 함유된 납에 해당하는 계수의 추정치는 휘발유에 함유된 납의 하루 총소비량 100톤당 혈중납농도 2.14$\mu g/dl$이다. 이 계수추정치를 해당 표준오차 0.192로 나누면 약 11이라는 t값이 나온다. 계산된 t값은 진짜 계수의 값이 0이 될 확률이 10,000분의 1보다 작다는 의미이다(p값 난에 0.0000으로 나타냄). 따라서 우리는 귀무가설을 기각하게 되고, 휘발유에 함유된 납이 혈중납농도에 영향을 준다는 대립가설을 채택하게 된다. 다시 말해서, 휘발유에 함유된 납이 혈중납농도에 통계적으로 유의미한 효과를 미친다고 말할 수 있다.

통계적으로 유의미한 효과를 발견한 후, 그 다음 질문은 계수의 크기가 실질적 의미가 있는가 하는 것이다. 즉, 그 변수가 고려할만한 가치가 있는 효과를 나타내는가 하는 것이다.[41)] 이런 질문에 답하는 한 방법은 추정된 계수와 독립변수의 발생확률을 곱하는 것이다. 예를 들어, NHANES II 조사 끝무렵에 휘발유에 함유된 납의 하루 총소비량이 약 250톤 수준이었다. 어떤 엄격한 정책이 하루 25톤 수준으로 줄일 수 있다고 하자. 휘발유에 함유된 납에 해당하는 추정된 계수를 이용하면, 혈중납농도 수준을 평균 약 4.8$\mu g/dl$ 정도 감소시킨다고 예상할 수 있다(225톤 곱하기 계수값인 하루 100톤당 2.14$\mu g/dl$).

4.8$\mu g/dl$ 정도의 감소가 실질적으로 중요한가를 알기 위해서 250톤 수준과 25톤 수준에서 대표집단의 혈중납농도를 살펴볼 수 있다. 예를 들어, 250톤 수준에서 비흡연자(흡연담배수가 0), 적당한 음주자(음주자 변수는 1, 과

40) 결정계수(R^2)는 어떤 모형이 특정한 표본의 자료에 어느 정도 적합한지를 재는 척도이다. 이것은 모형으로 예측된 종속변수의 값과 실제 관측된 값 사이의 상관관계의 제곱이다. R^2이 1이면 모형이 완벽하게 예측한다는 의미이고, R^2이 0이면 모형이 예측에 전혀 기여하지 못함을 의미한다.

41) 표본의 규모가 증가하면 계수추정치의 표준오차는 감소한다. 따라서 규모가 큰 표본에서는 추정된 계수(또는 모수)가 작더라도 t값이 커지게 된다. 우리는 1에서 유의수준(귀무가설을 잘못 기각하고 대립가설을 채택할 확률)을 뺀 값을 통계적 검증력으로 본다. 다른 사항이 같다면, 표본의 규모가 커지면 검증력도 커지고, 귀무가설을 기각하고 대립가설을 채택할 확률도 커지게 된다.

음자 변수는 0), 직업상 비노출(직업상노출 변수가 0), 성인 여성(어린이 변수 0, 10대 청소년 변수 0, 10대 남성 변수 0, 성인 남성 변수 0), 북동부 대도시 거주(북동부지역 변수 1, 소도시 변수 0, 농촌지역 변수 0, 남부지역 변수 0, 중서부지역 변수 0), 중간소득, 대학졸업, 고영양음식(저소득 0, 중간소득 1, 교육수준 1, 비타민 C 1, 인 1, 리보플라빈 1, 비타민 A 1) 등에 해당하는 사람의 혈중납농도는 10.6*μg/dl*로 예상될 것이다. 만약 휘발유에 함유된 납의 수준을 25톤으로 줄인다면, 똑같은 사람의 혈중납농도가 5.8*μg/dl* 수준이라고 예상할 수 있고 이는 약 45% 감소를 뜻한다. 그러므로 혈중납농도에 대한 휘발유에 함유된 납의 효과는 통계적으로도 유의미하고 실질적으로도 유의미한 것으로 나타난다.

연구진은 특히 휘발유에 함유된 납이 어린이의 혈중납농도에 미치는 영향을 추정하는 데 관심을 두었다. 우선 그들은 생후 6개월 이상 8세 이하 어린이의 혈중납농도가 30*μg/dl*(그 당시 질병통제센터가 정의한 납중독 수준)를 초과할 확률을 예측하기 위하여 로지스틱 회귀모형을 개발하였다.[42] 로지스틱 회귀(logistic regression)에서는 종속변수와 독립변수 간에 비선형관계를 가정하며,[43] 종속변수가 이분법적일 때(*Y*값이 어떤 조건에 맞으면 1이고 그렇지 않으면 0) 대개 선형회귀보다 더 적합하다.[44] 연구진은 NHANES Ⅱ 자료에서 휘발유에 함유된 납과 어린이의 혈중납농도가 유해한 수준에 이를 확률 사이에 깊은 관계가 있다는 사실을 발견하였다. 사실 그들은 휘발유에 함유된 납을 제거함으로써 8세 이하 어린이의 납중독 사례를 80% 감소시킬 수 있을 것으로 추정하였다. 연구진은 로지스틱 회귀와 다른 확률모형들을 이용하여 휘발유에 함유된 납을 감소시키면 어린이들의 혈중납농도가 어떻게 변하는지 추정하였다. 이러한 추정치들은 휘발유에 함유된 납의 감소가 어린이 건강에 어떤 효과를 가져오는지를 평가할 때 필수적인 것이었다.

---

42) 로지스틱 회귀에 관하여는 Hanusheck and Jackson, *Statistical Methods*, pp. 179-216 참조.

43) 로지스틱 회귀모형은 다음과 같이 나타낸다.

$$P(Y) = e^{Z}/(1-e^{Z})$$

여기에서 $P(Y)$는 Y라는 조건을 만족할 확률이고, e는 자연로그의 밑, 그리고 $Z = b_0 + b1x1 + \cdots + bkxk$로 독립변수 x1, x2, …, xk의 가중치를 부여하여 합한 값이다. 계수 b0, b1, …, bk는 표본에서 그 자료를 관측할 확률을 최대화하기 위하여 선정된다. 변수 xi의 종속변수값에 대한 한계기여도는 선형회귀모형에서처럼 bi가 아니고, bi[1-P(Y)]P(Y)인데, 이 값은 P(Y)=0.5일 때 최대 절대값을 갖는다.

44) 로지스틱 회귀모형은 선형회귀모형과는 달리 0과 1 사이의 값을 갖는 확률을 예측한다.

인과관계에 관한 재검토

어떤 회귀모형에서 하나의 독립변수가 통계적으로 유의미한 계수를 갖는다는 사실을 발견한다고 해서 그 자체로 인과관계가 확립되는 것은 아니다. 즉, 독립변수의 변화가 종속변수의 변화를 가져온다고 보장하지는 않는다. 독립변수가 종속변수에 직접적인 영향이 없는 경우에도, 그 모형에 포함되지 않은 어떤 다른 변수가 두 변수와 상관관계가 있어서 자료상의 두 변수 사이에 관계가 있는 것처럼 나타날 수도 있다(출생률과 황새 둥지 밀도 간의 관계를 기억하라). 휘발유에 함유된 납과 혈중납농도 간의 강한 관계를 인과관계로 해석하여야 하는가?

연구진은 이 문제를 면밀히 검토하였다. 증명이 법적으로 필요한 것은 아니었지만, 그들은 인과관계가 명백히 밝혀지면 제안된 규정이 쉽게 채택될 것으로 믿었다. 그들은 전염병학자들이 인과관계의 가능성을 결정할 때 자주 사용하는 기준들을 적용하기로 하였다. 보건분야 이외의 분야에서 그 기준들 모두가 직접 적용될 수 없다. 그러나 연구진이 그 기준들을 적용한 방식은 실증적 연구에서 가치 있는 문제를 보여준다. 그들이 검토한 6가지 기준을 간단히 살펴보고자 한다.

모형이 생물학적으로 개연성이 있는가? 연구진은 납이 폐나 장을 통해서 흡수될 수 있다고 기록하였다. 그들은 휘발유에 함유된 납이 환경에서 존재하는 납의 주 원천이고, 주로 자동차 배기가스 속에 흡입가능한 미립자들로 방출된다는 것을 지적하였다. 이 미립자들이 폐를 통하여 직접 흡수될 수 있다. 이 미립자들은 오염된 먼지 형태인 경우도 있고, 이들은 폐를 통하여 흡입되거나 장을 통하여 흡수될 수 있다. 따라서 그들은 휘발유에 함유된 납이 혈중납농도에 영향을 미친다는 것이 생물학적으로 개연성이 있다고 주장하였다.

생물학적 개연성은 좀더 일반적인 기준인 역학적(疫學的)으로 표현된다. 모형은 이론적으로 개연성이 있는가? 자료를 통하여 실증적 관계를 탐색하기 전에 모형(어떻게 변수들이 관련되어 있는가에 관한 믿음)을 구체화하여야 한다. 만약 자료들이 모형에 맞는다고 발견되면, 우리는 우리가 추정한 관계가 우연이 아니라고 신뢰할 수 있게 되는 것이다.[45]

45) 어떤 한 변수를 20개의 다른 변수에 대하여 회귀분석을 한다고 생각해보자. 20개의 독립변수가

분석결과를 지지할 실험적 증거가 있는가? 연구진은 휘발유에 함유된 납이 혈중납농도에 미치는 영향을 측정하기 위하여 특별히 설계된 몇 가지 조사의 보고서를 발견하였다. 그 중 하나가 이탈리아의 Turin 지역에서 수행된 실험인데, 이 실험에서 연구자들은 휘발유에 함유된 납의 동위원소 혼합물이 변함에 따른 혈중납의 동위원소 혼합물의 변화를 측정하였다.46) 그들은 Turin지역 거주자들의 혈액 속에 존재하는 납 중 최소 25%가 휘발유로부터 왔다는 것을 발견하였다. 따라서 이 실험은 휘발유에 함유된 납이 혈중납농도에 영향을 미친다는 생물학적인 개연성을 확인하였을 뿐만 아니라, 본 연구진에 의해 추정된 영향의 크기와 비슷한 효과를 제시하였다.

이렇게 강력하고 직접적으로 관련 있는 실험적 뒷받침을 발견할 수 있는 경우는 정책연구에서 매우 드물다. 이는 대부분의 정책연구가 사람들의 행태적 반응을 다루기 때문이다. 사회과학에서 통제된 실험은 드문 경우인데, 그 이유는 비용이 많이 들고 실행하기가 어려울 뿐만 아니라, 사람들을 실험집단과 통제집단에 배정하는 데 따르는 복잡한 윤리적 문제를 갖고 있기 때문이다. 그럼에도 불구하고 미국에서는 지난 20여 년 동안 수많은 정책실험이 수행되었다.47) 그러나 이런 실험 중 어떤 것도 정책문제에 직접 적용될 가능성은 높지 않다. 그러므로 우리는 실험 이외의 다른 실증적 연구에서 확증을 찾도록 하여야 한다.

상이한 자료를 사용하는 다른 연구에서도 같은 결과가 나오는가? 연구진은 휘발유에 함유된 납과 혈중납농도 간의 관계를 발견한 다른 연구 몇 가지를 검토하였다. 이 연구들은 1970년대 질병통제센터의 지원을 받은 전지역에 걸친 납차단사업과 관련하여 수집된 자료48)와 1979년 4월부터 1981년 4

종속변수에 아무런 영향을 주지 못한다고(진정한 모형에서 계수들이 모두 0이라고) 가정하자. 그럼에도 불구하고 귀무가설을 잘못 기각할 확률(유의수준)을 5%로 하고 검증할 경우, 귀무가설을 적어도 하나 기각할 확률은 $0.64[1-(.95)^{20}]$인 것이다. 다시 말해서 충분한 자료를 검토하면, 진정한 관계가 존재하지 않더라도 통계적으로 유의미한 관계를 발견하게 된다는 것이다. 자료를 분석하기 전에 이론적 관계를 구체화시키려고 노력한다면, 특정 자료의 특이성 때문에 잘못 판단할 확률을 줄일 수 있다. 이러한 문제에 대한 간단한 검토는 David L. Weimer, "Collective Delusion in the Social Sciences: Publishing Incentives for Empirical Abuse," *Policy Studies Review,* Vol. 5, No. 4, May 1986, pp. 705-8 참조.

46) S. Fachetti and F. *Geiss, Isotopic Lead Experiment Status Report,* Publication No. EUR8352ZEN (Luxembourg: Commission of the European Communities, 1982).

47) 미국에서 수행된 주요 정책실험에 대해서는 David H. Greenberg and Philip K. Robins, "The Changing Role of Social Experiments in Policy Analysis," *Journal of Policy Analysis and Management,* Vol. 5, No. 2, Winter 1986, pp. 340-62 참조.

48) Irwin H. Billick et al., *Predictions of Pediatric Blood Lead Levels from Gasoline Consumption* (Washington DC: U. S. Department of Housing and Urban Development, 1982).

월까지 보스턴에서 출생한 11,000여명의 신생아 탯줄 속의 혈액으로부터 수집한 자료[49]를 분석하였다. 이 연구들은 휘발유에 함유된 납과 혈중납농도 사이에 통계적으로 유의미한 관계가 있음을 보고하였고, 이는 NHANES Ⅱ 자료에 기초한 본 연구진의 분석을 뒷받침하는 것이었다.

원인이 효과보다 선행하는가? 연구진은 휘발유에 함유된 납이 혈중납농도에 영향을 미칠 것으로 기대되는 바, 혈중납농도와 휘발유에 함유된 납의 지체수준 간의 관계의 강도에 관하여 예측하기 위하여 혈액 속 납의 반감기에 관한 정보를 이용하였다. 납은 혈액 속에서 30일의 반감기를 갖는다. NHANES Ⅱ의 평균 혈액검사가 중순경에 행해진다는 점을 감안할 때, 전월의 휘발유에 함유된 납의 양(평균적으로 검사 전 15일에서 45일 사이에 발생한 배기가스를 나타냄)이 금월의 양(15일 이내에 노출된 것)이나 두 달 전에 발생한 양(45일에서 75일 사이에 노출된 것)보다 혈중납농도에 큰 영향을 미칠 것임을 알 수 있었다. 연구진은 현재, 한 달 전, 두 달 전에 발생한 각각의 휘발유에 함유된 납과 혈중납농도 간 회귀분석을 실시하여 이러한 예측을 검토하였다. 예측한대로 한 달 전에 발생한 휘발유에 함유된 납이 가장 중요하게 나타났다. 또한 30일이라는 반감기와 일치되게 두 달 전에 발생한 휘발유에 함유된 납에 해당하는 계수값은 한 달 전에 발생한 휘발유에 함유된 납에 해당하는 계수값의 약 1/2이었다. 따라서 기대하는 바와 같이, 원인이 효과보다 선행하는 것으로 나타났다.

안정된 용량반응관계가 존재하는가? 연구진이 사용한 회귀모형에서는 휘발유에 함유된 납과 혈중납농도 사이에 선형의 관계를 가정하였다. 이러한 관계가 휘발유에 함유된 납의 수준이 변할 때 그대로 유지되었는가? 이 질문에 답하기 위하여, 휘발유에 함유된 납의 수준이 평균적으로 NHANES Ⅱ 조사의 후반부는 전반부에 비해서 50% 정도 낮다는 사실을 연구진이 이용하였다. 만약 휘발유에 함유된 납과 혈중납농도 간의 관계가 안정적이라면, 후반부 자료만을 이용한 회귀모형을 재추정하면 전체 표본을 사용하는 것과 마찬가지로 휘발유에 함유된 납에 해당하는 계수를 추정할 수 있다. 연구진은 계수값들이 실제로 완전히 일치한다는 것을 확인하였다. 그리고 비선형적 효

49) Michael Rabinowitz and Herbert L. Needleman, "Petrol Lead Sales and Umbilical Cord Blood Lead Levels in Boston, Massachusetts," *Lancet*, January 1/8, 1983, p. 63.

과의 가능성을 고려하는 회귀모형의 추정은 초기에 발견한 휘발유에 함유된 납과 혈중납농도 간의 선형적 관계를 뒷받침하는 것이었다.

분석에 포함되지 않은 요소들이 관찰된 관계를 설명할 가능성은 없는가? 연구진은 휘발유에 함유된 납과 혈중납농도 간의 명백한 관계를 혼란스럽게 할 수 있는 몇 가지 요소들을 검토하였다. 이를테면 음식물을 통한 납의 섭취, 납이 첨가된 색소(또는 페인트)에 노출되는 것, 계절적인 현상, 표본추출 방식 등의 요소들이다.

기본적인 회귀모형은 음식물을 통한 납의 섭취를 측정하기 위한 대용변수로 영양변수와 인구통계적 변수를 포함하고 있었다. 그러나 휘발유에 함유된 납과 혈중납농도 간의 추정된 관계가 음식물을 통한 납의 섭취량이 점차 감소하는 경향 때문에 나타났을 가능성은 이들 변수로 적절히 통제될 수 없을 것이다. 그러나 같은 조사기간 동안에 식품의약청(FDA)에 의해 수행된 장바구니조사(market basket studies)에 따르면, 음식물을 통한 납의 섭취량이 감소하는 경향이 없었다. 또한 먹는 물을 통한 납의 섭취도 대개 산성도에 따라 달라지는데, 조사기간 동안 체계적으로 변하지 않았다. 납과 주석의 합금으로 만든 캔의 변화로 조사기간 동안 캔 식품 속의 납함유량이 감소하였다는 증거가 있다. 그러나 연구진은 독립변수에 포함시킴으로써 캔 식품 속의 납함유량을 혼란요소로 제거할 수 있었다. 이렇게 하여 회귀모형을 다시 추정한 결과, 휘발유에 함유된 납에 해당하는 계수는 본질적으로 변하지 않음을 발견하였다.

연구진은 납이 함유된 색소에 노출되는 것도 하나의 혼란요소일 수 있다는 점을 인식하였다. 그들은 세 가지 이유를 근거로 그 가능성을 배제하였다.

첫째, 색소에 함유된 납은 어린이들(색소가 든 과자를 먹는) 혈중납농도의 주 원천이고 성인의 경우는 그렇지 않다. 만약 납이 함유된 색소에 대한 노출이 감소하여 휘발유에 함유된 납과 혈중납농도 간의 추정된 관계가 달라진 것이라고 한다면, 혈중납농도의 감소는 성인보다는 어린이들에게 더 많이 나타나야 한다. 그런데 조사기간 동안에 성인의 평균 감소비율이 어린이들보다 약간 낮은 정도였다(성인의 경우 37%, 어린이의 경우 42%).

둘째, 색소에 함유된 납을 섭취하면 대개 혈중납농도 수준은 크게 증가한다. 만약 색소에 함유된 납에 대한 노출이 감소하여 혈중납농도 수준이 낮아졌다고 하면, 혈중납농도 수준이 높은 사람의 수가 감소하는 것으로 개선된 것을 알 수 있을 것이다. 그런데 조사기간 동안에 애초부터 그 수준이 낮은 집단에서도 혈중납농도 수준이 감소하였다.[50)]

셋째, 페인트에 함유된 납에 대한 노출감소는 교외보다 도심에서 더 중요한 요인일 것이다. 왜냐하면 교외에서는 납이 함유된 페인트가 벗겨지는 빈도가 낮은 새로운 주택을 소유하는 경향이 있기 때문이다. 그러나 휘발유에 함유된 납에 해당하는 계수는 도심을 대상으로 한 표본일부에서나 교외를 대상으로 한 표본 일부에서나 본질적으로 같았다.

미국의 경우 혈중납농도 수준은 평균적으로 겨울보다 여름에 높다. 계절적 변동이 휘발유에 함유된 납과 혈중납농도 간의 관계를 혼란스럽게 할 가능성을 배제하기 위하여, 연구진은 독립적인 계절적 효과의 가능성을 검토하기 위하여 지표(indicator) 변수들을 포함시킨 기본모형을 다시 추정하였다. 휘발유에 함유된 납이 모형에 포함되어 있는 경우, 계절적 변수들에 해당하는 계수들은 통계적으로 유의미하지 않았다. 따라서 휘발유에 함유된 납의 변화가 혈중납농도의 계절적 변화와 장기간 변화를 적절히 설명할 수 있는 것으로 나타났다.

이미 언급한 바와 같이 연구진은 여러 가지 인구통계학적 하위표본들에 대한 기본모형을 추정하였는데, 휘발유에 함유된 납에 해당하는 계수는 10% 이상 차이가 나지 않았다. 그러나 연구진은 조사기간 동안 NHANES II 표본추출지역의 차이가 휘발유에 함유된 납에 해당하는 계수의 추정을 혼란스럽게 했을지도 모른다고 생각했다. 그래서 연구진은 49개 지역에 해당하는 지표변수를 포함하는 기본모형을 다시 추정하여 휘발유에 함유된 납에 해당하는 계수가 5% 정도밖에 변하지 않음을 발견하였다. 더 나아가 연구진은, 지역별로 다르게 나오도록 변수들을 포함시킨 경우에도, 휘발유에 함유된 납의 전국적 효과를 나타내는 계수가 통계적으로 그리고 실질적으로 유의미하다는 사실을 발견하였다. 이러한 모든 검증을 통하여 연구진은 표본추출상 심각한 바이어스의 가능성을 배제할 수 있었다.

50) 연구진은 납이 함유된 색소에 노출된 어린이들과 그렇지 않은 어린이들을 대상으로 휘발유에 함유된 납으로 인한 중독가능성을 추정하기 위하여 시카고에서 시행된 납차단 프로그램으로부터의 자료도 이용하였다. 연구진은 두 집단 모두에서 휘발유에 함유된 납이 통계적으로 유의미한 양(+)의 계수를 갖는다는 사실을 발견하였다.

증거의 중요성

연구진은 휘발유에 함유된 납과 혈중납농도 간의 중요한 인과관계를 뒷받침하는 매우 강력한 사례를 만들었다. 여러 면에서 그들의 노력은 모범적이었다. 연구진은 주된 자료분석을 보완하기 위하여 다양한 출처로부터 관련된 증거를 도출하였다. 연구진은 가능한 혼란요소들에 주의를 기울여, 내적인 검증(하위표본분석과 모형의 재구성)을 검토하고, 외적인 증거를 찾아 배제할 수 있는지 검토하였다. 결국 제안된 정책에 반대하는 사람들은 실증적 기초를 공격할 기회를 거의 갖지 못하였다.

법령의 완성

제안된 법령이 공표된 후 분석팀이 직면한 주임무는 이익단체들에 의해 제기된 의견들에 답하는 것이었다. 팀 구성원들은 1984년 8월에 개최된 공청회에 참석하고, 회의기록에 명시된 의견들에 답하는 데 그 해 가을 대부분을 보냈으며, 이러한 일들이 10월 1일 종료되었다. 이러한 과정에서 그들은 제안된 법령이 그들이 공언한 것처럼 큰 순편익을 가져올 것임을 확신하게 되었다. 동시에 그들은 또 다른 편익항목인 성인 혈압수준의 감소를 발견하였는데, 이것은 이전의 편익들을 압도할 수 있는 것이었다.

1983년 슈워츠는 혈중납농도와 고혈압 간의 상관관계를 보고하였던 연구논문을 우연히 발견하였다.[51] 그는 질병통제센터의 연구원들과 미시간 대학의 학자들과 함께 혈중납농도와 혈압수준 간에 관계가 존재하는지를 규명하기 위한 연구를 시작하였다. 1984년 여름, NHANES II 자료에 대한 그들의 분석은 강한 연관성을 제시하였다.[52] 높은 혈압은 고혈압, 심근경색, 뇌졸중 등에 영향을 미치기 때문에 혈중납농도를 줄임으로써 얻을 수 있는 편익은 막대한 것이었다. 최종 법령은 결국 성인 혈중납농도 수준의 감소로부터 얻는 편익의 계량적 추정치를 상관하지 않고 발간되었지만, 분석팀은 보충 문서에 추정치를 제공하였다.

---

51) V. Batuman, E. Landy, J. K. Maesaka, and R. P. Wedeen, "Contribution of Lead to Hypertension with Renal Impairment," *New England Journal of Medicine*, No. 309, 1983, pp. 17-21.

52) 그들의 연구결과는 나중에 다음 논문으로 발표되었다. J. L. Pirkle, J. Schwartz, J. R. Landes, and W. R. Harlan, "The Relationship between Blood Lead Levels and Blood Pressure and Its Cardiovascular Risk Implications," *American Journal of Epidemiology*, Vol. 121, No. 2, 1985, pp. 246-58.

남은 문제 하나는 이행계획(compliance schedule)을 만드는 것이었다. 에너지부에서 원래 개발한 미국 정유분야에 관한 모형을 이용하여 여러 가지 납기준에 대한 비용이 추정되었다. 이 모형은 원유를 최종 석유제품으로 전환시키는 여러 종류의 정유능력을 설명한다. 이 모형은 최적화절차를 적용하여, 소비자잉여와 생산자잉여의 합인 사회적 잉여를 최대화하는, 정유시설간 원유와 중간 석유제품을 각 정유시설에 배분하는 방식을 탐색한다. 이러한 배분방식은 가용 시설의 이용에 대한 제약이 없을 때 완전경쟁시장의 운용결과와 일치한다. 비용은 납에 대한 제한이 강화되었을 때(이를테면 1.1gplg에서 0.1gplg로) 그 결과 나타나는 사회적 잉여의 감소를 관찰하여 추정된다. 납첨가업체들은 이 모형이 각 정유업체들의 수용능력을 활용하는 면에서 실제보다 더 많은 융통성을 가정하고 있다는 이유로 이러한 결과를 비판하였다.

분석팀은 EPA의 다른 부서 직원들과 회의를 갖고 대안적 이행계획을 검토하였다. 잠정적인 결정은 1985년 7월 1일부터 발효하는 중간기준을 0.5gplg로 정하고 1986년 1월 1일부터 발효하는 최종기준을 0.1gplg로 정하는 것이었지만, 일부 직원들이 기존의 장비로는 이행할 수 없는 정유업체도 있다는 점을 우려했다. 만약 이러한 우려가 현실화된다면, 새로운 법령의 경제적 비용은 추산된 것보다 높을 것이고 아마도 정치적 문제를 야기할 것이다.

이 프로젝트의 컨설턴트를 맡았던 소보트카 사(Sobotka and Company)의 윌리엄 존슨(William Johnson)은 하나의 해결책을 제시하였다. 만약 정유업체간 장비의 물리적 분포가 이 모형에서 가정하고 있는 석유이동의 융통성을 방해한다면, 구체적인 애로를 극복하기 위한 거래를 용이하게 하기 위해서 납에 대한 권리에 관한 2차 시장(secondary market)을 만들 수 있을 것으로 생각했다. 1985년 7월 1일부터 1988년 1월 1일까지 허용된 납의 총량을 하나의 제약조건이라고 할 때, 중요한 문제는 최소의 비용으로 0.5gplg라는 중간기준 이하로 납첨가를 줄일 수 있는 정유업자에게 유인(incentive)을 제공하는 일이었다. 그들이 추가로 감소시킨 양은 기존의 장비로는 기본적인 기준을 충족시킬 수 없는 정유업자들에 의해 생산된 휘발유에 함유된 납의 초과량을 상쇄할 수 있다. 현재 기준 이하로 감소시키면, 미래 어느 시점에 기준을 초과할 수 있는 권리가 생기기 때문에, 이러한 거래과정을 '납에 대한 권리의 예치(banking of lead rights)'라고 불렀다. 정유업자들은 납에 대한 권리를 서로에게 이익이 되는 가격에서 자유롭게 사고 팔 수 있을 것이다. 이렇게 하면 새로운 기준을 충족시키는 총비용은 줄어들게 된다.

납에 관한 법령에 관여한 EPA의 여러 부서에서 온 대표들은 예치제도가 이행계획에 관한 걱정을 해결하는 좋은 방법이 될 것 같다는 데 동의하였다. 8월에 공표된 제안 법령에는 이러한 논의가 없었기 때문에 예치제도가 최종 법령에 포함될 수 없었다. 그렇지만 추가 고지에 예치제도를 신속하게 제안하여, 이 제도는 새로운 기준이 완성된 직후에 가용하게 되었다.[53)]

분석팀에게 남은 과업은 최종 법령을 뒷받침하기 위하여 발표될 '규제영향에 대한 최종분석보고서(Final Regulatory Impact Analysis)'를 작성하는 것이었다.[54)] 결과보고서는 유연휘발유사용과 납첨가와 관련된 건강문제 그리고 최종 법령에 포함될 다른 대안들(유연휘발유사용에 대한 구체적인 공공교육, 지역별 단속강화, 일반적으로 납을 부정적 외부효과로 취급하는 오염부담금, 기타 규제기준 등)을 논의하면서 시작하였다. 그 다음에 강화된 납기준에 대한 비용을 추정하는 데 사용된 방법들, 휘발유에 함유된 납과 혈중납농도 간의 연관성, 어린이와 성인이 납에 노출되는 것을 줄임으로써 얻는 건강 편익, 납 이외의 오염물질을 감소시킴으로써 얻는 편익, 차량유지비를 감소시키고 연료효율을 증가시킴으로써 얻는 편익 등을 상세히 다루었다.

최종 법령으로부터 얻는 순편익의 현재가치가 유연휘발유사용(납이 함유된 휘발유를 촉매 컨버터와 같이 사용하는 것)에 관한 여러 가지 가정들과 함께 제시되었다. 허용된 납의 수준이 낮으면, 유연휘발유와 무연휘발유의 가격차이가 적어지기 때문에 유연휘발유사용에 대한 경제적 유인이 줄어든다. 그러나 실제로 얼마만큼 감소할지를 자신 있게 예측할 수는 없다. 따라서 여러 가지 가능성에 대한 순편익을 검토하는 것이 적절한 방법이다. <표 C9.2.2>는 이러한 민감도분석의 결과를 나타낸다. 순편익은 성인혈압과 관련된 편익을 포함한 것과 포함하지 않은 것으로 나누어 제시하고 있다. 혈압과 관련된 편익이 막대한 것으로 나타나지만, 검토된 편익측정치의 가장 최근

53) Fed. Reg. 718(January 4, 1985); 50 Fed. Reg. 13116(April 2, 1985).

54) Joel Schwartz, Hugh Pitcher, Ronnie Levin, Bart Ostro and Albert L. Nichols, *Costs and Benefits of Reducing Lead in Gasoline: Final Regulatory Impact Analysis*, Publication No. EPA-230-05-85-006(Washington DC: Office of Policy Analysis, EPA, February, 1985). 최종보고서가 작성될 때, Jane Leggett는 이 프로젝트팀에서 떠났다. 그 사이에 EPA에 경제분석실장으로 방문하고 있던 하버드대학 교수인 Albert Nichols가 분석팀과 함께 최종보고서를 작성하는 데 참여하였다.

표 C9.2-2 최종 법령에 대한 비용과 편익의 현재가치, 1985~1992

(단위: 1983년 가치 백만 달러)

	무연휘발유 사용	유연휘발유 사용	무연 · 유연휘발유 혼합사용
편익의 화폐가치			
어린이 건강효과	2,582	2,506	2,546
성인의 혈압	27,936	26,743	27,462
일반 오염원	1,525	0	1,114
차량유지비	4,331	3,634	4,077
연료 효율성	856	643	788
편익의 총 화폐가치	37,231	33,526	35,987
총 정유비용	2,637	2,678	2,619
순편익	34,594	30,847	33,368
혈압을 제외한 순편익	6,658	4,105	5,906

출처: Joel Schwartz et al., *Costs and Benefits of Reducing Lead in Gasoline* (Washington, DC: EPA, 1985), table Ⅷ-8, p. Ⅷ-26.

것이고, 따라서 뒷받침 할만한 증거가 가장 개발이 안된 것이다. 그러나 그 기준에 의해서 유연휘발유사용이 감소하지 않고 성인의 건강편익이 없다고 가정하더라도, 편익의 현재가치가 비용의 현재가치보다 두 배 이상 되는 것으로 나타났다. 사실 유지비에 관련된 편익만으로도 높아진 정유비용을 상쇄하고 남는 것으로 나타났다.

'규제영향에 대한 최종분석보고서'가 1985년 2월에 발표되었다. 1985년 3월 7일 최종 법령이 연방관보(Federal Register)에 등재되었다.[55] 이 0.1gplg 기준은 법령을 뒷받침하는 분석작업이 시작된 지 거의 3년 지난 후인 1986년 1월 1일부터 발효하게 되었다.

결 론

우리는 통계적 분석이 정책변동에 중요한 공헌을 한 사례를 살펴보았다. 이러한 사례가 전형적인 것인가? 그렇다고 할 수도 있고 그렇지 않다고 할 수도 있다. 분석기술, 시간, 자료, 재원, 관심 등이 충분하면 이렇게 명백한 실증적 증거를 산출할 수 있다고 기대해서는 안 된다. 동시에 자신 있게 답할 수 없더라도, 적어도 EPA 분석가들이 사용한 여러 가지 통계적 방법으로 접근해 볼 수 있는 실증적 질문들을 접하게 될 것이라고 기대하여야 한다.

55) 50 Fed. Reg. 9386(March 7, 1985).

최근에 등장했던 몇 가지 예를 살펴보자. 사형이 살인을 억제하는가?[56] 법적 음주연령을 높이는 것과 시속 55마일 속도제한이 교통사고사망자수를 줄이는가?[57] 학급당 학생수가 작으면 성취도가 향상되는가?[58] 이러한 실증적 질문들에 대한 널리 수용되는 답이 정책토론에서 반드시 결정적인 것은 아니지만, 적어도 토론이 가치를 고려하는 예측에 대한 논쟁으로부터 벗어나게 할 수 있을 것이다. 이렇게 논쟁거리가 되는 이슈들은 제쳐놓더라도, 실증적으로 추론하고 다른 사람의 추론을 비판적으로 이용하는 것이 정책분석의 질을 높이는 데 중요한 역할을 할 것이다.

---

56) Isaac Ehrlich, "The Deterrent Effect of Capital Punishment: A Question of Life and Death," *American Economic Review,* Vol. 65, No. 3, June 1975, pp. 397-417; Alfred Blumstein, Jacqueline Cohen, and Daniel Nagin, eds., *Deterrence and Incapacitation: Estimating the Effects of Criminal Sanctions on Crime Rates* (Washington, DC: National Academy of Sciences, 1978). 참조

57) Charles A. Lave. "Speeding, Coordination, and the 55 MPH Limit," *American Economic Review,* Vol. 75, No. 5, December 1985, pp. 1159-64; Peter Asch and David T. Levy, "Does the Minimum Drinking Age Affect Traffic Fatalities?" *Journal of Policy Analysis and Management,* Vol. 6, No. 2, Winter 1987, pp. 180-92 참조.

58) Eric A. Hanushek, "Throwing Money at Schools," *Journal of Policy Analysis and Management,* Vol. 1, No. 1, Fall 1981, pp. 19-41 참조.

부 록

부록 01
정책이슈페이퍼

정책이슈페이퍼(policy issue paper)는 하나의 정책이슈에 관한 분석결과를 제시하는 보고서이다. 정책이슈에서 다루어지는 질문은 다음과 같다. 즉 정책결정자와 이해관련자들 사이에 의견불일치의 대상이 되고 있는 실제적 또는 잠재적 행동노선은 무엇인가? 문제가 정의될 수 있는 다른 방식들은 무엇인가? 문제의 범위와 심각성은 무엇인가? 만약 문제를 방치한다면, 앞으로 몇 달 또는 몇 년 후에 문제가 악화될 가능성이 있는가? 문제를 해결하기 위하여 어떠한 목표와 목적이 추구되어야 하는가? 목적을 달성하는 성공의 정도를 어떻게 측정할 수 있는가? 문제를 해결하기 위하여 현재 어떠한 활동들이 진행되고 있는가? 어떠한 새로운 정책대안들이 고려되어야 할 것인가? 어떤 정책대안이 왜 선호되는가?

이러한 의문사항들에 대한 해답을 제시할 때, 분석가는 적합한 문서작성 양식을 개발하고, 정책발표 또는 다른 형태의 상호작용적 의사소통방법을 통하여 연구결과를 의사소통시키는 데 필요한 지식과 기법들을 획득하여야 한다. 최근에는 그러한 지식과 기법들이 공공정책분석을 다루는 교육 프로그램에 포함되어 있다. 정책분석은 '기초' 학문이기도 하고 '응용' 학문일 수도 있다.[1] 그러나 정책분석의 임무는 주로 '응용' 학문에 속한다.

1) 여기에서의 '기초' 및 '응용'이라는 용어는 단지 편의상 사용된 것이다. 과학에 대한 이러한 두 가지 정향이 실제에 있어서는 중복되고 있다는 점이 널리 공인되고 있다. 실제로 일어나는 문제들이나 갈등상황에 대한 '응용' 연구에 그 기원을 두고 '기초'사회과학에서의 아주 중요한 이론적, 방법론적 및 본질적 발전이 이루어지고 있다는 결론을 지원하는 증거는 풍부하다. 특히 Karl W. Deutsch, Andrei S. Markovits, and John Platt, *Advances in the Social Sciences, 1900-1980: What, Who, Where, How?* (Lanham, MD: University Press of America and Abt. Books, 1986) 참조.

정책이슈페이퍼의 초점과 형태

정책이슈페이퍼는 하나 또는 그 이상의 정부수준과 관련된 문제들에 그 초점을 맞출 수 있다. 예를 들면, 지구온난화와 대기오염은 그 문제의 범위가 국제적, 국가적 또는 지방적이 될 수 있다. 정책이슈페이퍼는 다양한 형태를 취할 수 있는데, 이는 문제가 발생한 당시의 특정한 현안문제와 보고서를 접하게 될 사람에 따라 달라진다. 이와 같이 정책이슈페이퍼는 '참모보고서', '브리핑 보고서', '정책대안보고서', 또는 소위 '정부백서'의 형태로 제시된다. 다음은 정책이슈페이퍼에서 초점이 될 수 있는 이슈들의 예시적 목록이다.

- 노동조합의 협상팀은 여러 가지 계약안 가운데 어떤 것을 선택하여야 하는가?
- 시장은 도로유지에 소요되는 지출을 증가시켜야 할 것인가?
- 시의 관리자는 전산화된 관리정보시스템을 도입해야 하는가?
- 시장은 연방정부의 기금지원을 받기 위해 어떤 대중교통계획을 제출하여야 하는가?
- 주정부는 소수민족들과 여성들을 공무원으로 충원하기 위해서 특별기구를 설치하여야 하는가?
- 시민단체는 현재 의회에 계류중인 환경보호법을 지지하여야 하는가?
- 주지사는 주의회를 통과한 세법에 거부권을 행사해야 하는가?
- 기관의 장은 '자유노동시간제'(flextime)라는 제안을 지지해야 하는가?
- 국회의원은 권총의 판매를 제한하는 법안을 지지하여야 하는가?
- 대통령은 인권을 침해하고 있는 국가들에 대한 해외원조를 보류하여야 하는가?
- 미국 의회는 적정부담의료보험법(Affordable Care Act, 일명 Obama Care)을 폐기해야 하는가?
- 미국은 아프가니스탄에서 철수해야 하는가?

정책이슈페이퍼의 구성요소

정책이슈페이퍼는 시간과 가용한 정보가 허락하는 한 최대한 완벽하게 작성하여야 한다. 정책이슈페이퍼는 "보고서를 접하는 사람들이 문제와 관련된 모든 차원들과 가능한 해결방안의 범위에 대하여 충분히 알 수 있도록 문제를 심층적으로 분석하여야 하고, 그리하여 정책결정자가 아무 조치도 취하지 않을 것인지 또는 계속하여 심층적으로 정책대안을 개발하여 제안할 연구

구 성 요 소	정책분석방법
발송서한	
보고서 요약문	
Ⅰ. 문제의 배경 A. 고객의 요구 기술 B. 문제상황의 검토 C. 문제해결을 위한 이전의 노력 기술	점 검
Ⅱ. 문제의 중요성 A. 과거 정책성과의 평가 B. 문제의 범위와 심각성 평가 C. 분석의 필요성 결정	평 가
Ⅲ. 문제진술 A. 문제의 진단 B. 주요 이해관계자 기술 C. 목표와 세부목표 정의	문제구조화
Ⅳ. 대안분석 A. 정책대안의 기술 B. 정책대안의 결과 예측 C. 파급효과와 외부효과 기술 D. 제약조건과 정치적 실현가능성 평가	예 측
Ⅴ. 결론과 정책제안 A. 평가기준 또는 결정규칙 선정 B. 결론과 정책제안에 대한 기술 C. 선호되는 정책대안에 대한 기술 D. 집행전략의 개요 E. 점검과 평가 계획에 대한 요약 F. 한계점과 예기치 못한 결과 열거	처 방
참고문헌	
부 록	

를 지시할 것인지를 결정할 수 있도록 하여야 한다."[2] 저자의 경험에 의하면, 대부분의 정책이슈페이퍼는 주로 문제의 형성과 가능한 해결방안들을 다루고 있다. 극히 소수의 정책이슈페이퍼들만이 결정적인 결론이나 제안을 내리는 데까지 이르고 있다. 정책이슈페이퍼에 정책제안이나 정책집행과정을 점검하기 위한 계획안 및 정책결과를 평가하기 위한 계획안이 포함될 수는 있지만, 이는 본질적으로 정책이슈페이퍼가 작성된 이후에 행하여질 심층적인 정책분석의 첫 단계에 해당한다.

정책이슈페이퍼를 준비함에 있어 분석가는 반드시 주요 문제들이 모두 다루어지고 있는지에 관하여 상당히 확신하고 있어야 한다. 물론 연구문제의 속성에 따라 달라지지만, 대부분의 정책이슈페이퍼는 몇 개의 표준적인 요소들을 가지고 있다.[3] 이러한 요소들은 이미 [그림 9-2]에 제시되었고, 이 책의 정책분석을 위한 구조적 틀 안에 포함되어 있다.

정책이슈페이퍼의 각 요소들이 정보를 생산하고 변환시키기 위하여 상이한 정책분석방법을 요구하고 있음에 유의하여야 한다. 그러나 정책이슈페이퍼는 통합적 정책분석에서 갖추고 있지 않는 중요한 한 가지 특성을 가지고 있다. 정책이슈페이퍼는 본질적으로 미래지향적(사전적: ex ante) 연구이며 과거의 정책결과 및 정책성과에 대한 제한된 정보를 가지고 시작하여, 정책문제의 본질, 기대되는 정책결과, 선호되는 정책에 관하여 가능한 한 최대의 정보를 제공하면서 완료하고자 한다.

점검표

이 점검표는 정책이슈페이퍼를 작성하고 자체평가를 하기 위한 실제적 지침으로 고안된 것이다. 점검표의 항목들은 이 부록 앞부분에 제시된 정책이슈페이퍼를 준비하기 위한 지침을 기초로 하였다. 점검표는 이러한 지침을 조작화하고, 간단한 예를 보여주며, 이 보고서의 특정 요소들의 충족성을 평가하는 데 사용될 수 있는 평정척도를 포함하고 있다. 그러나 유의하여야 할

---

2) Edward S. Quade, *Analysis for Public Decision* (New York : American Elsevier Publishing Co., 1975), p. 69.

3) Quade, *Analysis for Public Decision,* pp. 68-82. 그리고 Harry Harty and others, *Program Analysis for State and Local Government* (Washington, DC: The Urban Institute, 1976), Appendix B. pp. 139-143을 비교해 보라.

것은 이 점검표에 있는 일부 항목들은 개별적 보고서나 모든 보고서에 적합하지 않을 수 있다는 점이다. 따라서 이 점검표는 융통성 있게 그리고 창의적 방식으로 사용되어야 한다.

평정척도

1 = 전적으로 적합
2 = 적합
3 = 부적합
4 = 전적으로 부적합
0 = 해당 없음

정책이슈페이퍼의 구성요소	사례/주의사항	평정
발송서한		
1. 관련된 모든 이해관련자들에게 보고서가 배부되었는가?	지방의 법집행에 관한 보고서는 경찰책임자, 시장 및 공공안전책임자에게 배부되도록 되어 있다.	( )
2. 발송서한에서 첨부된 모든 자료들에 관하여 기술하였는가?	"시공무원들의 생산성을 증진하기 위한 방안에 관해 동봉한 정책이슈페이퍼를 보시기 바랍니다. 또한 이 보고서의 요약문과 함께 부록에 관련 통계자료가 포함되어 있습니다."	( )
3. 발송서한에서 누가, 어떻게, 그리고 언제 행동을 취할 것으로 예상되는지를 구체적으로 언급하였는가?	"6월 15일로 예정되어 있는 회합에 귀하가 참석할 수 있는지 사전에 대답을 받기를 원하고 있습니다."	( )
보고서 요약문		
4. 정책이슈페이퍼의 모든 사항들이 보고서 요약문 내에 언급되었는가?	정책이슈페이퍼의 모든 사항들(문제의 근원과 배경, 정책문제 등)이 반드시 보고서 요약문에 포함되어야 한다.	( )
5. 요약은 명확하고, 간결하며, 구체적인가?	"이 보고서는 과거 10년간 대기오염에 관한 문제들을 검토하고 있으며, 1968~1978년의 기간 중 산업오염의 수준이 200% 이상 증가하였음을 보여주고 있습니다."	( )
6. 이 요약은 이를 읽게 될 모든 사람들에게 쉽게 이해할 수 있도록 되었는가?	여기서 주의하여야 할 점은 불필요한 학술 용어, 긴 문장 및 복잡한 논증들을 가능한 한 피하는 것이다.	( )
7. 제안사항들이 요약문에 적절히 강조되었는가?	"결론적으로, 우리가 제안하고자 하는 것은 Oakland 지역에서의 여가활동의 필요성을 평가하기 위해 15,000~20,000달러 범위의 기금을 할당하여야 한다는 것입니다."	( )

정책이슈페이퍼의 구성요소	사례/주의사항	평 정
Ⅰ. 문제의 배경		
8. 문제상황의 모든 차원들이 기술되었는가?	범죄율의 증가는 실업, 경찰력보충, 시민 여론조사, 인구이동 등에 관한 자료들과 함께 분석될 수 있다.	( )
9. 이 영역의 문제들을 해결하기 위한 이전 노력의 결과들이 기술되었는가?	"유사한 훈련 프로그램들이 뉴욕, 플로리다, 캘리포니아에서 피훈련자 1인당 4,000~5,000달러의 비용으로 실시된 바 있다."	( )
10. 과거의 정책성과에 관하여 명확한 평가가 이루어졌는가?	"뉴욕과 캘리포니아에서 실시된 훈련 프로그램들은 만성실업자 1% 감축시켰고, 이는 아주 성공적인 것으로 판단된다."	( )
Ⅱ. 문제의 범위와 심각성		
11. 문제상황의 범위와 심각성이 명확하게 기술되었는가?	"오늘날 산업오염의 문제는 역사상 어느 때보다 더 심각하며, 인구의 60%에 달하는 사람들의 육체적 안녕에 영향을 주고 있습니다. 이러한 문제의 해결은 시의적절하며 단호한 행동을 요구하는 시급한 사항이다."	( )
Ⅲ. 문제의 진술		
12. 문제가 명확하게 진술되었는가?	"이 보고서에서 다루고 있는 문제는 이 지역 지방정부들의 재정상 책무성을 강화시켜야 할 필요성을 어떻게 만족시킬 수 있느냐 하는 것이다."	( )
13. 이슈가 명확하게 진술되었는가?	"이 보고서에서 다루고 있는 이슈는 주정부의 지역사회부가 지방정부에 대하여 재정관리 영역에서 기술적 지원을 증가시켜야 할 것인지 여부에 관한 것이다."	( )
14. 분석을 위한 접근방법이 명확하게 구체적으로 명시되었는가?	"이 이슈를 다룸에 있어서 우리는 10,000명의 지방 공무원들에게 현금관리기법들을 교육시키기 위한 투자액의 수준을 결정하기 위한 방법으로 비용-효과분석을 사용하였다."	( )
15. 모든 주요 이해관련자들이 확인되고 그 우선순위가 매겨졌는가?	여기에서의 과제는 정책의 형성과 집행에 상당한 영향을 끼치거나 또는 그에 의해 상당한 영향을 받는 모든 개인들과 집단들을 확인하는 것이다. 단지 지엽적으로 영향을 미치는(또는 영향을 받는) 이해관련자들은 분석에서 제외할 수 있다. 그러나 이는 우선순위를 매기는 작업을 필요로 한다.	( )

정책이슈페이퍼의 구성요소	사례/주의사항	평 정
16. 목표와 목적이 명확하게 구체화되었는가?	"이 정책의 목표는 지역사회의 치안수준을 개선시키는 것이다. 구체적 목표는 1979~1980년의 기간 중 보고된 범죄를 10% 또는 그 이상 감소시키는 것이다."	( )
17. 효과성의 측정방법은 명확하게 구체화되었는가?	여기에는 많은 방법들이 있는데, 편익·비용비, 순편익, 배분적 편익 등이 있다.	( )
18. 모든 잠재적 해결방안들의 조합이 제시되었는가?	"이 지역에서의 범죄를 감소시키기 위한 어떠한 노력도 반드시 법집행 프로그램의 효과성, 실업률, 인구밀도 및 도시화를 고려하여야 한다."	( )
Ⅳ. 정책대안		
19. 대안적 해결방안들이 구체화되었는가?	"이 보고서에서는 세 가지 정책대안들이 분석되었다. 즉, 범죄의 통제에서 역할을 발휘할 수 있는 시민들을 각성시키는 교육 프로그램, 정책훈련 프로그램, 최첨단 범죄통제기술 등이다."	( )
20. 모든 정책대안들은 비용과 효과에 입각하여 체계적으로 비교되었는가?	"프로그램 A는 프로그램 B에 비해 편익·비용비가 2배나 된다."	( )
21. 대안의 분석에서 관련된 파급효과 및 외부효과가 포함되었는가?	"유아교육 프로그램은 비용-효과적일 뿐만 아니라, 학교에서 가족구성원의 참여를 증가시키는 파급효과를 낳을 것이다. 동시에 학교에 가고 오는 교통비용이 증가한다는 중요한 외부효과가 존재한다."	( )
22. 관련된 모든 제약조건들이 고려되었는가?	이러한 제약조건들로는 재정적 제약조건(예: 고정비용), 법률적 제약조건(예: 특정 행위를 금지하는 법률), 또는 정치적 제약조건(예: 정치적 지지의 결핍) 등을 들 수 있다.	( )
23. 모든 정책대안들은 정치적 실현가능성이라는 측면에서 체계적으로 비교되었는가?	여기에서의 요점은 각 정책대안을 수용하고 집행함에 있어 주요 이해관련자들의 지지, 이들의 관련성 및 영향력에 관하여 식견 있는 판단을 내리는 것이다.	( )
Ⅴ. 정책제안		
24. 정책대안을 제안하는데 관련된 모든 기준들이 명백하게 구체화되었는가?	이러한 기준으로 포함되는 것은 다음과 같다. 즉, 순수한 복지증진, 배분적 복지증진, 비용-효과성 등이 포함된다.	( )
25. 선호된 정책대안이 명확하게 기술되었는가?	"그러므로 우리는 두 번째 대안이 채택되어 집행되어야 한다고 제안한다. 그 이유는 이 대안이 가장 비용-효과적이며 현재의 조건하에서 정치적으로 실행가능하기 때문이다."	( )

정책이슈페이퍼의 구성요소	사례/주의사항	평 정
26. 집행을 위한 전략이 명확하게 개관되었는가?	"제안된 정책은 노동부와 주정부의 고용담당국에 의하여 실시되어야 한다. 집행은 3년간의 기간에 걸쳐 단계적으로 실시되어야 하며, 주로 인구 5만 명 이상의 도시를 대상으로 하여야 한다."	( )
27. 정책을 점검하고 평가하기 위한 장치는 마련되었는가?	"주정부의 고용담당국은 정책이 실시되는 과정과 결과를 30일 정도의 간격으로 평가할 특별 부서를 설치하여야 한다. 점검과 평가의 결과는 반드시 정보관리체계에 저장되어야 하며 보고서는 분기별로 작성 보관되어야 한다."	( )
28. 제약조건과 의도하지 않았던 가능한 결과들에 대하여 고려되었는가?	여기에서의 강조점은 분석의 제약조건이 분석가가 내린 결론의 신뢰성에 어떻게 영향을 주는가를 규명하는 것이다. 의도하지 않았던 가능한 결과들(예: 사회복지 프로그램의 악용, 원자로 노심의 용해 등)이 또한 심각하게 고려되어져야 한다.	( )
참고문헌		
29. 보고서에 인용된 참고문헌들이 적합한 형태로 포함되었는가?	정책이슈페이퍼에 참고문헌을 "저자별-연대별"의 양식으로 사용하는 것이 바람직하다. 보고서에는 페이지 하단에 주를 달지 말고 저자명, 출판일시 및 페이지 숫자를 쓰도록 한다. 예를 들면(Jones, 1975: 20-23). 이런 인용은 참고문헌에서 다음과 같은 완전한 형태로 나타난다. Jones, John (1975), *A Report on the Fiscal Crisis, Washington,* DC: Fiscal Institute.	( )
부 록		
30. 관련된 보강 정보(통계, 법률, 문서, 서신)가 포함되었는가?	모든 통계표는 반드시 적절하게 순서대로 번호와 제목을 쓰고 그 표의 하단에 자료의 원천을 밝힌다. 법률, 문서, 서신은 반드시 그 원천과 일시 및 저자 등을 밝히도록 한다.	( )

부록 02
보고서 요약문

보고서 요약문은 정책이슈페이퍼의 주요 요소들을 요약하여 그 개요를 밝힌 것이다. 이는 전형적으로 다음과 같은 요소들을 가지고 있다.

- 요약될 이슈페이퍼 또는 연구의 목적
- 다루어질 문제 또는 의문사항의 배경
- 주요 발견사항 또는 결론
- 분석의 접근방법 또는 방법론
- 제안(선택사항: 고객의 기대에 따라)

다음에 예시되는 보고서 요약문은 「화물수송방법: 화물수송의 안전성에 대한 위험을 예측하기 위한 확실한 접근방법」[*Freight Trucking: Promising Approach for Predicting Carriers' Safety Risks*](Washington, DC: U. S. General Accounting Office, Program Evaluation and Methodology Division, April 1991)이라는 제목을 가진 90페이지에 달하는 연구보고서의 개요이다.

보고서 요약문

목 적	화물수송은 특별한 안전상 위험을 제기하고 있다. 1년에 4,000명 이상의 사람들이 대형 트럭과 관련된 사고로 사망하고 있다. 트랙터 트레일러 트럭과 관련하여 일어나는 사고의 사상자는 자동차 사고와 관련하여 일어나는 사상자보다 약 2배 정도 더 많다.

최근 수년간, 의회는 트럭의 불안전한 운행을 초래하는 상황을 예방하기 위한 입법조치를 통과시켰다. 이러한 목적을 달성하기 위한 수단 으로서 하원의 공공사업 및 수송위원회(House Committee on Public Works and Transportation) 및 그 지상수송소위원회(Surface Transportation Subcommittee)가 미국 회계검사원(GAO, General AccountingOffice)으로 하여금 경제적 상황이나 다른 조건들이 안전운행 결과의 예측수단으로서 사용될 수 있을지 판단하도록 요청하였다. 회계감사원의 연구는 다음 세 가지 목표를 가지고 있었다. (1) 안전과 트럭산업의 조건들 사이의 가설적 관계를 명시한 예측모형을 만든다. (2) 연방정부수준에서 이 모형을 검증하는 데 요구되는 자료의 이용가능성과 그 질을 평가한다. 그리고 (3) 화물수송산업계에서 안전문제를 예측할 수 있는 일련의 지표를 개발하기 위하여, 이용가능한 자료를 최대한 활용한다. 실제 적용가능한 예측모형이 지니는 가치는 교통부(Department of Transportation)가 이를 안전상 문제를 예측하기 위한 조기경보체제로 이용할 수 있다는 것이다.

배 경

1980년 자동차 운송법은 트럭 산업계에 대한 연방정부의 경제적 통제를 완화시킬 것을 법제화하였지만, 의회는 1980년대에 트럭의 불안전한 운행을 야기하는 상황을 감시하고 예방하기 위해 고안된 입법조치를 통과시켰다.

회계검사원은 경제적 조건의 변화와 화물운송업계의 안전운행의 감소를 가설적으로 관련시킨 모형을 개발하였다. 여기에서 가설은 경제활동의 감소는 다음과 같은 다섯 가지 하위모형에서 기술되고 있는 방식들 가운데 한 가지 또는 여러 가지 방식으로 화물수송업자들의 안전운행을 저하시킨다는 내용이었다. 즉 (1) 운전기사들의 평균적 능력의 질적 저하, (2) 운전기사들의 안전규제에 대한 불응을 야기하는 임금인하 압력, (3) 안전운행에 대한 관리층의 강조가 약화됨, (4) 트럭 수리 및 대체의 지연, 그리고/또는 (5) 대형, 중량급, 그리고 다용도 트럭의 도입 등이다.

결과의 요 약

교통부와 주간통상위원회(the Interstate Commerce Committee)로부터 얻은 537개의 화물운송회사에 관한 자료를 분석한 회계감사원 예비조사의 발견사항은 일곱 가지 재정적 비율(financial ratios)이 주 경계를 넘나드는 화물운송업계의 안전문제를 예측하는 지표로 사용될 수 있음을 보여주었다. 예를 들면 수익성을 측정하는 세 가지 지표, 즉 '재산가격 당 이익'(return of equity), '운영비율' (operating ratio), 그리고 '순이익'(net profit margin)은 차후 발생하게 될 안전문제, 즉 사고율로 측정되는 안전문제와 관련되었다. 이 자료는 일곱 가지 재정적 비율의 값 가운데 다섯 가지 비율의 값에 대하여 회계검사원의 모형을 뒷받침하였다. 즉 가장 취약한 재정상태의 기업들이 가장 높은 사고율을 보였다. 회계감사원은 또한 안전한 운행결과를 예측하기 위해 다른 요인들을 사용하였다. 이에는 다음 요인들이 포함된다. 첫째, 하나의 집단으로서 가장 소규모의 화물운송회사들이 전체집단 사고율을 20%나 초과하는 사고율을 보였다. 둘째, 브로커 모형(broker model)과 유사한 방식으로 운영되는 운송회사들, 즉 화물운송을 위하여 대여장비 그리고/또는 대여운전자에 의존하는 회사들은 전체집단의 사고율보다 15~21%를 초과하는 사고율을 보였다.

하위모형 가운데 두 가지 하위모형(운전자의 질과 순응)과 관련하여, 운전기사의 연령, 경력연수 그리고 운전기사가 받는 보상은 모두 안전문제를 예측하는 양질의 예측인자로 작용하고 있었다. 회계감사원이 밝힌 이러한 증거는 그 모형의 가정과 대체로 일관성 있게 일치하고 있는 바, 그 이유는 더 젊고, 더 경력이 적은, 그리고 더 낮은 임금을 받는 회사의 운전자들이 사고율의 평균값을 상회하는 사고를 일으키고 있었기 때문이다.

이같이 회계감사원의 연구는 화물업자와 운전기사들의 차이점과 연관된 예방적 전략을 개발하는 데 잠재적 효용이 있음을 보여주었으며, 이는 또한 교통부에 의해 이러한 예방적 전략을 개발할 수 있는 건전한 기반을 갖추려면 화물운송 사고비율에 있어서의 변이를 감시하는 것이 중요하다는 것을 암시한다.

회계검사원의 분석

이용가능한 연방정부 자료

화물운송안전에 관한 모형을 검증하기 위한 자료들을 확인하고 평가하고자, 회계감사원은 문헌연구, 산업계의 전문가들과 대화, 그리고 자료보존의 책임을 진 연방정부의 관료들을 면접하였다. 그 후 회계감사원은 분석을 실행하기 위하여 교통부와 주간통상위원회가 제공한 자료들을 하나로 통합하였다. 회계감사원은 연방정부 수준의 기존자료들이 이 모형을 완벽하게 검증하는 데 필요한 자료들을 구비하지 못했음을 발견하였다. 트럭사고에 대한 연방정부수준의 자료수집은 본질적으로 경제적 자료수집과는 별개이며, 개별 연방정부기관에서 나온 두 가지 유형의 자료들을 통합하는 작업은 실용적인 결과를 가져오지 못했다. 나아가 가장 중요한 사실은 개별 화물차의 사고율을 계산한 연방정부수준의 자료들은 산업계의 상황을 일반화하여 정의할 수 있는 여지를 제공하지 못하였고, 이를 토대로 시간의 경과에 따르는 안전추세를 분석할 수도 없었다. 트럭 운전기사와 그들의 사고율에 관하여 요구되는 정보 또한 결핍되었다. 그 결과 회계감사원은 오로지 두 가지 하위모형만을 검증할 수 있었다(두 개의 민간단체에 의한 조사연구로부터 획득된 자료에 의하여). 이것이 의미하는 한 가지 불행한 함의는, 비록 모든 하위모형들이 예측적 타당성을 가지고 있음을 증명할 수 있다 하더라도 연방정부수준의 기존 데이터베이스는 이 모형을 하나의 효과적인 감시체계로 전환시키기 위한 충분한 정보를 여전히 보유하지 못했다는 사실이다.

경제적 예측인자

회계감사원은 주간통상위원회가 보유하고 있는 광범위한 재정적 자료와 연결할 사고율에 관한 최선의 이용가능한 자료는 교통부의 차량안전검사로부터 획득되는 자료라고 판단하였다.

차량안전검사는 1986년 10월부터 중지되었기 때문에, 회계감사원의 분석은 1984~1986년의 기간 중 검사되었고, 재정보고를 필수적으로 하게 되어 있으며, 주 단위를 넘나드는, 대형의 임대화물차를 대상으로 제한적으로 실시되었다.

이러한 화물회사들로부터 회계감사원이 발견한 증거는 상이한 시장 또한 상이한 재정상태에 있는 화물회사들은 상이한 안전위험에 처하여 있다는 사실이었다. 예를 들면, 소유재산 가격의 0.3% 또는 그 이상의 손실을 입은 화물회사들은 하나의 집단으로서 그 사고율이 2년 후 모든 화물회사들의 평균사고율(이 비율은 100만 마일당 사고로 정의됨)보다 27%나 상회하였다.

운전기사자질 하위모형에 입각한 예측인자

회계감사원은 민간단체가 실시한 하나의 통계조사를 사용하였는데, 이는 각 주를 넘나들면서 1989년 플로리다주에서 일하고 있는 약 1,300명에 달하는 운전기사들에 관한 자료를 담았다. 운전기사의 질적 수준에 입각한 하위모형에 의하여 예측되고 있는 바와 같이, 회계감사원은 더 젊고 더 경력이 적은 트럭 운전기사들이 더 많은 사고를 일으키고 있음을 발견하였다. 예를 들면, 12개월 이전에 사고를 저지른 바 있는 21~39세 연령층의 운전기사들은 49세 이상의 운전기사들보다 1.6배 정도 사고 가능성이 높았다.

운전기사순응 하위모형에 입각한 예측인자

회계감사원이 사용한 다른 민간단체에 의한 연구조사는 철도와 경쟁적인 트럭회사에 종사하는 운전기사들을 대상으로 전국적 표본조사에서 수집한 적절한 자료를 제공하고 있었다. 회계감사원이 발견한 사항은 자기 트럭을 보유하고 있는 운전기사들을 제외하고 회사에 소속된 운전기사들 중 낮은 보수를 받고 있는 운전기사들이 더 높은 보수를 받고 있는 운전기사들보다 안전준수사항을 어기고 있음을 발견하였다. 회사에 소속된 운전기사들의 경우, 마일당 18.5센트를 덜 받고 있는 운전기사들은 지난 90여일 동안 속도위반이나 또는 주차위반으로 인한 벌점을 2배나 더 받았다.

교통부 장관에 제안

교통부가 수집한 트럭사고 정보가 가지고 있는 점검, 법집행(enforcement), 그리고 정책형성 상에서의 가치는 자동차 사고율을 계산할 수 있는 능력의 부족으로 말미암아 감소되었다. 물론 교통부는 이미 사고에 관한 자료들을 수집하였지만, 사고율을 계산하기 위하여 요구되는 운송거리당 사고에 관한 자료는 화물회사로부터 규칙적으로 수집되지 않고 있었다. 따라서 화물운송사고를 감소시키기 위한 첫 단계로서, 회계감사원은 교통부 장관이 연방고속도로관리청(Federal Highway Administration)의 책임자로 하여금 사고분석을 향상시키기 위하여 매년 연방고속도로관리규정을 어기는 화물차량에 대한 마일당 사고에 관한 자료를 획득하도록 명령할 것을 제안한다. 이러한 자료들을 어떻게 획득할 것인가는 비용과 응답상 부담과 같은 여러 가지 사항을 고려하게 될 것이다. 그러나 최우선적인 고려사항은 획득된 자료들이 연방고속도로 관리안전규정을 어기는 화물차량들의 사고율을 계산할 수 있어야 하고, 이를 토대로 점검 및 법집행을 위하여 노력할 수 있어야 하고, 또한 안전성의 경향에 대한 분석이 가능하여야 한다.

회계감사원의 제안사항을 집행함에 있어서, 교통부는 안전문제를 예측할 수 있는 예측인자들을 더욱 개발시킬 수 있는 방안을 반드시 고려하여야 한다. 예를 들면 회계감사원의 분석은 재정상 건전상태, 시장점유율, 운전기사에 관한 정보에 사용되는 지수들이 교통부가 보다 높은 위험에 처해 있는 화물회사들을 확인하는 데 유용하며 나아가 더욱 면밀한 점검 및 법집행 노력에 도움이 될 것임을 암시하고 있다. 이러한 예방적 지표들의 타당성을 밝히고 다른 안전효과를 위한 예측인자들을 확인하기 위해서는 더욱 많은 연구가 행하여져야 할 것이다. 교통부는 반드시 예측인자에 대한 이러한 연구를 계속 추진하도록 하여야 할 것이다. 이러한 연구가 성공적일 경우 예측된 불안전한 조건들을 회피하게 하거나 또는 축소시키는 정책적 변화를 유도할 수 있다. 회계감사원의 이 연구는 교통부가 사고예방을 취할 수 있는 능력을 가질 수 있게끔 하는 연구의 종류를 잘 보여주고 있으며, 특히 사고율과 경제적 및 다른 매개적 요인들에 관한 보다 좋은 질의 정보가 개발될 경우 더욱 도움이 될 것이다.

부록 03
정책메모

정책이슈페이퍼는 연구와 분석에 수개월이 소요된다. 한편 정책메모는 짧은 기간, 보통 한 달 이내에, 어떤 경우에는 며칠 동안에 작성된다. 정책이슈페이퍼와 정책메모 간의 차이는 '기초' 정책분석과 '응용' 정책분석 간의 대조를 보여주고 있다.

정책분석의 두 종류

특 성	기 초	응 용
문제의 원천	대학공동체	정책공동체
전형적 방법	계량적 모형화	건전한 논증의 개발
연구의 형태	새로운 자료의 수집	기존 자료의 종합 및 평가
일차적 목표	이론의 개선	실제 현실의 개선
의사소통 수단	논문 또는 저서	정책메모 또는 정책이슈페이퍼
유인의 원천	대학의 학과	정부부처

정책메모(policy memorandum)는 공공조직, 비영리조직, 기업조직에서 사용되는 문서화된 의사소통 형태이다. 정책메모는 짧고, 잘 조직화되고, 비전문가도 이해할 수 있어야 한다. 정책메모는 보통 고객의 요구에 따라 이루어진 분석의 결론을 제시한다. 어떤 경우에는 정책제안을 포함하기도 한다(요청이 있는 경우에 한하여). 정책메모의 고객은 임명된 공직자, 선출직 공직자, 또는 선출직 공무원, 시민집단, 또는 비영리기구(NPOs), 비정부기구

(NGOs), 민간기업조직의 대표들이다.

정책메모는 기관 또는 조직에 따라 다른 형태를 선택할 수 있다. 예를 들면 다양한 기관, 학과, 또는 부처는 자체적으로 사전에 정형화된 편지지를 가지고 있는 반면, 다른 기관에서는 워드프로세서의 템플릿을 사용하기도 한다. 이러한 차이점에도 불구하고 몇 가지 공통적인 요소가 있다. 대부분의 메모는 페이지 상단에 날짜, 수취인 이름, 분석가의 이름, 메모의 주제를 분리하여 표기한다. 메모는 바쁜 정책결정자나 관리자와의 의사소통을 위하여 고안된 것이기 때문에, 메모가 철저하고 신중하게 읽힐 것으로 기대하지 말아야 한다. 이러한 이유 때문에 메모는 짧아야 하고(대부분 길이가 셋 또는 다섯 페이지를 넘지 않음), 적절한 제목과 함께 분명하게 조직화되어야 하며, 기술적인 학술용어는 가능한 최소로 줄여서 작성하여야 한다. 제목에 메모의 내용이 분명하게 나타나야 한다. 메모의 결론과 제안을 뒷받침하는 기술적이고 분석적인 자료(도표, 그래프, 차트, 법률서류 등)는 메모의 부록으로 돌리거나, 차후에 제기되거나 제기될 수 있는(자주 제기되는) 질문에 답변할 수 있어야 한다.

정책메모를 작성하기 위한 몇 가지 지침은 다음과 같다.

- 처음에 소개하는 문장에서는 메모의 목적과 메모로써 답변하고자 하는 질문 또는 이슈를 진술한다.
- 분석을 진행하는 데 사용된 방법을 간략하게 기술할 수 있다. 그러나 바쁜 독자는 보통 사용된 방법에 큰 관심이 없다는 점을 명심하기 바란다(이것이 차후에 다른 사람에게 당신이 사용한 방법론을 정당화할 필요가 없다는 것을 의미하는 것은 아니다).
- 필요하다면 메모에서는 아주 중요한 자료를 눈에 띄게 강조하기 위하여 머리말(headers), 큰 점(bullets), 밑줄, 이탤릭체와 다른 서식들을 사용할 수 있다.
- 보통 메모는 향후 제기되는 질문에 답할 수 있도록 당신의 연락처(전화번호, 팩스, 전자우편)에 관한 정보로 끝내야 한다.

정책메모의 특징을 나타내는 예들을 제시한다.

정책메모

TO: 대통령당선인 국가안전보장인수담당
FROM: David Shorr, The Stanley Foundation
Vikram Singh, Center for a New American Security
제목: 미국 국제 효과성 증진을 위한 국제관계·국가안전보장 예산 통합

새로운 미국안전보장센터(CNAS, Center for a New American Security)와 Stanley재단은 최근 미국 민간 국제관계 기관들의 무기력한 상황에 초점을 맞춘 '8개월 계획'(eight-month initiative)을 완료하였다. 이러한 상황을 개선하기 위한 중대한 행동에 대해 거의 모든 국가안전보장 전문가들이 보편적으로 지지하고 있다. 게이츠 국방부장관은 국력의 민간부문 구성요소에 더 많은 자원이 할당되도록 계속 요청하고 있으며, 국가안전보장개혁 프로젝트는 국무부와 미국국제개발처(USAID, United States Agency for International Development)의 예산을 두 배로 증가시키고 인력을 최소 50% 늘릴 것을 제안하기로 하였다. 그러나 민간기관의 강화 필요성이 광범위하게 인식됨에도 불구하고 그러한 조치들을 명령하고 승인할 정치적 의지와 결합되지 못하고 있다. 이라크와 아프가니스탄에서의 전쟁에 추가로 지출한 자금의 94%가 국방부 예산이었다.

문제의 핵심은 급속히 변하는 세계에서 미국의 정치적 영향력을 유지하기에 재정적·인적 자원이 적당치 않다는 데 있다. 미국과 세계 나머지 다른 국가들의 관계가 깊은 침체기에 있는 지금 이 시점에서, 사태를 돌려놓을 우리의 능력은 역사상 가장 낮은 수준에 머물러 있다. 미국은 외교정책의 기반구조에 투자할 필요가 있으며, 특별 시책이나 장식 사업은 필요치 않다.

CNAS-Stanley 프로젝트의 전체결과는 네 개의 보고서에 담겨 있고 http://www.stanleyfoundation.org/articles.cfm?ID=492에서 찾을 수 있다. 그러나 이 메모는 미국의 국제관계 역량 재건의 기초를 다지고 즉각적으로 촉진하기 위한 한 가지 중대한 정책대안을 제안한다. 대통령당선자는 그의 새로운 국가안전보장팀과 예산팀에게 국제관계 및 안전보장을 위한 2010회계

연도 통합예산을 마련할 것을 요구하여야 한다.

오바마 행정부는 미국정부의 외교정책기구의 조직적 취약점 특히 전쟁후의 재건, 장기 경제개발, 공공외교 등의 약점을 바로잡기 위한 특단의 대책을 고려할 것이고 또 고려해야 한다. 그러나 이러한 것들이 모두 체계적 민간능력의 결핍으로 나타나는 징후라는 것을 인식하는 것이 중요하다. 이것은 미국 외교정책의 전반적인 효과성 문제이기 때문에 기관 간 통합 예산편성 요구가 상층부로부터 내려와야 한다. 다시 말해서 다른 어떤 개혁이 취해지더라도 조직 하부구조를 재건하는 과정을 개시하려면 2010회계연도의 통합예산에 대한 대통령의 지시가 매우 중요하다.

국제관계와 국가안전보장을 위한 통합예산(즉, 2010회계연도의 예산항목 050과 150을 병합한 후 다음 회계연도로 연장하는 것)이 처음에는 부처 간 균형을 이룰 수 있는 방법이 될 것이다. 기관 내의 일반적인 예산과정에서의 강제적인 변화 없이, 백악관의 통합검토가 중복되는 예산 영역 간 협력을 촉진시킬 것이다. 이렇게 하면 다음 사항들이 가능할 것이다.

- 국무부와 미국국제개발처(USAID)를 강화하기 위한 실질적 투자, 이를 통하여 이들 기관의 산하 본부, 부서, 해외 임무 등을 지원할 수 있다.
- 이들 기관 직원수의 괄목할 증가
- 최근에 보여준 국방과 국제관계 지출의 증가에서 계속적인 균형

자세한 예산안과 집행계획은 다른 계획과 조직으로부터 이용가능한데, 예를 들어 미국외교아카데미(American Academy of Diplomacy)와 스팀슨센터의 「미래를 위한 외교예산」(*Foreign Affairs Budget for the Future*) 보고서이다. 우리는 국제관계와 국가안전보장의 통합예산만이 과감한 투자를 가능케 할 유일한 지렛대라고 제안한다.

이러한 계획은 외교정책기관에 대한 다른 개혁들에 따라 달라지는 것도 아니며, 그런 개혁을 기대하지도 않는다. 이러한 예산 규율을 집행하기 위해서는 수많은 관련 기제들이 필요할 것이다. 그리고 우리는 국가안전보장계획과 의사결정을 위해 새 행정부가 수립되는 구조 속에 그 기제들이 융합되어야 한다고 주장한다.

· 이러한 통합 예산이 마련되고, 발표되고, 법률로 제정하게 되면, 국가안전보장위원회(NSC)와 관리예산처(OMB)로부터 백악관 참모들의 상당한 지원이 필요할 것이다. 이러한 통합 예산을 집행하기 위해서는 국제관계와 국가안전보장, 그리고 모든 기관의 예산안들을 종합적으로 검토하기 위한 NSC·OMB 통합 책임자가 필요할 것이다.
· 그 수장들이 대통령 지시를 잘 따를 수 있도록 하기 위해 국방부(DoD), 국무부(DoS), 미국국제개발처(USAID)의 예산부서들의 강력한 협력이 필요하다.
· 예산은 그 과정의 처음부터 끝까지 단일 패키지로 처리되어야 한다. 대통령 국가안전보장팀의 수장들은 그 예산이 최종적으로 승인될 때까지 모든 길을 개척해야 한다.
· 궁극적으로 의회 예산과정의 개혁이 필요하겠지만, 그동안 행정부는 예산·승인·세출위원회와 가능한 한 폭넓게 의논하여야 한다. 의회는 그런 통합 예산을 받으면 이를 분할할지도 모른다. 그러나 새로운 백악관 처리과정에 의해 달성된 정지작업(cross-levelling)은 여전히 기관들의 예산안 속에 반영될 것이다.

세계의 강대국으로 군림하고 있지만, 미국이 실제로는 세계의 맥박에 손가락을 짚어보지 못하는 것 같다. 이해관련자가 증폭되는 시대에, 미국이 직면하고 있는 모든 국제문제는 국가 정부들만 포함하는 것이 아니고 민간 부문과 강력한 비정부기구(NGOs)에서부터 범죄단체와 테러집단에 이르기까지 광범위한 행위자들을 포함한다. 세계적 사건에 영향을 미칠 기회를 갖기 위해서 워싱턴은 세계 각지에 흩어져 있는 상당히 많은 행위자들을 상대해야 한다.

1990년대에 국방 분야보다 더 빠르게 민간부문의 역량을 약화시켰고, 2001년 이후 국방 분야보다 더 천천히 민간역량을 증가시키면서, 미국 정부는 미래 평화와 번영이 걸려있는 행위자들을 찾아내고 접촉할 수 있는 능력을 손상시켜왔다. 미국은 그 노동력이 국제화된 세계에서 경쟁할 수 있고 번창할 수 있도록 교육과 과학에 투자할 필요가 있는 것과 마찬가지로, 미국은 21세기에도 강대국으로 유지되기 위한 노력의 일환으로 우리 정부를 경쟁력 있게 변화시켜야 한다.

출처: www.stanleyfoundation.org/articles.

1986년 8월 28일
존경하는 Butler Derrick
하원 예산위원회 예산과정특별위원회 의장

의장 귀하:

귀하가 보낸 1985년 5월 8일자의 편지에 부응하여, 본 연구진은 향후 10년간 미국에 온 이민자들이 연방예산에 미치는 잠재적 영향을 조사 연구하였습니다. 이 연구는 두 가지 목적이 있습니다. 즉 알고 있는 자료의 불완전성에도 불구하고 예산상의 영향에 대한 가능한 최선의 예측을 하는 것과 이민을 최우선의 사례로 장기적으로 심각한 이슈가 되는 예산상의 주요 문제를 다룰 수 있는 방법론을 개발하는 것입니다. 1986년 5월 1일, 본 연구진은 귀하와 다른 특별전문위원들 및 참모들에게 본 연구의 결과를 브리핑한 바 있습니다. 이 보고서는 그 브리핑 내용을 문서화한 것입니다. 또한 본 연구진은 이민이 주정부와 지방정부 예산에 끼치는 영향에 대한 부가적인 상세한 내용을 여기에 포함시켰습니다.

본 연구는 1984 회계연도를 기준연도로 하였습니다. 본 연구진은 이 기간 동안 이민과 관련된 연방수준에서의 주요 지출과 세입을 확인하였고 필요한 경우 예측을 실시하였습니다. 본 연구진은 이 자료들을 가지고 미래의 사회적, 경제적, 및 정치적 환경에 대한 상이한 기본가정(시나리오)들 하에서 1990년도 및 1995년도의 예측치를 산출하였습니다. 이러한 예측들은 미래예측을 의도한 것이 아니라 상이한 시나리오에 입각한 예측치들 간의 차이의 폭을 설명하기 위하여 개발한 것입니다. 우리 연구진은 또한 영향을 가장 많이 받는 다섯 개 주에서 선택된 프로그램 및 그 주의 몇 개 지역에 대하여 이와 비슷한 자료들을 설명의 목적으로 획득하고자 하였습니다. 그러나 이 수준에서 어떠한 예측도 실시하지는 않았습니다.

물론 본 연구진의 분석에서 몇 가지 제한사항과 연구의 한계가 있지만, 이 연구는 이민으로 인하여 연방정부 수준의 지출과 세입에 모두 예산상 심각한 영향이 존재하고 있음을 잘 보여주었습니다. 달러로 환산된 액수는 이민자들이 주요 사회프로그램과 임금안전 프로그램에 참여한다는 주요 가정들이 성립될 경우에 한정하여 이로 인한 영향에 해당될 수 있는 금액을 말합니다. 분석상의 제한사항과 연구의 한계는 1984년도 인구 규모와 특성의 불확실성에 기인함은 물론, 이민과 관련된 지출과 세입에 대한 직접 정보의 결여, 이 가운데 특히 미래 예측에서 보다 분명하게 나타나는 자료상의 차이에 기인합니다. 그러므로 본 연구진은 이민들의 참여율이 평균적으로 미국 시민들의 참여율과 비슷하리라고 가정하였습니다. 그러나 본 연구진은 이러한 가정을 검증할 수 없었으며, 이에 관한 전문가들의 의견은 다양하였습니다. 이러한 가정들을 사용하여, 본 연구진은 본 연구진이 조사한 프로그램에서 1984 회계연도의 기간 중 다음과 같은 사실들을 발견하였습니다.

－이민자 1인당 연방정부의 지출은 개략적으로 미국 거주민의 평균치와 비견될 수 있었으며,
－이민자 1인당 연방정부에 대한 세입에의 기여도는 미국 거주민의 평균치보다 적었으며,
－이민과 관련된 총지출액은 이민과 관련된 총세입과 비교하여 아주 미세하게 차이가 나고 있었습니다.

조사된 총 세 가지 시나리오에 입각하여 이러한 관찰사항들은, 물론 불확실성이 증가하겠지만, 1990년도와 1995년도에 있어서도 유효할 것입니다.

본 연구가 개발하고자 의도하였던 폭넓은 방법론상의 문제, 즉 여기에서 사용된 방법론을 다른 문제에 적용하는 이슈에 관하여 말씀을 드리면, 본 연구는 가치가 있으며 또한 제한사항을 가지고 있습니다. 한편으로 달러로 환

산된 총액은 이를 뒷받침할 수 있는 어떠한 근거를 가지고 있지 않지만, 다른 한편으로 최소지출과 세입이 확인될 수 있으며, 이 액수의 차이에 있어서 그 범위가 추정될 수 있으며, 또한 명확한 가정에 입각하여 비교될 수 있습니다. 연방정부수준에서 지출과 세입이 모두 이민에 의하여 현저한 영향을 받고 있으며 또한 지출과 세입이 거의 균형을 이루고 있으므로, 본 위원회는 이러한 균형이 계속 유지될 수 있는지 여부를 판단하기 위하여 주요한 조건들과 경향들을 감시할 것을 희망합니다. 결론적으로 본 연구진은 우리가 취한 접근방법의 사용가능성을 보여주었으나 본 접근방법의 유용성은 여건에 따라 변할 것이라고 믿습니다.

이러한 정보에 대하여 귀하가 편리한 시간과 장소에서 귀하와 토의하게 되면 반갑겠습니다. 귀하의 사무실이 동의한 바에 따라, 이 보고서에 관한 유관기관의 코멘트를 얻고자 하지 않았습니다. 본 연구진은 본 보고서의 복사본을 관심을 가지고 있는 사람들에게 보내고자 하며, 또한 복사본은 다른 사람들의 요구에 따라 그들에게 이용가능도록 조치될 것입니다.

만일 귀하나 귀하의 참모들이 이 보고서에 관하여 어떠한 의문사항을 가지고 있으면, 전화번호 275-9455를 사용하여 본인에게 전화하기 바랍니다.

진심으로

Kenneth W. Hunter
부국장

출처: *Budget Issue: Immigration to the United States — Federal Budget Impacts, 1984-1995* (Washington DC: U. S. General Accounting Office, August 1986).

메모의 또 다른 유형은 정보분석의 결과를 요약하는 브리핑메모이다. 다음 예는 2001년 9월 11일의 오사마 빈 라덴의 세계무역센터 공격 계획에 관한 브리핑메모이다. 이 브리핑메모는 2001년 8월 6일에 부시(George W. Bush) 대통령에게 발표되었다.

비밀정보로부터 해제된
2001년 8월 6일 대통령 일일 브리핑

대통령 친전
2001년 8월 6일

빈 라덴이 미국 내에서 공격 결정

비밀 외국 정부와 매체 보도에 따르면, 빈 라덴은 1997년부터 미국에서 테러리스트 공격을 감행하기 원했다고 합니다. 빈 라덴은 1997년과 1998년 미국 텔레비전 인터뷰에서 그의 추종자들이 세계무역센터 폭파범 람지 유세프의 본보기를 따를 것이라고 하면서 "미국을 향해 전투를 개시할 것"이라고 암시한 바 있습니다.

한 정보기관에 따르면, 1998년 아프가니스탄에 있는 그의 본거지에 대한 미국의 미사일 공격 후에, 빈 라덴은 그의 추종자들에게 자신은 워싱톤에서 보복을 원한다고 말했습니다.

동시에 한 이집트인 이슬람 지하드(EIJ) 요원은 빈 라덴이 테러리스트 공격을 준비하기 위해 그 요원이 미국에 접근하는 것을 이용할 계획이라고 한 정보기관에 알려 주었습니다.

1999년 캐나다에서의 '새천년음모'도 미국에서 테러리스트 공격을 수행하기 위한 빈 라덴의 첫 번째 심각한 시도의 일부일 수 있습니다. 음모혐의자 아메드 레쌈은 자신이 LA국제공항을 공격할 생각을 품고 있었으나 빈 라덴의 부관 아부 주베이다가 그를 격려하고 작전이 용이하도록 도와주었다고 FBI에 진술했습니다. 또한 레쌈은 1998년에 아부 주베이다가 스스로 미국 공격을 계획하고 있었다고 말했습니다.

레쌈은 빈 라덴이 LA작전을 알고 있었다고 말했습니다.

빈 라덴이 성공하지는 못했지만, 그는 1998년에 케냐와 탄자니아 주재

미대사관을 공격하면서 몇 년 전부터 작전을 미리 준비하고 있다는 것과 어떤 방해에도 굴하지 않는다는 것을 과시했습니다. 빈 라덴 일당은 이미 1993년에 나이로비와 다르에스살람 주재 대사관을 감시했으며, 1997년에는 폭파를 계획하던 나이로비 조직의 몇몇 요원들이 체포되어 추방되었습니다.

알카에다 요원들(미국시민인 사람도 몇몇 포함됨)은 몇 년 동안 미국 내에 거주하거나 미국을 여행하였으며, 이들은 공격을 도와줄 수 있는 지원조직을 유지하고 있습니다. 동아프리카 대사관들의 폭파를 공모한 죄가 발각된 두 명의 알카에다 요원이 미국시민이었으며, 중견 EIJ 요원 한 명은 1990년대 중반에 캘리포니아 주에 살고 있었습니다.

1998년에 한 비밀 정보원은 뉴욕의 빈 라덴 조직 하나가 공격을 위해 무슬림 미국 청년을 모집하였다고 말했습니다.

1998년에 빈 라덴은 "Blind Shaykh" 'Umar' Abd al-Rahman과 미국에 잡혀 있는 다른 극단주의자들의 석방을 얻어내기 위하여 미국 항공기를 납치하기를 원한다고 말했습니다.

그럼에도 불구하고 그때부터 FBI 정보는, 최근 뉴욕에 있는 연방정부 건물에 대한 감시를 포함해서, 이 나라에서 항공기납치나 다른 종류의 공격 준비와 일치하는 몇 가지 의심스러운 활동을 지적하고 있습니다.

FBI는 미국 전역에서 빈 라덴과 관련된 지역 약 70군데를 철저히 조사하고 있습니다. CIA와 FBI는 금년 5월 아랍에미리트(UAE)의 우리 대사관에 걸려온 전화, 즉 일단의 빈 라덴 지지자들이 미국 내에서 폭파공격을 계획하고 있다는 전화 내용에 대해서 조사하고 있습니다.

출처: http://www.cnn.com/2004/images/04/10/whitehouse,pdf

부록 04

구두 브리핑 계획

문서화된 보고서들은 정책분석의 결과를 전달하기 위한 여러 가지 주요 수단들 가운데 하나에 해당한다. 구두 브리핑은 이와 대조적인 다른 수단이다. 물론 구두 브리핑이나 구두발표는 정책이슈페이퍼와 동일한 요소들을 대부분 가지고 있지만, 구두발표를 계획하고 실시하는 접근방식은 문서화된 보고서와는 판이하게 다르다.

구두 브리핑에 전형적으로 포함되는 요소들은 다음과 같다.

· 참석자들에 대한 시작과 인사의 말
· 브리핑의 배경
· 정책이슈페이퍼, 정책연구 또는 정책보고서의 주요 발견사항
· 접근법과 방법
· 분석의 기반으로 사용된 자료들
· 제안사항
· 참석자들로부터의 질문
· 종료의 말

제9장에서 살펴본 바와 같이, 구두 의사소통에서 하나의 핵심적 측면은 청중에 대한 지식이다. 브리핑이 실시되기 전에 몇 가지 중요한 질문이 제기되어야 한다. 청중들은 얼마나 많은가? 브리핑에서 다루고자 하는 문제에 관

한 전문가들이 청중들 가운데 얼마나 많은가? 청중의 몇 % 정도가 당신이 사용한 연구방법을 이해하는가? 청중 구성원들이 당신을 신뢰하는가? 청중들이 상세한 브리핑을 원하는가 아니면 일반적인 브리핑을 원하는가? 브리핑이 정책결정과정에서 어느 단계에 실시되는가? 의제설정단계, 정책형성단계 또는 정책채택단계인가? 또는 정책집행단계, 정책평가단계인가?

이러한 의문사항에 대한 대답은 특정한 청중에 적합한 의사전달을 하기 위한 전략과 전술을 채택하는 데 작용한다. 예를 들면 만약 청중집단이 20명 내지 25명의 중간 정도의 사람들로 구성되어 있다면 청중의 다양성은 다음과 같은 특별한 의사전달의 전략과 전술을 요구한다.[4)]

· 모든 사람들이 공통적인 지식을 갖는 선에서 출발할 수 있도록 회합이 이루어지기 이전에 배경문서들을 회람시킨다.
· 참석자들에게 선택된 전략이 참석자 전원에게 적합하도록 준비되었지만 특정 개인에게는 불만족스러운 것이 될 수도 있음을 공지시킨다.
· 중요한 정책결정자들의 의사일정에 맞추고, 이로 말미암아 청중들 가운데 몇 사람이 참석하지 못할 것을 감수한다.

구두 브리핑에서 하나의 일반적인 문제는 정책결정자들이 브리핑 장소에 그들의 참모들을 대동하고 참석할 수 있다는 것이다. 만일 참석한 많은 청중들이 다루고자 하는 문제영역에 전문성을 가지고 있다면, 다음의 전략과 전술이 적합할 것이다.

· 소개라는 목적에 충실함으로써 주제에 정통한 전문가들과 '누가 더 지식이 많은가라는 경쟁'을 회피하도록 한다.
· 발견사항과 제안사항에 초점을 둠으로써 집단의 전문성을 이용하도록 한다.
· 배경문헌에 대한 소개나 방법에 대한 설명에 장시간이 소요되지 않도록 한다.
· 정책대안에 대한 의견교환과 생산적인 논쟁이 일어날 수 있도록 한다.

---

4) 이들 지침은 *Presentation Planner* (Pitsford, NY: Discus Electronic Training, Eastman Technology, 1991)에 기초하였음.

구두 브리핑에서 이에 못지않게 중요한 문제는 청중을 구성하는 개인을 이해하는 것이다.[5] 예를 들면 그 정책분석이 즉각적으로 필요한 사람이 다음과 같은 사람들인지 아는 것이 중요하다.

· 문제영역에 대한 전문가
· 채택한 분석방법에 정통한 사람
· 정책결정과정에 참여하는 영향력이 있는 사람
· 상세하고 폭넓은 정보를 원하는 사람
· 문제에 대하여 상·중·하의 이해관계를 갖고 있는 사람
· 귀하의 제안이 채택되는데 정치적으로 중요한 인물

마지막으로, 구두 브리핑은 여러 가지 종류의 도표사용방법을 사용한다.[6] 이 가운데 하나가 오버헤드 프로젝터와 함께 사용되는 트랜스패런시 시트이다. 오버헤드 트랜스패런시 또는 컴퓨터그래픽을 사용할 때 중요한 것은 만약 귀하가 비공식적인 형태의 표현을 하고자 원할 때 이것이 적합하지 않다는 것은 알아야한다는 것이다. 이런 방법들은 브리핑을 매우 공식적인 것으로 만드는 경향이 있으며 또한 개방적인 대화를 어렵게 만든다. 반대로 토론을 제한하고자 한다면 이런 방법들이 도움이 될 것이다.

트랜스패런시 사용에서 다음의 지침을 따라야 한다.

· 요약된 그리고 강조된 문장을 사용하여 트랜스패런시를 단순하게 한다.
· 명확한, 굵은 그리고 난잡하지 않은 문자와 선을 사용한다.
· 강조점을 명확히 하고 가능하다면 상이한 색깔을 사용한다(그러나 세 가지 이상은 안 된다).
· 어느 페이지에서도 내용이 최대 10행이 넘지 않도록 제한한다.
· 스크린의 넓이를 적어도 스크린과 스크린으로부터 가장 멀리 떨어진 사람과의 거리의 1/6이 되도록 한다.
· 스크린에 가장 가까이 있는 사람이 스크린으로부터 적어도 스크린 넓

5) *Presentation Planner,* 개인 질문 메뉴
6) *Presentation Planner,* 그래픽 서브메뉴

이의 두 배에 해당되는 거리만큼 떨어져 있도록 한다.

- 브리핑을 받는 사람이 그 내용을 읽을 수 있는 시간으로 하나의 오버헤드에 최소한 2분과 그 내용을 연구할 수 있는 시간으로 추가적인 30초를 가질 수 있도록 한다.
- 실내조명을 밝은 상태로 유지한다. 오버헤드는 필름이 아니다.
- 청중들의 관심이 귀하에게 쏠리기 원하고 또한 시선이 귀하에게 향하기를 원하면 오버헤드 프로젝터를 끄도록 한다.

지금까지 사항들은 상이한 청중과 의사전달매체에 적합한 몇 가지 전략과 전술에 해당한다. 청중의 특성에 맞는 의사전달매체와 제품을 선택하는데, 오늘날 정보를 시각적으로 표현할 수 있는 수많은 이론과 기법들이 많다.[7] 또한 적합한 컴퓨터 그래픽, 프리젠테이션 패키지와 통계 프로그램도 광범위하게 이용할 수 있다. 여기에는 *Statistical Package for the Social Sciences(SPSS), Microsoft Excel, Microsoft PowerPoint* 등이 있다.

분석가들은 많은 유형의 시각적 표현방법을 이용하여 복잡한 아이디어를 효과적으로 전달할 수 있다. 다음과 같은 시각적 표현방법의 예들이 아래에 제시되고 있다.

- 막대그림표
- 파이그림표
- 도수분포도
- 상대도수분포도
- 누적도수분포곡선
- 산포도
- 시계열그래프
- 자료에 관한 도표와 함께 제시되는 그래프
- 의사결정사무와 다른 다이어그램

---

7) 이러한 문제에 관한 전문성을 키우고자 하는 사람은 Edward R. Tufte, (수상 3부작) *The Visual Display of Quantitative Information* (Cheshire, CT: Graphics Press, 1983); *Envisioning Information* (Cheshire, CT: Graphics Press, 1990); *Visual Explanations: Images and Quantities, Evidence and Narrative* (Cheshire, CT: Graphics Press, 1997) 참조.

· 화살표그림과 인과모형

정책의 간단한 측면과 복잡한 측면을 효과적으로 의사소통하는데 이러한 시각적 표현들이 유용하다. 그러나 대부분의 정책 프리젠테이션에서 핵심적인 시각적 표현은 두 개 또는 그 이상의 정책대안과 그 영향의 관계를 요약한 것이다. 대안－영향행렬(그림 A4-1 참조)은 정책대안과 예상되는 영향을 정사각형의 행렬 형태로 표현하고 있는데, 이러한 목적에 아주 적합한 방법이다. 이 행렬은 정책대안과 연관된 영향의 범위를 간결한 도표로 보여준다. 선호되는 영향은 [그림 A4-1]처럼 명암을 달리하여 표현함으로써 발표에 참여한 사람들이 이러한 영향들의 교환관계(tradeoffs)를 용이하게 알 수 있도록 한다. 이들이 계수, 지표, 비율(예: 편익·비용비) 형태로 계량적으로 표현되면, 이슈를 흐리게 하고 식견 있는 토론을 방해할 수 있다.

그림 A4-1 대안-영향 행렬

정책영향	정책대안	
	시속 55마일	시속 65마일
여행기간(시간)	226억	202억
휘발유 소비(갤런)	816억	871억
공기오염의 변화	1% 감소	3% 증가
교통시설	45,200	54,100
교통사고자	1,8000,000	2,000,000
시민들의 지지	70%	30%

주: 색칠된 상자는 선호되고 있는 영향이다.

그림 A4-2 막대 그래프에 의한 1992년 대통령 선거결과의 시각적 표현

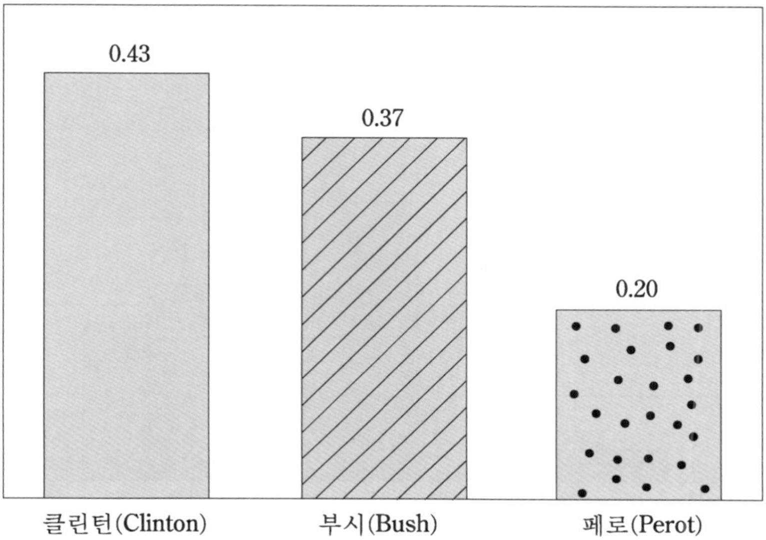

그림 A4-3 파이 차트에 의한 1992년 대통령 선거결과의 시각적 표현

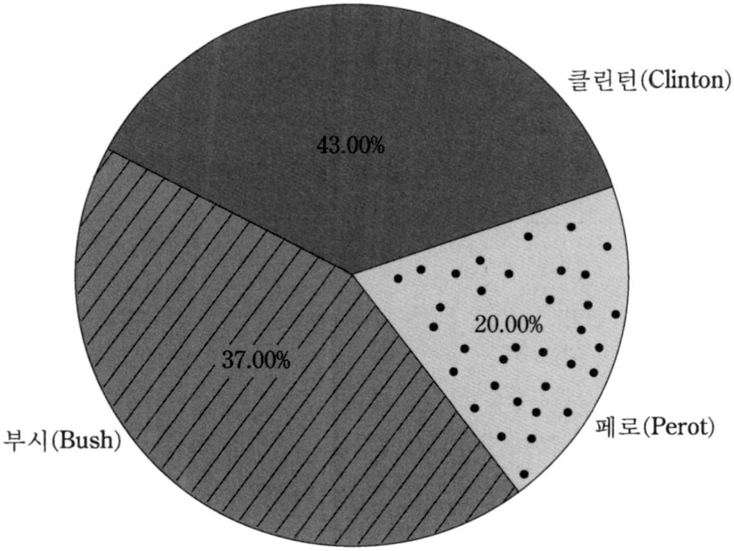

그림 A4-4 도수분포도에 의한 이혼시 여성 연령의 시각적 표현(N=100)

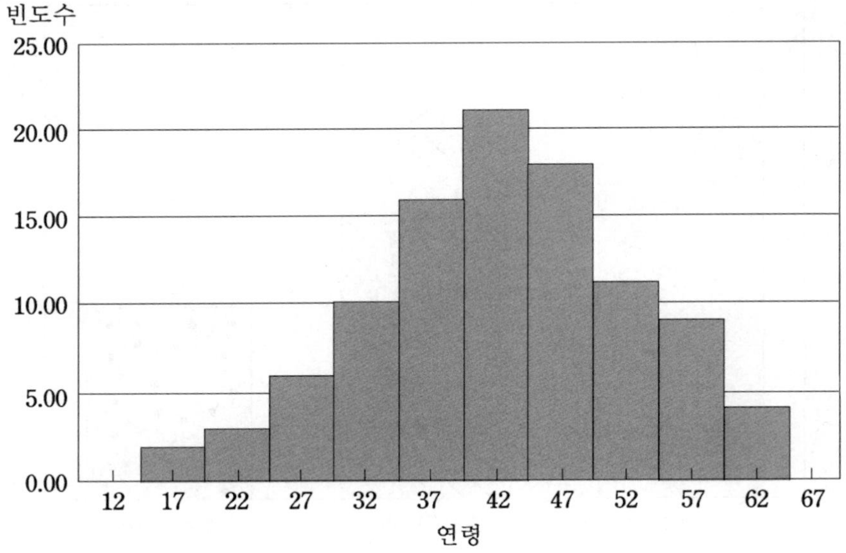

그림 A4-5 상대도수분포도에 의한 이혼시 여성 연령의 시각적 표현(N=100)

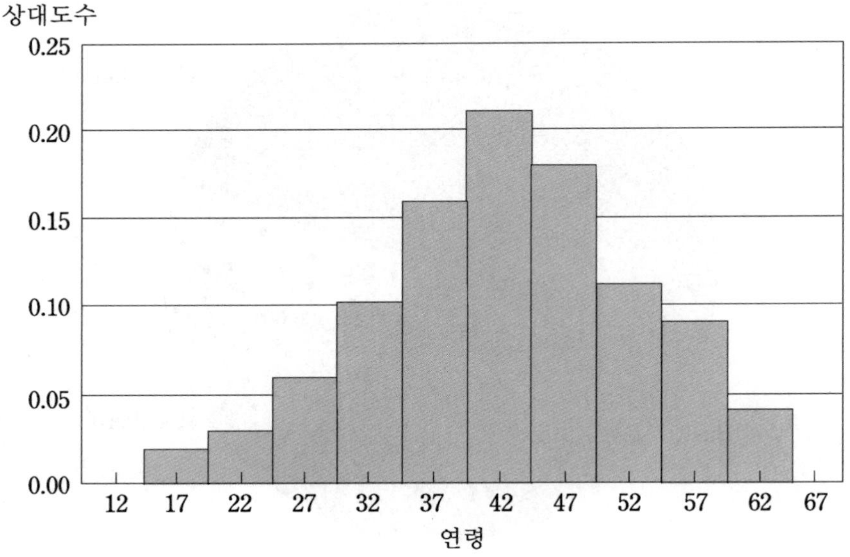

그림 A4-6 누적도수분포곡선에 의한 이혼시 여성 연령의 시각적 표현(N=100)

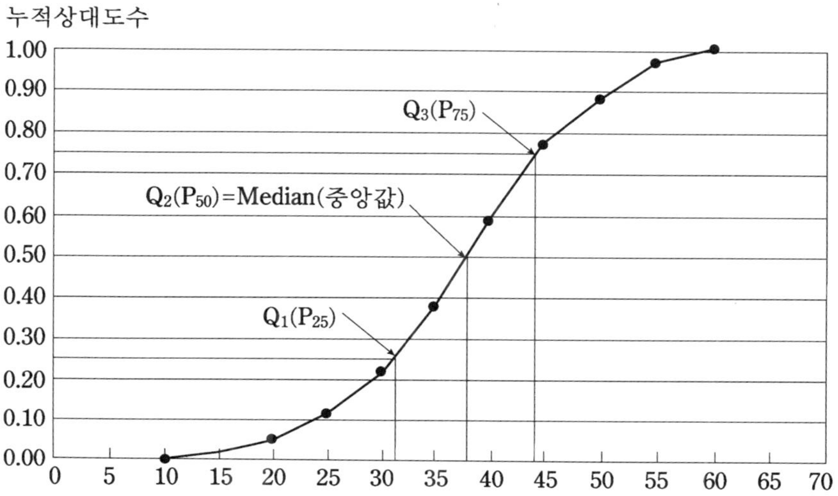

주: Q는 1/4을 나타내고 P는 확률을 나타낸다.

그림 A4-7 산포도에 의한 회귀직선 부근의 관찰치 유형의 시각적 표현

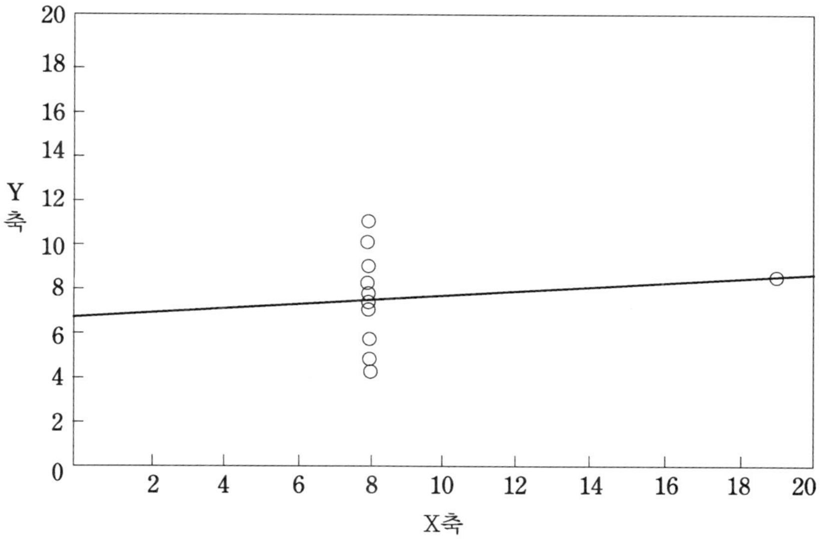

그림 A4-8 단절된 시계열 그래프에 의한 시간당 55마일 속도의 영향을 나타내는 시각적 표현

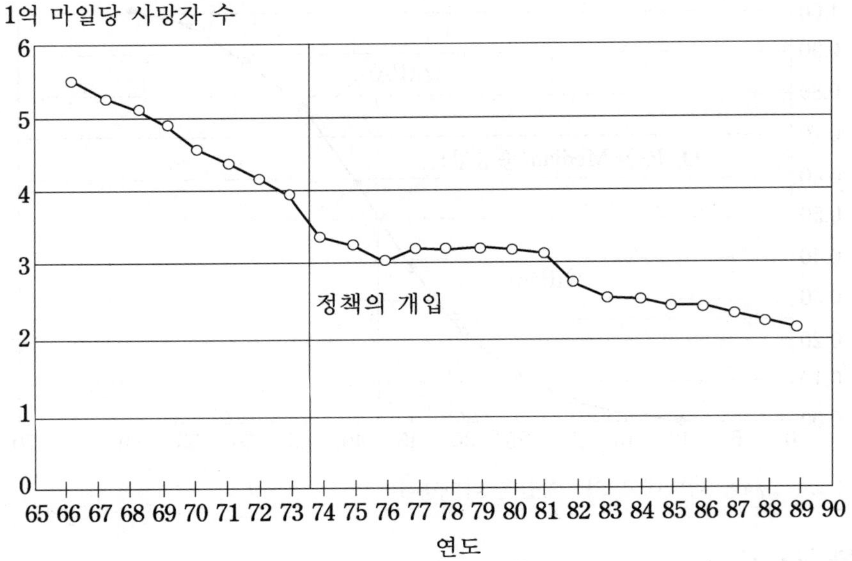

사항색인

ㄱ

ㄴ

ㄷ

ㄹ

ㅁ

ㅅ

ㅇ

ㅎ

인명색인

A

B

C

D

E

F

G

H

I

J

K

L

M

N

O

P

Q

R

S

T

V

W

Y

Z

역자 약력

■ 남궁 근

서울대학교 정치학과 졸업
서울대학교 행정대학원(행정학석사)
미국 University of Pittsburgh(정책학박사)
경상대학교 행정학과 교수 · 서울과학기술대학교 총장
한국행정학회장
서울과학기술대학교 총장
현: 서울과학기술대학교 행정학과 교수
[주요 저서 및 논문]
정책학(법문사, 2012) 외 다수

■ 이희선

한양대학교 행정학과 졸업
연세대학교 행정대학원(행정학석사)
미국 University of Pittsburgh(정책학박사)
한국정책분석평가학회장
한양대학교 공공정책대학원장·국제관광대학원장·사회과학대학장
현: 한양대학교 행정학과 교수
[주요 저서 및 논문]
통합적 정책분석의 정향(2011) 외 다수

■ 김선호

고려대학교 물리학과 졸업
연세대학교 행정대학원(행정학석사)
미국 Portland State University(행정학석사)
미국 University of Pittsburgh(정책학박사)
현: 울산대학교 행정학과 교수
[주요 저서 및 논문]
연구개발관리전략(UUP, 2005) 외 다수

■ 김지원

서울대학교 사범대학 졸업
서울대학교 행정대학원(행정학석사)
미국 University of Pittsburgh(정책학박사)
한국방송통신대학교 학생처장 · 교무처장 · 사회과학대학장
현: 한국방송통신대학교 행정학과 명예교수
[주요 저서 및 논문]
정책학원론(한국방송통신대학교 출판부, 2012) 외 다수